KB272101

연려술속燃藜述續 3

이 책은 2025년도 정부(교육부)의 재원으로
한국고전번역원의 지원을 받아 수행된 특수고전협동번역사업의 결과물임

연려술속 燃藜述續 3

번역과 주해

김용흠·원재린·김정신 역주

혜안

책머리에

조선후기 정치사는 흔히 당쟁사로 인식되었다. 조선왕조 국가의 멸망 원인으로서 지금까지도 당쟁망국론이 거론될 정도로 당쟁은 조선후기 정치사를 부정적으로 묘사하는 개념이 되었다. 16세기에 붕당이 형성된 이후 이를 기반으로 삼아서 전개된 정치적 대립과 갈등을 17세기 붕당정치, 18세기 탕평정치, 19세기 세도정치로 유형화하여 이해하는 시각이 제시되기도 하였지만 당쟁에 대한 부정적 인식이 크게 불식되지는 못하였다.

조선후기 정치사에서 개인의 권력욕이나 사리사욕, 당리당략에 의한 모략과 음모 등이 난무한 것은 사실이지만 이것만으로 모든 정치적 갈등을 설명할 수는 없다. 여기에는 개인의 권력욕이나 당리당략을 합리화하는 논리와 이에 의거하여 기득권을 유지 고수하려는 세력만이 있었던 것이 아니라 민생을 안정시켜 국가를 유지 보존하려는 세력과 논리도 역시 존재하였다. 이들은 현실 정치 속에서 서로 대립 갈등할 수밖에 없었는데, 당론서에는 바로 이러한 배경 속에서 발생한 다양한 사건들과 갈등 당사자들의 현실인식, 사유형태 등이 풍부하게 담겨 있다. 당론서를 통해서 표출된 주장과 논리는 이처럼 정책과도 긴밀하게 연관되어 있었다.

조선후기에는 당쟁이 격렬하였던 것만큼이나 각 당파의 정당성을 주장하는 수많은 당론서가 생산되고 필사를 통해 전파되었다. '당론서(黨論書)'란 17세기 이후 서인과 남인의 대립 갈등이 격화되는 가운데 생성되어, 이후 노론과 소론, 시파와 벽파의 갈등을 거치면서 각 정파의 행적과 논리의 정당성을 천명하기 위해 의도적으로 편찬된 자료를 지칭한다. 당론서는 국가의 공식 기록인 《조선왕조실록》이나 《승정원일기》와 같은 연대기, 또는 개인이나 문중에서 편찬하는 문집이나 전기류 등과는 구별되는 독특한 체제와 내용을 담고 있다.

여기에는 해당 시기 정계와 학계를 주도했던 인물들의 정치 행적뿐만 아니라 그들의 현실인식과 세계관, 이에 입각하여 정치적 과제를 설정하고 대처해 나가는 모습 등이 구체적으로 담겨있다. 이에 대해서 당대의 사회경제적 제반 조건과 관련지어 체계적이고 과학적으로 분석해야만 조선후기 정치적 갈등이 정책과 어떻게 관련되어 있는지를 드러낼 수 있을 것이다. 따라서 당론서는 조선후기 정치사를 과학적으로 인식하는 관건이 되는 자료라고 말할 수 있다.

조선후기 당론서는 현재 확인되는 것만도 그 규모가 방대하고 대부분이 한문 원자료 상태로 남아 있어 일반인의 접근이 어려운 것이 현실이다. 그리고 일부 번역된 것도 있지만 이것이 원문 번역에 그쳐서 일반인이 이해하기는 쉽지 않다는 문제가 있었다. 그리하여 관련 연구자가 전공 지식에 바탕을 두고 정밀한 역주를 통해서 친절하게 안내할 필요가 있다는 지적이 있어왔다.

본서의 번역에 참여한 세 전임연구원들은 모두 조선시대 정치사, 정치사상사 전공자들로서 다년간에 걸쳐서 당론서 번역 사업을 수행해왔다. 2006년에는 한국연구재단의 지원을 받아서 '당론서 3종 번역과 주석 및 표점 작업'을 진행하여 《갑을록(甲乙錄)》(소론), 《아아록(我我錄)》(노론), 《동소만록(桐巢漫錄)》(남인)을 번역하는 사업을 완료하고, 《동소만록》은 2017년에 간행하였다.

이어서 2013년과 2014년에는 '신규장각 자료구축사업'의 일환으로 서울대 규장각 한국학연구원의 지원을 받아 한국학자료총서로서 《사도세자의 죽음과 그 후의 기억-『현고기(玄皐記)』 번역(翻譯)과 주해(註解)》(2015), 《충역의 시비를 정하다-『정변록(定辨錄)』 역주》(2016)를 간행하였다. 이와 병행하여 2011년에는 한국역사연구회, 2016년에는 한국사상사학회, 2026년에는 역사실학회 주관으로 학술대회를 통해서 연구 성과를 발표하기도 하였다.

　또한 한국고전번역원의 '특수고전 정치사분야 협동번역사업'의 일환으로 2015년 《형감(衡鑑)》, 2016년 《족징록(足徵錄)》과 《진감(震鑑)》, 2017년 《유문변록(酉門辨錄)》과 《대백록(待百錄)》 등의 번역이 완료되었고, 2019년 《형감》(혜안)을, 2020년 《대백록》(혜안)을 각각 출간한 바 있다.

　2단계 사업성과인 《동남소사(東南小史)》와 《수문록(隨聞錄)》, 《황극편(皇極編)》은 특수고전협동번역사업(정치사) 우수 성과 원고 출판지원을 받아 연차별로 다음과 같이 마무리할 수 있었다. 2021년 《동남소사》와 《수문록 1》을 시작으로, 2022년에는 《수문록 2》와 《황극편 1》, 2023년에는 《황극편 2》와 《황극편 3》, 2024년에는 《황극편 4》와 《황극편 5》를 각각 출간하였다.

　현재는 3단계 사업으로 《연려술속(燃藜述續)》과 《신임기년제요(辛壬紀年提要)》에 대한 번역·주석 작업을 진행 중에 있다. 그 중 완료된 《연려술속》은 예의 특수고전협동번역사업 우수 성과 원고 출판지원을 받아 2025년 《연려술속 1》과 《연려술속 2》를 출간하였고, 2026년에 《연려술속 3》과 《연려술속 4》의 출간을 눈앞에 두고 있다.

　《연려술속》은 경종대 정치 상황을 다루고 있다. 시기적으로는 1720년(숙종 46) 6월 4일부터 1727년(영조3) 8월 5일까지를 포괄하고 있다. 편자는 미상이며, 대체로 소론(少論) 완론(緩論) 입장에서 해당 시기 노·소론(老少論) 사이에서 벌어졌던 정치적 갈등을 단대사(單代史) 형태로 정리하였다. 이긍익(李肯翊)의 《연려실기술(燃藜室記述)》과의 연관성 여부는 아직 명확히 밝혀져 있지 않지만 《연려실기술》에서 다루고 있지 않은 시기를 정리했다는 점에서 상호 보완적인 성격을 띠고 있는 것은 분명한 것 같다.

　《연려술속》은 모두 9권 9책으로 구성되어 있는데, 본 사업단은 전체를 5책으로 나누어 간행하려고 한다. 2025년 《연려술속》 권1~2를 《연려술속 1》로, 권3~4를 《연려술속 2》로 출간한 것에 이어 올해는 권5~6을 《연려술속 3》으로, 권7~8을 《연려술속 4》로 출간할 예정이다. 원래는 4책으로 계획하였으나, 권9에 다량의 두주(頭註)가 발견되어 《연려술속 5》로 나누어 출간하기로 결정하였다.

《연려술속 1》과 《연려술속 2》는 숙종 사후(死後)로부터 1721년(경종1) 10월 17일을 거쳐 1722년 3월 27일까지의 주요 정치적 사건을 기록하였다. 해당 시기는 경종이 즉위하면서 정국 주도권을 둘러싸고 소론과 노론 간 갈등과 대립이 격화되던 때로서, 특히 건저(建儲)와 대리청정(代理聽政)을 두고 갈등하다가 신축년(1721, 경종1) 환국이 발생하였는데, 그 과정에서 전개된 노·소론 간 당쟁이 구체적으로 상세하게 기록되어 있다.

《연려술속 3》은 1722년 3월 27일부터 8월 29일까지를,《연려술속 4》는 1722년 9월 1일부터 영조 즉위 직후인 1724년 11월 16일까지를 다루고 있다. 김일경 등 소론이 삼수(三手) 역모를 밝히고 임인옥사 관련자들을 치죄(治罪)하는 과정과 경종의 갑작스러운 죽음 뒤 영조가 즉위하면서 국면이 전환되는 과정을 기록하였다.

본 사업을 진행하면서 많은 분들의 도움을 받았다. 한국고전번역원의 김언종 원장님, 전임 원장이신 신승운 선생님을 위시한 여러 임직원분들이 당론서의 사료 가치를 공유하고 적극적으로 지원하여 이 사업이 완수될 수 있었다. 《연려술속》 역주본의 완간을 앞두고 진심으로 감사를 표하는 바이다. 또한 한국고전번역원 출범의 산파 역할을 했던 유기홍 전 국회의원의 적극적인 후원에도 감사드린다. 연세대학교 국학연구원의 김현주 원장님 이하 임직원 여러분들의 도움에도 감사드린다.

그리고 세 사람의 전임연구원과 함께 20년이 넘는 기간 같이 전공 세미나를 전개하며 물심양면으로 도움을 준 정호훈, 구만옥, 정두영 선생 등과도 출간의 기쁨을 함께 나누고 싶다. 당론서를 비롯한 국학 자료 출판에 애정을 갖고 더딘 번역 작업을 인내심을 갖고 기다려 주신 도서출판 혜안 오일주 사장님과 난삽한 원고를 깔끔하게 정리해주신 김현숙, 김태규 선생께도 감사드린다.

2026년 2월 김용흠

차례

번 역

燃藜述續 三 校勘·標點

《연려술속 3》 해제

《연려술속 3》은 《연려술속(燃藜述續)》 권5와 권6을 번역하고 주해한 책이다. 권5는 1722년(경종2) 3월 27일부터 5월 6일까지, 권6은 5월 7일부터 8월 29일까지를 담고 있다. 본서에서는 임인년 목호룡(睦虎龍) 고변(告變)으로 촉발된 임인옥사의 진행 상황을 구체적으로 상세하게 기록하였다.

1. 권5 : 목호룡 등의 고변과 수사 및 처벌

권5는 3월 27일 목호룡의 고변으로 시작되었다. 목호룡은 공초(供招)에서 경종을 위해(危害)할 수단으로서 대급수(大急手)·소급수(小急手)·평지수(平地手) 등 삼수(三手)의 실체를 폭로하면서 세제(世弟)와의 연관성을 주장하였다. 즉 한 무리의 적인(賊人)이 "세제와 통하면 곧 환국(換局)을 할 수 있다."고 했다는 것이다. 그가 밝힌 명단에는 정인중(鄭麟重), 김용택(金龍澤), 이기지(李器之), 이희지(李喜之), 김민택(金民澤), 백망(白望) 등 총 13인이 언급되었다. 그는 대급수를 담당할 협객을 추천해달라는 정인중의 부탁을 받고 백망을 소개해 주자, 정인중이 직접 백망을 집에 데리고 와서 김용택 등과 모의하였다고 진술하였다. 또한 해당 모임에서 '양숙(養叔)', 즉 이이명(李頤命)을 추대하자는 의견이 나왔다고 주장하였다.

12

이에 대한 수사와 처벌은 병행하여 신속하게 진행되었다. 이 자료에서는 이들 관련자들에 대한 수사 과정이 날짜별로 상세하게 기록되어 있다. 국청에서 이들을 형신(刑訊)한 날짜와 지만(遲晩) 및 결안(結案) 작성 여부, 그리고 처형 일자까지 구체적으로 기록하였다.

그런데 임인옥사는 목호룡의 고변만으로 진행된 것이 아니었다. 목호룡의 고변에 이름이 나온 백망의 고변과 번복, 그리고 조흡(趙洽)의 고변과 정우관(鄭宇寬)의 고변과 번복이 있었는데, 정우관의 고변 내용은 권6에 보인다.

백망의 고변에는 목호룡의 주장을 전면 반박하는 내용이 담겨 있다. 일단 목호룡과의 관계를 부인하면서 정인중과의 교유도 목호룡이 권하여 맺은 것일 뿐 친밀한 관계가 아니었다고 주장하였다. 목호룡이 사대부들과 교유하기를 권하였으나 미덥지 못해 따르지 않았다고 반박하였다. 아울러 삼수의 내용도 전혀 근거 없는 일이라고 부인하면서 오히려 목호룡의 공작 제안을 거부하다가 도리어 역모의 혐의를 받게 되었다고 억울함을 호소하였다. 그는 한발 더 나아가 그 배후에 김일경(金一鏡)과 심단(沈檀)이 있다고 주장하면서 목호룡을 천지간의 흉악한 사람이라고 비난하였다.

29일, 국청(鞫廳)에서 각각의 초사(招辭)가 목호룡의 고변과 상반된 점을 지적하고 재차 추문(推問)할 것을 요청하였다. 대사간 이사상(李師尙)은 백망의 공초는 근거가 없고, 반역의 정상이 낭자하며, 연루된 노론 인사들이 많아서 옥사를 엄정히 다스려야 한다고 주장하였다.

4월 2일, 이조참판 김일경은 백망을 군부(君父)를 시해하려 한 역적으로 규정하고 구체적인 계획으로 국상(國喪)을 틈타 전지(傳旨)를 위조하여 폐위시키고 덕양군(德讓君)을 왕위에 올리려 했다고 주장하였다.

목호룡·정인중·오서종(吳瑞鍾)에 대한 추문이 본격화되자 사직 신임(申銋)이 조태구(趙泰耉)·최석항(崔錫恒)·김일경 등의 이름이 백망의 공초에서 거론되었는데도 상규(常規)대로 처리하지 않고 변정(辨正)하지 않은 채 마무리 지으려 한다고 비난하였다. 그러자 영의정 조태구와 우의정 최석항이 급박한 사안의 경우 내정(內庭)에서 국청을 여는 것이 규례라고 주장하면서 자신들에게 더해진 무함을 풀어줄 것을 호소하였다. 이에 경종은 안심하고 국청에 참석할 것을 당부하였다.

이를 기점으로 김용택을 잡아들였고, 홍철인(洪哲人)도 자수하였으며, 이기지와 이천기(李天紀) 등이 투옥되었다. 그리고 백망과 정인중 등 주요 인사에 대한 형문(刑問)이 차수(次數)를 거듭하여 진행되었다.

4월 11일, 정인중은 결안(結案)에서 먼저 백망이 손바닥에 '양(養)'자를 썼고 이를 이이명의 자(字)라고 고변한 목호룡의 발언은 무식의 소치라고 부정하면서도 김용택·이천기 등과 교유하였고 그 실정을 알면서도 고하지 않은 사실은 인정하였다. 거듭되는 형신(刑訊)에 백망, 김용택과 이천기 등이 물고(物故)되었다.

이에 우의정 최석항이 그간의 국청을 통해 수집된 증거를 토대로 백망을 역적의 괴수로 확정하고, 전례에 따라서 연좌(緣坐)와 적몰(籍沒)할 것을 촉구하였다. 여기에 더해 박필몽(朴弼夢)은 이른바 삼수에 대해 조성복(趙聖復)이 이미 알고 있었다고 주장하면서 역모죄로 처벌할 것을 청하였다. 김일경 역시 삼수의 남은 계책이 조성복의 상소가 되고 대리청정을 요구하는 연명차자(聯名箚子)가 되었다고 지적하면서 처벌을 주장하여, 마침내 조성복을 잡아 가두었다.

해당 기사 뒤에 기술된 백망의 공초에서는 이전의 고변을 번복하고 삼수를 모의한 과정을 관련 인물들 중심으로 상세히 진술하였다. 당시 정인중·이기지·이희지·김용택·이천기·심상길(沈尙吉)·조흡이 모여 치밀하게 준비하였는데, 김용택이 보검을 자신에게 주고 대급수 시행을 촉구했다는 것이었다. 그리고 삼수는 경종이 즉위하던 1720년 반년 동안 계획한 일이라고 자복(自服)하였다. 이밖에도 삼수와 연관된 궁궐 안 인물로 환관 장세상(張世相)과 나인(內人) 열이(烈伊)를 지목하고, 맡은바 구체적 역할도 진술하였다.

이어지는 김용택 공초에서도 주된 내용은 삼수 관련 사안이었다. 일단 삼수를 먼저 거론한 인물로 목호룡을 지목하면서 자신이 최초 발설자라는 혐의를 부인하였다. 소급수의 경우 이천기의 언설을 빌어 백망이 제안하고 자신이 모의했지만 그 과정에 홍의인(洪義人) 형제가 끼어들었다고 하였다.

이천기는 공초에서 목호룡의 진술에 대해 의문을 제기하면서 백망이 변복(變服)하고 대궐에 들어가 독약 사용을 촉구했다는 고변은 거짓이라고 주장하였다. 폐출 모의에 관해서는 김용택이 주도하고 목호룡과 백망이 호응하였으며, 자신은 전달하는 역할만 맡았다고 진술하였다. 은자(銀子)를 모으는 일의 경우 자신이 직접 250냥을 백망에게 주었다고 증언하였다.

14일자에 공개된 심상길 결안에는 김용택과 이천기가 요청한 은자의 전달 과정이 재구성되었다. 인사청탁의 용도로 사용될 줄 알았던 은자가 백망을 통해 궁금(宮禁) 세력과 결탁할 용도로 사용되었음을 뒤늦게 알았다고 자백하였다.

17일, 대사간 이사상 등이 노론 4대신[四凶]에 대한 처벌을 청하였다. 역적 조성복을 몰래 사주하여 임금의 의중을 떠보는 상소를 올렸고, 갑자기 정청[庭請]을 중지하고 협박하는 소장을 급히 올렸으니, 흉악한 모의와 반역의 정상이 모두 드러났다고 주장하였다. 그중에서도 이이명은 반역의 정상이 더욱 뚜렷하다고 강조하면서 참형을 촉구하였다.

여기에 더해 김창집(金昌集)이 역모에 연루된 정황을 아들과 손자, 인친(姻親)과 문객이 직접 간여한 실정을 통해 제기하면서 역적으로 단죄할 것을 청하였다. 경종의 윤허가 있자 곧바로 역모에 연루된 자질(子姪)이 있었던 이건명(李健命)과 조태채(趙泰采)도 처단해야 한다고 주장하였다.

아울러 대리청정을 촉구한 조성복의 상소가 연명 차자의 효시가 되었고, 이를 통해 안팎이 화응(和應)하여 왕위를 찬탈하려 했다고 주장하면서 조성복에 대한 철저한 조사를 촉구하였다. 이후 김창집 등 노론 4대신에 대한 처벌 주장이 빗발쳤지만 경종은 거부하였다.

　19일, 김용택과 이천기가 군기시(軍器寺) 앞길에서 처형되었고, 장세상 등에 대한 형문이 수차례 시행되었으며, 20일에는 김창도(金昌道)와 정우관(鄭宇寬) 등을 잡아 가두었는데, 이것은 조흡의 고변에 따른 것이었다. 조흡은 목호룡의 고변에 없었던 궁성 호위 음모를 폭로하면서 김창도와 정우관은 물론, 서덕수(徐德修)·이정식(李正植)·김성절(金盛節) 등을 새롭게 거명하여 임인옥사를 확대시켰다.

　이날 김일경은 밤중에 칼을 품는 것은 노(魯)나라의 종무(鍾巫)의 변고에, 음식에 독약을 넣는 것은 한(漢)나라의 양기(梁冀)·염현(閻顯)에, 국상 중에 조서를 거짓으로 꾸미는 것은 진(秦)나라의 이사(李斯)·조고(趙高)와 같다고 하면서 이이명과 김창집 무리가 국권을 장악하여 화란의 기틀을 양성한 지가 30여 년이 되었다고 주장하였다. 다시 한번 조성복의 상소로 시작된 삼수의 음모가 4흉으로 귀결되었음을 강조하면서 그 죄가 극명하게 드러났으니 즉각 참수하라고 청하였다.

　이에 22일 결국 김창집과 이이명을 사사(賜死)하라는 경종의 명이 내려오자 이것을 집행하는 과정과 전지(傳旨)를 수록하였다. 주목되는 것은 이들 두 사람의 사사 전지를 두 가지 수록하였는데, 본서 찬자는 그 전거로 노론측 당론서인 《신임기년제요(辛壬紀年提要)》와 중립적 기록인 《조야회통(朝野會通)》을 모두 제시하였다. 그리고 정승을 죽이는 것에 부담을 느낀 경종이 이를 번복하였다가 소론 신료들의 반발로 번복하는 과정 역시 볼 수 있다.

　5월 4일, 관학(館學) 유생 유용(柳綌) 등이 이건명과 조태채에 대한 처형이 지체된 데에 불만을 품고 상소하였다. 우선 이건명 집안의 이희지와 이기지 등이 옥사에 연루되었고, 이건명도 김창집과 차자를 올려 군부를 협박했다고 하면서 난적(亂賊)으로 규정하였다. 조태채 역시 예의 대리청정을 막지 않았다는 점에서 세 흉적과 다를 바 없다고 주장하였다.

2. 권6 : 노적률(孥籍律) 시행과 옥사의 확대

5월 7일, 심진(沈榗)과 김승석(金承錫)을 잡아 가두고, 장세상의 가객(家客)인 정우관을 다시 추문하였는데, 이때 그가 다음과 같이 고변하였다. 해당 고변은 《신임기년제요》에서 인용하였다. 그 내용은 장번 내관(長番內官) 최홍(崔泓) 등이 남인(南人)과 손잡고 세제와 인원왕후(仁元王后)뿐만 아니라 경종 및 경종비를 차례로 폐출시키려 했다는 것이었다. 또한 세제 모해 혐의로 죽임을 당한 내관 박상검(朴尙儉)과 나인 석열(石烈) 등도 한 패였으며, 옥사를 주관하는 의금부 당상 심단과 김일경 등도 그 배후라는 것이었다.

이에 영의정 조태구가 정우관이 살기 위해 거짓 고변하여 옥사를 지연시키려 했다고 주장하면서 심단과 김일경의 연루 혐의를 부인하였다. 우의정 최석항 역시 정우관의 고변은 의금부 두 당상을 쫓아내려는 의도가 담겼다고 하면서 이는 실로 백망의 남은 음모라고 단정하였다. 정우관의 고변이 무위에 그치자 지평 김홍석(金弘錫)이 사사(賜死)된 이이명과 김창집에 대해 법에 따라 처자식을 노비로 삼고 가산을 몰수할 것을 촉구하였다.

12일, 이정식(李廷植)은 결안에서 서덕수·김창도와 함께 독약을 쓰는 소급수를 담당하여 세제의 후궁 이소훈(李昭訓)에게 시험하였고, 은자를 더 모아 독약을 구입하여 경종을 해치려 했다고 자복하였다. 다음날 이홍술과 정우관 등에게 형문이 더해졌고, 김창도는 2차 형문에서 승복하여 결안에 대한 다짐을 내었다.

14일, 서덕수가 형문 끝에 승복하였는데, 그의 결안에는 소급수에 필요한 독약 구입비용을 마련하고 역관 장씨(張氏)를 통해 입수하게 된 과정, 이소훈 독살 후 재구입하게 된 과정들이 조흡과 심상길 등 관련 인물과 나눈 대화를 중심으로 정리되었다. 한편 장령 이경열(李景說) 등이 이건명이 잉속(媵屬) 등의 말로 군부를 협박한 사실을 재론하면서 국법에 따라 처형할 것을 주장하였고, 조태채 역시 김창도의 초사에 근거하여 무력을 동원하여 궁성을 호위하려 했다는 혐의가 있으니 처단하라고 촉구하였다.

15일에는 정우관이 형문을 받고 승복하였는데, 그는 결안에서 옥사를 늦추기 위해 심단과 김일경을 끌어들여 무고했다고 자백하였다. 이어서 시골에서 올라와 장세상의 집에 의탁하면서 서덕수 등과 교유하였는데, 이때 직접 들은 대화 내용과 목격한 상황을 진술하였다. 즉 당시 궁성을 호위하는 일은 영의정 및 훈련대장과 상의하여 계책을 정하여 중군 이삼(李森)을 충청 병사로 내보냈고, 유취장(柳就章)을 그 후임으로 삼으려 했다는 것이었다.

사헌부에서는 사직 정호(鄭澔)를 논척하였다. 일찍이 그는 내관 박상검의 세제 모해 사건으로 인해 자전(慈殿)이 언문 하교를 내렸을 때 이를 도로 봉입한 일과 역적 환관의 처형을 곧장 청한 일로 대신 및 삼사를 논핵하였었다. 이에 사헌부는 정상이 참혹하고 악독하다고 하면서 환관의 옥사(宦獄)를 빙자해 일망타진할 계책을 이루려 하였다고 주장하였다. 아울러 노론 4대신의 천극(栫棘)과 윤지술(尹志述) 처형에 반대한 사실을 두고 임금을 업신여긴 사안을 감쌌다고 비난하면서 귀양보낼 것을 촉구하였다.

17일, 사헌부에서 김창집의 문인 조상경(趙尚絅)이 아첨하여 화현직(華顯職)에 오른 행적을 지적하고 조태구와 최석항을 공격하는데 앞장섰던 사실을 거론하였다. 권상하(權尚夏) 문인 채지홍(蔡之洪)에 대해서도 재상의 문하에 아첨하여 그 연줄로 궁료(宮僚) 자리를 얻었다고 하면서 태거(汰去)시킬 것을 청하였다. 곡성 현감 서행원(徐行遠)의 경우 이상(李翔)의 사인(私人)이 되어 그 사우(祠宇) 건립에 협조한 사실을 지적하였다. 이밖에도 내금위장 이복연(李復淵)도 김창집의 사인이라는 혐의로 공격하였다.

이어서 사헌부에서는 같은 소론이었지만 소임을 다하지 않은 사간 이제(李濟)와 헌납 윤회(尹會)를 체차(遞差)하라고 청하고, 각종 비위에 연루된 평안병사 백시구(白時耈)의 처벌을 촉구하였다. 같은 날 관학 유생 김동현(金東賢) 등이 4흉에 대한 처벌이 거행되지 않으면 나라의 체모가 손상된다고 주장하면서, 이건명과 조태채를 참형에 처할 것을 주장하였다.

18일, 사헌부에서 서덕수의 결안을 근거로 백망이 독약을 구입하는 과정에서 도움을 준 역관 장씨의 정체와 행방을 철저히 조사하여 독약의 출처를 명백히 규명할 것을 주장하였다. 20일, 김성행과 김민택이 물고되었고, 이상집과 심진 등에 대한 형문이 거듭 진행되었다.

21일, 정언 정수기(鄭壽期)는 화란을 조성한 조짐이 오래전부터 시작되었다고 하면서 그 단초로 1680년(숙종6) 김익훈(金益勳)이 아방(兒房)에서 밀계(密啓)한 일, 1688년 이사명(李師命)이 병조판서 재직시 종실(宗室) 이항(李杭)과 좌의정 조사석(趙師錫)을 몰래 규찰한 것을 지목하였다. 그들이 끼친 독기와 남긴 재앙이 불어나고 명맥을 이어와서 작게는 김춘택·한중혁(韓重爀)이 되었고, 크게는 김창집·이이명이 되었다고 주장하였다. 그리고 이희지·이기지·김용택 등 여러 역적들 또한 모두 그들의 아들·사위·아우·조카로서, 마침내 빼앗지 않고는 만족하지 못하는 지경에 이르게 되었다고 보았다.

25일, 임인옥사에서 토역(討逆)한 내용을 고묘(告廟)하고 진하(陳賀)하며, 사면령을 내리라고 전교하였다. 우의정 최석항은 목호룡의 고변으로 반역의 정절(情節)이 드러났고 이로 인해 종묘사직이 안정되었는데도 포상하는 은전(恩典)이 없다고 하면서 전례에 따라 거행할 것을 촉구하였다. 동지의금부사 유중무(柳重茂)는 도주하던 백망을 체포하는데 도움을 준 이천석(李天碩)에게 포상하라고 상소하였다. 판의금부사 심단은 역적 집안에서 적몰한 재산을 근기 지역의 민역(民役)을 보충하는데 사용할 것을 건의하였고, 동지의금부사 김일경은 역적의 장물을 포청 군졸들과 목호룡의 포상 용도로 사용할 것을 청하였다.

6월에도 노론에 대한 탄핵과 수사는 더욱 확대되었다. 3일에 사헌부에서 목호룡의 공초에 나온 김진상(金鎭商)과 홍용조(洪龍祚)는 삼수를 모의한 집단의 '외영(外影)'이라고 탄핵하였고, 15일에는 이만성과 유취장을 엄히 국문하고, 전 통제사 이수민(李壽民)은 원찬, 세제 정책을 발의하였다가 유배 가 있던 이정소(李廷熽)는 원찬하라는 등의 논계가 이어졌다.

17일에는 조태채의 처벌을 다시 제기하였고, 19일에는 이건명과 같이 사신으로 갔던 윤양래(尹陽來)와 유척기(兪拓基)를 극변에 안치하게 하였다. 24일에는 수찬 이현장(李顯章)이 상소하여 조태채와 이건명을 처벌하라고 청하고 조성복은 처형하라고 주장하였다. 그리하여 25일에는 이만성(李晚成)이, 28일에는 유취장이 체포되었다.

6월에는 임인옥사의 와중에 소론측에서 회니시비를 뒤집으려는 시도도 있었다. 8일에 이세덕이 상소하여 윤선거(尹宣擧)·윤증(尹拯) 부자를 신원해 달라 청하였고, 22일에는 충청·전라도 유생들이 김수귀(金壽龜)를 소두로 상소하여 이들의 복작(復爵)을 청하여 묘당에서 품처하라는 하교를 받아냈다.

30일에는 우의정 최석항과 삼사가 청대하여 목호룡을 봉군(封君)할 일을 결정하였다.

임인옥사의 연장선상에서 노론에 대한 탄핵은 7월에도 계속되었는데, 5일에는 신경제(申慶濟)가 상소하여 옥사를 느슨하게 다스린다고 영의정 조태구를 탄핵하고, 김창집 등 노론 4대신은 송시열(宋時烈)의 도당이니 그 관작을 추탈하라고 까지 주장하였다. 16일에는 평안 병영에서 은화 2천냥을 조달한 일로 백시구(白時耈)와 유취장을 탄핵하니, 체포하라고 명하였다.

노론에 대한 탄핵과 함께 장희빈에 대한 추숭이 진행되었다. 17일 부제학 이명언(李明彦)은 상소하여, 장희빈 추보(追報) 방안을 구체적으로 제시하면서 대례(大禮)를 확정하라고 주장하였다. 그는 이와 함께 민진원을 석방하라고 주장한 것이 주목된다. 이러한 흐름 위에서 23일에는 사헌부에서 숙종대 인현왕후의 죽음이 장희빈의 저주 때문이라고 주장했던 임창(任敞)을 절도에 유배하라고 청하였다.

7월에는 임인옥사 관련 수사에서 유취장과 심진(沈榗)의 결안이 나왔다. 22일, 유취장은 김창집과 훈련도감 중군을 교체할 일을 모의하였고, 이홍술과 함께 군대를 동원하여 경종을 폐위하려고 계획하였다고 자백한 결안이 수록되었다. 26일에는 심진이 결안에서, 전라병사로 있을 때 조카 심상길과 함께 은화와 각종 재물을 '노론을 위해 주선한다는 생각'으로 조달하였음을 자백하였다.

27일에는 전후로 25차례에 걸쳐 상소가 올라왔는데, 비답하지 않고 승정원에 내린 사실을 기록하고, 상소자 명단을 제시하였다. 29일에는 경종이 민진원을 석방하라는 하교가 있었다고 기록하였다.

8월에도 임인옥사는 계속 확대되었다. 1일에는 김시태(金時泰)·김성절(金盛節)이, 2일에는 양익표가 새롭게 체포되고 4일에는 백시구·유성추·우홍채(禹洪采)·이명좌(李明佐) 등이 국청으로 이송되었다. 21일에는 이명익(李明翼)을, 21일에는 김창언(金昌彦)을, 24일에는 홍순택(洪舜澤)을, 29일에는 형의빈(邢義賓)을 체포하였다.

그와 함께 노론 4대신에 대한 처벌을 청하는 삼사의 논계는 집요하게 전개되었다. 2일에는 홍문관에서 이건명과 조태채를 처단하고 김창집과 이이명을 노적하라고 청하였다. 9일에는 삼사가 합계하여 청하고, 12일에는 삼사가 복합하고, 대신·재신·삼사가 청대하여 다시 거론하였지만 경종은 들어주지 않았다. 이에 물러갔다가 오후에 다시 입시하여 끈질기게 논계하니 밤이 되자 결국 경종의 윤허를 받았지만 조태채에 대해서만은 결정을 유보하였다.

이건명을 19일에 참형하였다는 금부도사의 보고가 25일자 기사로 수록되어 있고, 28일에는 노적률 시행에 대한 의금부의 논계를 기록하였다.

소론측에서 노론 4대신에 대한 처벌 주장이 한창인 가운데, 11일에는 소론 탕평파 정승 남구만(南九萬), 박세채(朴世采), 윤지완(尹趾完)을 숙종 묘정에 배향하였다는 사실과, 그 교문을 기록하였다.

8월에 임인옥 수사는 상당한 성과를 거두었다. 16일 이헌(李瀗), 17일 양익표와 이명좌, 그리고 23일 김성절의 결안을 받아 낸 것이 그것이다. 평안병사 이우항(李宇恒)의 아들인 이헌은 1717년 정유독대(丁酉獨對) 이후 이이명·김창집 등이 장세상과 지상궁(池尙宮)을 통해서 동궁을 폐위하려고 도모하였다고 자백하였다. 양익표는 궁성 호위의 일과 훈련대장 중군을 교체하는 일을 김창집·이홍술과 모의한 사실을 인정하였다.

이홍술의 종손인 이명좌는 조송(趙松)·정우관(鄭宇寬) 등과 은을 모은 일을 구체적으로 진술하고, 김창집이 군대를 동원하려 했다는 김시태(金時泰)의 말을 전하였다. 김창집 가문의 서자이고 이이명의 인척인 김성절은 김창집과 이이명이 은화를 모아서 환국을 도모한 정황을 날짜별로 구체적으로 상세하게 진술하였다.

본서는 목호룡의 고변으로 촉발된 임인옥사의 전말(顚末)을 관련 공초와 결안 등 관련자들의 진술을 통해 재구성하여 그 실체에 접근하고, 이를 통해 충역(忠逆) 판정의 근거로 삼으려 하였다. 목호룡의 고변에 이어진 조흡의 고변으로 임인옥사는 확대되어 삼수 음모와 함께 김창집 등 노론 4대신이 여기에 깊숙하게 관여되어 있었으며, 심지어 군대를 동원하여 경종을 폐위시키려는 모의가 있었다는 사실까지 밝혀졌다.

이로 인해 18세기 영조 재위 전 기간을 통하여 이 문제를 어떻게 처리할 것인가를 두고 논란이 일어날 수밖에 없었다. 그렇지만 본서에서도 임인옥사가 마무리 된 것은 아니었다. 이어지는《연려술속 4》에서는 그것이 종결되고, 경종에서 영조로 왕위가 교체되면서 논란의 양상이 변화되는 것을 보게 될 것이다.

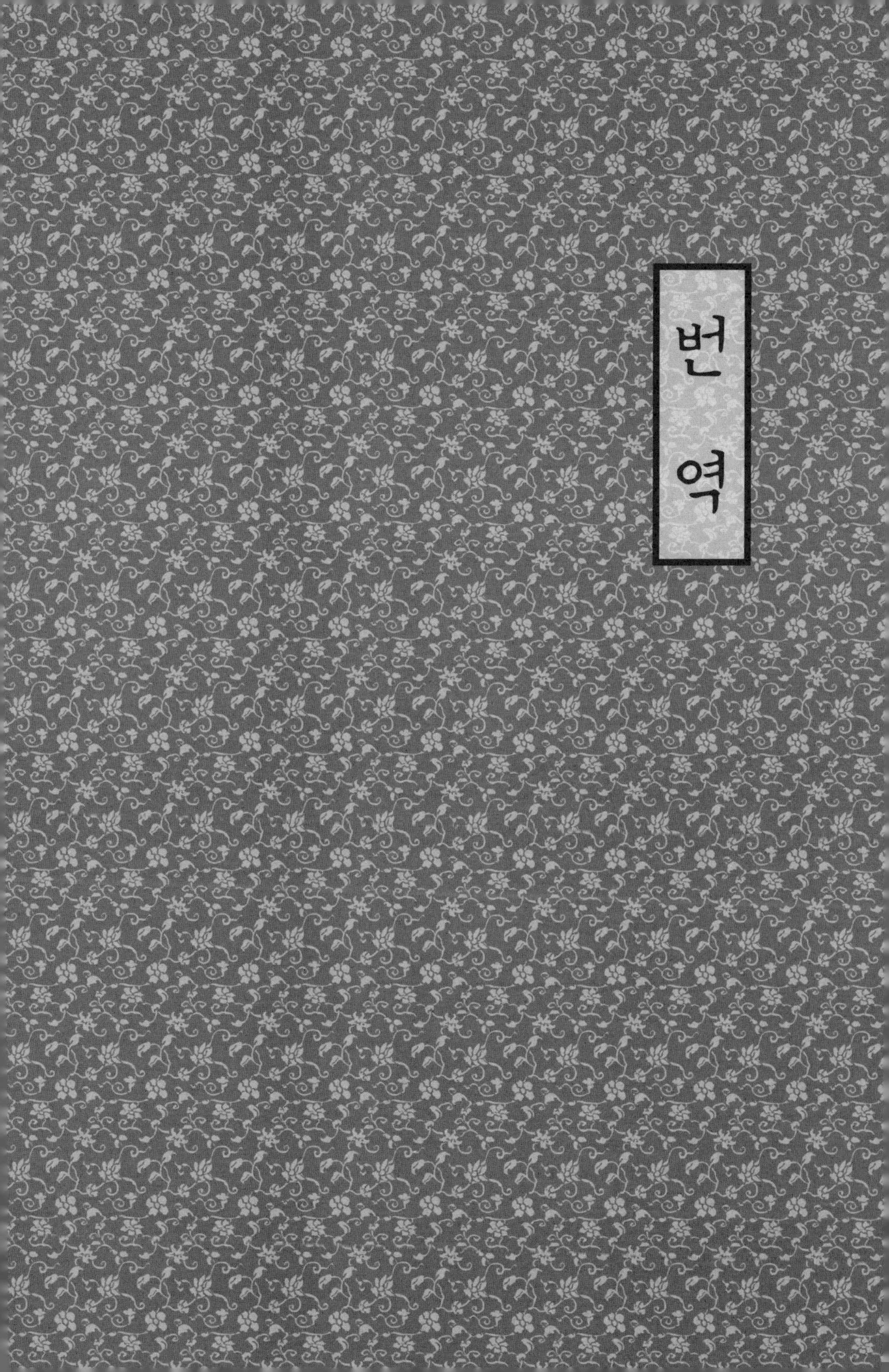
번
역

《연려술속(燃藜述續)》 권5

○ **임인년(1722, 경종2) 3월 27일**, 승지 김치룡(金致龍)[1], 조경명(趙景命)[2], 황이장(黃爾章)[3], 이의만(李宜晚)[4] 등이 입시하였다. 이때 대신을 명초(命招)하여 고변한 목호룡(睦虎龍)[5]을 우선 해당 부서에 내주게 하였다. 영부사

---

1) 김치룡(金致龍) : 1654~1724. 본관은 언양(彦陽), 자는 천용(天用)이다. 1675년(숙종1) 생원·진사에 모두 합격하고, 1691년 증광 문과에 급제하여, 1694년 갑술환국 이후 청요직을 두루 역임하였다. 1711년 강원도관찰사가 되고, 1721년(경종1) 사은부사로 청나라에 다녀온 뒤 승지가 되었다.

2) 조경명(趙景命) : 1674~1726. 본관은 풍양(豊壤), 자는 군석(君錫), 호는 귀락정(歸樂亭)이다. 직장 조형(趙珩)의 증손, 조상정(趙相鼎)의 손자, 도사 조인수(趙仁壽)의 아들이다. 좌의정 조문명과 영의정 조현명의 형이다. 1702년(숙종28) 진사시에 합격하여 음보(蔭補)로 현감이 되었으며, 1722년(경종2) 49세의 나이로 정시 문과에 장원 급제하여 승지가 되었다. 1725년(영조1) 대사간으로 있을 때 노론의 탄핵을 받았다.

3) 황이장(黃爾章) : 1653~1728. 본관은 장수(長水), 자는 자경(子褧)이다. 1712년(숙종38) 정시 문과에 급제하여 청요직을 두루 거쳤다. 1715년 장령 재직 시 논의가 준열하다 하여 '오색대간(五色臺諫)'이라는 별명을 얻었다. 그 뒤 승지·대사간 등을 지냈으며, 영조대 강화유수 등을 역임하였다.

4) 이의만(李宜晚) : 1650~1736. 본관은 광주(廣州), 자는 선응(善應), 호는 농은(農隱)이다. 이준경(李浚慶)의 5대손이다. 1691년(숙종17) 증광 문과에 급제하여 1694년 갑술환국 이후 청요직에 진출하였다. 1697년 수령들의 실정을 탄핵하였다가 파직 당했다. 1708년 홍문록에 오르고, 1722년(경종2) 승지가 되었다. 1725년(영조1) 노론의 탄핵으로 관작을 삭탈 당하였다가 1731년 한성판윤이 되었고, 1736년 지중추부사로서 사망하였다.

5) 목호룡(睦虎龍) : 1684~1724. 본관은 사천(泗川)으로, 참판 목진공(睦進恭)의 후손이며, 남인(南人)의 서얼(庶孽)이다. 일찍이 종실인 청릉군(靑陵君)의 가동(家僮)으로 있으면서 풍수술(風水術)을 배워 지사(地師)가 되었다. 처음에는 노론인 김용택·이천기·이기지 등과 함께 세제를 보호하는 편에 속하였으나, 1721년(경종1) 김일경 등의 상소로 김창집 등 노론 4대신이 실각하여 유배되고 소론 정권이 들어서자, 다음 해인 1722년, 경종을

김우항(金宇杭)[6]은 명을 내려 불렀지만 나오지 않았다.

영의정과 우의정이 빈청(賓廳)에 나와 국청을 설치하라고 계청하여, 내병조(內兵曹)[7]에서 정국(庭鞫)[8]을 행하였다. 문사낭청(問事郞廳)[9]은 윤해교(尹惠教)[10]·이명의(李明誼)[11]·윤성시(尹聖時)[12]·유필원(柳弼垣)[13]·유수(柳綏)[14]·강

시해하려는 모의가 있었다는 이른바 삼수설(三手說)을 고변(告變)하였다. 이 고변으로 인하여 역모로 지목된 60여 명이 처벌되는 옥사가 일어나, 건저(建儲) 4대신인 이이명·김창집·이건명·조태채 등이 사형 당하였다. 목호룡은 고변의 공으로 부사공신(扶社功臣) 3등으로 동성군(東城君)에 봉해지고 동지중추부사(同知中樞府事)에 올랐다. 그 뒤 1724년 영조가 즉위하자 노론이 상소하여 임인옥사를 무고로 일어난 일이라고 주장하자, 영조가 이것을 받아들여 김일경과 함께 붙잡혀 옥중에서 급사하였다. 죽은 뒤 당고개에 서 효수되었다.

6) 김우항(金宇杭) : 1649~1723. 본관은 김해(金海), 자는 제중(濟仲), 호는 갑봉(甲峰)·좌은(坐隱)이다. 부사 김홍경(金洪慶)의 아들이다. 1669년(현종10) 사마시에 합격, 1675년(숙종1) 자의대비(慈懿大妃) 복상 문제로 송시열(宋時烈)이 유배되자 유생들과 더불어 이의 부당함을 상소하였다. 1681년 식년 문과에 급제하여 1689년 도당록(都堂錄)에 올랐지만, 기사환국으로 물러났다. 1694년 갑술환국 이후 청요직을 두루 거치고, 1703년 형조판서, 1713년 우의정 등을 역임하였다. 1722년 김일경의 사친 추존론(私親追尊論)을 반대하였다. 문집에 《갑봉집》이 있고 시호는 충정(忠靖)이다.

7) 내병조(內兵曹) : 궁중에 있는 병조의 분관(分館)으로, 궐내의 시위(侍衛)·의장(儀仗)에 관한 일을 맡아 보았다.

8) 정국(庭鞫) : 중대한 범죄인을 국문하는 한 가지 방식이다. 중대한 범죄인을 국문하기 위해서 따로 국청(鞫廳)을 설치하였으며, 사건의 중요성에 따라 삼성추국(三省推鞫), 정국(庭鞫), 친국(親鞫) 등으로 구분하였다. 삼성추국은 의정부, 사헌부, 의금부의 관원들이 합좌하여 강상죄인을 국문하는 것이며, 정국은 대궐 안에서 대신 중에 임명된 위관(委官)이 법관이 되어 국문하는 것이다. 삼성추국과 정국은 모두 의금부에서 진행했다. 친국은 왕이 직접 참여하여 추국을 주관하는 국문을 말한다. 정국과 친국의 경우 궐내에서 진행되므로 국문할 장소를 별도로 정하며, 사건 조사에 앞서 궁궐로 올려보낼 죄인의 명단을 정하는 절차가 추가되었다.

9) 문사낭청(問事郞廳) : 중죄인을 임금이 직접 심문할 때에 기록과 낭독을 맡은 임시 벼슬이다. 문랑(問郞), 문사랑(問事郞), 문사관(問事官)이라고도 한다. 의금부가 설치된 1414년(태종14) 이후에 있었던 관직으로 정6품에서 종9품 가운데서 죄인을 취조할 때 임시로 임명하였다. 당시에는 형조, 한성부, 의금부 등에서 재판을 관장하였으나 긴급한 주요 사건은 나라의 큰 죄인을 신문하기 위해 왕명으로 설치한 임시 관청인 국청(鞫廳)을 비롯해 정국(庭鞫)·성국(省鞫) 등에서 담당하였다. 문사낭청은 국청·정국·성국·의금부추국 등에 차출되어 위관(委官)과 의금부 당상, 형방승지의 지휘에 따라 죄인의 국문에 참여해 문서를 작성하였다.

세윤(姜世胤)15)이었다.

___

10) 윤혜교(尹惠敎) : 1676~1739. 본관은 파평(坡平), 자는 여적(汝迪), 호는 완기헌(玩棋軒)이다. 윤황(尹煌)의 증손, 윤순거(尹舜擧)의 손자, 윤진(尹晉)의 아들이다. 1714년(숙종40) 증광 문과에 급제하여 1718년 도당록에 올랐다. 경종대 청요직을 두루 역임하고, 1724년 영조가 즉위하자 승지가 되었다. 1725년 물러났다가 1727년 다시 등용되어 부제학·이조참의·대사헌 등을 거쳐서 1737년(영조13) 공조판서·홍문관제학·예조판서 등을 지내고 1739년 이조판서가 되었다.

11) 이명의(李明誼) : 1670~1728. 본관은 한산(韓山), 자는 의백(宜伯)이다. 1702년(숙종28) 진사가 되고, 1712년 정시 문과에 급제하여, 경종대 대사간 등을 역임하였다. 1721년(경종1) 김일경 등의 상소에 연명하였다가 영조 즉위 뒤 귀양 갔고, 1728년(영조4) 이인좌난에 연루되어 고문을 당하다가 죽었다. 그 뒤 1755년에 역률(逆律)이 추시(追施)되었는데, 순종 때 복권되었다.

12) 윤성시(尹聖時) : 1672~1730. 본관은 해평(海平), 자는 계성(季成)이다. 좌찬성 윤근수(尹根壽)의 현손이며, 정랑 윤현(尹睍)의 증손이다. 1699년(숙종25) 생원이 되고, 1705년 증광 문과에 급제하여 청요직을 두루 거쳤다. 1721년(경종1) 김일경 상소에 연명하여 노론을 물리치고, 이듬해에는 임인옥사를 주도하였다. 영조가 즉위하면서 유배되었다가 1730년(영조6) 의금부에 잡혀 와 고문받던 끝에 장독(杖毒)으로 죽었다. 1755년 나주괘서사건(羅州掛書事件) 때 김일경 이하 6적의 하나로 몰려 역률(逆律)이 추시되었다가, 순종 때 복권되었다.

13) 유필원(柳弼垣) : 1689~1743. 본관은 문화(文化), 자는 회지(誨之)이다. 영의정 유상운(柳尙運)의 손자, 좌의정 유봉휘(柳鳳輝)의 아들이다. 1718년(숙종44) 정시 문과에 급제하여, 1722년(경종2) 부교리가 되었다. 1725년(영조1) 노론의 탄핵을 받고 유배되었다가 1727년 석방되어 1729년 승지가 되었는데, 1742년 다시 의금부에 붙잡혀 갔다.

14) 유수(柳綏) : 1678~1755. 본관은 진주(晉州), 자는 여회(汝懷), 호는 성곡(聖谷)이다. 유순정(柳順汀)의 9대손이며 이조참판 유진운(柳振運)의 아들이다. 남구만(南九萬)에게 수학하였다. 1706년(숙종32) 진사시에 급제한 뒤 괴음현감(槐陰縣監)을 지냈으며, 1721년(경종1) 증광 문과에 급제하여, 1722년 정언이 되고 이후 청요직을 두루 거쳤다. 1725년(영조1) 삭출되었다가 1727년 승지가 되었다. 1755년 을해옥사에 연루되어 유배되었다.

15) 강세윤(姜世胤) : 1684~1741. 본관은 진주(晉州), 자는 윤지(胤之)이다. 판중추부사(判中樞府事) 강백년(姜栢年)의 손자이고, 판서 강현(姜鋧)의 아들이다. 화가로 이름을 날린 표암(豹菴) 강세황(姜世晃)의 형이다. 1713년(숙종39) 증광 문과에 급제하였으나, 당시 과장(科場)에서 시험관의 부정이 밝혀져 변방에 유배되어 충군(充軍)되었다. 그 뒤 1715년에 풀려나고, 1721년(경종1)에 승정원주서(承政院注書)가 되었다. 1728년(영조4)에는 이천부사에 임명되었다. 이때 무신난(戊申亂)이 일어났는데, 역적 임서호(任瑞虎)를 포박하는 공을 세웠으나 안산군수(安山郡守) 이광적과 내통한 혐의로 연기(燕岐)에 유배되었다가 1738년에 풀려났다. 1741년 사망한 뒤 1750년에 직첩을 환급받았다. 1763년에 당시 적괴 정세윤(鄭世胤)이 그와 이름이 같았던 까닭으로 억울하게 벌을 받았던 사실이 밝혀져 신원되었다.

○ 목호룡이 고변하기를,

"역적이 전하를 시해하려 모의하였는데, 혹은 칼로, 혹은 약으로 해치거나 혹은 폐출을 도모하였습니다.[16) 이들은 나라가 생긴 이래 천만고 동안 없었던 역적이니, 급히 토벌하여 종사를 안정시켜야 합니다. 역적이 또한 동궁을 팔아 천고에 씻기 어려운 누명을 씌우려 하고 있으니, 역적의 정상을 파헤쳐 누명을 벗기고 이로써 국본을 안정시키십시오."

라고 한 일이다.

○ 3경에 추국(推鞫)[17)을 개좌하였다.

"목호룡, 나이 39세. 네가 고변한 글 중에, 시해를 모의한 역적이 있는데, '혹은 칼로, 혹은 약으로 시해하려 하였고, 혹은 폐출을 도모하였다.'고 하였다. 칼로 한다는 것은 어떠한 일이고, 약으로 한다는 것은 어떠한 일이며 폐출을 도모한 것은 어떻게 도모했다는 것인가? 이른바 '역적'이란 어떤 사람이며, 한 사람이 홀로 이 세 건의 역모를 행한다는 것인지 혹은 각각의 건마다 해당하는 사람이 있다는 것인지, 하나하나 지명하여 고하라."

라고 하고, 또 말하기를,

---

16) 혹은 …… 도모하였습니다 : 노론 측에서 경종을 시해하고자 모의했다는 소위 '삼수설(三手說)'을 가리킨다. 1722년 3월 27일 목호룡이 역모를 고변하는 내용 속에서 구체적으로 언급되었다. 삼수란 보검을 이용한 '대급수', 독약을 이용한 '소급수', 전지(傳旨)를 위조하는 '평지수'이다. 목호룡의 고변에 따르면, '대급수'는 김용택이 보검을 백망에게 주어 숙종의 국상(國喪) 때 궁궐로 들어가 세자였던 경종을 시해하려고 한 것을 말한다. '소급수'는 이기지·정인중·이희지·김용택 등이 은(銀)을 상궁 지씨에게 주고, 상궁이 독약을 타서 세자를 시해하려 한 것이다. 마지막으로 '평지수'는 이희지가 언문으로 세자를 무고하고 헐뜯는 말로 가사를 지어 궁중에 유입시키고, 또 숙종의 명령을 자신들이 꾸며서 세자를 폐위시키려 한 것이었다. 《景宗實錄 2年 3月 27日》

17) 추국(推鞫) : 왕명으로 의금부에서 수행한 중죄인의 심문 또는 그 절차를 말한다. 추(推)는 형추(刑推), 즉 형장(刑杖)으로 치는 것이며, 국(鞫)은 국문(鞫問), 즉 철저하게 심문하는 것을 뜻하는 특별한 심문 절차이다. 모반·대역(大逆)·당쟁·사학(邪學)·흉소(凶疏)·괘서(掛書)·가칭어사(假稱御史)·능상방화(陵上放火)와 같은 국사범은 그 죄질에 따라 친국(親鞫)·정국(庭鞫)·추국 여부를 국왕이 결정하였다.

"역적이 또한 동궁을 팔아 천고에 씻기 어려운 누명을 씌웠다 했는데, 이른바 '팔았다'는 것은 어떠한 일이며 '누명'이란 것은 무엇을 말하는가? 이 일과 시해를 모의한 역적은 같은 사람인가? 아니면 다른 사람이 따로 있는가? 그 흉모와 반역의 정상을 너는 어떻게 상세히 알고 이러한 고변을 하게 된 것인지, 하나하나 사실대로 고하라."

하고, 또한 추문(推問)하라는 성상의 하교를 전하였다.

목호룡이 다음과 같이 공초(供招)[18]하였다.

"저는 사천(泗川)의 후인(后人)으로서, 비조(鼻祖) 목진공(睦進恭)은 호조참판을 지냈습니다. 고조모 이씨(李氏)는 병자호란 때 어미와 자녀 다섯 사람이 죽음으로 절개를 지켜서 그 효열(孝烈)에 대해 다섯 개의 정문(旌門)이 내려졌으므로, 대대로 충효(忠孝)로써 자부해왔습니다.

저는 어려서부터 옛 사람의 서적을 읽고 대강이나마 충효가 인간의 큰 강령이 된다는 것을 알았으므로, 몸은 비록 미천하지만 왕실을 보존하는 데 뜻을 두었습니다. 그러던 차에 흉적이 종사를 위태롭게 만들고자 모의하는 것을 목도하였으므로 천지에 맹세코 성궁(聖躬)을 지킬 것을 기약하고 호랑이 아가리에 미끼를 던져서 은밀한 실정을 캐내어, 감히 이처럼 고변하게 된 것입니다.

이른바 '칼로 해하려 했다.'는 것은 용맹한 무사를 시켜 비수를 품고 궁중에 들어가 마치 측간을 수리하는 것[19]처럼 위장하고 시행하게 하는 것으로서, 역적들이 자기들끼리는 사사롭게 '대급수(大急手)'라 불렀습니다. 이른바 '약' 이라 함은 궁녀에게 독약을 주고 이를 음식에 타게 하는 것으로서, 역적들이

---

18) 공초(供招) : 죄인이 범죄 사실을 진술하는 것을 말한다.

19) 마치 …… 것 : 원문의 도측(塗廁)은 측간을 수리한다는 뜻으로, 가슴에 비수를 품고 궁궐 측간에 숨었던 예양(豫讓)의 고사를 인용한 것이다. 전국시대 진(晉)나라의 자객 예양이 자신을 국사(國士)로 대우해 준 지백(智伯)의 원수를 갚기 위해 조 양자(趙襄子)를 죽이려고 다리 밑에 숨어 있기도 하고[伏橋], 측간을 수리하는 인부로 위장하기도 하였으나[塗廁], 결국 실패로 끝나자 조 양자가 벗어준 옷을 세 번 칼로 내리치는 것으로 위안을 삼고는 미침내 자결하였다. 《史記 卷86 刺客列傳 豫讓》

자기들끼리 사사롭게 '소급수(小急手)' 또는 '와수(臥手)'라고 불렀습니다. 이른
바 '폐출'이라 함은 '평지수(平地手)'라 부르는 것으로 대부분 금을 주고 환관과
결탁하여 죄목을 조작해 내쫓는 계책으로 삼으려 한 것입니다.

동궁 저하에 대해서는, 제가 일찍이 문자로써 방수(芳樹)[20]의 음덕(蔭德)을
받고, 그 은혜가 제 몸에 남아 있어 매번 몸을 바쳐 보답하고자 하였으므로
저하의 어질고 효성스러운 마음이 밝게 알려지기만을 바랐습니다. 그런데
동궁께서 잠저(潛邸)에 계실 때 가만히 살펴보니, 평생 마음 둔 일은 높은
산마루에 있는 묘산(墓山) 아래 집을 짓고 유유자적 책을 읽으며 여생을
보내려 하였으므로, 평소 품어온 뜻이 왕이 되는 것을 기꺼워하지 않는
마음은 가히 일월과 더불어 밝음을 다툴만하였는데, 성상의 자애로운 은혜에
하늘과 사람이 자연스럽게 마음을 두어 지금의 동궁이 있게 된 것입니다.

그런데도 이 무리가 감히 '(건저가) 자신들의 손에서 나왔다.' 하며 서로
공을 다투어 추잡한 말이 낭자하니, 실로 몸과 마음이 부서지는 듯하여
그 거짓됨을 밝히고 싶었습니다. 또한 근래 환국(換局)[21]의 일은 성상의
결단이 성대히 빛나 사람이 모의할 수 있는 일이 아닌데도 또 일종의 역적들이
스스로 말하기를, '세제와 통하면 곧 환국을 할 수 있다.'고 운운하고 있으니,
그 또한 추악한 모욕이 심한 것입니다.

예로부터 어느 시대인들 난신적자가 없었겠습니까마는 흉악하고 극악한
실정이 이 무리와 같은 자들은 없었습니다. 역적은 전하의 역적이 아니라
종사(宗社)의 역적이며 또한 종사의 역적만이 아니라 곧 온 나라 사람들의

---

20) 방수(芳樹) : 당나라 시인 송지문(宋之問)의 〈유소사(有所思)〉에 "공자와 왕손들 꽃다운
    나무 아래 놀고, 맑은 노래 고운 춤 낙화 앞에서 놀았네[公子王孫芳樹下 淸歌妙舞落花前]"라
    고 한 데서 나온 말로서 여기서는 세제가 된 연잉군(延礽君)을 가리킨다.
21) 환국(換局) : 신축년의 환국[辛丑換局]을 이른다. 1721년(경종1) 노론에서 소론으로 정국
    주도 세력이 교체되었다는 의미에서 신축환국이라고 하였다. 당시 노론 측에서는
    《경종의 나이가 30세가 넘었는데 후계자가 없자 왕세제를 세울 것을 요구했다. 왕세제의
    책봉과 관련된 노론 측의 요구는 관철되었으나, 이후 노론 측이 추진한 대리청정
    요구는 소론 측의 반격으로 실패하고 정국의 주도권은 소론에게로 넘어갔다.

역적입니다. 제가 한 하늘 아래 살며 흉악한 역적들이 하는 짓을 보고 어찌 차마 고하지 않을 수 있겠습니까. 그러나 지금에서야 고하는 것은 역적의 형세가 뿌리 깊고 심대하여 만약 잘 조치하지 못한다면 그 화를 예측할 수 없기 때문이었습니다.

또한 저들이 제 늙은 어미를 두고 공갈협박하기를,

'네가 만약 고변하는 일이 있다면 우리는 반드시 너의 어미를 죽일 것이다.'

라고 하면서 매번 저의 동정을 엿보고 기찰하여 어찌할 방법이 없었는데, 제가 겨우 노모를 먼 곳에 피신시켜 숨겨두었으므로 이제야 비로소 고변하게 되었습니다.

그런데 역적들은 각각 경중(輕重)과 천심(淺深)이 있어서, 대급수와 소급수를 아는 자들은 모두 깊고 무겁게 관련된 자들이요, 평지수를 아는 자는 가볍고 얕게 관련된 자들입니다. 역적의 이름을 열거하여 올립니다. 그들의 이름은 정인중(鄭麟重)[22], 김용택(金龍澤)[23], 이기지(李器之)[24], 이희지(李喜之)[25], 심상

---

22) 정인중(鄭麟重) : 1674~1722. 본관은 경주(慶州), 자는 숙저(叔雎)이다. 임진왜란 당시의 충신 정발(鄭撥)의 손자로서, 부친은 참봉(參奉) 정이상(鄭爾尙)이고, 생부는 정이량(鄭爾亮)이다. 음사(蔭仕)로 출사하여, 의영직장(義盈直長)을 지냈다. 1722년(경종2) 목호룡의 고변에 의해 체포되어, 김용택·이기지·이천기·홍의인 등이 백망을 통해서 지상궁(池尙宮)에게 은(銀)을 주고서 독약으로 경종을 시해하려 한다는 것을 알면서도 고하지 않았다고 인정하고 4월 12일 처형당하였다.

23) 김용택(金龍澤) : 1680~1722. 본관은 광산(光山), 자는 덕우(德雨), 호는 고송헌(高松軒)이다. 대제학 김만중(金萬重)의 손자이고, 이사명(李師命)의 사위이다. 숙종대 이이명의 천거로 벼슬길에 올랐다. 1722년(경종2) 목호룡의 고변으로 붙잡혀 백망에게 보검을 준 일과 독약을 마련하려고 은을 모은 일을 모두 인정하였지만 결안하기 전 4월 13일에 물고되었는데, 4월 19일 참형에 처해졌다. 1802년(순조2)에 신원(伸寃)되어 집의(執義)에 추증되었다.

24) 이기지(李器之) : 1690~1722. 본관은 전주(全州), 자는 사안(士安), 호는 일암(一庵)이다. 좌의정 이이명의 아들이다. 1715년(숙종41) 진사가 되었는데, 1721년(경종1) 12월 25일 대리청정을 추진한 노론 4대신의 혈당이라고 탄핵받고 1722년 2월 유배된 상태에서, 목호룡의 고변에서 거론되어 다시 국문을 받던 도중 5월 4일에 물고되었다. 1725년(영조1) 신원되어 사헌부 지평을 추증 받았다. 저서로 《일암집(一庵集)》이 있다.

25) 이희지(李喜之) : 1681~1722. 본관은 전주, 자는 사복(士復), 호는 응재(凝齋)이다. 판서 이사명의 아들이며, 좌의정 이이명의 조카이다. 1721년(경종1) 12월 15일 심상길·홍의인

길(沈尙吉)26), 홍의인(洪義人)27), 홍철인(洪哲人), 조흡(趙洽)28), 김민택(金民澤)29),

등과 결탁하여 음모를 꾸미고 있다고 탄핵받고 장흥에 유배되었다. 1722년 목호룡이, 김창집의 손자 김성행, 이이명의 아들 이기지와 조카 이희지, 김춘택의 재종제 김용택과 처남 이천기 등 노론 명문가 자제들이 환관·궁녀들과 결탁하여 숙종의 임종 무렵 '삼수(三手)'로 당시 세자이던 경종을 죽이려 했다고 고변하였다. 당시 이희지는 경종에게 약물을 먹여 시해할 목적으로 궁녀에게 금전을 주었으며 경종을 비방하는 노래를 지었다는 혐의를 받고, 4월 8일 체포되어 9차 형신 끝에 4월 17일 물고되었다.

26) 심상길(沈尙吉) : 1678~1722. 본관은 청송(靑松), 자는 길보(吉甫)·자팔(子八), 호는 연옹(蓮翁)이다. 1702년(숙종28)과 1715년 한성시(漢城試)에서 거듭 장원하고, 잇달아 진사시에 입격하였다. 1716년 침랑(寢郞)이 되었으며, 형조좌랑 등을 역임하였다. 1721년(경종1) 12월 이희지·홍의인 등과 야밤에 왕래한다는 이유로 사헌부의 탄핵을 받고 정배(定配)되었다. 이후 1722년 목호룡의 고변으로 잡혀 들어와 궁금과 결탁하는데 쓸 은을 낸 것을 인정하고 4월 14일 처형되었다. 1766년(영조42)에 복관되었으며, 1802년(순조2) 집의(執義)에 추증되었다.

27) 홍의인(洪義人) : 1683~1722. 본관은 남양(南陽), 자는 정숙(正叔)이다. 1717년(숙종43) 명릉참봉(明陵參奉), 1719년 선공감 봉사(繕工監奉事)을 지냈다. 1721년(경종1) 종묘(宗廟) 직장(直長)이 되었는데, 같은 해 12월 이희지·심상길 등과 야밤에 출몰한다고 탄핵받고 명천부(明川府)에 유배되었다. 이듬해인 1722년 목호룡의 고변으로 4월 14일 투옥되어 네 차례 형문을 받고 4월 23일 물고되었다. 그는 은자(銀子) 50냥을 궁녀에게 주고 궁중과 연락을 취하였다는 혐의를 받았다.

28) 조흡(趙洽) : ?~1725. 병사(兵使) 조이중(趙爾重)의 아들이다. 목호룡의 고변으로 붙잡혔는데, 그의 공초에 의하면, 서덕수(徐德修)와 7촌 사이이고 김창도(金昌道)와는 사돈간이며 장세상(張世相)과는 절친한 사이라고 한다. 한때 의주 부윤 김유경(金有慶)의 막하에서 편비(偏裨)로 있었다. 1721년(경종1) 12월 25일 노론 4대신의 혈당이라는 탄핵을 받고 1722년 2월 단천군에 정배되었다. 같은 해 3월 목호룡의 고변으로 4월 11일 붙잡혀 와 심문을 받던 도중 4월 20일 서덕수·김창도·이정식 등이 독약을 쓰는 일을 주관하였다고 고변하였다. 또한 노론이 소론을 제압하기 위해 궁성을 호위하려 논의한 일, 훈련도감 중군을 이삼(李森)에서 유취장(柳就章)으로 교체한 일, 숙종대 이이명이 독대한 일을 이정식·김운택 등이 그 이전에 미리 알고 있었던 일 등을 공초하여 임인옥사를 확대시켰다. 11월 7일 경흥부(慶興府)에 정배되었는데, 1725년(영조1) 무고죄로 처형당했다.

29) 김민택(金民澤) : 1678~1722. 본관은 광산(光山), 자는 치중(致中), 호는 죽헌(竹軒)이다. 생원 김익겸(金益兼)의 증손, 광성부원군(光城府院君) 김만기(金萬基)의 손자, 호조판서 김진귀(金鎭龜)의 아들이다. 1719년(숙종45) 별시 문과에 급제하여 1720년(경종 즉위) 홍문록에 이어 도당록에 올랐다. 1721년 12월 노론 4대신과 혈당을 맺어 암약한 16인으로 탄핵받고 이듬해 2월 선천부(宜川府)에 찬배(竄配)되었다. 1722년 목호룡 고변으로 4월 27일 체포되어 9차의 형신을 받았는데, 김창도·서덕수 등의 공초에서 삼수 음모를 주도한 정황이 낭자하게 드러났지만 자백하지 않고 5월 20일 물고되었다. 김제겸·조성복과 함께 신임옥사 때 죽은 삼학사(三學士)로 일컬어졌다. 저서로 《죽헌집(竹軒集)》이

김성행(金省行)[30], 백망(白望)[31], 오서종(吳瑞鍾)[32], 유경유(柳慶裕)[33]입니다.

위의 사람들은 이미 깊이 혹은 얕게 간여한 사람들이고, 그 나머지 증좌에 나온 사람들 및 은화(銀貨)를 낸 사람들은 각기 해당하는 사람이 있으니, 응당 역적의 입으로 실토하게 해야 할 것입니다. 위의 사람들은 진실로 나라의 역적이니 시급히 왕법에 따라 처형해야 할 것입니다.

있다.

30) 김성행(金省行) : 1696~1722. 본관은 안동(安東), 자는 사삼(士三), 호는 취백헌(翠柏軒)이다. 영의정을 지낸 김창집의 손자이자 김제겸(金濟謙)의 아들이고, 김원행(金元行)의 형이다. 1722년 목호룡의 고변으로 4월 10일 체포되어 5월 20일 10차 형신을 받고 물고되었다. 1748년(영조24) 5월에 연차(聯箚)를 비역(非逆)으로 선포하고, 이듬해인 1749년에 김성행 등을 영조의 충신으로 선포하였으며, 1784년(정조8) 8월 29일에 정려(旌閭)의 표창을 받았다. 시호는 충정(忠正)이다.

31) 백망(白望) : 1627~1722. 본관은 수원(水原), 자는 구이(久而)이다. 왕세제 연잉군(延礽君)의 응사(鷹師)였는데, 임인옥 관련자들 사이에서는 용사(勇士)로 통하였다. 1722년(경종2) 3월 27일 목호룡의 고변으로 인하여 경종의 시해 또는 폐출을 모의한 죄목으로 사로잡혔다. 그런데 그는 감옥을 탈출하여 도주하였다가 체포되자 고변하여 목호룡의 공초 내용을 부정하였다. 그렇지만 김용택 등의 공초에서 그에게 칼을 주어 대급수를 시행하게 하였으며 은화를 모은 일도 모두 탄로 났고, 그의 집에서 단검과 갑옷이 발견되어 칼로 경종을 시해하는 대급수(大急手) 관련자로 지목되어 처형당했다. 또한 공초에서 소론과 남인이 세제를 모해하려 하였다고 역으로 고변하였는데, 여기에는 당시 추국을 담당하고 있던 조태구·최석항·심일경·심단 등의 이름도 거론되었다. 국청에서는 이 일을 불문에 붙였으며, 문목에서 벗어난다고 하여 기록하지 않았다. 《景宗修正實錄 2年 3月 29日, 4月 4日》

32) 오서종(吳瑞鍾) : 1693~1722. 본관은 보성(寶城)이다. 1717년(숙종43) 온양에서 시행된 별시문과에서 급제하여 1721년(경종1) 성균관박사가 되었다. 1722년 임인옥사 당시 목호룡의 고변 다음날인 3월 28일 체포되어, 경종의 시해를 모의할 때 유경유(柳慶裕)와 함께 남인과 결탁하여 역모자금을 조달하기 위해 은을 구해주었다는 혐의를 받았다. 17차례 형신을 받고 9월 17일 결국 물고되었다.

33) 유경유(柳慶裕) : 생몰년 미상이다. 참판 유명견(柳命堅)의 손자이다. 1722년(경종2) 임인옥사 당시 숙종의 국상 때 세자[경종]를 해치려는 역모에 오서종(吳瑞鍾)와 더불어 거사를 위한 자금으로 은을 구해주었다는 혐의를 받고 7월 27일 체포되어 9월 23일 무장현(茂長縣)에 유배되었다. 영조 즉위 후 신임옥사(辛壬獄事) 때 화를 당한 노론계 인물들의 죄를 감해 주었는데, 유경유는 이때 죄가 감등되었다. 이해에 임인옥사(壬寅獄事)를 고변한 목호룡을 재판할 때 김일경(金一鏡)·목호룡과 내통하였다는 혐의를 받고 다시 유배되었다가 1729년(영조5) 4월에 석방하라는 명이 있었다. 《英祖實錄 1年 1月 7日, 5年 4月 30日》

제가 풍수지리[堪興]의 술수를 조금 알아서 묏자리를 구하러 용문산(龍門山)에 갔는데, 용진(龍津)에 있는 봉안역(奉安驛)에 이르러 저물녘 노새를 탄 사람을 하나 만나 그 종에게 주인의 성명을 물었더니 답하기를, '이 판서댁 서방님입니다.'라고 하였습니다. 저는 그가 이희지라는 것을 알고 서로 더불어 대화하며 또한 시를 논하였습니다.

그에게 선대(先代)에 발복(發福)한 산을 물으니, 답하기를 '함흥'이라고 하였다가 다시 '태백산'이라고 하였습니다. 제가 그 뜻을 알지 못하여 다시 물었더니, 웃으며 대답하기를, '나의 본관은 완산(完山)이다.'라고 하였습니다. 대개 성조(聖祖)의 묘산(墓山)을 발복한 곳으로 삼는 것을 보고, 이미 그가 상서롭지 못한 사람이라는 것을 알았습니다.

또한 더불어 시를 논하였는데, 그 시가 바로 낙일시(落日詩)였습니다. - 타본(他本)에서는 시를 지었다고 하였다. - 그때 선왕의 병환이 매우 위중하였는데, 그 시어의 뜻이 심히 음험하고 참혹하였습니다.

그가 갑자기 저에게 묻기를, '네가 이미 풍수설을 알고 있다면 또한 둔갑술(遁甲術)도 아는가?' 하기에, 제가 그 동정을 살피고자 답하기를, '나는 비록 둔갑술을 할 줄 모르나, 내 벗 중에 둔갑술을 잘하는 자가 있다.'라고 하였습니다. 그가 말하기를, '그 사람의 성은 무엇이고, 이름은 무엇인가?'라고 하여 제가 지어내어 답하기를, '담이(談爾)라는 사람이다.'라고 하였습니다.

그러자 그가 또 묻기를, '그 사람은 문장을 잘 하는가?'라고 하여, 제가 또 말하기를, '문장도 옛사람 못지않다.' 하니, 이희지가 또 말하기를, '너는 그 시를 외울 수 있는가?'라고 하여, 제가 시 한 수를 지어 읊기를,

'흰 사슴이 마시고 남은 못 물이 푸르고, 푸른 난새 날아가 버린 산봉우리에 연기가 솟아났네. 천 번을 돌아누우며 보니 은하수가 돌고, 소나무 그늘 정정한데 머리털은 백발이네.'

라고 하였습니다. 이에 이희지가 말하기를,

'참으로 신선과 같은 도사의 모습[仙風道骨]이다. 너를 통해서 담이 스승을

만나고 싶은데, 주선해 줄 수 있겠는가?'

라고 하여 제가 허락하였습니다.

이튿날 저는 용문산으로 가고, 이희지는 그의 묘산으로 갔습니다. 다음날 희지가 용문산으로 저를 찾아와서 다시 담이가 있는 곳을 물었습니다. 또 저에게 묻기를, '너의 성이 목씨이니, 남인의 족속인가?'라고 하여, 제가 말하기를, '성은 비록 목씨이나, 몸이 미천하여 족속은 아니다.'라고 하였습니다.

이희지가 또 말하기를,

'내가 지금 연동(蓮洞)의 상공(相公)[34]인 숙부 집으로 돌아갈 것인데, 네가 만약 나를 찾아온다면 반드시 좋은 일이 있을 것이다.'

라고 하였습니다. 헤어질 때 다시 저에게 말하기를,

'마전(麻田)에 사는 나의 벗 정인중은 천하의 기이한 선비이다. 만약 너를 본다면 반드시 크게 기뻐할 것인데, 다만 네가 와야만 만날 수 있다.'

라고 하기에, 제가 허락하고 헤어졌습니다.

그 후 5일 만에 집에 돌아왔더니, 이희지가 이미 저희 집에 두 번이나 사람을 보내 제가 돌아왔는지를 물었습니다.

그날에도 또 노세를 보내어 저를 불러서, 연지동(蓮池洞) 김용택의 집으로 갔더니, 이희지·정인중·김용택·이기지 등이 둘러앉아 있다가 마치 평생을 알고 지낸 사람처럼 환대해주며 모두 담이를 만나고 싶어했습니다. 또한 둔갑술과 우보(禹步)[35]에 관한 책을 얻기를 간절히 원하였는데, 제가 웃으며 말하기를,

'그대들이 둔갑술에 관한 책을 구하는 것은 그 책의 쓰임을 알지 못하는 것이다. 둔갑술이 사람에게 달려 있지 어찌 책에 있겠는가.'

라고 하였더니, 이기지·정인중 등이 아주 기이하게 여기며, '이 사람은

---

34) 연동(蓮洞)의 상공(相公) : 이이명(李頤命)을 이른다.

35) 우보(禹步) : 원래 우(禹) 임금이 치수(治水)하느라 산천을 돌아다니다가 발병이 생겨 절뚝 걸음을 걸었다는 데서 유래한 것으로서, 뒤에 뜻이 변화하여 도사(道士)가 법술(法術)을 펼 때 걷는 걸음을 이른다.

더불어 심중의 말을 나눌 만하다.'라고 하고, 이어 묻기를,

'네가 사는 마을에도 지금 형가(荊軻)와 섭정(聶政)36)같은 부류가 있어 도시(屠市)37) 속에 숨어 살고 있는가?'

라고 물었습니다. 이에 제가 이미 그 속셈을 알아차리고 답하기를, '내 벗들 중에는 협객과 같은 부류가 많다.'라고 하였더니, 좌중의 손들이 듣고 크게 기뻐하며 술을 따라주고 전송해주었습니다.

그 후 이희지가 부어교(鮒魚橋)에 있는 저를 찾아와 함께 술을 마셨는데, 희지가 저에게 말하기를,

'천하의 일에는 돈이 많은 것보다 나은 것이 없고, 일신의 즐거움은 음식과 여색보다 나은 것이 없으니, 너는 한가롭게 시구나 짓지 말고 나를 따라 부여(夫餘)로 가서 서로 도와 식리(殖利)할 수 있겠는가?'

하여, 제가 말하기를,

'이 또한 명운이 있어야 하니, 어찌 감히 바랄 일이겠는가? 비록 그러하나 네가 호중(湖中, 충청도)으로 간다면 내 마땅히 한번 방문하겠다.'

라고 하였습니다. 이후 서로 빈번하게 왕래하였으나 아직 속 깊은 말을 나누지는 않았습니다.

하루는 정인중이 김용택의 집에 와서 저에게 편지를 보내기를,

'내가 재랑(齋郎)38)으로서 입번(入番)할 일로 심주(沁州, 강화도)에 가야 하니, 지금 즉시 오라.'

라고 하여 제가 김용택의 집에 갔더니 정인중이 있었습니다. 정인중이 저에게 묻기를, '너는 백운산(白雲山) 사람 이태화(李泰華)의 성명을 들어보았는

---

36) 형가(荊軻)와 섭정(聶政) : 전국시대(戰國時代)의 이름난 자객(刺客)으로, 형가는 연(燕)나라 태자(太子) 단(丹)의 부탁으로 진왕(秦王) 정(政)을 죽이려다가 실패하였고, 섭정은 엄수(嚴遂)란 사람의 부탁으로 한(韓)나라 재상 괴(傀)를 죽였다.

37) 도시(屠市) : 백정이나 장사꾼을 이른다.

38) 재랑(齋郎) : 묘(廟)·사(社)·전(殿)·궁(宮)·능(陵)의 참봉 혹은 제향(祭享) 때에 향로(香爐)를 받들어 가지는 제관(祭官)을 두루 일컫는 말이다.

가?'라고 하여, 제가 말하기를, '그 이름을 듣기는 하였으나 그 사람을 만나
본 일은 없다.'라고 하자, 정인중이 말하기를,

'이 사람이 거문고를 타면 현학(玄鶴)이 내려와 앉고 100리 밖의 일을 볼
수 있는데, 네가 말한 담이라는 사람은 이 사람과 비교하면 어떠한가?'
라고 하였습니다. 이에 제가 말하기를,

'담이를 어찌 견주어 말하겠는가. 이 사람을 만나보지 못한 것이 한스럽다.
나에게 천서(天書)가 있는데, 이 사람에게 주고 싶어도 줄 수 없으니, 만약
이 사람을 만날 수 있다면 내 반드시 그에게 줄 것이다.'
라고 하자, 정인중이 눈썹을 꿈틀하며 기뻐하는 기색이 있어서, 이로써
이태화가 반드시 올 것을 이미 알 수 있었습니다.

하루는 이슬비가 내리는데, 어떤 사람이 문밖에 와서 자기가 속리산 석굴에
서 왔는데 담이의 소식을 전하러 왔다고 하였습니다. 제가 그 거짓되고
망령됨을 알면서도 나가보니 바로 이태화였습니다. 자기의 성명을 숨기고
스스로를 이태화라고 하면서 자신이 둔갑술에 능하다고 말하기에, 제가
답하기를,

'둔갑술은 잡술인데, 어찌 족히 말할 것이 있겠는가. 시무(時務)를 아는
것은 준걸(俊傑)만이 가능하니, 나는 잡술을 쓰는 사람을 귀히 여기지 않는다.'
라고 하니, 이태화가 말하기를, '지금의 준걸은 누구인가?' 하므로, 제가
말하기를, '마전의 정인중이 지금의 방통(龐統)39)과 같은 부류이다.'라고 하자,
이태화가 크게 기뻐하며 갔습니다.

다음날 정인중이 저의 집을 찾아왔기에, 제가 말하기를, '어제 이태화를

---

39) 방통(龐統) : 179~214. 자는 사원(士元)이다. 촉의 책사(策士)로 유명한 인물이다. 제갈량
과 함께 군사중랑장의 자리에 올라 병권(兵權)을 나눠 가졌다. 유비가 익주(益州) 땅을
얻는 데 일등공신의 역할을 하였으며, 낙현 전투에서 유시(流矢)에 맞아 전사하였다.
그때 36세였는데, 유비는 방통의 죽음을 몹시 애석해하여 제위에 오른 후 관내후(關內侯)
의 작위와 정후(靖侯)라는 시호를 추증하였다. 《삼국지(三國志)》의 저자 진수(陳壽)는
"방통(龐統)은 사람을 견줘보는 것과 경학(經學), 모책을 생각하는 것을 잘하였다."라고
하였다.

만났는데, 참으로 쓸모없는 인간이었다.'라고 하자, 인중이 놀라 말하기를, '네가 어찌 이태화를 아는가?'라고 하여, 제가 말하기를, '그가 스스로 그 이름을 말하였다.'라고 하였습니다. 그러자 정인중이 웃으며 말하기를, '초야에 있는 사람을 이 풋내기가 팔아먹었구나.'라고 하고, 이어 도살자나 장사꾼 속에 숨어 있는 협객을 구하였는데, 제가 비록 허락한 일이지만 딱히 가리켜 둘러댈 만한 사람이 없었습니다.

그때 마침 백망이라는 자가 대구(大丘) 전답 문서의 초기를 작성하는 일로 저희 집을 찾아왔는데, 용모와 풍채가 멀쑥하고 당당하였으므로, 정인중이 눈여겨보면서, '이 사람 또한 협객의 부류인가?'라고 물었습니다. 이에 제가 답하기를,

'이 사람은 협객 중에서 제일 뛰어난 사람으로, 그 용력(勇力)은 대적할 사람이 없다.'

라고 하였더니, 정인중이 백망의 거주지를 상세히 묻고 돌아갔습니다. 이에 제가 그의 뜻을 눈치채고, 백망을 머무르게 하고 말하기를,

'너는 저 양반을 아느냐? 그가 너의 집을 물어본 것은 장차 너의 용력을 쓰려는 것이다. 이 사람은 상대하기 쉬우나, 그의 벗인 이희지는 모사(謀事)에 능한 사람이라 너를 만나면 반드시 먼저 나의 심사(心事)를 물어볼 것이다. 너는 모름지기 나와 사생지교(死生之交)를 맺어, 생사를 함께 하기로 했다는 뜻으로 말하고, 그 사이 주고받는 말은 반드시 나에게 와서 전하라.'

라고 하였습니다. 백망은 본래 꾀가 많고 교활하며 말재주가 좋은 사람으로, 제 말을 듣자 이미 그가 장사(壯士)를 구하려는 마음이 있음을 알아차리고 서로 약속한 뒤 돌아갔습니다.

다음날 새벽 정인중이 나귀 한 마리를 끌고 백망의 집으로 가서 백망을 태워 갔는데, 백망이 하룻밤을 지낸 뒤 돌아와 저에게 와서 말하기를, '내가 어제 크게 꿰맨 자루 속으로 들어갔다.'고 하였습니다. 꿰맨 자루란 역옥(逆獄) 죄인이 자루로 머리를 싸매기 때문에 한 말입니다.

백망이 말하기를,

'처음에 김용택의 집에 갔더니 김용택·정인중·이희지·이천기(李天紀)[40]가 둘러앉아 있었는데, 내 신수가 좋은 것을 보고 크게 기뻐하며 말하기를, 「우리 평생에 이런 사람은 처음 보았다.」 하며 내 용력에 대해 물었다. 내가 용력이 옛사람에게 크게 뒤지지 않는다고 자부하자 드디어 술을 따라 맹세하고 사생을 같이할 교분을 맺었다. 내가 말하기를,

「그대들이 나를 쓰고자 한다면 내 마땅히 힘을 다할 것이나, 지금 주상의 병환이 날로 위중해지고 있는데, 만약 불휘(不諱)[41]한 일이라도 생긴다면 지금 세상에는 유비(劉備)[42]가 없으니, 어찌할 것인가?」

라고 하니, 사람들이 말하기를, 「비록 유비는 없지만 장차 자연히 그런 사람이 있게 될 것이다.」 하고, 각자 손바닥에 글자를 써서 속마음을 보였다.

김용택은 '충(忠)'자를 쓰고, 다른 사람은 '신(信)'자를 쓰기도 했는데, 내가 '양(養)'자를 쓰자 좌우가 서로 돌아보며 그 뜻을 알지 못했으나, 이천기가

---

40) 이천기(李天紀) : 1684~1722. 본관은 전주, 자는 계원(啓元)이다. 참판 이사영(李思永)의 아들이고 판서 송상기(宋相琦)의 사위이며 김춘택의 처남이다. 1710년(숙종36) 증광시에 합격하여 생원이 되었다. 1721년(경송1) 12월 노론 4대신의 혈당 16인 가운데 하나로 몰려 탄핵받고, 1722년 2월 남평현(南平縣)에 유배되었다. 이해 3월에 임인옥사가 일어나자 김용택·심상길·서덕수·정인중 등과 함께 경종을 시해하려 했다는 혐의를 받고 4월 6일 체포되어 4차례 형신 끝에 승복하였지만 지만을 거역하고 4월 13일 물고되었는데, 4월 19일 역률(逆律)로 처형되었다. 영조가 즉위한 뒤 대사성 송인명(宋寅明)이 어전에서 이천기 등은 숙종 말년부터 은으로 뇌물을 써서 내시·궁녀들과 결탁했으므로 처벌은 당연하다고 주장하였다. 그러나 1741년(영조17) 영조는 임인옥안(壬寅獄案)을 불태우고 친히 '대훈(大訓)'을 지어 종묘에 고한 뒤 노론 4대신에게는 시호를 다시 주고, 이천기 등 5인에게도 벼슬을 다시 주려 하였다. 이에 박문수(朴文秀)·이종성(李宗城) 등이 반대하자, 왕은 《대훈(大訓)》의 글자를 수정하면서까지 모두 신원(伸冤)하게 하였다.

41) 불휘(不諱) : 죽음을 의미한다. 죽음은 인간으로써 피할 수 없다는 뜻에서 나온 말이다.

42) 유비(劉備) : 161~223. 전한(前漢) 경제(景帝)의 9남인 중산정왕 유승(劉勝)의 방계(傍系) 후손이다. 삼국시대 촉한(蜀漢)의 제1대 황제가 되었다. 후한 말기 황건적의 난이 일어나자 관우(關羽)·장비(張飛)와 의형제가 되고 삼고초려(三顧草廬)로 제갈량을 맞이하여 위나라의 조조, 오나라의 손권과 패권을 다투며 한나라 왕실의 부흥을 도모하였다.

알아차리고 크게 웃었다. '양'자란 '양숙(養叔)'을 이른 것으로서, '양숙'은
바로 상공 이이명(李頤命)[43]의 자(字)였기 때문이다.

혜어질 무렵 내가 말하기를, '나는 연잉군(延礽君)[44] 첩(妾)의 오라비이다.'라
고 하자, 좌우 사람들이 크게 놀라 얼굴색이 변하며 말하기를, '이는 반드시
목호룡이 우리들의 일을 정탐한 것이다.'라고 하며 낯빛이 흑색이 되어 서로
돌아보며 말을 하지 못하였으나, 이천기만은 사람들의 논의와 달리 말하기를,
「목가(睦哥)는 보통 사람이라 오직 이익만을 좇을 것이니, 내 마땅히 이익으
로써 위협해보겠다.」라고 하였다.'
라고 하였습니다.

이천기가 정인중을 시켜 편지를 써서 저를 부르기에, 제가 호동(壺洞) 이천기
의 집으로 가서 이천기·정인중과 만났습니다. 백망은 이천기와 일찍이 만났으

---

43) 이이명(李頤命) : 1658~1722. 본관은 전주, 자는 지인(智仁)·양숙(養叔), 호는 소재(疎齋)이
다. 세종의 아들 밀성군(密城君)의 6대손이고, 영의정 이경여(李敬輿)의 손자, 대사헌
이민적(李敏迪)의 아들, 판서 이사명(李師命)의 동생이다. 1680년(숙종6) 별시 문과에
급제하여 지평·이조좌랑 등을 거쳐 승지를 지냈다. 1689년 기사환국으로 유배되었다가
1694년 갑술환국으로 승지에 임명되고 이조판서 등을 거쳐 1706년 우의정, 1708년
좌의정에 올랐다. 1717년 정유독대(丁酉獨對)를 통해 세자[경종]를 교체해도 된다는
언질을 받았다. 1721년(경종1) 세제[영조]의 대리청정을 추진하다가 김창집 등과 함께
유배된 상태에서 목호룡의 고변으로 이듬해 사사되었다. 1725년(영조1) 복작되었으며,
저서로《소재집(疎齋集)》《양역변통사의(良役變通私議)》《강역관계도설(疆域關係圖說)》
《강도삼충전(江都三忠傳)》 등이 있고, 시호는 충문(忠文)이다.
44) 연잉군(延礽君) : 1694~1776. 조선 21대 국왕 영조(英祖)이다. 숙종의 생존한 세 아들[경종
·영조·연령군(延齡君)] 중 둘째로, 어머니는 화경숙빈(和敬淑嬪) 최씨이다. 1699년(숙종
25) 연잉군에 봉해졌다. 경종이 즉위하였지만 후사가 없자 1721년(경종1) 김창집·이건명
·이이명·조태채 등 노론 4대신이 세제 책봉을 촉구하니, 숙종 계비(繼妃) 인원왕후(仁元王
后)가 삼종혈맥(三宗血脈)을 내세워 마침내 책봉을 관철시켰다. 노론은 여기서 더 나아가
경종의 지병을 핑계로 세제의 대리청정(代理聽政)을 요구하였다. 이에 유봉휘(柳鳳輝)
등 소론이 임금에 대한 불충이라고 강하게 반발하여, 결국 대리청정을 취소시켰다.
뒤이어서 김일경 등이 목호룡의 고변을 빌미로 임인옥사를 일으켜 노론 4대신을 위시한
170여 명의 인사들을 처벌하였다. 이 사건에 연잉군의 처남 서덕수(徐德修) 등이 연루되
었고, 연잉군 자신도 공초(供招)에 오르내리며 혐의를 받았다. 그렇지만 김동필(金東弼)·
조현명(趙顯命)·송인명(宋寅明)·박문수(朴文秀) 등의 보호를 받아 세제 지위를 유지할
수 있었고, 마침내 1724년 즉위하였다.

나 저는 그를 처음 보는 것이었으므로, 천기가 제 손을 잡아끌고 뒷방으로 들어가 장차 속의 말을 하려 하였는데, 정인중이 발을 밟아 제지하였습니다. 이에 제가 웃으며 말하기를,

'그대들이 백망과 서로 모의한 말을 내 모두 들어 알고 있으니 이는 이미 멸족(滅族) 이상의 죄인데, 이밖에 또 무엇을 숨기고 감추려 하느냐.'

라고 하였습니다.

이천기가 저의 말을 옳게 여겨 마침내 저에게 묻기를,

'백망의 용력은 능히 대급수를 감당할 만하여, 그가 말하길,

「마음이 맞는 나인들이 많아서 말만 하면 모두 따르니 반드시 급수(急手)를 시행해야 한다.」

하는데, 그 말이 어떠한가?'

라고 하여, 제가 이천기에게 묻기를, '이른바 급수란 어떤 약을 말하는가?'라고 하자, 이천기가 말하기를,

'백가가 「은자 5백 냥으로 중원(中原)에서 사들인 환약(丸藥)이 있는데, 한번 먹으면 곧 죽게 된다.」고 하였다.'

히므로, 제가 답하기를,

'비록 곧 죽는다 해도 오늘 약을 쓰면 주상이 병들었어도 반드시 불같이 노하여 좌우 근시들에게 캐물을 것이고, 모진 형장 아래 여인은 반드시 자복할 것이니, 너희들은 어육(魚肉)이 되고 싶은 것인가? 차라리 주상이 훙서(薨逝)하기를 기다려 기회를 틈타 백망으로 하여금 잘 처리하게 하면 이것이 상책이 될 것이다.'

라고 하였습니다.

이천기는 저의 말을 옳게 여겨 대급수와 소급수에 대한 말을 하지 않았으나, 김용택은 홀로 소매를 걷어붙이며, 은밀히 백망과 결탁하여 많은 은화를 뇌물로 써서 이 밤으로 역모를 도모하라고 급하게 권하였습니다.

홍의인 형제는 이천기와 바로 이웃에 살았는데 이천기가 하는 일을 엿보고

서는 스스로 얻기 어려운 기회라고 생각하여 여러 가지로 아첨하며 그들 사이에 불쑥 끼어들었습니다. 이에 김용택이 노하여 말하기를,

'이 일은 우리들 몇 사람이 만 번 죽을 각오를 하고 낸 계책으로, 천만고의 대사업이 이 한 번의 거사에 달려있는데, 저 홍가는 누구이기에 들어와 매화점(梅花點)45)이 되었는가?'

라고 하였습니다. 이로부터 김용택·백망·정인중이 한 마음으로 협력하였고, 홍의인·이천기·이기지는 저의 말을 듣고 또한 저와 사이가 좋았으며, 이희지는 양쪽 사이에서 노닐었습니다.

그런데 이기지가 관상술(觀相術)로 저를 헐뜯어 말하기를,

'이 사람이 얼굴은 검은데 말은 듣기 좋게 하여 분명 신뢰하기 어려운 사람이니, 멀리하는 것이 좋겠다.'

라고 하였습니다. 이천기가 그 말을 저에게 전해 주기에 제가 웃으며 말하기를, '참으로 당거(唐擧)46)의 새끼로다.' 하고는 서로 웃고 말았습니다.

그러나 이기지가 자못 저를 푸대접하는 기색이 있자, 홍의인이 저를 동정하여 이기지에게 위협조로 말하기를,

'목호룡이 이미 언문 서한을 쥐고 있고, 또 (세자를) 폐위하는 조서의 초안을 보았으니, 그대 집안의 멸족은 그가 혀를 놀리는 데 달려 있다. 잘

---

45) 매화점(梅花點) : 본래 고전 음악 악보에서 가사·시조 따위의 창법을 나타낸 점을 가리킨다. 본문에서는 홍의인 형제를 가리킨다. 목호룡을 추문하는 과정에서 매화점에 대해 다음과 같이 대답하였다. "홍의인이란 자는 스스로 공명(功名)을 얻을 수 있는 기회라 생각하여 이천기(李天紀)를 통해 그 가운데 들어가 은밀한 일을 모의하는 데 참여하였는데, 김용택은 성질이 본래 급하고 편협하였기 때문에 언제나 크게 화를 내며, '우리들이 만 번 죽더라도 한 번 살 것을 돌아보지 아니하며 이런 좋은 일을 만들어 내었는데, 저 홍(洪)은 어떠한 사람이길래 이미 아무 공로(功勞)도 없으면서 감히 들어와 매화점(梅花點)이 되는가?'라고 하였습니다. 대개 매화점이란 매화 다섯 점 가운데 또 중앙의 점이 있으므로, 홍의인은 중앙에 더 찍은 점이 된다고 생각한 것이고, 그 무리 다섯 사람 가운데에 홍의인을 들이는 것을 꺼림칙한 일로 여겼기 때문이었습니다." 《景宗實錄 2年 4月 13日》

46) 당거(唐擧) : 전국시대 때 양(梁)나라 사람으로, 남의 형상(形狀)과 안색을 보고 그 길흉(吉凶)과 요상(妖祥)을 알아내었다 한다.

대우하는 것이 좋을 것이다.’

라고 하니, 이기지가 과연 그 말을 두렵게 여겨서 홍의인과 서로 결탁하여 이희지의 사람됨에 대해서 매번 헐뜯었습니다.

하루는 이희지가 저에게 말하기를, ‘너는 어찌하여 이렇듯 은밀한 정상을 남인에게 누설하였는가?’라고 하므로, 제가 크게 웃으며 말하기를,

‘내 혀가 여전히 있는 것을 보라. 어찌 다른 사람을 기다려 누설하겠는가. 내가 하늘이 부럽지 않을 부귀영화를 누리려 했다면 너희들을 고발하는 것은 잠깐이면 될 일이다. 너는 어디에서 그런 말을 들었는가?’

라고 하였더니, 이희지가 말하기를,

‘평안도의 무속인 장사방(張四方)이라는 자가 귀신의 말을 잘 하는데, 네가 이 말들을 남인 박정(朴正)에게 틀림없이 누설할 것이라고 말했다.’

라고 하였습니다. 이에 제가 웃으며,

‘나는 남인 박가라는 사람을 평생 동안 모르고 지냈으니, 이러한 허무맹랑한 말은 길게 따질 것도 없다. 옛말에, ‘귀신의 말을 따르면 망한다.’[47]고 했는데, 너는 어찌하여 무당의 말을 듣는가?’

라고 하였더니, 이희지가 크게 웃고 말았습니다.

그러나 그 후로도 제가 누설할 뜻이 있을까 의심하여 그간의 실사(實事)를 알려주지 않고 남몰래 백망과 결탁하여 국상(國喪) 때 계략에 착수하려 하였습니다. 이에 제가 백망을 꾀어 협박하기를,

‘저들이 은화를 많이 지급한다 해도 틀림없이 경조(京兆)에 바치지 않고 도로 찾아갈 것이다. 네가 만약 도리에 어긋나는 일을 한다면 나는 반드시 너를 고발할 것이다.’

---

47) 귀신의 …… 망한다 :《춘추좌씨전》 장공(莊公) 32년 조에 괵공(虢公)이 학정을 일삼으면서 신에게 제사 지낸 땅을 더해줄 것을 빌자, 태사(太史) 은(嚚)이 “괵은 반드시 망할 것이다. 내가 듣기로 나라가 흥하려 할 때는 임금이 백성의 말을 따르고, 망하려 할 때는 신의 말을 따른다고 한다.[虢其亡乎. 吾聞之, 國將興, 聽於民 ; 將亡, 聽於神.]”라고 하였다.

라고 하자, 백망이 저를 두려워하여 감히 역적질을 하지 못하였습니다.

이윽고 국상이 일어난 후, 역적들이 비로소 제가 중간에서 저지하여 방해한 다는 것을 알고는 심상길의 종을 시켜 저를 억지로 전라 병영으로 보내니, 백망은 평안도로 갔습니다. 제가 병사 심진(沈榗)48)의 막하에 있다가 어미의 병을 핑계대고 지레 돌아오자, 역적들이 크게 두려워하며 - 이 사이에 '천기(天紀)' 두 글자가 빠진 듯하다. - 저에게 이르기를,

'너는 우리가 멸족될 일을 모두 알고 있지만 정작 너는 붙잡힐 만한 죄가 없으니, 훗날 고변하는 일이 생긴다 해도 너를 막을 수 없을 것이다. 지금 이기지·김용택·김제겸(金濟謙)49) 등이 모두 너를 두려워한 나머지 포도대장 이홍술(李弘述)50)을 사주하여 너를 잡아다 죽이려 하므로 내가 이헌(李瀗)51)을

---

48) 심진(沈榗) : 1650~1722. 본관은 청송(靑松), 자는 진경(晉卿)으로 좌참찬 심광언(沈光彦) 의 5세손이다. 1676년(숙종2) 무과에 급제하여 선전관을 거쳐 전라우도수군절도사·내금 위장·전라병마사 등을 역임하였다. 1722년(경종2) 목호룡의 고변 때, 당시 전라병마사로 있던 심진이 무명 1동(同), 돈 300냥, 부채 50자루, 종이 수십 권을 조카인 심상길(沈尙吉)에 게 주었다는 명목으로 연루되어 형신 10차에 승복하고 결안을 공초한 뒤 7월 26일 당고개에서 처형되었다. 1783년(정조7)에 복관이 되어 병조판서에 추증되었다. 시호는 장민(壯愍)이다.

49) 김제겸(金濟謙) : 1680~1722. 본관은 안동, 자는 필형(必亨), 호는 죽취(竹醉)이다. 영의정 김창집의 아들이자 김성행(金省行)·김원행(金元行)의 아비이다. 1705년(숙종31) 진사가 되고, 1719년 증광 문과에 급제하여 청요직을 두루 지내고, 1720년(경종 즉위) 도당록에 선발되었다. 1721년 승지에 올랐는데, 12월 신축환국 이후 울산에 유배되었다. 1722년 아비 김창집이 사사(賜死)된 이후 연좌되어 8월 교형에 처해졌다. 뒤에 이조참판으로 추증되었으며, 노론 측에서는 조성복·김민택과 함께 신임옥사 때 죽은 삼학사(三學士)의 한 사람으로 꼽았다. 저서로 《죽취고(竹醉藁)》, 편서로 《증보삼운통고(增補三韻通考)》가 있고, 시호는 충민(忠愍)이다.

50) 이홍술(李弘述) : 1647~1722. 본관은 전주(全州), 자는 사선(士善)이다. 덕흥대원군(德興大 院君, 중종의 7자)의 후손으로, 응천군 이돈(凝川君 李潡)의 손자이며, 이석한(李錫漢)의 아들이다. 1674년(현종15) 무과에 급제하여 숙종대 포도대장 등을 역임하였다. 1721년 (경종1) 형조판서에 올랐는데, 이해 훈련대장으로 있을 때, 이전 포도대장으로 있을 당시 술사(術士) 육현(陸玄)을 태장을 쳐 죽인 일이 있었는데, 소론 측으로부터 육현이 김창집의 음모사실을 알았기 때문에 김창집이 이홍술을 시켜 죽이게 하였다고 공격받았 고 문외출송 되었다. 1722년 임인옥사에서 국청에 회부되어 5월 13일부터 다섯 차례 호된 신문을 받고 5월 17일 물고되었다. 당시 조흡(趙洽)의 공초에서 김창집이 궁성을

포도대장에게 보내 겨우 모면할 수 있게 해 놓았다. 네가 만약 글 한 통을 써 준다면 이것을 가지고 김용택과 이기지 등에게 보증하여 마침내 너는 살 수 있을 것이다.'

라고 하였습니다. 이에 제가 크게 웃으며 말하기를,

'글 한 통 써 주는 것이야 무엇이 어렵겠는가. 비록 그러하나 그대들은 인사(人事)를 모르는 사람들이다. 내 비록 친히 저지른 죄가 있다 하나 고변하면 반드시 무사할 것인데, 글이 무슨 소용이 있겠는가.'

라고 하니, 이천기가 말하기를,

'나는 너를 알지만 저들은 모두 너를 믿지 않으니, 어쩌겠는가. 쓰기만 하라.'

라고 하므로, 제가 독약(毒藥)을 쓰는 일에 간여하여 들은 일을 써서 주자, 이천기가 붓을 들어 대여섯 자를 지우고 고쳤는데, 그 초지(草紙)를 제가 소매 속에 몰래 숨겨 가지고 왔습니다.

제 필적으로 된 글이 바야흐로 역적의 수중에 있게 되자, 이천기와 이희지 등이 매번 전고(前古)의 고변자들을 일일이 열거하며 저를 협박하기를,

'이괄(李适)52)의 머리를 베었으니, 그 공이 얼마나 큰가. 그런데도 말을

호위하고 대리청정의 명을 받아내려고 훈련대장 이홍술을 시켜 유취장을 중군(中軍)에 임명하여 계획을 세웠다고 자백하였다. 소론은 조흡의 진술을 바탕으로, 노론이 군사를 일으켜 경종을 폐출하려 했다고 주장하였다. 노론 당론서인 《진감(震鑑)》에서는 이홍술을 포함하여 이우항(李宇恒)·윤각(尹慤)·백시구(白時耉)·김시태(金時泰)·심진(沈搢)·유취장(柳就章)·이상집(李尙馘) 등을 '8명의 절도사(節度使)'로 추숭하였다. 1741년(영조17) 관작이 복구되고 찬성에 추증되었다.

51) 이헌(李瀗) : ?~1722. 임인옥사에 연루되어 장살된 총융사(摠戎使) 이우항(李宇恒)의 아들이다. 1700년(숙종26) 무겸(武兼)이 된 후 1715년 내금위장(內禁衛將)을 거쳐 1717년 풍덕부사(豐德府使), 1719년 여주목사(驪州牧使)가 되었다. 그런데 1721년(경종1) 뇌물죄로 도형정배(徒刑定配)되었다. 1722년 목호룡의 고변에 의해 4월 15일 체포되어, 여주목사로 있을 당시 평안도 병마절도사 이상집(李尙馘)으로부터 평안도 병영의 은자 4백 냥을 받았는데, 이 은자가 곧 역도(逆徒)들에게 전달되어 이른바 급수(急手)의 자본으로 쓰였다는 혐의를 받았다. 이로 인해 9차례 심문을 받고 승복하여 8월 16일 처형되었다.

타고 향교동(鄕校洞)으로 내려갔다가 원한을 품은 집안에게 죽임을 당하였으니,[53] 국가가 그 사람을 죄주지 않아도 고변자가 반드시 죽는 것은 예로부터 내려오는 필연적인 이치이다.'

라고 하기에, 제가 웃으며 역적들에게 말하기를,

'너희들은 어찌하여 나를 큰 공로자로 여기지 않고 도리어 의심하여 화를 내는가. 지금 새로 즉위하신 주상께서 너희들을 전적으로 신임하시어 덕과 도량이 천지와 부합하니, 이 어찌 종사 생령의 복이 아니겠는가. 너희들이 만약 나에게 저지당하지 않고 결국 가슴 속 흉계를 자행한다면 하늘이 은밀히 죽일 것이 틀림없으니, 그때 후회한들 어쩌겠는가.'

라고 하자, 정인중이 말하기를, '너는 과연 기이한 사람이다! 과연 기이한 사람이다!'라고 하였습니다. 대개 정인중은 소급수를 결약(結約)할 때면 매번 눈살을 찌푸리며 난색을 보였지만, 김용택에게 휩쓸려 들어가고 말았습니다.

오늘 제가 고변하는 것은 공을 바란 것이 아니라 실로 하늘이 낸 충성심으로

---

52) 이괄(李适) : 1587~1624. 본관은 고성(固城), 자는 백규(白圭)이고, 병조참판 이육(李陸)의 후손이다. 선조 때 무과에 급제한 뒤 형조좌랑·태안군수를 지냈다. 1622년(광해군14) 함경북도병마절도사에 임명되어 임지로 떠날 준비를 할 즈음 평소 친분이 있던 신경유(申景裕)의 권유로 광해군을 축출하고 새 왕을 추대하는 계획에 가담해 1623년 3월의 인조반정 때 큰 공을 세워 정사공신(靖社功臣) 2등에 녹훈되었다. 그러나 반정 과정에서 주도 세력인 거의대장(擧義大將) 김류(金瑬)와 불화하였으며, 1624년 정월 외아들 전(栴)이 반역을 꾀한다는 무고를 받자 반란을 일으켰다. 신속한 행군으로 한때 서울을 점령, 기세를 떨쳤으나 곧 관군에 대패해 피신 중 부하 장수에게 살해되었고 난은 평정되었다.

53) 이괄(李适)의 …… 당하였으니 : 이괄의 목을 베어 귀순한 이수백(李守白)의 일을 가리킨다. 이괄의 난 때 예성강의 마탄(馬灘)을 지키다 전사한 이중로(李重老, 1577~1624)를 이괄의 막하에 있던 장수 이수백이 머리를 베어 관군에게 보냈다. 이후 반란군의 전세가 불리하게 되자 이수백이 기익헌(奇益獻)과 함께 이괄과 한명련(韓明璉) 등의 수급을 베어와 귀순하여 목숨을 건졌다. 그는 이후 거제로 정배되었다가 1631년(인조9) 5월에 석방되어 서울로 돌아왔으나 1634년 이중로의 아들 이문웅(李文雄)에게 백주대낮 도성 안에서 죽임을 당하였다. 이수백의 목을 베어 아비의 복수를 한 이문웅은 이수백의 수급을 가지고 대궐로 와 죄를 청하였는데, 인조는 그를 전주로 유배 보냈다가 얼마 후 다시 서용(敍用)하였다. 《西溪集 靑興君李公墓誌銘》《仁祖實錄 2年 2月 15日, 5月 21日, 9年 5月 28日, 12年 3月 13日》

우리 성상과 동궁 저하를 위한 것입니다. 그간 은자를 출자한 사람들의 소소한 절목은 역적들과 대질하여 변별할 때 응당 다시 아뢸 것입니다.

‘혹은 칼로써 한다’는 것은 김용택이 보검(寶劍)을 백망이라는 이름의 용사에게 주어 선대왕의 국상일에 담장을 넘어 궁궐로 들어가 대급수를 행한다는 것입니다. ‘약으로 한다’는 것은 정인중·이기지·김용택·이희지·홍의인·홍철인·이천기 등 7인이 또한 백망에게 은을 주어 지 상궁(池尙宮)54)과 열이(烈伊)55)에게 건네게 하고, 그로 하여금 약을 타서 흉계를 자행하게 하려 한 것인데, 이는 경자년(1720, 경종 즉위년)에 반 년 동안 도모했던 일입니다.

‘폐출을 모의한다’는 것은, 이희지가 언문 가사(歌詞)를 지어 궁중에 유입하려 한 것입니다. 이른바 ‘가사’란 백여 구에 달하는데, 모두 성궁(聖躬)을 무함하고 헐뜯는 말이었습니다. 또한 안에서 거짓 조서[矯詔]를 지어서 나인 열이와 환관 장세상(張世相)56)을 시켜 국상을 당하면 손을 쓸려고 상의하였습니다. 조서의 대부분을 다 기억할 수는 없으나 첫머리에는 ‘불선한 내가 왕위를 더럽혔다[不穀忝位]’는 등의 글자가 씌어 있었고, 중간에는 ‘세자(世子) 모(某)를 폐위시켜 덕양군(德讓君)으로 삼는다.[廢世子某爲德讓君] ……’는 말이

---

54) 지상궁(池尙宮) : 나인인 상궁 지열(池烈)을 가리킨다. 목호룡(睦虎龍)의 상변 때 삼수(三手) 중에 소급수(小急手)와 평지수(平地手)에 연루된 인물로, 소급수를 수행하는 조건으로 은화를 받았다는 혐의를 받았지만 이미 사망하여 이후 노적(孥籍)을 시행하였다. 《承政院日記 景宗 2年 4月 8日》《承政院日記 英祖 1年 3月 25日》

55) 열이(烈伊) : 대전(大殿)의 의대(衣襨)를 세탁하는 차지 나인[次知內人]으로, 독약으로 경종을 시해하려 한 ‘소급수’ 모의에 참여하였다는 혐의 아래 국문을 받던 중 물고되었다.

56) 장세상(張世相) : ?~1722. 내관으로서 이희지의 사주를 받아 평지수(平地手)를 자행하려 했다는 혐의를 받았다. 목호룡의 고변에 따르면, 이희지가 세자시절 경종을 무함하는 내용의 언문 가사를 지어 궁중에 유입시키고, 숙종의 거짓 조서를 작성하여 지 상궁 및 내관 장세상으로 하여금 국상 때 내리게 하여 세자를 폐하려 하였다고 했다. 그런데 장세상은 1722년(경종2) 4월 14일 체포되어 경종의 독살을 모의하였다는 혐의 등으로 심문을 받고 4월 20일 승복하였으나 결안(結案)하기 전에 물고되었다. 당시 서덕수와 김성절은 내관 장세상과 공모하여 경종을 독살하려 하였다고 공초하였다. 《景宗實錄 2年 3月 27日, 4月 21日》《承政院日記 景宗 2年 4月 13日·17日, 5月 8日》《景宗實錄 2年 5月 14日, 8月 26日》

있었습니다.

이 조서의 초본을 보았을 때 저는 연지동 김용택의 집으로 가 서쪽 벽에 앉아 있었고, 김용택·이희지·백망은 머리를 맞대고 촛불 아래 앉아 있었습니다. 이희지가 조서를 들고 읽고 있었는데, 다 읽기 전에 이기지가 후원(後園)에서 들어오자 희지가 다른 사람으로 잘못 알고 자기 주머니 속에 집어넣는 것을 제 눈으로 보았습니다.

조흡은 은자 2천 냥을 담당하여 백망과 김용택·이천기에게 스스로 내어주며 약을 써 시해하려고 시도하는 밑천으로 삼고, 또 나인 열이와 이영(二英)57)에게 나누어주게 하였습니다. 심상길은 은 200냥을, 홍의인은 은 50냥을, 이희지는 은 70냥을 내었고, 김민택은 비록 은자를 내기는 하였지만 백망에게 주지 않고, 저를 만나자 김용택·이천기를 시켜 왕래하며 상의하게 하였습니다.

백망이 저에게 말하기를,

‘내가 남몰래 취한 궁녀 이영에게 이 은을 주고 그의 4촌 궁녀 이씨 및 동성 궁인 백씨와 지 상궁에게 건네게 하여, 그들로 하여금 약을 써 시해할 일을 도모하게 하겠다. ……’

라고 하기에, 제가 이치에 근거하여 막기를,

‘역적 무리가 비록 이 일을 시행한다 해도 종묘사직의 지극한 보우하심으로 왕자(王者)는 죽지 않을 것이다. 네가 만약 이런 일을 한다면 반드시 귀신의 벌을 받을 것이나, 다만 그 은만 먹고 그 일을 시행하지 않는다면 부귀를 누릴 수 있을 것이다.’

라고 하였습니다. 그러나 혹 역적들이 지 상궁과 은밀히 결탁할까 두려워, 제가 백망을 통해 궁녀 지씨와 안면을 터 교유하며 백방으로 구슬러서 끝내

---

57) 이영(二英) : 세제의 여종이자 백망의 첩이고 업이(業伊)의 딸이며, 대전 궁녀 묵세(默世)와는 6촌사이다. 1722년(경종2) 임인옥사 당시 3월 28일 체포되어 백망이 준 은화를 궁녀들에게 바치고 궁녀가 독약을 쓰도록 했다고 자백하고, 5월 3일 처형되었다.

그 모의를 저지하였습니다. 이는 비록 종사와 생민의 복이지만, 오늘날까지 무사한 것은 실로 제가 죽을 각오로 주선한 힘 덕분이라 하겠습니다.

대개 이 세 가지 일은 제가 목도한 것입니다. 그리고 동궁의 이름을 욕보였다고 한 것은, 심상길이 종부시 직장이 되어 선대왕의 어필을 개간(開刊)할 일로 연잉군의 존안을 한 번 뵌 후, 조흡에게 말하기를, '내가 은근한 뜻으로써 「내(乃)」의 마음을 알아냈다.'라고 하였는데, 이때 '내'자는 '잉(祊)'자가 시(示)자 변의 '내(乃)'자이기 때문입니다.

그 후 동궁의 지위에 오르는, 종사의 무궁한 경사가 있었는데, 심상길은 자기의 공이라 자처했고, 또 김제겸의 아들 김성행은, '서덕수(徐德修)[58]를 통해 동궁을 잠저 시절 사적으로 뵈었다.'라며 자기로 말미암아 일이 성사되었다고 하는 등, 이 두 사람이 서로 공을 다투었습니다.

근일 환국의 일은 성상께서 과감하게 결단을 내리신 것으로 당연히 다른 사람은 간여한 일이 없고, 게다가 동궁 저하께서는 인효(仁孝)의 품성을 타고나셨습니다. 그런데 오서종(吳瑞鍾)이란 자가 유경유(柳慶裕)와 함께 모의하여 백망에게 많은 은냥을 주고 큰소리치기를,

'동궁은 이 소훈(李昭訓)의 상(喪)[59]이 났을 때, 노론이 소훈을 독살한 것에

---

58) 서덕수(徐德修) : 1694~1722. 본관은 대구(大丘), 자는 사민(士敏)이다. 달성부원군(達城府院君) 서종제(徐宗悌)의 손자이자 영조의 비 정성왕후(貞聖王后)의 조카이다. 1722년(경종2) 임인옥사에서 목호룡의 고변으로 4월 20일 체포되어 1차 형신을 받고 승복하여 5월 14일 참형에 처해졌다. 구체적으로 그가 받은 혐의는 내관 장세상(張世相)과 함께 이 소훈(李昭訓)을 독살하는 일을 상의한 것, 독약을 사서 동궁의 주방 나인 이씨(李氏)를 시켜 소훈을 독살하여 독약의 효과를 확인한 뒤 조흡·김민택(金民澤)과 소급수를 모의한 것 등이었다. 1738년(영조14) 신원이 회복되었고, 이후 집의(執義)에 추증되었으며, 이조참판(吏曹參判)에 가증(加贈)되었다.

59) 이 소훈(李昭訓)의 상(喪) : 소훈은 세자의 후궁을 지칭하는 용어로, 본문의 이 소훈은 1721년(경종1)에 급서(急逝)한 왕세제 연잉군의 후궁이다. 소훈 이씨는 1725년(영조1)에 소생인 경의군(敬義君)이 훗날 진종(眞宗)으로 추존되는 왕세자로 책봉되며 정빈(靖嬪)에 추증되었다. 《英祖實錄 1年 2月 25日·27日》 소훈 이씨의 갑작스런 죽음에 독살설이 제기되었고, 이후 1722년(경종2) 임인옥사에서 경종의 독살 음모로까지 확장되었다. 이 일로 왕세제 연잉군의 처조카인 서덕수가 죽임을 당하였고, 또 왕세제가 경종을

진노하여 있는 힘껏 정국(政局)을 뒤집고 다시 남인을 불러들이겠다고 하였다.'
라고 하였습니다. 우리 동궁 저하의 인효하고 고결한 마음은 해와 달과
더불어 나란히 견줄 만한데, 하찮은 역적 무리가 중간에서 말을 만들어
이러한 누명을 쓰게 되었습니다. 제가 일찍이 문자로써 방수(芳樹)의 음덕(蔭
德)을 받는 망극한 은혜를 입었는데, 이렇듯 추악하고 욕된 일을 듣고 보니
심간(心肝)이 모두 부서지는 듯하여 감히 이렇게 고변하게 되었습니다.”

○ 목호룡이 원정(原情)[60]을 낸 뒤, 국청에서 아뢰기를,

“죄인이 공초한 내용이 이와 같으니, 그가 지목하여 발고한 정인중·이기지·
이희지·김용택·홍의인·홍철인·이천기·백망·조흡·심상길·김성행·오서종
·유경유·환관 장세상·궁 밖으로 나간 나인 이영 등을 도사를 보내 잡아들이고,
지씨 성의 상궁과 나인 열이(烈伊) 또한 중요하게 거론되었으니, 대내(大內)에
서 국청에 내어주는 것이 어떻겠습니까?”
라고 하자, 전교하기를, “아뢴 대로 하라. 지씨 성의 상궁과 열이는 죽은
지 이미 오래되었다.”라고 하였다.

○ **28일**, 죄인 이건명(李健命)[61]을 흥양(興陽)의 뱀섬[蛇島] - 후에 나로도(羅老

모해하려는 술수를 이미 알고 있었다는 주장으로 이어져 왕세제의 정치적 입지를
크게 위협하는 단서로 활용되었다. 《景宗實錄 2年 3月 27日, 5月 13日》

60) 원정(原情) : 형조나 의금부에 수금되고 나서 경위를 진술해 놓은 정상 조사서를 이른다.

61) 이건명(李健命) : 1663~1722. 본관은 전주, 자는 중강(仲剛), 호는 한포재(寒圃齋)·제월재
(霽月齋)이다. 영의정 이경여(李敬輿)의 손자, 이조판서 이민서(李敏敍)의 아들, 좌의정
이관명(李觀命)의 동생이다. 1684년(숙종10) 진사시, 1686년 춘당대 문과에 급제하여
청요직을 두루 거쳐 이조판서 등을 지냈다. 1717년 종형 이이명과 숙종의 정유독대(丁酉
獨對) 직후, 우의정에 발탁되어 연잉군 보호를 부탁받았다. 경종 즉위 후 좌의정에
올라 김창집·이이명·조태채와 함께 세제 책봉에 노력한 노론 4대신으로 칭해졌다.
1721년(경종1) 좌의정으로서 김창집 등과 함께 세제의 대리청정을 수용하는 연명차자를
올렸다가 철회하였다. 그해 10월 연잉군의 왕세제 책봉을 청하는 사신으로 청나라에
가 있는 상태에서 12월 신축환국 이후 탄핵을 받았다. 이듬해 청나라에서 돌아오자마자
1722년 3월 흥양 나로도로 유배되었다가 임인옥사에 연루되어 8월 14일 참형에 처해졌다.

島)로 이름을 고쳤다. - 에 위리안치 하였다. 금부도사 남근명(南近明)이 그를 압송해가기 위해 의주로 떠났다. -《초종설(初終說)》[62]에 "심단(沈檀)[63]이 제주에 유배 보내라고 힘껏 주장하였다."라고 하였다. -

○ 문사낭청 이명의·윤혜교·유필원을 교체하여, 이제(李濟)[64]·이현장(李顯章)[65]·정래주(鄭來周)[66]로 대신하였는데, 이현장이 지방에 있어 윤유(尹游)[67]

1725년(영조1) 노론 정권 하에서 신원되어 충민(忠愍)이라는 시호를 받았다. 과천의 사충서원(四忠書院), 흥덕(興德)의 동산서원(東山書院), 나주의 서하사(西河祠)에 제향되었다. 저서로 《한포재집(寒圃齋集)》이 있다.

62) 초종설(初從說) : 구준원(具駿遠)이 지은 《신임기년제요(辛壬紀年提要)》에 이재(李縡)가 지은 《초종설》이 인용되어 있는데, 현재는 전하지 않는다.

63) 심단(沈檀) : 1645~1730. 본관은 청송(靑松), 자는 덕여(德興), 호는 약현(藥峴)·추우당(追尤堂)이다. 평시령(平市令) 심광면(沈光沔)의 아들이고, 어머니는 윤선도의 딸이다. 1662년(현종3) 진사가 되고, 1673년 정시 문과에 급제하여 청요직을 두루 거쳤다. 1680년(숙종6) 경신환국으로 10년, 1701년 민언량의 무고로 다시 10년간 유배되었다가 1711년 풀려났다. 1721년(경종1) 이조·예조판서 등을 역임하면서 경종과 세제인 영조에게 우애를 권장하고, 김일경이 중심이 되어 내시 박상검(朴尙儉)을 매수, 세제를 해치려 했던 사건을 비난하였다. 영조 즉위 후에는 판의금부사·판중추부사·도총관 등을 지냈다. 1728년 노론의 탄핵을 받고 다시 유배 갔다가 1729년 영조의 탕평책으로 풀려나와 1730년 봉조하(奉朝賀)가 되었다.

64) 이제(李濟) : 1654~1724. 본관 전주, 자는 경인(景仁), 호는 성곡(星谷)이다. 박세당(朴世堂)의 사위이자 문인이다. 1687년(숙종13) 사마시에 합격하고, 1699년 식년 문과에 장원급제하여 청현직을 두루 거쳤다. 1712년 과거부정 문제를 논하다가 삭직되었다. 1722년(경종2) 사간에 복직되었으나 1724년 소론이 실각할 때 갑산(甲山)에 귀양 가서 죽었다.

65) 이현장(李顯章) : 1674~1728. 본관은 전주, 자는 성보(誠甫)이다. 1713년(숙종39) 증광 문과에 급제하여, 1719년 사간원 정언이 되고, 1722년(경종2) 홍문관 부수찬 등을 거쳐 이듬해에 교리가 되었다. 영조 즉위 뒤 노론의 탄핵으로 제주에 정배되었다가 1727년 정미환국 이후 다시 등용되어 1728년 승지가 되었으나 갑자기 사망하였다.

66) 정래주(鄭來周) : 1680~1745. 본관은 동래(東萊), 자는 내중(來仲), 호는 동계(東溪)이다. 1705년(숙종31) 식년 문과에 급제하였는데, 1730년(영조6)에 비로소 승지가 되었다. 1742년 형조참판, 1743년 동지의금부사(同知義禁府事)에 올랐다가 같은 해 남양부사(南陽府使)로 나갔다. 저서로는 《동계만록(東溪漫錄)》과 《관혼의상제례일통(冠婚儀喪祭禮一統)》이 전한다.

67) 윤유(尹游) : 1674~1737. 본관은 해평(海平), 자는 백수(伯修), 호는 만하(晩霞)이다. 지평 윤세희(尹世喜)의 아들이고, 윤순(尹淳)의 형이다. 1702년(숙종28) 생원이 되고, 1718년

로 대신하였다.

○ 백망, 유경유, 이영, 오서종, 정인중을 잡아가두었다.

○ 백망의 공초는 다음과 같다.

"나이 36세. 저는 목호룡과 서로 일찍부터 알고 지냈습니다. 저는 백성 중에 충신(忠信)한 사람이지만 글을 알지 못해 글을 빌리는 일로 목호룡과 교유하며 여러 해 동안 어울렸는데, 중간에 목호룡이 풍수에 능하다고 자부하였습니다.

저는 본래 서울 사람이 아니고 황해도 연안 사람으로 저만 홀로 상경하였습니다. 저의 아비가 세상을 떠난 후 묏자리를 구할 계획을 세우고 곧 그의 거처를 방문하였는데, 풍월을 읊는 것은 비록 좋았지만 풍수에 능한지는 모르겠어서 마침내 묏자리를 구할 계획을 접었습니다. 목호룡이 제 동생 백방(白昉)을 데리고 한번 산에 가 봤는데, 그 후 동생이 호룡을 미덥지 못한 사람이라 배척하니, 호룡이 이에 불만을 품어 서로 상종하지 않게 되었습니다.

그러다가 왕세제가 잠저 시절 저를 어여삐 여기고 아끼시어 응사(鷹師)[68]의 업무를 맡게 되었는데, 이 때문에 호룡이 제가 궁가(宮家)에 힘을 쓸 수 있다고 여겼습니다. 하루는 저를 찾아와 말하기를, '내가 너의 힘을 빌어 도장(道掌)[69]의 일을 얻으려 한다.'라고 하기에. 제가 오래된 대구의 전답 문서를 꺼내 목호룡에게 내보이며 말하기를, '이렇게 만들어볼 수 있겠는가?'라고 하니, '할 수 있다.' 하였습니다. 이윽고 만든 초안을 써 주었으나 일이 성사되지

정시 문과에 급제하여 청요직을 두루 역임하였다. 1725년(영조1) 신임옥사 주동자의 한 사람으로 지목되어 삭출되었다. 정미환국(1727) 직후 대사간에 복직되었고, 형조·이조·예조판서를 역임하였다. 시호는 익헌(翼憲)이다.

68) 응사(鷹師) : 매를 길들이던 사람을 이른다.

69) 도장(道掌) : 궁방(宮房)의 토지를 관리하고 도조(賭租)나 결미(結米) 따위를 징수하는 사람을 가리킨다. 나중에는 관둔전(官屯田)이나 개인의 토지를 관리하는 사람도 도장이라 불렸다.

않았으므로, 이후 일처리가 허술하다는 이유로 서로 책망하였습니다.

그런데 목호룡이 말하기를,

'너의 인물이 아까워 문자를 가르치려고 한다. 마전(麻田)에 사는 은사(隱士) 정인중은 시율(詩律)에 가장 능통한데, 너를 보면 분명 좋아할 것이다. 정인중은 나와 한 번 만난 사이로, 그의 성격은 소탈하고 귀천을 가리지 않는다. 내 집에 원림(園林)이 있어 가까운 시일 내에 방문하기로 약속이 되어 있으니, 네가 오면 만날 수 있다.'

라고 하였습니다. 하루는 아침 식전에 저를 부르기에 바로 가보았더니 정인중이 그 자리에 있었는데, 그를 한번 만난 후로 더불어 친하게 지냈고, 목호룡 또한 저에게 글을 가르쳐줄 것을 정인중에게 권하여 심상하게 왕래하였습니다. 정인중과 서로 알고 지내게 된 정황은 이와 같은 데 불과합니다.

목호룡은 양반의 서얼로서, 많은 사대부와 교유하며 저에게도 교유를 권하였으나 그가 미덥지 못한 사람임을 알고 있던 터라 그의 말을 기꺼이 따른 일은 없습니다. 그러나 목호룡이 또 김용택을 단아하여 사귈 만한 사람이라고 칭찬하기에 그 말을 따라 서로 교유하게 되었는데, 이 일을 두고 호룡은 자기의 공으로 여겼습니다. 하루는 함께 김용택의 집으로 갔는데, 단지 김용택 한 사람하고만 글을 논하였을 뿐 용력에 대해서는 한 마디도 언급한 일이 없으니, 목호룡의 말이 맹랑하고도 가소롭습니다.

또 '많은 사람과 서로 사귀었다.'든가 '급수(急手)'·'유비(劉備)'·'환약(丸藥)'·'손바닥 글씨' 등의 말은 지금에야 비로소 들었으니 전혀 근거가 없는 말들입니다. '나인이 말하는 것을 모두 따른다.'는 말은 더욱 터무니없으나, 그 내력은 있습니다. 이영은 본래 연잉군의 방자(房子)로서 여염(閭閻)에 나와 살았습니다. 그래서 제가 상처(喪妻)한 후 첩으로 삼았으므로, 목호룡이 이를 가지고 매번 놀림거리로 삼았습니다.

'전라 병영의 군관'이란 말은, 목호룡이 떠날 때 스스로 능란한 글솜씨로 교유하여 막비(幕裨)[70]가 될 수 있었다고 자랑한 일이고, 제가 평안도에 갔다는 주장의 경우, 저는 평안도 땅을 왕래하거나 밟아본 적이 없으니, 더욱 가소롭습니다.

보검과 급수에 관한 말도 저는 전혀 모르는 일입니다. 목호룡이 이달 24일과 25일에 연이어 저를 찾아와 말하기를,

'내가 지금 생사고락을 함께 하는 친한 벗 중에는 사대부가 많이 있어서 조정의 일에 대해 알고 있다. 너는 육현(陸玄)이 살아있을 때 묏자리를 구하는 일로 그와 친하게 지냈으니, 육현이 나라를 무함한 일을 알고 싶다.

지금 소론과 남인이 출사하고 있는 때에, 의금부와 포도청에 체포되거나 드나든 사람은 벼슬길에 오를 수 없다. 이러한 때 의금부에서 너에게 육현의 일을 묻는다면, 육현은 본래 도적이 아니니 억울함을 풀어주어야 한다고 고해야만 네가 살 수 있지 그렇지 않으면 너는 응당 죽을 것이다. 죽여서는 안 되는 사람을 때려죽였다고 말해야 후환이 없을 것이니, 나의 말을 따르겠는가?'

라고 하기에, 제가 답하기를,

'천지간에 태어나 생사의 갈림길에 서더라도 마땅히 바른대로 고해야지, 어찌 너의 말을 따라 거짓을 꾸며 말하겠는가.'

라고 하였습니다.

목호룡이 또 말하기를,

'전에 한 말은 너의 재주를 취하려는 계책에 불과한 것이나, 내가 진심으로 너에게 말할 일이 있다. 이홍술과 김창집(金昌集)[71]이 함께 육현을 죽인 일[72]은

---

70) 막비(幕裨) : 감사(監司)·유수(留守)·병사(兵使)·수사(水使) 등을 따라다니며 보좌하는 관원으로서, 비장(裨將)·막료(幕僚)·막빈(幕賓)이라고도 한다.

71) 김창집(金昌集) : 1648~1722. 본관은 안동, 자는 여성(汝成), 호는 몽와(夢窩)이다. 좌의정 김상헌(金尙憲)의 증손이자 영의정 김수항(金壽恒)의 아들이며, 김창협(金昌協)·김창흡(金昌翕)의 형이다. 1672년(현종13) 진사, 1684년(숙종10) 정시 문과에 급제하여 청요직을 두루 역임하다가 1689년 기사환국 때 아비가 사사되자 은거하였다. 그 뒤 예조참판·개성 유수 등을 거쳐 1717년 영의정이 되었다. 경종이 즉위한 뒤 1721년(경종1)에 이이명·조태채·이건명 등과 함께 소론의 반대에도 불구하고 연잉군(延礽君, 영조)을 세제로 세웠다.

지금부터 조사하게 될 것인데, 너는 사랑에 머물고 있으니 자세히 들었을 것이다.

지금 소론과 남인이 세제를 모해(謀害)하려 하는데, 소론은 청론(淸論)을 자부하고 있으나 완론(緩論)과 준론(峻論)으로 나뉘어 있고, 남인은 온 산 가득한 고목(枯木)에 잎사귀 한 장만 푸른 격으로 사환(仕宦)하는 이가 적다.

내가 남인 목가(睦哥)의 서얼로서 남인 내부를 횡행하며 들어보니, 원휘(元徽)[73]·김 참판(金參判)[74]·유경유·심수관(沈壽觀)·오서종·장우상(張宇相)의 무리가 서로 더불어 일을 모의하고 있다.

선래(先來)[75]가 나오면 마땅히 거사를 단행하되, 선래가 아뢰기를 주청한

이어서 세제의 대리청정을 시도하다가 실패하고, 12월 신축환국 이후 소론의 탄핵을 받고 절도에 안치되었다가 이듬해인 1722년 목호룡(睦虎龍)의 고변으로 일어난 임인옥사에 연루되어 4월 23일 사사(賜死)되었다. 이이명(李頤命)·이건명(李健命)·조태채(趙泰采)와 함께 노론 4대신으로 일컬어진다. 1724년 영조 즉위 후 관작이 복구되었으며, 영조의 묘정(廟庭)에 배향되었다. 영조 때 과천에 사충서원(四忠書院)을 세워 이이명·조태채·이건명과 함께 배향했으며, 거제의 반곡서원(盤谷書院)에도 제향되었다. 저술로《국조자경편(國朝自警編)》《몽와집(夢窩集)》등이 있으며, 시호는 충헌(忠獻)이다.

72) 육현(陸玄)을 …… 일 : 1720년(경종 즉위년) 9월 당시 포도청 대장으로 있던 이홍술(李弘述)이 술사(術士) 육현(陸玄)을 장살(杖殺)한 일이 있었는데,《경종실록 즉위년 9월 21일》기사에는 김창집(金昌集)이 육현과 친밀하게 지내며 은밀한 일을 알려주었다가 그가 말을 누설할까 두려워 입을 막기 위해 이홍술을 시켜 죽였다고 기록되어 있으나,《경종수정실록》같은 날 기사에는 이홍술이 요사한 술사를 죽이자 사람들이 통쾌해하였는데, 나중에 목호룡이 이로써 이홍술의 죄를 엮어내었다고 기록되어 있다.

73) 원휘(元徽) : 1662~1722. 본관은 원주(原州), 자는 자미(子美)이다. 경상좌도병마절도사 원진수(元振洙)의 아들이다. 1687년(숙종13) 식년 무과에 급제하여, 남인이 집권한 기사환국 이후 1689년 선전관(宣傳官), 1692년 형조정랑·풍덕부사 등을 거쳐 1693년 겸사복장(兼司僕將)이 되었다. 1694년 갑술환국 이후 여러 차례 탄핵을 받았으나, 1717년 황해병사가 되고, 1721년(경종1) 평안병사에 올랐는데, 1722년 갑자기 사망하였다.

74) 김 참판(金參判) :《경종실록 2년 3월 28일》기사에 따르면 김 참판은 김일경을 가리킨다. 백망은 공초에서, 소론과 남인이 세제를 모해하려 하였다고 역으로 고변하였는데, 그 내용 가운데 당시 추국을 담당하고 있던 조태구·최석항·김일경·심단 등의 이름도 거론되었다. 국청에서는 이 일을 불문에 부쳤으며, 문목에서 벗어난다고 하여 기록하지 않았다.《景宗修正實錄 2年 3月 29日, 4月 4日》

75) 선래(先來) : 외국에 갔던 사신이 돌아올 때 사신보다 앞서 오는 역관이나 그동안의 경과를 보고하도록 사신이 먼저 보낸 원역(員役)을 이른다. 1721년 10월 28일 연잉군의

일이 성사되지 못했다고 하면 조정의 권세를 동궁에게로 옮길 것이고, 선래가 아뢰기를 주청한 일이 성사되었다고 하면 내 마땅히 고변할 것이니, 그때가 되면 사람들이 순식간에 너를 죽일 것이다. 네가 만약 이 말을 듣고도 따르지 않으려면, 모름지기 멀리 심산유곡으로 숨는 것이 좋을 것이다. 이 양반들이 너의 재주를 취하면 내 말이 효험이 있는 것이요, 만약 너를 가까이하지 않는다면 이는 효험이 없는 것이다.'

라고 하였습니다. 이에 제가 묻기를, '네가 말한 혈당(血黨)이란 누구인가?' - 궐문(闕文)이 있는 듯하다. - 라고 하자, 목호룡이 말하기를,

'유경유, 오서종, 장우상, 심수관, 원휘, 김일경(金一鏡)[76], 그리고 또 이중환(李重煥)[77]과 목천임(睦天任)[78]이 있는데, 이 두 사람은 곧 나의 심복이다.

왕세제 책봉을 승인받기 위하여 주청사(奏請使)인 좌의정 이건명(李健命)과 부사(副使) 윤양래(尹陽來), 서장관(書狀官) 유척기(兪拓基)가 북경으로 갔는데, 이듬해 3월 26일에 선래(先來)가 도착하여 세제 책봉을 승인받았음을 전하였다.

76) 김일경(金一鏡) : 1662~1724. 본관은 광산(光山), 자는 인감(人鑑), 호는 아계(丫溪)이다. 김계(金棨)의 증손으로, 김익렴(金益廉)의 손자이고, 김하중(金夏重)의 아들이며, 어머니는 권우(權瑀)의 딸이다. 소론의 거두이다. 1687년(숙종13)에 진사가 되었고, 1702년 식년 문과에 장원 급제하였다. 경종 즉위 후 1721년(경종1) 노론이 연잉군을 세제(世弟)에 책봉한 뒤 경종의 병약함을 이유로 세제의 대리청정을 강행하려 하자, 이에 반대해 결국 대리청정의 요구를 철회하게 하였다. 이어 그해 12월 상소하여, 경종이 병이 없어 손수 국사를 처리할 수 있는데도 노론 4대신이 세제의 대리청정을 주장한 일은 나라를 망칠 죄목이라고 탄핵해 노론 권력을 실각시켰다. 또한 이듬해인 1722년(경종2) 목호룡이 고변하여 유배 중이던 노론 4대신은 모두 사사되고, 노론 수백 명이 살해 또는 추방되는 임인옥사가 일어났다. 1724년 영조가 즉위하자 노론의 재집권으로 유배되었다가, 청주 유생 송재후(宋載厚)의 상소를 발단으로 신임옥사가 무고(誣告)였다는 노론의 집중 탄핵을 받고 목호룡과 함께 투옥되어 친국을 받았다. 그러나 공모자들의 이름을 끝까지 밝히지 않고 참형을 당하였다.

77) 이중환(李重煥) : 1690~1756. 본관은 여주(驪州), 자는 휘조(輝祖), 호는 청담(淸潭)·청화산인(靑華山人)이다. 참판 이진휴(李震休)의 아들이며, 실학자 이익(李瀷)의 문인이다. 1713년(숙종39) 증광 문과에 급제하여 승문원 정자를 거쳐, 1722년(경종2) 병조정랑·전적 등을 역임하였다. 영조가 즉위하자 목호룡의 당여로 사로잡혀 유배되었다. 1735년(영조11) 풀려났는데, 1739년 다시 의금부에 수금되었다가 이듬해 병으로 겨우 풀려났다. 저서로 《택리지(擇里志)》가 있다.

78) 목천임(睦天任) : 1673~1730. 본관은 사천(泗川), 자는 대숙(大叔), 호는 묵암(默菴)이다.

이 두 사람이 와서 너를 만났는가? 아니면 다른 사람이 와서 만났는가? 그 중 어떤 사람이 너를 찾아와 만났는가?'

라고 하기에, 제가 답하기를,

'나에게 칼이 있다면 너를 베어버렸을 것이다. 내가 항상 너를 믿을 수 없는 사람이라 여겼는데, 이 말들을 듣고 보니 과연 그러하구나.'

라고 하니, 목호룡이 두려움에 떨었습니다.

제가 또 말하기를,

'다른 양반은 알지 못하나, 그 중 오서종과 심수관은 내가 본 일이 있다.'

라고 하니, 목호룡이 더욱 크게 놀랐습니다. 제가 말하기를,

'원휘는 비록 만난 일이 없으나 그의 아들 원일세(元日世)라는 자가 있는데, 오서종이 (그에게서 듣고) 나에게 전해주었으니, 어찌 직접 본 것과 다르겠는가.'

라고 하였습니다. 오서종과 저는 평소 친분이 없었는데 연전에 별다른 이유 없이 그가 세 차례나 방문하였기에 마음으로 매우 괴이하게 여겼었습니다. 그런데 목가의 말을 듣고는 실로 의아한 마음에 오서종을 찾아가 만났습니다. 오서종이 말하기를,

'은근하게 방문하였는데, 니도 같이 할 말이 있다. 남별궁 남쪽 행랑에서 첫 번째 보이는 집으로 오라.'

라고 하였습니다. 식전에 가서 보니, 소주를 대접하므로 단란한 시간을 보내고 있을 때 소찰(小札)이 도착하였습니다. 두서너 줄의 내용을 보여주기에 제가 보니, 내용 중에 '긴급한 일'이라는 말이 있고, 말을 타고 급하게 당도하였

남인인 좌의정 목내선(睦來善)의 손자이자 대사헌 목임일(睦林一)의 아들이다. 1689년(숙종15) 진사가 되고, 1721년(경종1) 식년 문과에 급제하여 내섬시(內瞻寺) 직장(直長)을 지냈다. 경종 때 왕세제인 영조의 신변을 위태롭게 하였던 환관 박상검(朴尙儉) 및 임인옥사의 고변자인 목호룡(睦虎龍)과 친하게 지냈다 하여, 1725년(영조1) 김일경(金一鏡)과 목호룡의 옥사에 연루되어 평안도 벽동(碧潼)에 유배되었다. 그 후 1728년에 일어난 무신란(戊申亂)의 모의 가담자로 거론되어 그의 아우 목천광(睦天光)·목천운(睦天運)과 함께 1730년에 붙잡혀 곤장을 맞고 죽었다. 1753년에 그들의 아들이 억울한 죽음을 호소함에 따라 신원되어 관자을 회복하였다.

는데 서찰을 가져온 사람이 흑색 옷을 입고 있었습니다.

그래서 제가 묻기를, '어느 집안 사람인가?'라고 하니, 답하기를,

'이 사람은 나의 심복 노비인 명위(命謂)란 자이다. 이 서찰은 그대가 반드시 자세히 살펴보아야 하는데, 약점현(藥店峴)에 사는 심 판서[79] 집에서 보내온 것이다. 심 판서는 지의금부사인데, 네가 항시 충의를 지키는 사람이라는 말을 들으면 반드시 돌보아줄 뜻이 있을 것이다. 의금부 당상 중에 김일경은 남인과 부합(附合)하였으니, 심 판서가 말을 해주면 틀림없이 돌보아주려 할 것이다. 너는 동궁에게 진심을 다하고 있지만 김일경 이 양반은 자전과 동궁을 모해하려는 데 주된 뜻을 가진 사람이다. 그러나 심수관은 반드시 너를 돌보아줄 것이다.'

라고 하였습니다.

저는 항상 충의로써 자부하던 사람이었는데, 목호룡의 거짓 고변에 걸려들어 이곳에서 죽게 되었으니, 그 충혼향백(忠魂香魄)이야 어찌 다 말로 할 수 있겠습니까. 그가 이미 고변하였으므로 저 또한 고변하겠습니다.

오서종이 신에게 말하기를,

'김일경뿐만 아니라 내가 상의하는 사람들은 자전과 동궁에게 진심을 다하지 않을 뿐만 아니라 대전에게도 또한 정성된 마음이 없이 장차 사업을 이루려고 하는 사람이다. 연전에 내가 그대를 방문하였던 것은 일찍이 삼고초려(三顧草廬)[80]를 본받으려 한 것이다.'

라고 하였습니다. 또 저에게 말하기를,

'너라는 인물은 동국(東國)이 아낄 만한 사람이다. 오늘 와 주기를 청하여 비밀스러운 일을 말하고자 하였는데 지금 잡혀 들어갈 지경에 놓였다. 만약 심 판서가 돌보아줄 일이 있게 된다면, 너는 충의의 선비라 할 만하니 더욱

---

79) 심 판서 : 심단(沈檀, 1645~1730)을 가리킨다.

80) 삼고초려(三顧草廬) : 남양(南陽)에서 농사를 짓고 있던 제갈량(諸葛亮)을 군사(軍師)로 맞이하기 위하여 유비가 그의 초가집을 세 번이나 찾아가 예로 맞이했던 고사를 이른다.

감복할 것이다. 이와 같이 말하면 의금부의 비밀스러운 말을 약점현에서 반드시 서찰로 보내주는데, 내 굳이 너에게 보여준 것은 너의 정성에 감복하였기 때문에 내보인 것이다. 너는 모친이 있으니, 반드시 도망쳐 숨지는 않을 것이지만, 너는 호협한 기상을 갖추고 있으니 혹 도주한다면 반드시 큰일이 생길 것이다. ……'

라고 하고, 또 말하기를,

'김일경은 이미 남인이 되기로 맹세하였으니, 판의금부사가 말을 하면 반드시 들어줄 것이다. 너는 죽을 지경에 처하지 않을 것이 틀림없으니 도망갈 생각을 해서는 안 된다.'

라고 하였습니다.

또 말하기를,

'원휘가 일을 함께 하고자 하였는데, 지금은 그의 뜻이 조금 변하였고 그 아들 원일세도 오지 않았으니, 너는 모름지기 알고 있어야 한다. 내가 이러한 말을 하는 것은 대개 너로 하여금 내가 너에게 진심임을 알게 하려는 것이다. 유경유가 너를 한번 보고 중대한 말을 하였으니, 이로써 그가 너를 신뢰하고 있음을 알 수 있다.'

라고 하였습니다.

대개 오서종과는 십 수 일 전에 만났는데, 유경유가 말하기를,

'잠깐 보았어도[81] 오랜 벗과 같다 하였으니, 비록 한 번 만났을 뿐이나 심복(心腹)의 일을 말한 것이 당연하다.'

라고 하였으나, 이어서 조정의 형세를 물으니, 바로 일어나 갔습니다. 오서종이 말하기를, '그대는 어찌하여 그 말을 하지 않는가?'라고 하면서,

---

81) 잠깐 보았어도 : 원문의 '경개(傾盖)'는 타고 가던 수레의 일산을 기울인다는 뜻이다. 《사기(史記)》〈추양열전(鄒陽列傳)〉에 "흰머리가 되도록 오래 사귀었어도 처음 본 사람처럼 느껴질 때가 있고, 수레 덮개를 기울이고 잠깐 이야기하였지만 오랜 벗처럼 느껴지는 경우도 있다.[白頭如新, 傾盖如故.]"라고 하여, 잠시 보았지만 의기가 통하는 사이를 말한다.

완천 도정(完川都正)[82]의 일을 말하니, 유경유가 말하기를, '내가 말할 일은 아니나 너는 말할 수 있다.'라고 하고, 일어나 갔습니다.

오서종이 저에게 말하기를,

'유경유가 완천정 집안을 통해 궁인과 결탁하고 대내의 일을 들었는데, 윤취상(尹就商)[83]이 나의 뜻을 받들어 탐문해보니, 우리가 하려는 일을 그가 하려고 한다.'

라고 하고, 또 말하기를,

'지금 국휼(國恤)을 당하였는데, 남인은 타락산(駝駱山)에 모여 꽃놀이나 하면서 술을 마신다. ……'

라고 하였습니다.

저 또한 그들의 무소불위한 행태를 알고 있던 터라 장우상에게 상세히 물으니, 비록 동류(同類)이나 일찍이 만난 일은 없고, 자기 아들을 대신 가게 하였다고 하는데, 아들의 자는 천수(天授)이고, 이름은 기억나지 않습니다. 저와의 교유를 원하여 제 처가로 와서 사람을 보내 저를 불렀는데, 대개 오서종과 장우상이 친분이 있는데다 제 처의 오라비가 오서종에게 수학하였기 때문에 온 것입니다.

천수가 말하기를, '소론과 남인이 근자에 합하려고 한다. ……'라고 하였는데, 소문이 이와 같으므로 장우상의 말을 꺼낸 것입니다. 대개 이 무리가

---

82) 완천도정(完川都正) : 이엽(李燁, ?~1730)이다. 본관은 완산(完山)이고, 복평군(福平君) 이연(李㮒)의 서자이다. 복평군이 1680년(숙종6) 경신환국으로 처벌 받았다가 1689년 기사환국으로 풀려나자 이엽이 완천부정(完川副正)이 되었다. 경종대 임인옥사에 연루되어 처벌받았다가 1725년(영조1) 복관되었는데, 1730년 심익연(沈益衍) 옥사에 연루되어 물고되었다.

83) 윤취상(尹就商) : ?~1725. 본관은 함안(咸安)이다. 1676년(숙종2) 무과에 장원 급제하여 1701년 총융사가 되었고, 경종 즉위 후 병조참판·동지의금부사를 지냈다. 1722년(경종2) 최홍(崔泓) 등이 세제(世弟)를 독살하려는 음모에 연루된 혐의를 받았으나 풀려나왔고, 형조판서에 올라 김일경과 더불어 노론을 탄압, 축출하는 데 앞장섰다. 이로 인해 1724년 영조 즉위 후 김일경의 일당으로 몰려 노론에 의하여 탄핵, 파직되었으며 국문을 받고 복주(伏誅)되었다.

저를 칭찬하기도 하고 저와 교유하기도 한 것은 제가 동궁에게 정성을 다하기 때문이었는데, 목호룡이 계략을 미리 알고 그것을 역이용하고자 이러한 고변을 하였던 것이니, 목호룡은 천지간의 흉악한 사람입니다.

문목(問目) 안에서 이른바 '용력'이라는 한 것은, 저는 본래 용력이 없사오며, 정인중이 나귀를 보내 데리고 갔다는 일도 전혀 근거가 없는 일입니다. 김용택의 집에서 이희지와 이천기를 만났다고 하였는데, 희지·천기와는 전혀 일면식도 없습니다.

용력이니, 함께 술을 마셨다느니, 맹약했다느니 하는 말 또한 맹랑한 주장입니다. 세상에 유비 같은 사람이 없다는 말이나 손바닥에 글자를 썼다는 말도 너무나 터무니없습니다. 또 많은 나인과 결탁하여 반드시 급수를 시행하려 했다거나 은자 5백 냥으로 환약을 샀다는 주장도 맹랑하기 그지없고, 김용택이 저에게 보검을 주었다는 등의 말도 모두 근거가 없습니다. 이밖에 다시 아뢸 말은 없습니다."

○ 조지녁에 왕세제가 하령하기를,

"시강원과 익위사의 겸관(兼官) 및 숙직하고 있는 홍문관을 모두 인접(引接)84)하겠다."

라고 하였다. 문학 이명의, 사서 유필원, 익위 조하기(曹夏奇)85), 부솔(副率) 서종진(徐宗鎭)86) -《사곡록(寺谷錄)》87)에 따르면, 겸문학 심공(沈珙)88) 또한 참석하였다.

---

84) 인접(引接) : 원래는 왕이 의정(議政)을 인견할 때, 시신(侍臣)을 시켜 맞게 하는 일을 말하는데, 여기서는 왕세제가 동궁전에서 궁료와 관련 신료들을 불러서 만난다는 의미로 사용되었다.

85) 조하기(曹夏奇) : 1660~1738. 본관은 창녕(昌寧), 자는 위숙(偉叔)이다. 관찰사 조한영(曹漢英)의 손자이다. 1681년(숙종7) 식년시에 합격하여 1702년 빙고별검(氷庫別檢), 1716년 금성현령(錦城縣令) 등을 지내고, 영조대에는 공조좌랑·첨지중추부사 등을 두루 역임하였다.

86) 서종진(徐宗鎭) : 1675~1738. 본관은 대구(大丘), 자는 동망(東望)이다. 서문징(徐文徵)의 아들이다. 1713년(숙종39) 증광시에 합격하여 생원이 되었다. 1724년(영조 즉위) 호조정랑이 되고 이후 진잠현감(鎭岑縣監)·단양군수(丹陽郡守) 등을 거쳐, 1738년 군자감판관(軍

- 이 입대하자 하령하기를,

"대조(大朝)께서 국청의 초사(招辭, 죄인의 진술)를 내려서 보여주셨는데, 말단의 두 가지 일은 나에 대한 악명(惡名)이었다. 수개월 사이에 이러한 변괴(變怪)를 당한 일이 한 번이 아니었으나, 겨울 무렵에 있었던 일에 견주어 보면 몇 배나 더할 뿐만이 아니다. 이러한 악명을 지고 어찌 차마 일시인들 천지 사이에 숨을 쉬고 있을 수 있겠는가?

겨울 무렵 사위(辭位)하였을 적에 사람들이 만류하는 바람에 아직도 이렇게 눌러앉아 있는데, 이 때문에 이런 변괴가 있게 된 것이다. 이 뒤로 또 몇 겹의 경계(境界)가 있을지 알 수가 없으니 일찍 결단을 내리지 않는다면 다시 무슨 면목(面目)으로 지하에 계신 선대왕을 배알할 수 있겠는가? 장차 사위하려 한다."

하고, 이어 소초(疏草)를 내어 보이니, 궁관(宮官)들이 시선을 들지 못한 채 아뢰기를,

"이러한 요악(妖惡)스러운 말은 개의할 필요가 없으니, 소장을 올려 사위하는 것은 또한 과중한 처사입니다."

라고 하였으나, 세제는 시종일관 허락하지 않고, 천만 마디의 하령이 있었는데, 그 내용이 모두 비통하고 통절한 말들이었으며, 목이 메어 목소리가 제대로 나오지 않을 정도였다. 궁관들이 누누이 진달한 끝에 마침내

"나의 뜻은 비록 바꾸기 어려우나, 궁관들이 이와 같이 아뢰니 우선 상소를 올리겠다는 뜻을 중지하겠다."

라는 내용으로 하교하였다. 이명의가 -《난여(爛餘)》[89] - 이사(貳師)와 빈객(賓

資監判官)이 되었다.

87) 사곡록(寺谷錄) : 노론 홍계희(洪啓禧, 1703~1771)의 저서이다.

88) 심공(沈珙) : 1681~1733. 본관은 청송(青松), 자는 공보(共甫), 호는 이파(梨坡)·취규재(聚奎齋)이다. 참의 심수량(沈壽亮)의 아들이다. 1708년(숙종34) 진사가 되고 1711년 문과에 급제하여, 1716년 홍문록에 올랐다. 숙종 말년에 청요직을 두루 지내고 1722년(경종2) 승지가 되었다. 1727년(영조3) 대사간, 1729년 대사헌, 1733년 부제학을 지내다 병으로 사망하였다.

客)90)을 인접하라고 청하고 물러 나왔는데, 밤이 이미 사경(四更, 오전 3시 전후한 시점)이 되었다. -《춘방일기(春坊日記)》에는 이 조항을 싣지 않았다고 한다. -

○ 29일, 부수찬 정석오(鄭錫五)91), 우참찬 유봉휘(柳鳳輝)92), 교리 윤순(尹淳)93)이 사은하였다. 동궁이 하령하여 숙배단자를 돌려주게 하자, 시간원에서

---

89) 난여(爛餘) : 숙종이 승하한 1720년 6월부터 1723년 12월까지 노론과 소론이 갈등한 내용을 편년체로 엮은 기록으로서, 김재로(金在魯)가 편찬하였다. 경종대를 다룬 대표적 당론서인 노론측의 《신임기년제요(辛壬紀年提要)》와 소론측의 본서보다 더 원사료에 충실한 자료이다.

90) 이사(貳師)와 빈객(賓客) : 이사는 왕세자 교육을 담당하는 세자시강원(世子侍講院) 종1품 관직이고, 빈객은 정2품 관직이다.

91) 정석오(鄭錫五) : 1691~1748. 본관은 동래(東萊), 자는 유호(攸好)이다. 영의정 정태화(鄭太和)의 증손으로, 정재대(鄭載岱)의 손자이다. 1715년(숙종41) 식년 문과에 급제하여 청요직을 두루 거쳤다. 1721년(경종1) 지평 재직시 김일경 등과 함께 김창집 등 노론 4대신 탄핵을 주도하였다. 영조가 즉위하자 삭출 당하였다가 1727년(영조3) 정미환국으로 세자시강원 사서로 기용되었다. 이후 대사헌 등을 지내고 1746년 우의정을 거쳐 좌의정에 올랐다. 1748년 영돈녕부사로서 동지 겸 사은사(冬至兼謝恩使)가 되어 효현황후(孝賢皇后) 시호 올린 것을 진하하고 연공(年貢)을 진헌하기 위하여 청나라에 가던 중 병사하였다. 시호는 정간(貞簡)이다.

92) 유봉휘(柳鳳輝) : 1659~1727. 본관은 문화(文化), 자는 계창(季昌), 호는 만암(晚菴)이다. 영의정 유상운(柳尚運)의 아들이다. 1684년(숙종10) 진사가 되고, 1699년 식년 문과에 급제하여 청요직을 두루 지냈다. 1721년(경종1) 노론이 세제(世弟, 영조) 책봉을 주장하자 이를 반대하였다. 이어 세제의 대리청정을 주장하자 소론의 대표로서 대리청정의 부당함을 간언하여 이를 철회하게 하고, 신축환국으로 노론을 처벌하게 만들었다. 영조가 즉위한 뒤인 1725년 탕평책으로 노론·소론의 연립정권이 수립될 때 우의정에 올랐다. 이어 소론 4대신의 한 사람으로 좌의정에 제수되었으나 신임옥사(辛壬換局)를 일으킨 주동자라는 노론의 탄핵으로 함경북도 경흥(慶興)에 유배되어 그곳에서 세상을 떠났다.

93) 윤순(尹淳) : 1680~1741. 본관은 해평(海平), 자는 중화(仲和), 호는 백하(白下)·학음(鶴陰)이다. 영의정 윤두수(尹斗壽)의 5대손이고, 지평 윤세희(尹世喜)의 아들이며, 윤유(尹游)의 아우이다. 정제두(鄭齊斗) 문인이며, 정제두의 아우 제태(齊泰)의 사위이다. 1712년(숙종38) 진사시에 장원급제하고, 이듬해 증광 문과에 합격하여 청요직에 진출하였다. 1723년(경종3) 응교로 사은사 서장관(書狀官)이 되어 청나라에 다녀왔다. 1727년(영조3) 이조참판으로 대제학을 겸임하고 이듬해 이인좌(李麟佐)의 난 때 감호제군사(監護諸軍使)가 되었으며, 1729년 공조판서가 되고 예조판서를 역임하였다. 1739년 경기도관찰사를 지냈으며, 그 뒤 평안도관찰사로 관내를 순찰하던 중 벽동(碧潼)에서 순직(殉職)하였

도로 들이기를 여러 번 청하였으나 허락하지 않았다. 영의정, 우의정, 호조판서 김연(金演)[94], 이조판서 이조(李肇)[95], 예조판서 이태좌(李台佐)[96], 승지 조경명, 가주서 유언통(兪彦通)[97], 기사관 장두주(張斗周)·조현명(趙顯命)[98]이 청대

다.

[94] 김연(金演) : 1655~1725. 본관 상주(尙州), 자는 사익(士益), 호는 퇴수당(退修堂)이다. 1675년(숙종1) 진사가 되고, 1684년 정시 문과에 급제하여 청요직을 두루 거쳤다. 1721년(경종1) 호조판서로서 김일경 등과 함께 세제의 대리청정을 반대하여 취소하게 하였다. 1723년 형조판서가 되었으나, 이듬해 영조가 즉위하자 노론의 탄핵을 받아 유배되었다.

[95] 이조(李肇) : 1666~1726. 본관은 전주, 자는 자시(子始), 호는 학산(鶴山)이다. 교리 이상질(李尙質)의 증손, 정랑 이훤(李藼)의 손자이다. 1696년(숙종22)에 정시 문과에 급제하여 1699년 홍문록에 오르고, 청요직을 두루 지냈다. 1720년 고부사(告訃使)의 부사(副使)로 청나라를 다녀온 뒤 예조참판에 올랐다. 1721년(경종1) 도승지 재직시 노론이 연잉군을 앞세워 대리청정을 요청하면서 정권을 독점하려 하자 경종 보호에 앞장섰다. 1722년에는 형조판서로서 임인옥사를 다스려 노론 4대신을 축출하는 데 참여하였고, 이후 각조의 판서를 역임하였다. 1725년(영조1) 관작을 삭탈 당하고 밀양으로 유배 가서 그곳에서 병사하였다.

[96] 이태좌(李台佐) : 1660~1739. 본관은 경주(慶州), 자는 국언(國彦), 호는 아곡(鵝谷)이다. 영의정 이항복(李恒福)의 현손이고, 참판 이세필(李世弼)의 아들이며, 영의정 이광좌의 재종형이다. 1684년(숙종10) 진사가 되고, 1699년 정시 문과에 급제하여 청요직을 두루 거쳤다. 1701년 지평 재직 시 희빈 장씨 처벌에 반대했던 최석정·이명세를 옹호하다가 유배되었다. 1705년 풀려나 정언을 거쳐 공조판서 등을 역임하였다. 1716년 윤선거를 변론하였다가 노론 대간의 탄핵으로 파직되었다. 1721년(경종1) 세제 대리청정 시행에 반대하였고, 신임옥사 당시 형조판서로서 노론 숙청에 참여하였다. 영조 즉위 뒤에 병조·이조판서 등을 거쳐 1728년(영조4) 우의정, 1729년 좌의정에 올랐으며, 1736년 봉조하가 되었다. 시호는 충정(忠定)이다.

[97] 유언통(兪彦通) : 1682~? 본관은 기계(杞溪), 자는 공직(公直)이다. 1705년(숙종31) 식년시에 합격하여 생원이 되고, 1721년(경종1) 정시 문과에 급제하여 1722년 정언이 되었다. 1724년 영조 즉위 후 지평이 되었다가 1725년(영조1) 관작을 삭탈 당하였다. 1729년 다시 정언이 되고, 이후 장령·사간 등을 거쳐 1732년 승지가 되었다. 이후 양주목사(楊州牧使)·울산부사(蔚山府使) 등을 역임하였다.

[98] 조현명(趙顯命) : 1690~1752. 본관은 풍양(豊壤), 자는 치회(稚晦), 호는 귀록(歸鹿)·녹옹(鹿翁)이다. 직장 조형(趙珩)의 증손, 조상정(趙相鼎)의 손자, 의금부도사(義禁府都事) 조인수(趙仁壽)의 아들이다. 1713년(숙종39) 진사가 되고 1719년 증광 문과에 급제하여 검열이 되었다. 1721년(경종1) 연잉군이 세제로 책봉되자 겸설서(兼說書)로서 세제 보호에 힘썼다. 영조대 교리를 역임하고 1728년(영조4) 이인좌의 난 당시 분무공신(奮武功臣) 3등에 녹훈, 풍원군(豊原君)에 책봉되었다. 이후 이조·호조판서 등의 요직을 두루 역임하였다. 1740년 경신처분(庚申處分) 직후 우의정에 발탁되었고, 1750년 영의정에

(請對)하여 진수당(進修堂)99)에 입시하였는데, 이때의 연설(筵說)은 대략 다음과 같다.

조태구(趙泰耇)100)가 말하기를,

"봉전(封典)이 잘 이루어졌다고 하니, 종사의 다행입니다. 돌아오는 사신을 배소에 압송하는 일로 어제 도사를 파견하였는데, 봉전이 이루어져 실로 큰 경사가 있는 때 사행(使行)101)이 돌아와 강을 건너자마자 즉시 잡아들이면 보고 듣는 사람들을 놀라게 할 것이니, 도사로 하여금 만상(灣上)까지 가지 말고 중로에서 머물러 기다리다가 압송하도록 분부하시면 어떻겠습니까?"

라고 하자, 주상이 이르기를, "아뢴 대로 하라."라고 하였다.

최석항(崔錫恒)102)이 아뢰기를,

올라 균역법 제정을 총괄하였다. 조문명·송인명과 함께 완론 세력을 중심으로 한 이른바 노·소론 중심의 탕평을 주도하였다. 시호는 충효(忠孝)이다.

 99) 진수당(進修堂) : 창경궁(昌慶宮)에 왕세자의 생활공간으로 지어진 저승전(儲承殿)에 속한 건물이다. 저승전의 정당(正堂)인 시민당(時敏堂) 북쪽에 위치하여, 서연과 경연 장소로 사용되었다.

100) 조태구(趙泰耇) : 1660~1723. 본관은 양주(楊州), 자는 덕수(德叟), 호는 소헌(素軒)·하곡(霞谷)이다. 형조판서 조계원(趙啓遠)의 손자이고, 우의정 조사석(趙師錫)의 아들이며, 조태채(趙泰采)와 조태억(趙泰億)의 종형이다. 1683년(숙종9) 생원이 되고, 1686년 별시문과에 급제하여 청요직을 두루 거쳐 1720년(경종 즉위) 우의정에 올랐다. 당시 소론의 영수로서 노론과 대립하던 중 1721년 정언 이정소(李廷熽)의 건저 상소(建儲上疏)와 김창집 등 노론 4대신의 주청에 의해 연잉군이 세제로 책봉되자, 유봉휘 등과 함께 이에 반대하였다. 또한 노론이 세제의 대리청정을 주장하자 최석항(崔錫恒)·조태억·박태항(朴泰恒)·이광좌(李光佐) 등과 함께 대리청정의 환수를 청하여 관철시켰다. 같은 해 12월 전 승지 김일경과 이진유(李眞儒)·윤성시(尹聖時) 등이 상소하여 건저를 주장하던 노론 4대신을 4흉(四凶)으로 몰아 탄핵한 뒤 이들을 사사(賜死)하게 하였다. 그 뒤 영의정에 올라 최석항·김일경 등과 함께 국론을 주도하였다. 1725년(영조1) 신임옥사의 원흉으로 탄핵을 받고 관작이 추탈되었다가 1908년(순종2)에 복관되었다.

101) 사행(使行) : 1721년 10월 28일, 연잉군(延礽君)의 왕세제 책봉을 승인받기 위하여 주청사(奏請使)인 좌의정 이건명(李健命)과 부사(副使) 윤양래(尹陽來), 서장관(書狀官) 유척기(兪拓基)가 북경으로 떠났는데, 이듬해 3월 26일에 선래(先來)가 도착하여 세제 책봉을 승인받았음을 전하였다.

102) 최석항(崔錫恒) : 1654~1724. 본관은 전주(全州), 자는 여구(汝久), 호는 손와(損窩)이다. 영의정 최명길(崔鳴吉)의 손자이고, 작윤 최후량(崔後亮)의 아들이다. 영의정 최석정(崔錫

"이번에 봉전을 비준해준 것은 비록 황제의 특지에서 나온 것이지만 사신이 주선한 힘이 컸다고 하니, 도사로 하여금 송도와 장단 사이에 머물러 기다리게 하였다가 압송해 가게 하는 것이 좋을 듯합니다."

라고 하자, 주상이 이르기를, "그렇다."라고 하였다.

조태구가 아뢰기를,

"요망하고 괴이한 인물이 어느 시대인들 없었겠습니까마는 오늘날 상변(上變)한 일은 더욱 요사하고 악독합니다. 당초 고변한 내용은 모두 차마 들을 수 없는 말들이었으므로 속히 국청을 설치하기를 청한 것입니다. 공초에서 나온 말은 모두 경자년(1720, 숙종46) 연간에 있었던 일들로서, 당시 음흉하고 치밀하게 준비한 양상이 이제야 입 밖으로 나왔는데, 이는 모두 부도한 일이니 엄히 조사하여 왕법으로 처단해야 마땅할 것입니다.

그리고 어제 삼가 들으니, 왕세제가 공초에서 나온 말 가운데 말단의 두 사건에 편치 않은 단서가 있어서 궁관을 인접하고 상소를 올리려고 한다는 하교가 있기까지 하여 궁관이 반복하여 진달하여 다행히 도로 중지했다고 합니다.

지금 들으니 동궁(東宮)에서 조신(朝臣)의 숙배 단자(肅拜單子)를 받지 않았다고 하는데, 이는 지극히 편치 않아서 그러한 것입니다. 옛날에도 양왕(梁王)의 옥사(獄事)103)를 끝까지 캐지 말게 한 일이 있었는데, 지금 이 옥사 중 아래

鼎)의 아우인데 최후원(崔後遠)에게 입양되었다. 1678년(숙종4) 진사가 되고 1680년 별시 문과에 급제하여 청요직을 두루 거치고, 1708년 형조판서가 되었다. 이후 이조·병조의 판서 등을 역임하였다. 1706년과 1713년 예문관 제학을 지냈다. 1721년(경종1) 좌참찬 재직시 세제 대리청정의 지시를 철회시켰다. 이후 우의정에 올라 소론 정권을 주도하였으며 1723년 좌의정까지 현달하였다. 경종대 소론 4대신 가운데 한 사람으로 꼽혀서 영조와 정조 연간에 관작의 추탈과 회복이 반복되었다. 문집으로 《손와유고(損窩遺稿)》가 있고, 시호는 충간(忠簡)이다.

103) 양왕(梁王)의 옥사(獄事) : 양왕은 한(漢)나라 경제(景帝)의 친동생이었다. 양왕의 반역 음모가 발각되어 전숙(田叔)을 보내어 조사하였다. 전숙이 돌아와서 말하기를, "양왕의 일은 묻지 마소서. 바른대로 말하면 처단하여야 하고, 처단하면 태후(太后)의 마음을 상하게 할 것입니다." 하여, 양왕의 신하 양승(羊勝)·공손궤(公孫詭)의 무리에게만 형벌

조항의 일은 원래 대단한 일이 아니니, 이 한 조항은 내버려 두고 불문에
부치는 것이 어떻겠습니까?"
라고 하였다.
최석항이 말하기를,
"처음 그 말을 들으니, 지극히 놀랍고 통탄스러워, 그 누명을 벗기 위해서라
도 한 번 묻지 않을 수가 없었기 때문에 추문(推問)이 있었습니다. 그렇지만
동궁께서 이 때문에 불안해하시니, 지금 이 청대는 오로지 이 때문입니다.
상께서 반드시 침소에 불러들여 다방면으로 잘 타이르고 위로하시는 것이
신들의 구구한 바람입니다."
라고 하고, 조태구가 말하기를,
"신 또한 물러난 후 동궁에 나아가 면려하고 위로하는 뜻을 진달하겠습니
다."
라고 하자, 주상이 "그렇다."라고 하였다. 최석항이 말하기를,
"음사(陰邪)한 무리들이 감히 말할 수 없는 지위에 계신 분을 빙자하여
이런 요사스러운 말을 한 것이니, 이후로 말이 동궁에 관계된 것은 문안(文案)에
들이지 못하세 하는 것이 마땅하겠습니다."
라고 하자, 주상이 말하기를, "그렇다."라고 하였다.
조태구가 말하기를,
"옥관 김일경이 뜻밖의 흉언 때문에 밖에 나가 명을 기다리고 있습니다.
문안이 이미 안에 들어왔는데 인심이 극악하여 마침내 윗사람을 범하는
부도한 말을 이처럼 함부로 발설하니, 지극히 놀랍습니다."
라고 하고, 최석항이 말하기를,
"문목(問目) 이외의 것은 이미 상규(常規) 상 기록하지 말아야 마땅한데,
그가 이미 말을 한 바람에 끝내 덮어 두지 못하고 써서 들이기에 이르렀습니다.
듣기에 백망이 의금부에 갇혀 있었을 때, 김일경이 의금부 당상으로서 옥사를

____

을 내렸다.

자못 엄격하게 다스렸기 때문에 원한을 품고 터무니없는 말을 지어내어 기필코 함정에 밀어 넣고자 한 것이라 합니다. 김일경을 돈독히 면려하여 공무를 행하게 하는 것이 어떻겠습니까?"

라고 하였다.

조태구가 말하기를,

"대개 목호룡이 이미 백망을 고변하였고, 백망 또한 목호룡을 고변하여, 고발당한 사람이 고발한 자를 미워하고 원망하여 마치 서로 보복하는 듯하였으니, 그 습속이 통탄스럽습니다. 또한 백망이 말단에 한 말은 지극히 흉패하여, 신하로서 이 말을 듣고 도리 상 감히 참여할 수 없으므로 즉시 궐 밖으로 나가 명을 기다리고 있는 것입니다. 국가의 체모로써 말하자면 즉시 들어오게 하는 것이 옳겠으나, 사사로운 의리로써 말하자면 즉시 들어오려 하지 않을 듯합니다."

라고 하였다. 또 말하기를,

"이번 옥사는 본래 시급하지 않은데 정국(庭鞠)하는 것은 너무 과중하니, 본부에서 추국하는 것이 어떻겠습니까?"

라고 하니, 주상이 말하기를, "아뢴 대로 하라."라고 하였다.

신하들이 모두 동궁을 위로하라는 뜻을 진달하였다.

○ 사부 조태구, 빈객 심단·이광좌(李光佐)[104]·유봉휘, 궁관 정석삼(鄭錫

---

104) 이광좌(李光佐) : 1674~1740. 본관은 경주, 자는 상보(尙輔), 호는 운곡(雲谷)이다. 영의정 이항복(李恒福)의 현손이고, 장령 이세구(李世龜)의 아들이다. 1694년(숙종20) 별시 문과에 장원급제하여 청요직을 두루 역임하였다. 숙종대 소론으로서 병신처분(丙申處分)에 반대하다가 파직되었다. 1721년(경종1) 예조판서, 1723년 우의정에 올라 경종 보호에 힘썼으며, 영조 즉위 뒤 좌의정을 거쳐 영의정에 올랐다가 노론이 득세하여 파직당하였다. 1727년(영조3) 정미환국으로 다시 영의정이 되어 1728년 이인좌(李麟佐)의 난을 평정한 공으로 분무원종공신(奮武原從功臣) 1등에 봉해졌다. 1730년에 영조에게 탕평책을 상소하여 당쟁의 폐습을 막도록 건의했다. 1737년 다시 영의정이 되어 재직 중 1740년 박동준(朴東俊) 등이 중심이 되어 삼사의 합계(合啓)로 '호역(護逆)'이라고 탄핵하자 울분 끝에 죽었다. 1755년 을해옥사 당시 관작을 추탈 당하였다.

三)[105]·정해(鄭楷)[106]·이명의·유필원·이광보(李匡輔)[107], 겸관 심공·윤혜교·신치운(申致雲)[108] 등이 동궁의 합문 밖에 나가 청대하였으나, 동궁이 누차에 걸쳐 불허하였다.

그후 신료들을 인접하자 사위(辭位)가 불가하다는 뜻을 누누이 진달하니, 동궁이 답하기를, "나의 뜻은 이미 정해졌으니 결단코 고칠 수 없다."라고 하였다. 아침 수라 때가 되어 물러났다가 다시 입대하니, 한참 만에 윤허하였다.

○ 국청에서 아뢰기를,

---

105) 정석삼(鄭錫三) : 1690~1729. 본관은 동래(東萊), 자는 명여(命汝)이다. 영의정 정태화(鄭太和)의 증손이고, 좌의정 정석오(鄭錫五)의 형이다. 1711년(숙종37) 식년 문과에 급제하여, 병조정랑 등을 거쳐 1722년(경종2) 사간이 되었다. 1725년(영조1) 승지가 되었는데, 경종의 질병을 포고하는 것에 반대하여 상소하였다. 이로 인해 탄핵을 받고 절도에 안치되었다가 같은 해 방면되었다. 1727년 다시 승지가 되어 1729년 졸하였다. 1772년 영의정에 추증되었다.

106) 정해(鄭楷) : 1673~1725. 본관은 연일(延日), 자는 여식(汝式)이다. 1705년(숙종31) 진사가 되고, 그 해 알성 문과에 급제하여 청요직을 두루 거쳤다. 1721년(경종1) 김일경·박필몽 등과 같이 노론 4대신을 4흉(四凶)으로 몰아 논죄하는 소를 올려 이들을 위리안치하게 하고, 이듬해 사사(賜死)시켰다. 1722년 장령을 서겨 사간이 되어 노론을 비호하는 어유귀를 논죄하는 상소를 올렸다. 1724년 영조가 즉위하자 유배되었다가 이듬해 죽었다.

107) 이광보(李匡輔) : 1687~1745. 본관은 전주(全州), 자는 좌백(左伯)이다. 판서 이경직(李景稷)의 현손이다. 유생 시절에 최석정이 지은 글을 가지고 윤증을 제사한 일 때문에 노론측의 공격을 받아 정거(停擧) 당하였다. 1714년(숙종40) 증광 문과에 급제하였으나 파방되고, 1715년 식년 문과에 급제하여 청요직을 두루 지냈다. 1721년(경종1) 지평으로서 노론 4대신을 논죄하였다. 영조 즉위 직후 노론의 탄핵을 받아 유배되었다가 1727년(영조3) 정미환국(丁未換局)으로 등용되어 승지 등을 거쳐 대사간·도승지 등을 역임하였다.

108) 신치운(申致雲) : 1700~1755. 본관은 평산(平山), 자는 공망(公望)이다. 영의정 신흠(申欽)의 5세손, 대사간 신면(申冕)의 증손, 신종화(申宗華)의 손자이다. 1721년(경종1) 증광 문과에 급제하여 청요직을 두루 지냈다. 1723년 노론 거두 권상하·이희조 등을 축출하는 데 앞장섰다. 1725년(영조1) 노론의 탄핵을 받고 관작을 삭탈당했다가 1727년 다시 청요직에 진출하여 승지 등을 역임하였지만 노론의 탄핵이 집요하게 이어졌다. 1755년 나주괘서사건이 있은 직후 심정연(沈鼎衍)·김인제(金寅濟)·박사집(朴師緝) 등과 함께 모반사건에 연루되어 경상북도 흥해군에 유배되었다가 처형당하였다.

"각 사람들의 초사가 모두 고변자의 말과 하나하나 상반됩니다. 그 가운데 백망은 또 고변자라고 칭하면서, 또한 일찍이 흉패하고 부도한 말이 있었는데, '나 또한 고변하겠다.'[109] 하였습니다. 만약 진실로 이런 말이 있었다면 어찌하여 당시에는 즉시 고하지 않다가 지금 붙잡힌 뒤에서야 비로소 입 밖에 낸단 말입니까.

고변한 자를 시샘하고 원망한 나머지 서로 상대방을 고변하여 죽을 처지에서 살 길을 찾을 계책으로 삼고자 하였으니 지극히 통분스럽고 놀라우나, 흉언이 이미 나왔으니 다시 조사하여 심문하지 않을 수 없습니다. 고변자 및 죄인들을 다시 추문하는 것이 어떻겠습니까?"

라고 하자, 전교하기를, "윤허한다."라고 하였다.

○ 문사낭청 유수(柳綏)[110]에게 탈이 생겨 유만중(柳萬重)[111]을 후임으로 삼았다.

○ 4월 1일, 전교하기를, "이조참판 김일경에게 대명하지 말라고 하라."라고 하였다. 장령 신유익(愼惟益)[112]이 상소하였는데, 그 대개에,

---

109) 나 또한 고변하겠다 : 백망의 초사(招辭)에 나오는 말이다.

110) 유수(柳綏) : 1678~1755. 본관은 진주(晉州), 자는 여회(汝懷)이다. 영의정 유순정(柳順汀)의 9대손이며 이조참판 유진운(柳振運)의 아들이고, 남구만에게 수학하였다. 1705년(숙종31) 생원·진사시에 모두 합격하고, 1721년(경종1) 증광 문과에 급제하여, 이듬해 정언이 되었다. 이후 청요직을 두루 역임하였는데, 1725년(영조1) 노론의 탄핵을 받고 삭출 당했다. 1727년 정미환국 이후 아우 유정(柳綎)의 상소로 풀려나 승지가 되었다. 1755년 윤지(尹志)의 나주괘서사건에 연루되어 유배 당하여 죽었다.

111) 유만중(柳萬重) : 1677~? 본관은 진주(晉州), 자는 후중(厚仲)이다. 1702년(숙종28) 식년시 진사가 되고, 1709년 알성 문과에 급제하여, 1721년(경종1) 고산찰방(高山察訪)이 되었다. 1722년 장령을 거쳐 1724년 승지에 오르고, 경주부윤(慶州府尹) 등을 역임하였다. 1727년(영조3) 다시 장령을 거쳐 승지가 되었다. 1737년 병조참의를 거쳐 다시 승정원에 오래 근무하다가 1749년 동의금부사가 되었다.

112) 신유익(愼惟益) : 1671~? 본관은 거창(居昌), 자는 여수(汝受)이다. 윤증 문하에서 수학하였다. 1693년(숙종19) 식년 진사시, 1694년 별시 문과에 급제하여, 장령을 거쳐 경종

"신은 구구하게 마음속에 남모르는 고통이 있습니다. 신은 어려서부터 윤증(尹拯)113)의 집안에 출입하여 은의(恩義)가 돈독하였고 사모하는 마음이 깊어 다른 사람에 비할 바가 아닙니다. 윤선거(尹宣擧)114)·윤증 부자는 지난날 간흉에게 원수가 되어 날조된 무함이 날로 깊어지고 죄명이 구천(九泉)에 이르러 사실을 드러낼 수 없는데, 신이 어찌 감히 영예를 탐하고 총애에 연연하여 한갓 일신의 명예와 이익만을 차지할 수 있겠습니까.

어제는 급서(急書)가 올라가서 정국(庭鞫)을 막 설행하려던 참이라 감히 사사로운 사정을 아뢰지 못하고 패초에 따라 나와 숙배하였으나 결코 그대로 자리에 눌러앉아 있을 수 없습니다. ……"

라고 하니, 승정원에서 소를 도로 돌려주었다.

대 제주목사 등을 역임하였다. 1722년 사헌부 장령으로서 이사상 등과 합계하여 이이명과 김창집을 처단하라고 청하였는데, 이 일로 1725년(영조1) 귀양 갔다. 1727년 정미환국으로 풀려나 1728년 진주목사(晉州牧使)가 되었다.

113) 윤증(尹拯) : 1629~1714. 본관은 파평(坡平), 자는 자인(子仁), 호는 명재(明齋)이다. 성혼(成渾)의 외증손이자 윤선거(尹宣擧)의 아들이고, 남인 권시(權諰)의 사위이다. 1657년(효종8) 김집의 권유로 회덕으로 가서 송시열을 스승으로 섬겼다. 그렇지만 1673년(현종14) 이후 송시열과 갈등한 이른바 '회니시비(懷尼是非)'가 벌어지면서 송시열과 정치·사상적으로 대립하여 서인이 노론과 소론으로 분기하는 일익을 남당하였다. 윤선거의 〈기유의서(己酉擬書)〉와 윤증의 〈신유의서(辛酉擬書)〉는 이들 부자가 송시열을 비판하는 결정적 내용을 담고 있었다. 1684년(숙종10) 최신(崔愼) 상소로 회니시비가 조정으로 비화되자 김수항 등의 건의를 받고 윤증에 대한 예우를 철회하였다. 1694년 갑술환국 이후 소론의 추천을 받고 벼슬이 정승에 이르렀지만 나가지 않았다. 1716년 병신처분 이후 관작이 추탈되었다가, 1722년 복작되었다. 저서로 《명재유고(明齋遺稿)》가 있으며, 시호는 문성(文成)이다.

114) 윤선거(尹宣擧) : 1610~1669. 본관은 파평(坡平), 자는 길보(吉甫), 호는 미촌(美村)·노서(魯西)·산천재(山泉齋)이다. 성혼(成渾)의 외손이자 윤황(尹煌)의 아들이며 윤증의 부친이다. 1633년(인조11) 생원·진사시에 모두 합격하여 성균관에 들어가, 1636년 후금(後金)의 사신을 목 베라는 유생 상소의 소두(疏頭)가 되었다. 병자호란 이후 강화도에서 살아남은 것을 자책하여 출사하지 않고, 학문에만 정진하였다. 벗이었던 송시열과 윤휴가 주자의 경전 해석을 두고 학문적으로 대립하자, 이를 중재하다가 결국 송시열과 대립하게 되었다. 1716년 윤선거의 문집이 간행되었는데, 효종에게 불손한 내용이 있다고 하여 훼판(毁板)하고, 이듬해 윤선거 부자의 관작도 추탈되었다가 1722년(경종2) 회복하였다. 지서로 《노서유고(魯西遺稿)》가 있으며, 시호는 문경(文敬)이다.

승정원에서 아뢰기를,

"오늘 추국 때 죄인 백망이 침해한 말로 인하여 영의정 조태구와 우의정 최석항이 금오문 밖에서 명을 기다리고 있습니다. ……"

라고 하자, 전교하기를, "대명하지 말라는 일을 사관을 보내 전유(傳諭)[115]하라."라고 하였다.

○ 대사간 이사상(李師尙)[116]이 상소하여 대략 다음과 같이 말하였다.

"나라가 불행하여 역적의 흉당이 지척에서 잠복해 있었는데 하늘이 그 마음을 꾀어 이제야 비로소 상께 아뢰었습니다. 국청의 일이 엄하고 비밀스러워 비록 그 상세한 내용은 알 수 없지만 음모와 반역의 정상이 낭자할 뿐만 아니라 주도하고 결탁한 것이 흉악한 정승의 아들과 조카에게서 많이 나왔으니, 옥사를 다스리는 방도는 잠시도 느슨하게 할 수 없습니다.

역적 백망이라는 놈은 본래 흉당에서 은밀히 키운 용사(勇士)로서 일찍이 본부에 가두었는데, 목호룡이 고변하였다는 소식을 듣자 담장을 넘어 탈옥한 것을 가까스로 체포하였으니 그 불측한 정상은 조사하여 신문하기를 기다리지 않아도 알 수 있습니다.

처음 공초(供招)할 때는 근거 없는 말로 둘러대며 문목(問目)에 대답하지 않아서 이에 옥사를 맡았던 신하가 사리에 근거하여 힐책하니 갑자기 추악한 말을 내뱉으며 이름을 열거해 무함하고 모욕하여, 옥관이 감히 편안히 있지 못하고 물러난 지 지금까지 이틀이나 되었습니다.

---

115) 전유(傳諭) : 임금이 의정(議政)·방백(方伯)·유현(儒賢) 등 신하들에게 전하는 명령이다.

116) 이사상(李師尙) : 1656~1725. 본관은 전주, 자는 성망(聖望)이다. 이유담(李維聃)의 손자이고, 도승지 이하(李夏)의 아들이다. 1689년(숙종15) 증광 문과에 장원 급제하여 청요직을 두루 거치고, 광주부윤을 지내면서 김일경 등과 교유하였다. 1711년 대간의 탄핵을 받아 유배되었다가 1721년(경종1) 전라도관찰사에 부임하였고, 이듬해 대사간으로서 목호룡 고변에 따라 이이명 등 노론 4대신의 단죄를 주장하는 등 신임옥사에서 주요한 역할을 하였다. 이후 도승지 등을 거쳐 대사헌·부제학 등을 역임하였다. 1725년(영조1) 노론의 탄핵을 받아 김일경·목호룡 등과 함께 처형되었다.

방금 두 번째 공초를 들으니, 두 대신[조태구, 최석항]을 추악하게 모욕하기를 옥관[김일경]을 무함한 것과 똑같이 하였으므로, 두 대신 또한 스스로 편안하지 못하여 금오문 밖에서 명을 기다리고 있고 국청도 그대로 정지되었다고 합니다.

아! 국가의 법과 기강이 비록 해이해졌다고는 하나, 하찮은 한 명의 역적 사형수가 어제는 옥관 한 명을 쫓아내고, 오늘은 또 두 대신을 축출하여 국문하는 일이 지연되게 하였으니, 나라가 생긴 이래로 이와 같이 예사롭지 않은 변괴는 일찍이 들어본 적이 없습니다. 국청의 체통으로 보아 어찌 죽음을 지연시키고 옥사를 늦추는 그의 흉악한 말들로 대신과 옥관이 차례로 물러가 더 이상 조사를 할 수 없게 만들어 막중한 국옥(鞫獄)을 시일을 끌게 할 수 있단 말입니까.

바라건대 전하께서는 속히 분명한 전지(傳旨)를 내려 대신을 정중히 권면하시고 아울러 옥관을 불러 작은 혐의를 고집하지 말고 즉각 개좌(開坐)하여 엄히 형신하고 끝까지 추궁하여 다시는 흉계를 부릴 수 없게 한다면, 왕법은 시원스레 행해지고 나라의 체모가 손상되지 않게 되어, 종사에 매우 다행일 것이며 신민에게도 매우 다행이겠습니다."

부교리 윤순이 상소하였는데, 그 대략은 다음과 같다.

"어제 새벽에 갑자기 놀라운 소식을 듣고 허둥지둥 나와 숙배하고 궐 밖에 나아갔습니다. 그 뒤로 대신이 청대하였을 때에도 끝내 한 번도 가까이에서 용안을 뵙지 못하고 물러났습니다. ……"

또한 권중경(權重經)117)이 도리어 자신을 매도하는 상소가 올라와서,118)

---

117) 권중경(權重經) : 1642~1728. 본관은 안동, 자는 도일(道一), 호는 정묵당(靜默堂)·손재(巽齋)이다. 영의정 권대운의 손자이다. 1689년(숙종15) 증광 문과에 급제하여 청요직을 두루 지냈다. 1694년 갑술환국으로 유배되었다가 1721년(경종1) 풀려났다. 이듬해 전라도관찰사를 거쳐 호조참의 등을 역임하였다. 1728년(영조4) 척질(戚姪) 이인좌(李麟佐)가 난을 일으키자 자살하였다. 저서로 《정묵당집》이 있다.

118) 권중경(權重經)이 …… 올라와서 : 윤순과 심공이 상소하여 기사년 남인을 등용한 것을 비판하자 권대운의 손자인 권중경이 상소하여 이것을 반박한 일을 가리킨다. 《景宗實錄

태연하게 있을 수 없다고 운운하였다.

○ 판의금부사 심단이 대략 다음과 같이 상소하였다.

"연일 국청의 좌기(坐起)에 죽음을 무릅쓰고 따라 참여하였는데, 앞서 죄인의 공초가 대신에게 두루 미쳐 말이 지극히 흉패하였고 모욕하는 말이 또한 신에게까지 미쳤으니 신이 어찌 감히 옥사를 살피는 관원의 자리에 스스로 편안할 수 있겠습니까. ……"

○ 집의 서명우(徐命遇)[119]와 헌납 윤회(尹會)[120]가 대략 다음과 같이 상소하였다.

"신 등은 흉적(凶賊)이 옥관(獄官)과 두 대신을 핍박하는 변고를 목도하고 놀랍고 통탄스러운 마음을 금할 수 없어 감히 짧은 상소를 올립니다. 바라건대 처분을 내려주시어 속히 옥사를 완결 짓게 해주소서."

답하기를, "너희들은 모두 혐의할 것이 없으니 사직하지 말고 직임을 살피라."라고 하였다.

○ 국청 승지[121]가 아뢰기를,

2年 4月 11日》

119) 서명우(徐命遇) : 1666~? 본관은 달성(達城), 자는 응회(膺會)이다. 1702년(숙종28) 식년시와 별시 문과에 모두 급제하여 청요직을 두루 거쳤다. 1713년 장령으로서 상소하여 노론의 당습을 공격하였다가 삭출되었다. 1721년 다시 삼사에 진출하여 1722년(경종2) 집의 재직시 사사된 이이명과 김창집에게 처자식을 노비로 삼고 가산을 몰수하는 법을 시행하라 청하였는데, 1725년(영조1) 이로 인해 먼 변방에 유배되었다.

120) 윤회(尹會) : 1657~1733. 본관은 파평, 자는 성제(聖際)이다. 사헌부 장령 윤겸(尹璜)의 손자이고, 회덕현감 윤징하(尹徵夏)의 아들이다. 아비는 원래 송시열의 제자였으나 뒤에 소론에 동참하여 비난을 받았다. 1683년(숙종9) 생원이 되고, 1691년 증광 문과에 급제하여 청요직을 두루 지냈다. 1709년 노론 중신 이관명과 이만성을 탄핵하고, 최석정을 변론하였다. 경종대 신임옥사 당시 노론 일파를 논죄하고 숙청하는 데 앞장섰다가 1725년(영조1) 유배되었는데, 1727년 석방되었다.

121) 국청 승지 : 《경종수정실록 2년 3월 29일》 기사에 따르면, 당시 국청의 승지는 조경명(趙

"신이 어제 밀갑(密匣)[122]을 받들고 국청에 나아가, 죄인들을 밤새 다시 추문하였습니다. 그런데 오늘 백망을 문초할 때 어지럽고 터무니없는 말들이 허다하였는데, 이것은 모두 문목 밖의 것이었습니다. 조신(朝臣)의 이름자 또한 다수 거론하였고, 심지어 옥사를 다스리는 두 대신까지 거론하며 차마 듣지 못할 말들을 더하는 바람에 두 대신은 즉시 금오문 밖으로 물러가 지금 명을 기다리고 있습니다. 이는 백망이 죽을 처지에서 살길을 찾고 옥사를 저지하여 낭패시키려는 계책에 불과합니다.

이전의 공초에서 이미 의금부 당상 김일경을 축출하였고 또 판의금부사를 침해하여 핍박하였는데, 지금 또 다시 공초하며 이렇듯 두 대신을 쫓아낼 계책을 세워 여러 당상을 모두 공석으로 만들고 국옥을 중도에 철회시키려 하니, 그 정절(情節)이 더욱 지극히 흉악하고 교묘합니다.

신은 이미 밀갑을 받들었지만 공초 문서를 미처 수정하지 못하였으므로 도로 궐 안으로 나아가지 못하고 우선 그대로 머물러 있습니다. 옥사를 다스리는 대신들이 모두 명을 기다리느라 막중한 국청의 좌기가 일거에 정지되기에 이르렀으니, 이는 실로 전고에 없던 변고입니다. 속히 처분을 내리시어 조속히 국청의 일을 완견 짓게 해주시라는 뜻으로 감히 아룁니다."

라고 하니, 전교하기를,

"알았다. 흉악한 말을 들은 것에 대해 지나치게 스스로 인혐할 필요가 없으니, 안심하고 국청에 참석하도록 사관을 보내 전유(傳諭)하게 하라."

라고 하였다.

영의정 조태구와 우의정 최석항이 차자를 올렸는데, 그 대개에,

"감히 망극한 심정을 아뢰오니, 바라건대 저희들을 물리치시고, 어질고 덕망 있는 사람으로 다시 복상(卜相)하여 나랏일을 중히 하시고 미천한 분수를

景命)이었다.

122) 밀갑(密匣) : 밀부(密符), 즉 감사(監司)·유수(留守)·병사(兵使)·수사(水使)·방어사(防禦
使) 등에게 내리는 발병부(發兵符) 상자를 이른다. 여기서는 조경명이 국청승지로 임명받
은 부신이나 혹은 임금에게서 받은 비밀문서 등을 뜻하는 것으로 보인다.

편안하게 해주소서.”

라고 하자, 답하기를,

“흉악한 사람이 침해하여 공격하는 말은 깊이 혐의할 것이 못 되니, 경들은 안심하여 사직하지 말고 속히 나와 국청에 참석하여 나의 지극한 바람에 부응하라.”

라고 하였다.

○ 2일, 이조참판 김일경이 상소하였는데, 그 내용은 다음과 같다.

“삼가 생각건대, 신은 임금을 아비처럼 사랑하였고, 제 일신을 위해 도모하지 않았으며, 역적이 있으면 반드시 토죄하되 토죄하기를 엄히 하였고, 만약 머뭇거리며 관망하는 자가 있으면 신은 실로 분통해하고 통탄스러워 했습니다. 이것이 신이 많은 이들로부터 시기와 질시를 받고 흉당이 반드시 앙갚음을 하려는 이유입니다.

신이 의금부에서 대죄하고 있으면서 이홍술의 옥사가 여러 달 지체되고 있는 것을 보니, 실로 개탄스러웠습니다. 우러러 성상께서 ‘은밀히 불측(不測)한 마음을 품었다.’는 분명한 하교를 생각하면,123) 감히 제멋대로 늦추려는 계책을 세워서는 안 됩니다. 육현을 때려죽인 정상은 단서가 모두 드러났고 그 사이 초사(招辭)에 연루된 자는 백씨 성을 가진 한 놈인데, 그 이름을 세 번이나 바꾸었으니,124) 정상이 의심스럽습니다.

---

123) 성상께서 …… 생각하면 : 1721년(경종1) 12월 6일, “훈련 대장 이홍술은 간흉하고 패륜하여 은밀히 불측한 마음을 품었으니, 이와 같은 사람을 장임에 둘 수가 없다. 문외출송하라.[訓鍊大將李弘述, 奸兇蔑倫, 陰懷不測之心. 如此之人, 不可置之將任, 門外黜送.]”라고 한 경종의 하교를 이른다. 《景宗修正實錄 1年 12月 6日》

124) 그 …… 바꾸었으니 : 《경종실록 2년 7월 14일》 기사에 따르면 역모를 통해 추대하려는 사람의 이름이 세 번 바뀌었다는 것이다. 그 내용은 다음과 같다. “추대한 사람이 처음에는 홍철인·이기지라고 하였는데, 문랑이 다시 힐문하였더니, 또 이 정승이라고 말하였습니다. 추대가 어떠한 일이기에 신문에 따라 세 번이나 그 이름을 고치는 것입니까. 또 동참한 사람을 물었더니, 바로 이홍매의 아들로서 이름을 알지 못한다고 대답하였습니다.[推戴之人, 則初以洪哲人·李器之中爲言, 問郞更詰, 則又以李政丞爲言. 推戴

목호룡이 고변서를 올리던 저녁에 백망은 칼[枷]을 벗고 감옥을 벗어나 도망쳐서 담장 바깥으로 넘어갔다가 여염집에서 체포되었습니다. 신은 그가 흉악하고 사납다는 것을 알고 신칙하여 묶어 가두게 하였는데, 그가 또한 신이 엄법(嚴法)으로 다스렸다는 말을 듣고 뼈에 사무치도록 원망하였습니다.

또한 정국(庭鞫)에서 대질하여 심문할 때, 반역을 도모한 절차를 전혀 분별하여 아뢰지 않고 터무니없는 말로 어지러이 떠들어 끝내 갈피를 잡을 수 없었습니다. 이에 신이 사나운 소리로 질책하여 문목의 내용에 대해 상세히 대답하게 하였는데, 그가 갑자기 신의 성명을 거론하며 신하로서는 차마 들을 수 없는 흉악한 말을 억지로 가하였습니다.

아! 역적이 고발되었는데 본래의 일을 진술하지 않고 옥관(獄官)을 무함하고 욕보인 것은 고금 옥사의 실정에서 들어보지 못한 일입니다. 그러나 신하된 자로서 망측한 악명(惡名)을 입었으니, 감히 잠시도 스스로 편안히 있을 수 없어서 오정(五情)125)이 허물어진 채 국청 밖에서 엎드려 있다가 파루(罷漏)126)를 기다려 궐하(闕下)로 물러 나와 공손하게 엄명(嚴命)을 기다렸습니다.

그런데 뜻밖에도 대신이 어전에서 대략 진달하여 아침에 대명하지 말게 하라는 특교(特敎)가 내렸습니다. 대관절 신이 어떤 사람이기에 성명께서 시종일관 곡진히 비호하십니까? 번번이 위태로운 지경에 처할 때마다 안전한 자리로 옮겨주시니, 신은 참으로 감읍하여 아홉 번 머리를 조아릴 뿐 죽을 곳을 알지 못하겠습니다.

아! 군부(君父)를 시해하려 모의하였으니 얼마나 흉악한 역적입니까. 그가 말하기를,

___

何等事, 而隨問改換, 三變其名? 又問同參之人, 則乃以李弘邁之子, 名不知人爲對.]"

125) 오정(五情) : 사람의 다섯 가지 감정으로 기쁨[喜]·노여움[怒]·슬픔[哀]·즐거움[樂]·원망[怨]을 이른다.

126) 파루(罷漏) : 도성내의 통행금지 해제를 알리기 위하여 종각(鐘閣)의 종을 치던 제도이다. 새벽 4시경인 오경삼점(五更三點)에 종을 33번 쳐서 파루를 알리면 도성의 8문이 열리고 통행금지가 해제되었나.

'담장을 넘어 궁궐에 들어가 비수를 품고 측간에 숨어있거나, 5백 냥 상당의 금을 주고 중국에서 사들인 환약(丸藥)은 하나를 삼키면 즉시 쓰러져 죽는데 이것을 궁인에게 나눠주어 음식에 타게 하거나, 국상(國喪)을 틈타 임금의 전지를 위조하여 폐위시키고 덕양군으로 삼는다.'

고 운운하였습니다.

대급수(大急手)·소급수(小急手)·평지수(平地手)라는 은어(隱語)로 지어 부르며 흉역을 모의한 정상이 낭자하여 흉악하고 참혹하니, 무릇 혈기가 있는 자라면 누군들 모골이 송연해져 그의 살점을 씹어 먹고 가죽을 깔고 자려하지 않겠습니까.

더구나 신이 의금부[王府]의 직임을 맡고 있으면서 즉시 낱낱이 조사하고 캐물어 허리를 자르고 목을 베어 죽여 마땅한 요망한 자들을 조속히 처단함으로써 나라의 형벌을 바로잡고 신인(神人)의 분노를 조금이나마 풀지 못하고, 도리어 역적의 무함을 받아 먼저 저지당해 물러났으니, 직무를 제대로 수행하지 못한 죄를 참으로 피할 길이 없습니다.

지금 들으니 이 역적이 신을 무함했던 말을 다시 두 대신에게 가하여 국옥이 중도에 멈추었다 합니다. 아! 요망하고 악독한 역적이 대신과 신하들을 몰아내고 국청을 열어 심문하는 일을 저지하였으니, 만고천하에 어찌 이런 일이 있단 말입니까.

비록 그러하나 지금 신의 처지로는 다시 국청의 죄수를 맡을 수 없으니, 엎드려 바라건대 천지부모와 같은 성상께서는 불쌍하고 애처롭게 여기시어 신이 겸대하고 있는 의금부의 직임을 속히 체차해주십시오. ……"

○ 국청 죄인 목호룡, 정인중, 오서종을 다시 추문하였다.

○ 사직 신임(申銋)127)이 상소128)하여 다음과 같이 말하였다.

---

127) 신임(申銋) : 1639~1725. 본관은 평산(平山), 자는 화중(華仲), 호는 한죽(寒竹)이다. 박세채

"병석에서 위태롭게 숨을 헐떡이던 탓에 시사(時事)를 생각할 수 없었습니다. 그런데 듣자 하니 국옥이 처음 열렸을 때 의금부 관원의 성명이 죄수의 입에서 나와서 물러나 명을 기다렸는데, 국청에서 잡아들일 것을 청하지도 않고 국청을 본부로 옮겨 일이 상규(常規)와 다르게 되었고, 또 개좌(開坐)했을 때 옥사를 맡았던 대신도 명을 기다리고 있다 합니다.

국청의 일은 엄중하고 비밀스러워 그 곡절이 어떠한지 모르겠지만, 승지의 계사 중 '차마 듣지 못할'이라는 말에서 보더라도 또한 죄인의 공초에서 긴요하게 거론되었음을 대략 알 수 있습니다. 그 허실(虛實)에 대해 한 번 변정(辨正)하는 것은 그만둘 수 없는 일인데, 승정원과 대각이 어지러이 다투고 엄중한 옥사의 체모는 생각하지도 않은 채 옥사의 완결을 힘껏 독려하고 있습니다. 죄인이 일단 죽기라도 한다면, 그때 가서 신하들을 끌어다가 명백히 밝히고자 하여도 더 이상 방법이 없습니다.

옛날에 명현(名賢)과 석보(碩輔)129)가 억울하게 무함을 당해도 한번 변증하여 누명을 벗는 것은 보통 사람과 똑같았습니다. 이는 옥사의 체모를 중시하는 일일 뿐만 아니라 실로 억울함을 풀어주려는 뜻에서 나온 것인데, 오늘날의 삼사는 한 마디 쟁집하는 말이 없으니, 성명께서는 엄히 견책하시어 군신의 의리를 권면하소서.

이어 삼가 생각건대, 춘궁은, 명위(名位)가 한번 정해진 뒤에 여러 차례

(朴世采) 문인이다. 1657년(효종8) 진사시, 1686년(숙종12) 별시 문과에 급제하여, 숙종대 공조판서 등을 지냈다. 경종대 세제의 대리청정 근거를 실록에서 초출하였다. 1722년(경종2) 임인옥사 당시 소론을 비판하고 동궁을 보호하라고 상소하였다가 유배되었다. 영조 즉위 후 사면되어 돌아오던 도중 죽었다. 영의정에 추증되었으며, 시호는 충경(忠景)이다.

128) 신임(申銋)이 …… 상소 : 당시 사직(司直)이던 신임은 이 상소에서 조태구·최석항·김일경 등의 이름이 죄인 백망의 공초에서 거론되었는데도 옥사를 상규(常規)대로 처리하지 않고 허실(虛實)을 변정(辨正)하지도 않은 채 마무리하려 한다고 비판하였다. 이 상소로 인해 신임은 대사간 이사상(李師尙)과 승지 황이장(黃爾章) 등의 논핵을 받고 제주에 위리안치 되었다. 《景宗實錄 2年 4月 2日》

129) 석보(碩輔) : 임금을 보좌하는 현량(賢良)한 신하로 정승이나 대신을 가리킨다.

망극한 변고를 만났으나, 다행히 전하의 효우(孝友)의 덕에 힘입어 위안하는 도리에 최선을 다하지 않음이 없었으니, 이는 실로 종사의 경사로서 온 나라의 신민이 모두 공경하고 칭송하는 바입니다. 이후 보호하는 방도는 오직 사악하고 부정한 일을 엄히 막아내는 데 달려 있으니, 더욱 성찰하십시오.”

○ 승정원에서 아뢰기를,

“영의정 조태구와 우의정 최석항이 빈청에 나아 방금 청대하였습니다. 그런데 지금 사직 신임이 올린 상소가 본원에 도착하여, 국청의 일로 대신을 침해하고 배척하는 말이 허다하므로 감히 편안하게 입대(入對)하지 못하고 있으므로, 도로 내주겠다는 뜻으로 아룁니다.”

라고 하자, “알았다.”고 전교하였다.

○ 영의정과 우의정이 차자를 올렸는데, 그 내용은 다음과 같다.

“삼가 신들이 뜻밖에 망극한 무함을 받고 마음이 놀라고 뼛속까지 아파 물러나 명을 기다리고 있었는데, 어제 재차 근시(近侍)가 와서 전유하는 은혜가 반복하여 간곡하였습니다. 그런데 오늘 엄한 소명을 다시 욕되게 하자니 너무도 궁색하여 어찌할 바를 모르겠어서 부득불 패초를 받들고 대궐로 나아가 합문을 두드려 청대를 구하고 옥사(獄事)에 대해 남김없이 아룀으로써 피눈물로 면직(免職)을 청하는 계책으로 삼고자 하였습니다.

이러한 때 마침 행 사직 신임의 상소가 도착하였는데, 그 내용에 신들이 옥사를 처리한 잘못을 심하게 공격하였습니다. 심지어는

‘역적의 공초에서 이름이 거론된 사람을 잡아들이라 청하지 않고 국청을 본부로 옮긴 것은 또한 상규(常規)와 다르다.’

라고까지 하였습니다. 그 아래 또 말하기를,

‘옥사를 다스리는 대신이 또 명을 기다리고 있는데, 이로써 또한 죄인의 공초에서 긴요하게 거론되었음을 대략 알 수 있다. 그 허실에 대해 한 번

변정하는 것은 그만둘 수 없는 일이다. ……'

라고 하였습니다.

이는 일에 따라 사안을 논하는 것에 비할 것이 아니니, 어찌 감히 잠시라도 태연히 있을 수 있겠습니까. 사람들의 말이 이미 이와 같은데 옥사가 비록 엄중하고 비밀스럽다 해도 신들이 어찌 감히 대략이나마 아뢰지 않을 수 있겠습니까.

대개 동지의금부사 김일경의 이름은 애초 고변인인 목호룡의 공초에서는 나오지 않았는데, 죄인 백망이 도리어 목호룡의 말을 끌어다 운운하였으므로 이를 가지고 다시 목호룡에게 공초를 받았더니, 백망의 말은 전부 허망한 것이 되고 말았습니다. 옥사의 체모로 헤아려볼 때 잡아들일 것을 청할 방도가 있을 수 있었겠습니까.

본부로 옮길 것을 청한 일은 대개 또한 이유가 있습니다. 무릇 역옥과 관계되어 사안이 급박한 경우 내정(內庭)에서 국청을 여는 것은 규례입니다. 당초 올린 것이 곧 급서(急書)였으므로 내정에 국청을 여는 것은 당연한 일이었습니다.

그 원사(爰辭)130)를 봉입하고 보니, 여러 죄인들의 음흉하고 부도(不道)한 정절은 모두 연전(年前)의 일인데 지금 비로소 발고한 것이었고, 죄인을 잡아올 일자가 조금 남았다는 이유로 정국하는 날을 허송한다면 사체에 맞지 않으므로 국청을 본부로 옮겨 연 것은 옥사의 체모가 진실로 그러했던 것인데, 이를 가지고 말을 하니, 어찌 뜻밖의 일이 아니겠습니까.

두 가지 일의 곡절은 이와 같은 데에 불과한데, 어찌 노성한 사람[신임]이 남의 본심을 헤아리지 못하고, 옥사의 전말을 자세히 알지도 못하면서 갑자기 이런 말을 한단 말입니까. 신들이 비록 보잘것없으나 양조(兩朝, 숙종과 경종)에서 세상에 다시없는 은혜와 대우를 받고 몸을 바쳐 여기까지 이르렀으니, 선하께서는 이 구구한 단심(丹心)을 굽어 통촉하실 것입니다.

---

130) 원사(爰辭) : 죄인이 자신의 죄상에 대해서 진술한 글을 이른다.

하찮은 역적이 죽음을 앞두고 살길을 찾고자 한 말이 어찌 터무니없이 무함하고 욕보이기에 충분하겠습니까. 그런데 중신(重臣, 신임)은 허실(虛實)이라는 말을 하여 마치 신들의 허실에 대해 시비를 따져 알 수 있는 것처럼 하였으니, 너무도 원통하여 그저 죽고 싶을 뿐입니다.

신들이 위로는 군명(君命)의 압박을 받고 아래로는 옥사의 체모를 생각하여 염치불구하고 대궐로 나아갔다가 이 낭패를 당하고 다시 어쩔 수 없이 구대(求對)하여 입시하기 전에 지레 스스로 물러나니, 신들의 죄는 더욱 용서받기 어렵습니다.

엎드려 바라건대 성명께서는 굽어 살피시어 신들의 정승 직임을 체차하라 속히 명하시고 어질고 덕망 높은 이를 다시 복상하여, 국옥을 조속히 완결 짓고 신들이 받은 무함의 허실을 명명백백하게 조사해주신다면 매우 다행이 겠습니다.”

이에 답하기를,

“경들이 받은 무함은 이미 그 혐의가 분명하게 풀렸으니, 부디 전에 내린 유지(諭旨)를 명심하여 안심하고 국청에 참석하라.”

라고 하였다.

○ 대사간 이사상이 청대하여 아뢰기를,

“윤리와 기강이 무너지고 난신적자가 제멋대로 날뛰어, 군부를 시해하려한 역적이 갑자기 권흉(權凶)의 문장(門墻)에서 나왔으니, 낱낱이 파헤쳐 다스려서 조속히 왕법을 바로잡고 신인(神人)의 분노를 조금이나마 푸는 일은 진실로 잠시도 늦출 수 없는 일입니다. 따라서 오늘날 전하의 신하 된 자로서 진실로 북면(北面)하는 의리를 안다면 절치부심하며 반드시 살점을 씹어 먹고 가죽을 깔고 자려 해야 마땅할 것입니다.

그런데 사직 신임은 한 통의 상소를 올리면서 시해를 도모한 흉역에 대해서 는 일언반구도 놀라거나 동요하는 말이 없고, 고발된 역적이 옥관(獄官)을 쫓아내 옥사를 지연시키고 죽음을 늦추려 한 어지러운 공초를 가지고 조정의 신하들을 죄에 빠뜨리고 국옥의 일을 저지하고 무너뜨리려 하였습니다.

아! 흉악한 무리와 역당은 모두 그의 당여(黨與)이니, 오직 단서가 전부 탄로 날 것만을 두려워하며 조시(朝市)에서의 현륙(顯戮)[131]을 늦추고자 온갖 계략을 다 짜냈습니다. 그리하여 몰래 역적의 공초를 빙자하여 큰 옥사를 힘껏 저지하고, 조사하여 다스리는 길을 끊어내고자 화응(和應)한 자취가 뚜렷하게 드러났습니다.

위로는 대신으로부터 아래로는 삼사에 이르기까지 일필(一筆)로 단정하여 내쫓으려는 데에 뜻을 두고 반드시 나라를 텅 비게 하고야 말려고 합니다. 진실로 그 실정을 따져 보면 바로 하나의 백망이니, 임금을 잊고 흉역과 당여를 이룬 죄를 엄히 징토하지 않을 수 없습니다. 청컨대 신임을 사형을 감하여 절도에 위리안치하소서.”

라고 하였다.

상이 이르기를, “아뢴 대로 하라.”고 하였다. - 《조야회통(朝野會通)[132]에서 말하기를, “이사상은 또 이를 이어서 옥사를 지체시키는 자는 역적을 비호하는 형률로 다스릴 것을 청하고, 승시 황이징(黃爾章)도 이러한 뜻으로 여러 차례 진달하였다. 출전은 《사곡기(寺谷記)》이다.”라고 하였다. -

신임을 대정(大靜)에 위리안치하게 하고, 금부도사 송원서(宋元瑞)가 압송하였다.

○ 3일, 집의 서명우가 상소하였는데, 그 대개에,

---

131) 현륙(顯戮) : 죄인을 죽여서 그 시체를 여러 사람에게 보이던 일을 말한다.

132) 조야회통(朝野會通) : 본문에서는 《회통(會通)》이라고만 표기되어 있는데, 《연려실기술(燃藜室記述) 별집(別集) 문예전고(文藝典攷) 야사류(野史類)》 목록에 소개된 김재구(金載久) 저술의 《조야회통(朝野會通)》을 이른다. 28권 16책의 필사본으로서, 15책까지는 태조부터 경종까지의 기사가 편년체(編年體)로 서술되어 있고, 16책에는 영조 원년의 기사가 부록되어 있나.

“사직 신임의 상소에서 갑자기 배척을 당하였는데, 신임 상소의 해괴망측하
고 패악한 정상을 감히 아룁니다. ……”
라고 하였다.

○ 장령 신유익이 올린 상소의 대개는, 겸하여 근심하고 개탄하는 소회를
아뢰고 처분을 내려주기를 바라는 일이었다.

○ 승정원에서 아뢰기를, “영의정과 우의정을 명초(命招)하였으나 나오지
않았습니다.”라고 하자, 전교하기를,
“누차 억울한 혐의를 풀어 주었으니 지나치게 혐의할 필요가 없다. 안심하
고 국청에 참석하도록 다시 전유하라.”
라고 하였다.

○ 국청 죄인 김용택(金龍澤)을 잡아들여 가두었다.

○ 4일, 형조에서 초기(草記)로써 아뢰기를, 종묘에 난입한 순안(順安) 사람
조성직(趙盛稷)이 공초한 것을 보니 극히 허망하였고, 또 사람됨을 보니 실성하
였으나 그가 말하는 것이 고변과 같은 것이 있어 실성했다고 그대로 둘
수 없으니 본조에서 엄하게 과죄(科罪)하겠다 하자, 임금이 윤허하였다.

○ 영의정·우의정과 함께 오도록 한 사관(史官)이 서계하기를, “정세가
편안하지 못하여 명초하여도 나오지 않습니다.”라고 하였다. 이에 다시 승지
를 보내 함께 오게 하였는데, 승지가 서계하기를,
“영의정 조태구가 말하기를,
‘특별한 은혜가 이에 이르렀으니, 신의 병세가 비록 위중하나 감히 죽음을
무릅쓰고 군명(君命)에 달려가지 않을 수 없다.’

라고 하여 신이 먼저 들어왔습니다. 그런데 추후에 들으니 길을 가던 도중에 지병인 비증(痞證)133)이 갑자기 악화되어 몸을 끌고 길가의 여사(閭舍)로 들어갔는데 아직까지 인사불성 상태라 합니다."
라고 하였다.

○ 승정원에서 아뢰기를,
"영중추부사 김우항(金宇杭)이 대간의 상소로 인해 편안하지 못하여, 도성 밖으로 나갔다고 합니다. ……"
라고 하였다.

○ 우의정이 청대하였을 때, 죄인 백망에게서 다시 공초를 받지 말고 고변자인 목호룡과 대질시킬 일, 국안(鞫案)을 모두 마치기 전에는 국외(局外)의 사람이 지레 옥사를 논한 상소는 봉입하지 말 일, 동지의금부사 김일경을 패초하여 국청에 참석하게 할 일에 대해 탑전정탈(榻前定奪)134)하였다.
정언 권호(權護)135)와 신필회(申弼誨)136), 지평 조최수(趙最壽)137)를 모두 개

---

133) 비증(痞證) : 소화불량이 만성화되어 기슴 또한 명치끝이 더부룩하고 답답한 증세를 이른다.
134) 탑전정탈(榻前定奪) : 신하의 건의를 거쳐 결정한 국왕의 재결 사항을 승지가 간접 인용의 형식으로 하달하는 것을 이른다.
135) 권호(權護) : 1655~? 본관은 안동, 자는 백해(伯諧)이다. 판서 권유(權愈)의 아들이다. 1675년(숙종1) 증광시에 합격하여 생원이 되었고, 1689년 증광 문과에 급제하여, 1692년 지평이 되고, 홍문록에 올랐다. 갑술환국 이후 조정을 떠나 있다가 1721년(경종1) 신축환국 이후 정언이 되고, 1727년(영조3) 장령, 1728년 사간 등을 역임하였다.
136) 신필회(申弼誨) : 1678~1739. 본관은 평산(平山), 자는 헌가(獻可)이다. 판윤 신후재(申厚載)의 아들이고, 승지 신필현(申弼賢)의 아우이다. 1705년(숙종31) 증광 문과에 급제하여 1722년(경종2) 정언이 되었다. 당시 이조판서 이조(李肇)를 공격하였다가 지평 박필몽(朴弼夢)의 탄핵을 받았다. 1728년(영조4) 무신난 당시 영덕현감(盈德縣監)으로 재직하면서 의심스러운 행적으로 유배되었다.
137) 조최수(趙最壽) : 1670~1739. 본관은 풍양(豊壤), 자는 계량(季良)이다. 예조판서 조형(趙珩)의 손자이다. 1714년(숙종40) 증광 문과에 급제하여 청요직을 두루 지내고, 1727년(영조3) 대사간, 1730년 대사헌, 1739년 지의금부사(知義禁府事) 등을 역임하였다.

차하도록 탑전하교(榻前下敎)[138] 하였다.

○ 문사낭청 유만중이 지방에 있어서 권익순(權益淳)[139]을 대신 임명하였다.

○ 죄인 홍철인이 자수하여 감옥에 갇혔다.

○ 5일, 대사간 이사상이 아뢰기를,

"신이 일전에 신임을 토죄하는 일로 한밤중에 입대하였습니다. 이 일은 대신과 관계되는데, 신이 대신과 혼인을 맺은 혐의가 있음에도 어두운 밤 창졸간이라 미처 알아차리지 못하였으니, 체차되기를 청합니다."

라고 하자, 답하기를, "물러나 물론을 기다리라."라고 하였다. 처치(處置)하여 출사(出仕)하게 하였다.

○ 영의정이 상소하였는데, 그 대개에,

"체차해 주시는 은혜를 입기를 바라오며, 이어 신이 병으로 일을 다하지 못한 죄를 다스려 주소서."

라고 하였다.

○ 죄인 이기지를 잡아들여 가두었다.

○ 국청에서 목호룡과 백망을 대질시키고, 또 목호룡과 정인중을 대질시켰으며, 이기지가 원정을 내었다.

---

138) 탑전하교(榻前下敎) : 임금이 즉석에서 명령을 내리는 것을 일컫는 말이다.

139) 권익순(權益淳) : 1671~? 본관은 안동(安東), 자는 화보(和甫)이다. 1713년(숙종39) 증광 문과에 급제하여 1722년(경종2) 부수찬, 1724년 대사간·승지 등을 역임하였다. 1725년(영조1) 삭출되었다가 1727년 다시 승지가 되었다.

○ 6일, 이천기와 노미(老味)를 잡아들여 가두었다.

○ 죄인 백망과 정인중을 각각 1차 형문하였다. - 이 이후로 죄인들의 대질 및 다시 추문(推問)한 일은 모두 기록하지 않는다. -

○ 7일, 정언 구명규(具命奎)[140]가 아뢰기를,

"본원에서 한창 박치원(朴致遠)[141] 등을 엄히 조사하여 감단(勘斷)[142]하라는 계사를 올렸을 때, 이중협(李重協)[143]도 그 속에 포함되어 있었습니다. 작년에 신은 기주(記注)[144]에 관한 일로 이중협으로부터 참혹하게 무함을 당하였고

---

140) 구명규(具命奎) : 1693~1754. 본관은 능성(綾城), 자는 성오(性五), 호는 존재(存齋)이다. 정제두(鄭齊斗) 문인이며, 후에 구택규(具宅奎)로 개명하였다. 1714년(숙종40) 증광 문과에 급제하여, 1722년(경종2) 지평·정언 등을 역임하였다. 1725년(영조1) 유배되었다가 1727년 풀려나 1739년에는 승지가 되었고 회양부사·부사직(副司直)을 역임한 뒤, 1744년 《속대전(續大典)》의 편찬에 찬집당상(纂輯堂上)으로 관여하였다. 1748년 공조참판, 1753 년 한성부판윤이 되었다.

141) 박치원(朴致遠) : 1680~1767. 본관은 밀양(密陽), 자는 사이(士邇), 호는 읍건재(泣愆齋)·설 계(雪溪)·손재(巽齋)이다. 1708년(숙종34)에 식년 문과에 급제하여 장령(掌令) 등을 역임 하였다. 1721년(경종1) 어유룡(魚有龍)·이중협(李重協) 등과 함께 연잉군의 대리청정(代 理聽政)을 주장하다가 소론의 반대로 실패하었다. 이해 12월 경종의 명에 의해 '화첩(宦妾) 이 이름을 아는 사람을 복상(卜相)하였다.'는 등의 말을 발론한 죄로 의금부에서 수사를 받고 이듬해 10월 고성현(固城縣)에 유배되었다. 영조가 즉위하자 종부시 정(宗簿寺正)에 기용되어 소론에 대한 처벌을 주장하다가 1728년에 다시 유배되었다. 1754년(영조30) 풀려나 판돈녕부사 등을 역임하였다. 저서로 《설계수록(雪溪隨錄)》이 있다.

142) 감단(勘斷) : 죄상을 조사 심리(審理)하여 처벌하는 일을 이른다.

143) 이중협(李重協) : 1681~? 본관은 경주, 자는 화중(和仲)이다. 1713년(숙종39) 증광 문과에 급제하여 청요직을 두루 거쳤다. 1721년(경종1) 우의정 조태구가 세제 대리청정에 반대하여 입궐했을 때 경종이 승정원을 경유하지 않고 직접 내시를 보내 조태구를 인견하자, 당시 교리였던 이중협은 사간 어유룡, 장령 박치원과 함께 승정원을 거치지 않고 경종을 알현한 조태구의 죄를 맹렬히 논척하였다가 임인옥사의 과정에서 그 불경함이 다시 문제가 되었고, 이로 인해 모두 유배되었다. 영조 즉위 후 다시 기용되어, 1728년(영조4) 승지가 되고, 1745년(영조21) 도승지에 올랐다. 노론계 당론서 《진감(震 鑑)》에 따르면 이중협은 어유룡·박치원과 함께 삼간신(三諫臣)으로 불렸다.

144) 기주(記注) : 주서(注書)가 사료(史料)를 만들기 위해 임금과 신하의 대화 등을 글로 적는 것이다.

심지어 원배(遠配)하라는 청까지 있었는데, 지금 이중협에 대한 국문을 청하는 계사에 신이 어찌 감히 혐의를 무릅쓰고 따라 참여할 수 있겠습니까. 청컨대 체직시켜 주십시오."

라고 하자, 답하기를, "사직하지 말고, 물러가 물론을 기다리라."라고 하였다. 사간원에서 처치하기를,

"피혐하여 연명(聯名)하지 않은 것은 이미 근래의 사례가 있으니, 이 때문에 언관을 가벼이 체차할 수는 없습니다. 출사하게 하십시오."

라고 하였다.

○ 백망과 정인중을 각각 2차 형문하였다.

○ 8일, 백망을 3차 형문하였고, 정인중은 3차 형문에서 장(杖) 4도만에 승복하였으며, 김용택을 1차 형문하였고, 이희지는 잡아들여 가두었다.

○ 문사낭청 조원명(趙遠命)[145]에게 탈이 생겨 김계환(金啓煥)[146]을 후임으로 삼았다. -《조야회통》에는 김시환(金始煥)[147]으로 되어 있다. -

---

145) 조원명(趙遠命) : 1675~1749. 본관은 풍양(豊壤), 자는 치경(致卿)이다. 판서 조형(趙珩)의 증손, 조상변(趙相抃)의 손자, 조기수(趙祺壽)의 아들이며, 승지 조익명(趙翼命)의 형이다. 1702년(숙종28) 사마시, 1710년 증광 문과에 급제하여 경종대 청요직을 두루 지냈다가 1724년 영조 즉위 직후 파직되었다. 1727년 정미환국으로 다시 등용되어 승지·대사성 등을 거쳐 1749년(영조25) 정헌대부로 의정부 좌참찬에 올랐다. 시호는 정간(貞簡)이다.
146) 김계환(金啓煥) : 1669~? 본관은 광산(光山), 자는 중명(仲明), 호는 소암(素岩)이다. 1696년 (숙종22) 생원·진사가 되고, 1706년 정시 문과에 급제하여, 1711년 지평이 되었다. 1716년 사간원의 탄핵을 받고 관작이 삭탈 되었다가 1722년(경종2) 사간이 되었다. 1724년 영조 즉위 직후 승지가 되었지만 1725년 노론의 탄핵을 받고 귀양 갔다. 1728년 다시 나아가 대사간·승지 등을 역임하였다.
147) 김시환(金始煥) : 1673~1739. 본관은 강릉(江陵), 자는 회숙(晦叔), 호는 낙파(駱坡)이다. 1700년(숙종26) 춘당대시에 급제하여 청요직을 두루 거치고, 1721년(경종1) 승지가 되어 김창집을 탄핵했다가 유배되었는데, 조태구의 건의로 풀려나 평안감사가 되었다. 1725년(영조1) 노론이 집권하여 삭출되었다가 1727년 정미환국으로 대사헌이 되었다.

○ 백망을 4차, 김용택을 2차, 이천기를 1차 형문하였고, 심상길을 잡아들여 가두었다.

○ 9일, 영의정이 청대하였을 때 아뢰기를,

"전부터 대제학을 차출할 때에는 반드시 성상께서 전 대제학을 명초(命招)하여 후임자를 천망(薦望)하게 하였습니다. 지금 전 대제학이 죄를 입었고 전전 대제학은 강현(姜鋧)[148] 한 사람만 있을 뿐이니, 즉시 명초하여 천망하게 함으로써 권점(圈點)할 수 있게 하소서. 홍문관 제학 또한 차출해야만 도당록[149]을 속히 완성할 수 있을 것입니다."

라고 하자, 주상이 "아뢴 대로 하라."라고 하였다.

○ 시강원이 개강(開講)하는 초기(草記)를 올리니, (세제가) 답하기를,

"불안한 마음이 어찌 일찍이 조금이라도 가신 적이 있겠는가. 마치 보통

1728년 공조·형조·예조판서 등을 역임하였으며, 그의 아우 김시혁(金始㷜)·김시형(金始炯)과 함께 기로소에 들어갔다.

148) 강현(姜鋧) : 1650~1733. 본관은 진주(晉州), 자는 사정(子精), 호는 백각(白閣)·경암(敬庵)이다. 판중추부사 강백년(姜柏年)의 아들이다. 1675년(숙종1) 진사시 장원, 1680년 정시 문과와 1686년 문과 중시에 연이어 급제하였다. 1689년 이조참의, 1708년 대제학, 다음해 예조판서·한성부판윤을 거쳐 경종 때 다시 판의금부사를 지냈다. 신임옥사 당시 노론을 치죄하였는데, 그 죄로 1725년 삭출되었다가 곧 석방되어 판의금부사·좌참찬에 올랐다. 시호는 문안(文安)이다.

149) 도당록(都堂錄) : 홍문관에서 교리(校理) 이하의 벼슬아치를 임명할 때 작성되는 일종의 선발 기록을 이른다. 홍문관의 관원을 선발할 때는 모두 세 단계의 절차를 거쳤다. 첫 번째 단계는 문신이나 문과 급제자 중에서 적합한 후보를 뽑은 뒤에 홍문관의 현직 관원이 모여 후보의 이름 밑에 권점(圈點)을 찍어 그 권점의 숫자에 따라 순위를 정하는 것이다. 이를 본관록(本館錄) 혹은 관록(館錄)이라고 하였다. 두 번째 단계는 본관록을 행한 뒤에 이조에서 본관록에 선발된 후보를 다시 한번 검증하였는데 이를 이조록(吏曹錄)이라고 하였다. 세 번째 단계는 의정부·이조·홍문관 당상들이 모여 홍문관과 이조를 거쳐 올라온 명단을 검토하여 후보의 이름에 권점을 찍어 적합 여부를 판정하는 것이다. 이때 일정한 점수를 얻지 못한 사람은 탈락시키고 나머지 사람만을 기지고 점수 순서에 따라 명단을 작성하였다. 이를 도당록이라고 하였다.

사람이 책을 펴고 궁료(宮僚)를 대하는 것 같이 하자니 실로 부끄러워 요사이 오히려 강연을 열지 못했다.”

라고 하였다. 조태구가 입대하였을 때 내일부터 소대(召對)[150]할 일 및 시강원에서 아뢴 내용에 대한 답에 대해 거론하자, 답을 고쳐 내리기를,

“지금 점차 여름이 길어지고 있으니, 응당 바로 시간을 아껴야 할 때이지만 마음이 여전히 불안하고 몸 또한 편치 않으니, 당분간은 강연(講筵)을 열지 못하겠다.”

라고 하였다. - 며칠 후 입진(入診)하였을 때에는, ‘마음이 여전히 불안하다[心猶不安]’는 네 글자는 지워 버렸다.[151] -

○ 백망(白望)을 5차, 김용택을 3차, 이천기를 2차 형문하였다.

○ 10일, 이희지·이영·노미를 각각 한 차례씩 형문하고, 김성행을 잡아들여 가두었다. 의금부에서 아뢰기를,

“이 사람들의 공초를 보니, 아이를 가르치기 위해 자기 집에 육현을 머무르게 하거나 혹은 지리(地理) 상 서로 알던 사이로, 신문할 만한 은밀한 실정이 별로 없으니, 장홍(張泓)·김경직(金景直)·강우문(姜遇文)·차지병(車之炳) 등을 모두 분간(分揀)[152]하여 풀어 주십시오.

육현을 때려죽인 옥사는 그 단서가 모두 드러났고, 또한 국옥(鞫獄)에도

---

150) 소대(召對) : 임금이나 세자 등이 경연 이외에 신하와 함께 강독할 책을 정해서 수시로 공부하고 토론하는 것을 말한다. 경연은 매일 정기적으로 열며 강독하는 책도 주로 경전을 대상으로 하였지만, 소대는 비정기적으로 열며 강독할 책도 경전 이외의 사서(史書)나 문집(文集)까지 포함하여 비교적 다양하고 자유롭게 선택하는 편이었다. 경연이 임금의 정규 학습이라면, 소대는 임금의 자율 학습 내지는 보충 학습이라고 할 수 있다. 하루에 소대를 재차 열었을 경우에 두 번째 소대는 별강(別講)이라고 불렀고, 궐문을 닫고 난 뒤에 연 소대는 야대(夜對)라고 불렀다.
151) 마음이 …… 버렸다 : 이것은 세제가 조태구의 건의를 받아들여 행한 일이라고 한다. 《景宗實錄 2年 4月 9日》
152) 분간(分揀) : 죄상(罪狀)을 보아서 용서하는 쪽으로 처결(處決)하는 일을 이른다.

죄인의 공초에 연루된 이들을 엄히 조사하는 방도가 있으니, 긴요하지 않은 죄수를 줄곧 오래 지체해 두어서는 안 됩니다. 조차달(趙次達), 망토리(望土里), 박태종(朴太從) 세 사람은 일체 풀어주는 것이 어떻겠습니까?”

라고 하자, 그대로 윤허하였다.

○ 사간원에서 아뢰기를,

“왕옥(王獄)의 죄수가 얼마나 엄중한데, 지난번 의금부의 죄인 현덕명(玄德明)153)이 칼로 자결한 일이나, 목호룡이 상변한 날에 백망이 옥을 넘어 도망하였을 때 거의 체포하지 못할 뻔 했던 것은 전에 없던 변고이며 지극히 한심한 일로서 후일의 폐단에 크게 관계됩니다. 그날 입직한 도사가 방비를 신중히 하지 않은 죄를 엄히 징계하지 않을 수 없으니, 해당 금부도사를 적발하여 잡아다 신문해 죄를 정하고, 나졸 등은 각별히 엄하게 추궁하소서.

국청 죄인을 체포하는 것은 지극히 엄중하고 시급한 일로서 갑절의 속도로 잡아들이는 것은 법의(法意)가 있는 것인데, 이번에 죄인을 잡아온 것은 대부분 지체되었고, 심지어 4일 노정을 6일 만에 돌아오기까지 하였으니, 해당 도사를 잡아다 신문하여 죄를 정하십시오.”

라고 하자, 답하기를, “아뢴 대로 하라.”라고 하였다.

윤성적(尹盛績)·정중해(鄭重海)·가도사(假都事) 조륜(趙倫)을 잡아들여 신문할 것을 현고(現告)154)하였다. - 현덕명은 이홍술이 육현을 때려죽인 일로 옥에 갇혀

---

153) 현덕명(玄德明) : ?~1722. 조선 후기의 군관이다. 1720년(경종 즉위)에 포도대장 이홍술(李弘述)이 술사(術士) 육현(陸玄)을 태장(笞杖)을 쳐서 죽인 사건이 일어났다. 당시 포도청 군관이었던 현덕명은 이홍술의 심복으로 육현의 죽음과 관련, 죄가 있다고 인정되어 나주로 유배 처분을 받았다. 1722년 임인옥사에서 육현의 일이 재론되자 5월 23일 다시 체포되어 2차례 형신을 받고 5월 26일 물고되었다. 1726년(영조2) 억울하게 죽었다 하여 휼전(恤典) 대상자의 명단에 올랐다. 성대중(成大中)의 《청성잡기(靑城雜記)》에 의하면, 육현이 자신의 운명을 점쳐보니 현덕명(玄德明)에게 죽는다는 점괘가 나왔고 그가 죽을 때 체포했던 자가 과연 현덕명이었다고 한다.

154) 현고(現告) : 범죄나 잘못을 저지른 사람의 이름을 지적하여 고하는 것이나 고한 내용으로, 지명현고(指名現告) 또는 지고(指告)라고도 한다.

한 차례 형문을 당하였고, 또 한 차례 형문을 청하였는데, 이후 칼로 자살하였다. 《남천기(南泉記)》에 나온다.[155] -

○ 죄인 업이(業伊)[156]를 잡아 가두고, 이희지를 2차 형문하였다. -《남천기》에 따르면, 영의정이 이날부터 국청에 참여하였다. -

○ **11일**, 문사낭청 강세윤(姜世胤)이 병이 있어 이현장(李顯章)으로 대신하였다.

○ 주청겸동지사(奏請兼冬至使) 일행이 이달 8일에 강을 건너 돌아왔다.[157]

○ 죄인 묵세(墨世)[158]와 조흡을 잡아들여 가두었다.

○ 병조판서 이광좌와 예조판서 이태좌가 상소하기를,
"신들은 국청 죄인이 대신을 무함하고 욕보였을 때 신들의 이름도 거론하였다는 사실을 뒤늦게 듣고 놀라움과 통탄스러움을 금할 수 없었으나, 풍문으로 전해들은 일이라 감히 스스로 논열하지 못하고 사사로운 거처에서 석고대죄(席藁待罪)하며 두렵고 불안한 마음에 어찌할 바를 몰랐습니다.
그런데 어제 대신이 아뢴 일로 인하여 이미 성상께서 들으셨으니, 이에

---

155) 현덕명은 …… 나온다 : 1722년(경종2) 3월 17일 현덕명은 육현의 옥사로 체포되어 의금부에서 심문을 받던 중 25일 스스로 목을 찔러 죽으려 하였으나 죽지 않고, 4월 27일에 국청으로 옮겨 심문을 받고 5월 4일 나주에 정배되었으므로 《남천기》의 기록은 오류이다. 《景宗實錄 3月 17日, 4月 17日, 5月 4日》
156) 업이(業伊) : 이영(二英)의 어미이다.
157) 주청겸동지사(奏請兼冬至使) …… 돌아왔다 : 1721년(경종1) 10월 28일, 연잉군(延礽君)의 왕세제 책봉을 승인받기 위하여 주청사(奏請使)인 좌의정 이건명(李健命)과 부사(副使) 윤양래(尹陽來), 서장관(書狀官) 유척기(俞拓基)가 북경으로 떠났고, 이듬해 3월 26일에 선래(先來)가 도착하여 세제 책봉을 승인받았음을 전한 바 있다.
158) 묵세(墨世) : 나인[內人] 이영(二英)의 육촌(六寸)으로, 대전(大殿)의 궁인이었다.

비로소 감히 사패(司敗)159)에 몸을 맡겨 머리를 조아리고 명을 기다렸습니다. 성명께서 밝게 살피시어 대명하지 말라는 하교를 내리기까지 하셨으니, 유사(有司)에게 명하여, 통렬하게 더욱 철저히 조사하여 실정을 분명히 밝히게 하십시오. ……"

라고 하자, 답하기를, "무고를 당한 말은 깊이 혐의할 필요가 없다. ……"라고 하였다.

승정원에서 아뢰기를,

"전전 대제학 강현이 두 번째 패초에 나오지 않은 뒤에 올린 상소가 본원에 도착하였는데, 그 조어(措語)를 보니 지난번 관각(館閣)의 천록(薦錄)에서 빼버린 것을 출사하기 어려운 혐의로 삼고 있습니다. 원래의 상소를 이제 막 물리쳤는데, 지금 전임 대제학을 패초하기를 청하는 말을 진달하였으니, 그가 지난날의 일을 온당하게 여기지 않는다는 것을 알 수 있습니다."

라고 하자, 전교하기를, "이 일로 깊이 혐의할 필요가 없으니, 다시 패초하라."고 하였다.

○ 대제학에 대한 권점(圈點)은, 이광좌·유봉휘·김일경이 3점이었고, 이사상이 2점, 조태억(趙泰億)160)이 1점이었다.

○ 백망을 6차, 이희지를 3차, 심상길을 1차 형문하였다. 정인중은 결안에

---

159) 사패(司敗) : 관직명으로 사구(司寇)를 말하는데, 넓은 뜻에서 형벌 및 사법을 주관하는 형조나 의금부 등의 관서를 뜻한다.

160) 조태억(趙泰億) : 1675~1728. 본관은 양주(楊州), 자는 대년(大年), 호는 겸재(謙齋)·태록당(胎祿堂)이다. 판서 조존성(趙存性)의 증손, 형조판서 조계원(趙啓遠)의 손자, 이조참의 조가석(趙嘉錫)의 아들이다. 조태구·태채의 종제이며, 최석정(崔錫鼎) 문인이다. 1693년(숙종19) 진사가 되고, 1702년 식년 문과에, 1707년 문과 중시에 급제하여 청요직을 두루 거치고, 1721년(경종1) 호조참판이 되었다. 이때 조태구·최석항·이광좌 등과 함께 대리청정을 반대하여 철회시켰다. 영조 즉위 후 우의정, 1727년(영조3) 정미환국 이후 좌의정에 올랐다. 1755년 나주괘서사건(羅州掛書事件)으로 관작이 추탈되었다가 1908년(순종 2)에 복관되었다. 저서로 《겸재집》이 있고, 시호는 문충(文忠)이다.

대한 다짐[結案取招]을 냈고, 김용택과 이천기는 승복한 후에도 지만(遲晚)[161]을
거역하였다.

○ **12일**, 업이를 풀어주었다. 이희지를 4차, 심상길을 2차, 백망을 7차
형문하였다.

○ 정인중의 결안은 다음과 같다.

"죄인 정인중. 나이 49세. 제가 전에 공초한 내용 중에, 이천기·김용택·백망
등과 만나 약조를 맺었을 때, 저는 손바닥에 '의(義)'자를, 김용택은 '충(忠)'자를,
백망은 '양(養)'자를 썼다고 하였습니다. 손바닥에 재상 이이명의 자(字)[162]를
써냈다고 한 것은 무식의 소치이니, 이를 가지고 역적이라고 한다면 이는
제가 차마 하지 못할 일이라서 당초에 즉시 바로 고하지 않았던 것입니다.

또한 이태화가 환술(幻術)을 써서 관인(官印)이 찍힌 종이를 얻기만 하면
은전(銀錢)을 모을 수 있다고 하여, 제가 이천기·홍의인과 상의하였는데,
마침 홍의인이 선공감 봉사(繕工監奉事)가 되어 관인(官印)이 그 집에 있었으므
로 백지(白紙)에 관인을 찍어 주었습니다. 그런데 이천기·김용택이 백망·목호
룡의 무리와 더불어 모은 은을 내폐(內嬖)[163]에게 쓰는 일이 없지 않았으므로
저는 마음속으로 매우 즐겁지 않게 여겨서 이맛살을 찌푸리게 되었습니다.

지 상궁(池尚宮)에 관한 조항은 제가 그 이면의 일을 깊이 알지는 못하지만

---

161) 지만(遲晚) : "너무 오래 속여서 미안하다."는 뜻으로, 죄인이 형벌을 받을 때에 자복(自
服)하는 말이다.

162) 이이명의 자(字) : 이이명의 자는 양숙(養叔)이다. 목호룡의 고변서에서 이르기를, "각자
손바닥에 글자를 써서 심사(心事)를 표시하였는데, 김용택은 '충(忠)' 자를 썼고, 다른
사람들은 혹 '신(信)' 자나 '의(義)' 자를 쓰기도 했습니다. 그러나 백망은 '양(養)' 자를
썼으므로 좌우에서 서로 돌아보며 그 뜻을 알지 못했으나, 유독 이천기만은 알아차리고
크게 웃었습니다. 대개 '양' 자는 '양숙'을 이른 것으로 이이명의 자가 양숙이었기
때문이었습니다."라고 하였다. 《景宗實錄 2年 3月 27日》

163) 내폐(內嬖) : 임금의 총애를 받는 여인을 이른다.

이른바 '소급수'라는 것으로서 바로 독약을 쓰는 것입니다. 제가 이 일을 들은 것은 모두 이천기의 집을 왕래할 때, 평소 이러한 말들이 있어서 자연히 귀에 들어온 것뿐입니다. 그리고 목가(睦哥)가 지 상궁의 집에 들어가 마치 그 아들처럼 지냈고, 또 목가가 항상 이천기의 집에 머물렀기 때문에 그 왕래하고 교통한 정황을 제가 알고 있었습니다.

목호룡과 대질하였을 때, 호룡이 제가 전에 한 말을 거론하며 말하기를, '주상이 등극한 후 정인중이 나에게 말하기를 「내가 이미 그 사람을 시해하고자 모의하였는데 어찌 다시 그 녹을 먹고 그 사람을 섬길 수 있겠는가. 내 장차 관직을 버리고 귀향하려 한다. ……」라고 하였다.'

하며 큰 소리로 다그치기에 제가 대충 '이것이 무슨 말이냐.'라고 답하였습니다. 이는 곧 목호룡이 한층 격분하여 한 말이니, 제가 이 지경에 이르러서 무어라 답하겠습니까. 이 한 가지 일은 너무도 애매합니다.

저는 난신적자 김용택·이천기 등과 교유하였으며, 실정을 알면서도 고하지 않은 죄가 있음을 저 또한 알고 있고, 이전의 공초에서 이미 그 죄를 확실하게 지만하였습니다."

(국정에서 아뢰기를) "《대명률(大明律)》〈모반대역(謀反大逆)〉164)조에 이르기를, '실정을 알고도 고의로 놓아주거나 숨겨 준 자는 참형에 처한다.'고 하였고, 또 〈사죄수에 대해 복주하고 회보를 기다림[死囚覆奏待報]〉165) 조항에 이르기를, '십악(十惡)166)의 죄를 범해 응당 죽여야 할 자는 부대시(不待時)167)로 즉결한다.

---

164) 모반대역(謀反大逆) 조 : 《대명률(大明律)》에 따르면 모반(謀反)은 사직(社稷)을 위태롭게 하려고 모의한 것이고, 대역(大逆)은 종묘(宗廟), 산릉(山陵) 등을 훼손하려고 한 것이다. 사직, 종묘, 산릉 등은 모두 임금을 우회적으로 가리키는 표현이니, 이는 역모(逆謀)와 동일한 개념이다. 모반은 본국을 배반하고 다른 나라를 따르려고 모의한 것으로, 역모와는 개념이 다르다. 《大明律 刑律 盜賊 謀反大逆·謀叛》

165) 사죄수에 …… 기다림[死囚覆奏待報] : 사죄수의 처결 절차를 규정한 조문 중 하나로, 삼복오주(三覆五奏)를 거친 후에 형을 집행하는 것은 죽이는 것을 가볍게 하지 않는 것이고, 복주하여 회보를 기다린 후에야 집행하는 것은 형벌을 감히 전횡하지 않는 것이다. 《大明律直解 刑律 斷獄》

166) 십악(十惡) : 모반(謀反)·모대역(謀大逆)·모반(謀叛)·악역(惡逆)·부도(不道)·대불경(大不

……'라고 하였습니다.”

○ 의금부에서, 죄인 정인중을 당고개에서 처형했다고 아뢰었다. - 정인중의
아들 정박(鄭珀)을 28일 잡아들여 당고개에서 교형에 처하였다. -

○ 《남천기》에 이르기를,
“정인중이 〈영형가(詠荊軻)〉168)라는 시를 백망에게 주었는데, 그 내용은
다음과 같다.

'흥망성쇠 모두 들어보니,   興亡都付耳

면면함에 귀신도 놀라워하네.   脈脈鬼神驚

잠시 장부의 비수를 시험하고자   暫試夫人匕

소백의 성을 영원히 하직하네.169) 長辭召伯城

봉해 두었던 붉은 피 넘쳐흐르니, 封緘紅血透

敬)·불효(不孝)·불목(不睦)·불의(不義)·내란(內亂)이다. 《大明律 名例律 十惡》

167) 부대시(不待時) : 십악 대죄(十惡大罪) 등 극악한 죄를 범한 죄인에게 적용하는 부대시참
    (不待時斬)을 이르는 말로, 형이 확정된 후 즉시 참형을 집행하는 것을 말한다. 참고로
    대시참(待時斬)은 봄·여름철에는 사형 집행을 중지하고 가을철 추분(秋分)까지 기다리는
    것을 이른다.

168) 영형가(詠荊軻) : 《도연명집(陶淵明集)》에 실려 있는 〈영형가(詠荊軻)〉는 진시황(秦始皇)
    을 암살하려다 미수에 그친 형가(荊軻)를 시로 노래한 것이다. 전국시대 자객 형가가
    연나라 태자 단을 위해 진왕을 죽여서 복수를 해주려고 비수를 끼고 떠나던 날, 수많은
    사람들이 역수 가에 이르러 그를 송별하였는데, 이때 형가의 친구인 고점리(高漸離)가
    현악기인 축(筑)을 타자, 형가가 이에 화답하여 비장하게 노래하기를 “바람이 스산하니
    역수가 차갑구나. 장사가 한번 가면 다시 돌아오지 않으리라.[風蕭蕭兮易水寒, 壯士一去兮
    不復還.]” 하고 떠났으나, 끝내 진왕을 죽이지 못하고 죽임을 당하고 만 고사를 인용한
    것이다. 《史記 卷86 刺客列傳 荊軻》

169) 소백의 …… 하직하네 : 소백(召伯)의 이름은 석(奭), 시호는 강(康)이다. 주(周)나라 무왕
    (武王)이 주(紂)를 멸망시키고 북연(北燕)에 봉하여 연(燕)나라의 시조가 되었다. 자객
    형가는 본래 제나라 사람인데, 연나라에 이르러 형가라 불렸다. 연나라 태자 단으로부터
    지우(知遇)를 받은 형가는, 진시황을 시해해 달라는 부탁을 받고, 죽을 길임을 알고도
    시황을 암살하러 떠났다. 본문에서 “소백의 성을 영원히 하직”한다고 한 것은 형가가
    시황을 암살하기 위해 연나라를 떠나는 광경을 가리킨 것이다.

추운 날 흰 무지개가 떴구나.[170]　　寒日白虹生

길 떠나며 비장한 노래 부르니　　臨發悲歌起

축을 타는 심정을 누가 알리오.　　誰知和筑情’

라고 하였다.”

○ 세제궁에 입진(入診)하였다. 내국제조 조태구·한배하(韓配夏)[171]·김시환, 궁관 정해(鄭楷)·유필원(柳弼垣)이 입대하였다. 이때 조태구가 아뢰기를,

“시강원에 하답하신 내용 중 ‘마음이 여전히 불안하다[心猶不安]’라고 하신 네 글자는 지워버리는 것이 어떻겠습니까?”

라고 하자, 동궁이 지워버렸다. -《춘방록(春坊錄)》-

○ 백망을 8차, 이희지를 5차, 심상길을 3차 형문하였다. 김용택·이천기는 승복 후 형신을 가하였으나 지만을 거역하였다.

○ 13일, 김용택을 7차 형문하고 위엄을 보이자 승복하고 지만하였다. 이희지를 6차, 심상길을 4차, 조흡을 1차 형문하였다. 이천기는 형을 가하였으나 지만을 거역하였고, 백망은 물고(物故)되었다. -《초종설》에 이르기를, “포도대장 이삼(李森)[172]이 백망의 아우 백립(白立)을 잡아들여 두 차례 형문 끝에 때려죽였다.”라고

---

170) 추운 …… 떴네 : 전국시대에 자객 섭정(聶政)이 한괴(韓傀)를 죽일 때와 자객 형가가 연나라 태자 단을 위해 진왕을 죽이려고 떠날 적에 모두 “흰 무지개가 해를 꿰뚫었다.[白虹貫日]”고 하였는데, 이 구절을 인용한 시구이다. 《戰國策 魏策4》《史記 卷83 魯仲連鄒陽列傳》

171) 한배하(韓配夏) : 1650~1722. 본관은 청주(淸州), 자는 하경(夏卿), 호는 지곡(芝谷)이다. 부사(府使) 한성보(韓聖輔)의 아들인데, 노론인 아비와 달리 소론으로 좌정하였다. 1693년(숙종19) 알성문과에 급제하여 1706년 홍문록에 올랐다. 1720년(숙종46) 청은군(淸恩君)에 책록되고, 1722년(경종2) 공조판서가 되었다. 1725년(영조1) 화원을 시켜 목호룡의 초상을 그리게 강요하였다는 혐의를 받고 관작을 추탈 당하였다가 죽은 뒤에 있었던 사실임이 판명되어 추복(追復)되었다.

172) 이삼(李森) : 1677~1735. 본관은 함평(咸平), 자는 원백(遠伯)이다. 윤증(尹拯) 문하에서 공부하였다. 1705년(숙종31) 무과에 급제하여 평안도병마절도사 등을 지내고, 경종의

하였다. -

○ 사간원에서 정언 여선장(呂善長)[173]이 새롭게 아뢰기를,

"국청 죄수의 문서는 그 완급(緩急)을 물론하고 모두 찾아내어 봉납(封納)하는 것은 바로 국청의 일을 엄중히 하는 방도입니다. 그런데 죄인 이희지를 잡아들일 때, 영암군수 문덕린(文德麟)[174]은 본래 이희지와 같은 동네에서 허물없이 지냈던 사이로서, 중도에서 기다리고 있다가 몇 장의 서찰을 덜어내려고 처음에는 간청하듯 하였고 종국에는 윽박지르며 다그쳤습니다.

비록 도사(都事)가 이치를 들어 굳게 거절하고 끝내 내주지 않았으나, 문덕린이 은밀히 이희지와 교통하였으므로 그 숨겨진 정상이 드러날까 두려워 반드시 문서를 겁탈하려 한 것이니 그 정상이 참으로 지극히 통탄스럽습니다. 그 왕명을 소홀히 여기고 죄인을 옹호한 죄상을 엄히 징계하지 않을 수 없으니, 영암군수 문덕린을 잡아다 신문하여 정죄하십시오.

군자감 봉사 김익량(金翼亮)은 본래 누락된 내노(內奴)로서 김춘택(金春澤)[175]

신임을 받아 총융사·어영대장 등을 역임하였다. 1727년(영조3) 훈련대장이 되어 이인좌의 난에서 공을 세워 함은군(咸恩君)에 봉해지고, 1729년 병조판서에 올랐다.

173) 여선장(呂善長) : 1686~? 본관은 함양(咸陽), 자는 원백(元伯)이다. 영의정 여성제(呂聖齊)의 증손이다. 1717년(숙종43) 진사가 되고, 1718년 증광 문과에 급제하여 경종대 청요직을 두루 지냈다. 1725년(영조1) 유배되었다가 1727년 정미환국으로 다시 청요직에 등용되어 1730년 승지가 되었다.

174) 문덕린(文德麟) : 1673~1739. 본관은 남평(南平), 자는 성휴(聖休)이다. 1708년(숙종34) 식년 문과에 급제하여 보령현감(保寧縣監)·병조좌랑·영암군수(靈巖郡守) 등을 역임하였다. 1722년(경종2) 임인옥사로 체포된 이희지와 주고받은 서찰을 빼돌리려다 발각되어, 이듬해 극변에 정배되었다. 1725년(영조1) 풀려나 고성현령(固城縣令) 등을 지냈다.

175) 김춘택(金春澤) : 1670~1717. 본관은 광산(光山), 자는 백우(伯雨), 호는 북헌(北軒)이다. 광성부원군(光城府院君) 김만기(金萬基)의 손자이며, 판서 김진귀(金鎭龜)의 아들이다. 노론 내 훈척(勳戚) 가문 출신으로 경신환국 이후 당쟁의 중심에 있었으므로, 남구만 등 소론으로부터 정치공작을 펼친다는 비난을 받았다. 1694년(숙종20) 한중혁(韓重爀) 등과 함께 폐비 민씨의 복위를 도모하였는데, 민암(閔黯) 등이 저지하려다가 도리어 축출되어 서인이 다시 집권하였다. 1701년 소론의 탄핵을 받아 부안(扶安)에 유배되었으며, 희빈 장씨(禧嬪張氏)의 소생인 세자를 모해하였다는 혐의를 입어 서울로 잡혀가

형제의 집에 의탁해 있었으므로 사람들이 모두 지목하고 있는 자입니다. 고(故) 상신(相臣) 김종서(金宗瑞)176)의 후손이라고 사칭하며 연신(筵臣)에게 부탁하여 방자하게 진달하여 심지어 녹용(錄用)되기를 청하게 함으로써 외람되이 사적(仕籍)에까지 올랐으니, 물정(物情)이 놀라고 분하게 여기고 있습니다.

김종서의 후사가 끊어진 것은 나라 사람들이 모두 알고 있는 일이고, 당시에도 복관(復官)한 일이 없었으므로, 김익량이 공천(公賤)의 자손으로서 명신(名臣)의 후예에 가탁한 정황이 분명하여 가리기 어려우니, 결단코 하루도 관리의 반열에 끼어둘 수 없습니다. 청컨대 군자감 봉사 김익량을 사판(仕版)에서 삭제하십시오."

라고 하자, 주상이 답하기를,

"아뢴 대로 하라. 전계(前啓)177) 중 조성복(趙聖復)178)의 일은 아뢴 대로 하라."

심문을 받고, 1706년 제주로 옮겨졌다가 1712년 풀려났다. 김만중의 소설 《구운몽(九雲夢)》과 《사씨남정기(謝氏南征記)》를 한문으로 번역하였다. 이조판서를 추증받았으며, 저서로 《북헌집(北軒集)》과 《만필(漫筆)》이 있고, 시호는 충문(忠文)이다.

176) 김종서(金宗瑞) : 1383~1453. 본관은 순천(順天), 자는 국경(國卿), 호는 절재(節齋)이다. 세종대 북변에서 육진(六鎭)을 개척해 두만강을 국경선으로 확정하고, 문종대 우의정을 역임하였다. 1453년 계유정난(癸酉靖難)으로 피살되었다. 1746년(영조22)에 복관되었고, 시호는 충익(忠翼)이다.

177) 전계(前啓) : 사헌부와 사간원에서 계사를 올려 조성복을 배소(配所)로 보내라는 명을 속히 중지하고 국청을 열어 엄히 형문할 것을 청한 일을 이른다.

178) 조성복(趙聖復) : 1681~1723. 본관은 풍양(豊壤), 자는 사극(士克), 호는 퇴수재(退修齋)이다. 1702년(숙종28) 별시 문과에 급제하여 청요직을 두루 거쳤다. 1716년 지평으로서 윤선거(尹宣擧)의 선정(先正) 칭호를 금할 것을 청하였고, 1721년(경종1) 10월 집의 재직 시 세제 대리청정을 요구하는 상소를 올려 경종의 재가를 받았으나, 무군부도(無君不道)하다는 소론의 탄핵을 받고 진도에 유배되었다. 1722년 임인옥사가 일어나자 4월 13일 다시 잡혀 올라와 3차에 걸친 형신 끝에 5월 4일 제주도에 위리안치 되었다. 그런데 오서종의 공초에서 거론되어 10월부터 다시 형신을 받다가 이듬해인 1723년 4월 28일 옥중에서 자살하였다. 신임옥사 때 삼학사(三學士) 중 한 사람으로 일컬어진다. 영조 즉위 후 이조판서에 추증되고, 충간(忠簡)이란 시호를 내렸다.

라고 하였다.

○ 죄인 김용택과 이천기가 물고되었다. - 김용택은 3차 형문 후, 이천기는 2차 형문 후 승복하였으나 지만을 거역하고 물고되었다. -

○ 집의 서명우가 아뢰기를,

"신이 국청 죄인 정인중의 일에 쟁집하지 못한 잘못이 있습니다. 대개 정인중이 지만한 초사(招辭)에 역모를 도모하여 동참한 자취가 낭자할 뿐만이 아닌데, 실정을 알면서도 고하지 않은 죄[知情不告之罪]로 감단(勘斷)한 것은 옥사의 체모에 어긋난 점이 있습니다. 그리하여 신이 국청에 참석하였을 때 사리를 따져 논변하긴 하였으나 끝내 힘써 간쟁하지 못하였으므로 참으로 유감스러웠습니다.

그런데 물러나서 물의(物議)를 들으니, 의율(擬律)한 것이 지나치게 어긋나 크게 잘못되었다고 하였습니다. 그 당시 동참했던 간관도 이미 인피한 마당에 신의 잘못도 참으로 그와 다를 바 없으니, 어찌 감히 홀로 태연히 있을 수 있겠습니까. 청컨대 신의 직임을 체차하라 명하십시오."

라고 하자, 답하기를, "사직하지 말고 물러가 기다리라."라고 하였다. - 처치 하기를,

"체차하십시오. 응당 쟁집해야 할 일을 쟁집하지 않아 공의(公議)의 비난을 받았습니다. ......"

라고 하였다. -

○ 정언 여선장이 아뢰기를,

"정인중은 역모를 꾀한 정황이 낭자할 뿐만이 아닌데 실정을 알고도 고하지 않은 죄로 조율한 것은 너무 가볍게 처벌한 것이어서 물의가 모두 그르다고 합니다. 신이 처음 국청의 좌기에 참석해서 옥사의 체모를 알지 못하여

의계(議啓)할 때 쟁집하지 못하였으니 비난과 배척을 모면하기 어렵습니다. 청컨대 체차하도록 명하십시오. ……”

라고 하자, 주상이 답하기를, “사직하지 말고 물러가 기다리라.”라고 하였다. - 처치는 위와 같았다. -

○ 국청 대신 이하가 청대하였다. 우의정 최석항이 아뢰기를,

“승복한 죄인 김용택은 지만으로 공초를 받은 후 미처 결안하기 전에 지레 먼저 물고되었으니, 연좌(緣坐)와 적몰(籍沒) 등의 일을 자연 형률대로 거행해야 하겠으나 법대로 처형하는 한 가지 일은 극히 난처하게 되었습니다. 만약 시체를 검시(檢屍)하고 내준다면 너무 늦을 듯하고, 곧바로 형을 집행한다면 법례(法例)에 어긋남이 있을 것입니다.

신의 생각으로는, 이미 죽은 죄인에게는 법대로 처형하는 일을 생략하더라도 천지의 광대함을 손상시키는 일은 없을 듯합니다만, 이 일은 신들이 감히 임의로 처단할 수 없으니 대신과 의논하고 상께 여쭈어 처리하게 하는 것이 어떻겠습니까?”

라고 하지, 주상이 이르기를, “아뢴 대로 하라.”라고 하였다.

또 아뢰기를,

“죄인 백망은 역적의 괴수로서 대급수·소급수의 일을 모두 담당하였고, 그 음흉한 정절이 흉인(凶人)의 공초에서 다 드러났습니다. 더구나 김용택이 이른바 ‘단검’을 주었다고 말하였고 백망 또한 받았다고 자복하였으며, 모아 놓은 은량을 국청에서 이미 찾아내 백망에게 묻자 또한 감히 숨기지 못하였습니다.

다만 사용한 곳은 말하지 않았고, 지만으로 공초 바치는 것을 시종일관 거역하였습니다. 그 몸은 비록 지레 죽었다 하나 장물(臟物)이 적발된 뒤이니 결단코 그대로 둘 수 없습니다.

전례(前例)를 살펴보니, 경신년(1680, 숙종6) 옥사에서 이태서(李台瑞)와 조

성(趙鐌)이 끝내 승복하지 않았으나 그 역절(逆節)이 분명하게 드러났으므로 대신에게 의논하여 연좌하고 적몰하라고 하교한 일이 있었습니다.[179] 이천기는 역모를 꾀한 정황을 이미 자복하고도 지만으로 공초 바치는 것을 시종일관 거역하다 또한 지레 죽었으니 신인(神人)의 분노가 응당 또 어떠하겠습니까. 이태서와 조성은 비록 승복하지 않았지만 오히려 법에 따라 처벌하였습니다. 하물며 이천기의 경우, 두 번째 서찰이 이미 적발되었고 음흉한 정절(情節)도 이미 자복하였으니, 연좌와 적몰 등을 형률에 따라 시행함이 마땅할 듯합니다만 이는 신들이 감히 마음대로 할 수 있는 일이 아니니, 모두 대신에게 의논하여 처리하는 것이 어떻겠습니까?"

라고 하니, 주상이 "그렇다."라고 하였다.

동지의금부사 김일경이 말하기를,

"신이 인조 조의 무진년(1628, 인조6) 고사를 살펴보니, 당시 역적 이계선(李繼先)과 민대(閔澱) 등은 역모를 주도한 수괴[180]였으나 다만 그들의 흉악하고 잔인한 짓에 대해 자복하지 않았으므로 당초에 법대로 처형하지 못하여[181] 여론이 분노하며 답답하게 여기고 있었습니다. 그러던 중 대간의 계사로

---

179) 경신년 …… 있었습니다 : 이태서(李台瑞, 1614~1680)와 조성(趙鐌, 1625~1680)·조정시(趙挺時, 1643~1680) 부자는 모두 복선군(福善君) 이남(李枏)의 심복으로 활동하다가 1680년 경신환국 이후 허견(許堅) 옥사에 연루되어 죽었다. 이들은 모두 고문을 받다 죽었는데, 대신과 의논하여 그의 처자를 종으로 삼고 가산을 몰수하였다.

180) 역적 …… 수괴 : 훈련도감 중군 이계선과 전 현감 민대 등은 모두 유효립(柳孝立) 모반 사건에 가담한 죄로 형을 받다가 죽었다. 유효립은 광해군의 처남 유희분(柳希奮)의 조카로 인조반정 당시 제천으로 유배되었다. 유배지에서 허유(許逌)·정심(鄭沁)·김탁(金鐸)·유두립(柳斗立) 등 반정으로 실세한 무리들과 반역을 모의하여 광해군을 상왕으로 삼고 인조의 숙부인 인성군 공(仁城君珙)을 추대하려는 계획을 세웠다. 그러나 전 부사 허적(許樀)의 고발로 도성으로 잠입하던 무리들이 체포되었고, 유효립도 체포되어 죽임을 당하였다. 《燃藜室記述 仁祖朝故事本末 柳孝立獄》

181) 자복하지 …… 못하여 : 이계선과 민대는 1628년(인조6) 1월 세마(洗馬) 허유(許逌), 유학(幼學) 허정(許珽)·이우명(李友明), 급제 유효립(柳孝立) 등과 함께 인성군 이공을 추대하려는 역모를 하다 발각되어 형을 받다 자복하기 전에 죽었는데, 그로부터 6개월 후 민대와 이계선에게는 역모의 주동자로서 그 시체에 정형(正刑)을 가하는 추형이 시행되었다. 《仁祖實錄 6年 7月 2日》《承政院日記 仁祖 6年 7月 2日·7日》

인하여 상께서 대신에게 의논하자 대신이 법대로 처형하지 않을 수 없다는 뜻으로 아뢰어 마침내 대신의 의론대로 시행하라는 명이 내렸습니다. 이에 이계선과 민대 등의 시신은 이미 찾아간 뒤였으나, 도사를 보내 가지고 와 법대로 처형하고, 적몰과 연좌를 모두 거행하였습니다.

지금 백망은, 흉악한 범죄가 발각되어 은전(銀錢)을 압수하였고, 또 이영에게 궐내의 동정(動靜)을 탐문하게 한 정상도 이미 모두 자복하였습니다. 이는 그가 흉적의 괴수로서 대급수·소급수로 흉악한 음모를 자행하려 한 것이 남김없이 다 드러난 것인데, 모질고 흉악하여 지만만은 하지 않았으므로 연좌와 적몰 등의 일에 대해 대신이 방금 여쭌 것입니다.

신은, 무진년의 전례에 따라 비록 지레 죽었더라도 법대로 처형하지 않을 수 없다고 생각합니다. 그 시체를 찢어버리는 이 한 가지 조항 또한 대신에게 문의(問議)하여 거행하는 것이 어떻겠습니까?"

라고 하자, 주상이 "아뢴 대로 하라."라고 하였다.

또 아뢰기를,

"조성복을 국문하는 일은 대계(臺啓)로 인해 이미 윤허를 받았으니 즉시 거행해야 마땅하겠습니다만 국옥이 한창 진행되고 있으니 우선 마무리되기를 기다려 거행하는 것이 어떻겠습니까?"

라고 하자, 주상이 "그렇다."라고 하였다. 최석항이 아뢰기를,

"오서종·김성행은 역옥과 원래 상관이 없으니, 옥사가 마무리되기를 기다려 별도로 아뢰어 처리하는 것이 마땅할 것입니다. 고변한 사람을 칼을 씌워 가둬두는 것은 대개 고변이 사실이 아닐 경우 반좌율(反坐律)[182]을 적용해야하기 때문인데, 이 일은 역모의 정황이 낭자하니, 목호룡의 칼을 풀어주는 것이 어떻겠습니까?"

라고 하자, 주상이 "그렇다."라고 하였다. 또 아뢰기를,

---

182) 반좌율(反坐律) : 무고(誣告) 또는 위증(僞證)으로 타인을 죄에 빠뜨린 사람에게 피해자가 받았던 동일한 형벌을 적용하도록 규정한 형률(刑律)이다.

"동궁에 관계된 일은 신문하지 말 일에 대해 영의정이 이미 아뢰어 정하였으므로 동궁에 관계된 일은 추안(推案)에 넣지 않아야 할 것입니다."

라고 하자, 이정신(李正臣)183)이 아뢰기를, "동궁에 관계된 일을 추안에 넣지 않는 일은 이미 의논이 정해졌습니다."라고 하였다.

황이장이 아뢰기를, "추형(追刑)하는 한 가지 조항은 참으로 김일경의 말이 옳습니다."라고 하자, 박필몽(朴弼夢)184)이 아뢰기를,

"백망에 대해 어찌 책시(磔屍, 시신을 찢음)의 형전을 거행하지 않을 수 있겠습니까?"

라고 하니, 심단이 아뢰기를,

"추형하는 일은 비록 당연하나 결국은 법을 벗어난 것이어서, 인묘 조와 선조(先朝) 때에는 모두 특명으로 하였으므로 지금 또한 대신에게 의논하라는 청이 있게 된 것입니다."

라고 하였다.

박필몽이 조성복의 일에 대해 소회를 아뢰고, 이어서 말하기를,

"작금의 역옥은 그 정상이 모두 남김없이 드러났는데, 이른바 삼수(三手)에 대해 조성복은 이미 알고 있었습니다. 그 또한 삼수의 계책을 시행하려 하다가 그 계책이 이루어지지 않자 사주를 받아 소장을 올렸고 이어 연명

---

183) 이정신(李正臣) : 1660~1727. 본관은 연안(延安), 자는 방언(邦彦), 호는 송벽당(松蘗堂)이다. 이명한(李明漢)의 증손, 군수 이봉조(李鳳朝)의 아들이며, 박세당(朴世堂) 문인이다. 1699년(숙종25) 정시 문과에 급제하여 청요직을 두루 지냈다. 경종대 도승지 재직 시 조태구 등과 더불어 노론 탄핵과 축출에 앞장섰다. 1724년 영조가 즉위하자 신임옥사를 일으킨 주역으로 지목되어 유배되었다.

184) 박필몽(朴弼夢) : 1668~1728. 본관은 반남(潘南), 자는 양경(良卿)이다. 판서 박황(朴潢)의 증손이다. 1710년(숙종36) 증광 문과에 급제하여 청요직을 두루 거쳤다. 1721년 김일경 등과 노론 4대신의 죄를 성토하여 신임옥사를 일으켰다. 영조가 즉위한 뒤 도승지가 되었으나 탄핵을 받아 유배되었다. 1728년(영조4) 이인좌의 난이 일어나자 유배지에서 나와 반란에 가담한 태인현감 박필현(朴弼顯)의 군중으로 가 서울로 진군하려 하였다. 그러나 도중에 반란이 진압되었다는 소식을 듣고 죽도(竹島)에 숨었으며, 검모포(黔毛浦)로 가 잔당들과 다시 거사하려다가 무장현감 김몽좌(金夢佐)에게 붙잡혔다. 서울로 압송되어 처형되었다.

차자[185]가 있게 되었는데, 이러한 역모의 정상이 환히 드러난 뒤에도 성상께서는 어찌하여 윤허하지 않으십니까?”

라고 하자, 주상이 “번거롭게 하지 말라.”라고 하였다.

김일경이 아뢰기를,

“삼수의 남은 계책이 조성복의 상소가 되고 연명차자가 되었으며, 이는 모두 권흉의 문하에서 나온 것인데 지금 조성복을 편안히 쉬게 하며 한결같이 (국문을) 윤허하지 않으시는 것입니까?”

라고 하자, 황이장이 아뢰기를,

“한창 국문을 청하고 있는 마당에 그는 편안히 집에 머물러 있으니, 그 방자하고 거리낌 없음을 알 수 있습니다. ……”

라고 하니, 주상이 “아뢴 대로 하라.”라고 하였다. 황이장이 아뢰기를, “지금 윤허를 받자오니, 기쁨과 다행스러움을 이기지 못하겠습니다.”라고 하였다.

심단이 아뢰기를,

“상소한 유생[186]을 논죄하는 일은 이미 윤허를 받았습니다. 무슨 곡절이

---

185) 연명 차자 : 1721년(경종1) 10월 17일, 영의정 김창집·영중추부사 이이명·판중추부사 조태채·좌의정 이건명이 올렸던 연명 차자를 이른다. 같은 해 10월 10일 왕세제의 참정(參政)을 요청한 집의 조성복의 상소로 인해 경종이 당일로 세제에게 대리청정하게 하라는 비망기를 내렸는데, 승정원과 옥당이 청대하고 소론인 좌참찬 최석항(崔錫恒)이 심야에 또 청대하여 명을 거둘 것을 강력히 청하니 경종이 명을 거두었다. 그런 지 3일 만에 경종이 다시 대리청정 하라는 비망기를 내리자 세제를 비롯하여 노론과 소론 모두가 명을 거두어들일 것을 청하고 정청(庭請)을 하였는데, 정청한 지 3일 만에 노론 4대신을 중심으로 정청을 중지하자는 논의가 거론되었다. 최석항과 이광좌(李光佐) 등 소론은 정청 중지를 강력히 반대하였으나 같은 달 17일 노론 4대신이 결국 정청을 중지하고 대리청정의 명을 받들겠다는 연명 차자를 올렸다. 《景宗實錄 1年 10月 17日》《景宗修正實錄 1年 10月 17日》

186) 상소한 유생 : 청주 유생 허벽(許璧)을 이른다. 허벽은 신사년(1701, 숙종27)의 일에 대하여 옥안을 뒤집도록 청하였다.《景宗實錄 2年 2月 18日》 신사년의 일은 인현왕후(仁顯王后)가 죽은 뒤 희빈(禧嬪) 장씨(張氏)가 신당을 차려 놓고 인현왕후를 저주한 것이 발각되자 그 오빠인 장희재(張希載)를 처형하고 희빈 장씨를 사사(賜死)하도록 한 일을 가리킨다.

있는지는 모르겠으나, 승정원이 언로를 막고 소장을 봉입하지 않는 것은 결코 태평한 기상이 아니니, 대신과 의논하여 언로를 열고 승정원으로 하여금 다시는 가로막지 못하도록 하는 것이 어떻겠습니까?”

라고 하니, 황이장이 아뢰기를,

“허벽(許璧)의 상소는 승정원의 계사(啓辭)로 보건대 차마 듣지 못할 말이라는 것을 알 수 있으니, 이러한 상소를 어찌 봉입할 수 있겠습니까?”

라고 하자, 심단이 아뢰기를,

“신의 말은 허벽을 위한 것이 아닙니다. 초야의 상소를 모두 봉입하여 성상께서 취사(取捨)를 분명하게 보이신 뒤에야 막아서고 가리는 우환이 없을 수 있습니다.”

라고 하니, 최석항이 아뢰기를, “심단의 말은 대체가 참으로 좋습니다.”라고 하였다.

○ 지평 박필몽이 아뢴 조성복의 일, 정형익(鄭亨益)[187]을 원찬할 일[188], 박필정(朴弼正)[189]을 문외출송할 일[190], 허벽을 정배할 일을 모두 아뢴 대로

---

187) 정형익(鄭亨益) : 1664~1737. 본관은 동래(東萊), 자는 시해(時偕), 호는 화암(花巖)이다. 참판 정광경(鄭廣敬)의 현손, 지평 정제선(鄭濟先)의 아들이다. 1687년(숙종13) 사마시에 합격하고, 1704년 송시열의 뜻을 받들어 유생 160여 명과 함께 명나라 신종(神宗)의 사우(祠宇)를 세울 것을 상소하여 처음으로 금원(禁苑)에 황단(皇壇)을 건립하게 하였다. 1719년 증광 문과에 장원 급제하여 동부승지가 되었다. 1722년(경종2) 김일경의 탄핵을 받고 유배 갔다가 영조가 즉위하자 풀려나 1725년(영조1) 대사간이 되었다. 1727년 정미환국으로 파직되었다가 다시 등용되어 예조판서 등을 역임하였다.

188) 정형익(鄭亨益)을 …… 일 : 김일경 등이 희빈 장씨를 추보하기를 청하자, 사직 정형익이 이에 반대하여 상소하였는데, 이후 계속해서 정형익을 원찬하라고 청하는 대계(臺啓)가 이어졌다. 《景宗實錄 2年 1月 10日, 1月 15日, 4月 13日》

189) 박필정(朴弼正) : 1684~1756. 본관은 밀양(密陽), 자는 계심(季心), 호는 일휴(逸休)이다. 1711년(숙종37) 식년 문과에 급제하여 청요직을 두루 지냈다. 1722년(경종2) 사과 재직 시 김일경의 탄핵을 받았다. 영조대 판결사를 거쳐 한성부 좌윤을 역임하였다.

190) 박필정(朴弼正)을 …… 일 : 1722년(경종2) 박필정이 정형익과 함께 상소하여 경종의 사친 추숭과 사제(祠祭)를 반대하자, 당시 이 논의를 주도적으로 제기하였던 김일경 등이 박필정의 삭출을 지속적으로 청하였다. 《景宗實錄 2年 1月 15日·18日·26日, 4月

하게 하였다. 신필회를 삭탈할 일[191]을 정계(停啓)하였다. - 정형익을 김해부에 원찬하였다. -

○ 이희지와 조흡이 지레 죽을까 염려스러워 형문을 정지하였다. 심상길은 5차 형문에서 장(杖) 1도만에 승복하였고, 이영은 2차 형문 끝에 기절하여 형문을 정지하였으며, 노미는 석방하였다.

○ 조성복을 잡아 가두었다. 이날 청대하였을 때, 최석항이 또 아뢰기를, "죄인 백망·김용택·이천기 등은 비록 지만으로 공초를 받아내지는 못하였으나, 전후 문목에 대한 원정에서 하나하나 뽑아낸 내용을 조보(朝報)[192]에 실어 온 나라로 하여금 그 음흉한 정절을 훤히 알게 하는 것이 어떻겠습니까?"
라고 하자, 주상이 이르기를, "아뢴 대로 하라."라고 하였다.

○ "죄인 백망. 나이 36세. 고변인인 목호룡의 공초에
'「칼로 해하려 했다.」는 것은 용맹한 무사를 시켜 비수를 품고 궁중에 들어가 마치 측간을 수리하는 것처럼 위장하게 하는 것을 말하는 것으로, 역적들이 자기들끼리는 사사롭게 「대급수」라 불렀습니다. 이른바 「약」이라 함은 궁녀에게 독약을 주고 이를 음식에 타게 하는 것으로, 역적들이 자기들끼

13日》

191) 신필회를 …… 일 : 1722년(경종2), 사헌부 지평 조최수(趙最壽)가 김일경을 논핵하려고 대청에 나갔으나 승지에게 저지당하여 발계하지 못하고 먼저 신필회(申弼誨)의 탄핵을 받았다. 대사간 이사상(李師尙)의 소장에 의하면, 이날 조최수의 소매 속에 있던 탄핵하는 글은 이조참판 김일경을 논핵하여 체직시키려는 계사였는데, 그 주된 내용은 김일경이 대간의 망(望)에 신필회를 주의(注擬)하여 조정에 바르지 않은 단서를 열었다는 것이었다. 이에 신필회가 조최수를 탄핵하니, 이후 사헌부에서 신필회의 삭탈을 청하는 계사를 지속적으로 올렸다. 《景宗實錄 2年 2月 28日》

192) 조보(朝報) : 승정원에서 처리한 사항을 매일 아침 기록하여 반포하는 관보(官報)이다. 조직을 비롯하여 장주(章奏)와 묘당(廟堂)의 결의 사항, 서임(敍任) 사령, 지방관의 장계 등을 그 내용으로 하고 있다.

리 사사롭게 「소급수」 또는 「와수(臥手)」라고 불렀습니다. 이른바 「폐출」이라 함은 대부분 금으로 환관을 매수하여 죄목을 조작해 내쫓는 계책으로 삼으려 한 것으로, 「평지수」라고 하였습니다.'

라고 하였습니다.

정인중·이기지·이희지·김용택·이천기·심상길·조흡이 저희들과 치밀하게 모의하였는데, 김용택은 저에게 보검을 주며 이르기를, '선대왕의 국상일에 담장을 넘어 궁으로 들어가 대급수를 행하라.'라고 하였고, 정인중·김용택·이천기·이기지·이희지·홍의인·홍철인 등은 저에게 은을 주며 제가 남몰래 취한 궁인 이영에게 전하여 이를 그의 사촌 궁인인 이씨와 저와 동성(同姓) 궁인인 백씨 및 지 상궁 등에게 주고 그들로 하여금 독약을 쓰는 일을 도모하여 시행하게 하려 하였습니다. 이것이 경자년(1720, 경종 즉위년) 반년 동안 계획하여 하려 했던 일입니다.

이희지가 언문으로 된 가사(歌辭) 100여 구를 지어 저에게 주며 궁중에 유입시키게 하였는데, 모두 성궁(聖躬)을 무함하고 헐뜯는 말들이었습니다. 또 중간에서 거짓 조서[矯詔]를 초안하여 나인 열이(烈伊)와 환관 장세상으로 하여금 국상에 임하여 내리게 할 일을 상의하였는데, 그 조서 내용은 대부분 기억나지 않으나, 대개 첫머리에, '불선한 내가 왕위를 더럽혔다.[不穀忝位]' 등의 글자가 있었고, 중간에는 '세자 모(某)를 폐위시켜 덕양군으로 삼는다.'는 말이 있었습니다.

이 조서의 초안을 보았을 때는 목호룡이 연지동 김용택의 집에 가 있었습니다. 호룡이 서벽(西壁)에 앉아 있었고, 김용택·이희지와 제가 촛불 아래 머리를 맞대고 희지가 가지고 온 조서를 읽었는데, 반도 읽기 전 이기지가 후원에서 들어오는 바람에 다른 사람인 줄 착각하고 희지의 주머니 속에 넣었습니다.

조흡은 은 2,000여 냥을 냈고, 심상길은 은 200여 냥을 냈으며, 홍의인은 은 50냥, 이희지는 은 70여 냥을 냈고, 김민택은 은자(銀子)를 내긴 하였으나 저와 대면하지는 않고 다만 김용택·이천기 등을 시켜 왕래하며 상의하게 하였습니다. 김용택과 이천기 등은 말마다 반드시 '치중(致仲)'이라고 일컫고 일마다 반드시 치중에게 물었는데, 치중은 김민택의 자입니다.

제가 전답문서를 작성하는 일로 목호룡의 집에 갔는데, 정인중이 자리하고 있다가 제 용모와 풍채가 말쑥하고 헌칠한 것을 보고 말하기를, '이 사람은 협객(俠客)의 부류인가?'라고 하자, 목호룡이 답하기를, '이 사람은 협객 중에서도 제 일인자로, 그 용맹함은 맞수가 없다.'라고 하니, 정인중이 제가 거주하는 곳을 상세히 묻고 돌아갔습니다.

다음날 새벽, 정인중이 나귀 한 마리를 끌고 저의 집에 왔기에 함께 타고 처음으로 김용택의 집에 갔더니, 김용택·정인중·이천기·이희지가 둘러앉아 있다가 제 신수가 번듯한 것을 보고 크게 기뻐하며 말하기를, '우리 평생 이러한 사람은 처음 본다.'라고 하며 용력을 묻기에, 제가 용력으로는 옛사람에게도 크게 뒤지지 않는다고 하자, 마침내 술을 따라 맹약하여 생사를 함께 할 교분을 맺었습니다.

제가 말하기를,

'그대들이 나를 쓰고자 한다면 내 마땅히 힘을 다할 것이다. 지금 주상의 병환이 날로 위중해지고 있는데, 만일 불휘(不諱)한 일이 생긴다면 세상에는 유비(劉備)가 없으니, 어찌할 것인가?'

라고 하자, 사람들이 말하기를, '비록 유비는 없으나, 장차 그러한 사람이 자연히 있게 될 것이다.' 하고는 각자 손바닥에 글자를 써서 속마음을 내보였는데, 김용택은 '충(忠)'자를 썼고 다른 사람은 '신(信)'자와 '의(義)'자를 썼는데 저는 '양(養)'자를 썼습니다. 이에 좌우에서 서로 돌아보며 그 뜻을 알지 못하였는데 이천기가 알아차리고 크게 웃었습니다. 대개 '양'자는 이이명의 자 '양숙(養叔)'을 말함이었습니다.

저는 김용택 등이 간교하고 흉악한 사람이라고 의심하였으므로 이이명을 추대하는 이유를 물으려고 유비에까지 미쳤던 것입니다. 그때 밤을 보내고 돌아와 목호룡을 보고 말하기를, '내가 어제 크게 꿰맨 자루 속으로 들어갔다.'

라고 하였는데, '꿰맨 자루'라고 한 것은 역적 죄인이 자루로 머리를 싸매고 있었기 때문입니다. ……

목호룡이 이천기에게 묻기를, '이른바 급수란 어떤 약을 쓴다는 것인가?'라고 하자, 이천기가 말하기를,

'백망이「은 5백 냥으로 중원의 환약을 사들였는데, 한 번 마시면 즉시 죽는다.」고 말하였다.'

라고 하였습니다.

이러한 내용을 문목으로 만들어 저에게 추문(推問)하였는데, 제가 공초한 내용이 목호룡과 서로 어긋났습니다. 이에 한 곳에서 대질하니, 목호룡의 말은 착착 들어맞고 근거가 있었지만 저의 말은 사리를 따질 만한 단서가 하나도 없고 단지 터무니없는 거짓말들로 대충 말을 만든 것이었으므로 말하는 족족 밀렸습니다.

더구나 또한 김용택이 공초에서

'손바닥에 글씨를 쓴 일과 말안장에 걸어두는 가죽 칼집 속 보통 칼을 저에게 준 일이 있다.'

고 하였는데, 이에 대해 저는 손바닥에 글씨를 쓴 일이 애당초 없었고 또한 단검을 준 일도 없었다는 내용으로 공초를 바쳤으니, 제가 숨기고 감추려 한 의심의 단서는 하나하나 가리기가 어렵습니다.

이른바 '보검'이라는 것을 포도청에서 수색하여 가지고 왔는데, 목호룡이 일찍이 이 검을 저의 집에서 본 일이 있다고 하였으므로, 제가 그 검을 숨겼습니다. 그가 봤다는 검의 길이와 장식, 모양을 물은 후 확인해보니 차이가 전혀 없었습니다. 또 이영이 빼돌려 숨겨둔 곳에서 포도청이 제가 모은 은자(銀子) 1300여 냥과 전 140여 냥을 찾아내어 봉표(封標)하여 바쳤습니다.

이영의 사촌 궁녀 이씨에 대해 저는 원래 없는 사람인 것처럼 말하였으나, 이영의 어미 업이는 공초에서 궁인 이씨는 이영의 사촌이 아니라 육촌이며 이름은 묵세이고 대전의 나인이라고 분명하게 말하였습니다.

이른바 묵세를 잡아들여 추문하니, 그의 공초에는

‘두 차례에 걸쳐 이영을 가서 만났고, 저와도 만나 말을 주고받은 일이 있다.’

고 하여, 제가 종전에 감추고 숨긴 정황이 남김없이 다 드러났습니다.

그리하여 이로써 다시 추문하시니, 김용택이 준 칼은 제가 비록 차고 오지는 않았으나 용택이 이미 저의 거처로 보냈고, 같은 보검을 저에게서 찾아냈으니, 이는 변명하지 않고 납초 하겠습니다.

은전의 경우, 제가 이영의 집에 모아둔 것이 틀림없는 사실인데, 그 출처를 물으셨을 때 처음에는 응사(鷹師)였을 때193) 판 물건 값이라고 핑계 대다가 나중에는 말을 바꾸어, ‘제가 착실하다 하여 오서종이 지난해 동지부터 올봄까지 제게 맡겨둔 것’이라고 납초 하였습니다.

전후로 공초한 내용이 상호 모순되고 구구절절 바뀌었으나, 은을 모았던 것은 명백하여 의심할 것이 없습니다. 기증 받은 칼과 모아둔 은은 바로 대단한 장물(贓物)이고, 묵세가 저와 만났다고 하였으니, 이전의 공초에서 제가 묵세를 몰랐다고 한 말 또한 이미 거짓으로 판명되고 말았습니다.”

(국청에서 아뢰기를) “음흉한 정절이 이미 다 드러났으나, ‘지만’이라는 두 글자만을 유독 입에 올리지 않고 있으니 형을 가하여 추문하라 하교할 일입니다.”

라고 하였다.

○ “죄인 김용택. 43세. 문목에서 ‘……’라고 하였다. - 대략의 내용은 백망과 같다. - 이른바 ‘보검’은 포도청에서 수색해 찾아냈는데, 목호룡은 일찍이 이 검을 백망의 방 안에서 보았다고 하였고, (백망은) 그 검을 숨겼다고 하였습니다. 검의 길이와 장식, 모양을 물은 후 확인했더니 차이가 전혀 없었으므로,

---

193) 응사(鷹師)였을 때 : 응사는 매를 길들이던 사람을 가리키는 말로, 백망은 왕세제 연잉군의 응사였다.

제가 말한 '가죽 칼집 속 보통 칼'이란 것은 교묘하게 꾸민 거짓임이 밝혀지고
말았습니다.

'만 번 죽더라도 돌아보지 않고 한 번 살기를 도모하는 계책을 낸다.'는
것이 얼마나 흉참한 말인데 이를 목호룡의 망령된 말이라 핑계 대었고,
대급수·소급수·평지수 등 세 가지의 은어(隱語)를 목호룡의 말투에서 나온
것이라 핑계 댔으니, 이는 비록 제가 처음 시작한 말은 아니지만, 평소 익히
들어 말하였던 실상을 또한 미루어 알 수 있습니다.

제가 이천기에게 묻기를 '……'라고 하였는데, 천기가 말하기를,

'백망이 「은자 오백 냥으로 중원의 환약을 사들였는데, 한 번 마시면 바로
죽는다.」고 말하였다.'

라고 하였습니다. 이에 제가 홀로 소매를 걷어붙이고 급히 권하여 암암리에
백가(白哥)와 결탁해서 많은 은화를 뇌물로 주고 역적질을 모의하였습니다.

당시 홍의인 형제가 이천기와 이웃해 살면서 그가 하는 일을 엿보다가
느닷없이 끼어들기에 제가 노하여 말하기를,

'우리 두서너 사람은 만 번 죽더라도 한 번 살기를 돌아보지 않는 계책을
내었으니, 천만 년 큰 사업이 이 한 번의 거사에 달렸는데, 저 홍의인 형제는
어떤 사람이기에 끼어들어 매화점(梅花點)이 되려 하는가?'

라고 하였습니다."

(국청에서 아뢰기를) "'독약을 쓴다. ……' 한 것과 '폐출을 도모하였다.
……', '거짓 조서를 초안하였다. ……' - 모두 백망의 문목과 동일하다. - 라고
한 사안을 목호룡과 대질시키자, 김용택이 한 마디 변명도 못하고 언사(言辭)가
대부분 궁색해져 애매하다고 얼버무리다가 다시 추문하자 말하기를, '매화점
이라고 한 것은 홍의인과 조금 소원하였기 때문입니다.'라고 하였습니다."

라고 하였다.

"또 (김용택이 공초하여) 말하기를,

'이른바 지 상궁과 교통하여 뇌물을 준 일은 실로 들은 것이 있는데, 단지

소급수의 일뿐만이 아니라 대내에 주선한 일이 또한 많았다고 목호룡의 무리가 주장하였습니다. 또 정인중에 대한 공초에서, 목호룡이

「이천기와 제가 은을 가져다 내폐에 쓴 일이 있었으므로 (정인중이) 마음에 심히 달갑지 않게 여기고 눈살을 찌푸렸다.」

고 하였는데, 목호룡의 이와 같은 말에 대해 제가 늘 고변한 자의 말이라고 핑계 대었지만, 정인중은 저와 지극히 친밀히 교유한 자인데도 공초한 내용이 이와 같았습니다.'

라고 하였으니, 뇌물을 쓴 정절이 남김없이 다 드러났다 하겠습니다. 이에 다시 추문(推問)하니, 김용택이 또 공초에서 아뢰기를,

'저와 이천기 등이 궐 안의 동정을 알고자 주선한 일이 있었습니다. 동정을 탐지하는 방도로는 각각 목호룡과 백망을 통하는 두 가지 길이 있었는데, 이 두 사람은 궁녀와 결탁하여 모르는 일이 없었으므로, 이를 인연으로 하여 길을 만들었고, 그 길에서 지 상궁이 가장 착실하였습니다. 백망의 집에서 찾아낸 은전은 비록 누구누구가 얼마나 냈는지는 알 수 없지만, 요지는 각 사람들이 거두어 모은 것에 불과하다는 것입니다.'

라고 하였습니다."

(국청에서 아뢰기를) "음흉한 정절은 이미 자복하였으나 지만으로 공초를 받으려 할 때 거역하고 서명하지 않았으니, 그 정상이 심히 통탄스러우므로, 공초한 내용에 대해 형을 가하여 추문하십시오."

라고 하였다.

7차 형문을 하고 위엄을 보이자, 김용택이 바른대로 말하기를, "제가 아뢴 전후 문목 내의 내용에 대해 하나하나 지만합니다."라고 하였다.

○ "죄인 이천기. 39세. 문목에 '……'라고 하였다. - 백망·김용택의 문목과 대략 같다. - 목호룡이 바친 저의 편지 3통 중의 2통은 음흉하고 비밀스러운 말들이 허다합니다. 그 아래에

'만약 용신(冗臣)이 나오면 반드시 찾아가 보는 것이 어떠한가? 책을 읽고 시를 읊조리는 것은 지금 이미 때가 아닌데, 그대는 다른 사람이 되었다고 말할 만하니, 진실로 작은 염려거리가 아니다.'

라고 하였습니다. 이른바 '용신'이란, 목호룡이 공초에서 말한 환관 장세상입니다. 다른 편지에서 제가 또 말하기를,

'구야(久也)194)가 어제 잡혀 들어갔다 하는데, 무슨 들은 말이 있는가? 어제 알려주는 소식이 있을 거라 생각하였는데, 하루 종일 들리는 바가 없었으니, 길이 막혀 그러한 것인가? 마음이 답답하다.'

라고 하였는데, 목호룡의 공초에서

'구야는 백망의 자로서, 변복하고 대궐 안으로 들어가 독약을 쓸 일을 독촉하였다.'

라고 하였습니다. 그런데 제가 이를 목호룡이 지어낸 거짓말로 돌리고 다만 유배를 앞두고 쓴 서찰 한 통만 저의 자필이라고 하였습니다."

(국청에서 아뢰기를) "목호룡은 본디 졸필(拙筆)인데, 비록 모사(模寫)에 능하다 하나 아무것도 없는 가운데 베껴내기를 어찌 이렇게 비슷하게 할 수 있겠습니까. 글자의 모양과 필적을 보니, 세 통 모두 한 사람이 쓴 것이 분명합니다. 음흉한 정절이 여기에서 다 드러났는데도 도리어 감추거나 숨기려하고 있습니다.

(이천기가) 승두선(僧頭扇)195) 50자루와 대간지(大簡紙)196) 1백 폭을 청지기[廳直]197) 노미(老味)를 시켜 지상궁의 집에 전해주게 한 것이 또한 적발되었고, 이 뿐만 아니라 장세상의 집을 직접 찾아 가거나 지 상궁의 집을 빈번히

---

194) 구야(久也) : 목호룡의 공초에 따르면, 백망의 자(字)가 자구(子久)인데, 이천기 등이 백망의 영웅스런 자질을 인정하여 '구야'라고 일컬어 높였다고 한다.《景宗實錄 2年 4月 13日》

195) 승두선(僧頭扇) : 스님의 머리처럼 꼭지를 둥글게 만든 부채이다.

196) 대간지(大簡紙) : 편지를 쓰려고 접은 큰 종이다.

197) 청지기[廳直] : 각 관사와 양반 집 등에서 잡무를 맡아보거나 시중을 들던 하인이다.

왕복하고, 손수 은자를 지니고 직접 목호룡의 집에 가 그로 하여금 지 상궁에게 전해주게 하는 등, 그 간의 정절이 닿는 곳마다 드러났습니다."

라고 하였다.

(이천기가 또 공초하기를) "'폐출을 모의하였다'는 것은, 김용택이 안국동 김보택(金普澤)[198]의 집으로 가서 이희지에게 언문(諺文) 가사(歌詞) 백여 구를 짓게 하였는데, 모두 성궁을 무함하고 헐뜯는 말로서, 이것을 목효룡으로 하여금 백망에게 전하게 하여 대내(大內)[199]에 유입시켰습니다. 본래의 초안은 김용택이 썼기 때문에 목호룡이 돌려줄 때 저에게 전해주었고, 또 김용택에게도 전해주었습니다.

은자를 모은 일은, 제가 처음에 제 종인 말질석(末叱石)에게 은 250냥을 지고 김용택 집 정원으로 오게 한 다음 백망을 불러 직접 은을 주었습니다. 다음날 김용택이 또 은 1백 냥을 백망에게 주며 말하기를, '이것으로 안주감을 삼으라.' 하였고, 그 뒤로도 끊임없이 채워준 액수가 2천 몇 백 냥에 이르렀습니다.

목호룡이 공초에서 또 이르기를,

'이기지·심용택·김재검 등이 모두 저를 의심하면서 포도대장 이홍술을 사주하여「장차 너를 잡아 죽이겠다.」라고 하였습니다.'

라고 하였는데, 제가 이헌을 포도대장의 처소로 보내 겨우 모면하게 해

---

198) 김보택(金普澤) : 1672~1717. 본관은 광산(光山), 자는 중시(仲施), 호는 척재(惕齋)이다. 김익겸(金益兼)의 증손, 광성부원군 김만기(金萬基) 손자, 판서 김진귀(金鎭龜) 아들이다. 김진귀의 아들이 여덟이었는데, 김춘택·김보택·김운택(金雲澤)·김민택(金民澤)·김조택(金祖澤)·김복택(金福澤)·김정택(金廷澤)·김연택(金延澤)이다. 이사명(李師命)의 사위이고, 이희지(李喜之)와는 동서간이다. 1695년(숙종21) 별시 문과에 급제하여 청요직을 두루 거쳤다. 1701년 희빈 장씨의 처벌을 놓고 노론과 소론이 대립할 때 소론 영수 남구만·최석정을 호역죄(護逆罪)로 탄핵했다. 또한 윤증을 배사죄(背師罪)로 논핵하였다. 시호는 익헌(翼獻)이다.

199) 대내(大內) : 임금을 비롯하여 왕비, 왕대비들이 거처하는 곳을 두루 이른다. 임금이 거처하는 곳은 대전(大殿), 왕비가 거처하는 곳은 중전(中殿)이라 하고, 대비가 거처하는 곳은 대비선(大妃殿)이라 하는데, 대내는 이들을 모두 일컫는 말이다.

주고, 이어 말하기를,

'네가 만약 한 장의 글을 써 준다면 이것을 가지고 김용택·이기지 등에게 입증하겠다. ……'

하였으며, 또 말하기를, '나는 너를 알지만 저들은 모두 믿지 않으니 글을 써주어야 하겠다.'라고 하였습니다. 이에 목호룡이 독약을 사용하는 일에 동참해 들었던 일을 써서 주기에 제가 붓으로 대여섯 글자를 지우고 고쳤습니다."

그 글이 이미 바쳐졌는데, 이천기가 신문을 받으며 애매하다고 얼버무리다가 다시 추문하자 비로소 이르기를,

"백망은 김용택과 가장 친하였고, 목호룡은 저와 가장 친하였습니다. 정인중 무리는 목호룡이 고변하였기 때문에 저에게도 반드시 이러한 일이 있을 것이라고 여겼습니다. 정인중이 목호룡과 백망을 높여 기이하다고 일컬으며 저에게도 알고 지내게 한 후 목호룡을 영웅호걸이라 칭하며 들을 수도 없고 말할 수도 없는 말들을 하였습니다. 그 말을 이미 들은 후에도 시급히 고변하지 못하였으니, 장차 어찌 해야 하겠습니까? 이미 배척하여 끊어버리지 못하고, 다만 잘 대우하면서 그럭저럭 세월만 보내다 이 지경에 이르렀습니다.

심상길·정인중 등은 목호룡이 저와 가장 친하다고 여겼으므로 (목호룡을) 매번 온전히 보호하려 했던 것으로 저의 죄를 삼았으니, 대개 목호룡의 깊은 말과 저의 언설(言說) 때문이었습니다. 목호룡은 이미 저에게 깊은 말을 터놓았으므로, 반드시 저를 제거하고 난 뒤에야 발을 뻗을 수 있다 여겨 이러한 고변을 하게 된 것입니다. 그 정상을 알고도 고하지 아니한 것은 진실로 죄가 같은 것임을 알고 있으나, 제가 어리석고 변변치 못하여 목호룡보다 먼저 발고하지 못하였으니, 누구를 다시 원망하겠습니까.

이른바 들을 수도 없고 말할 수도 없는 말이란 스스로 미루어 알 수 있을 것인데 어찌 다시 물을 필요가 있겠습니까. 이희지·백망의 무리가 덕우(德雨)[200]의 집에 모여 각기 손바닥에 글자를 썼을 때, 백망 또한 손바닥에

쓴 글자가 있었는데, 지극히 망령되고 사리에 어긋났으므로 덕우가 말하기를,
'나도 그 사람을 만난 것을 후회한다.'고 하였습니다."
라고 하였다.
　(국청에서 아뢰기를) "음흉한 정절을 이미 다 승복하였으나, '지만' 두
글자만은 아직 입에 올리지 않고 있으니, (공초의) 내용으로써 형을 가하여
추문하라고 하교할 일입니다."
라고 하였다.

　○ 14일, "죄인 심상길. 45세. 국가의 병환이 바야흐로 위중하여 평안병사
를 미처 차임하지 못했을 즈음, 이천기가 목호룡에게 편지를 부치고 저에게
보내며 은자를 요구하였습니다. 그 편지에,
'긴급하게 쓸 곳이 있으니, 은자 1백 냥을 어떻게든 마련하여 보내달라.
……'
라고 하였습니다. 이에 제가 즉시 내주었는데, 필시 관직을 구하는 일에
쓸 것이라고 생각해서였습니다. 그 후 김용택·이천기가 은밀한 곳에 주선하는
기색이 뚜렷했는데, 은뿐만 아니라 정교하게 제작하여 특별히 가려 뽑은
부채를 요구하였으므로 제가 또한 50병(柄)을 주었습니다.
　이에 이천기의 집에 가니, 천기가 말하기를, '그 부채를 모두 봉하여 지
상궁의 집으로 보냈다.'라고 하였는데, 그 때 홍의인 또한 그 자리에 있었습니
다. 제가 말하기를,
'이전에 들으니, 오래지 않아 평안병사를 차출한다고 하므로, 그대들에게
은화를 구해 주어 주선해주기를 바란 것이다. 1백 냥이 또한 사소한 재물이
아닌데, 끝내 결실이 없다면 내가 의도한 뜻은 허사가 되고 말 것이다. 지난번
의 은화는 어디에 썼는가?'
라고 하자, 이천기가 말하기를,

---

200) 덕우(德雨) : 김용택의 자이다.

‘그 은은 간 곳이 있다. 백 냥의 은은 새 발의 피지만 그래도 결국은 일이 성사되는 것을 볼 수 있을 것이다.’

라고 하였습니다. 이에 제가 비로소 묻기를,

‘목호룡은 스스로를 당대의 영웅이라 자부하고 있다. 그대들은 「불러다 시켜서 주선할 일이 있다.」고 하는데, 그 주선할 일이라는 것이 무엇인가?’

라고 하자, 김용택·이천기·홍의인이 말하기를,

‘소위 백망이라는 자는 목호룡과 비교하여 더욱 호걸스럽고 풍채 또한 장대한 장부인데다 또한 궁중의 궁녀들과도 모두 결탁해 있다. 듣자 하니 지 상궁이라는 자는 늙은 궁인으로서 자못 권세를 부릴 수 있다고 하는데, 은화가 나올 곳이 있으면 목호룡을 통해 쓸 수도 있고 백망을 통해서도 쓸 수 있으니, 이 길이 매우 좋은 경로라고 할 수 있다.’

라고 하였습니다. 이에 제가 말하기를,

‘그대들이 쓰는 은이 어디로 들어가는지 모르겠으나, 내가 숙부를 위해 벼슬을 도모하던 계책은 늘 매우 허술해지고 말았다. 그대들은 얼마나 대단한 것을 주선하기에 백 냥이라는 큰 재물을 써도 소용이 없는가?’

라고 하자, 이천기가 말하기를, ‘백망은 당대의 호걸이니, 네가 한 번 만나보는 것이 어떠하냐?’ 하므로, 제가 답하기를,

‘예로부터 천인배(賤人輩)들이 궁금(宮禁)과 교통하여 일을 그르치지 않은 경우가 드물었다. 목호룡은 내가 이미 한 번 만나보고 서로 알고 있으니, 또 백망을 만나고 싶지는 않다.’

라고 하였습니다.

이천기의 무리는 본래 경(卿)의 반열에 있는 정승 집안의 자제로서 권력이 자못 컸으므로 은화나 온갖 기물을 얻어 쓰기가 어렵지 않았는데, 제가 그때 그들의 일에 백 냥 말고 어찌 더 준 것이 있겠습니까. 이미 저의 은자를 지 상궁에게 썼으니, 당초 제 의도는 벼슬을 도모하려 내 준 것이었으나 결국에는 이 무리가 궁금과 결탁하는 데 썼으므로 저는 끝내 은을 내어 결탁한 죄를

면하기 어렵습니다. 이에 이 한 가지 조항은 지만한 것이 적실합니다.”

(국청에서) 능지처참(陵遲處斬)[201]에 처하되 부대시참(不待時斬) 하라고 아뢰었다.

○ 심상길을 당일 군기시 앞길에서 처형하고, 연좌된 심재(沈載)를 교형(絞刑)에 처하였다.

○ 정언 구명규가 아뢰기를,

“정인중의 결안을 감률(勘律)[202]한 일은 실로 신이 국청의 좌기에 참석한 날에 있었습니다. 정인중이 비록 역모에 대해 지만하지 않았으나, 손바닥에 글씨를 쓰고 맹약을 맺은 일에 모두 간여하였으니, 왕법으로 논하자면 극률(極律)에 처하는 것이 마땅함에도 신이 국청의 좌기에 처음 참여하여 법문(法文)에 어두웠습니다. ……”

라고 하니, 주상이 답하기를, “사직하지 말고 물러가 기다리라.”라고 하였다.

○ 장세상을 잡아들여 가두었고, 홍의인을 잡아들여 가두었으며, 조흡을 2차 형문하였다.

○ 15일, 이상건(李尙建)[203]을 잡아들여 가두었다. - 일명 태화(泰華)라고 한다. -

○ 문사낭청 이현장(李顯章)에게 탈이 생겨 이거원(李巨源)[204]을 후임으로

---

201) 능지처참(陵遲處斬) : 대역죄를 범한 자에게 과하던 극형이다. 죄인을 죽인 뒤 시신(屍身)의 머리, 몸, 팔, 다리를 토막 쳐서 각지에 돌려 보이는 형벌이다.
202) 감률(勘律) : 죄의 경중을 따져 적용할 형률을 정하는 것을 이른다.
203) 이상건(李尙建) : ?~1722. 이명(異名)은 이태화(李泰華)이다. 목호룡의 고변 및 정인중의 공초에서 모반 주동자로 거론되어 6월 1일 붙잡혀 와 13차에 걸친 신문 끝에 8월 4일 물고되었다.

삼았다.

　○ 의금부에서 아뢰기를,

"대신에게 의논하니, 영의정 조태구가 이르기를,

'김용택과 이천기는 이미 승복하였으니, 역률을 시행할 것은 진실로 논할 것이 없습니다. 역적 백망은 아직 승복하지는 않았으나 칼과 은화의 일이 모두 사실이고 궐 안의 동정을 탐문했던 실상도 이미 자복하였으며, 이른바 대급수·소급수도 모두 그에게 달려있었으니, 그 죄상을 논하자면 곧 괴수입니다. 흉악한 것이 특히 심하여 형장을 참다가 지레 죽어 법대로 처형하지 못하였으니 지극히 절통합니다.

응당 육시(戮屍)의 법을 시행하여 신인(神人)의 분노를 풀어야 하겠지만, 다만 법의(法意)로써 논하건대 뒷날의 폐단이 있을까 두려워 신의 얕은 소견으로는 단정하지 못하겠으니, 바라건대 성상께서 재결하소서.'

라고 하였습니다.

우의정 최석항이 이르기를,

'신의 얕은 소견은 이미 연석에서 아뢰었는데, 김용택은 이미 지만하였으나 미처 결안을 받기 전에, 이천기는 이미 승복하였으나 미처 지만하기 전에, 백망은 미처 승복하기 전에 지레 죽었습니다. 지금에 와 추형(追刑)하는 것은 법례(法例)에 위배되고 또 훗날의 폐단에도 관계됩니다. 이미 죽은 죄인에게 형을 가하지 않는다 해도 조정에서 형벌을 쓰는 도리에 손상이 가는 일은 없을 듯합니다. 이천기를 연좌하고 적몰하는 일은 이태서와 조성의 전례를

---

204) 이거원(李巨源) : 1685~1755. 본관은 한산(韓山), 자는 이준(彝準, 而準)이다. 1717년(숙종 43)에 정시 문과에 장원 급제, 1722년(경종2) 사헌부 지평으로서 노론 탄핵에 참여하였다. 1723년 홍문록, 1724년 도당록에 오르고, 영조 즉위 후 이의연(李義淵)을 탄핵하고 김일경을 구원했다가 파직되었다. 1725년(영조1) 유배되었다가 1727년 풀려났으나 금고에 처해졌다. 1755년 춘천의 역모 사건과 심정연(沈鼎衍)의 흉서사건(凶書事件)이 일어나자, 신치운(申致雲)·박사집(朴師緝)·심악(沈鍔)·유수원(柳壽垣) 등과 함께 붙잡혀 친국 후에 효시되었다. 이 사건으로 이광좌·최석항·조태억 등은 관작을 추탈 당하였다.

따라 시행함이 마땅할 듯합니다. ……’

라고 하였습니다. 영중추부사 김우항과 좌의정 최규서(崔奎瑞)[205]는 모두
지방에 있어 수의(收議)하지 못하였습니다.”

라고 하였다.

○ 영의정의 의논대로 시행하라고 명하였다.

○ 승정원에서 아뢰기를,

“수상(首相)의 헌의는, 위에서는 육시(戮屍)하여 분노를 풀 것을 청하였으나
아래에서는 뒷날의 폐단이 있을까 염려하여 감히 단정해 말하지 못하였습니
다. 위의 조항을 따라 시행함이 마땅하겠으나 아래에서 마음대로 결정할
수 없는 점이 있으니, 어떻게 할까요?”

라고 하자, 하교하기를, “위의 조항을 따라 시행하라.”라고 하였다.

○ 죄인 백망을 당일 군기시 앞길에서 (육시의) 형을 집행하였다.

○ 이헌을 잡아들여 가두고, 이희지를 7차 형문하였다.

○ **16일**, 이상건을 7차, 이희지를 8차 형문하였다.

---

205) 최규서(崔奎瑞) : 1650~1735. 본관은 해주(海州), 자는 문숙(文叔), 호는 간재(艮齋)·소릉
(少陵)·파릉(巴陵)이다. 1669년(현종10) 진사시, 1680년(숙종6) 별시 문과에 급제하여
청요직을 두루 지냈다. 1689년 대사간 재직시 장희빈의 책봉을 반대하였다. 1716년
병신처분(丙申處分)으로 소론이 세력을 잃자 귀향하였다가 1721년(경종1) 좌의정, 1723
년 영의정에 올랐다. 당시 노론이 연잉군의 대리청정 등을 추진할 때 반대하였으며,
김일경 등이 신임옥사를 일으키자 완소(緩少)로 온건하게 대처하였다. 1728년(영조4)
무신난(戊申亂)이 발생하자 제일 먼저 조정으로 달려와 이를 알리고, ‘역정포고의(逆情布
告議)’라는 토난책(討難策)을 건의하였다. 영조의 묘정에 배향되었으며, 시문집 《간재집》
이 있다. 시호는 충정(忠貞)이다.

○ **17일**, 춘업(春業)과 학손(鶴孫)[206], 하백(河伯)을 잡아들여 가두었다. 이희지가 물고되었고, 장세상을 1차 형문하였다.

○ 대사간 이사상·헌납 윤회·장령 이경열(李景說)[207], 지평 박필몽이 청대하여 아뢰기를,

"아! 하늘에 사무치는 4흉(四凶)[208]의 죄를 이루 다 주벌할 수 있겠습니까. 역적 조성복을 몰래 사주하여 임금의 의중을 떠보는 상소를 불쑥 올렸고, 갑자기 정청[庭籲]을 중지하고 협박하는 소장을 급히 올렸으니,[209] 흉악한 모의와 반역의 정상이 남김없이 다 드러났습니다.

급기야 급서(急書)가 올라오자, 흉악한 괴수의 자손이 뒤엉켜 결탁하고 칼이나 약으로 해하려는 계획이 이미 완성되어 있었음이 드러났는데, 그 중에서도 이이명(李頤命)의 반역의 정상은 더욱 뚜렷하게 드러났습니다.

문답(問答)할 때 유비(劉備)의 유무를 가지고 뜻을 암시하였고, 은밀한 곳에서 손바닥에 글자를 써 약속을 맺었는데, 역적 백망이 쓴 '양(養)'자는 바로 이이명의 자(字) 양숙(養叔)의 '양'자입니다. 글자로 표지를 삼아 추대의 뜻을 은밀히 보였으니, 이것이 곧 이천기가 알아채고 웃은 까닭이자 정인중이 그 혈당(血黨)임에도 불구하고 감히 결안(結案)에 실토하지 않을 수 없었던

---

206) 학손(鶴孫) : 백망의 노(奴)이다. 백망의 심복이 되어 효경교의 유(柳)씨 성을 가진 상인(喪人)의 집을 왕래하며 독약으로 경종을 해치려 한 일을 모의하였다고 그 누이 하백(河伯)이 공초하였다. 그런데 학손은 1722년(경종2) 4월 17일 체포되어 6차의 형신에도 불구하고 자백하지 않고 버티다가 5월 4일 제주도 대정현으로 유배 되었다.

207) 이경열(李景說) : 1677~? 본관은 수안(遂安), 자는 여즙(汝楫)이다. 1704년(숙종30) 춘당대 시에 합격하였다. 1722년(경종2) 사헌부 장령이 되어 노론 4대신을 처단하라고 주장하였는데, 1725년(영조1) 이 일로 유배되었다가 1727년 석방되었다.

208) 4흉(四凶) : 김창집·이이명·이건명·조태채 등 노론 4대신을 이른다.

209) 정청[庭籲]을 …… 올렸으니 : 1721년(경종1) 10월 10일 세제(世弟)에게 대리청정(代理聽政)을 명하는 경종의 비망기가 내려지자 그 명을 거두도록 정청(庭請)하였는데, 같은 달 17일 정청을 중지하고서 김창집, 이이명, 이건명, 조태채 등 노론 4대신이 연명으로 차자를 올려 대리청정의 명을 받들겠다고 하였다.

이유입니다.

아! 이 역적은 이사명(李師命)210)의 아우로서, 나라에 대한 원망이 뼈에 사무쳐, ‘끝내 어육(魚肉)처럼 참살되리라는 것을 스스로도 항상 알고 있다.’211) 고 할 만큼 거꾸로 행동하여 역모를 시행한 것이 평소에 축적되어 있었습니다.

30년간 화란의 기틀을 빚어낸 것이 작금의 찬탈을 위한 계책이 되었으니, 어찌 일각인들 목숨을 부지시켜 종묘사직에 헤아릴 수 없는 화를 끼치게 하겠습니까. 위리안치한 죄인 이이명을 속히 잡아오라 명하시어 법에 따라 참형에 처하소서.”

라고 하자, 주상이 이르기를, “아뢴 대로 하라.”라고 하였다.

또 아뢰기를,

“김창집은 본래 더없이 크게 간특(奸慝)한 자로서, 국본(國本)을 동요시키고 종사의 위태로움을 도모하는 계책이면 극력 주장하지 않은 적이 없어서, 평생의 죄악을 낱낱이 열거하기가 참으로 어렵습니다. 이번 역적의 공초에서 중요하게 거론된 자들은 그의 아들이나 손자가 아니면 인친(姻親)과 문객이었 으니, 그 음흉한 정절이 저절로 서로 관통하였습니다.

---

210) 이사명(李師命) : 1647~1689. 본관은 전주, 자는 백길(伯吉), 호는 포암(蒲菴)이다. 영의정 이경여(李敬輿)의 손자, 대사헌 이민적(李敏迪)의 아들, 좌의정 이이명의 형이다. 1672년 (현종13) 사마시에 합격하여 진사가 되고, 1680년(숙종6) 춘당대문과(春塘臺文科)에 장원 급제하여 정언이 되었다. 경신환국에 공을 세워 보사공신(保社功臣) 2등에 녹훈되고, 완녕군(完寧君)에 봉해졌다. 1685년 형조판서를 거쳐 이듬해에 병조판서를 지냈으나 1688년 윤세희(尹世喜) 등의 탄핵으로 삭주에 유배되었다. 이듬해 기사환국으로 남인이 재집권하자 사사되었다가 갑술환국(1694) 이후 신원되었다.

211) 끝내 …… 있다 : 1706년(숙종32) 5월, 충청도 유생 임부(林溥)가 연명 상소를 올려 동궁을 모해하는 무리를 조사하여 제거할 것을 청하였고, 같은 해 9월, 경기 유학 이잠(李潛)이 상소하여 김춘택을 죽이고 이이명을 출척하여 동궁을 보호할 것을 청하였다. 이에 이이명이 상소하여 이들이 자신을 무함하였다고 항변하였는데, 본문의 이 말은 이 상소에 있는 말이다. 원문은 “이번 멸문(滅門)의 화(禍)는 이미 흉악한 말에 기틀을 두었으므로 끝내 어육(魚肉)처럼 참살되리라는 것을 신도 스스로 면하기 어려울 줄 알았습니다.[今此滅宗之禍, 已基於凶言, 畢竟魚肉, 臣自知其難免矣.]”이다. 《肅宗實錄 32年 10月 10日》

또 그의 아들 김제겸은 목호룡이 고변할 것을 미리 염려하여, 이홍술을 몰래 사주해서 때려죽여 입을 막으려는 계책을 꾸몄으니, 그가 반역을 도모한 정상은 숨기려 해도 숨길 수가 없습니다.

또 저 정인중이 얼마나 흉악한 역적인데, 지난번 낙점하지 않은 날에 그가 감히 정인중의 승천(陞遷)을 강력하게 청하기를 두 번 세 번에 이르러도 그칠 줄을 몰랐으니, 그가 함께 역모를 꾀하고 힘을 다해 추천한 정상은 모든 사람이 지적하고 있는데 어떻게 속일 수 있겠습니까.

이 역적이 지은 죄를 논하자면, 고묘(告廟)하는 것을 힘껏 저지하고[212], 차자를 올려 절목(節目)을 청하였던 일[213] 외에도 사사건건 모든 일마다 용서하기 어려운 극악한 역적 짓 아닌 것이 없습니다.

지금 인척과 결탁하고 자손을 이끌어 역모의 정절을 가중시킨 단서가 탄로 났으니, 만약 이 역적으로 하여금 하루라도 목숨을 부지하게 한다면 반드시 종묘사직에 하루 치의 근심을 끼치게 될 것입니다. 청컨대 위리안치한 죄인 김창집을 국법에 따라 속히 처형하소서.”

라고 하자, 상이 이르기를, “아뢴 대로 하라.”라고 하였다.

또 아뢰기를,

“이건명은 이사명과 이이명의 종제(從弟)이자 김창집의 혈당인데, 더욱 간악하고 사특한 성품으로 늘 원망하는 마음을 품고 남몰래 다른 뜻을 쌓아 세 흉적과 합심하여 그 정절이 주도면밀하였습니다. 지난겨울 예사롭지

---

212) 고묘(告廟)하는 …… 저지하고 : 1717년(숙종43), 숙종이 당시 세자였던 경종에게 정사를 대리(代理)할 것을 명하자, 다른 이들은 고묘(告廟)할 것을 청하였는데, 유독 영의정 김창집만이 이의(異議)를 제기했던 일을 말한다. 《肅宗實錄補闕正誤 43年 9月 25日》

213) 차자를 …… 일 : 1721년(경종1) 10월 17일, 영의정 김창집·영중추부사 이이명·판중추부사 조태채·좌의정 이건명이 올렸던 연명 차자를 가리키는 것으로, 이들은 이 차자에서 정유년(1717, 숙종43)의 절목(節目)에 의거하여 왕세제의 대리청정을 거행하도록 요청하였다. 이때의 절목은 앞서 경종이 세제인 연잉군에게 모든 대소사를 대리청정 하도록 명한 것에 비해 세자의 결정권을 다소 제한한 것으로서, 노론 4대신은 차마 경종의 명을 그대로 따르지는 못하고 세제의 결정권이 다소 적었던 정유년의 절목에 따라 거행할 것을 청하였다. 《景宗實錄 1年 10月 17日》

않았던 전교214)에 대해, 오늘날 신하된 자라면 누구인들 피눈물을 흘리며 바로잡을 방도를 생각하지 않겠습니까.

그런데 이건명은 홀로 무슨 마음에서인지, 전지를 거두어 달라 청한 것에 분개하여 칼날을 옮겨 다급히 공격하는가 하면 여러 재신(宰臣)들이 맞서 간쟁하던 것에 분노하여 제멋대로 꾸짖고 욕하며, 절목을 정하도록 청하는 차자를 올려 군부를 협박하였습니다.

또 지난번에 주청사(奏請使)로 임명215)되었을 때는 일을 주선하고 완수하는 것이 직분 상 당연한 일임에도 '두 왕비와 잉첩[兩滕]'이란 말을 만들어 성궁을 무함하였으니216), 임금을 무함한 부도한 죄는 진실로 용서받기 어렵습니다.

그 족당과 인척이 지금 또 역모에 긴밀히 가담하였고, 더구나 평지수를 주장한 역적은 가까이 그의 자질(子姪)에게서 나왔으며, 손바닥의 글자로 추대하려던 계책은 동당(同堂)217)을 벗어나지 않았으니, 역모와 찬탈은 자연히 그 한 집안 내의 일이 되고 말았습니다. 이와 같은데도 그가 감히 홀로

---

214) 예사롭지 않았던 전교 : 경종이 세제인 연잉군에게 모든 대소사를 대리청정 하도록 명한 것을 이른다. 1721년(경종1) 10월 10일, 사헌부 집의 조성복이 상소하여 왕세제에게 서무를 대리하게 하자고 청하자 경종은 낭일 밤 비망기를 내려 세제의 대리청정을 명하였다. 이에 좌참찬 최석항이 이 소식을 듣고 청대하여 명령의 환수를 주장하며 강하게 반발하자 경종은 당일에 그 명령을 거두었으나, 이후 3일 만에 대시 대리청정을 명하는 두 번째 비망기를 내렸다. 《景宗實錄 1年 10月 10日》

215) 주청사(奏請使)로 임명 : 1721년(경종1) 10월, 연잉군(延礽君)의 왕세제 책봉을 승인받기 위하여, 좌의정이었던 이건명이 동지 겸 주청 정사(冬至兼奏請正使)에 임명되었던 것을 이른다. 동월 28일, 이건명은 부사 윤양래(尹陽來), 서장관 유척기(兪拓基)와 함께 북경으로 떠났고, 이듬해 3월 26일에 선래(先來)가 도착하여 세제 책봉을 승인받았음을 전하였다.

216) 두 …… 무함하였으니 : 당시 왕세제 책봉 주청사로 연경에 간 이건명이 국왕의 병세에 대한 물음에 "국왕이 어려서부터 병이 많아 기가 매우 위약하다.[國王自少多病, 氣甚痿弱]"라 하고 또 "전후의 두 왕비와 좌우의 잉첩들 가운데 후사를 낳아 기른 사람이 전혀 없다.[前後兩妃, 左右滕屬, 一未有胎育]"라는 말을 하였는데, 이 말들이 임인년 옥사에서 문제가 되었다. 특히 전자의 경우 '위(痿)'자가 동진(東晉)의 간신 환온(桓溫)이 제혁(帝奕)을 폐위시킬 때 나온 말이라는 점에서 경종에 대한 이건명의 역심(逆心)을 반증한 것이라는 공격을 받았다. 《景宗實錄 2年 6月 19日》《景宗修正實錄 2年 3月 26日》

217) 동당(同堂) : 할아버지가 같은 형제 뻘의 친족, 곧 종형제(從兄弟)를 이른다.

범한 죄가 없다고 할 수 있겠습니까. 그가 전후로 지은 죄를 논하자면 실로
천지 사이에 용납되기 어렵습니다.

조태채(趙泰采)[218]는 음흉한 마음과 교활한 성품을 지녔으며, 평생의 수완이
라고는 오직 아랫사람을 막고 윗사람을 가리는 것으로, 권력을 탐하고 권세를
즐기는 것을 제일의 의리로 삼았으니 실로 원재(元載)[219]·노암(路巖)[220]과
같은 부류입니다. 지난해에는 세 흉적과 대체로 의견을 달리하는 듯 보였으나
청환(淸宦)과 현직(顯職)으로 그 아들 조관빈(趙觀彬)[221]을 꾀었더니, 마침내
세 흉적과 한통속이 되어 주도면밀하게 투합하여, 군부를 저버린 마음이
진실로 여기에서 비롯되었습니다.

지난번에 역적 조성복이 상소를 올리자 갑자기 예사롭지 않은 하교가
내려, 위로는 진신(縉紳)으로부터 아래로 하인에 이르기까지 모두 바삐 달려가

---

218) 조태채(趙泰采) : 1660~1722. 본관은 양주(楊州), 자는 유량(幼亮), 호는 이우당(二憂堂)이
　　다. 판서 조존성(趙存性)의 증손, 형조판서 조계원(趙啓遠)의 손자, 군수 조희석(趙禧錫)의
　　아들이다. 조태구(趙泰耉)의 종제이고, 조태억(趙泰億)의 종형이다. 1686년(숙종12) 별시
　　문과에 급제하여 청요직을 두루 거치고 1717년 우의정에 올랐다. 1721년(경종1) 연잉군
　　(延礽君)의 세제책봉을 건의하여 실현시켰으며, 이어 세제의 대리청정을 주장하다가
　　소론에 의해 경종에 대한 불충(不忠)으로 몰려 진도에 유배되고, 다음 해 사사되었다.
　　1725년(영조1) 정호(鄭澔)의 청으로 관작이 회복되었다. 김창집·이건명·이이명 등과
　　함께 노론 4대신(四大臣)으로 일컬어진다. 과천의 사충서원(四忠書院)과 진도의 봉암사
　　(鳳巖祠)에 제향되었다. 저서로 《이우당집》이 있고, 시호는 충익(忠翼)이다.
219) 원재(元載) : 당나라 대종(代宗) 때 간신으로 자는 공보(公輔)이다. 환관 이보국(李輔國)에
　　게 아첨하여 중서시랑(中書侍郞)이 되었다가 이보국이 죽자 사사(賜死)되었다. 그는
　　살아생전 매우 탐학스러워 뇌물을 받아 축재하였는데, 죽은 뒤에 그의 집을 적몰(籍沒)한
　　결과, 종유(鍾乳)가 500냥, 후추가 800섬이나 나왔다고 한다. 《新唐書 卷145 元載列傳》
220) 노암(路巖) : 827~874. 당나라 위주(魏州) 관씨(冠氏) 사람으로 자는 노첨(魯瞻)이다. 의종
　　(懿宗) 함통(咸通) 연간에 좌복야(左僕射)에 올라 위보형(韋保衡)과 함께 권력을 좌지우지
　　하였다.
221) 조관빈(趙觀彬) : 1691~1757. 본관은 양주(楊州), 자는 국보(國甫), 호는 회헌(悔軒)이다.
　　노론 4대신 조태채의 아들이다. 1714년(숙종40) 증광 문과에 급제하여 청요직을 두루
　　지냈다. 신임옥사에서 화를 당한 아비에게 연좌되어 1723년 유배되었다가, 1725년(영조
　　1) 노론이 집권하자 풀려나왔다. 이후 대사헌·호조판서 등을 역임하였다. 저서로 《회헌
　　집》이 있고, 시호는 문간(文簡)이다.

울부짖으며 명을 거두시길 바랐습니다. 그런데 조태채는 임기응변으로 농간을 부려 여러 재신을 면전에서 기만하고 정청의 간청을 준엄하게 막아섰으며, 세 흉적과 한통속이 되어 번갈아 서로 화답하며 깊은 밤 차자를 올려 절목을 정하기를 청하였으니, 이는 일의 기미가 순식간에 잘못될까, 군부가 잠시라도 그 자리에 편안할까 두려워한 것입니다.

그의 음흉한 정상과 반역의 실상을 세 흉적과 비교해 보면 하나이면서 둘이고 둘이면서 하나인 자입니다. 더구나 지금 흉역의 변고가 성상의 측근에서 나왔는데, 이에 연루된 무리들이 모두 그의 혈당이자 심복이니, 조태채를 어찌 하루라도 천지간에 숨을 쉬고 살게 할 수 있겠습니까. 청컨대 위리안치한 죄인 이건명·조태채를 모두 형률에 의거하여 처단하라 명하소서.”

라고 하자, 상이 이르기를, “번거롭게 하지 말라.”고 하였다.

○ 이때 김창집·이이명을 참형에 처하여 형벌을 바로잡는 일로 수만 언을 아뢴 것이 여러 차례에 달하였으나 (주상은) 번거롭게 하지 말라는 말로 답하였다. 밤이 깊은 후, 박필몽이 아뢰기를,

“종사의 위망(危亡)이 목전에 닥쳤으니, 궁성의 호위를 또한 시행해야 마땅합니다. 만약 청을 허락받지 못하면 결코 물러갈 수 없습니다.”

라고 하자, 비로소 그대로 윤허한다고 하교하였다. 박필몽이 또 청하기를,

“이괄의 변란 때처럼, 선전관을 파견하여 표신을 가지고 금부도사와 함께 내려가게 하고, 연로(沿路)에서 군사를 조발하여 이이명을 호송해 오게 하소서.”

라고 하자, 주상이 “그리 하라.”라고 하였다.

○ 이사상이 피혐하여 아뢰기를,

“박치원(朴致遠)의 일에 대해 신이 참으로 혐의의 단서가 있어 일찍이 인피한 일이 있었습니다. 다만 이번 4흉에 대한 계사는 오로지 역적을 토벌하기를

청하는 데에서 나왔으므로 구구한 작은 혐의를 돌아볼 수 없어 부득이 입대하였으나, 혐의를 무릅쓴 잘못을 면하기 어려우니 체차하소서.”

라고 하자, 주상이 답하기를, “사직하지 말고, 물러나 물론을 기다리지도 말라.”고 하였다.

○ 대사간 이사상과 헌납 윤회(尹會)가 아뢰기를,

“김제겸·김민택·이기지는 모두 흉얼(凶孽) 집안의 자손으로, 친당(親黨)이 되어 결탁하였고 기세등등하게 생살여탈권을 손아귀에 쥐었습니다. 우선 현저하게 드러난 일을 말하자면, 그들이 반역을 꾀한 정절을 목호룡이 간여하여 대부분 알고 있었으므로 호룡이 고변이라도 할까 염려하여 이홍술과 주도면밀하게 모의해서 기필코 그를 때려죽여 입을 막고자 하였습니다. 비록 이천기가 이헌을 보내 온건한 말로 타일러 중지시켰지만, 그 흉악한 행실의 정상은 이에 이르러 감추기 어렵게 되었습니다.

더구나 김민택의 경우, 은을 모아 모의에 가담하였다는 주장이 이미 옥안(獄案)에 드러난데다, 말마다 반드시 치중(致仲)을 일컫고 일마다 반드시 치중에게 자문하였다는 말이 목호룡의 공초에 허다한데, 치중은 바로 김민택의 자입니다.

김민택은 김춘택·김운택(金雲澤)[222]의 아우로서 재물을 모아 흉악한 짓을 자행하는 등 그 수완이 교활하였는데, 이번에 역모를 꾀한 무리가 말마다 의지하고 일마다 자문하였으니, 그 죄상을 논하자면 실로 괴수라 할 터인데도

---

222) 김운택(金雲澤) : 1673~1722. 본관은 광산, 자는 중행(仲行), 호는 백운헌(白雲軒)이다. 광성부원군(光城府院君) 김만기(金萬基)의 손자, 예조판서 김진귀(金鎭龜)의 아들, 김춘택(金春澤)의 동생이다. 1699년(숙종25) 사마시, 1704년 춘당대 문과에 급제하여 형조참판 등을 역임하였다. 1721년 개성유수 재직 시 신축환국으로 노론 4대신이 처벌당할 때 이들의 혈당 16인 가운데 하나로 거론되어 영변에 유배되었다. 1722년 임인옥사 당시 조흡과 김성절의 공초에서 소급수의 주동 인물로 지목되어 10월에 붙잡혀 와서 5차 형신을 받고 12월 3일 물고되었다. 뒤에 이조판서에 추증되었으며, 시호는 충정(忠貞)이다.

국청에서 아직 잡아들이기를 청하지 않은 것은 전혀 체모에 맞지 않습니다. 이기지는 이미 잡아 가두었으니, 김제겸과 김민택을 속히 잡아 와 이기지와 똑같이 엄히 국문하소서."

라고 하자, 주상이 이르기를, "아뢴 대로 하라."라고 하였다.

또 아뢰기를,

"역적 정인중이 승복하여 결안한 후, 단지 지정률(知情律)223)만을 시행하고 노륙(孥戮)224)의 형전은 적용하지 않으시니, 신은 적이 의아스럽습니다. 실정을 안다는 것은 그 모의에는 가담하지 않고 단지 그 실정만을 알았다는 말입니다. 그러나 정인중의 경우, 역모의 정황이 원서(爰書)225)에 허다하고, 손바닥에 쓴 글자는 그 의도를 헤아리기 어려워 독약을 쓴 모의와 정절이 서로 관통되었으니, 이 어찌 범연히 실정을 아는 자에게 견줄 수 있는 바이겠습니까.

그런데도 지금 실정만 알았다는 죄과에 억지로 두었으니, 국법으로 논하자면 형벌의 정도(正道)를 잃은 것이 큽니다. 이에 대해 쟁집하지 못한 대간들이 이미 인피하여 체차되었으니, 공의의 엄중함을 더욱 볼 수 있습니다. 처자식을 노비로 삼고 가산을 몰수하는 일을 결코 그만둘 수 없으니, 역모를 꾀한 죄인 정인중을, 일체 이천기·김용택 등의 예를 따라 시원스레 감률(勘律)하여 왕법을 바로잡으소서."

라고 하자, 주상이 이르기를, "아뢴 대로 하라."라고 하였다.

또 아뢰기를,

"지난번 역적 조성복의 한 상소는 실로 연명차자의 효시가 되어, 안팎으로

---

223) 지정률(知情律) : 《대명률직해(大明律直解)》〈형률(刑律) 적도(賊盜) 모반대역조(謀反大逆條)〉 중 "무릇 모반의 실정을 알고도 고의로 방임하거나 숨긴 자는 참수한다."라는 규정을 가리킨다.

224) 노륙(孥戮) : 온 가족을 연좌하여 죽이는 것이다. 남편 혹은 아비의 죄 때문에 처자까지도 연좌되어 죽임을 당하는 것을 말한다.

225) 원서(爰書) : 죄인이 자신의 죄상에 대해서 진술한 글로, 원사(爰辭)라고도 한다.

화응하며 왕위를 뒤흔들었으니, 그 차고 넘치는 죄역이 종사에 관계되므로, 이 때문에 합사(合辭)하여 국문을 청하고 성상의 마음을 돌리시기를 바라는 것입니다. 지금 한창 대역을 토죄하고 있는 때에 요얼들을 아울러 다스리자는 청을 쾌히 따라주신다면, 그 결탁한 정절이 저절로 드러나고 흉악한 모의를 은밀히 사주한 자 또한 모두 알아낼 수 있으니 국문하는 일을 잠시도 늦출 수 없습니다.

다만 큰 옥사를 미처 다 종결짓지 못한 관계로 아직껏 성명(成命)이 지체되어 간사한 속임수를 깨뜨리지 못하고 있으므로 여정(輿情)이 더욱 격화되고 있습니다. 청컨대 속히 국청에 명하여 죄인 조성복을 일체 철저히 조사하여 실정을 알아내고 법대로 처형하소서."

라고 하자, 주상이 이르기를, "아뢴 대로 하라."라고 하였다.

○ 장령 이경열·지평 박필몽이 아뢰기를,

"지레 죽은 세 역적226)을 두고 누구는 육시하고 누구는 하지 않은 것에 대해 신은 적이 의아한 마음을 금할 수 없습니다. 무릇 김용택과 이천기는 모두 승복하였으니 역률로 처벌하는 것은 법으로 볼 때 당연하므로 대신이 수의(收議)에서는 논할 것이 없다고 하였습니다.

비록 백망이 미처 승복하지 않았다는 이유로 두 가지 사항에 대한 논의가 있었지만227), 애당초 세 역적에게 경중이 있다고 한 것은 아니었으므로 성상이 처분하시기를 위 조항228)의 의논에 따라 시행하라 하교하셨으니,

---

226) 세 역적 : 김용택·이천기·백망을 이른다.

227) 두 …… 있었지만 : 승복하지 않은 채 지레 죽은 죄인에게 역률을 적용하는 문제를 두고 벌어진 두 가지 논의를 말한다. 첫째는 그 혐의와 정황이 뚜렷하다면 승복하지 않고 죽은 죄인이라도 육시하여 신인(神人)의 분노를 풀어야 한다는 주장이고 둘째는 승복하지 않고 죽은 죄인에게 육시 등의 형벌을 추형(追刑)하는 것은 법례(法例)에 위배되고 훗날의 폐단에도 관계됨이 크다는 주장이다. 《景宗實錄 2年 4月 15日》

228) 위 조항 : 혐의와 정황이 뚜렷하다면 승복하지 않고 죽은 죄인이라도 육시하여 신인의 분노를 풀어야 한다는 의논을 이른다.

세 역적에게 육시의 형벌을 시행하는 것은 더 이상 의심할 것이 없습니다.

그런데도 미처 승복하지 않고 죽은 백망에 대해서만 전형(典刑)을 바로잡고, 이미 승복한 김용택과 이천기에 대해서는 아직 육시의 형벌을 시행하지 않았으니, 법의(法意)로 헤아려 볼 때 어찌 이와 같을 수 있단 말입니까. 국법이 편파적으로 시행되어 여론이 모두 격분하고 있으니, 이천기와 김용택을 모두 육시하소서."

라고 하니, 상이 이르기를, "아뢴 대로 하라."라고 하였다.

또 아뢰기를,

"이홍술이 육현을 때려죽인 일은 그에 대한 초사(招辭)와 증거가 모두 갖추어져 정절이 다 드러났습니다. 이번에 고변한 목호룡의 초사를 보면, 역적의 무리가 반역을 꾀한 과정에 목호룡이 가담하여 아는 일이 많게 되자 이홍술이 그가 고변할지도 모른다고 의심하여 여러 역적들과 은밀히 모의해서 그를 장살해 입을 막으려고 하였습니다. 그 계략이 거의 이루어지는 듯하였으나, 이천기가 중간에서 힘을 써서 은밀히 이헌을 보내 별다른 우환이 없을 것이라 보증하며 허다한 말들로 온건하게 타일러 계략은 마침내 중지되 있습니디.

만약 이홍술이 애당초 역모에 간여하지 않았다면, 목호룡이 고변한다한들 자신에게 무슨 절박한 근심이 된다고 기어이 제거하여 발설할 길을 끊으려 했단 말입니까. 그가 바야흐로 병권을 장악하고 비밀리에 흉도와 결탁하여 은밀한 모의와 비밀스러운 계책을 관통하지 않은 것이 없었으니, 지난번 비망기에서 '남몰래 불측한 마음을 품었다'고 하신 전교229)가 이에 이르러 더욱 증명되었습니다. 이와 같이 극악한 역모를 저지른 부류는 결코 의금부에

---

229) 남몰래 …… 전교 : 1721년 12월 경종이 내린 전교 내용이다. 원문은 "훈련대장 이홍술은 간악하고 인륜을 저버렸으며 남몰래 불측한 마음을 품었으니 내가 통탄하는 바이다. 이러한 사람은 훈련대장의 자리에 그대로 둘 수 없으니 문외출송 하라.[訓將之奸凶蔑倫, 陰懷不測之心, 予甚痛惋, 如此之人, 不可置之將任, 門外黜送.]"이다. 《承政院日記 景宗 1年 12月 6日》

맡겨 예사롭게 다스릴 수 없으니, 이홍술을 국청으로 이송하여 역적들과 똑같이 엄히 국문하소서.”

라고 하자, 주상이 이르기를, “아뢴 대로 하라.”라고 하였다.

또 아뢰기를,

“홍철인의 이름이 역적의 초사에서 나왔던 날, 의금부 도사와 포도청 군관이 즉시 그의 집으로 달려갔는데, 그 아비 홍언도(洪彦度)[230]가 국법을 무시하고 감히 은닉할 계획을 세워, 홍철인이 홍의인의 적소(謫所)로 갔다고 방자하게 기만하고 왕명을 거역하여 의금부 도사로 하여금 명천(明川, 함경도 소재)까지 헛걸음을 하게 만들었습니다.

사실 홍철인은 그의 집에 몰래 숨어 있으며 낮에는 꼼짝 않고 밤이 되면 나와 흉당과 교통하며 어지러이 모의하다 시일이 오랜 후에야 비로소 자수하였으니, 이 모습은 이웃 사람도 목도한 일로서, 실로 전에 없던 변괴입니다. 그 정상이 매우 흉악하고 비밀스러우니, 도망했다는 한 조항을 문목에 첨가하고 엄히 형문하여 실정을 캐내소서. 그 아비 홍언도 또한 의금부로 하여금 잡아들여 엄히 국문하게 하소서.”

라고 하자, 주상이 이르기를, “아뢴 대로 하라.”라고 하였다.

또 아뢰기를,

“역적들이 승복한 후 미처 정형을 집행하기도 전에 일시에 지레 죽어버려 의심스러운 단서가 없지 않으나, 지금 국문이 한창인지라 죄수가 감옥에 가득하니, 별도로 엄히 방비하고 징계하는 방도가 없을 수 없습니다. 청컨대 당시의 구료관(救療官)[231] 및 해당 군졸들을 잡아 가두고 철저히 조사하소서.”

---

230) 홍언도(洪彦度) : 1661~? 본관은 남양(南陽), 자는 여해(汝楷)이다. 통훈대부(通訓大夫) 광주진관병마동첨절제사(廣州鎭管兵馬同僉節制使) 홍구서(洪九敍)의 아들이고, 홍이도 (洪以度)의 아우이다. 1711년(숙종 37)에 식년시에서 진사로 합격하였다. 1722년(경종2) 목호룡(睦虎龍)이 삼수(三手)의 음모를 고변하였는데, 그 가운데 아들인 홍의인(洪義人)· 홍철인(洪哲人)이 포함되어 있었다. 금오랑(金吾郎)이 군관들과 함께 홍철인을 잡으러 왔을 때, 아들을 숨겨주고 거짓으로 행적을 아뢰었다. 이 일을 계기로 중죄에 처했으나, 감형되어 밀양부(密陽府)로 유배되었다가 1725년(영조1)에 풀려났다.

라고 하자, 주상이 이르기를, "아뢴 대로 하라."라고 하였다.

○ 문사낭청 정래주가 외직에 보임되어 강필신(姜必愼)232)을 후임으로
삼았다.

○ 장세상을 2차, 홍의인을 1차 형문하였으며, 이기지는 2차 형문 끝에
기절하여 형문을 정지하였다.

○ **18일**, 의금부 도사 홍응몽(洪應夢)은 안치된 죄인 김창집을 잡아 오는
일로 거제에 갔고, 의금부 도사 윤지(尹樥)는 안치된 죄인 이이명을 잡아
오는 일로 남해에 갔다.

○ 영의정과 우의정이 청대 입시하여, 참형에 처하여 왕법을 바르게 하는
일을 누누이 진달하였다.233) 조태구가 아뢰기를,

"법을 벗어나 사람을 죽이는 것은 실로 성조(聖朝)의 아름다운 일이 아닙니
다. 손바닥 글씨와 유비 등의 말은 고변한 자의 말만이 아니라 정인중의
공초에서도 이미 자복한 내용이나, 당시 이이명은 오랫동안 내의원에 있었고

---

231) 구료관(救療官) : 조선시대 의료 기관에 소속된 의원들을 지칭하는 말로, 왕의 행행,
    사신의 왕래, 과거 시험, 군사훈련이나 죄인의 문초 시에 국가가 배치한 의원을 이른다.
    본문의 내용과 관련한 구료관은 전옥서의 옥의(獄醫)를 가리키는 것으로 보인다. 옥의는
    죄인에게 병이 있거나 고문을 받아 위중한지의 여부를 관찰하는 것이 주요 임무로서,
    가령 국문 중인 죄인이 기절하면 구료관이 살펴본 후 다시 형문하기도 하였다.
232) 강필신(姜必愼) : 1687~1756. 본관은 진주(晉州), 자는 사경(思卿), 호는 모헌(慕軒)이다.
    채팽윤(蔡彭胤) 문인이다. 1713년(숙종39) 생원이 되고, 1718년 정시 문과에 급제하여,
    병조좌랑 등을 거쳐 안주현감이 되었다. 1728년(영조4) 지평 재직 시 이인좌의 난에
    대한 방비책을 제시하여 원종공신(原從功臣)에 책록되었다. 이후 주로 삼사에서 활동하
    였다. 저서에 문집 《모헌집》이 있다.
233) 참형에 …… 진달하였다 : 영의정 조태구와 우의정 최석항이 청대하여, 이이명과 김창집
    을 참형에 처하여 왕법을 바르게 하라는 명을 거두고 나국하여 정상을 알아낸 뒤에
    처단하라고 진달하였다. 《景宗實錄 2年 4月 18日》

이는 곧 그의 형편없는 자제들의 소행이니, 그 아비가 알았는지 몰랐는지 어찌 알 수 있겠습니까. 국청에서 잡아들이기를 청하지 않은 것은 그 사람에게 연루된 말이 없었기 때문이므로, 옥사가 완료된 후 이 문제를 아뢰어 처분을 기다릴 참이었습니다.

대계(臺啓)에서 참형에 처하여 왕법을 바르게 하자고 바로 청한 것은 실로 법을 벗어난 것입니다. 응당 지켜야 할 법을 버리고 곧바로 형을 가하는 것이 어찌 훗날의 폐단에 관계되지 않겠습니까. 신이 백망에 대해 수의(收議)하였을 때 아래 조항으로 진달한 이유234) 또한 이러한 뜻에서였습니다.”

라고 하였다.

최석항이 아뢰기를,

“고변한 말은 다 믿을 수 없으므로, 단지 글자를 썼다는 일로 잡아들이기를 청하는 것은 불가한 점이 있어, 옥사가 끝나기를 기다려서 진달하여 처분하려고 하였습니다. 김창집의 문생이 누구인지는 모르겠으나, 아들과 손자의 일은 아마도 김제겸이 이홍술을 사주했다는 일을 가리키는 듯한데, 이는 애당초 고변서에 나온 것이 아니라 목호룡의 공초에서 단서가 나와서 언급한 것이고, 김성행은 역모에 간여하지 않은 듯합니다.

이번 합계에서, 이이명에 대해서는 글자로 표시하여 추대의 뜻을 은밀히 드러내고 화란의 기틀을 키워 찬탈의 계책으로 삼았다는 것으로 단안(斷案)을 삼았고, 김창집에 대해서는 자손을 이끌어 역모의 정절을 가중시켰던 단서가 모두 드러난 것으로 단안을 삼았습니다.

무릇 본인이 역적으로 고발되었다면 비록 하천(下賤)이라도 반드시 엄히 국문하여 실정을 캐내고 지만으로 공초를 받은 후 응당 시행해야 할 형률을

---

234) 백망에 …… 이유 : 백망이 승복하지 않은 채 지레 죽자 역률로써 추형(追刑)하는 문제를 두고, 조태구는 첫 번째 고려할 사항으로 육시하여 신인(神人)의 분노를 풀어야 한다는 점과, 그럼에도 불구하고 두 번째 고려할 사항으로 승복하지 않고 죽었기 때문에 추형하는 것은 법례에 위배되고 훗날의 폐단에도 관계됨이 크다는 점을 주장하였다. 본문에서의 아래 조항은 두 번째 이유를 가리킨다. 앞의 4월 15일자 기사에 보인다.

가해야 할 것입니다. 이 두 사람은 모두 선조(先朝)의 옛 신하로서 일찍이
삼공의 반열을 거쳤으니, 만약 음흉한 정상이 과연 대간의 계사와 같다면
마땅히 잡아다 국문하여 실정을 알아낸 후 전형(典刑)을 분명하게 보이면
될 것인데, 지금은 그 실정과 범죄가 어떠한지를 묻지 않고 자복한 원사도
기다리지 않은 채 곧장 반역죄에 따른 극형을 내렸으니, 신은 이것이 무슨
거조인지 모르겠습니다."

라고 하였다.

조태구가 아뢰기를, "김성행의 일은 (역옥과) 차이가 있습니다."라 하고,
또 아뢰기를,

"신은 그 사람에게 털끝만큼도 애석한 마음이 없으나, 국문도 하지 않고
곧바로 참형에 처하는 것은 300년 동안 없었던 일입니다. 나라가 나라다운
것은 법이 있기 때문인데, 법을 벗어나 시행한다면 뒷날의 폐단이 어떻겠습
니까?"

라고 하였다. 승지 황이장이 대신의 말을 따르기를 청하니, 주상이 이르기
를, "이에 따라 하는 것이 좋겠다."라고 하였다.

최석항이 아뢰기를,

"대계(臺啓)에서, 김용택과 이천기를 육시하지 않고, 정인중에게는 노륙(孥
戮)을 시행하지 않았으며, 김제겸과 김민택에 대해서는 잡아들이기를 청하지
않았다고 크게 비난하였습니다. 두 역적은 비록 승복하였으나 결안을 하지
않았고, 정인중은 사안이 단지 손바닥 글씨 하나뿐이며, 김제겸은 목호룡의
초사에 한번 나왔고, 김민택은 천천히 잡아들이려고 하는데, 대간의 논계가
이와 같으니, 옥사를 소홀히 처리한 잘못을 처벌해 주십시오."

라고 하니, 조태구가 함께 죄를 받기를 청하였다. 최석항이 또 아뢰기를,

"신이 어찌 감히 부끄러운 마음을 품고 치욕을 참으며 태연하게 옥사를
다스릴 수 있겠습니까. 다시 다른 사람으로 하여금 옥사를 다스리게 하고
신은 죄를 받아야만 옥사의 체모를 엄중히 할 수 있을 것입니다."

라고 하였다.

양사가 청대하여 입시한 가운데 이사상·박필몽 등이, 대신이 아뢴 바가 말이 되지 않는다는 것과 내의원 운운한 잘못, 또 삼백 년 동안 없었다는 말이 사실과 다르며 정인홍(鄭仁弘)을 참형에 처했던 일[235]이 그 증거라는 등의 말을 극력 아뢰자, 주상이 연이어 "번거롭게 하지 말라."는 말로 하교하였다.

○ 동지 겸 주청 부사 윤양래(尹陽來)[236]와 서장관 유척기(兪拓基)[237]가 들어

---

235) 정인홍(鄭仁弘)을 …… 일 : 정인홍(1535~1623)의 본관은 서산(瑞山), 자는 덕원(德遠), 호는 내암(來菴)이다. 조식(曺植) 문인으로, 최영경(崔永慶)·오건(吳健)·김우옹(金宇顒)· 곽재우(郭再祐) 등과 함께 경상우도의 남명학파(南冥學派)를 대표하였다. 1592년 임진왜란이 일어나자 의병 활동을 통해 강력한 재지적 기반을 구축하였다. 1602년 대사헌에 승진, 동지중추부사·공조참판 등을 역임하였다. 북인이 선조 말년에 소북·대북으로 분열되자, 이산해·이이첨과 대북을 영도하였다. 선조의 계비 인목대비에게서 영창대군이 출생하자 이를 옹립하려는 소북에 대항하여 광해군을 적극 지지하였다. 광해군이 즉위하자 대사헌에 기용되어 소북 일당을 추방하고 대북정권을 수립하였다. 1612년(광해군4) 우의정이 되고, 1613년 이이첨 등이 계축옥사(癸丑獄事)를 일으켰을 때, 영창대군 지지세력 제거에는 찬성했으나 영창대군을 죽이는 것에는 반대하였으며 서령부원군(瑞寧府院君)에 봉해졌다. 같은 해 좌의정에 올라 궤장(几杖)을 하사받았다. 1618년(광해군10) 영의정에 올랐다가 인조반정으로 참형에 처해지고 가산이 적몰되었는데, 1908년이 되어서야 관작이 회복되었다.

236) 윤양래(尹陽來) : 1673~1751. 본관은 파평(坡平), 자는 계형(季亨), 호는 회와(晦窩)이다. 1699년(숙종25) 진사가 되고, 1708년 식년 문과에 급제하여 청요직을 두루 거쳤다. 1722년(경종2) 동지 겸 주청부사(冬至兼奏請副使)로 청나라에 가서 경종의 병약함을 발설했다는 죄목으로 유배되었다. 1725년(영조1) 승지에 임용되어 공조참판을 거쳐 호조판서·대사헌 등을 역임하였다. 1746년 신임옥사에 관련된 소론의 뿌리를 뽑아야 한다고 주장했다가 한 때 삭직되었다. 이 해에 판돈녕부사로 치사하고 봉조하(奉朝賀)가 되었다. 시호는 익헌(翼獻)이다.

237) 유척기(兪拓基) : 1691~1767. 본관은 기계(杞溪), 자는 전보(展甫), 호는 지수재(知守齋)이다. 1714년(숙종40) 증광 문과에 급제하여, 청요직을 두루 역임하다가 1721년(경종1) 세제책봉 주청사 서장관으로 청나라에 갔다. 1722년(경종2) 돌아와서 탄핵을 받고 유배되었다. 1725년(영조1) 노론이 집권하면서 경상도관찰사·호조판서 등을 거쳐 1739년 우의정에 올라, 임인옥사 당시 사사된 김창집·이이명의 복관(復官)을 건의해 신원(伸冤)시켰다. 만년에 김상로(金尙魯)·홍계희(洪啓禧) 등이 영조와 사도세자(思悼世子) 사이를 이간시키자 이를 깊이 우려했고, 이천보(李天輔)의 뒤를 이어 1758년(영조34) 영의정에 올랐다. 1760년 영중추부사(領中樞府事)가 되었고, 이어서 봉조하(奉朝賀)를 받고 기로소

왔다.

○ 홍언도와 이문한(李文漢)을 잡아들여 가두었다.

○ 19일, 금부가 자수한 죄수 김대재(金大材)238)에게 연좌율을 적용, 당고개
에서 교형에 처하였다.

○ 정언 조원명이 아뢰기를,

"신이 당초 대각에 들어갔을 때, 당시 양사에서 4흉을 등급을 나누어
다스리자는 계사를 올리고 있었는데, 그 조어(措語)를 보면 쟁집하는 바가
있었으므로 신도 예사롭게 따라 참여하여 여러 달 동안 연명으로 전계(傳啓)한
것이 수 차례에 그칠 뿐이 아니었습니다.

대사간의 상소가 나오자 전후 대간들이 맨 먼저 발의한 자든 뒤따라 참여한
자든 간에 서로 잇달아 인피하여 바람에 쏠리듯 휩쓸려 떨어지니, 여러
차례 연명으로 계사를 올린 사람으로서 신이 어찌 태연하게 자리를 차지하고
있을 수 있겠습니까. ……"

라고 하자, 주상이 답하기를, "사직하지 말고 물러가 기다리라."라고
하였다.

○ 의금부에서 문사낭청 김시형(金始炯)239)과 구명규(具命奎)를 가출(加

(耆老所)에 들어갔다. 저서로 《지수재집》이 있고, 시호는 문익(文翼)이다.

238) 김대재(金大材) : ?~1722. 김용택의 아들이다. 김용택은 1722년(경종2) 4월 13일에 물고되
    었는데, 15일 영의정 조태구가 참형에 처해야 한다고 주장하자, 그 아들 김대재가
    달아났다가 16일 포도청에 잡혀와 19일 교형(絞刑)에 처해졌다. 이날 김용택 역시
    참형에 처해진 사실은 아래 보인다. 1726년(영조2) 김대재에게 휼전(恤典)을 거행하였다.
    《景宗實錄 2年 4月 16日》《英祖實錄 2年 2月 22日》

239) 김시형(金始炯) : 1681~1750. 본관은 강릉(江陵), 자는 계장(季章)이다. 판서 김시환(金始
    煥)의 아우이다. 1713년(숙종39) 김장생(金長生)의 문묘종사를 위해 권당(捲堂)을 주동한

出)240)하였는데, 홍중징(洪重徵)241)으로 김시형을 대신하였다.

○ 죄인 김용택과 이천기를 당일 군기시 앞길에서 참형에 처하였다.

○ 장세상을 3차, 홍의인을 2차, 학손을 1차, 홍철인을 1차 형문하였다.

○ **20일**, 김창도(金昌道)242)와 정우관(鄭宇寬)243)을 잡아들여 가두었다.

혐의로 정거(停擧)되기도 했다. 1717년(숙종43) 식년 문과에 급제하여 경종대 지평 등을 거쳐 영조대 집의 등을 지내고, 1734년 대사헌, 1738년 형조판서 등을 역임하였다. 시호는 효헌(孝獻)이다.

240) 가출(加出) : 정원 외에 추가로 더 차출하거나 차임하는 일을 이른다.

241) 홍중징(洪重徵) : 1682~1761. 본관은 풍산(豊山), 초명은 중흠(重欽), 자는 석여(錫餘), 호는 오천(梧泉)이다. 판서 홍만조(洪萬朝)의 아들이다. 1711년(숙종37)에 진사가 되고, 1713년 증광 문과에 급제하여, 1715년 전적이 되었다. 1722년(경종2) 병조좌랑·지제교를 역임한 뒤 이듬해 삭녕군수(朔寧郡守)로 나아갔다. 1728년(영조4) 장령, 1743년 병조참지를 거쳐 1747년 승지가 되었다. 1749년 한성부우윤, 1751년 형조참판을 거쳐 호조참판이 되었다. 그 뒤 1753년 노인직(老人職)으로 지중추부사가 되었고, 1754년 공조판서에 이르러서는 기로소(耆老所)에 들어갔다. 80세에 숭록대부(崇祿大夫)에 올랐고, 편서로 《완악편(玩樂編)》《경사증역(經史證易)》《좌역참증(左易參證)》 등이 있다. 시호는 양효(良孝)이다.

242) 김창도(金昌道) : 1682~1722. 본관은 안동(安東), 자는 성원(聖源)이다. 증조할아버지 김상관(金尙寬)은 김상헌(金尙憲)의 형이고, 노론 4대신 중 한 명인 김창집이 재종형이다. 1722년(경종2) 3월에 경종 시해를 모의하였다는 목호룡의 고변으로 인하여 역모로 지목된 60여 명이 처벌되는 옥사가 일어났는데, 이때 김창도도 죽임을 당하였다. 그 죄목은 경종을 시해하기 위한 세 가지 방법인 삼수 가운데 서덕수·이정식과 함께 독약을 쓰는 소급수를 맡기로 한 것이었다. 조흡이 김창도를 고발하고, 김창도와 사돈 사이인 이정식이 심문을 받으면서 김창도가 독약을 쓴 정황에 대해 진술하였다. 결국 김창도는 5월 13일에 2차 형문에 승복하고 결안을 낸 뒤 처형당했다. 1725년(영조1) 영조가 김창도·이정식·김성절(金盛節)·유취장(柳就章) 등에 대해 무고(誣告)의 죄명을 고쳐서 서덕수와 같은 무복으로 논하였다. 이후 몰수된 가산이 회복되고, 연좌의 죄를 입은 형제·처첩·자녀 등도 유배지에서 풀려났다.

243) 정우관(鄭宇寬) : ?~1722. 안주 사람으로서 김운택의 가신(家臣)이고, 장세상·최홍과 친한 사이였다. 경종대 임인옥사 당시 서덕수·김창도·이정식 등과 결당하였다는 조흡의 고발로 4월 20일 체포되자 5월 7일 고변하여 남인으로 환국을 모의하였다고 주장하였다. 5월 15일 5차 형문을 받고 거짓 발고하였다고 자백하고 서덕수·이정식·김창도 등과

○ 조성복을 1차 형문하였고, 학손은 2차 형문에서 장(杖) 15도만에 바른대로 공초하였다. 조흡을 3차 형문하고 위엄을 보이자 고변하였다. 조흡의 고변은 그 대략의 내용을 《신임기년제요(辛壬紀年提要)》244)에서 볼 수 있다.

그 내용에 이르기를, "독약을 쓰는 한 가지 조항은 서덕수·김민택·김성행이 주장하였습니다."라고 하였다. 또 이르기를,

"이정식(李正植)245)의 말을 들으니, 대리청정의 일이 성사되지 않자 서덕수와 김성행 등이 재차 은화(銀貨)를 모아 대내에서 대리청정의 비망기를 얻어내고, 또 훈련대장과 상의하여 궁성을 호위함으로써 한쪽 사람들246)을 막고 소장을 물리치려 도모하였는데, 궁성을 호위하려는 음모는 실제 이기지가 주장하였다."

라고 하면서, 정우관·김창도·이정식·서덕수·윤각(尹慤)247)·이우항(李宇

모의하여 장세상에게 독약을 전해준 일과 궁성 호위에 관한 일을 인정하고 복주(伏誅)되었다. 정우관이 고변한 일은 본서 아래의 5월 7일자 기사에 보인다.

244) 신임기년제요(辛壬紀年提要) : 경종대 신축년(1721)과 임인년(1722), 왕위계승 문제를 둘러싸고 벌어진 옥사의 전말과 '신임의리(辛壬義理)'를 둘러싼 노·소론의 갈등과 대립을 노론의 입장에서 연대순으로 기술한 당론서이다. 구준원(具駿遠, 1755~1814)이 김재로(金在魯)의 《난여(爛餘)》, 이재(李縡)의 《초종설(初從說)》 등 52종의 저술에서 신임옥사의 내용을 발췌하여 편술하였고, 이후 신변(辛卞)이 증보하였다. 원편(原編) 9권, 속편 4권, 보편(補編) 2권으로 이루어져 있다.

245) 이정식(李正植) : ?~1722. 본관은 우봉(牛峰)이다. 충익위장(忠翊衛將) 이행창(李行昌)의 손자로서 서덕수의 7촌이며 김창도의 사돈이고 장세상의 절친(切親)이다. 또 조흡의 공초(供招)에 의하면, 이정식은 이건명의 서사촌(庶四寸)이고 김운택의 오촌 조카이며 이만성(李晚成)의 가까운 친족이라고 하였다. 한때 의주 부윤 김유경(金有慶)의 막하에서 편비(偏裨)로 있었다. 1721년(경종1) 12월 노론 4대신의 혈당 16인 가운데 들어가 소론의 탄핵을 받고 1722년 2월 회령부에 유배되었다. 임인옥사 당시 조흡의 고변으로 5월 8일 다시 붙잡혀 와서 1차례 형신을 받고 승복하였다. 서덕수·김창도·장세상 등과 함께 독약을 구입하기 위해 은을 모은 일, 궁성 호위의 일, 훈련대장 중군을 이삼(李森)에서 유취장(柳就章)으로 교체하려고 모의한 일 등을 모두 자백하고, 5월 12일 처형당했다.

246) 한쪽 사람들 : 소론측 인사들을 이른다.

247) 윤각(尹慤) : 1665~1724. 본관은 함안(咸安), 자는 여성(汝誠)이다. 진사 윤익상(尹翊商)의 아들이고 윤취상의 조카이다. 1699년(숙종25) 무과에 급제하여 선전관이 되고, 1711년 이이명의 천거로 금위중군(禁衛中軍)이 되어 공을 세웠다. 1720년(경종 즉위)에 병조참판에 전임되고, 이어 삼도수군통제사에 올랐다. 1721년 총융사 재직 시 김창집의 심복으로

恒)248) · 조송(趙松)249) · 김시태(金時泰)250) · 유취장(柳就章)251) · 김성절(金盛節)252)

몰려 삼화부(三和府)에 찬배되었다. 1722년 임인옥사 당시 이기지에게 은을 내주었다고 조흡이 고변하여 4월 26일 붙잡혀 왔다가 7월 22일 제주에 정배되었다. 그런데 은을 내어 역모를 도왔다는 공초가 연이어 나와서 8월 11일 다시 잡혀 와 해를 두 번이나 넘기며 15차 형신을 받고 1724년 1월 10일 물고되었다.

248) 이우항(李宇恒) : 1648~1722. 본관은 광주(廣州), 자는 여구(汝久)이다. 무과에 급제하여 1698년(숙종24) 함경도병마절도사, 1701년 총융사를 거쳐 포도대장·삼도수군통제사 등을 역임하였다. 1721년(경종1) 12월 부사직(副司直) 재직 시 흉얼(凶孼)과 결탁하였다는 소론의 탄핵을 받고 강진 고금도에 찬배되었다. 1722년 임인옥사 당시 조흡의 고변으로 5월 9일에 체포되어, 5차 형문 끝에 이기지가 은을 장세상에게 전해 준 일을 들었다고 자백하고 5월 20일 물고되었다. 1727년(영조3) 신원(伸寃)되었고, 시호는 경무(景武)이다.

249) 조송(趙松) : ?~1722. 김창협(金昌協)의 문인 조영복(趙榮福)의 서숙(庶叔)이다. 1703년(숙종29) 토성첨사(兔城僉使)를 지냈다. 1721년 12월 노론 4대신의 흉당 16인 가운데 하나라고 탄핵을 받고 1722년 2월 진주목(晉州牧)에 찬배되었다. 임인옥사 당시 조흡의 고변으로 5월 12일 체포되어 8차례 형신을 받고 5월 18일 물고되었다. 이홍술(李弘述)의 종손(從孫)인 이명좌(李明佐)가 결안에서 조송이 이홍술의 은을 장세상에게 전달하여 환국을 도모했다고 자백하였다.

250) 김시태(金時泰) : 1682~1722. 본관은 안동(安東), 자는 대래(大來)이다. 광해군대 승지를 지낸 김상준(金尙寯)의 후손이다. 1714년(숙종40) 증광 무과에 급제한 후 황해병사(黃海兵使) 등을 역임하였다. 1721년(경종1) '권흉(權凶)의 친속(親屬)'으로 몰려 탄핵 받고 철산에 정배되었다. 1722년에 임인옥사 당시 조흡의 고변으로 4월 28일 체포되었다가 6월 4일 유배지로 돌아갔다. 그런데 이헌(李瀗)의 공초에서 김시태와 동생 김시정(金時鼎)의 이름이 나와 8월 1일 다시 체포되어 10차의 형신을 받고 9월 20일 물고되었다. 1725년(영조1)에 복관되었으며, 호조판서에 추증되었다. 이후 노론에 의해 평안병사 백시구(白時耉)·전라병사 심진(沈搢)·훈련중군 유취장·통제사 이상집(李尙馩)과 함께 신임옥사의 다섯 절도사[五節度]로 일컬어졌다. 시호는 충의(忠毅)이다.

251) 유취장(柳就章) : 1671~1722. 본관은 진주(晉州), 자는 여진(汝進)이다. 숙종대 무과에 급제하여 경상도병마절도사 등을 역임하였다. 1721년(경종1)에 분부총관(分副摠管)이 되었는데, 12월 신축환국 이후 '권흉(權凶)의 응견(鷹犬)'이라고 탄핵 받고 장흥부로 정배되었다. 1722년 임인옥사 당시 조흡의 고변으로 나온 이정식·김창도·정우관·이홍술 등의 공초에서 이삼(李森) 대신 훈련도감 중군으로 삼았다고 하여 6월 28일 체포되었다. 이후 3차 형신에서 승복하고 7월 22일 처형되었다. 노론에 의해 백시구(白時耉)·김시태(金時泰)·심진·이상집과 함께 신임옥사의 다섯 절도사[五節度]로 일컬어졌다. 1783년(정조7)에 신원되어 병조판서에 추증되었으며, 시호는 무민(武愍)이다.

252) 김성절(金盛節) : ?~1722. 김상용(金尙容)의 서얼 후손으로서 대사간 김성적(金盛迪)의 서얼 동생이다. 1705년(숙종31) 다대포첨사(多大浦僉使), 1720년(경종 즉위) 충장장(忠壯將)이 되었다. 1721년 12월 노론 4대신의 혈당 16인 가운데 하나로 지목되어 1722년 2월 용천부(龍川府)에 정배되었다. 임인옥사 당시 조흡의 고변으로 8월 1일 김시태와

·이상집(李尙馣)253)·홍계적(洪啓迪)254)·김운택을 끌어들였다. -《신임기년제요》
에서는 "김일경이 죽음을 면하게 해주겠다고 (조흡을) 속여, 공초의 내용을 말하게 하였다."
고 하였다. -

○ 일정(日貞)과 서덕수를 잡아들였다.

○ 김일경이 상소하였는데, 그 내용은 다음과 같다.

"난역(亂逆)의 무리가 흉악하고 극악한 짓을 자행하였는데, 그 음모가 하나
가 아니었습니다. 밤중에 칼을 품는 것은 마치 노(魯)나라의 종무(鍾巫)의
변(變)과 같고,255) 음식에 독약을 넣는 것은 한(漢)나라의 양기(梁冀)·염현(閻

함께 체포되어 4차례 형신을 받고 8월 23일 결안한 뒤 처형되었다. 그는 결안에서
장세상·서덕수·김창도·이정식·정우관·김시태 등과 더불어 삼수 가운데 독약을 쓰는
일에 대해 모의하는 과정을 상세하게 공초하였다. 특히 김창집과의 대화 내용을 구체적
으로 진술하여 김창집이 삼수 역모와 밀접하게 연관되어 있었음을 입증하였다.

253) 이상집(李尙馣) : 1644~1722. 본관은 전주(全州)이며 자는 계방(季芳)이다. 정종(定宗)의
별자(別子)인 무림군(茂林君) 이선생(李善生)의 7대손이다. 1682년(숙종8)에 무과에 급제
한 후 경상좌수사, 삼도통제사 등을 거쳐 1718년 평안도 병마절도사에 임명되었다.
1722년(경종2)에 조흡(趙洽)이, 그가 평안도 병영(兵營)의 은자 400냥을 당시 여주목사인
이헌(李瀗)에게 빌려주었다며 고발하였다. 이에 4월 28일 체포되어 5차 형신 끝에
5월 24일 물고되었다. 백시구·김시태·유취장·심진과 함께 신임옥사의 다섯 절도사라고
불린다. 1725년(영조1)에 신원되고 호조판서에 추증되었으며, 시호는 충목(忠穆)이다.
254) 홍계적(洪啓迪) : 1680~1722. 본관은 남양(南陽), 자는 혜백(惠伯), 호는 수허재(守虛齋)이
다. 참판 홍우석(洪禹錫)의 아들이다. 1702년(숙종28) 진사가 되어 1703년 성균관 유생들
과 함께 박세당(朴世堂)의 《사변록(思辨錄)》과 이경석(李景奭)의 비문을 태워 없애라고
상소하였다. 1708년 식년 문과에 급제하여 청요직을 두루 거쳤다. 1721년(경종1) 12월
조태구(趙泰耉)를 불러들이는 비망기를 작환(繳還)하였다가 신축환국 이후 탄핵을 받고
흑산도에 위리안치 되었다. 1722년 9월 임인옥사가 마무리되어 가는 시점에 사간원의
탄핵으로 9월 18일 다시 체포되어 5차례 형신을 받고 10월 20일 물고되었다. 저서로
《수허재유고》가 있고, 시호는 의간(毅簡)이었는데, 뒤에 충간(忠簡)으로 고쳤다.
255) 밤중에 …… 같고 : 밤중에 칼을 품은 일이란, 삼수(三手)의 모의 가운데 용사(勇士)를
시켜 칼을 품고 궁중에 들어가 왕을 시해하는 방법인 대급수(大急手)를 가리킨다.
종무(鍾巫)의 변(變)은 노(魯)나라의 공자 우보(羽父)가 환공(桓公)을 부추겨 은공(隱公)의
시해를 허락받은 다음 은공이 종무를 모신 사당에 제사 지내러 가는 길에 자객을

顯)256)과 같으며, 국상의 와중에 조서를 거짓으로 꾸미는 것은 진(秦)나라의 이사(李斯)·조고(趙高)257)와 같습니다.

비록 그러하나, 이사와 조고는 양기·염현만큼 악독하지 않았고, 양기·염현은 종무만큼의 죄상은 범하지 않았습니다. 만고의 역적을 통틀어 거슬러 올라가 헤아려보아도 오늘날의 역당처럼 극악무도한 자들은 없었습니다.

아! 적신(賊臣) 이이명·김창집 무리가 딴 마음을 품고 국권을 장악하여 화란의 기틀을 양성한 지 30여 년이 되었습니다. 그들의 자질(子姪)과 인척(姻戚)이 권세를 팔아넘기고, 요망한 자들과 자객이 집안을 드나들었으며, 궁녀·내관과 결탁하여 심복으로 삼았습니다. 그리하여 궐내의 동정을 은밀히 염탐하고 중외의 위복(威福)을 멋대로 농단하여, 그 흉악한 음모와 난역의 정절이 일마다 번번이 드러났습니다.

더구나 지금 긴급한 고변이 올라와서 역적이 국청에 나왔는데, 함께 모여 계획을 세워서 맹세하여 혈당을 이루고 은밀한 곳에 뇌물을 뿌렸습니다. 요로(要路)에 줄을 대 몰래 반역을 도모한 자는 진실로 이이명과 김창집의 아들·조카가 아니면 대부분 인친과 문객들로, 그 흉언과 역모가 문안(文案)에

시켜 살해한 일을 가리킨다. 은공은 환공의 서형(庶兄)이다.《春秋左氏傳 隱公11년》임금인 형을 시해하는 데 동생이 관련된 이 고사의 인용으로 말미암아, 이후 김일경은 대급수에 세제인 연잉군이 가담하였음을 암시하였다는 이유로 집중적인 논핵을 받았다.

256) 양기(梁冀)·염현(閻顯) : 양기(?~159)는 후한(後漢) 순제(順帝) 때 양 황후(梁皇后)의 오빠로서 대장군이 되어 사치와 전횡을 일삼던 자이다. 자기를 발호장군(跋扈將軍)이라고 지목한 질제(質帝)를 매우 미워하여 그를 독살하고 환제(桓帝)를 세웠다. 전후 20여 년간 정권을 전횡하다가, 환제가 선초(單超) 등과 의논하여 제거하려 하자 자살하였다. 염현은 후한 안제(安帝)의 황후인 염 황후(閻皇后)의 오빠이다. 안제가 죽은 뒤에 염 황후 등이 북향후(北鄕侯) 유의(劉懿)를 후사로 삼아 즉위시키고 염현을 거기장군(車騎將軍)으로 삼았다. 얼마 안 가서 북향후가 죽자, 염현 등은 궁문을 닫고 발상을 하지 않은 채 자신들이 원하는 인물을 세우려고 역모를 시도하였으나, 환관 손정(孫程) 등이 순제를 세우고 염현을 주살하였다.

257) 이사(李斯)·조고(趙高) : 진(秦)나라 시황제(始皇帝)가 평대(平臺)에서 죽자, 환관 조고와 승상 이사가 조서를 조작하여 시황제의 맏아들 부소(扶蘇)와 장군 몽염(蒙恬)을 자결하게 만들고, 막내 호해(胡亥)를 2세 황제로 즉위시켰다.《史記 卷5 秦本紀》

낭자합니다. 전하께서는 이전의 역사서를 널리 보셨으니, 신하의 죄가 이와 같은데도 참수의 형벌을 모면한 자가 있기는 하였습니까?

지난날의 일을 어찌 차마 말할 수 있겠습니까. 역적 조성복을 은밀히 사주하여 먼저 임금을 해치려는 음모를 시험하려고 흉악한 소장을 올려 끝내는 하늘에 사무치는 죄악을 저질러서, 합사하여 (토죄를) 청한 것이 지금까지 다섯 달이 되었습니다. 지난번 연석에서 신이 대략 삼수(三手)의 남은 음모가 이어져 4흉(四凶)이 되었다고 아뢴 일이 있습니다.

지금 국가에 과연 법이 있다면 이이명과 김창집이 어찌 감히 머리를 들고 하루인들 천지간에 목숨을 부지할 수 있겠습니까. 일전에 양사의 신하가 속히 국법대로 처형해야 한다고 청한 것이 어찌 대각만의 준엄한 논의일 뿐이겠습니까? 모든 사람들이 한 목소리로 참수해야 한다고 합니다.

그런데 이이명과 김창집의 처벌을 청하며 이들은 조금 차이가 있으니 반드시 잡아들여 신문한 후 법을 집행해야 한다는 주장에는 또한 그렇지 않은 점이 있습니다. 무릇 손바닥 글씨와 추대설은 오직 이이명하고만 연관되어 있으므로 의율(擬律)[258)에 있어 차등을 두어야 할 듯하나, 작년 연명차자에서 역모의 정상이 모두 드러났고, 지금 국옥으로 인하여 그 자손들이 모두 잡혀와 있습니다.

서로 얽히고 결탁하여 하나인 듯 둘이고 둘인 듯 하나로서 이이명과 김창집은 똑같이 극악한 역적의 괴수가 되었으니, 그 전후의 죄악은 반드시 주벌하고 용서하지 말아야 합니다. 이렇듯 역적이라는 점이 같은데도 옥정(獄情)의 천심(淺深)과 경중(輕重)을 분별하고 그 형률에 상하 격차를 두자는 주장은 참으로 대체를 잃었다고 할 만합니다.

여러 증거가 모두 갖추어져 그 죄가 극명하게 드러났으니, 애당초 다시 신문할 단서가 없는데 지금 어찌 조사할 만한 실정이 있겠습니까. 의금부 도사를 급히 파견하여 전지(傳旨)를 공경히 받들고 가다 중도에 (이들과)

---

258) 의율(擬律) : 죄의 경중에 따라 법을 적용하는 일을 이른다.

만나는 곳에서 바로 이참(莅斬)[259]하게 한다면 왕법으로 헤아려볼 때 진실로 마땅한 처사일 것입니다.

지금 나라가 거의 처음 시작하는 것과 같아서 대부분의 인심이 오히려 두려워하고 있는데, 역적 백망 외에 다시 난적이 있어 지척에 잠복해 있다가 역적의 괴수가 서울에 이르렀을 때 흉악한 기염을 토하며 헤아릴 수 없는 음모를 끝 간 데 없이 펼치지 않으리라 어찌 장담하겠습니까.

두 대신[260]이 샅샅이 조사하고 끝까지 파헤쳐 지만으로 공초를 받도록 청하였는데, 이는 참으로 그렇지 않은 점이 있습니다. 반드시 주벌해야 할 죄와 베어야 할 악행에 대해 온 나라 사람들이 말하고 있고 일의 실정이 뚜렷하게 드러나 있으니, 자복하기를 기다리지 않아도 알 수 있습니다.

(역적의 괴수들이) 명색이 대신이었기에 고문하는 형문은 법례(法例) 상 구애되는 점이 있고, 그렇다고 평문(平問)을 해서는 실정을 알아내기 어려운데, 모르겠습니다만 두 대신이 이 점까지 생각했겠습니까.

심지어 (이이명이) 내의원에 있어서 (역모에 대해) 틀림없이 몰랐을 것이라는 말은 또한 아마도 네 필의 달리는 말로도 따라잡지 못할 듯합니다.[261] 아! 온 세상이 미워하는 악의 원흉이 잠깐 사이 지휘에 나서자 일순간에 천 리 밖에서 호응하고 만인(萬人)이 지척으로 몰려들었는데, 궁중에 한 발짝을 들여놨다 해서 어찌 몰랐다는 단서로 삼을 수 있겠습니까.

신이 대신을 따라 여러 날 국청에 참석해보니, (두 대신이) 자상하고 화락하여 항상 남에게 차마 하지 못하는 마음이 있었으므로, 연석에서 주달한 한 가지 일 또한 군자의 공평하고 너그러운 도리에서 나왔을 것입니다. 그러나 군부를 위한 근심과 안위에 대한 우려는 깊지 않을 수 없고, 난적의

---

259) 이참(莅斬) : 도사(都事)를 파견하여 죄수가 있는 곳에서 참형을 행하는 것을 가리킨다.
260) 두 대신 : 영의정 조태구와 우의정 최석항을 이른다.
261) 네 …… 듯합니다. :《논어》〈안연(顔淵)〉에, 자공(子貢)이 "애석하도다. 부자(夫子)의 말씀이 군자다우나, 네 필의 달리는 말로도 혓바닥에서 나온 말을 따라잡지 못하겠다.[惜乎! 夫子之說, 君子也, 駟不及舌.]"라고 한 것을 인용한 말이다.

흉악함과 교활함을 다스리는 도리 또한 엄하지 않을 수 없습니다. 바라건대 시급히 밝은 명을 내리시어, 하늘의 토벌[天討]을 속히 시행하십시오."

○ **21일**, 사간원이 전 감사 권업(權㡽)[262]을 삭출하라는 계사[263]를 정계(停啓)하였다.

○ 영의정 조태구·우의정 최석항 등이 차자를 올려 아뢰기를,

"신들이 일전에 어전에 나아갔을 때, 죄인 이이명과 김창집을 잡아다 국문한 후 법에 따라 처형할 일을 진달하여 윤허 받았습니다. 신들이 생각하기에 이 두 사람의 죄상은 비록 용서할 수 없다 하나, 국문도 하지 않고 지레 먼저 참형에 처하는 것은 법례(法例)에 어긋나므로 감히 법에 의거하여 아뢰었던 것입니다.

다시 생각해보니, 그 죄가 환히 드러나 이미 살려줄 도리가 없는데, 일찍이 삼공(三公)을 지낸 사람에게 고문의 형신(刑訊)을 가하는 것은 차마 하지 못할 일입니다. 더구나 이전에는 후명(後命)[264]이 대부분 중로(中路)에서 이루어졌고, 조정의 논의들도 대부분 이와 같으니, 선왕께서 이미 행하셨던 전례(前例)를 따라 '반수가검(盤水加劒)[265]'의 뜻을 참작하여 처분하신다면 마땅할 듯합니

---

262) 권업(權㡽) : 1669~1738. 본관은 안동(安東), 자는 사긍(士兢), 호는 기오헌(寄傲軒)이다. 사간 권양(權讓)의 아들이며, 권변(權忭)의 동생이다. 1691년(숙종17) 증광 문과에 급제하여 청요직을 두루 거쳤다. 1721년(경종1) 경기감사로 있다가 신축환국으로 체직되었다. 영조 즉위 후 다시 등용되어 공조·형조·예조판서 등을 역임하였다.

263) 권업(權㡽)을 삭출하라는 계사 : 정유년(1717, 숙종43)의 독대 이후 영남에서 과거를 보려던 유생들이 응시를 포기하고 봉장(封章)을 올렸다. 이에 당시 경상감사였던 권업이 장계를 올려 이 사실을 조정에 알리자, 조정에서는 논의를 주도한 유생을 찾아내어 충군(充軍)하라는 명을 내렸다.《肅宗實錄 43年 12月 2日》이후 소론 측에서는 권업이 유생들의 의기로운 울분을 억누르고 주창자를 적발하는 데 앞장섬으로써 세자에 대한 보호를 저지하였다고 비판하며, 그의 관작을 삭탈하라고 청하였다.《承政院日記 景宗 2年 2月 27日》

264) 후명(後命) : 귀양살이를 하는 죄인에게 사약(賜藥)을 내리는 일을 이른다.

265) 반수가검(盤水加劒) : 쟁반에 물을 가득 채우고 그 위에 칼을 얹는 것이다. 쟁반에 물을

다. 삼가 바라건대 성명께서 다시 헤아려 처리하소서.”

라고 하자, 주상이 답하기를, “차자의 내용이 참으로 좋으니, 형신하는 형벌을 시행하지 말라.”라고 하였다.

○ 장세상을 4차 형문하고 위엄을 보이자 승복하였다.

○ 장세상이 물고되었다.

○ 이기지·홍철인을 2차, 홍의인을 3차, 현덕명을 1차 형문하고, 이영은 3차 형문 끝에 기절하여 형문을 정지하였다.

○ **22일**, 김수천(金壽天)을 잡아들여 가두었다. - 동궁의 액속(掖屬)[266]이다. -

○ 국청이 아뢰기를,

“장세상이 이미 승복하여 지만으로 공초를 받았는데, 미처 결안하기 전에 지레 물고되었으니, 연좌 및 적몰 등의 형 집행을 김용택 등의 전례에 의거하여 거행하겠다는 뜻을 감히 아룁니다.”

라고 하자, 주상이 전교하기를, “알았다.”라고 하였다.

채운다 함은 물은 원래 수평을 유지하므로 공평(公平)한 법으로 다스려 줄 것을 바란다는 뜻이고, 칼을 얹는 것은 그 칼로 목을 찔러 죽겠다는 뜻이다. 《공자가어(孔子家語)》에, 대부(大夫)에게 오형(五刑)에 해당되는 죄가 있을 경우, 이렇게 하고 대궐로 들어가 죄를 청하면, 임금도 유사(有司)로 하여금 묶거나 끌어내지 못한다고 하였다. 즉 죄가 있어도 예(禮)로 대우하여 처벌한다는 뜻이다.

266) 액속(掖屬) : 대궐 안 잡무를 맡아보는 액정서(掖庭署)의 이속(吏屬)을 이른다. 액정서는 조선시대 관청으로 환관 전용 부서였다. 잡직으로 하급 내시들이 왕명 전달·알현 및 왕이 쓰는 붓과 벼루의 공급, 궐문 자물쇠와 열쇠의 관리, 궐문 안에 있는 정원의 설비 등의 일을 맡았다. 또 왕의 시위·배종(陪從)과 각종 의식 때의 향안(香案)·표안(表案) ·보안(寶案) 등의 설치에 관한 일도 담당하였다.

○ 군기시 앞길에서 죄인 장세상의 형을 집행하였다.

○ 장세상이 승복한 초사에 이르기를,

"저는 목호룡과 서로 친하였는데, 목호룡은 이천기와 함께 항상 저의 집에 왕래하였습니다. 이희지가 언문 가사를 지어 성궁을 무함하고 헐뜯었으며, 또한 중간에서 거짓 조서를 초안하여 나인 지 상궁과 열이, 그리고 저로 하여금 국상에 임하여 내리게 하였는데, 목호룡이 이를 발고한 것입니다.

또한 목호룡이,

'조송은 형편없는 사람이다. 그를 시켜 이우항 등이 모은 이천여 냥의 은을 장세상에게 전해주게 하였는데, 중간에서 가로챘다. ……'

라고 한 말은 저로서는 끝내 놀라 동요할 일도, 해명할 단서도 없으나, 평소 뇌물을 받고 결탁한 정상을 또한 미루어 알 수 있습니다.

12월 환국(換局) 후 며칠이 지나, 목호룡이 저의 집에 와 묻기를,

'그대는 항상 「주상께서 하시는 일이 시원치 않다.」고 말하였는데, 지금 이 처분은 어찌하여 한결같이 맹렬한가?'

라고 하기에, 제가 답하기를,

'그날 밤, 내가 입번(入番) 중관(中官)으로서 입시하여 그 일을 목도하였는데, 무함하고 욕보인 말이 양전(兩殿)에까지 미쳤다고 한다.'

라고 하였으니, 목호룡이 저를 만나러 온 것과 제가 입번한 것은 정확한 사실입니다. 그리고 '국가의 처분이 어찌 모두 성상의 결단에서 나왔겠는가.' 등의 말로 답하였으니, 저의 흉패한 말과 수작했던 일들을 이에 의거해 알 수 있습니다.

서덕수·김창도·이정식·정우관 등이 독약을 쓸 계략을 저에게 상의하였는데, 이를 조흡이 또 발고하였습니다. 서덕수와는 친하게 지냈고, 정우관은 저의 집 근처에 거주하였으므로 왕래하며 친하게 지냈습니다. 이정식은 제 조카들의 동접(同接)[267]이었으므로 친하게 지냈으며, 김창도 또한 서로

알고 지냈습니다. 제가 입번할 때, 정우관이 궐 밖의 처소로 찾아와 만난 일이 있고, 또 그 무리가 왕래한 일이 없지 않으니, 저 또한 어찌 모르겠습니까.

두세 가지 고할 일이 있습니다. 서덕수 무리의 소행에는 대개 겁을 집어먹고 중도에 변경하는 일이 없지 않았는데, 이에 대해 제가 다 발고하지 못했던 것은 사리에서 벗어난 일로 농간을 부렸기 때문이었습니다. 이 무리는 해서는 안 되는 일을 부탁하여 죽음으로도 갚지 못할 죄를 지었는데, 이른바 부탁이란 밀계(密計)의 일을 말합니다.

이들이 저지른 형편없는 일은 도저히 용서할 도리가 없습니다. 아주 은밀하게 지 상궁·열이와 교통하였는데, 거짓 교서의 일이 과연 있어서, 이정식 무리가 열이에게 거짓 조서를 들여보냈습니다. 독약을 쓰는 일은 백망에게서 나와서 저에게 들여보냈습니다. 역모가 확실하여 전후 문목의 내용에 대해 지만합니다.”

라고 하자, 상고하여 처치하게 하였다.

○ 동지의금부사 윤취상이 사은하였다.

○ 승정원에서 아뢰기를,

“영의정과 우의정이 연명으로 올린 차자 가운데 ‘이미 중로에서 후명이 시행된 일이 있었다’, ‘반수가검(盤水加劒)’ 등의 말은 대개 사사(賜死)를 가리킨 뜻인데, 비지(批旨)에서는 ‘차자의 내용이 매우 좋으니, 형신하는 형벌을 시행하지 말라.’고 하교하셨습니다. 지금 전지를 받들어 의금부에 내릴 때 어떤 형률로 거행할까요? 대신의 뜻이 이와 같으므로 감히 여쭙니다.”

라고 하자, 전교하기를, “가검(加劒)하라.”라고 하였다.

---

267) 동접(同接) : 동문수학한 친구, 혹은 과거 응시를 앞두고 선비들이 한곳에 모여 시험을 준비하기 위해 만든 동아리 또는 그 구성원을 이른다.

○ 죄인 일정(日貞)을 풀어 주고, 홍의인을 4차, 이기지를 3차 형문하였다.

○ 영의정과 우의정이 차자를 올렸는데, 그 대략에,

"신들은 죄인을 참작하여 처리하시라는 뜻으로 차자를 올려 논하였는데, 성상의 비답에 '차자의 내용이 매우 좋으니, 형신의 형벌을 시행하지 말라.'고 하교하시고, 또 승정원의 계품(啓稟)으로 인하여 '가검하라.'는 명을 내리셨습니다.

'가검' 두 글자는 대개 신들이 차자에서 아뢴 말 때문에 나온 것인데, 신들의 본의는 고의(古義)를 예사롭게 인용한 것에 지나지 않을 뿐이었고, 또 '선조(先朝) 때 이미 행하였던 전례를 따라'라고 한 것은 대개 사약을 가리킨 뜻이었습니다.

이는 다만 신들이 다급한 상황에서 초안을 작성한 탓에 말을 만드는 것을 제대로 살피지 못하여 이 지경에 이른 것이니, 모두 신들의 죄입니다. ……"

라고 하자, 주상이 답하기를,

"차자를 보고 경들의 간절한 마음을 잘 알았다. 차자의 내용이 합당하니, 의서하여 시행하지 않을 수 있겠는가. 경들은 안심하고 대죄하지 말라."

라고 하였다.

○ 승정원이 청대하였는데, 대사간 이사상·지평 박필몽이 함께 입시하였다.

○ 이조참판 김일경이 청대하여 입시하였을 때, 죄인 김창집과 이이명에게 의금부 도사를 보내 그들과 만나는 곳에서 모두 즉시 처형하라고 탑전에서 하교하였다. -《조야회통》에 다음과 같은 내용이 있다. "박필몽이 아뢰기를, '영의정이 그의 종제 조태채[268]를 구제하여 살리고자 이렇게 차자에서 청한 것이니, 두 대신의

---

268) 그의 종제 조태채 : 노론 4대신 중 한 사람인 조태채는 소론 조태구의 종제이자 소론 조태억의 종형이다.

일이 지극히 한심합니다. 옛날 왕도(王導)도 그의 종제를 구원하지 못하였는데,[269] 그가 어떻게 감히 종제를 구하려고 합니까.'라고 하였다." -

죄인 승업(承業)을 잡아들여 가두었다.

○ **23일**, 국청 승지가 아뢰기를,

"대관(臺官)이 탑전에서 배척한 말로 인해, 영의정과 우의정 두 대신이 한꺼번에 나갔으므로, 신이 감히 혼자 국청에 머물러 있을 수 없어 삼가 추안(推案)을 담은 밀갑(密匣)을 받들고 들어와 도로 바치려는 뜻을 감히 아룁니다."

라고 하자, 주상이 전교하기를,

"알았다. 그러나 대신이 차자에서 한 말이 참으로 좋으니, 전의 하교대로 거행하고 법대로 처형하라는 명은 도로 거두어들일 것을 분부한다."

라고 하였다.

○ 홍의인이 물고되었다.

○ 집의 서명우가 사헌부에서 새롭게 아뢰기를,

"이번에 흉역의 무리가 은화를 모았을 때, 은화를 내어 조력한 자는 곧 한마음으로 공모한 역적입니다. 심진(沈梣)은 전라병사로 있으며 조카인 심상길의 말을 듣고 수백 냥의 은화와 부채 및 간폭(簡幅)을 수송하여 백망과 열이에게 낭자하게 사용하였습니다.

이상집(李尙馣)은 평안병사로 있을 때, 400금(金)을 이우항에게 실어 보내 역도들에게 전달하고, 이를 급수(急手)의 밑천으로 삼게 한 일이 이미 국청의

---

269) 왕도(王導)도 …… 못하였는데 : 동진(東晉) 원제(元帝) 때 사람 왕도(267~330)가 종제인 왕돈(王敦)이 반역을 꾀하자 종족을 인솔하고 대각(臺閣)에 나아가 대죄(待罪)하고, 나아가 의리를 앞세워 왕돈을 토죄한 고사를 인용한 것이다. 《晉書 王敦列傳》

전후 초사에서 드러났습니다. 그가 병영의 재화를 멋대로 인출해 흉악한 음모를 양성하고 역당과 결탁하여 안팎으로 화응한 정상이 남김없이 탄로나 가릴 수 없는 것이 분명한데도 아직도 잡아다 조사하지 않고 있으니 옥사의 체모에 매우 흠이 됩니다. 청컨대 국청에 명하시어 심진·이상집·이우항을 모두 잡아들여 국문하고 엄히 형문하여 실정을 알아내소서.

북한산성(北漢山城)에 관성장(管城將)270)을 둔 것은 그 체제(體制)가 본래 가볍지 않은데, 윤정주(尹廷舟)는 간사한 천류(賤流)로서 권흉(權凶)을 아첨으로 섬겨 이 직임에 제수되었으며, 한번 임명되자 10년 동안 그 자리를 차지하고 있습니다. …… 더구나 북한산성 승도(僧徒)271)에 대한 말이 국청의 초사에 나오기까지 하였으니, 더욱 흉당의 사인(私人)으로 하여금 그대로 그곳을 차지하게 하여 인심이 더욱 의심하고 불안하게 해서는 안 됩니다. 윤정주를 원지(遠地)에 정배하십시오.

어의(御醫) 이징하(李徵夏)가 강을 건넌 뒤에 서계(書啓)하여, 정사(正使) 이건 명이 설사병이 매우 심하고 현재 죄를 받는 중이어서 감히 전례를 따라 서계하지 못한다고 말하였다 하는데, 신이 이를 듣고 나서 놀랍고 한탄스러운 마음을 금할 수 없었습니다.

이건명은 현재 대간이 합계(合啓)하여 율문에 따라 처벌할 것을 청하고 있으니 그 범죄가 심히 중차대한데도, 이징하는 이건명의 사인(私人)으로서 감히 죄인의 질병을 이유로 방자하게 치계(馳啓)하여 마치 무고한 대신이 도중에 병을 얻어서 급히 상주하여 아뢰는 것처럼 하였으니, 그가 사주를

---

270) 관성장(管城將) : 북한산성을 관장하여 지키는 관성소(管城所) 소속의 장관(將官)으로, 병사(兵使)와 수사(水使)를 역임한 무신 중에 선발하여 군사와 재정을 실질적으로 주관하게 하였다. 관성소는 경리청(經理廳)의 예하 부서였는데, 경리청은 1711년(숙종37)에 북한산성이 축조된 뒤 신설되어 북한산성을 관장하다가 1747년(영조23)에 혁파되어 그 업무가 총융청(摠戎廳)으로 이속되었다.
271) 북한산성 승도(僧徒) : 북한산성과 남한산성은 승군(僧軍)을 조직하여 산성을 수비하게 하였는데, 특히 북한산성의 경우 중흥사(重興寺)에 승군을 총지휘하는 승영(僧營)을 설치하고 승대장(僧大將) 1인을 임명하여 팔도도총섭(八道都摠攝)을 겸임하게 하였다.

받고 시험해보는 작태가 참으로 지극히 통탄스럽습니다.

비록 승정원에서 물리치고 봉입하지 않았다 하더라도 그 정상이 무엄하여 징계하지 않을 수 없으니, 이징하를 잡아다 신문하여 정죄하십시오. 이렇게 위태롭고 의심스러운 때에 이건명의 사인을 어의의 직임에 둘 수 없으니, 또한 해당 원(院)으로 하여금 약을 의논하는 반열에서 영원히 태거(汰去)하게 하십시오.

노정(路程)의 기한은 한정되어 있고 왕명은 지체시키기 어려우니, 비록 심상한 죄인이라도 감히 한시도 지체하여 머물 수 없는 법입니다. 하물며 현재 율문에 따라 처벌하라는 청이 올라온 천극(荐棘)272) 죄인이 어찌 감히 멋대로 행동할 수 있겠습니까. 지금 이건명은 부사와 서장관이 복명(復命)한 뒤 사흘 만에야 비로소 도성 아래에 도착하고 강교(江郊)에서 이틀 밤을 묵으며 느릿느릿 길을 나서고 있습니다.

이건명의 방자하고 무엄한 행태는 이미 말할 것도 없거니와 압송하러 간 의금부 도사가 지체하도록 내버려 두고 전혀 검칙하지 않은 정상도 참으로 놀랍습니다. 청컨대 압송하러 간 해당 도사가 복명하기를 기다렸다가 잡아들여 신문하고 정죄하십시오.

장단부사 최필번(崔必蕃)은 본래 용렬하고 미천한데다 자급과 경력이 부족하고 기꺼이 권흉의 종이 된 인물이니, 청컨대 파직하고 서용하지 마십시오.”

라고 하자, 주상이 답하기를, “말단의 세 가지 일은 아뢴 대로 하라.”라고 하였다.

○ 우의정 최석항이 차자를 올렸는데, 그 대개는 감히 편안하기 어려운 정세를 진달하고, 자신이 체차됨으로써 사사로운 분수를 편안하게 하고

---

272) 천극(荐棘) : 정배된 죄인을 안치한 구역에 가시울타리를 둘러쳐서 마음대로 출입할 수 없도록 한 것이다. 천극을 할 때에는 죄인이 거처하는 집 가까이에 처마 높이로 나무 울타리를 치고 그 위에 가시울타리를 둘러쳐서 죄인이 하루 종일 해를 볼 수 없을 정도였다고 한다.

공의(公議)에 답하기를 바란다는 내용이었다. 이에 대해 주상이 답하기를,

"대간의 비난과 배척을 어찌 혐의할 것이 있겠는가. 경은 안심하여 사직하지 말고 당일로 들어오라."

라고 하였다.

○ 영의정 조태구가 차자를 올려 다음과 같이 말하였다.

"마침 국옥(鞠獄)이 한창 진행되는 때를 만나 역적의 정절(情節)이 놀라워서 꾹 참고 집에만 있을 수 없어 병든 몸을 억지로 추슬러 밤낮으로 조사하여 다스렸습니다. 이 무렵 두 죄인을 처단하라는 계사가 올라와 즉시 윤허를 받았으니, 그 지은 죄를 논한다면 어찌 용서할 도리가 있겠습니까. 그러나 곧장 참형에 처하는 것은 법의(法意)에 어긋나고 고문(拷問)하는 것 또한 마땅하지 않으니, 이 때문에 신이 연석에서 아뢰고 차자를 올려 논한 것입니다.

국가의 형정(刑政)은 이보다 큰 것이 없으니, 영의정의 몸으로서는 참여하여 듣지 않는 일이 없어야 합니다. 그런데 지금 대신(臺臣)이 이것을 허물로 삼아 연석에서 논척할 때 말을 전혀 가려서 하지 않고 심지어 신의 종제(從弟)를 거론하며 신이 이 일에 참여해 논의해서는 안 된다고까지 하니, 신은 이에 지극히 놀랍고 두려운 마음을 더욱 금할 수 없습니다.

지금 이 두 죄인의 처단을 논함에 신에게 무슨 혐의할 만한 단서가 있겠습니까. 더구나 그 논한 내용은 똑같이 죽음을 의미하는 것에 불과한데,273) 말하는 자는 어찌하여 이에 대해 성을 내며 이렇게까지 말하는 것입니까. 신은 실로 그 까닭을 모르겠습니다. 신은 본디 편안하기 어려운 상황에다 또 직무에 나아가기 어려운 중병이 목전에 있어, 어쩔 수 없이 도성문 밖으로 물러나 감히 죽음을 청하는 소장을 올립니다."

---

273) 더구나 …… 불과하였는데 :《승정원일기 경종 2년 4월 24일》기사에는 "더구나 그 논한 바는 형신과 사사의 경중에 대한 당부 여하에 불과할 뿐입니다.[況其所論, 不過施刑與賜死輕重當否而已]"라고 되어 있다.

주상이 답하기를,

"대간의 무고한 배척을 어찌 입에 올릴 것이 있겠는가. 안심하여 대죄하지 말고 즉시 들어오라."

라고 하자, 승정원에서 아뢰기를, "영의정이 교외로 나가 명소(命召)를 환납하였습니다. ……"라고 하니, 전교하기를, "승지는 가서 선유(宣諭)하고 함께 오라."라고 하였다.

○ 판의금부사 심단(沈檀)이 상소하였는데, 그 대개는 감히 구구한 소회를 아뢰니 살펴 가납해 주시기를 바란다는 내용이었다. 금부도사 조문보(趙文普)가 죄인 김창집을 사사하는 일로, 금부도사 최회창(崔會昌)이 죄인 이이명을 사사하는 일로 나갔다.

○ 이이명 사사(賜死) 전지(傳旨)는 다음과 같다.

"위리안치 죄인 이이명은 사사가 마땅하다. 아! 하늘에 사무치는 4흉의 죄악을 이루 다 주벌할 수 있겠는가. 역적 조성복을 은밀히 사주하여 임금의 의중을 떠보는 상소를 불쑥 올리게 하고 정청을 일거에 중지시켰으며 협박하는 상소를 급히 올렸으니, 그 흉악한 모의와 반역의 정상이 남김없이 다 드러났다.

고변서의 내용을 보니 흉악한 괴수의 자손들이 뒤엉켜 결탁하고 칼이나 약으로 해하려는 계획이 이미 완성되어 있었는데, 그 중에서도 이이명의 반역의 정상이 더욱 뚜렷하게 드러났다.

문답할 때 유비(劉備)의 유무를 가지고 뜻을 암시하였고, 은밀한 곳에서 손바닥에 글자를 써 약속을 맺었는데, 역적 백망이 쓴 '양(養)'자는 바로 이이명의 자(字) 양숙(養叔)의 '양'자이다. 글자로 표지를 삼아 추대의 뜻을 은밀히 보였으니, 이것이 곧 이천기가 알아채고 웃은 까닭이자 정인중이 그 혈당임에도 불구하고 감히 결안(結案)에 실토하지 않을 수 없었던 이유이다.

아! 이 역적은 이사명의 아우로서 나라에 대한 원망이 뼈에 사무쳐 '끝내 어육처럼 참살되리라는 것을 스스로도 항상 알고 있다.'고 할 만큼 거꾸로 행동하여 역모를 시행한 것이 평소 축적되어 왔다.

30년간 화란의 기틀을 빚어낸 것이 작금의 찬탈을 위한 계책이 되었으니, 어찌 일각인들 목숨을 부지시켜 종묘사직에 헤아릴 수 없는 화를 끼치게 하겠는가? 특별히 참작하여 중도에서 사사하라."

- ○ 이 전지(傳旨)는 17일의 합계 및 《신임기년제요》의 조어이고, 《난여》에 보이는 전지는 20일 김일경의 상소 용어를 많이 인용한 것으로서 《조야회통》에 실려 있으니, 마땅히 참고해야 한다. -

○ 김창집의 사사 전지는 다음과 같다.

"위리안치 죄인 김창집은 사사가 마땅하다. 그는 본래 더없이 크게 간특한 자로서, 국본을 동요시키고 종사의 위태로움을 도모하는 계책이면 극력 주장하지 않은 적이 없어서, 그 평생의 죄악을 낱낱이 열거하기가 참으로 어렵다. 이번 역적의 공초에서 중요하게 거론된 자들은 그의 아들이나 손자가 아니면 인친(姻親)과 문객이었으니, 그 음흉한 정절이 서로 통하였던 것이다.

더구나 그의 아들 김제겸은 목호룡이 고변할까 염려한 끝에 이홍술을 은밀히 사주해서 때려죽여 입을 막으려는 계책을 꾸몄으니, 그가 반역을 도모한 정상은 숨기려 해도 숨길 수가 없다.

또 저 정인중이 얼마나 흉악한 역적인데, 지난번 낙점하지 않은 날에 그가 감히 정인중의 승천(陞遷)을 강력하게 청하기를 두 번 세 번에 이르러도 그칠 줄을 몰랐으니, 그가 함께 역모를 꾀하고 힘을 다해 추천한 정상은 모든 사람이 지적하고 있는 바인데 속일 수 있겠는가?

이 역적이 지은 죄를 대략 논하자면, 고묘(告廟)하는 것을 힘껏 저지하였고 차자를 올려 절목(節目)을 청하였던 일 외에도 사사건건 모든 일마다 용서하기 어려운 극악한 역적 짓 아닌 것이 없었다.

지금 인척과 결탁하고 자손을 이끌어 역모의 정절을 가중시킨 단서가 탄로 났으니, 만약 이 늙은 역적으로 하여금 하루라도 목숨을 부지하게 한다면 반드시 종묘사직에 하루치의 근심을 끼치게 될 것이다. 특별히 참작하여 중도에서 사사하라."

-《조야회통》에 수록된 이이명의 사사 전지는 다음과 같다.

"죄인 이이명은 은밀히 역심을 품고 오랫동안 딴 생각을 키워왔다. 요망한 자들과 자객이 집안을 드나들었으며, 궁녀·내관과 결탁하여 그들을 심복으로 삼아 궐내의 동정을 은밀히 염탐하고 중외의 위복을 멋대로 농단하였으니, 그 음모와 반역의 정절이 일마다 번번이 드러났다.

더구나 지금 고변이 올라오고 역적이 국청에 나오고 보니, 서약과 맹세로써 혈당을 이루고 은밀한 곳에 뇌물을 뿌리며 요로(要路)에 연줄을 대 몰래 반역을 도모한 자는 진실로 그의 아들·조카가 아니면 모두 인척들이었다. 손바닥에 쓴 글자로써 그 이름이 추대의 대상에 들어갔고 삼수의 남은 음모가 이어져 흉악한 차자가 되었으니, 온 나라의 신민이 모두 그 살을 씹어 먹고 그 가죽을 깔고 자고 싶어 한다.

이이명과 같은 흉악한 역적이 아직도 어찌 감히 머리를 들고 하루라도 천지간에 목숨을 부지할 수 있단 말인가. 긴급히 명하노니, 중도에서 이참(莅斬)하여 국법을 바르게 하라."

○ 김창집의 사사 전지는 다음과 같다.

"죄인 김창집은 딴 마음을 품고 국권을 장악하여 화란의 기틀을 양성한 지 30여 년이 되었다. 그의 자질(子姪)과 족당이 권세를 팔아넘기고, 잡스런 무리와 은밀히 결탁해 떼를 지어 집안을 드나들었으며, 역적 환관과 결탁하여 흉악한 계책을 도모하였다.

지금 조흡의 공초로 보건대, 문중의 얼자를 지휘하여 은화를 함부로 뿌렸고, 악독하고 요망한 자손들이 안팎으로 교통하여 흉악한 역모를 자행한 정황이 낭자하다. 지난번에 흉악한 차자를 올린 죄는 실로 하늘에 사무쳤는데 임금을 무시하고 도리에 벗어난 정상이 양기(梁冀)와 왕망(王莽)[274]보다도 심하였으니, 그의 터럭 하나도 죄역(罪逆)이 아닌 것이

---

274) 양기(梁冀)와 왕망(王莽) : 양기는 후한 순제(後漢順帝) 황후의 오빠로 영화(永和) 6년에 대장군이 되어 권력을 남용하였으며, 질제(質帝)를 옹립하였는데 횡포하고 방자한

없다.

국법으로 헤아려 볼 때 결코 용서하기 어려우니, 긴급히 명하건대 중도에서 이참하여 전형(典刑)을 밝게 보이도록 하라."

○ 이 자료는 김일경이 20일 올린 상소의 말을 인용한 것이 많은데 형률의 내용이 사사가 아니니, 마땅히 다시 살펴보아야 한다. -

○ 경기감사가 아뢰기를,

"잡아들인 죄인 이옥강(李玉江)이 도주하였으니, 죽산부사 정도원(鄭道元)[275]을 파출하십시오."

라고 하였다. - 이옥강은 삼성 죄인(三省罪人)[276]이다. -

전교하기를,

"가뭄이 극심하여 민생이 애타고 근심스러우니, 소결(疏決)[277]하는 방도가 없을 수 없다. 내일 소결을 시행하도록 분부하라."

라고 하고, 또 전교하기를,

"3차 기우제를 지낸 후에도 비가 올 기미는 더욱 아득하니, 말과 생각이 민생에 비치면 걱정스런 마음에 애가 타는 듯하다. 사직단에서 친히 기도드리는 일을 조금도 늦출 수 없으니, 택일하지 말고 오는 24일로 정하여 행하라."

행태를 일삼다가 질제에게 발호 장군(跋扈將軍)이라는 말을 듣자 질제를 독살하고 다시 환제(桓帝)를 옹립하였다. 20여 년 동안 권좌를 차지하고 횡포가 극심하였으나 결국 자살하였다. 왕망은 한(漢)나라 효원황후(孝元皇后)의 조카로, 한나라 말엽에 평제(平帝)를 독살하여 가황제(假皇帝)라 칭하였으며 3년쯤 지나 스스로 황제가 되어 국호를 신(新)이라고 하였다. 그러나 그 뒤 광무제(光武帝)에 의해 망하였다. 《後漢書 卷34 梁冀列傳》《漢書 卷99 王莽傳》

275) 정도원(鄭道元) : 1681~1734. 본관은 영일(迎日)이다. 1705년(숙종31) 식년 무과에 급제하여 1707년 오위장(五衛將), 1717년 내금위장(內禁衛將)을 거쳐 1722년(경종2) 죽산부사가 되었다. 이후 장단부사(長湍府使)·전라좌수사(全羅左水使)·제주목사 등을 역임하였다.

276) 삼성 죄인(三省罪人) : 삼성(三省), 즉 의정부·의금부·사헌부가 합좌하여 추국하는 죄인으로, 역옥(逆獄)이나 강상(綱常)에 관계되는 중죄를 지은 죄인을 이른다.

277) 소결(疏決) : 국가에서 특별한 경우에 전국의 죄수를 다시 심리(審理)하여 관대하게 처결하는 것을 이른다.

라고 하였다.

○ 승정원에서 아뢰기를,

"기한이 너무 촉박하여 기일에 맞춰 거행하기 어려우니, 25일 출궁하여 재숙(齋宿)[278]하고 다음 날 새벽에 제사를 지낸 다음 환궁한 뒤 이어서 소결하십시오. ……"

라고 하자, 전교하기를, "아뢴 대로 하라."라고 하였다.

○ 24일, 영의정이 차자를 올렸는데, 그 대략에,

"이 더위에 수고롭게 거둥하여 밤새도록 정성스러운 기도를 올린다면 옥체가 손상될까 염려됩니다. 더구나 지금 역옥이 아직 다 토벌되지 않았고 우려스러운 일들이 아직도 많은데, 이렇게 위태롭고 의심스러운 상황이 진정되지 않은 상황에서 거둥하시어 단소(壇所) 아래에서 밤을 지새우는 것은 실로 걱정스럽습니다.

또한 삼가 생각건대 동궁의 미령한 기후가 나아지긴 하였으나 아직 조섭 중이시니 병을 삼가는 도리로 볼 때 조금 차도가 있을 때 조심해야 한다는 경계를 진념하셔야 합니다. 삼가 바라건대 성명께서는 다시 심사숙고하시어 사직단 친제 및 세제 수행의 명을 속히 거두어주십시오. ……"

라고 하자, 주상이 답하기를,

"이번 기우제는 가뭄을 근심하는 뜻에서 나온 것이니, 경은 염려하지 말라."

라고 하였다.

○ 지평 박필몽(朴弼夢)이 상소하여 아뢰기를,

"두 흉적에 대한 법을 집행하는데 있어 처음에는 참형에 처한다는 명을

---

278) 재숙(齋宿) : 제사 전날 밤에 재소(齋所)에서 재계(齋戒)하면서 묵는 것을 말한다.

내리셨다가 또 대신의 말에 따라 잡아들여 국문해서 실정을 알아내라고 하교하셨습니다. 그런데 다시 승정원의 계품(啓稟)으로 인하여 '가검하라'는 명을 내리셨다가, 또 대신의 차자 중 '사사'라는 말에 따라 그대로 시행하라고 하교하셨고, 다시 또 의금부의 진달에 따라 정법(正法)하라는 명을 내리셨는데, 최종 내려진 분부에서는 죄가 사사하는 데에 그쳤습니다.

두 흉적의 범죄는 모두 악역의 괴수로서 저지른 죄이니, 국법으로 논하자면 사시(肆市)[279]의 형벌을 받아야 마땅한데, 한 번 변하고 두 번 변하여 세 번이나 바뀌었습니다. 법을 집행하자는 대각의 논의는 잠깐 윤허하였다가 금방 중지하고, 용서해 주자는 대신의 말은 청하는 대로 들어주시니, 처분이 전도되어 막대한 실형(失刑)을 초래하고 말았습니다.

신들은 이로부터 흉악한 역적들이 징치되지 않고 국법은 시행될 곳이 없게 되어 나라 사람들의 분노가 갈수록 격화될까 두렵습니다. 신의 생각으로는 최초의 처분에 따라 토역(討逆)의 형전을 엄중히 하고, 이로써 신인(神人)의 분노를 풀어주는 일을 결단코 멈추어서는 안 된다고 생각합니다.

어제 연석에서 아뢴 것은 다른 뜻이 있어서가 아닙니다. 수상이 두 흉적의 처단을 논하는 일에 참어하면서 혐의로 여기지 않고 역옥이 적발된 뒤에 두 흉적을 나누어 아뢰기까지 한 것은 그 죄를 범한 양상이 전과 달랐기 때문이었습니다.

그런데 신의 생각으로는, 조태채가 비록 이 옥사와 관련이 없다 해도 4흉이 저지른 죄를 개략적으로 논한다면 연명으로 올린 흉악한 차자가 가장 근본이 되므로 수상이 이 일에 대해 함께 논의한 것은 끝내 혐의를 피할 수 없다 하겠습니다. 또한 (수상이) 연석에서 아뢰고 차자로 진달한 내용이 지나치게 관대한 잘못이 있으므로, 신이 어전에서 쟁론하였던 까닭은 그 뜻이 대개 이와 같은 것이었습니다.

다만 말을 하는 과정에서 저절로 다그치고 핍박하는 말이 없을 수 없어서

---

279) 사시(肆市) : 죄인을 죽여서 주검을 저자에 전시하는 형벌을 이른다.

결국 수상이 도성을 나가고 우의정은 인책(引責)하여 국청의 일이 지체되고 마침내 흉적의 무리로 하여금 여러 날 감옥에서 목숨을 부지하게 하고 말았으니, 이는 실로 신의 죄입니다. ……"

라고 하자, 주상이 답하기를, "그대는 혐의할 바가 없으니, 사직하지 말고 나아가 직무를 살피라."라고 하였다.

○ **25일**, 전교하기를,

"선조(先朝)의 옛 신하를 한꺼번에 사사하는 것은 마음에 차마 할 수 없는 바가 있다. 전지를 도로 거두어들이고 사형을 감하여 위리안치 하라."

라고 하였다.

○ 승정원에서 아뢰기를,

"방금 삼가 비망기에 운운한 것을 보고 신들은 머리를 맞대고 경악하여 무슨 말씀을 드려야 할지 모르겠습니다. 김창집과 이이명 등의 죄상은 신들의 말을 기다릴 것도 없이 이미 성명(聖明)께서 통촉하신 일이니, 감형하여 사사의 형률을 시행한 것에 사람들이 모두 울분에 차 있습니다.

하물며 지금 이처럼 사형을 감하라는 명을 내리시니 실로 천만뜻밖의 일입니다. 만약 이와 같이 하기를 그치지 않으신다면 난신적자(亂臣賊子)를 징치하여 두려워하게 만들 방도가 없을 것이니, 신들은 근밀(近密)의 자리에 있으면서 결단코 이 전지를 받들 수는 없습니다."

라고 하자, 주상이 전교하기를, "번거롭게 하지 말라."라고 하였다.

○ 대사간 이사상, 사간 이제, 장령 신유익·이경열, 헌납 윤회가 청대하여 합계하기를,

"신들이 삼가 들으니, 오늘 죄인 이이명과 김창집에 대한 사사의 명을 도로 거두어들이라 명하셨다 하니, 신들은 서로 돌아보고 경악하며 놀랍고

의아한 마음을 이기지 못하겠습니다. 두 흉악한 역적은 그 정절이 추안에 낭자하게 드러나 이미 성명께서 통촉하시고 신하들이 힘써 쟁집하였던 것이니, 그 죄상은 결코 잠시도 천지간에 숨을 쉬게 할 수 없는 것입니다. 당초 사사하게 한 것도 형정을 잘못 적용한 것이 너무도 컸는데, 지금 이 예사롭지 않은 전교 또한 천만뜻밖의 일이니, 신들은 실로 성상의 뜻이 어디에 있는지 모르겠습니다.

만약 선조의 옛 신하라는 이유로 두 흉적을 용서해준다면, 지금 이후로는 비록 왕망·동탁(董卓)[280]같은 역적이 있더라도 장차 옛 신하라 하여 법대로 처형할 수 없는 것입니까? 국법은 본래 조종조의 법이니, 인주(人主)의 존귀함으로도 마음대로 조정할 수 없는 것입니다. 이 두 역적을 속히 국법에 따라 처형하지 않으면, 흉역의 무리는 더욱 징치할 방법이 없을 것이고 종사의 멸망은 경각에 달릴 것이니, 청컨대 죄인 이이명과 김창집의 사형을 감하라는 명을 도로 거두시고 형률대로 처단하소서."

라고 하자, 주상이 이르기를, "번거롭게 하지 말라."라고 하였다.

○ **26일**, 우부승지 황이장이 아뢰기를,

"김창집과 이이명을 사사하라는 전지를 도로 거두시고 사형을 감하여 위리안치 하라는 명을 내리셨습니다만, 지금 양사가 사형을 감하라는 명을 도로 거두시고 형률대로 처단하라는 내용으로 논계하고 있으니, 위리안치 하라는 전지를 봉입할 수 없다는 뜻을 감히 아룁니다."

라고 하자, 주상이 "그렇다."라고 하였다. -《남천기》에 이르기를, "의금부 도사 이의진(李義鎭)과 김항(金沆)이 사사의 명을 도로 거두는 일로 떠나려 하였는데, 승정원의 두 번째 계사로 말미암아 출발하지 못하였다."라고 하였다. -

---

280) 동탁(董卓) : 139~192. 후한(後漢)의 역신(逆臣)이다. 환관에 붙잡힌 소제(昭帝)와 진류왕(陳留王)을 구출하고 환관 세력을 축출하는 등의 공을 세우고 나서, 소제를 폐위하고 진류왕을 즉위시키는 한편 하 태후(何太后)를 시해하는 등 포악한 짓을 일삼다가 여포(呂布)에게 살해되었다. 《後漢書 董卓列傳》

○ 승정원에서 아뢰기를,

"방금 김창집과 이이명의 사형을 감하라는 명을 내리신 일로 인해 양사의 대신(臺臣)이 어가(御駕) 앞에서 쟁론하는 일까지 일어났습니다. 이에 대계(臺啓)가 마무리되기 전에는 전지를 봉입할 수 없다는 뜻을 본원에서 이미 아뢰었는데, 전지를 봉입하지 않은 일 때문에 의금부에서는 명이 내려졌는데도 일을 거행할 수 없어 사세가 매우 곤란하게 되었습니다.[281]

앞서 떠난 금부도사에게 우선 대계가 마무리될 날을 기다렸다 마무리가 되면 즉시 거행하도록 속히 분부하라고 의금부에 분부하는 것이 어떻겠습니까?"

라고 하자, 전교하기를, "윤허한다."라고 하였다.

○ 금일 소결할 때 양사가 함께 청대하여, 위리안치한 죄인 김창집과 이이명의 사형을 감하라는 어제의 비망기를 도로 거두어들이도록 탑전에서 하교할 일을 아뢰었다.

○ 윤각을 잡아들여 가두었다.

○ 동지의금부사 윤취상(尹就商)을 개차할 일을 재결 받았다. - 그의 조카 윤각을 잡아들여 국문하는 정황을 들어 대명(待命)하니, 주상이 전교하기를, "대명하지 말라."라고 하였다. -

---

281) 곤란하게 되었습니다 : 원문의 철주(掣肘)는 공연히 다른 사람의 일에 간섭하여 뜻한 바를 이룰 수 없게 만드는 것을 뜻하는 말로 노(魯)나라 복자천(宓子賤)의 고사에서 나왔다. 복자천이 단보(亶父)의 수령으로 임명되어 떠나갈 적에 글씨를 잘 쓰는 임금의 측근 아전 두 사람을 청하여 함께 데리고 갔다. 고을의 아전들이 모두 모였을 때 그 아전들에게 글씨를 쓰게 하였는데, 글씨를 쓰려고 하면 옆에서 팔꿈치를 잡아당기고, 그 때문에 글씨를 잘못 쓰면 또 화를 내었다. 그 아전들이 두려워 사직하고 돌아가 임금에게 자초지종을 고하니, 임금이 자신을 경계하려고 한다는 것을 알아채고는 간섭하지 않았다고 한다. 《呂氏春秋 具備》

○ 지평 박필몽이 아뢰기를,

"어제 대신의 차자에 대한 비답에서 운운한 것을 보니, 두 흉적에 대한 감률에 대신이 참여한 일과, 또한 대신이 진달한 '(이이명이) 내의원에 있어서 (역모에 대해서는) 틀림없이 몰랐을 것'이라는 말에 대해, 신은 마음속으로 적이 개탄스럽게 여겼습니다. 그래서 지난번 청대하였을 때 대략 소견을 아뢰었는데, 말을 하는 과정에서 (대신을) 다그치고 핍박하는 말이 있었습니다.

이에 대해 성상의 하교 - 영의정의 차자에 대한 비답에 '(대간의 말은) 무고한 배척'이라는 하교가 있었다. - 가 뜻밖의 내용으로 나왔으니, 대신을 나오도록 권면한 뜻은 지극하다 하겠으나, 대각을 대우하는 도리는 어찌 이리도 박절하단 말입니까? ……"

라고 하자, 주상이 이르기를, "사직하지 말고 물러나 기다리라."라고 하였다.

○ **27일**, 김민택을 잡아들여 가두고, 김제겸을 잡아들여 가두었다.

○ 평안감사가 장계를 올려, 칙사의 패문(牌文)282)이 이달 24일에 나왔다고 하였다.

○ 원접사에 이조(李肇), 문례관에 윤연(尹㞹)283), 관반사에 이태좌(李台佐)를

---

282) 패문(牌文) : 중국에서 칙사를 파견할 때 미리 조선에 보내는 문서의 일종으로, 칙사를 비롯한 파견 인원과 일정 등이 기록되었다.

283) 윤연(尹㞹) : 1680~? 본관은 파평(坡平), 자는 원이(遠爾)이다. 판서 윤강(尹絳)의 손자이고, 윤지선(尹趾善)·윤지완(尹趾完)의 조카이다. 1702년(숙종28) 식년시에 합격하여 진사가 되고, 1719년 별시 문과에 급제하여 1720년(경종 즉위) 도당록에 올랐다. 이후 청요직을 두루 지내다가 1725년(영조1) 노론의 탄핵을 받고 안치되었는데, 1727년 석방되어 이조참의가 되었다. 1728년 승지가 되었으나 무신난(戊申亂)에 연루되어 유배되었다가 1734년 영조의 명으로 석방되었다.

임명하였다.

○ 지의금부사에 이광좌를 임명하였다.

○ 28일, 양사가 합사하여 소회를 아뢰고, 위리안치 죄인 이건명과 조태채를 율문에 따라 처단하라 청하니, 주상이 번거롭게 하지 말라고 하였다.

○ 집의 서명우가 아뢰기를,

"회령부사 유정장(柳貞章), 순천군수 홍우귀(洪禹龜), 재령군수 우홍채(禹洪采)284), 안악군수 최진추(崔鎭樞)는 다 흉당의 사인(私人)으로, 모두 비옥한 땅을 차지하고 그 지휘를 받고 있어 마치 노예와 같습니다.

끝없는 탐욕으로 백성에게 가렴주구한 재물을 끊임없이 수레로 실어 날라 원망과 비방이 길에 가득하니, 하루도 그대로 두어 백성에게 해를 끼치게 할 수는 없습니다. 청컨대 이들을 모두 사판에서 삭제하소서."

라고 하자, 주상이 이르기를, "번거롭게 하지 말라."라고 하였다.

○ 사간 이제가 아뢰기를,

"한번 경화(更化)한 뒤에285) 뜻을 잃고 나라를 원망하는 무리의 흉언패설(凶言悖說)이 이르지 않는 곳이 없으니, 통탄스러움을 금할 수 있겠습니까.

전 전설사 별검 이휘천(李輝千)은 본래 흉악한 괴수의 잔당으로 외람되이 사적(仕籍)에 올랐고, 일찍이 제관(祭官)에 차임된 날, 공회(公會)에 사람들이

---

284) 우홍채(禹洪采) : 1690~1722. 본관은 단양(丹陽), 자는 사량(士亮)이다. 1715년(숙종41) 식년 무과에 급제하여 1721년(경종1) 재령군수(載寧郡守)가 되었다. 1722년 임인옥사가 진행되는 와중에 집의 서명우(徐命遇)의 탄핵을 받았다. 이에 김창집(金昌集) 등 노론 대신의 당여로서 내시 장세상(張世相)의 집을 왕래하며 역모를 꾸몄다는 혐의를 받고, 8월 4일 체포되어 3차례 형신 끝에 승복하여 결안한 뒤 9월 9일 처형되었다.

285) 한번 경화(更化)한 뒤에 : 1721년 환국으로 집권 세력이 노론에서 소론으로 바뀐 것을 지칭한다.

이 빈틈없이 모인 자리에서 감히 나라에 대한 망측한 말을 앞장서서 주장했습니다. 당시 전설사 제거가 듣고 심히 놀라 초기(草記)를 올리려 하니, 이휘천이 백방으로 애걸하며 스스로 사임하겠다[286]고 하였습니다.

아! 임금과 신하의 분수는 지극히 준엄하고, 지난겨울의 처분은 위엄과 결단이 성대하였으니, 진실로 전하를 섬기는 마음을 가진 자라면 어찌 감히 차마 들을 수도 없고 감히 말할 수도 없는 말을 이처럼 조금의 거리낌도 없이 방자하게 입에 올린단 말입니까.

전해들은 말을 비록 그대로 믿을 수는 없지만 이미 이 일로 인해 체직되었으니, 이 일이 허무맹랑한 것이 아님을 알 수 있습니다. 지금 엄히 징토하는 때를 만나, 이미 그 직임에서 체차되었다고 하여 그대로 두고 논하지 않아서는 안 됩니다. 청컨대 이휘천을 잡아들어 엄히 조사하여 정죄하소서.”

라고 하자, 주상이 이르기를, “아뢴 대로 하라.”라고 하였다. -《신임기년제요》에 따르면, 이휘천은 먼 시골 사람인데, 공회에서 흉도들이 나라를 어지럽히고 무고한 옥사를 조작해낸 정상에 대해 큰 소리로 말하였다고 한다. -

○ 문사낭청 김계환에게 탈이 생겨 조원명으로 대신하였다.

○ 이기지가 4차 형문에서 장 1도만에 이홍술을 은밀히 사주하여 목호룡을 죽이려 모의했던 일을 바른대로 공초하였다.

○ 정박을 연좌하여 -《조야회통》에는 “박(珀)”으로 되어 있다. - 당고개에서 교형에 처하였다.

○ 전교하기를,

---

286) 스스로 사임하겠다 : 원문의 “정순(呈旬)”은 관원이 사임을 요청할 때 열흘에 한 번씩 세 차례 잇달아 사직원을 내던 일을 이른다.

“이번 가뭄은 또한 매우 혹심해서 한 달이 넘도록 비가 오지 않아 만물이 다 타서 말라버렸으니, 말과 생각이 여기에 미치면 마음이 타는 듯하다. 남단(南壇)[287] 아래에서 다시 친히 기도를 올릴 것이니 택일하지 말고 30일에 거행하라.”

라고 하자, 승정원에서 아뢰기를,

“산단(山壇)은 도성 안과 차이가 있으니, 청컨대 재삼 숙고하소서. ……”

라고 하니, 전교하기를,

“친히 기도를 올리겠다 명한 것은 가뭄을 근심하는 뜻에서 나온 것이니, 지나치게 염려하지 말라.”

라고 하였다.

○ 이상집·김시태·열이·이삼석(李三錫)을 잡아들여 가두었고, 이하(李夏)· 정도원·이휘천을 잡아 가두었다.

○ **29일**, 영의정이 차자를 올렸는데 그 대개는, 병이 심하여 직무에 임하지 못하고 있으니 감처(勘處)[288]해 주기를 청하고, 아울러 구구한 우려의 마음을 아뢰며 교단(郊壇)에 친림하겠다는 명을 거두어줄 것을 청하였다.

이에 대해 주상이 답하기를,

“친히 기도를 올리겠다 명한 것은 애타는 마음에서 그리 한 것이니, 경은 염려하지 말라.”

---

287) 남단(南壇) : 풍운뇌우산천성황단(風雲雷雨山川城隍壇)을 이른다. 《국역 신증동국여지 승람 제2권 비고편 동국여지비고 제1권 경도(京都)》에 “이 단은 남교 청파역동(南郊靑坡驛 洞) 송림 사이에 있는데, 지금은 남단(南壇)이라고 부른다. 사방이 2장 3치, 높이가 2자 7치로 사면으로 섬돌이 있으며, 두 토담 사이는 사방 25보이다. 풍운과 뇌우의 신좌(神座)는 가운데 있고 산천의 신좌는 왼쪽에 있으며 성황은 오른쪽에 있는데, 모두 북쪽에 있어 남향하였다. 매년 중춘(仲春)과 중추(仲秋) 상순 중에 택일하여 제사 드린다.”라고 보인다.
288) 감처(勘處) : 죄인을 심리하여 죄에 따라 다스리던 일을 이른다.

라고 하였다.

○ 교리 심공(沈珙)이 아뢰기를,

"근래 홍문관의 인원이 부족하여 12월 이후로 인원을 갖추어 입직한 때가 없었습니다. 본관록(本館錄)을 이제 막 마쳤으니, 도당록(都堂錄)을 오래지 않아 시행해야 하는데, 다만 본관록에 포함된 6인이 병신년(1716, 숙종42) 도당록에 선발된 사람입니다.

그런데 병신년 도당록은 대제학이 참여하지 않고 제학만 참여하였기 때문에 그때 선발된 사람들이 이 때문에 인혐하였고, 조정의 의론 또한 규례에 어긋났다 하여 도당록을 다시 작성하였는데, 그때 삭록(削錄)해버린 사람이 곧 10인이었습니다.

다만 삭록된 사람들이 모두 합당한 사람들이었으므로 그 후 3인을 검토하여 이미 홍문록[瀛錄]에 포함시켰고, 이제 남은 사람이 7인입니다. 6인은 생존해있으므로 이번에 모두 홍문록에 들었으나, 엄경수(嚴慶遂)의 경우 지금 이미 사망하여 뽑히지 못하였습니다.

엄경수는 일찍이 홍문관에 입직하여 오랫동안 공무를 행한 사람입니다. 살아 있는 자는 모두 다시 홍문록에 들어갈 수 있었지만 죽은 자는 무단히 삭록되어 다시 들어갈 길이 없으니, 어찌 가엾다 하지 않겠습니까. 당시 도당록을 다시 작성하였던 것은 그 사람이 적합하지 않아서가 아니라 단지 제학이 홀로 참여하였던 것이 전례에 어긋났기 때문이었습니다. ……

홍문관의 등록(謄錄)을 가져다 살펴보니, 제학이 홀로 권점(圈點)에 참여한 것이 한두 번이 아니었습니다. 기사년(1689, 숙종15) 윤3월과 계미년(1703, 숙종29) 10월, 병술년(1706, 숙종32) 9월, 무자년(1708, 숙종34) 11월 도당록 작성 때에도 모두 대제학이 불참하고 제학이 홀로 참여한 전례가 있습니다. 구례(舊例)가 이와 같은데, 어찌 규례에 어긋난다 하여 다시 작성할 것을 청할 수 있습니까.

이후 도당록에서 이 사람들 모두를 선발하는 것은 당연하므로 다시 등용하지 못할까 걱정하는 것은 아니지만 다만 당초에 다시 작성하였던 것은 심히 잘못이었습니다. 신의 생각으로는 도당록을 다시 작성할 때 삭거되었던 사람들을 모두 포함시키는 것이 마땅한 듯하니, 입시한 대신에게 물어 처리하는 것이 어떻겠습니까?"

라고 하였다.

우의정 최석항이 아뢰기를,

"병신년 도당록 작성 때 참석하였던 사람이 지금 어찌 간여할 수 있겠습니까? ……"

라고 하자, 영의정 조태구가 아뢰기를, "진달한 말대로 시행하는 것이 좋을 듯합니다."라고 하니, 주상이 이르기를, "그렇다."라고 하였다.

그러자 심공이 아뢰기를, "그렇다면 지금 이후로는 응당 구 도당록[舊錄]에 따라 시행합니까?"라고 하자, 주상이 이르기를, "그렇다."라고 하였다. -《초종설》에 따르면, 도당록에 다시 수록된 사람은 박필몽·조원명·윤성시·권익관(權益寬)[289]·이세덕(李世德)[290]이다. -

---

289) 권익관(權益寬) : 1676~1730. 본관은 안동, 자는 홍보(弘甫)이다. 사간 권두기(權斗紀)의 아들이다. 1711년(숙종37) 식년 문과에 급제하여 청요직을 두루 지내고, 1723년(경종3) 충청감사가 되었다. 1724년(영조 즉위) 노론에 의해 유배되었다가 1727년(영조3) 풀려나와 공조참의 등을 역임하였다. 1728년 이인좌의 난에 연좌되어 다시 외딴섬에 안치되었다가 이듬해 풀려났는데, 그 해 사간원의 탄핵을 받아 또다시 변방에 정배되었다. 1735년 관작이 회복되었으나, 1776년에 다시 반역의 죄상이 추궁되어 관작이 추탈되었다.

290) 이세덕(李世德) : 1662~1724. 본관은 용인(龍仁), 자는 백소(伯邵)이다. 참판 이후산(李後山)의 증손, 대사헌 이사경(李士慶)의 손자이다. 1705년(숙종38) 증광 문과에 급제하여 청요직을 두루 지냈다. 1717년(숙종43) 스승 윤증 부자의 신원(伸寃)을 1만여 마디나 되는 장문으로 상소했다가, 금령을 어긴 죄로 강진현 고금도에 유배되었다. 그 뒤 1722년(경종2)에 다시 상소하여 아무 근거 없이 윤증 부자의 죄를 날조하여 위판(位版)을 철훼하고 끝내 추삭 당하였다고 주장하였다. 이 같은 상소가 있고 난 뒤 노론 집권하에서 아들 이구응(李龜應)은 특별히 등용되었다. 그러나 손자 이재신(李在臣)은 섭기주(攝記注)에 수망(首望)되었으면서도 사문난적의 후손이라 하여 배척당하였다.

○ 지의금부사 이광좌가 사은한 뒤 병으로 체차되었으므로, 김중기(金重器)[291]로 대신하였다.

○ 30일, 승정원에서 아뢰기를,

"방금 삼가 남해에 위리안치한 죄인 이이명을 잡으러 간 선전관의 장계를 보니, 의금부의 사사도사(賜死都事)와 중도에 길이 어긋나 만나지 못하고 죽산에 도착하였는데, 이미 죄인을 사사하라는 명으로 인해 경기 감영에서는 관문(關文)[292]을 보내 기내(畿內)에서 군사를 징발해 호송하는 일을 중지한 상태였습니다.

그런데 사사도사를 만나지 못했는데도 그가 경유한 경기 고을에 군정(軍丁)을 대략 징발할 것을 분부하고 그대로 올라왔으니 이보다 더 놀라운 일이 없습니다. 봉명도사(奉命都事)를 의금부에 분부하여 법에 따라 감죄(勘罪)하게 하고, 서둘러 다시 사약도사를 파견해 전교대로 거행하겠다는 뜻으로 감히 아룁니다."

라고 하자, 주상이 전교하기를, "알았다."라고 하였다.

○ 의금부 도사 정석범(鄭錫範)이 죄인 이이명을 사사하는 일로 한강으로 나아갔다. 도사 홍응몽(洪應夢)이 죄인 이이명을 잡아 온 뒤 들어왔고, 도사 정석범이 죄인 이이명을 사사한 뒤 들어왔다.

○ 문사낭청 조원명을 개차하고, 유필원(柳弼垣)으로 대신하였다.

---

291) 김중기(金重器) : ?~1735. 본관은 선산(善山), 자는 대기(大器)이다. 1703년(숙종29) 함경도 병마절도사를 거쳐 1706년 총융사가 되어 북한산성 축조를 건의하였다. 경종대 훈련대장 등을 역임하였으나, 영조 즉위 후 소론으로 간주되어 파직되었다가 다시 총융사로 기용되었다. 1728년 이인좌(李麟佐)의 난에 연루되어 유배되었다가 결국 1735년(영조11)에 의금부 옥중에서 죽었다.
292) 관문(關文) : 상급 관청에서 하급 관청에 시달하는 공문서를 이른다.

○ **5월 1일**, 지난밤 김수천을 1차, 학손을 3차, 조성복을 2차 형문하였고, 이영은 4차 형문에서 장 13도를 쳤으며, 묵세는 1차 형문에서 18도를 친 끝에 기절하여 형문을 정지하였다. 이기지를 5차, 백열을 1차, 학손을 4차, 김수천을 2차, 이상집을 1차, 학손을 5차 형문하였다.

○ 죄인 서백(徐伯) -《조야회통》에는 "하백(河伯)"으로 되어 있다. - ·승업·춘업을 모두 풀어 주었다.

○ 문사낭청 홍중징을 개차하고 여선장으로 대신하였다.

○ **2일**, 의금부에서 아뢰기를,

"방금 성환(成歡) 찰방 황윤후(黃允垕)의 보고를 보니, 죄인 이이명의 사형을 감하라는 명이 도로 거두어진 후, 의금부에서 사사도사가 도달할 곳에 급히 관문을 보내 밤낮을 가리지 않고 급하게 전할 무렵, 역졸이 공주 차령에 이르러 갑자기 한 양반을 만났는데, 자칭 이이명의 사위라고 하였습니다.

그는 건장한 종들을 다수 거느리고 관문을 빼앗아 마음대로 뜯어본 다음 역졸을 억류하고 직로(直路)293)로 길을 나서지 못하게 하였으니, 매우 놀라운 일입니다. 역리들이 성명을 탐문해보니, 바로 전 현감 김시발(金時發)294)이었 습니다.

그가 아무리 방자하다 해도, 어찌 감히 중도에서 의금부의 공첩(公帖)을 사사로이 빼앗고 마음대로 관인을 억류해 우회로로 보내서, 앞서 떠난 도사에

---

293) 직로(直路) : 서울에서 부산 또는 의주로 이르는 큰길을 일컫는다.
294) 김시발(金時發) : 1683~1742. 본관은 안동, 자는 사상(士祥), 호는 묵재(默齋)이다. 김상용 (金尙容)의 현손이자 이이명의 사위이다. 1705년(숙종31) 진사가 되었다. 1717년 공릉참 봉(恭陵參奉), 1721년(경종1) 임실현감(任實縣監)을 지냈다. 1722년 이이명을 사사(賜死) 하라는 전지를 중간에서 빼돌린 죄로, 체포되어 4년간이나 신문 받다가 영조 즉위 후인 1725년 유배 갔다.

게 제때 알리지 못하게 만든단 말입니까. 이로써 막중한 왕명이 지체되고 말았으니, 이보다 무엄한 일이 없습니다.

오늘날 나라의 기강이 해이해졌다 해도 그가 감히 어찌 이렇게 할 수 있습니까. 잡아들여 엄히 조사해서 그 죄를 바로잡는 것이 어떻겠습니까?"

라고 하자, 주상이 전교하기를, "윤허한다."라고 하였다.

○ 김시발을 잡아들여 가두었다.

○ 현덕명을 2차 형문하였고, 백열이(白烈伊)[295]는 2차 형문에서 장 5도 끝에 기절하여 형문을 정지하였다.

○ 전교하기를,

"가뭄이 이 지경에 이르렀으니 민생이 애타고 근심스럽다. 국청 죄수에 대한 처결이 하나같이 지체되었으니, 형추한 죄수는 사형을 감하여 정배하고, 나머지 옥수는 석방하라."

라고 하였다.

○ 승정원에서 아뢰기를,

"신들이 방금 비망기를 보고 지극히 놀랍고 걱정스러운 마음을 금할 수 없었습니다. 이번 옥사가 얼마나 극악한 역모를 다루고 있습니까. 그 중 역모의 정황이 다 드러난 자에 대해 성상의 뜻을 여쭈어 형문을 청하였는데, 간혹 증거가 너무도 분명함에도 완강히 버티며 자복하지 않는 자들이 있어 옥사가 지체되고 말았으니, 이는 옥사를 다스리는 신하들을 신칙하여 속히

---

295) 백열이(白烈伊) : 대전(大殿)의 의대(衣襨)를 세탁하는 차지 나인[次知內人]으로, 독약으로 경종을 시해하려 한 '소급수' 모의에 참여하였다는 혐의를 받고, 4월 28일 체포되어 5월 21일 6차 형신을 받다가 물고되었다.

감단해야 할 일일뿐입니다.

예로부터 재해를 만나 죄수를 구휼한 것이 전후로 어찌 한정이 있겠습니까마는, 역옥에 대해서는 일찍이 지레 먼저 소결하여 풀어 준 일이 없었습니다. 성상의 하교가 비록 이와 같으나 성상을 가까이에서 모시는 신들로서는 끝내 감히 받들지 못하겠기에 황공한 마음으로 감히 아룁니다.”

라고 하자, 주상이 답하기를, “번거롭게 하지 말라.”라고 하였다.

○ 영의정, 의금부 당상, 삼사가 청대하였을 때, 형추한 죄수는 사형을 감하여 정배하고, 그 나머지 죄수는 풀어주라는 명을 도로 거두어들이도록 탑전하교 하였다.

○ 청대하였을 때, 우의정 최석항이 아뢰기를,

“죄인 홍철인은 비록 여러 역적의 공초에서 언급되었으나 별달리 적발해 낸 단서가 없고, 또 홍의인은 이미 죽은 후라 지금은 신문할 단서가 없으니, 홍철인의 사형을 감하여 정배하는 것이 어떻겠습니까?”

라고 하자, 영의정 조태구가 아뢰기를,

“홍철인은 그 형이 고발되었을 때 함께 잡혀왔으나 별달리 적발된 단서는 없었는데, 그가 행여 실정을 숨기고 자수한 것이 아닐까 염려스러웠으므로 역적들의 공초에 나온 일과 겸하여 여러 차례 형신하였을 뿐입니다. 그러나 이는 또한 도망친 것과는 다르니, 줄곧 형신하여 죽게 하는 것은 지나친 처사입니다. 참작하여 처리하는 것이 어떻겠습니까?”

라고 하니, 동지의금부사 김일경이 아뢰기를,

“이 어찌 다만 도망친 죄뿐이겠습니까. 단지 그 사람됨이 어리석고 아둔하여 족히 책망할 것도 없습니다.”

라고 하였고, 판의금부사 심단이 아뢰기를, “홍의인은 이미 죽었고, 홍철인은 다시 신문할 만한 단서가 없습니다.”라고 하니, 주상이 이르기를, “아뢴 대로 하라."라고 하였다.

또 아뢰기를,

"죄인 이상건이 별장(別將)의 첩문(帖文)을 위조한 한 가지 조항을 끝내 실토하지 않은 것은 극히 놀라운 일이지만, 설령 승복한다 해도 원래 죽을죄에 해당하는 것은 아닙니다. 그러나 요망한 술수를 부려 사람들을 미혹시킨 죄는 징계하지 않을 수 없으니, 원지(遠地)에 정배하는 것이 어떻겠습니까?"

라고 하자, 영의정이 아뢰기를,

"이는 역옥과 관련된 죄가 아니라, 당초 정인중이 이 사람을 시켜 환술로 은자를 마련하고자 했으나 환술이 효험이 없자 별장의 첩문을 위조하다 발각되었을 뿐이니, 요망한 술수로 사람들을 미혹시킨 죄를 물어 원배함이 마땅합니다."

라고 하니, 주상이 이르기를, "아뢴 대로 하라."라고 하였다.

또 아뢰기를,

"죄인 학손은 본래 백망의 종으로, 이른바 효경교(孝敬橋)296)의 상인(喪人)297) 에 대해 여러 차례 엄히 형추하였으나 끝내 사실대로 고하지 않았으니 그 정상이 절통하나, 이는 죽을죄는 아니니, 절도에 정배함이 어떻겠습니까?"

라고 하자, 주상이 이르기를, "그렇다."라고 하였다. 또 아뢰기를,

"죄인 현덕명과 김수천을 여러 차례 엄히 형추하였는데도 끝내 승복하지 않은 것은 극히 통탄스러운 일이나, 승복했다 해도 그 죄가 죽을죄에 이르지는 않았으니, 사형을 감하여 절도에 정배하는 것이 어떻겠습니까?"

---

296) 효경교(孝敬橋) : 중구 장사동 153번지와 주교동 125번지, 산림동 30번지 사이 청계천에 놓여져 있던 다리로, 원래 명칭은 효경교(孝經橋)이다. 이 다리는 《신증동국여지승람》에 영풍교(永豊橋)라고 기록되어 있으며, 다른 고문헌과 고지도 등에도 영풍교와 효경교가 같이 쓰이고 있다. 또한 부근에 눈먼 장님들이 많이 살았다 하여 속칭 소경다리·맹교(盲橋)고 했고, 음이 변하여 새경다리, 효경다리라고도 불렀으며, 줄여서 효교라고도 했다.

297) 효경교(孝敬橋)의 상인(喪人) : 《승정원일기 경종 2년 5월 11일》 기사에 따르면, 백망의 노비였던 학손이 효경교의 유(柳)씨 성을 가진 상인(喪人)의 집을 왕래하며 독약으로 경종을 해치려 한 일을 모의하였다고 한다.

라고 하자, 영의정이 아뢰기를,

"김수천은 백망을 위하여 서찰을 왕복한 사람으로, 궁액 속에 그대로 둘 수 없으니, 절도에 정배함이 마땅합니다."

라고 하자, 주상이 이르기를, "그렇다."라고 하였다.

또 아뢰기를,

"죄인 이삼석은 이미 사실대로 고하여 지금은 더 이상 신문할만한 단서가 없으니, 풀어 주는 것이 어떻겠습니까?"

라고 하자, 주상이 "아뢴 대로 하라."라고 하였다. 또 아뢰기를,

"죄인 조성복을 두 차례 엄히 형문하였으나 끝내 사실대로 고하지 않으니 응당 형문을 더해야 할 듯합니다만, 이는 역옥과는 차이가 있습니다. 그가 비록 형편없는 인물이지만 대관(臺官)의 직임이었으니, 줄곧 엄히 형문하여 끝내 지레 죽는 지경에라도 이른다면, 이는 성세(聖世)의 아름다운 일이 아닌데다 후일의 폐단과도 관계됩니다. 지금 우선 참작하여 절도에 위리안치하는 것이 어떻겠습니까?"

라고 하자, 주상이 이르기를, "그렇다."라고 하였다.

김일경이 아뢰기를,

"전에 정배한 곳은 또한 다른 죄인이 배소에 당도해 있으니, 조성복의 배소를 다른 곳으로 개정하는 것이 어떻겠습니까?"

라고 하자, 주상이 이르기를, "그렇다."라고 하였다. 또 아뢰기를,

"이번의 추안을 도로 들일 때, 한창 청대가 진행 중이어서 의계(議啓)를 미처 상납하지 못하였습니다. 그 중 이기지는 6차 형문에서 장 1도만에 '바른대로 공초하겠다.'고는 하였으나 반은 실토하고 반은 숨겨 말이 되지 않으니, 다시 엄히 형문하여 실정을 알아내는 것이 어떻겠습니까?"

라고 하자, 주상이 이르기를, "아뢴 대로 하라."라고 하였다.

○ 양사가 합계하여 이건명과 조태채를 율문에 따라 처단하기를 청하자,

주상이 이르기를, “번거롭게 하지 말라.”라고 하였다.

○ 사간 이제(李濟)가 아뢰기를,

“역신을 사사하는 일이 얼마나 엄중하고 긴급한 일인데, 이번에 사약을 가지고 간 도사가 중도에서 길이 서로 어긋나 죄인을 끝내 만나지 못하고, 흉악한 괴수로 하여금 오랫동안 왕법(王法)을 피해 서울 가까이 오게 하였으니, 이는 실로 전에 없던 변고입니다.

만약 도사가 지름길을 거치지 않고 곧장 관로(官路)로 달려갔다면 죄인과 서로 어긋날 리가 없었을 것이 틀림없으니, 임금의 명을 업신여기고 국법을 능멸한 정상이 어찌 너무도 놀랍고 통탄스럽지 않겠습니까.

비록 승정원이 아뢰어서 이미 의금부로 하여금 감죄하게 하였으나 경범죄를 저지른 죄수와 동일시하여 대충 가벼운 벌을 내리고 마는 것은 불가하니, 청컨대 이이명을 사사하러 간 도사를 잡아들여 국문해서 정죄하소서.”

라고 하자, 주상이 이르기를, “아뢴 대로 하라.”라고 하였다.

또 아뢰기를,

“벽사(碧沙) 찰방 박태준(朴泰俊)은 본래 흉역이 자식처럼 품어 길러준 부류로서, 이번에 역적 이희지를 잡으러 간 도사가 배소로 달려갔는데, 박태준이 산촌의 은밀하고 궁벽진 곳에 이희지를 숨겨두고 도사로 하여금 뒤쫓아가 잡지 못하게 하였습니다.

도사가 칼을 들고 내놓을 것을 독촉하고 나서야 비로소 희지가 있는 곳을 고하였으니, 그가 왕명을 무시하고 나라의 역적을 비호한 죄는 법대로 징토하지 않을 수 없습니다. 청컨대 국청으로 하여금 벽사 찰방 박태준을 잡아들여 엄히 신문하게 하소서.”

라고 하자, 주상이 이르기를, “아뢴 대로 하라.”라고 하였다.

○ 집의 서명우(徐命遇)가 아뢰어서 윤정주를 원지에 정배할 일을 청하니,

주상이 이르기를, "아뢴 대로 하라."라고 하였다. 또 아뢰기를,

"신이 유정장 등을 사판에서 삭거하는 일로 논계하였는데, 성상께서 비답을 내려 허락하지 않으시니 신은 매우 개탄스럽습니다. 유정장은 흉적 김창집의 심복으로 일찍이 황해 수사로 있을 때 김창집의 서얼 종제 김창엽(金昌燁)을 중군(中軍)으로 데리고 가 김창집의 집으로 전미(錢米)·어염(魚鹽)을 선박 가득 실어 보낸 일이 전후로 셀 수 없이 많았습니다.

또 정주(定州)에 부임하였을 때는 청나라의 좋은 말을 사들여 김제겸에게 보냈고, 연경의 저자에서 가져온 진귀한 물건들을 끊임없이 뇌물로 바쳐 평안도 사람들이 지금까지도 분노하며 욕을 하고 있습니다.

우홍귀(禹洪龜)는 본래 용렬한 무리로서 흉적 김창집에게 벌레처럼 빌붙어 외람되이 비변사 낭청에 통망되니, 동렬의 사람들이 그와 동료가 된 것을 부끄럽게 여겼습니다. 권흉의 추장에 힘입어 외람되이 서관(西關)의 이름난 군(郡)을 차지하니, 물정이 참으로 놀라워하였습니다.

그가 내려갈 때, 김제겸이 노둔한 말 한 필을 보내며 값을 넉넉히 치르게 하였는데 우홍귀가 기꺼운 마음으로 받아서 갔습니다. 임지에 부임한 다음날로 관마(官馬)의 값이라고 하면서 민결(民結)에서 300관(貫)의 돈을 횡렴해 급급히 실어 보냈습니다. 그 밖에도 뇌물로 아첨한 일이 이루 다 헤아릴 수 없을 정도로 백성을 수탈하는 정사가 한이 없었습니다.

우홍채(禹洪采)는 본래 권흉의 사인(私人)으로서 매사에 그 지휘를 받아 노예처럼 복종하였습니다. 두터운 비호에 힘입어 외람되이 풍요로운 고을에 제수되었는데, 탐욕이 끝이 없고 백성에게 가렴주구를 일삼아 수레 가득 실어 나르며 아첨하니, 원망과 비방이 길에 가득합니다.

최진추는 본래 이희지의 압객(狎客)298)으로서, 그의 서녀(庶女)를 이관명(李觀命)299)의 서부(庶婦)로 삼고, 이를 인연으로 결탁하여 큰 고을에 제수되기를

---

298) 압객(狎客) : 마음을 터놓고 가깝게 지내는 사람을 이른다.
299) 이관명(李觀命) : 1661~1733. 본관은 전주, 자는 자빈(子賓), 호는 병산(屛山)이다. 영의정

꾀하였습니다. 지난겨울, 이희지가 이정식을 내려보내자 1,000여 냥의 전화(錢貨)를 짐바리에 실어 보낸 정상은 사람들이 모두 알고 있는 일입니다.

역당들이 무함하고 선동하여 화란의 기틀을 헤아리기 어려운 지금, 이와 같이 불순한 무리는 하루도 벼슬아치의 반열에 두어서는 안 됩니다. 청컨대 유정장·우홍귀·우홍채·최진추를 모두 사판에서 삭거하소서."

라고 하자, 주상이 이르기를, "아뢴 대로 하라."라고 하였다.

○ 의금부 도사 조문보(趙文普)의 서목(書目)에, 죄인 김창집을 지난달 29일 성주에서 사사하였다고 하였다. - 도사 윤지(尹楃) 가 김창집을 잡아와 전해주고 올라왔다. -

○ **3일**, 이기지를 6차 형문하였고, 이영은 5차 형문에서 장 5도를 친 끝에 승복하고 결안에 대한 다짐을 냈다. 백열이를 3차 형문하였다.

○ 문사낭청 이거원을 개차하고, 조원명으로 대신하였다.

○ 이영(二英)의 결안은 다음과 같다.

"죄인 이영. 나이 28세. 백망이 조흡의 은 2,000냥, 심상길의 은 200냥, 홍의인의 은 50냥, 이희지의 은 70냥을 저에게 주어 궁녀 이씨와 백씨에게 바치고, 다시 지 상궁에게 전해 주어 독약을 쓰는 일을 시행하게 한 일에 대해서는 목호룡이 공초를 바쳤습니다.

이경여(李敬與)의 손자, 이조판서 이민서(李敏敍)의 아들이다. 1687년(숙종13) 사마시, 1698년 알성문과에 급제하여, 이조·병조·예조참판 등을 거쳐 대제학을 지냈다. 1721년 (경종1) 12월 신축환국 이후 공조판서로 있다가 사간원의 탄핵을 받고 관작을 삭탈당하였으며, 이듬해 동생 이건명이 노론 4대신으로 사사되자 자신도 유배되었다. 1725년 (영조1) 풀려나 우의정을 거쳐 이듬해 좌의정에 이르렀다. 저서로 《병산집(屛山集)》이 있으며, 시호는 문정(文靖)이다.

　백망이 묵세를 보고자 하여 저에게 만나게 해줄 것을 요구하였고, 수작 후 저에게 친척에게도 누설하지 말라고 경계하였는데, 제가 처음의 공초에서는 이를 사실대로 고하지 않았다가 결국 실토하옵니다. 백열이 네 차례에 걸쳐 저의 집에 유숙하며 백망과 만나고 소찰(小札)을 빈번하게 주고받은 정상에 대해서는 백열이 이미 공초하였습니다.

　백망 및 백망의 어미와 그 누이가 모두 지 상궁과 친하게 왕래하였고, 지 상궁도 백망의 집을 자주 오갔습니다. 제가 술 파는 것을 업으로 삼았으므로 언제나 좋은 술을 가지고 있었는데, 백망이 번번이 술 단지를 지 상궁과 그의 아들 창귀(昌貴)의 집에 보냈습니다.

　백망이 차고 있는 주머니 속에는 항상 환약이 있었는데, 그 3개가 소합환(蘇合丸)으로, 그 스스로 월경수(月經水)[300]에 섞어 마셨습니다. 황색 환약은 이름은 알지 못하나 풀로 단단히 봉하여 필갑에 넣고 이를 다시 주머니 안에 감추어 두었습니다. 그 주머니는 평상시에도 비밀스럽게 숨겼는데, 비록 밤에 잠자리에 들 때도 반드시 차고 있던 주머니를 풀어 이부자리 밑에 두고 제가 보지 못하게 하였으므로, 저는 그 환약이 몇 알인지 알지 못합니다. 그런데 연월(年月)은 기억나지 않으나 지 상궁이 그의 집에 왔을 때, 백망이 직접 가지고 가 그대로 주어 보낸 일을 제가 정확하고 분명하게 알고 있습니다.”

　이영의 죄는 부대시 능지처참(不待時陵遲處斬)에 해당하여, 당일로 군기시 앞길에서 형을 집행하였다.

　○ 이기지를 7차 형문하고, 묵세는 2차 형문에서 장 4도 끝에 기절하여 형문을 정지하였다.

　○ 4일, 장령 신유익과 정언 이진순(李眞淳)[301]이 올린 상소의 대개는

---

300)　월경수(月經水) : 《동의보감(東醫寶鑑)》에 따르면 “생리혈이 묻은 천을 물에 풀어 약으로 사용하면 독을 풀고 여로복을 회복시킨다.[解毒箭幷女勞復.]”고 했다.

“국청죄수를 추문하는 일에 대해 신들이 감히 구구한 소회를 진달하오니 재량하여 처리하실 일”

이었다. 그 소에서 아뢰기를,

“어제 국청의 좌기에서 죄인 정우관을 다시 추문한 문목을 보니, 감추고 숨기는 태도로 일관하다 고변할 일이 있다고 하였습니다. 대신이 문목 외에 잡다한 내용의 공초는 봉입하지 말 일을 이미 탑전에서 논의하여 결정하였는데, 정우관이 하려는 말은 죽을 처지에서 살길을 구하는 계책에 불과하였으나, 다만 죄인이 이미 ‘고변’이라 하였으니, 옥사의 체모 상 한 번은 추문하는 것이 마땅할 듯합니다. ……”

라고 하였다.

○ 지평 김홍석(金弘錫)302)이 상소하였는데, 그 대개에,

“국청죄수 홍철인·이상건·학손을 참작하여 처벌하라는 명에 대해 신은 적이 개탄스러운 마음을 금할 수 없어 감히 구구한 소회를 아뢰오니, 바라건대 성명을 거두시어 왕법을 바로 잡으십시오.”

---

301) 이진순(李眞淳) : 1679~1738. 본관은 전주, 자는 자후(子厚), 호는 하서(荷西)이다. 판서 이경직(李景稷)의 증손, 참의 이덕성(李德成)의 아들이다. 1708년(숙종34) 사마시에 합격하고, 1722년(경종2) 신천군수로 재직시 정시 문과에 급제하여 정언이 되었다. 이해 이건명과 조태채를 처단하라는 합계에 참여하였다. 1724년 영조가 즉위하여 승지가 되었는데, 1725년(영조1) 탄핵을 받고 유배되었다가 1727년 정미환국으로 풀려났다. 그 뒤 대사헌·도승지 등을 역임한 뒤, 1738년 전라도관찰사로 나가 임소에서 죽었다.
302) 김홍석(金弘錫) : 1676~? 본관은 광산(光山), 자는 윤보(胤甫)이다. 승지 김세정(金世鼎)의 손자이고, 김진규(金震奎)의 아들이며, 박세당(朴世堂)의 사위이다. 1702년(숙종28) 생원시에 장원, 1714년 증광 문과에 급제하여 1716년 승문원정자가 되었지만 송시열(宋時烈)을 비판하는 성균관 유생들과 내응했다는 이유로 사간원의 탄핵을 받아 파직되었다. 1717년 사직 이대성(李大成) 등과 연명으로 세자청정(世子聽政)을 반대하는 상소를 올렸다. 1722년(경종2) 지평으로서 김창집 등 노론 4대신 처벌을 주장하였고, 소론 영의정 조태구를 공격하였다. 1723년 홍문록, 1724년 도당록에 올랐지만 1725년(영조1) 삭출되었다. 1755년 손자 김정리(金正履)가 김일경의 당여로 죽고, 이에 연루되어 추율(追律) 당하였디.

라고 하였다.

○ 금부도사 조문보가 들어왔다.

○ 좌의정 최규서가 사직 상소를 올리니, 주상이 답하기를,
"전후의 비답에서 이미 나의 뜻을 다 말하였으니 다시 무슨 말을 더하겠는가. 경은 부디 전후의 유지를 명심하여 안심하고 사직하지 말 것이며, 마음을 바꾸어 길에 올라 내가 경을 생각하는 마음에 부응하라."
라고 하였다.

○ 이헌을 1차 형문하였다. 5일, 의금부에서 조성복을 정의현에 절도 위리안치 할 것과, 현덕명을 흑산도에, 홍철인을 위원군에, 학손을 대정현에, 김수천을 제주목에 사형을 면하여 절도 정배할 것, 그리고 윤정주를 고성현에 원찬하고 이상건을 삼수부에 원지 정배할 것을 아뢰었다.

○ 학손의 경우,
"'저의 누이 하백(河伯)이 말하기를,
「서너 달 전에 역적 백망이 소찰을 내주면서 항상 저[학손]에게 효경교에 사는 양반가 상인(喪人)에게 전해주게 하였다. ……」
라고 하였습니다.'
그리하여, 엄히 신문해 보니 정 직장(鄭直長)의 집이라거나 혹은 연지동 김충주(金忠州), 혹은 호동의 이 참봉이라고 하였는데, 모두 이미 폐사한 역적들의 집이었습니다. 이에 엄히 형문하니, 비로소 효경교 남쪽의 이홍매(李弘邁)의 집이라고 종잡을 수 없게 공초하였습니다. 이른바 상인은 이 직장(李直長)이라고 칭하였는데, 원래 그 근처에는 상인 이 직장이 없음에도 끝내 사실대로 고하지 않고 있습니다. ……"

라고 하였다.

○ 조성복의 경우,

"지난번에 올린 한 통의 상소가 실로 연명 차자의 효시를 이루어, 안팎으로
화응하고 천위를 동요시켰으니, (배소를) 다른 곳으로 바꾸어 정하고 절도에
위리안치 할 일입니다."

라고 하였다.

○ 김수천의 경우,

"역적 백망이 하백을 시켜 소찰을 가지고 가 단봉문(丹鳳門) 밖에서 문졸에게
뇌물을 주고 저를 부르면 제가 매번 나와서 서찰을 받아 갔습니다. 간혹
역적 백망과 궐문 밖에서 만나 은밀하게 이야기를 나누었다거나 혹은 백망의
집을 방문하여 문을 닫아걸고 서로 마주하여 조용히 수작하였다는 등의
일에 대해서 저는 한마디도 말하지 않았으니, 단지 '맹랑하다.'고만 말하겠습
니다. ……"

라고 하였다

○ 현덕명의 경우,

"역적들이 목호룡이 고변할까 두려워하여 포도대장 이홍술을 은밀히 사주
하여 기어이 목호룡을 잡아 죽이고자 하였는데, 이천기가 이헌으로 하여금
주선하게 하여 화를 면하게 해주었습니다."

라고 하였다. 목호룡을 사로잡았던 일에 대해서는 서원(書員) 김진석(金震
錫)이 명백하게 납초하였는데도, 현덕명이

"제가 당시 포도청 군관이었으니, (그런 일이 있었다면) 몰랐을 리 만무합니
다."

라고 하며 엄한 형문 아래에서도 숨기고 이실직고하지 않았다.

○ 정언 이진순이 아뢰기를,

"일전에 청대하였을 때, 대신이 홍철인과 현덕명을 참작해 처리할 것을 진달하여 윤허를 받았는데, 신들이 그날 새로 국청의 좌기에 참석하느라 각 사람들의 문안(文案)을 보지 못하고 바로 입시한 관계로 사리에 의거하여 쟁집하지 못하였습니다.

물러 나온 후, 비로소 국안을 보았는데, 홍철인은 그 범한 죄가 지극히 무거운데다 목호룡의 공초에 매화점이라는 말까지 있었고, 또 그 형인 홍의인과 함께 은을 주고 독약을 쓰는 모의에 동참하였습니다. 이홍술이 육현을 때려죽였을 때, 현덕명이 홀로 그 지시를 받았으니 정적을 헤아리기 어렵습니다. 이 옥사가 결말이 나기 전에는 결코 지레 먼저 참작하여 처리할 수 없으니, 신에게는 논해야 할 것을 논하지 않은 잘못이 있습니다. ……"

라고 하자, 주상이 답하기를, "사직하지 말라."라고 하였다.

○ 신유익이 동일한 이유로 피혐하였다.

○ 백열이를 4차 형문에서 장 9도를 쳤고, 묵세는 3차 형문에서 장 3도를 친 끝에 기절하여 형문을 정지하였다. 일업(一業)303)을 잡아들여 가두었다.

○ 문사낭청 유필원을 개차하고 김상규(金尙奎)304)로 대신하였다.

○ 관학 유생 유용(柳鏞) 등이 올린 상소의 대개는 다음과 같다.

"역적의 괴수 이이명과 김창집의 죄는 사사하는데 그치고, 이건명과 조태채

---

303) 일업(一業) : 환관 장세상의 비(婢) 김씨인데, 임인옥사에 연루되어 형문 후 원찬(遠竄)되었다.

304) 김상규(金尙奎) : 1682~1736. 본관은 강릉, 자는 사창(士昌)이다. 판서 김시환(金始煥)의 아들이다. 1705년(숙종31) 증광 문과에 급제하여 1712년 정언이 되고 이후 청요직을 두루 거쳐 영조대 대사성 등을 역임하였다.

두 역적은 법에 따른 처형이 아직도 지체되고 있어, 신들은 절통한 마음입니다. 예로부터 흉악하고 참혹한 역적의 정상이 지금처럼 낭자한 적이 없었고, 국가에서 형벌을 잘못 적용한 것 또한 오늘처럼 어그러진 적이 없었으니, 이에 팔을 걷어붙이고 분개하는 마음을 이기지 못하여 많은 선비를 이끌고 감히 역적을 토벌하기를 청하는 심정을 아뢰옵니다.

삼가 바라건대, 밝으신 성상께서는 혁연히 분발하고 두려워하고 삼가는 마음으로 깊이 생각하시어, 이미 죽은 두 역적에게는 속히 사시(肆市)의 형전을 시행하시고, 아직 죽지 않은 두 흉적에게는 또한 조속히 국법대로 처형할 것을 명하시어 귀신과 사람의 분노를 풀어주고 망하려는 나라를 안정시켜 주소서.”

그 상소에서 다음과 같이 말하였다.

“삼가 생각건대, 천지가 생긴 이래 흉역의 무리가 간혹 있어왔지만 이이명과 김창집처럼 극도로 흉악한 자는 없었습니다. 태아검(太阿劍)305)을 거꾸로 쥐고 임금을 협박하여 화심(禍心)을 빚어내고 반역을 도모한 지 지금까지 30년이 되었습니다.

천만다행으로 종묘사직의 신령이 말없이 도와주시고 보살피시어 역심(逆心)과 역절(逆節)이 차례로 다 드러나고, 그 흉악한 음모와 은밀한 계략이 낭자하여 가리기 어렵게 되었습니다. 비록 귀머거리나 벙어리, 절름발이나 앉은뱅이 부류라 해도 팔을 걷어붙이고 거침없이 나서서 그들의 살점을 씹고 가죽을 깔고 자려 하니, 두 역적의 악행이 위로 하늘에 닿아 감히 하루도 천지간에 숨을 쉬게 두어서는 안 됩니다.

지난번에 양사의 신하가 합사하여 주벌을 청하였을 때, 즉시 유음을 내리시어 윤허하시자, 혈기 있는 자들이 모두 기뻐하고 고무되어 우리 전하의 혁혁한 결단과 우레와 같은 위엄을 감축하였으니, 이로써 귀신과 사람의

---

305) 태아검(太阿劍) : 고대 명검(名劍)의 이름으로, 여기에서는 형벌을 내리거나 인재를 취사(取捨)하는 등 군주의 권한을 의미한다.

분노를 씻고 종묘사직의 위태로움을 안정시켜, 300년 무궁한 아름다움을
오늘에 기약할 수 있게 되었습니다.

그런데 갑자기 대신이 청대 진달하여, 마침내 도끼로 찍어 죽이고 솥에
담가 삶아 죽일 역적들에게 사약을 마시고 자진케 하는 지경에 이르렀습니다.
아! 나라의 큰 것은 형정보다 더한 것이 없는데 형정이 이처럼 전도되고
말았고, 윤상(倫常)의 변고로는 찬역(篡逆)보다 큰 것이 없는데 찬역에 대해
형벌을 적용함이 이와 같이 잘못되고 말았습니다.

저 이천기·김용택·심상길·정인중 등은 모두 역적 이이명의 졸개들로서
이이명을 추대하려는 계략을 꾸몄다가 탄로 난 뒤에 모두 역률로써 육시(戮屍)
하고 가산을 적몰하기를 형률에 따라 시행하였습니다. 그런데 정작 원악대대
(元惡大憝)306)에 대해서는 떳떳한 형벌을 받기 전에 다만 자진을 허하는 데
그쳤으니, 실로 온 나라 신민이 분노하고 절통해하고 있습니다.

육시의 법과 가산을 적몰하는 형전은 아직도 늦지 않았으니, 국법으로
논하자면 결단코 그만둘 수 없습니다. 삼가 바라건대, 전하께서는 속히 거행할
것을 해당 부(府)에 분명하게 신칙하여 왕법을 펴고 나라 안의 분노를 씻어
주십시오.

이건명에게 이사명·이이명은 형이 되고 이희지·이기지는 조카가 되니,
흉역의 무리가 한 집안 안에서 나와 역심을 품은 자들이 서로 얽혀 있었습니다.
그리하여 하는 일마다 흉적 김창집과 함께하고 하는 말마다 흉적 김창집과
부합하여, 차자를 올려 절목을 청하고 군부를 협박하였으니, 이러한 죄악은
이미 용서할 수 없습니다.

그가 사명(使命)을 받들고 연경에 갈 때 그 형 이관명이 감히 '위약(痿弱)'
등의 말을 주문(奏文)에 언급하였고,307) 또 이건명은 그곳에서 '좌우의 잉첩(媵

---

306) 원악대대(元惡大憝) : 매우 악해서 온 세상이 미워하는 사람이다. 큰 죄악의 우두머리를
　　가리킨다.

307) 위약(痿弱) …… 언급하였고 : 1721년(경종1) 9월에 연잉군을 왕세제로 책봉하고 이에
　　대해 청나라의 인준을 받기 위해 그해 10월에 주청사(奏請使)를 파견하였는데, 정식

薨)에게 모두 혈속이 없어서 후사를 구하는 약을 수도 없이 썼는데, 끝내 효험이 없었다.'308)는 등의 말을 만들어 냈으니 아, 통탄스럽습니다! 이 무슨 말이란 말입니까.

옛날 환온(桓溫)309)은 군대를 일으켜 대궐을 침범하고 황제 사마혁(司馬奕)을 축출하였는데, 황제가 어려서부터 위질이 있었다는 말을 조정에서 소리 높여 주장하여 기어코 폐위시키고 말았습니다. 이번 주문의 구절은 실로 환온의 말과 앞뒤가 같은 것으로, 천년 후에도 역신의 정절은 조금도 차이가 없으니, 이는 실로 종묘사직의 막대한 난적(亂賊)입니다.

이는 군부의 없는 병을 들추어내고 궁중에 없던 일을 날조해내 저들[청나라] 의 이목을 놀라게 하려 했을 뿐만 아니라 군부가 잠시라도 그 지위에 편안히 있을까 염려한 것입니다. 만약 찬탈의 계략을 가슴 속에 품고 난역의 모의를 평소에 이미 강구했던 것이 아니라면, 이역(異域)에 들어간 몸으로 거짓말을 주창하여 흠결 없는 성군을 심히 무함하고 불측한 흉계를 이루려 하였겠습 니까.

이건명 형제의 난역부도(亂逆不道)한 정상은 길 가는 사람들도 다 알고 있으니, 바라긴데 밝으신 성상께서는 두 역적의 실정을 굽어 살피시어 속히

사행 명칭은 주청 겸 동지사였고 정사는 이건명, 부사는 윤양래(尹陽來), 서장관은 유척기(兪拓基)였다.《承政院日記 景宗 1年 10月 27日》'위약(痿弱)'이라는 용어가 언급이 되어 문제가 된 주문의 내용은, "신은 불행히도 어려서부터 자주 병을 앓아 평안한 날이 드물었고, 장성해서도 기운이 매우 쇠약하여 후사를 볼 희망이 완전히 끊어진 지 이미 오래입니다.[臣不幸自幼善疾, 寧日恒少, 方在壯年, 而氣甚痿弱, 最是嗣屬之路絶望已 久.]"이다.《燃藜述續 卷3》

308) 좌우의 …… 없었다 : 1722년(경종2) 1월에 왕세제 책봉 주청사로 연경에 간 이건명이 국왕의 병세에 대한 물음에 "전후의 두 왕비와 좌우의 잉첩들 가운데 후사를 낳아 기른 사람이 전혀 없다.[前後兩妃·左右媵屬, 一未有胎育]"라는 말로 답한 일을 이른다. 《景宗修正實錄 2年 3月 26日》

309) 환온(桓溫) : 312~373. 중국 동진(東晉)시대 사람으로, 자는 원자(元子)고, 환이(桓彝)의 아들이자 명제(明帝)의 사위다. 해서공 사마혁(司馬奕)을 폐위시키고, 간문제(簡文帝)를 세운 다음 대사마(大司馬)로 고숙(姑孰)에 주군하면서 정권을 장악했다. 몰래 황위를 찬딜하려고 하다가 뜻을 이루지 못하고 병들어 죽었다.

국법대로 처형함으로써 수많은 흉도들에게 징계되는 바가 있게 하십시오.

조태채는 음험하고 교활하여 군상을 기망하였으니, 원재(元載)·노암(路巖)이라 해도 그보다 심하지는 않을 것입니다. 이미 세 흉적과 합하여 한 몸이 되었으니, 반역의 모의는 오직 세 흉적과 같았고 찬탈의 계략도 세 흉적만을 따랐으니, 바로 왕망(王莽)·동탁(董卓)·사마의(司馬懿)·환온(桓溫)310)이 일시에 모인 것과 같습니다.

예사롭지 않은 하교가 뜻밖에도 갑자기 내렸을 때, 위로는 진신으로부터 아래로는 하인들에 이르기까지 모두 바삐 달려와 울부짖으며 명이 거두어지길 바랐는데, 조태채가 임기응변으로 농간을 부려 여러 재신을 면전에서 기만하고 정청(庭請)하자는 간청을 준엄하게 막아섰으며 밤을 틈타 차자를 올려 절목을 정하기를 재차 청하였습니다.

우의정 조태구가 청대하였다는 말을 들었을 때 두 흉적은 모두 맨발로 달려들어왔는데, 조태채는 돌연 복통설사를 핑계 대며 끝내 입대하지 않았으니, 그 뜻은 대개 차자로 절목을 청한 일이 이미 이루어졌으므로 성상이 계신 곳을 지척에 두고도 태연히 움직이지 않은 것으로, 그 죄를 논하자면 세 흉적과 차이가 없습니다.

더구나 지금 역변이 거듭 발생하고 환란이 측근에게서 일어났으며, 이에 연루된 무리들은 모두 조태채의 혈당이나 심복이니, 이 두 흉적이 응당 처형된 후에 그가 어찌 감히 잠시라도 천지 사이에서 숨을 쉬고 살 수 있겠습니까. 삼가 신들이 생각건대 4흉의 죄는 하나이면서 둘이고 둘이면서 하나이니, 그 사이에 어찌 차이를 둘 수 있겠습니까.

---

310) 왕망(王莽) …… 환온(桓溫) : 이들은 모두 제위 찬탈에 직간접으로 간여한 인물들이다. 왕망은 애제(哀帝)를 폐위하고 평제(平帝)를 독살한 뒤 신(新)을 세웠고, 동탁은 소제를 폐위하고 진류왕을 즉위시키는 한편 하 태후(何太后)를 시해하는 등 포악한 짓을 일삼은 후한(後漢)의 역신(逆臣)이다. 사마의(司馬懿)는 위 명제(魏明帝)가 죽은 후 실권을 장악하여 손자 사마염(司馬炎)의 진(晉)나라 건국에 초석을 다졌고, 환온(桓溫)은 동진(東晉)의 권신(權臣)으로 황제 혁(奕)을 폐위하고 간문제(簡文帝)를 옹립한 후 찬탈의 음모를 꾸미다가 이루지 못하고 병사(病死)하였다.

신들이 또 놀랍고도 통탄스러운 일이 있습니다. 이희지는 이사명의 아들로서 나라에 대한 원망이 뼈에 사무쳐 흉계와 역모를 주장하지 않은 것이 없고, 속된 말을 교묘하게 지어내어 궁중에 몰래 퍼뜨린 죄가 낱낱이 적발되었습니다.

또한 〈속영정행(續永貞行)〉311) 한 편으로 보건대, ‘꼭두각시가 줄이 끊어지자 진면목이 드러났다.[傀儡索絶露眞面]’는 한 구절로 성궁(聖躬)을 무함하고 욕보인 것이 더욱 흉악하고 참혹하니 백망에 비하면 그 죄가 더 큽니다. 그가 비록 완악하고 모질어 지레 죽었다 하나 시신을 찢어 죽이는 형률을 어찌 저 역적312)에게만은 시행하면서 이 흉적에게는 끝내 시행하지 않는단 말입니까.

아! 가뭄이 혹심하여 백성의 근심이 한창 급하게 되자, 전하께서 한결같이 염려하시고 밤낮으로 게으름 없이 애쓰시며 기도도 친히 거둥하시어 두 차례나 올렸는데, 비는 내리려다 말고 아직까지 장대같은 비는 쏟아지지 않고 있습니다. 그러나 신들의 생각으로는 전하의 정성이 단비를 내리게 하는데 부족한 것이 아니었습니다.

지난번 두 흉적을 참형에 처하라는 계사를 윤허하신 뒤, 그 즉시 온종일 단비가 내려 도성의 백성들이 서로 기뻐하며 흉역의 처형으로 감응이 신속히 이루어졌다 하였는데, 이튿날 명을 거두자 비 올 조짐도 바로 들어가 오늘에 이르러서는 가뭄이 더욱 극심해졌습니다. 천도(天道)가 심원하여 엿보기가

---

311) 속영정행(續永貞行) : 본래 〈영정행(永貞行)〉은 당나라 한유(韓愈)가 지은 시(詩)의 제목이다. 당나라 순종(順宗)이 즉위하고 나서 병으로 인해 정사를 보지 못하자, 왕비(王伾)·왕숙문(王叔文) 등이 헌종(憲宗)을 옹립하였다. 이에 한유가 ‘영정행’이란 시를 지어 당시 왕비·왕숙문의 권력 행사를 ‘난정(亂政)’으로 비판하였다. 영정은 순종의 연호이고, 행은 노랫가락이란 뜻이다. 〈속영정행〉은 서종일(徐宗一)이 명릉 참봉(明陵參奉)으로 있을 때 꾼 꿈의 내용을 이희지가 전해 듣고 지은 시였는데, 여기서 경종을 순종에 비유하였다. 꿈의 내용은 숙종이 환관 문유도(文有道)와 박상검 등이 경종과 세제 사이를 이간질한 것을 엄히 추국하며 처형한 일이었다. 《景宗修正實錄 2年 9月 21日》 《研經齋全集 外集 詩話》

312) 서 역직 : 백망을 이른다.

쉽지 않지만, 가뭄의 기운이 갈수록 심해지는 것은 필시 흉역이 아직 국법에 따라 복주되지 못하여 왕법이 펴지지 않아 인심이 답답해하고 여론이 울분에 차 천심(天心)이 기뻐하지 않고 화기(和氣)가 손상되었기 때문입니다. ……”

유용 등의 상소에 답하기를,

“처분이 이미 정해졌으니 이와 같은 상소는 봉입하지 말고 이 상소는 도로 내주어라.”

라고 하였다.

○ 사헌부에서 서명우가 다음과 같이 아뢰었다.

“이이명과 김창집의 반역죄는 신인이 함께 분노하고 천지간에 용납할 수 없는 것인데, 이의가 거듭 생겨 죄가 사사에 그쳤으니 처분이 전도되고 형정의 도를 잃은 것이 막대하여, 이 때문에 여론이 더욱 격화되고 분노하지 않는 자가 없습니다.

아! 두 역적이 전에 저지른 죄는 모두 용서받기 어려운 악역(惡逆)이었습니다. 손바닥에 쓴 글자의 경우 추대하려 했던 정상이 이미 드러났고, 한 가문에서 흉악한 짓을 자행하여 반역하려 한 자취는 더욱 뚜렷하게 밝혀졌습니다. 밀지를 얻으려 꾀한 일이 동당(同黨)의 고변에 뒤이어 나왔고, 폐출을 도모한 음험한 흉계는 궁성에 군사를 배치할 때 이미 정하였으니, 비록 옛날의 왕망·동탁·사마의·환온이라 할지라도 이보다 더할 수는 없습니다.

지난날 민암(閔黯)313)은 죄가 비록 이 지경에 이르지 않았으나 오히려 또한 역률(逆律)을 추시(追施)하였는데, 하물며 이 두 흉적의 죄는 이보다 만 배나 되는 경우이겠습니까. 역적의 괴수를 법대로 처형하지 못한 것은

---

313) 민암(閔黯) : 1636~1694. 본관은 여흥(驪興), 자는 장유(長孺), 호는 차호(叉湖)이다. 1680년 (숙종6) 경신환국 때까지 탁남(濁南)에 속한 정치적 행보를 보였고, 1689년(숙종15) 기사환국 때는 김수항(金壽恒)·송시열(宋時烈)을 탄핵하여 그들의 처형을 주장하였다. 1694년(숙종20) 갑술환국 때, 인현왕후를 복위시키려 한다는 고변을 이용하여 옥사를 일으키려 했다는 혐의를 받고 제주 대정(大靜)에 유배된 후 곧 사사되었다.

이미 지난 일이라서 돌이킬 수 없으나 국법은 결코 이 때문에 굽혀서는 안 됩니다. 청컨대 속히 국청으로 하여금 사사한 죄인 이이명과 김창집의 처자식을 노비로 삼고 가산을 적몰하는 등의 일을 법대로 거행하게 하십시오.

흉역의 무리가 어느 시대인들 없었겠습니까마는 요망하고 흉악한 정상과 음흉한 정절이 어찌 역적 이희지에 견줄 자가 있겠습니까. 비록 장세상의 공초로 보더라도 그가 가사(歌詞)를 지어 성궁을 무함하고, 선왕의 유지를 거짓으로 꾸며 몰래 폐출을 도모한 정상이 낭자하여 숨기기가 어려운데, 다만 간사하고 악독하며 완악하고 모질어서 끝내 형장을 맞다 죽어 아직 거리에 목을 걸어놓는 형전을 시행하지 못하였으니, 통분함을 이길 수 있겠습니까.

우선 그 경악스럽고 분한 점을 꼬집어서 말한다면, 한유(韓愈)의 시 〈영정행(永貞行)〉을 이어서 지은 시에서 극에 달하였습니다. 꿈을 빙자하여 하늘에 계신 선왕의 영령을 무함하고314) 성명(聖明)을 더럽혔으며 심지어 순종(順宗)315)의 혼란(昏亂)316)에 견주기까지 하였습니다. 대개 순종은 재위 당시

---

314) 하늘에 …… 무함하고 : 선왕의 혼령은 숙종을 가리킨다. 〈속영정행〉은 서종일이 명릉 참봉으로 있을 때 꾼 꿈의 내용을 이희지가 전해 듣고 지은 것이라 한다. 꿈의 내용은 숙종이 환관 문유도와 박상검 등이 경종과 왕세제 사이를 이간질한 것을 엄히 추국하며 처형한 일이었다.

315) 순종(順宗) : 761~806. 당나라 제13대 황제이다. 779년 황태자가 되었으며 805년 황위에 올랐으나, 신병으로 1년도 못되어 죽었다. 재위 당시부터 환관들은 순종에게 아들 헌종(憲宗)에게 양위하고 태상황이 되도록 종용했다.

316) 순종(順宗)의 혼란(昏亂) : 당나라 덕종이 죽고 그 아들 순종이 즉위했으나 순종은 중풍을 앓아 벙어리가 되었으므로 항상 궁궐 깊은 곳에 휘장을 드리우고 정사는 오로지 환관 이충언(李忠彦)과 소용(昭容) 우씨(牛氏)에게 맡겼다. 그러자 순종의 태자 시절 스승이었던 왕비(王伾)와 왕숙문(王叔文)이 정치를 바로잡을 계획을 세웠다. 이들은 유종원·유우석 등과 함께 환관의 전권과 번진의 할거에 반대하여 중앙집권체제를 강화하려 했다. 그들은 탐관오리를 징계하고, 백성들의 누적된 부세를 탕감해 주었으며 각 지방에서 올라오는 진상품을 폐지했다. 또한 환관이 장악했던 궁시(宮市)를 폐지하고 그 군사권을 박탈하려 하였다. 805년 시도되었던 이 개혁을 영정혁신(永貞革新)이라 한다. 그러나 왕숙문 등이 권력을 잡은 지 146일 만에 개혁에 반대하는 환관 및 대신들이 병중에 있는 순종으로 하여금 헌종에게 제위를 계승하게 하였다. 이들은 헌종이 즉위하자마자 왕숙문을 공격하고, 왕숙문의 개혁을 지지하던 조정 대신 8명도 왕숙문과 같은 당파로 몰았다. 헌종은 이 8명을 모조리 좌천시켜 도성에서 머나먼 변경 지역의 사마(司馬)로

중풍을 앓았고 또한 벙어리가 되어 조회(朝會)를 볼 수 없었는데, 왕비(王伾)와 왕숙문(王叔文)317) 당이 이 틈을 타서 국정을 장악하여 권력을 농단하였습니다.

지금 이 역적은 드러내놓고 성명의 맑은 교화를 헛되이 자리만 차지하였던 영정(永貞)318)의 시대로 돌렸는데, 그 중에서도 '꼭두각시가 줄이 끊어지자 진면목이 드러났다'는 구절은 성궁을 모욕한 것이 더더욱 음흉하였습니다. 그 뜻은, '꼭두각시'를 감히 견줄 수 없는 곳에 비유하고, '줄이 끊어졌다'는 말은 두 환관319)의 죽음을 비유한 것이며, '진면목이 드러났다[露眞面]'는 세 글자는 그 사례를 들어 비유한 정황이 더더욱 패악합니다.

이른바 '꼭두각시'란 사람의 얼굴을 임시로 만들고 줄을 연결해 희롱하는 부류인데, '줄이 끊어지자 진면목이 자연히 드러났다'라는 것은 그 뜻이 지난번의 처분은 모두 성상의 결단에서 나올 수 없었는데, 두 환관이 죽은 후에는 급기야 그 본색을 숨길 수 없었다는 것입니다.

심지어 '밤에 조서를 지어 아침에 관직에 임명하니, 지난날 들었던 영정이 오늘 다시 있도다.[夜作詔書朝拜官, 昔聞永貞今還有]'라고 한 구절은 거짓 조서나 가사(歌詞)의 뜻과 정확히 들어맞았습니다. 말의 뜻이 음참하고 패만한

내쫓았다. 역사상에서는 이 8명을 왕숙문·왕비와 더불어 '이왕팔사마(二王八司馬)'라고 부른다. 영정혁신 때 한유(韓愈)는 지위가 낮은 왕비·왕숙문의 권력 행사에 불만을 품고 이를 '난정(亂政)'으로 풍자한 〈영정행〉을 지어 비판하였다.

317) 왕숙문(王叔文) : 758~806. 당나라 월주(越州) 산음(山陰) 사람이다. 덕종(德宗) 때 왕비(王伾)와 함께 동궁시독(東宮侍讀)을 지냈는데, 태자가 많이 의지했다. 순종(順宗)이 즉위하자 신임을 받아 한림학사(翰林學士)가 된 뒤 위집의(韋執誼)를 추천해 재상으로 삼고 유종원(柳宗元)과 유우석(劉禹錫) 등을 기용해 개혁정치를 펼쳤다. 탐관오리(貪官汚吏) 경조윤(京兆尹) 이실(李實)을 폄척(貶斥)하자 시정(市井) 사람들이 환호성을 질렀다. 궁시(宮市)나 오방소아(五坊小兒)와 같은 폐정(廢政)을 없앴고, 염철사(鹽鐵使)가 매달 올리던 선여(羨餘) 등도 폐지했다. 후세 사람들이 이런 개혁을 '영정혁신(永貞革新)'이라 불렀다. 이어 탁지(度支) 및 제도염철전운부시(諸道鹽鐵轉運副使)를 겸직하고 호부시랑(戶部侍郎)을 맡아 환관의 병권(兵權)을 빼앗고자 계획했다. 그러나 146일 만에 환관 구문진(俱文珍)이 순종을 퇴위시키고 헌종(憲宗)을 옹립하면서 투주사호참군(渝州司戶參軍)으로 쫓겨난 뒤 다음 해 피살되었다.

318) 영정(永貞) : 당나라 순종(順宗)의 연호이다.

319) 두 환관 : 환관 박상검과 문유도를 이른다.

것이 한 마디 한 마디 갈수록 심해져서 감히 말할 수 없는 곳을 가리켜 배척하고, 비겨서는 안 될 곳을 거짓으로 무함하여 흉역의 속셈이 남김없이 탄로 났으니 자백하기를 기다리지 않더라도 명백하여 숨길 수가 없습니다.

더구나 그 어미의 편지에서,

'사기(事機)가 거의 이루어져 이미 지어 놓은 밥과 같으니, 4월 10일 후에는 절로 좋은 방도가 있을 것이다.'

라고 하였다 하니,320) 만약 삼수(三手)의 흉악한 모의를 이미 결정하고 배치하여 집안의 부녀자가 익히 들어 숙지한 것이 아니라면, 그 기일을 가리킨 말이 언서에 정확하게 기재된 것이 어떻게 이처럼 낭자할 수 있단 말입니까.

국청에서 시의 구절과 그 어미의 편지를 가지고 문목을 만들어 내자, 이희지 또한 할 말이 없으니 자복하여 이르기를, '순종 또한 인효(仁孝)하고 덕이 있는 군주이다.'라고까지 하여 은연중에 성명을 무함하려는 뜻이 있었음을 드러냈습니다. 그 하늘에 사무치는 악과 부도한 죄는 바닷물이 마르도록 먹을 갈고 대나무가 없어지도록 죽간을 만들어도 기록하기 어렵습니다.

그 어미와 누이 또한 언서가 적발된 후 즉시 뒤따라 자결하였으니, 만약 역모에 관여하여 알고 있지 않았다면 어찌 자결하여 자취를 없애려 하였겠습니까. 비록 역적 이희지는 이미 형장 아래 죽었으나 역률을 시행하지 않을 수 없으니, 청컨대 국청으로 하여금 처자식을 노비로 삼고 가산을 적몰하는 등의 일을 법대로 거행하게 하소서.

지열(池烈)321)의 죄악은 이루 다 주벌할 수 없을 정도입니다. 역적들의

---

320) 어미의 …… 하니 : 이희지의 어머니가 시집간 딸에게 준 편지 속에서 나온 말인데, 소론 측에서는 이 구절이 역모자들의 집안 부녀자까지도 흉역의 사실을 숙지하고 있었음을 반증하는 것으로, 역모의 자취가 뚜렷하게 나타났음을 잘 보여주는 증거라고 주장하였다. 《景宗實錄 2年 5月 5日, 9月 15日, 12月 21日》

321) 지열(池烈) : 나인(內人)인 상궁 지열을 이른다. 목호룡의 상변 때 삼수 중에 소급수(小急手)와 평지수(平地手)에 연루된 인물로, 소급수를 수행하는 조건으로 은화를 받았다는 혐의를 받았다. 《承政院日記 景宗 2年 4月 8日》《承政院日記 英祖 1年 3月 25日》

흉모와 뇌물이 모두 그의 집으로 폭주하였는데, 약속하고 맹세한 것이 간곡하여 그 정절이 치밀하게 얽혀 있습니다. 이영(二英)이 승복한 공초로 보더라도 이미 환약을 가지고 와 지급한 정상이 여지없이 분명하게 드러나 있습니다.

만약 살아있다면 만 토막이 나도록 목을 쳐 온 나라의 울분을 씻고 국법을 바르게 하는 일을 결코 그만둘 수 없겠으나 다만 한스럽게도 죽은 지 이미 오래라 거리에 목을 걸어놓는 형률을 시행할 수 없게 되었으니, 신인이 함께 분노하고 여론이 더욱 격분하고 있습니다. 청컨대 지열에게 노적률(孥籍律)[322]을 시행하라 속히 명하소서.

흉역의 무리가 궁중에 뇌물을 많이 쓰는 길이 한번 열리자, 지척에서 우려할 만한 일이 많이 일어났습니다. 지열의 절친이 궁녀 혹은 액례(掖隸)[323] 안에 있어 더욱 원망과 독기를 품고 서로 근심하며 의심하니, 그들이 꾸민 계략이 미치지 않는 곳이 없고 길거리에서 떠도는 논의에서도 두려워하지 않는 이가 없습니다.

더구나 환약을 가지고 와 지급한 정상이 이미 이영의 초안(招案)에 드러나 있는데도, 이른바 환약을 누구에게 감추게 하여, 어느 곳에 숨겨두었는지 알 수가 없습니다. 이와 같은 부류는 결코 잠시도 궁액(宮掖)[324]으로 둘 수 없으니, 청컨대 열이(烈伊)[325]의 족속을 모두 쫓아내어 화근을 막으소서.

역적 이희지를 잡으러 간 도사가 영암에 도착하자, 군수 문덕린이 소매에서

---

322) 노적률(孥籍律) : 죄인을 사형에 처하고 그 처자까지 연좌시키며 그들의 재산을 몰수하는 형(刑)을 이른다.

323) 액례(掖隸) : 액정서(掖庭署) 소속 하례(下隸)를 이른다. 액정서는 내시부에 부설되어 왕명 전달, 알현 안내, 문방구 관리 등을 관장하던 관서였다.

324) 궁액(宮掖) : 각 궁에 딸려 있던 하인(下人)을 가리킨다.

325) 열이(烈伊) : 대전의 의대(衣襨)를 세탁하는 차지나인 백열이(白烈伊)를 가리킨다. 목호룡의 공초에서 백망과 결탁하여 궁 안에서 독약을 쓰는 일을 성사시키려 하였다고 하였는데, 백열이는 끝내 실정을 말하지 않고 경폐(徑斃)하였다. 《景宗實錄 2年 5月 20日》

본군(本郡)에 원찬된 죄인 홍석보(洪錫輔)[326]의 소찰을 꺼내 보이며, 역적 이희지의 집을 수색해 찾아낸 문서 중 언찰 한 장과 시고(詩稿) 한 장을 내어 달라 간청하였습니다. 도사가 출발하자, 홍석보가 또 그 길로 자신의 청지기를 뒤따라 보내 그 시고와 언찰을 돌려 달라며 인편으로 보내줄 것을 요구하였는데, 언찰은 곧 이희지 어미의 편지였고 시고는 곧 역적 이희지가 지은 〈속영정행〉이었습니다.

만약 홍석보가 애초 역적과 공모한 일이 없었다면, 시고와 언찰의 유무를 어떻게 알았겠으며, 재삼 돌려 달라 청한 것이 이처럼 간곡하였겠습니까. 그 정상을 엄히 조사하여 실정을 캐내지 않을 수 없으니, 청컨대 국청으로 하여금 죄인 홍석보를 잡아들여 엄히 신문하게 하소서.”

주상이 답하기를, “윤허하지 않는다. 역적 이희지와 홍석보의 일은 아뢴 대로 하라.”라고 하였다.

○ 〈속영정행〉의 내용은 다음과 같다.
“신축년 12월 초하루[327]에,   十二月朔歲辛丑

---

326) 홍석보(洪錫輔) : 1672~1729. 본관은 풍산(豊山), 자는 양신(良臣), 호는 수은(睡隱)이다. 영안위(永安尉) 홍주원(洪柱元)의 증손, 태복시 첨정 홍중기(洪重箕)의 아들이다. 김창협 문하에서 수학하였다. 1696년(숙종22) 사마시를 거쳐, 1699년 증광 문과에 급제했으나 과옥으로 삭방(削榜)되었다. 1706년 정시 문과에 다시 급제하여 1713년 도당록에 올랐다. 1716년 수찬 재직 시 《가례원류》 사건으로 조정이 시비에 휘말렸을 때, 윤증을 강력히 비난하였다. 1721년(경종1) 동부승지 재직 시 경종을 핍박하였다고 탄핵받고 영암군(靈巖郡)에 유배되었다. 1722년 이희지의 시고와 언찰을 빼돌리려 한 일로 체포되어 국청에서 신문을 받았다. 1723년 3월 26일 다시 체포되어 2차 심문을 받고 4월 18일 정배되었다. 영조대 도승지·평안도관찰사 등을 역임하였다. 시호는 충경(忠敬)이다.
327) 신축년 12월 초하루 : 이른바 ‘박상검의 옥사’가 벌어지기 시작한 시점을 이른다. 이 옥사는 1721년(경종1) 환관 박상검·문유도 등이 경종과 왕세제를 이간질하여 궁극에는 왕세제를 해치려 했다는 혐의를 받아 벌어진 사건이었다. 1722년(경종2) 1월 왕세제가 입직궁관(立直宮官)과 익위사관(翊衛司官)에게, 내관들이 자신의 생명을 위협하니 독수(毒手)를 피하고자 사위(辭位)한다는 뜻을 알렸다. 다음날 대신들의 주청으로 경종은 박상검과 문유도를 국문하였는데, 당시 혐의 내용은 박상검이 김일경의 사주를 받고 왕세제기 경종에게 문침(問寢)하는 길을 막아 불화를 조성하는 한편 대전의 궁녀들로

명릉 참봉328)이 빈 창가에서 잠이 들었네.	明陵寢郎眠虛牖
문득 바라보니 선왕께서 보좌에 자리하시고,	忽瞻先王御黼座
의젓한 신하들329)이 엄숙하게 좌우에 늘어섰네.	羽儀肅肅排左右
대신을 부르고 또 잇따라 재촉하니,	傳呼大臣又連催
내관의 입에서 바람소리 일었네.	中使如風聲在口
단지 몇몇 사람 허둥지둥 들어오는 것을 보았으나,	但見顚倒數公入
희미해서 누가 누구인지 기억하기 어렵네.	依俙不記誰與某
종소리 같은 옥음이 전각 섬돌에 울려 퍼지니,	玉音如鍾響殿陛
종사가 위태롭거늘 경들은 아는가, 모르는가!	宗祊顚覆卿知否
공들은 물러나 어디로 가려는가?	諸公求退去何之
천한 내시 반역하면 주살함이 마땅하다.	孼豎作逆誅宜厚
궁궐의 위아래에 대낮같이 불 밝히니,	殿上殿下火如晝

하여금 왕세제를 헐뜯는 말을 하도록 시켜 왕세제를 제거하려고 하였다는 것이었다. 그러나 배후를 밝히기도 전에 관련된 나인이 자결한 점, 박상검을 끝까지 국문하지 않고 바로 죽여 사건을 서둘러 수습한 점 등을 들어 노론은 이 일에 소론이 관련되어 있다고 보았다. 이후 1725년(영조1) 영조가 즉위한 후, 김일경 등이 박상검의 배후로 지목되어 탄핵되고, 환관 손형좌(孫荊佐) 등에 대한 국문이 이루어지면서 이 사건은 다시 재소환되어 노론과 소론의 갈등을 확산시켰다. 노론은 신임옥사를 주도한 조태구, 김일경, 목호룡 등을 공격하기 위해 이 사건에 대한 재조사와 관련자의 처벌을 주장했고, 결국 정조 때에 다시 만든 《경종수정실록(景宗修正實錄)》에는 "박상검이 김일경의 손발이 되어 은밀한 기회를 몰래 주선하여 안팎에서 선동"하였다고 기록되었다. 《景宗實錄 1年 12月 22日·23日·24日·25日, 2年 1月 4日·6日》《景宗修正實錄 1年 12月 22日》《承政院日記 景宗 2年 1月 6日·7日》

328) 명릉 참봉 : 명릉(明陵)은 숙종과 계비 인현왕후의 능으로, 경기도 고양에 위치해 있다. 《경종수정실록 2년 9월 21일》 기사에 의하면 이 시는 서종일(徐宗一)이 명릉 참봉으로 있을 때 꾼 꿈의 내용을 이희지가 전해 듣고 지은 것이라 한다. 서종일(1661~1732)의 본관은 대구(大丘), 자는 관경(貫卿)이다. 서상리(徐祥履)의 손자, 서문박(徐文博)의 아들, 서종제(徐宗悌)의 아우이다. 영조비 정성왕후(貞聖王后)의 숙부이고, 임인년 옥사에서 처형당한 서덕수의 종조부이다. 영조 즉위 후 서종일은 상소하여 서덕수는 고문 때문에 거짓 자복하였다고 주장하였다. 《英祖實錄 1年 7月 16日》

329) 의젓한 신하들이 : 원문은 "羽儀"이다. 신하들이 복장을 갖추고 당당한 모습으로 조정에 출사(出仕)한 것을 가리킨다.

위사(衛士)는 소리치고 천 가지 우레가 울부짖네.　　　衛士高喝千雷吼

순식간에 머리 둘[330]이 문 밖에 내걸리니,　　　斯須門外懸兩頭

옆 사람들 말하기를 환관의 머리라 손가락질하네.　　　傍人指言黃門首

나라에 큰 변고 있은 지 이레가 지났으니,　　　國有大變越七日

홀연한 당화(黨禍) 마치 한나라 환관[331]과 같았네.　　　黨禍忽如漢北部

오랑캐 땅 불모지의 도깨비들 기뻐하고,　　　蠻荒窮髮魍魅喜

역적 환관 간흉들이 뱀과 지렁이처럼 얽혔네.　　　逆閹群奸蛇蚓紏

밤에 조서 지어 아침에 관직을 제수하니,　　　夜作詔書朝拜官

옛날에 들었던 영정(永貞)의 일이 지금 다시 있게 되었네.

　　　昔聞永貞今還有

여우와 올빼미 시끄럽게 울어대며 못하는 짓이 없고,

　　　狐鳴梟噪無不如

희번덕거리며 날뛰고 어르며 부추기네.　　　賜睒跳跟更指嗾

긴 무지개 여러 날 태양을 뚫으니,　　　長虹爛日貫太陽

덕성(德星)[332]이 뒤섞여 남두(南斗)[333]를 의지하네.　　　德星錯落倚南斗

학가(鶴駕)[334]가 황망히 문을 나서려 하자,　　　鶴駕蒼黃欲出門

세 차례 슬픈 조서(詔書) 내리며 성모(聖母)께서 울었네.

　　　哀詔三宣泣聖母

---

330) 머리 둘 : 환관 박상검과 문유도를 이른다.

331) 한나라 환관 : 원문은 '漢北部'이다. 북부는 후한(後漢) 환제(桓帝) 때의 당파로, 조절(曹節)
　　·왕보(王甫) 등 환관을 가리키고, 남부는 이응(李膺)·범방(范滂) 등 명사(名士)들의 당을
　　가리킨다.

332) 덕성(德星) : 상서로운 징조로 나타나는 별이다. 목성(木星)을 가리키기도 한다.

333) 남두(南斗) : 남방에 두형(斗形)을 이루고 있는 7개의 별이다. 남두는 남극노인성(南極老
　　人星)을 신격화한 남극장생대제(南極長生大帝)의 통치 아래에 6개의 부서가 있는 큰
　　관청같이 여겨지고, 그 역할은 주로 인간의 수명과 운명을 관리한다고 생각하였다.

334) 학가(鶴駕) : 세자의 별칭이다. 주 영왕(周靈王)의 태자 진(晉) 즉 왕자교(王子喬)가 도술을
　　닦아 신선이 된 뒤에 백학(白鶴)을 타고 구지산(緱氏山)에 내려왔다는 전설에서 유래한
　　것이다. 《列仙傳 王子喬》

궁 안의 일 비밀스러워 자세히 알기 어려우나,　　宮闈事秘雖莫詳

환란이 임금의 지척에서 생겼다지.　　蓋聞急變生腋肘

산처럼 타오르는 기세는 객씨(客氏)와 위충현(魏忠賢)[335] 보다 더하고,

　　勢焰如山邁客魏

뿌리는 이미 깊어 힘으로 뽑기 어려운데,　　根蔕已深難力取

하루저녁에 몰아내니 어찌 그리 신속한가?　　一夕驅除何迅速

이 어찌 사람이 한 일이랴, 하늘이 이끌었네.　　此豈人爲卽天誘

혼비백산하여 감히 독기 못 부리고,　　魂迷不敢肆毒螫

궁지에 몰리니 신명이 지키는 듯하네.　　窘迫若有神明守

아리따운 눈썹의 궁녀가 단장도 하지 않은 채,　　翠眉宮妾未洗粧

향기로운 두건으로 머리를 감싸고 울며 달아나네.　　香帕裹頭哭出走

천둥 번개 순식간에 모든 것을 쓸어버리니,　　倏忽雷霆一蕩柝

선령(先靈)의 보우하심 진실로 우연이 아니었네.　　先靈默佑誠非偶

꼭두각시 줄 끊어지자 진면목이 드러나고,　　傀儡索絶露眞面

도깨비들 햇살 비치자 으슥한 소굴을 찾아가네.　　魍魎日照求幽藪

환관의 재앙이 예부터 나라를 망쳤음은,　　閹禍從古國亡已

한과 당이 앞에 있고 황명이 뒤에 있네.　　漢唐在前皇明後

이처럼 성대한 천토(天討)는 아직 듣지 못했으니,　　未聞天討赫若斯

종사는 아아! 억만년 유구하리.　　宗祊於戲億年久

어느 집 무녀가 새 귀신에게 기도하는가?　　誰家女巫禳新鬼

봄밤 고가(藁街)[336]에서 질장구 두드리며 노래하네.[337]　　春夜藁街歌拊缶

---

335) 객씨(客氏)와 위충현(魏忠賢) : 객씨는 명나라 희종(熹宗)의 유모로 봉성부인(奉聖夫人)에
　　봉해져 권세를 휘두르다 태살(笞殺)되었다. 위충현은 희종 때의 환관으로 객씨와 사통(私
　　通)하고 환관의 수장(首長)인 사례감(司禮監) 병필태감(秉筆太監)과 황제 직속의 비밀경찰
　　인 동창(東廠)의 수장이 되어 정치를 농단(壟斷)하다가 의종(毅宗) 즉위 후 탄핵을 받고
　　자살하였다. 《明史 卷305 魏忠賢列傳》

336) 고가(藁街) : 한(漢)나라 장안성(長安城) 남문 안쪽에 있던 저잣거리의 이름으로, 죄인을
　　참수하면 머리를 이 거리에 매달아 사람들에게 보였으므로 이후 반역자를 참수하는

○ 사간원 - 이진순 - 에서 새롭게 아뢰기를,

"죄인 이이명을 사사하라는 전지(傳旨)와 관문(關文)이 달려서 차령(車嶺)에 이르렀을 때 이이명의 사위 김시발이 중도에서 위협하여 관문을 빼앗고 멋대로 뜯어본 다음 관문을 가지고 가던 자를 으르고 겁박하여 우회하는 길로 가도록 강제하였는데 그 자가 따르지 않자 종들을 많이 풀어 잡아끌고 구류하여 길을 가지 못하게 막았습니다.

우관(郵官)338)이 이 사실을 감영에 급히 보고하였으니, 관찰사라면 응당 놀라 두려워하며 한편으로는 장계를 올려 보고하고 김시발을 잡아다 그 죄를 다스려야 하고 또 한편으로는 관문을 가지고 가는 사람을 별도로 지정하여 급히 알려야 할 터인데, 그는 그렇게 하지 않고 다시 묻는 우관의 보고에도 예사롭게 의금부에 직보(直報)하겠다고 제사(題辭)를 써서 보내는 데 그쳤습니다.

이 일이 관계된 바가 얼마나 중대한데 우관에게 맡기고 스스로는 죄인을 추치(推治)하려 하지 않았으니, 느슨하고 소홀하여 직무를 제대로 수행하지 못한 죄를 징계하지 않을 수 없습니다. 청컨대 충청감사 이세근(李世瑾)339)을

장소를 가리키는 말로 쓰였다. 《漢書 卷70 段會宗傳》

337) 어느 …… 노래하네 : 이 구절의 의미는 명확하지 않다. 이에 대해 성해응(成海應, 1760~1839)은 이 시구의 뜻을 이영교(李英敎)에게 물으니, 이영교가 답하기를, "역적 김일경이 복주된 박상검을 꿈에서 보았는데, 박상검이 자기 홀로 일을 꾸민 것이 아닌데도 자신만 죽임을 당했다고 억울함을 호소하자 일경이 꿈에서 깨어난 후 박상검이 복주된 곳에서 무녀로 하여금 액을 쫓게 한 것이다."라고 하였다고 전한다. 《研經齋全集 外集 詩話》

338) 우관(郵官) : 우편에 관한 일을 맡아보던 벼슬아치로, 역(驛)의 찰방(察訪), 역승(驛丞) 등을 통틀어 이르던 말이다.

339) 이세근(李世瑾) : 1664~1735. 본관은 벽진(碧珍), 자는 성진(聖珍)이다. 보덕 이상급(李尙伋)의 증손이고, 이세진(李世璡)의 형이다. 1697년(숙종23) 정시 문과에 급제하여 청요직을 두루 지냈는데, 1699년 이조판서 신완(申玩)을 탄핵하였다가 오랫동안 벼슬에 나가지 못하였다. 1706년(숙종32) 홍문록에 오르고 청요직에 다시 진출하였다. 1722년(경종2) 충청감사로서 이이명을 사사(賜死)하라는 전지(傳旨)와 관문(關文)이 이르자 이이명의 사위 김시발(金時發)이 이를 절취하였는데, 이를 빨리 처리하지 않았다 하여 체포되어 심문을 받았다. 영조 즉위 뒤 경상도관찰사·대사헌을 거쳐 1731년(영조7)에 동지의금부

잡아다 신문하여 정죄하십시오.

죄인 홍철인은 목호룡의 고변 안에 긴요하게 들어가 있어서 말하기를,

‘역적들이 모여 의논할 때, 홍철인·홍의인도 와서 동참하자 매화점이라는 말이 있었다’

라고 하였습니다. 목호룡이 초사에서 또 말하기를,

‘이희지·이기지·정인중·김용택·홍의인·홍철인 등 6인이 백망에게 은을 주고 지 상궁과 열이에게 보내 그들로 하여금 약을 타서 흉악한 짓을 저지르게 하였다. ……’

라고 하였으니 그들이 저지른 죄가 지극히 막중합니다.

이홍술이 육현을 때려죽였을 때, 현덕명이 홀로 그 지시를 받아 자취가 음험하고 비밀스러웠는데, 포도청에 소속된 자가 거의 다 직초(直招)하였으나 유독 현덕명만은 완강하고 모질게 버티며 불복하였으니, 그 정적이 가증스럽습니다.

또한 육현이 살해당한 일은 목호룡을 죽이고자 모의한 일과 일맥상통하는 것으로, 역모를 꾀한 여러 정황이 남김없이 다 드러났습니다. 국옥이 결말이 나기 전에는 결코 지레 먼저 참작하여 처리해서는 안 되니, 청컨대 홍철인과 현덕명을 모두 그대로 가두고 엄히 형문하여 실정을 캐내십시오.”

라고 하자, 주상이 답하기를, “번거롭게 하지 말라.” 하였다.

○ 이기지가 물고되었다.

○ 6일, 장령 이경열·사간 이제·정언 정수기(鄭壽期)340), 집의 서명우가

사(同知義禁府事)가 되었다가 70세가 되어 치사(致仕)한 뒤 봉조하(奉朝賀)가 되었다. 저서로 《성조갱장록(聖朝羹墻錄)》이 있다.

340) 정수기(鄭壽期) : 1664~1752. 본관은 연일(延日), 자는 순년(舜年), 호는 곡구(谷口)이다. 1699년(숙종25) 증광 문과에 급제하여, 1716년 홍문록에 올랐다. 1722년(경종2) 세제 대리청정을 주청한 김창집 등을 탄핵하면서 숙종대 노론의 출발점이 되었던 김익훈(金益

홍철인·현덕명·학손·이상건 등에 대해 마땅히 논핵했어야 할 일을 논핵하지 않았다는 이유로 인피하여 물러가 물론을 기다렸다.

○ 홍문관에서 처치하여, 모두 출사시킬 것을 청하였다.

○ 장령 신유익·정언 이진순 등이 상소하기를,

"신들이 어제 국청의 좌기에서 죄인 정우관을 다시 추문한 문목을 보니, 감추고 숨기는 태도로 일관하다 그 또한 고변할 일이 있다고 운운하였습니다. 이에 대신이 문목 외에 잡다한 내용의 공초는 봉입하지 말 일을 이미 탑전에서 논의하여 결정하였고, 정우관이 하려는 말은 죽을 처지에서 살길을 찾는 계책에 불과하니 말을 꺼내지 못하게 하자고 하였습니다.

대개 정우관에게 고할 만한 일이 있었으면 잡아다 국문하기 전에 고했으면 됐을 일이고, 이미 잡혀온 후라도 즉시 고했으면 또한 괜찮았을 터인데, 갇힌 지 여러 날이 지나 다시 추문할 때서야 비로소 고변하려 하니, 그 정적이 의심스럽고 또한 훗날의 폐단에도 관계됩니다.

따라서 대신이 받고를 허락하지 않은 것은 참으로 의도가 있어서이나 다만 옥사의 체모로 말하자면 죄인이 이미 고변을 올린다고 하였으니, 시기의 이르고 늦음을 따지지 말고 일의 허실에 대해 한번 추문하는 일이 있어야 할 듯합니다. 신들이 이 문제를 쟁집하였으나 대신이 시종일관 주저하고 있으니, 신들에게 이미 소견이 있는 이상 아뢰지 않을 수 없습니다. ……"
라고 하였다.

○ 도당록에, 이명의·유필원·여선장·윤유·이승원(李承源)341)·조익명(趙翼

勳)과 이사명(李師命)까지 거슬러 올라가 비판하였다. 1725년(영조1) 신임옥사의 주동 인물이라고 탄핵을 받고 삭출(削黜)되었다. 1727년 정미환국 이후 대사간으로 복직하여 우참찬·예조판서 등을 역임하였다. 시호는 정간(貞簡)이다.

341) 이승원(李承源) : 1661~? 본관은 광주(廣州), 자는 효백(孝伯)이다. 1699년(숙종25)에 생원

命)342)·김상규·김계환(金啓煥)·김시엽(金始燁)343)·권두경(權斗經)344)·정수기·
정석삼·임광(任珖)345)·이현장·오명신(吳命新)346)·권익순·강필경(姜必慶)347)

이 되고, 1705년 식년 문과에 급제하여, 1708년 정언이 되었다가 1712년 사간원의
탄핵을 받고 파직 당했다. 1722년(경종2) 부수찬에 오른 뒤 다시 청요직을 두루 역임하다
가 1725년(영조1) 노론의 탄핵을 받고 삭출되었다. 1727년 정미환국으로 형조참의,
1729년 승지, 1741년 호조참판, 1743년 동지의금부사가 되었다.

342) 조익명(趙翼命) : 1677~1744. 본관은 풍양(豊壤), 자는 사필(士弼)이다. 직장(直長) 조형(趙
珩)의 증손이고, 조원명(趙遠命)의 동생이다. 1705년(숙종31) 진사가 되고, 그 해 별시
문과에 급제하여, 1709년 정언이 되었다. 1716년 지평 재직시《가례원류(家禮源流)》의
서문에서 윤증을 비난한 권상하(權尙夏)를 비판하였다. 경종대 삼사의 언관을 역임하였
다. 영조가 즉위하자 노론 4대신의 옥사 때 삼사의 언관직에 있으면서 이를 제지하지
못한 책임을 지고 파직 당하였다. 1727년(영조3) 복직되어 보덕(輔德)이 되었으며,
1729년 윤순(尹淳)·권일형(權一衡)과 같이 동지사(冬至使)로 청나라에 다녀와 대사간·승
지 등을 역임하였다.

343) 김시엽(金始燁) : 1683~? 본관은 강릉(江陵), 자는 계회(季晦)이다. 1715년(숙종41) 진사가
되고, 1717년 식년 문과에 급제하여 1722년(경종2) 지평이 되었다. 영조 즉위 직후
원찬 당했다가 1727년(영조3) 풀려났다.

344) 권두경(權斗經) : 1654~1726. 본관은 안동(安東), 자는 천장(天章), 호는 창설재(蒼雪齋)이
다. 권벌(權橃, 1478~1548)의 5세손이고, 이현일(李玄逸) 문인이다. 사간원 정언, 홍문관
수찬 등의 벼슬을 지냈다. 1717년(숙종43) 영남에서 만인소를 올릴 때 그 상소문을
기초하였다. 저서로《창설집》이 있고, 편서로《퇴도선생언행통록(退陶先生言行通錄)》이
있다.

345) 임광(任珖) : 1686~1743. 본관은 풍천(豐川), 자는 경휘(景輝)이다. 우참찬 임상원(任相元)
의 손자, 승지 임수간(任守幹)의 아들이다. 1708년(숙종34) 식년시에서 진사가 되고, 1713년
증광 문과에 급제하여 1724년(경종4) 수찬이 되었다가 남평현감(南平縣監)으로 나갔다.
1727년(영조3) 부수찬이 되고 이후 청요직을 두루 거쳤는데, 1728년 무신난 관련자에
대한 탄핵을 회피하였다고 삭출 당했다. 1732년 이후 헌납·사성 등을 역임하였다.

346) 오명신(吳命新) : 1682~? 본관은 해주(海州), 자는 문보(文甫)이다. 여성제(呂聖齊)의 외손,
오수량(吳遂良)의 아들이며, 오명준(吳命峻)·오명항(吳命恒)의 아우이다. 1710년(숙종36)
진사가 되고, 1713년 증광 문과에 급제하여, 1722년(경종2) 부수찬에 올랐다. 이후
청요직을 두루 역임하여 1724년(영조 즉위) 이조정랑이 되었다. 1727년(영조3) 교리로
다시 삼사에 진출하여 1728년 승지, 1729년 대사간·이조참의 등을 역임하였다.

347) 강필경(姜必慶) : 1680~? 본관은 진주(晉州), 자는 선경(善慶)이다. 1705년 생원이 되고,
1713년(숙종9) 증광 문과에 급제하여, 1723년(경종3) 교리가 되었는데, 청요직 진출이
부당하다는 탄핵을 받았지만 대사헌 이진검의 상소로 무사하였다. 1730년 소론이 국문을
당할 때 그의 이름이 연좌되었으므로 그 뒤 오랫동안 금고(禁錮) 당했다가 1738년 좌의정
송인명(宋寅明)의 건의로 해금되어, 첨지중추부사·오위장 등을 역임하였다.

등을 선발하였다.

○ 묘정(廟庭)에 배향할 신하를 빈청에서 회권(會圈)[348]하여, 남구만(南九萬)[349]·윤지완(尹趾完)[350]·최석정(崔錫鼎)[351]을 뽑았다.

---

348) 회권(會圈) : 선발에 적합한 사람의 이름 위에 권점(圈點)을 찍는 일을 이른다. 권점을 많이 받은 사람의 명단을 임금에게 올려 최종 재가를 받았다.

349) 남구만(南九萬) : 1629~1711. 본관은 의령(宜寧), 자는 운로(雲路), 호는 약천(藥泉) 또는 미재(美齋)이다. 개국공신 남재(南在)의 후손이고, 송준길(宋浚吉) 문인이며, 박세당(朴世堂)의 처남이다. 효종대 문과에 급제하여 1659년(효종10) 홍문록에 올랐다. 현종대 청요직을 두루 거치고 숙종대 영의정 등을 역임하였다. 1694년 갑술환국 이후 숙종의 탕평책을 적극 협찬하다가 노론의 집요한 공격을 받았다. 특히 세자를 보호하기 위해 생모인 장희빈 가문에 대한 처벌을 늦추려고 노력하다가 자주 처벌을 받았다. 1707년 봉조하(奉朝賀)가 되고 기로소에 들어갔다. 숙종 묘정(廟庭)에 배향되었고, 시호는 문충(文忠)이다.

350) 윤지완(尹趾完) : 1635~1718. 본관은 파평(坡平), 자는 숙린(叔麟), 호는 동산(東山)이다. 좌의정 윤지선(尹趾善)의 아우이다. 1657년(효종8) 사마시, 1662년(현종3) 증광 문과에 급제해 청요직을 두루 지냈다. 1675년(숙종1) 송시열을 구원하다가 관직을 박탈당하였다. 1680년 경신환국 이후 병조판서까지 올랐다가 1689년 기사환국으로 유배되었다. 1694년(숙종20) 갑술환국 직후 우의정에 올랐다가 1695년 영돈녕부사가 되었다. 1717년 숙종이 좌의정 이이명(李頤命)과 독대(獨對)한 후 세자[景宗]에게 청정(聽政)을 명하자 청정을 반대하고 이이명을 논척하였다. 숙종 묘정에 배향되었고, 시호는 충정(忠正)이다.

351) 최석정(崔錫鼎) : 1646~1715. 본관은 전주, 자는 여시(汝時)·여화(汝和), 호는 존와(存窩)·명곡(明谷)이다. 증조부 최기남(崔起南)은 성혼의 문인이고, 조부는 인조대 주화파로 활약했던 영의정 최명길(崔鳴吉)이다. 남구만·이경억(李慶億) 문인으로, 박세채와 종유하면서 학문을 닦았다. 1685년(숙종11) 부제학 재직 시 윤증을 변호하고 김수항을 탄핵하다가 파직되었다. 1701년 영의정에 임명되었으나 장희빈에 의한 무고(巫蠱)의 변이 일어나자 세자를 보호한다는 명분으로 생모인 장희빈 사사에 반대하였다. 1710년까지 모두 열 차례 정승이 되어 숙종의 탕평책을 적극 추진하여 당쟁의 화를 줄이기 위해 노력하였다. 아우 최석항(崔錫恒) 역시 좌의정까지 지내며 경종 연간 소론의 중심인물로 활약하였다. 저서로 《예기유편(禮記類編)》과 《명곡집》 등이 있다. 숙종 묘정에 배향되었고 시호는 문정(文貞)이다.

《연려술속(燃藜述續)》 권6

○ **임인년(1722, 경종2) 5월 7일**, 심진(沈榗)과 김승석(金承錫)을 잡아
들여 가두고, 정우관(鄭宇寬)을 다시 추문하자 고변하였다.[1]

○ 《신임기년제요(辛壬紀年提要)》에 다음과 같은 내용이 있다.
"정우관(鄭宇寬)은 안주 사람으로 서울에서 벼슬살이하며 장세상(張世相)과
이웃으로서 친숙하였고, 또 최홍(崔泓)과도 익숙한 사이여서 박상검(朴尙儉)[2]

---

1) 정우관(鄭宇寬)을 …… 고변하였다 : 정우관은 김춘택의 아우인 김운택의 측근으로서,
   신문을 받은 지 보름 만에 상변(上變)할 일이 있다고 하며 발고(發告)를 청하였다.
   그 내용은 장번내관(長番內官) 최홍(崔泓)·박재원(朴載元)·김구준(金九俊)·김몽상(金夢
   相)·함희춘(咸熙春) 및 외조(外朝)의 윤취상(尹就商)·원휘(元徽) 심익창(沈益昌) 등이 모
   의하여, 남인과 손잡고 왕세제와 인원왕후뿐만 아니라 경종 및 경종비를 차례로 폐출하
   려 하였다는 것이었다. 또한 왕세제 모해 혐의로 죽임을 당한 내관 박상검(朴尙儉)
   및 나인 석열(石烈) 등도 사실은 한 패였으며, 임인년 옥사 당시 의금부 당상이었던
   심단(沈檀)과 김일경(金一鏡) 등도 그 배후라고 고변하였다. 이에 대해 조태구·최석항은
   본래 내관 장세상의 심복이었던 정우관이 옥사를 저패(沮敗)시켜 장세상을 위해 보복하
   려는 마음을 품고 무고한 것이라 주장하였다. 《景宗實錄 2年 5月 5日·7日·8日》
2) 박상검(朴尙儉) : 1702~1722. 평안도 영변(寧邊) 출신의 내관으로, 본관은 충주(忠州)이다.
   어려서 심익창(沈益昌)에게 글을 배운 인연으로 심익창과 교분이 있었던 김일경과
   교류하게 되었고, 이 친분은 내관이 되어서도 계속되었다. 1722년(경종2) 1월 왕세제가
   입직궁관(立直宮官)과 익위사관(翊衛司官)에게, 내관들이 생명을 위협하니 독수(毒手)를
   피하고자 사위(辭位)한다는 뜻을 알리면서 이른바 '박상검 옥사'가 일어났다. 대신들의
   주청으로 경종은 박상검과 문유도(文有道)를 국문하였는데, 당시 혐의 내용은 박상검이
   김일경의 사주를 받고 왕세제가 경종에게 문침(問寢)하는 길을 막아 불화를 조성하는
   한편 대전의 궁녀들로 하여금 왕세제를 헐뜯는 말을 하도록 시켜 왕세제를 제거하려고
   하였다는 것이었다. 그런데 사건의 전모가 밝혀지기 전 박상검이 환열(轘裂)에 처해진

무리의 은밀한 자취를 모두 알고 있었다.

이때 - 4월 20일 - 에 이르러 체포되어, 옥중에서 고변 - 5월 3일 - 하기를,
'내관 최홍(崔泓)·김몽상(金夢祥)·박재원(朴梓元)·김구준(金九俊)·함희춘(咸熙春)은 박상검과 동당(同黨)으로, 모의의 주동자는 최홍입니다. 나인 석렬(石烈)[3])이 양녀(養女)라고 칭하고, 입번(入番)하면 구중궁궐을 마음대로 출입하며 함께 흉모를 꾸몄으며, 밖에 나가서는 윤취상(尹就商)·원휘(元徽)·심익창(沈益昌) 등과 모의하였습니다.

궁금을 출입하는 무녀(巫女)와 서로 결탁하여 은화 수천 냥을 주고 석렬과 결탁하게 하여 독약을 사 준 다음, 작년 11월 경 대비전에 짐독(鴆毒)[4])을 쓰고 동궁을 모해하려 하다가 대내(大內)에서 발각되었습니다.

박상검과 석렬이 죽은 후에는 다시 계략을 꾸며 무녀로 하여금 수천 냥의 은화를 주고 최홍과 결탁하게 하여 남인으로 정국(政局)을 뒤집으려고 모의하고, 경외(京外)가 합세하여 군사를 일으켜서 지금의 주상을 폐위하려고 하였는데, 목호룡(睦虎龍)의 일로 나라가 시끄러워진 탓에 일을 성사시키지 못하였으나 오래지 않아 틀림없이 변란이 일어날 것입니다. ……'

관계로 이 사건은 전모가 채 밝혀지기 전에 흐지부지 마무리되었다. 이후 1725년(영조1) 김일경 등이 박상검의 배후로 지목되어 탄핵되었고, 내시 손형좌(孫荊佐) 등에 대한 국문이 이루어지면서 이 사건은 다시 재소환되어 노·소론 간 갈등을 격화시켰다. 노론은 신임옥사의 부당함을 주장하기 위해 이 사건에 대한 재조사와 관련자의 처벌을 요구하였다. 결국 정조 때 다시 만든 《경종수정실록》에는 "박상검이 김일경의 손발이 되어 은밀한 기회를 몰래 주선하여 안팎에서 선동하였다."라고 기록되었다. 《景宗實錄 1年 12月 22日·23日·24日·25日, 2年 1月 4일·6日》《景宗修正實錄 1年 12月 22日, 2年 9月 21日》《承政院日記 2年 1月 6日·7日》

3) 나인 석렬(石烈) : 내관 박상검에게 매수되어 왕세제인 연잉군이 경종에게 문안을 드리거나 왕의 수라상을 살피러 가는 길을 가로막아 경종과 왕세제 사이에 불화를 조성하였다는 혐의를 받았으나, 본격적인 국문이 시작되기 전에 자진하였다. 《景宗實錄 1年 12月 23日·24日·25日》《承政院日記 景宗 1年 12月 27日》

4) 짐독(鴆毒) : 짐조(鴆鳥)의 독을 이르는 말로 일반적으로 독물을 가리킨다. 짐새는 흑색이고 목이 길며 눈과 부리가 붉은 새로, 살무사를 잡아먹고 사는데, 몸에 독이 있어서 그 털을 음식이나 술에 넣어서 먹으면 사람이 죽는다고 한다. 후세에는 대개 독약을 비유하는 말로 쓰였다.

라고 하였다.”

　대신이 잡다한 내용의 공초는 봉입하지 말자고 하였으나, 대간의 상소로 말미암아 다시 추문하자 정우관이 재차 고변하니, 전교하기를, “규례에 따라 훈련대장[5)]의 병부(兵符)를 빼앗으라.” 하고, 비로소 병조판서를 패초하라고 명하여 병부를 전하게 한 뒤 국구(國舅)[6)]에게 염찰(廉察)하라고 다시 명하였다.

　정우관이 재차 다음과 같이 고변하였다.

　“제가 응당 한번 발고하고자 하였으나, 지금의 당상 심단(沈檀)과 김일경(金一鏡)은 심익창 등이 수괴라고 한 사람들이므로 감히 말을 꺼내지 못하였습니다. 작년 4, 5월 사이에 장세상의 집에서 장세상과 저, 그리고 최홍 세 사람이 이런저런 말을 주고받던 와중에 장세상이 최홍에게 말하기를,

　‘대간이 윤취상(尹就商)에게 죄줄 것을 청하자 별판부(別判付)[7)]가 내렸는데,[8)] 너는 어찌하여 티 나게 그러한 일을 하였는가?’

　라고 하자, 최홍이 말하기를,

　‘나도 윤취상과 아는 사이이고, 또 유 상궁이 여러 차례 말하였기 때문에

---

5) 훈련대장 : 윤취상(尹就商)을 이른다.

6) 국구(國舅) : 경종의 계비인 선의왕후의 부친 함원부원군(咸原府院君) 어유귀(魚有龜, 1675~1740)를 이른다. 어유귀의 본관은 함종(咸從), 자는 성칙(聖則), 호는 긍재(兢齋)이다. 1699년(숙종25) 사마시, 1707년 별시 문과에 급제하여 청요직을 두루 거쳤다. 1718년 딸이 세자빈[선의왕후(宣懿王后)]이 되었고, 1720년 경종이 즉위하자 함원부원군에 봉해졌다. 1721년 노론 4대신이 세제 대리청정 문제로 파직되자 무고라고 주장하였다. 신임옥사 이후 김일경이 원훈(元勳)에 오를 것을 청했으나 사양하였다. 1728년(영조4) 분무원종공신(奮武原從功臣) 1등에 책록되고, 1735년 훈련대장, 이듬해 수어사로 임명되었으나 모두 사퇴하였다. 영의정에 추증되었으며, 시호는 익헌(翼獻)이다.

7) 별판부(別判付) : 조정 관리들이 올린 주문(奏文)의 내용에 대하여 임금이 특별한 유시(諭示)의 형식을 띤 의견 또는 그 의견을 적은 문서를 이른다.

8) 대간이 …… 내렸는데 : 사헌부 지평 이정소(李廷熽)가 훈련도정(訓鍊都正) 윤취상이 훈련원의 배와 수레를 이용하여 동성(東城)의 부석(浮石)을 가져다 개인 용도의 정자(亭子)를 짓는 데 사용하였으므로 삭탈관작(削奪官爵)하여 문외출송(門外黜送)할 것을 청하였는데, 경종이 석방하도록 하였다. 다시 청하자 선조 때의 숙장(宿將)이라며 정계(停啓)하도록 하였는데, 이 일은 결국 무고로 밝혀졌다. 《景宗實錄 1年 6月 2日·16日, 8月 7日》

그렇게 한 것이다.'

라고 하니, 장세상이 말하기를, '유 상궁은 윤취상을 어떻게 아는가?'라고 하자, 최홍이 말하기를,

'윤취상의 청지기인 서두창(徐斗昌)의 어미가 궐내 무녀의 미전방(米廛房)에 출입하였으므로 유 상궁과 서로 친하여, 유 상궁에게 청을 넣었기 때문에 그렇게 하게 된 것이다.'

라고 하였습니다.

작년 10월 그믐 무렵, 박상검이 저를 데리고 심익창의 집으로 갔는데, 그때 심익창이 저에게 말하기를,

'그대는 우리가 상의하는 일에 대해 박 장번(朴長番)9)에게 말을 들어 틀림없이 알고 있을 것이다.'

라고 하기에, 제가 말하기를, '과연 알고 있다.'라고 하자, 심익창이 저에게 말하기를, '일이 과연 뜻대로 된다면, 그대에게도 또한 그 일을 시킬 것이다.'라고 하니, 박상검이 말하기를, '이 사람을 반드시 원휘와 알게 해야 한다.'

라고 하자, 심익창이 말하기를,

'얼마 안 있으면 원 병사가 출번(出番)하니, 그대10)가 데려오는 것이 좋겠다.'

라고 하였습니다.

11월 초순 무렵, 제가 박상검과 함께 심익창의 집으로 갔더니 원휘가 과연 와 있었습니다. 원휘가 말하기를, '내가 심익창의 말을 듣고 이미 곡절을 알고 있다.' 하고, 박상검에게 말하기를, '이번에 입번하면 반드시 구언(求言)하는 비망기를 내리게 하라.'라고 하자 박상검이

'당연히 시키는 대로 하겠다. 의논한 일은 이미 윤 대장과 상의하여 하였다.'

라고 하였습니다. 이에 원휘가 말하기를,

'필요한 은자는 윤 대장이 이미 무녀를 시켜 궐 안으로 들여보냈고, 우리

---

9) 박 장번(朴長番) : 박상검을 이른다.
10) 그대 : 박상검을 이른다.

집에서 낸 은 700냥과 심단이 낸 은 500냥은 최홍에게 보냈다.'

　라고 하자, 박상검이 말하기를,

　'우리 집에 있는 700냥 중 200냥은 박재원을 시켜 석렬에게 주었다. 우리는 있는 힘을 다하는데, 윤 대장이 허술하게 할까 두렵다.'

　라고 하였습니다. 그러자 원휘가 말하기를, '윤 대장은 두 번의 분부로 인해 이미 유 상궁의 뜻을 알고 있다.'라고 하자, 박상검이 말하기를,

　'약은 윤 대장에게서 이미 유 상궁에게로 전해진 것인가? 만약 아니라면 내가 필정에게 보내 유 상궁에게 전하고자 한다.'

　라고 하니, 원휘가 말하기를, '이 일은 염려하지 말라.'라고 하였습니다.

　대개 독약을 어느 곳에서 사들였는지는 모르겠으나, 12월 환국(換局)[11] 후에 흉모를 시행하고자 하다가 대내에서 발각되어 일이 미처 성사되지 못하자, 석렬과 필정(必貞)이 자복하고 죽었는데, 저는 최홍이 말해주어 알았습니다.

　11월 그믐 무렵, 제가 원휘·박상검과 함께 심익창의 집에서 모였는데, 원휘가 박상검에게 말하기를,

　'윤 대장이 말한 일은 이미 유 상궁에게 말하여 잘 시행하였다. 그대들은 반드시 먼저 손을 써서 이조판서는 필히 심단으로 하고, 김일경은 소두(疏頭)였으니[12] 이조참판을 제수하고, 훈련대장은 윤취상이, 평안병사는 반드시 내가

---

11)　12월 환국(換局) : 신축년의 환국[辛丑換局]을 이른다. 1721년(경종1) 노론에서 소론으로 정권이 교체되었는데, 신축년에 정권이 교체되었다는 의미에서 신축환국(辛丑換局)이라고 한다. 당시 노론 측에서는 경종의 나이가 30세가 넘었는데 후계자가 없자 왕세제를 세울 것을 요구했다. 왕세제의 책봉과 관련된 노론 측의 요구는 관철되었으나, 이후 노론 측이 추진한 대리청정 요구는 소론 측의 반격으로 실패하였다. 이후 경종의 구언교를 계기로 김일경을 소두로 한 상소가 나와서 노론이 조정에서 쫓겨나고 소론이 득세하는 계기가 된 것이 신축환국이었다.

12)　김일경은 소두(疏頭)였으니 : 1721년(경종1) 12월 6일, 소두(疏頭) 김일경(金一鏡)을 필두로 박필몽(朴弼夢)·이명의(李明誼)·이진유(李眞儒)·윤성시(尹聖時)·정해(鄭楷)·서종하(徐宗廈) 등이 연명하여 상소한 일을 이른다. 경종이 왕세제의 대리청정 명을 철회한 이후 거듭된 천재지변으로 구언 교지(求言敎旨)를 내리자 이에 응한 것으로, 김일경

하게 만들어야 할 것이다.'

라고 하자, 심익창이 말하기를,

'영공(令公)은 총융사(摠戎使)13)를 맡는 것이 좋은데, 어찌 반드시 평안병사를 바라는가?'

라고 하니, 원휘가 말하기를, '내가 평안병사가 되면, 일이 차질 없이 진행될 수 있을 것이다.'라고 하였습니다. 그러자 박상검이 말하기를, '무슨 좋은 일이 있습니까?'라고 하자, 원휘가 말하기를,

'이러한 때, 내가 평안병사가 되고 윤취상이 훈련대장이 되면 장차 다른 변란을 막을 수 있을 것이다. 영공14) 또한 평안도 사람이고 나도 영변에서 지금 막 체직되어 서쪽 지방의 인심에 익숙하므로, 군사를 움직인다 해도 어려울 것이 없을 터이니 내 기필코 하고자 한다.'

라고 하니, 박상검이 말하기를,

'아직 시세는 알 수 없으나, 영공의 뜻이 매우 좋으니 모쪼록 도모해 보겠다.'

라고 하였습니다. 이에 원휘가 말하기를,

'6일에 과연 성사된다면, 나는 하직 인사만 하고 떠나지 않은 채 성문 밖에서 머무를 것이다.'

라고 하자, 심익창이 말하기를,

'6일은 다시 택일한 날로, 결코 잘못될 리가 없으니, 반드시 기다렸다가 떠나야 한다.'

등은 이 상소에서 세제의 정치 참여를 요청한 조성복, 2차 대리청정 명에 의례적인 정청(庭請)을 하다가 바로 중지한 노론 4대신, 대리청정 명의 환수를 청하고자 입궐한 조태구의 청대를 저지한 승지, 이와 관련하여 조태구 등 소론 측 인사들을 탄핵한 삼사를 모두 치죄하기를 청하여, 경종의 승인을 받았다. 《景宗實錄 1年 12月 6日》《景宗修正實錄 1年 12月 6日》

13) 총융사(摠戎使) : 총융청의 관장인 종2품 무관직을 말한다. 총융청은 인조 2년(1624)에 설치하여 광주(廣州)·양주(楊州)·수원(水原) 등 진(鎭)의 군무를 맡아 서울의 외곽을 경비한 군영이다. 1747년(영조23)에 북한산성(北漢山城)의 수비를 맡았으며, 1846년(헌종12)에 총위영(摠衛營)으로 고쳐 일컬었다.

14) 영공 : 심익창을 이른다.

라고 하니, 원휘가 말하기를, '병을 칭탁하고 강촌에 머물다가 6일의 성사 여부를 알고 떠나겠다. ……'라고 하였습니다.

4월 4일에 남인으로 정국을 뒤집는다는 일에 대해 아뢰겠습니다. 제가 박상검의 변고가 일어난 후로는 심익창의 집에 가지 않다가 20일 비로소 가서, 두려워서 왕래하지 않았던 이유를 언급하고, 또 말하기를,

'근래에 노론이 도로 들어온다는 설이 있던데, 우리에게 어찌 위험한 일이 아니겠는가.'

라고 하자, 심익창이 말하기를,

'이는 염려할 것 없다. 윤취상이 훈련대장이고, 윤오상(尹五商)15)이 금군 별장(禁軍別將)이며 원휘가 평안병사이니, 심단·김일경 등과 상의하여 대사(大事)를 일으킬 계획이므로 걱정할 것 없다.'

라고 하고, 또 말하기를, '그대는 최 지사를 만났는가?' 하기에, 제가 말하기를, '만나지 못하였다.'라고 하였습니다.

심익창은 비록 소론이나 원휘의 꾐에 넘어가 그로부터 많은 은을 받았고, 윤취상은 노론이었다가 소론으로 변했으나 본래 남인이었습니다. 또한 소론 과는 함께 대사를 거행할 수 없었으므로 반드시 남인의 정국으로 환국하고자 한 것은 최홍과 심익창이었습니다.

군대를 일으켜 지금의 주상을 폐위시키고 새로운 주상을 옹립하기로 한 일에 대해 아뢰겠습니다. 2월 10일 무렵, 최홍의 집에 가니, 최홍이 말하기를,

'지금 한창 논의 중인 일은 4월 4일이 길일이므로 남인으로 환국한 후 대사를 거행할 수 있을 것이다. 소론은 끝내 동궁을 해치는 일을 하려고 하지 않으므로 어쩔 수 없이 남인을 불러들인 후 대비전과 동궁을 해칠 것이다. 부원군은 이미 노론이니 주상과 중궁전 또한 장차 차례로 폐출시킬 것이다. 훈련대장 윤취상과 평안병사 원휘가 아직 그대로 있으니, 어찌 감히 변고를 도모하겠는가.'

---

15) 윤오상(尹五商) : 윤취상의 동생이다.

라고 하기에 제가 말하기를,

'그대는 전에 주상에게 은혜를 입은 일이 있는데, 어찌 차마 이러한 말을 하는가?'

라고 하니, 최홍이 말하기를, '내가 거의 죽을 지경인데, 어찌 그를 돌아볼 수 있겠는가. ……'라고 하였습니다. 최홍은 극악무도한 역적으로 그 죄가 조고(趙高)[16]보다 배나 심하니, 어찌 죽이지 않을 수 있겠습니까.

나라가 어지러워 성사시키지 못했다는 한 가지 일에 대해서는 제가 단지 최홍에게 들었을 뿐이니, 그 사이의 곡절을 무슨 말로 아뢸 수 있겠습니까.

짐독으로 대비전을 해하고 동궁을 모해하며, 군사를 일으켜 지금의 주상을 폐하고 새로운 주상을 세우는 일의 경우, 제가 그 모의에 동참한 것이 확실하고, 심단과 김일경은 심익창과 원휘의 말로 볼 때 그들과 함께 흉모에 동참하였으나 제가 그들과 대면한 일은 없습니다." - 이 또한 《신임기년제요》에 보인다. -

○ 8일, 죄인 윤취상·박재원·최홍·김몽상·김구준·심익창·함희춘을 잡아들여 가두었다.

○ 이정식(李正植)을 잡아들여 가두었다.

○ 국청 대신 이하가 청대하여 입시한 자리에서, 판의금부사 심단과 동지의금부사 김일경은 대명(待命)하지 말고 패초하여 국청에 참석하게 할 일과, 죄인 윤취상·최홍·김몽상·박재원·김구준·함희춘·심익창을 모두 풀어줄 일을 탑전하교 하였다.

---

16) 조고(趙高) : 진(秦)나라 때 환관이다. 진시황(秦始皇)이 죽자 승상 이사(李斯)와 거짓 조서를 만들어 장자(長子) 부소(扶蘇)에게 죽음을 내리고 이세(二世) 호해(胡亥)를 세웠으며, 이사를 죽이고 승상이 되어 대소사를 멋대로 하다 진나라를 멸망에 이르게 하였다.

○ 심단과 김일경을 패초하였으나 나오지 않았다.

○ 청대하였을 때 영의정 조태구(趙泰耈)가 다음과 같이 아뢰었다.

"지금 죄인 정우관이 감히 죽을 처지에서 살길을 찾고자 고변을 청하였는데, 신은 그 고변이 필시 허망하고 단지 옥사를 지연시키며 경각에 달린 목숨을 조금이라도 연장하고자 한다는 것을 알고 있습니다. 또한 옥사의 체모로 말하더라도, 죄인의 잡다한 공초를 봉입하지 않는 것이 실로 옛 규례이므로 발고(發告)를 허락하지 않았습니다.

그런데 대관이 즉시 상소하였고 이에 대한 성상의 비답에서도 추문을 허락하셨으므로 신들이 부득이하게 봉행하여 비로소 발고하게 하였더니, 먼저 판의금부사 심단과 동지의금부사 김일경 두 사람의 이름을 끄집어내어 그들의 수괴라고 하였습니다. 다만 정우관의 흉패함으로도 오히려 감히 얼굴을 마주해 만난 일은 없다고 하였으니, 세상에 어찌 수괴로 추대해놓고 그 당여가 얼굴을 모르는 일이 있겠습니까?

이 한 가지 일만으로도 이미 허황되고 거짓된데다 그 공초한 내용이 하나같이 황당하고 난잡하여 더 이상 물을 만한 것이 없었습니다. 그렇지만 그 중에 4전(四殿)을 해치려 모의했다는 주장은 지극히 놀랍고 뼈에 사무쳐 시급히 철저하게 조사하지 않을 수 없었습니다.

그리하여 즉시 사람들을 잡아들여 각각 공초를 받았는데, 거기서 거론한 5인의 환관 등 역시 정우관을 모른다고 공초하였습니다. 원휘와 윤취상 두 사람도 또한 정우관의 공초에서 주요하게 거론된 자들이었는데, 원휘는 이미 죽어 빙문(憑問)[17]할 수 없고, 윤취상은 정우관이 서로 얼굴을 모른다고 하였습니다. 그가 발고한 이들이 모두 얼굴을 모르는 사람들이라면 세상에 어찌 이러한 동당(同黨)이 있겠으며, 또한 어찌 이러한 고변이 있겠습니까.

이른바 수천 냥의 은자를 석렬에게 들여보냈다 운운한 주장의 경우, 정우관

---

17) 빙문(憑問) : 증거에 의거해 신문함을 이른다.

이 말하기를,

'밖에서 준비해 준 사람은 원휘이고, 중간에서 전해 준 사람은 박상검이며, 안에서 받아 쓴 사람은 석렬이다.'

라고 하였는데, 이 3인은 모두 죽어 계제(階梯)가 이미 끊겼으니, 그가 이미 죽은 사람을 가탁하여 남을 함정에 빠뜨리려 한 계략을 꾸민 것이 불을 보듯 분명하여 참으로 통탄스럽습니다.

신들이 또 공사(供辭) 가운데 절통(絶痛)하게 여기는 것은, 상께서 내리신 분부를 최홍이 한 일이라고 하고, 또 이번의 처분 및 대·소 관직의 제수를 모두 그들이 주선한 것이라고 핑계 대었다는 것입니다. 그 주된 뜻은 하나같이 장세상의 거짓 날조나 역적 이희지(李喜之)의 시어(詩語)와 같았습니다. 그가 비록 흉측하고 완악하다 하나, 악역(惡逆)을 범하여 죽을 처지에 있는 지금, 도리어 어찌 감히 이와 같이 극악한 말을 할 수 있단 말입니까. 임금을 무함한 그 부도(不道)한 죄가 너무도 절통합니다.

또한 그가 말하기를, '작년 11월 그믐 무렵 모의할 때, 김일경이 소두가 되었으니 이조참판으로 삼아야 한다'는 말까지 있었다고 하였습니다. 김일경이 소두가 되어 상소를 올린 것이 12월 6일이었으니 아직 상소도 올리기 전에 이러한 수작을 하였을 리 만무한데, 그저 김일경을 무함하는 데 급급하여 추후에 말을 꾸며대는 바람에 일의 선후와 말의 착오를 깨닫지 못하였으니, 일마다 절통하고 말마다 터무니없습니다.

죽을죄를 지은 죄수가 옥관(獄官)을 쫓아내려 하는 것이 비록 이상한 일은 아니지만, 생전 얼굴도 모르는 심단과 김일경을 수괴라 말하고 있으니, 이 한 가지 조항만으로도 그 간악한 정상을 깨뜨릴 수 있습니다. 그가 구구절절 거짓으로 속인 것은 지난번 역적 백망(白望)이 옥관을 제거하고 죽음을 면하려 한 계책[18]과 똑같으니, 임금을 무함한 그의 부도하고 극악한 죄를 엄히

---

18) 역적 …… 계책 : 백망(白望)은 왕세제 연잉군의 응사(鷹師)였다. 1722년(경종2) 3월 28일 목호룡의 고변(告變)으로 인하여 경종의 시해 또는 폐출을 모의한 혐의를 받고 수금되었

징치하지 않을 수 없으므로, 본죄(本罪) 중에 문목(問目)을 첨가하여 엄히 국문해서 실정을 캐내야 합니다.

고발된 사람들의 경우, 원사(爰辭)[19]의 근거가 명백하고 증거가 확실하여 줄곧 미결로 오래 가두어 둘 수 없으니 모두 용서[20]하여 풀어주는 것이 어떻겠습니까? 두 의금부 당상이 이미 터무니없는 무함을 당하여 지금 금오문(金吾門)[21] 밖에서 대죄하고 있습니다. 혐의를 풀어 주고 출사하기를 권면하지 않을 수 없는데, 그렇게 하여 국청에 참석하게 하는 것이 어떻겠습니까?

지금 이정식도 이미 잡아 왔으니 막중한 국옥(鞫獄)이 한시가 급한데, 두 의금부 당상이 자리에 참석하지 못하여 개좌할 수 없는 형편이므로 감히 이렇게 우러러 아룁니다."

주상이 말하기를, "그렇다."라고 하였다.

우의정 최석항(崔錫恒)이 다음과 같이 아뢰었다.

"사형수가 옥중에서 고변한 것은 전에 없던 일입니다. 정우관이 고변한 일에 대해 신들이 시종일관 주저하였던 것은 옛 법을 가벼이 폐지하면 뒷날의 폐단을 막기 어렵게 될 것을 우려해서였습니다. 대간의 상소에 대한 비답으로 인하여 그가 고한 것이 무슨 일인지 물었더니 과연 예측을 벗어나지 않았습니다.

대개 정우관은 장세상의 심복인 사인(私人)인데, 옥에 갇힌 후, 반드시 옥사를 저지하여 장세상의 복수를 하려는 계략을 꾸며, 안으로는 간여한 일이 없는 환관을 끌어들이고 밖으로는 의지하고 중시하는 숙장(宿將)[22]을

다. 백망은 공초에서, 소론과 남인이 세제를 모해하려 하였다고 역으로 고변하였는데, 여기에는 당시 추국을 담당하고 있던 조태구(趙泰耉)·최석항(崔錫恒)·김일경(金一鏡)·심단(沈檀) 등의 이름도 거론되었다. 국청에서는 이 일을 불문에 붙였으며, 문목에서 벗어난다고 하여 기록하지 않았다. 《景宗修正實錄 2年 3月 29日, 4月 4日》

19) 원사(爰辭) : 죄인이 자신의 죄상에 대해서 진술한 글을 이른다.
20) 용서 : 원문 '분간(分揀)'은 죄상을 헤아려 용서하는 쪽으로 처결(處決)하는 일을 이른다.
21) 금오문(金吾門) : 의금부의 정문이다.
22) 숙장(宿將) : 군사적 경험과 연륜이 풍부하고 공이 많은 장수를 이른다. 여기에서는 훈련대장 윤취상을 이른다.

무함하였습니다. 급기야 다시 추문하였을 때에는 별안간 의금부 두 당상의 이름을 거론하여 괴수라 하면서 기어이 쫓아내고야 말려고 하였으니, 이는 실로 백망의 남은 음모입니다.

판의금부사 심단은 지론이 공평하나, 중죄수를 형문할 때에는 엄히 다스리는데 뜻을 두고 취조를 철저히 시행하였고, 동지의금부사 김일경은 인품이 강직하여 엄준함에 힘썼습니다. 이에 옥중 죄수들의 원한과 원망이 뼈에 사무쳐서 옥사를 다스리는 초기에 이미 헐뜯으려는 마음이 있었으므로 공사(供辭)에서 여러 차례 발설하였으나 결국 그 계략을 이루지 못하였습니다.

지금 이 정우관이 틈을 노리고 일어나 옥사의 실정을 어지럽혔으니, 이는 다만 죽을 처지에서 살길을 찾으려는 계책일 뿐만 아니라 화심(禍心)을 품고 국옥을 망치려는 정황이 불을 보듯 분명합니다. 또한 재차 시행된 추문에서 공초한 내용 중에는 차마 들을 수 없는 말로 시작해서 감히 말할 수 없는 곳에까지 말이 미쳤으며, 또 정국을 뒤바꾸려고 했다는 말이 있었습니다.

심지어 지난겨울의 처분을 그들이 주선한 것이라고까지 하였으니, 임금을 무함한 부도한 그 죄는 이미 이루 다 주벌할 수 없습니다. 더구나 공초의 말단에 '중외(中外)가 합세하여 군사를 일으키려 했다.'는 등의 말은 경악스럽고 뼈아픈 마음에 차마 들을 수 없는데, 시종일관 앞뒤가 맞지 않고 구구절절 거짓으로 점철되어 있습니다. 지금 막 추안(推案)을 입계하였으니, 그 음흉한 정절이 성상의 연감(淵鑑) 아래 모두 다 드러날 것입니다.

신들 또한 간악한 정상이 드러나 있어 옥사가 성립되기 어렵다는 것을 모르는 바 아니었지만, 사안이 중대하고 옥사의 체모가 관련되어 있어 부득이 계청하여 추문한 것이었습니다. 그런데 옥사의 실정과 곡절이 대략 이와 같아, 지금 다시 신문할 단서가 없으니, 갇혀 있는 사람들은 모두 풀어주어야 할 듯합니다. 그렇지만 정우관이 임금을 무함한 부도한 죄악 및 남을 악역(惡逆)에 빠뜨린 범죄는 징치하지 않을 수 없으니, 다시 추문하는 문목에 죄명을 추가로 첨부하여 엄히 형문하여 실정을 캐내는 일은 결단코 그만둘 수 없습니다.

의금부 두 당상이 당한 무함은 위에서 아뢴 바와 같은데, 지금 만약 이것을 혐의로 삼아 끝내 공무를 행하지 않는다면 이들을 쫓아내려는 정우관의 계략이 적중하는데 그칠 뿐만이 아닙니다. 옥사를 담당한 신하가 사형수가 만든 함정에 빠져 그 직임에서 체차된다면 장차 나라가 나라답지 못하게 될 것입니다. 그리하여 이후 비록 역옥(逆獄)이 발생한다 해도 다시 국청을 설치하여 조사하고 다스릴 길이 없게 될 것이니, 그 말류의 폐단을 이루 다 말할 수 있겠습니까. 의금부 당상 심단과 김일경에 대해 특별히 혐의를 풀어 주시어 즉시 출사하게 하는 것을 그만두어서는 안 될 듯합니다.”

주상이 이르기를, “아뢴 대로 하라.”라고 하였다.

○ 지평 김홍석(金弘錫)이 아뢰어 전 감사 홍우전(洪禹傳)23)을 사판(仕版)에서 삭제할 것24)을 청하자, 주상이 아뢴 대로 하라고 하였다.

또 사사(賜死)한 죄인 이이명(李頤命)과 김창집(金昌集)에 대해, 법에 따라 처자식을 노비로 삼고 가산을 몰수할 것을 거행하도록 아뢰자, 주상이 아뢴 대로 하라고 하였다.

또 지열(池烈)에 대해 속히 처자식을 노비로 삼고 가산을 몰수하도록 명할 것을 청하자, 주상이 아뢴 대로 하라고 하였다.

또 열이의 족속을 모두 쫓아내어 화근을 막도록 청하자, 주상이 아뢴 대로 하라고 하였다.

---

23) 홍우전(洪禹傳) : 1663~1728. 본관은 남양(南陽), 자는 집중(執中), 호는 구만(龜灣)이다. 홍명원(洪命元)의 증손이고, 정랑 홍수제(洪受濟)의 아들이다. 송시열 문인이다. 1702년 (숙종28) 진사시, 1719년 별시 문과에 급제하여 청요직에 진출하였다. 1722년 박필몽의 탄핵을 받아 삭직되어 은거하였다가 이듬해 조지빈의 탄핵을 받았고, 다음해 유배되었다. 영조대 복직되어 공조참판 등을 역임하였다.

24) 홍우전을…… 것 :《경종실록 2년 3월 3일》기사에 따르면, 경상감사 홍우전이 등과(登科) 하던 날 누이의 상(喪)을 듣고서도 노모를 위로하고 기쁘게 해 드린다는 핑계로 발애(發哀)하지 않고 태연히 응방(應榜)하였다는 것과 경상감사로 부임한 후 짐바리가 잇따랐다는 소문이 낭자하였다는 이유로, 지평 박필몽(朴弼夢) 등의 논핵을 입었다.

○ 헌납 윤회(尹會)가 홍철인(洪哲人)[25]·현덕명(玄德明)의 일을 아뢰자, 주상이 번거롭게 하지 말라고 하였다. 또 충청감사 이세근(李世瑾)을 잡아다 신문하여 정죄(定罪)할 일을 아뢰자, 주상이 아뢴 대로 하라고 하였다.

○ 9일, 죄인 이우항(李宇恒)을 잡아들여 가두었다. 주상이 전교하기를,
"죄인을 사사한 후에 처자식을 노비로 삼고 가산을 몰수하는 법은 없는데, 지금에 이르러 이를 시행하는 것은 너무 지나치다. 어제 연석에서는 여러 차례 아뢰는 말 가운데 있어서 미처 깨달아 살피지 못하였다. 이미 죽었으니 전지를 도로 거두어들이라."
라고 하였다.

○ 승정원에서 아뢰기를,
"두 흉적의 죄상은 본래 법대로 처형해야 함에도 사사로 감형하여 실형(失刑)을 면치 못하였으므로, 온 나라가 일제히 분노하였습니다. 이에 대신(臺臣)이 쟁집하자 처자식을 노비로 삼고 가산을 몰수하는 형전을 다행히 윤허하시니, 여론이 조금 시원해하고, 왕법이 거의 펴질 수 있게 되었습니다. 그런데 뜻밖에 오늘 이 명을 도로 거두어들이라는 하교를 별안간에 내리시니, 신들은 머리를 맞대고 경악을 금치 못하였으며 이어 의아한 생각이 들었습니다.
성상의 이번 거조가 진실로 너그럽게 용서한다는 뜻에서 나왔다는 것을 알지만, 국법은 지엄하고 공의는 막기 어렵습니다. 또한 삼가 생각건대, 국조(國朝) 이래 사사한 죄인의 처자식을 노비로 삼고 가산을 몰수한 일이 한두 번이 아니었고, 선조(先朝) 때에도 이미 행한 전례가 있으니 결코 이미 내린 명을 즉시 중지하는 일이 있어서는 안 됩니다. 신들이 근밀한 자리에

---

25) 홍철인(洪哲人) : ?~1722. 목호룡의 고변에서 소급수, 즉 노론 측에서 독약으로 경종을 시해하고자 모의했다는 혐의에 연루되어 죽음을 당했다. 선공감 봉사로 있다가 목호룡의 고변으로 투옥되어 네 차례 형문을 받고 장살된 홍의인(洪義人)의 동생이다.

있으면서 개탄스러운 마음을 이기지 못하여 감히 옛사람이 작환(繳還)[26]했던 의리를 본받고자 합니다. ……"

라고 하자, 전교하기를, "번거롭게 하지 말라."라고 하였다.

○ 승정원에서 아뢰기를,

"관학 유생 유용(柳綌) 등의 상소를 도로 내주라는 명이 있었는데, 너무도 의아한 마음을 금할 수 없습니다. 말한 내용이 혹 성상의 마음에 들지 않더라도 태학의 대다수 선비들이 올린 상소에 대해서는 도로 내주라는 비답을 내린 전례가 있었던 적이 없었으니, 지금 이 하교는 성조(聖朝)에서 선비를 대우하는 도리가 전혀 아닙니다. 원래의 상소를 즉시 도로 들이라고 명하여 분명하게 비지(批旨)를 내리시는 것이 합당한 처사일 듯합니다."

라고 하자, 전교하기를, "원래의 상소를 도로 들이라." 하고, 이어 비답을 내리기를, "처분이 이미 정해졌으니, 다시 번거롭게 논하지 말라."라고 하였다.

○ 10일, 홍문관에서 차자를 올렸는데, 그 대략에,

"아! 조정에서 관학을 대우하는 것은 일의 체모가 각별합니다. 대개 사론(士論)은 국가의 원기이고, 관학은 사론의 뿌리이므로, 조종조 이래로 배양하고 북돋아왔으니, 그 뜻이 매우 성대하였습니다. 설령 중도에 지나친 거조와 못마땅한 말이 있더라도 너그럽게 포용하고 관대하게 용서하여 일찍이 함부로 억누르지 않았던 것은 진실로 선비의 기상이 꺾인다면 곧은 의론이 막히고 곧은 의론이 막히면 장차 나라가 나라답지 못하게 될 것이기 때문입니다.

이 때문에 선대왕께서는 관학의 소장을 들일 때마다 즉시 비답을 내리시어 하루도 보류하는 일이 없게 하시고, 말이 쓸 만하면 성대히 추장하여 권면하시고 말이 쓸 만하지 않으면 곡진히 혐의를 풀어 주심으로써, 일찍이 박대하거나

---

26) 작환(繳還) : 임금의 전교에 잘못된 부분이 있다고 여길 경우, 승지가 전교를 하달하지 않고 되돌려 올리며 환수하기를 청하는 것을 이른다.

소홀히 대하는 뜻이 없었으니, 이 어찌 오늘날 전하께서 본받아야 할 바가 아니겠습니까?

더구나 이 선비들의 상소는 진실로 역적을 토벌하기를 청하는 대의에서 나와, 그 마음이 충성스럽고 그 말이 올바르니, 즉시 예람(睿覽)하시고 속히 비지(批旨)를 내리시어 선비를 대우하는 예를 다하는 것이 일의 체모로 볼 때 당연할 것입니다. ……"

라고 하였다. - 국기(國忌)로 인해 승정원에 보류해 두었다가 16일에 주상이 답하기를, '논한 바가 절실하니, 마땅히 더욱 유념하겠다.'라고 하였다. -

○ 정우관을 1차 형문하고, 이헌(李瀗)을 2차 형문하였다.

○ 11일, 문사낭청 구명규(具命奎)에게 탈이 있어 유만중(柳萬重)으로 대신하였다.

○ 죄인 일업(一業)을 1차, 김창도(金昌道)와 정우관을 2차 형문하였다.

○ 사헌부 - 김홍석 - 에서 다음과 같이 아뢰었다.

"지난번에 청대하였을 때 사사한 죄인 이이명과 김창집의 처자식을 노비로 삼고 가산을 몰수하도록 청하여 다행히 윤허 받았습니다. 그런데 천만뜻밖에도 일전에 도로 거두라는 명이 갑자기 내려져, 신들은 머리를 맞대고 놀라고 의아해 할 뿐 그 이유를 헤아릴 수 없었습니다.

두 흉적의 찬역(簒逆) 죄는 이미 천지가 용납하지 않고 신인(神人)이 함께 분노하는 바로서, 추대의 자취 및 폐출의 모의가 역적의 공초에 낭자하여 여지없이 드러났으니, 그 죄를 논하자면 비록 왕망(王莽)·동탁(董卓)·사마의(司馬懿)·환온(桓溫)이라 해도 더할 수 없는데 그 죄가 사사에 그쳤으니 형정의 무너짐이 이보다 클 수 없습니다.

지금이라도 여정(輿情)의 울분을 조금이나마 풀어줄 방도는 오직 그들의 처자식을 노비로 삼고 가산을 몰수하는 형전을 조속히 거행하는 것뿐인데, 이제 막 유음(兪音)을 내리자마자 곧바로 다시 명을 거두시니, 처분이 전도되고 형정이 무너진 것은 이미 말할 수도 없게 되었습니다. 난적의 무리는 이로부터 더욱 징계되거나 두려워하는 바가 없게 될 것이니, 그 관계된 바가 어찌 중차대하다 하지 않겠습니까. 청컨대 이이명·김창집의 처자식을 노비로 삼고 가산을 몰수하는 형을 거두라는 명을 다시 거두어주십시오.

국청 죄인 이상건(李尙建)은 바로 법에 따라 복주된 죄인 정인중(鄭麟重)이 끌어들인 자로서, 요망한 술수를 부리고 역당과 교통하였으며, 홍의인(洪義人)의 인신(印信)을 훔쳐 찍어 별장(別將)의 첩문(帖文)을 위조하고, 이로써 은전(銀錢)을 모을 계책으로 삼은 것은 역적들의 공초에 낭자하게 나왔으니, 이 한 가지 일만으로도 바로 함께 모의하여 일을 공모한 명백한 증거가 됩니다.

학손(鶴孫)은 역적 백망의 종으로, 그가 백망의 심복이 되어 효경교(孝敬橋)에 있는 유씨(柳氏) 성의 상가(喪家)에 드나들면서 독약을 쓰려 모의한 일을 그 누이 하백(河伯)이 이미 명백하게 공초하였는데, 여러 차례 형신에도 불구하고 완강하게 버티며 승복하지 않으니 정상이 절통합니다.

이 두 역적이 저지른 죄는 사안이 모두 엄중한데, 취조가 완전히 이루어지기도 전에 가볍게 먼저 참작하여 처리하였으니 옥사의 체모로 헤아려 볼 때 결단코 이러한 이치는 없습니다. 청컨대 국청으로 하여금 이상건과 학손을 모두 다시 잡아들여 국문하고 법대로 처형하게 하소서.

상주목사 조정만(趙正萬)27)은 본래 교활한 자질로 역적 김창집의 집에

---

27) 조정만(趙正萬) : 1656~1739. 본관은 임천(林川), 자는 정이(定而), 호는 오재(寤齋)이다. 군수 조경망(趙景望)의 아들이며, 송준길·송시열 문인이고, 김창협·김창흡·이희조 등과 친교가 깊었다. 1681년(숙종7) 진사시에 장원 급제하여, 1684년 8월 성균관 유생으로 상소하여 윤증이 송시열을 배반한 행위에 대해 비판한 일이 있었다. 1694년에 인현왕후가 복위되자 금오랑(金吾郎)이 되었고, 1699년 강서현령(江西縣令)을 지냈다. 1722년(경종2) 임인옥사 당시 상주목사(尙州牧使)로 있다가 김창집의 집에서 모의에 참가하였다는 탄핵을 받고 벽동(碧潼)과 영변(寧邊)으로 유배되었다. 영조가 즉위한 후에 호조참판·공

아첨하고 빌붙어, 내밀한 논의해 모두 동참하여 알고 있습니다. 지난번 성상께서 즉위하신 초기에 서울에서 돌아온 관속(官屬)의 몸으로 밤낮을 가리지 않고 곧장 치달아 3일 만에 도성에 들어와서는 역적 김창집의 집에 숨어 있으면서 깊숙한 방에서 머리를 맞대고 주도면밀하게 모의한 것이 마치 귀신과 같고 물여우와 같아 그 정적을 헤아리기 어려웠습니다.

이에 사람들의 말이 자자하여 모두 의혹을 품고 있는데, 유독 그만이 16인[28]을 찬축(竄逐)하는 계사에서 빠졌으므로 여론이 갈수록 더욱 격분하고 있습니다. 그가 전후로 관직에 있으면서 탐욕을 부리고 가렴주구를 일삼은 것은 (이에 비하면) 단지 하찮은 일에 불과하니, 조정만을 극변에 원찬하십시오.

안산군수 이위(李瑋)[29]는 성품이 본래 편향이 심하고 술수에 능한데다 문예의 자질이 조금 있는 자로, 홍계적(洪啓迪)과 결탁하여 당을 위해 생사를 걸었고, 역적 김창집에게 빌붙어 그의 압객(狎客)[30]이 되어, 내밀한 모의에 동참하여 알지 못하는 것이 없고, 흉패한 상소와 차자를 대부분 대리 작성하였습니다.

연줄을 타고 발신(發身)하여, 직위가 현(縣)을 거쳐 군(郡)으로 승격되니,

조판서·형조판서 등을 역임하였다. 저서로 《오재집(寤齋集)》이 있다.

28) 16인 : 1721년(경종1) 12월 25일, 양사에서 합계하여 세제의 대리청정을 주청한 조성복(趙聖復) 및 연명차자를 올려 세제의 대리청정을 확정하고자 한 노론 4대신의 처벌을 주청하며, 이들과 혈당을 맺어 암약한 인물들로 거론한 이들이다. 구체적으로는 김운택(金雲澤)·김조택(金祖澤)·김민택(金民澤)·이기지(李器之)·이천기(李天紀)·조흡(趙洽)·이덕준(李德峻)·이숭조(李崇祖)·이정식(李廷植)·윤휴경(尹休畊)·형의빈(邢義賓)·조송(趙松)·김성절(金盛節)·이수절(李秀節)·전인좌(錢仁佐)·안귀서(安龜瑞)로서, 당시 양사에서는 이들을 즉일로 먼 변경에 정배할 것을 청하여, 이듬해인 1722년 모두 유배갔다. 《景宗實錄 1年 12月 25日》《景宗修正實錄 2年 2月 6日》

29) 이위(李瑋) : 1676~1727. 본관은 전주, 자는 백온(伯溫), 호는 두천(斗川)이다. 김창협의 문인이며 학식으로 이름이 있었다. 문음으로 출사하여 1719년(숙종45) 진위현령(振威縣令)을 거쳐 1721년(경종1) 안산군수(安山郡守)가 되었는데, 1722년 탄핵을 받아 한때 사판에서 삭제되기도 하였다. 영조대에 들어와 노론이 집권하면서 다시 등용되었으며, 1727년(영조3) 영천군수로 재임 시에 52세의 나이로 증광 문과에 을과로 급제하여 문학에 제수되었으나 그해에 죽었다.

30) 압객(狎客) : 마음을 터놓고 가깝게 지내는 사람을 이른다.

선류(善類)가 이를 간 지 진실로 이미 오래되었습니다. 지금 이처럼 새롭게 교화를 펼치고 있는 때에, 그를 조정 신료의 반열에 그대로 둘 수 없으니, 이위를 사판에서 삭제하소서.

보성군수 이기명(李基命)은 역적 이이명의 천한 얼자로서 공무를 완전히 내팽개치고 오직 내쫓긴 흉적들에게 물품 보내기만을 일삼아, 동서로 분주하게 출몰하며 그 정적(情跡)이 주도면밀하였고 좌우로 실어 보낸 짐바리 때문에 관아의 창고는 텅 비었습니다.

또한 경내(境內)의 사류(士類)로서 독대(獨對)[31]를 토죄하기를 청하는 상소 및 이번 역적을 토벌할 것을 청하는 소회(疏會)[32]에 참여한 사람이 있으면, 고의로 다른 일에 끌어들여 죄목을 날조해서 옥에 가득 가둔 것이 마치 난리를 만난 듯하였습니다. 청컨대 이기명을 사판에서 삭제하소서.”

이에 주상이 답하기를, “번거롭게 하지 말라.”라고 하였다.

○ 서윤흥(徐允興)을 잡아들여 가두었다.

○ 이정식이 1자 형문에서 장 20도만에 승복하였다.

○ **12일**, 유후장(柳厚章)을 잡아들여 가두고, 이정식은 결안에 대한 다짐을 받아냈으며, 서윤흥은 풀어주었다.

---

31) 독대(獨對) : 정유년(1717, 숙종43) 숙종이 우의정 이이명을 불러 독대하고, 그 직후 세자의 대리청정을 명하였다. 당시 소론 측에서는 이를 세자를 폐하기 위한 수순으로 보았다. 이런 정황으로 인해 그 독대가 노론 측에 연잉군을 부탁하는 내용이라는 추론이 나왔다.《肅宗實錄 43年 7月 19日》《당의통략(黨議通略)》에 따르면 영조대 김복택 (金福澤) 옥사를 계기로 그 내용이 비로소 드러났는데, 숙종이 연령군(延齡君)이나 연잉군 으로 세자를 바꿀 뜻이 있다는 것을 전하고, 노론측에서 세자 교체 과정에서 예상되는 만약의 사태에 대비해 줄 것을 지시하였다고 한다.
32) 소회(疏會) : 여러 사람이 언명으로 상소하기 위하여 모이는 모임을 이른다.

○ 이정식의 결안은 다음과 같다.

"이정식. 나이 33세. 저는 서덕수(徐德修)와 7촌 친척이고 김창도와는 사돈 간이며, 장세상과는 평소 절친한 사이라 관계되는 모든 정절(情節)에 두루 통하지 않은 것이 없습니다. 지난해 12월 무렵, 제가 김창도와 함께 장세상의 집에 갔더니, 장세상이 말하기를,

'이 소훈(李昭訓)이 독약을 마시고 이제 막 목숨이 끊어지려 하니, 이 여인이 죽으면 어찌 좋은 일이 아니겠는가.'

라고 하였습니다.

그 후 이 소훈의 상(喪)이 나자 장세상이 저와 김창도에게 말하기를,

'이 약을 더 얻으면 또 쓸 곳이 있다. 그러려면 반드시 1,000냥의 은자가 있어야만 쓸 수 있는데, 지금 2백 냥이 부족하니, 이 돈은 조흡이 가지고 오는 것에서 충당해야 할 것이다.'

라고 하였습니다. 이에 제가 과연 조흡을 찾아가 만나서 100냥을 얻어와 장세상에게 전해주었고, 김창도는 추후 100냥을 찾아다 서덕수에게 주었습니다. 김창도가 저에게 말하기를, 이른바 약을 쓸 곳이란 바로 성상을 가리킨다고 하였습니다.

대저 역당의 무리는 항상 성상께 병환이 있다고 하였는데, 병환이 있다는 것이 곧 헛되이 전해진 말이라는 것을 듣자 모두 죽게 될까 겁을 먹고 이렇듯 독약을 쓰는 흉계를 꾸민 것입니다.

당초 조흡의 아비 조이중(趙爾重)이 평안병사가 되었을 때, 장세상·김용택·이천기 등과 결탁하여 음모를 시행하기로 도모하고, 둔전(屯田)을 산다는 핑계 아래 병영에서 은자 8천 냥을 수합하여 흉당에게 올려보냄으로써 크고 작은 흉계를 계획하여 시행하지 않은 것이 없었습니다.

장세상이 항상 저에게 말하기를,

'지금 청정(聽政)하는 일에 차질이 생겼으니,33) 안에서 비망기(備忘記) 한

---

33) 청정(聽政)하는 …… 생겼으니 : 왕세제의 대리청정을 시행하라는 비망기(備忘記)가 내

장을 도모해 얻으면 마땅히 전의 분부대로 거행할 것인데 지금 이미 길이 끊어졌으니,[34] 어찌할 것인가?'

라고 하였습니다.

궁성을 호위(扈衛)하는 일[35]은 장동(壯洞) 영의정[36]의 집에서 나온 사안으로, 영의정이 이삼(李森)의 용력을 꺼려하여 충청병사로 내보내고, 호위할 때 유취장(柳就章)이 일을 맡겨 부리기에 편하였으므로 대신이 훈련대장 이홍술(李弘述)에게 분부하여 유취장을 중군(中軍)으로 삼게 한 것입니다. 대개 이홍술은 김창집과 의기투합하였으므로 이러한 거조가 있었던 것입니다.

이 옥사의 실정은 장세상이 수괴가 되고 정우관이 심복이 되어 궁인과 결탁해서 음흉한 정절을 같이 모의하지 않은 것이 없었습니다. 저는 그 기틀이 되었으므로, 스스로 그 죄를 알고 이미 반드시 죽을 것이라 생각하여 잡아들이라는 명이 내렸을 때 자진하고자 하였으나 왕명을 감히 거역하지 못하고 삼가 이렇게 옥에 갇혔으니, 엄한 신문 아래 일일이 지만(遲晩)합니다. ……"

려진 뒤 즉시 봉행(奉行)하지 않고 사흘 동안 정청을 기치는 바람에 일이 이루어지지 못하였다는 말이다. 1721년(경종1) 10월 10일 왕세제의 참정(參政)을 요청한 집의 조성복(趙聖復)의 상소로 인해 경종이 그날 바로 세제에게 대리청정하게 하라는 비망기를 내리자, 세제를 비롯하여 노론과 소론 모두가 명을 거두어들일 것을 청하고 정청(庭請)을 하였다. 정청한 지 3일 만에 노론 4대신이 정청을 중지하고 대리청정의 명을 받들겠다는 연명차자를 올렸으나 이후 소론의 반격으로 대리청정의 명이 거두어지고 정국이 반전되었다. 《景宗實錄 1年 10月 10日·17日》

34) 비망기(備忘記) …… 끊어졌으니 : 경종이 비망기를 내려 왕세제의 대리청정을 명하도록 재차 도모한 뒤 궁성을 호위하여 소론의 입궐을 막고 일을 주도한 노론이 훈신의 자리에 오르려 했던 계획이 뜻대로 되지 않았음을 이른다.

35) 궁성을 호위(扈衛)하는 일 : 영의정 김창집을 필두로 한 노론 4대신이 무신 이삼(李森)의 용력을 꺼려 충청병사로 내보내고, 병조판서 이만성(李晩成)과 훈련대장 이홍술(李弘述)을 시켜 부리기 편한 유취장(柳就章)을 중군(中軍)에 임명하여 궁성을 호위, 소론의 입궐을 막고 대리청정의 명을 받아낸 뒤, 최종적으로는 군사를 일으켜 경종을 폐출한 후 이를 주도한 노론이 훈신의 자리에 오르려 했다는 계획을 이른다.

36) 장동(壯洞) 영의정 : 김창집을 가리킨다.

○ 당일 군기시 앞길에서 처형하고 능지(凌遲)[37]하였다.

○ 문사낭청 김상규(金尙奎)를 개차하고, 정필녕(鄭必寧)[38]으로 대신하였데.

○ 전라감사 권중경(權重經)이 장계를 올려, 보성군수 이기명이 역적 이이명의 친족으로서 스스로의 처신을 생각하지 못하고 태연히 관직에 있으며 감히 경계에서 공장(公狀)을 보냈으니,[39] 그 방자함이 이보다 심한 것이 없으므로 우선 파출할 일을 아뢰었다.

○ 사헌부 - 장령 신유익(愼惟益)·이경열(李景說), 지평 김홍석 - 에서 이전에 아뢴 일을 다시 아뢰었다.

"이이명과 김창집의 처자식을 노비로 삼고 가산을 적몰하라는 명을 다시 거두신 일에 대해 신들은 참으로 의아한 마음을 금할 수 없고, 이어 답답하고 억울한 마음이 들었습니다. 두 흉적이 찬역(簒逆)한 죄는 실로 천지가 용납하지 않고 신인이 함께 분노하는 바이며, 추대의 자취 및 폐출의 모의가 역적들의 전후 공초에 낭자하게 드러났으니, 비록 왕망·동탁·사마의·환온이라 해도 더할 수 없을 것입니다.

그들이 범한 죄를 논하자면, 사사에 그친 것은 실형이라 할 만하고 처자식을 노비로 삼고 가산을 몰수하는 형을 집행해야 하는 것은 의심할 여지가 없는데,

---

37) 능지(凌遲) : 대역 죄인의 머리·사지·몸뚱이 여섯 부분을 토막 내는 극형을 이른다.

38) 정필녕(鄭必寧) : 1677~? 본관은 해주(海州), 자는 밀경(謐卿)이다. 1714년(숙종40) 증광 문과에, 1717년 문과 증시에 거듭 합격하여 전적(典籍)이 되었다. 1727년(영조3) 필선, 1730년 장령을 거쳐 1734년 승지가 되어 오랫동안 승정원에 있다가 1751년 호조참판에 올랐다.

39) 경계에서 공장(公狀)을 보냈으니 : 하관(下官)이 상관(上官)에게 자신의 직함(職銜)을 적어 올리는 글을 공장(公狀)이라고 한다. 흔히 감사, 병사, 수사, 어사 혹은 사신(使臣) 등이 임지에 이르거나 공무 상 접견을 하게 될 때에는 각 지역 수령을 비롯한 하관들이 자신의 직함을 적어 올렸다.

이미 윤허하셨다 도로 명을 거두셨으니, 실로 성상의 뜻이 어디에 있는지 모르겠습니다.

더구나 지금 이정식이 결안 초사(招辭)에서 말한 '궁성을 호위'한다거나 '비망기를 도모해 얻는다', '이삼을 충청병사로 내보내고, 유취장으로 대신했다'는 모의들이 과연 모두 김창집의 계획에서 나온 것이니, 김창집의 극악한 정상이 이에 이르러 더욱 남김없이 분명하게 드러난 것입니다.

이와 같은데도 오히려 너그럽게 용서해 주어 처자식을 노비로 삼고 가산을 몰수하는 법을 시행하지 않으시니, 처분의 전도됨과 사람들의 울분은 이미 말할 수도 없거니와 조종의 법은 이로 인하여 마침내 무너지고 난신적자의 무리는 더욱 징계되거나 두려워하는 바가 없게 될 것이니, 그 관계된 바가 어찌 중차대하다 하지 않겠습니까. 청컨대 이이명과 김창집에 대해 처자식을 노비로 삼고 가산을 몰수하는 일을 도로 환수하라는 명을 속히 거두어주소서."

○ 이상건·학손·조정만·이위·이기명의 사안(을 아뢰었다.)

○ (사헌부에서) 새롭게 아뢰기를,

"수원과 홍원의 목장은 본래 남양의 목관(牧官)에 속하는데, 애초에는 관직을 설치한 일이 없다가 별도로 목관을 설치한 이후로 폐단이 특히 심합니다. 또한 감목관 정치(鄭治)[40]는 역적 김창집의 지시를 받고 목장 안 수초지의 태반을 떼어내 김창집을 위한 논을 만들고 그 또한 이익을 함께 하였으며, 부역을 감독하는 것이 각박하여 채찍질이 낭자하니, 둔민(屯民)과 목자(牧子)들

---

40) 정치(鄭治) : 1653~1724. 본관은 연일(延日), 자는 형숙(馨叔)이다. 고조부가 정철(鄭澈)이고, 송시열(宋時烈)에게 배웠다. 청암찰방(靑巖察訪), 조와서 별제(調瓦署別提), 영춘현감(永春縣監) 등을 거쳐, 김성달(金盛達)에 이어 1686년(숙종12) 6월부터 1688년 2월까지 진안현감(鎭安縣監)을 지냈다. 송시열이 사사되자 그 상여꾼 조직에 참여하였다. 1719년 수원의 감목관(監牧官)을 지냈는데, 1722년(경종2) 지평 김홍석의 탄핵을 받고 4개월 간 수사를 받다가 풀려났다. 1723년에 다시 이진순의 탄핵을 받았지만 나이가 70이 넘어 유배를 면하였다. 그러나 그로 인해 병이 들어 이듬해 사망하였다.

이 모두 명을 감당하지 못하고 있습니다.

권흉에게 빌붙어 아첨하고 백성을 학대하여 이익을 꾀한 죄를 엄히 징치하지 않을 수 없으니, 청컨대 정치를 잡아들여 정죄하소서.”

라고 하자, 주상이 답하기를, “윤허하지 않는다. 말단의 일은 아뢴 대로 하라.”라고 하였다.

○ 조송(趙松)을 잡아들여 가두었다.

○ 13일, 이홍술·심진·유후장을 1차 형문하였고, 정우관을 3차 형문하였으며, 김창도는 2차 형문에서 장 2도만에 승복하여 결안에 대한 다짐을 내었다. 일업을 2차, 정우관을 4차, 유후장을 2차, 이헌을 3차 형문하였고, 묵세((墨世)는 4차 형문 끝에 기절하여 형문을 정지하였다.

○ 문사낭청 여선장(呂善長)을 개차하고 이광도(李廣道)41)로 대신하였다.

○ 김창도의 결안은 다음과 같다.

“김창도. 나이 41세. 제가 장세상과 함께 모의하여 이 소훈을 독살하였고, 또 다른 곳에도 시험해보고자 은자를 구한 일은 이정식이 이미 상세하게 바로 공초하였으니, 제가 다시 아뢸 말은 없습니다.

독약을 쓰는 일에 대해서는 서덕수와 정우관이 한 마음으로 결탁하였습니다. 덕수가 독약을 쓰는 일로 은자를 얻으려 하므로 제가 조흡에게서 구해다 덕수에게 주었으니, 그 용처의 은밀한 경로 및 약의 출처에 대해서는 정우관과 서덕수에게 물어보면 상세하게 알 수 있을 것입니다.

---

41) 이광도(李廣道) : 1673~1737. 본관은 청해(靑海), 자는 대중(大中)이다. 1699년(숙종25) 진사가 되고, 1708년 식년 문과에 급제하여 경종대 청요직을 두루 지냈다. 1725년(영조1) 삭출되었다가 1730년 다시 등용되어 집의 등을 거쳐 1737년 종성부사가 되었는데 병으로 사망하였다.

제가 은자를 얻기 위해 조흡의 집에 갔더니, 조흡이 말하기를,

'만약 다른 사람들도 모두 은자를 낸다면 비록 천여 냥이라도 내 마땅히 내겠지만, 또 개탄스러운 점이 있다. 우리 아버지[42]가 통제사 및 평안병사로 있을 때 은화 천여 냥이라는 많은 돈을 내어 큰일을 도모하였으나 아무런 효과가 없었다. 지금 김용택과 이천기의 무리가 또한 할 일이 있다며 번번이 은화를 요구하나, 내가 어디에서 마련하겠는가.

윤각(尹慤)의 집이 평소 부유한데다 지금 총융사로 있으니, 힘을 쓰는데 무슨 어려움이 있겠는가. 만약 훈련대장과 총융사가 이기지(李器之)·이천기·김용택·홍의인의 무리에게 은을 낸 것처럼 문서로 작성해 보여주게 한다면 나 또한 마땅히 은을 내겠다.'

라고 하였습니다. 이에 제가 홍의인의 집으로 가 그들 형제와 대화하던 차에 조흡의 말을 전하였더니, 홍의인 형제가 말하기를,

'며칠 전 이천기를 만났는데, 이천기가 말하기를,

「내가 이기지를 만났는데 이기지가 이미 은자 300냥을 총융사 윤각에게서 얻어냈다고 하였으니, 윤각도 은자를 낸 사람 중에 있다.」

라고 하였다.'

라고 하였습니다. 다음 날 다시 조흡의 집으로 가 홍의인의 집에서 들었던, 윤각이 은을 냈다는 일을 말해주니, 조흡이 말하기를,

'윤각이 이미 이기지에게 은을 주었다면, 그 은은 반드시 간 곳이 있을 것이다.'

라고 하였습니다.

하루는 이정식이 사람을 보내 말하기를, '서 서방이 지금 와 있으니, 반드시 즉시 오라. ……' 하여 제가 가 보니, 이정식이 말하기를,

'서 서방이 와서 말하기를,

「대리청정의 일은 비록 성사되지 않았으나, 비망기는 장차 반드시 내려질

---

42) 우리 아버지 : 조이중(趙爾重)을 이른다.

것이다.」

라고 하였으니, 어찌 좋지 아니한가. 내 이 내용을 이미 좌의정에게 아뢰었으니, 그대 또한 영의정에게 아뢰어라.'

라고 하였습니다. 이에 제가 서덕수에게 물어보니, 덕수가 웃으며 말하기를, '사실이 아닌 말을 내가 어찌 발설했겠는가.' 하므로, 제가 말하기를, '그렇다면 내 마땅히 이 내용을 영의정께 아뢰겠다.' 하고 곧장 장동으로 갔는데, 그때 영의정이 약방에 있었던 터라 기다리지 못하고 나왔습니다.

돌아오는 길에 정우관의 집에 들려 이 일을 전하였는데, 정우관이 웃으며 말하기를,

'나는 서덕수의 집에서 이미 먼저 들어 알고 있었는데, 어찌 좋은 일이 아니겠는가.'

라고 하였습니다.

밤을 틈타 다시 영의정의 집으로 가 말하기를,

'서덕수의 말을 들어보건대 장차 이러저러한 일들이 있을 터이니, 이후로는 쓸데없는 정청(庭請)43)은 다시 하지 말고 이처럼 곧바로 거행해야 할 것입니다. ……'

라고 하니, 영의정이 말하기를,

'비록 정청을 거행했어도 오히려 나를 역적으로 여기는데, 하물며 곧장

---

43) 정청(庭請) : 국가에 중대사가 있을 때 세자 또는 의정(議政)이 백관을 거느리고 궁정에 이르러 계(啓)를 올리고 전교를 기다리는 일이다. 1721년(경종1) 10월 10일, 왕세제의 참정(參政)을 요청한 집의 조성복의 상소로 인해 경종이 당일로 세제에게 대리청정하게 하라는 비망기를 내렸는데, 승정원과 옥당이 청대하고 소론인 좌참찬 최석항(崔錫恒)이 심야에 또 청대하여 명을 거둘 것을 강력히 청하니 경종이 명을 거두었다. 그런 지 3일 만에 경종이 다시 대리청정하라는 비망기를 내리자 세제를 비롯하여 노론과 소론 모두가 명을 거두어들일 것을 청하며 정청을 하였다. 그러나 정청한 지 3일 만에 노론 4대신을 중심으로 정청을 중지하자는 논의가 거론되었다. 최석항과 이광좌(李光佐) 등 소론은 정청 중지를 강력히 반대하였으나 같은 달 17일 노론 4대신이 결국 정청을 중지하고 대리청정의 명을 받들겠다는 연명차자를 올렸다. 《景宗實錄 1年 10月 17日》 《景宗修正實錄 1年 10月 17日》

(대리청정의 명을) 봉행하는 경우이겠느냐.'

라고 하였습니다. 제가 돌아와 이러한 뜻을 이정식에게 전하자, 정식이 말하기를,

'정청을 일러서 쓸데없다고 말하니, 좌의정은 옳은 말이라고 하였는데, 그대의 집 대신은 어찌하여 그러한 말을 하는가?'

라고 하였습니다. 이에 그날 다시 영의정의 집으로 가 이정식의 말을 말하였더니, 영의정이 말하기를,

'좌의정의 뜻이 이미 이와 같다면, 마땅히 상의하여 거행하도록 하겠다. ……'

라고 하였습니다.

며칠 후 다시 찾아갔더니, 영의정이 말하기를,

'너희들이 장차 비망기가 내려질 것이라고 하였는데, 지금까지 내리지 않고 있으니 어찌된 일이냐?'

라고 하여 제가 답하기를,

'서덕수가 「비망기가 응당 신속히 내려질 것이다.」라고 하기에 말씀드린 것인데, 지금까지 내리지 않고 있으니 그 까닭을 모르겠습니다.'

라고 하였습니다.

어느 날 장동에 가서 영의정을 만났는데, 영의정이 말하기를,

'어제 이기지가 와서, 너와 이정식·조송·정우관 등이 작당하여 어떤 일을 하고 있다고 하던데, 이 무슨 말이냐?'

라고 하여, 제가 답하기를,

'우리들은 그렇지 않은데, 이 진사[44]가 목호룡·백가(白哥)[45]와 함께 모의하는 일이 있어서 사람들의 말이 파다합니다.'

라고 하였습니다. 이와 같이 수작한 뒤, 이어 이기지의 집으로 가 영의정에

---

44) 이 진사 : 이기지를 이른다.
45) 백가(白哥) : 백망을 이른다.

게 들은 말을 물으니, 이기지가 웃으며 말하기를, '내가 이런 일에 서투른 초보가 아닌데 어찌 모르겠는가.' 하고, 서로 문답하는 사이에 이어 말하기를,

'심자팔(沈子八)⁴⁶⁾의 말이 경박하여 모든 일을 목호룡(睦虎龍)에게 누설하니, 장차 고변하는 일이 있을까 두렵다. ……'

라고 하였습니다.

이기지가 영의정을 찾아가 말하기를,

'시사(時事)가 매우 위태로우니 비망기가 내리기를 기다려서 궁성을 호위하면 좋을 것입니다.'

라고 하자, 영의정이 말하기를, '이 일은 좋다.'라고 하니, 이기지가 말하기를, '훈련대장에게는 제가 마땅히 통지하겠습니다. 그러나 중군 이삼은 장수의 지략이 있어 필시 함께 일을 하지 않을 것이므로 매우 꺼려집니다.'

라고 하였다. 이에 정청을 마치던 날 영의정이 연동의 이 재상(李宰相)⁴⁷⁾과 낙동의 조 재상(趙宰相)⁴⁸⁾ 및 좌의정⁴⁹⁾과 궐 안에서 상의하여 병조판서 이만성 (李晩成)⁵⁰⁾에게 말하여 충청병사로 삼아 내보냈습니다.

그날 4경(更) 초에 정청을 파하고 4대신이 비변사에 모여 상의해서 유취장을 중군으로 삼도록 훈련대장에게 분부하고, 이로써 궁성을 호위할 계획을 세웠습니다. 제가 그 뜻을 일일이 상세하게 알 수는 없으나, 서덕수·이기지의

---

46) 심자팔(沈子八) : 자팔(子八)은 심상길(沈尙吉, 1678~1722)의 자이다.

47) 연동의 이 재상(李宰相) : 이이명(李頤命, 1658~1722)을 이른다.

48) 낙동(駱洞)의 조 재상(趙宰相) : 조태채(趙泰采, 1660~1722)를 이른다.

49) 좌의정 : 이건명(李健命, 1663~1722)을 이른다.

50) 이만성(李晩成) : 1659~1722. 본관은 우봉(牛峰), 자는 사추(士秋), 호는 귀락당(歸樂堂)·행 호거사(杏湖居士)이다. 참의 이유겸(李有謙)의 손자, 우의정 이숙(李翿)의 아들이고, 송시 열 문인이다. 1696년(숙종22) 정시 문과에 장원하여 청요직을 두루 거쳤다. 1709년 최석정의 《예기유편(禮記類編)》을 논죄하다가 삭직되었는데, 이듬해 복관되었다. 1720 년 경종이 즉위하면서 형조판서에 올랐으며, 1721년(경종1) 병조판서로서 연잉군을 세제로 책봉하게 하였는데, 12월 신축환국 이후 당동벌이하였다고 탄핵 받고 유배 당했다. 그런데 이듬해 김창도의 공초에서 이삼을 충청병사로 내 보낸 일이 나와서 탄핵받고 6월 25일 다시 서울로 불려와서 국문을 받다가 8월 15일 물고되었다. 1724년 영조가 즉위하자 복관되었으며, 시호는 충숙(忠肅)이다.

말을 대략 들어보면, 궁성을 호위하는 일은 거사를 행할 때 소론으로 하여금 감히 들어오지 못하게 하고 또한 소장을 막으려는 뜻이라고 하였습니다.
……

하루는 이정식이 저와 함께 조흡의 집에 갔는데, 이정식이 저를 책망하며 말하기를,

'너희 집 대신의 일에 대해서는 말하지 말라. 대리청정의 사안에 대해 어찌하여 3일 동안 정청을 거행해서 끝내 대사를 이루어지지 못하게 만들었는가. 만약 소론이 때를 얻는다면 너희 집 대신이 먼저 죽게 될 것이다. 좌의정은 「영의정이 앞에서 주창하면 (대리청정의 일을) 반드시 곧장 거행할 것이다.」라고 하였는데, 너희 집 대신이 너무 흐리멍덩하여 정청을 거행하였다.'
라고 하였습니다.

대개 정우관·이정식·조송·김민택·김성행·서덕수 등이 서로 결탁하여 치밀하게 모의하였고, 이정식·정우관·김용택이 은화를 모아 일을 도모한 것은 그 유래가 오래되었습니다. 서덕수·김성행이 지난해부터 함께 당을 이룬 정황에 대해서는 제가 작년에 이정식과 사돈이 된 후부터 점차 들어 알게 되었고, 저 또한 그 가운데 동참함을 면치 못하였으니, 반역을 모의한 것이 확실함을 지만합니다."

○ 당일 군기시 앞길에서 김창도를 처형하고 능지하였다.

○ **14일**, 서덕수가 1차 형문에서 장 6도만에 승복하였다. 조송을 1차 형문하였고, 김일관(金一觀)[51]을 잡아들여 가두었다.

---

51) 김일관(金一觀) : 1684~1722. 본관은 광산(光山), 자는 덕삼(德三), 호는 난계(蘭溪)이다. 1721년(경종1) 12월 신축환국으로 함께 수학하던 김창집 등의 노론이 실각하자 고향에 내려와 은거하였다. 1722년 임인옥사가 일어나자 5월 14일 체포되어 네 차례의 고문을 받고 승복한 뒤 5월 17일 처형당했다. 1862년(철종13) 사헌부 집의에 증직되었다.

○ 서덕수의 결안은 다음과 같다.

"서덕수. 나이 29세. 이 소훈이 저의 집에 해를 끼쳤기 때문에, 작년 5월 무렵 제가 장세상과 독살할 일을 상의하였습니다. 6월 경, 제가 이정식을 시켜 은자 300냥을 장세상에게 들여보내 독약을 구하게 하였더니, 장세상이 백망이 독약을 구입했다는 이름 불명의 역관 장씨의 집에서 200금을 주고 독약을 사, 동궁 주방의 나인 이씨를 시켜 음식에 섞도록 하였습니다. 역관과 나인에 대해서는 다만 장세상의 말만 들었으므로 저는 상세히 알지 못합니다.

이 소훈을 독살한 후, 이정식이 찾아와 장세상의 말을 전하기를,

'계획대로 일이 이루어졌으니, 과연 좋다. 그 독약이 효과가 있어서 장차 다른 곳에 시험해 보려 하는데 은자 1,000냥이 있어야 쓸 수 있으니, 반드시 방도를 구해야 할 것이다. ……'

라고 하였습니다. 그래서 제가 조흡의 집에 가서 이 뜻을 말하고 은자를 구하자, 조흡이 200냥을 내주었습니다.

또한 심상길에게 들으니 은자 100냥, 대호지(大好紙)52) 15권, 부채 30자루가 김민택의 집에 있다 하여, 민택의 집으로 가 독약을 쓰는 일에 대해 상의하고 심상길이 보낸 은자와 지지(紙地), 부채를 먼저 가져다 쓰겠다는 뜻을 언급하였더니, 김민택이 말하기를,

'그렇다면 그대가 전후로 보낸 것이 얼마이며, 지금 남아 있는 것은 얼마인가?'

라고 하여, 제가 지난번에 보낸 것이 300냥이라고 말하였습니다. 그러자 김민택이 말하기를,

'심상길이 보낸 물건은 나도 쓸 곳이 있지만 그대의 일이 이와 같으니 먼저 가지고 가라.'

라고 하여 제가 즉시 종을 시켜 장세상의 집으로 보내 주고, 이어 김성행의

---

52) 대호지(大好紙) : 종이 종류 가운데 하나로, 모양은 넓고 길며 품질도 비교적 좋아서 공물(貢物)로 지정되었으며 과거 시험 때 답지(答紙)인 시권(試券)으로 쓰이기도 하였다.

집으로 가 이 일을 말하였더니, 김성행이 답하기를,

'이러한 일을 하다 발각되면 어찌하려는가? 모름지기 잘 처리해야 할 것이다. ……'

라고 하였습니다.

이어 제가 장세상의 집에 가서 장세상에게 말하기를, '이 정도면 또한 넉넉히 쓰겠는가?'라고 하니, 장세상이 말하기를, '이외에도 다른 물건이 있어 쓸 수 있으면 좋겠다.'라고 하여, 제가 말하기를, '모름지기 조심스럽고 신중하게 해야 할 것이다.'라고 하자, 장세상이 말하기를,

'내가 이미 나이도 먹었고 경험도 많으니, 어찌 잘하지 않겠는가. 전에 썼던 약이 아직 남아 있으니, 변통하여 쓰면 괜찮을 것이다.'

라고 하였습니다.

제가 김창도·이정식 등과 함께 앉아 말하기를,

'대리청정의 일이 성사되지 않아 노론이 실각할 것 같으니, 지금 바로 비망기가 내리면 좋겠다.'

라고 하였는데, 이는 제가 궁액(宮掖)의 척속(戚屬)으로서 대내의 일을 자연히 들이 알게 된 것이고, 또한 이 말을 정우관에게도 하였습니다.

궁성 호위의 일은 김창도가 와서 말하기를,

'이기지·김창집이

「비망기가 내리면 즉시 궁성을 호위해서 안팎을 엄히 격리하고, 또 어지러이 상소하는 우환을 막아야 한다. ……」

라고 하였다.'

라고 하였는데, 이는 대개 제가 비망기의 일을 김창도 무리에게 말하자 그들이 김창집·이기지 무리에게 전하여 이러한 호위 계획을 세웠던 것입니다.

제가 역적들과 반역을 모의한 것이 확실함을 지만합니다. ……"

○ 당일 군기시 앞길에서 서덕수를 처형하였다.

○ 국청 대신 이하가 청대 입시하여, 승복한 죄인 서덕수에 대해 주벌은 그 본인에게만 적용할 일, 처자식을 노비로 삼고 가산을 몰수하는 형전은 특별히 용서할 일, 그리고 그 아비는 사형을 감하여 정배할 일을 재결 받았다.

○ 문사낭청 조원명(趙遠命)을 개차하고 윤유(尹游)로 대신하였다.

○ 청대하였을 때 양사 - 장령 이경열, 정언 이진순(李眞淳) - 가 합계하여 아뢰기를,

"이건명이 - 계사의 내용은 4월 17일에 보인다. - 군부(君父)를 협박하였으니, - 이하 내용에서 조어를 고쳐, 주문(奏文) 중에 '위(瘺)'자를 쓴 일과 궁성 호위에 관한 일을 첨가하였다. - 그 정상이 지극히 절통합니다.

이번의 건저(建儲)는 형이 아우에게 물려주는 것으로 성상의 지극히 공정한 마음을 볼 수 있고, 나라에 장성한 군주가 있는 것은 실로 신인(神人)의 바람에 부합하여 명분이 바르고 말 또한 순하니, 주청할 때 이러한 사리에 근거하여 간절한 마음을 아뢰고 인준을 받았다면 참으로 광명정대하였을 것입니다.

그런데 기어이 환온(桓溫)이 제혁(帝奕)을 폐위시킬 때 썼던 '위'자를 방자하게 성궁(聖躬)에게 덧씌우고, 또 '잉속(媵屬)' 등의 말을 터무니없이 꾸며내어 군부를 심히 무함하였습니다. 이를 주문(奏文)에 쓰고 문답(問答)에서 거듭 말했으니, 임금을 속인 부도(不道)한 그 죄는 참으로 용서하기 어렵습니다.

더구나 급수를 주장한 역적은 가까이 그의 자질(子姪)에게서 나왔고, 손바닥의 글자로 추대하려는 계책은 동당(同堂)을 벗어나지 않았습니다. 또한 역적 김창집과 한마음으로 모의하여 궁성을 호위할 계획을 세우고, 자신의 심복을 기어코 훈련도감의 중군으로 바꾸어 차임한 일은 처형당한 역적들의 공초에 낭자한데다, '곧바로 거행하라.'[53]는 등의 말은 흉적 김창집보다 심하니,

---

53) 곧바로 거행하라 : 김창도의 공초에서 나온 말로, 이건명이 쓸데없는 정청은 다시 하지 말고 (대리청정을 명하는) 비망기가 내리면 곧바로 거행해야 한다고 주장한

왕법으로 논하자면 만 번을 죽여도 가볍습니다. 청컨대 이건명을 속히 국법에 따라 처형하소서."

라고 하자, 주상이 답하기를, "번거롭게 하지 말라."라고 하였다.

또 아뢰기를,

"조태채(趙泰采)가 - 계사는 4월 17일자 기사에 보인다. - 반역을 저지른 정상은 - 이하 내용에서 조어를 고쳐, 궁성 호위의 일을 첨가하였다. - 분명하여 가릴 수가 없습니다. 지금 승복한 김창도의 초사로 보건대, 유취장을 훈련도감 중군으로 바꾸어 차임한 것은 전적으로 궁성을 호위하려는 계책에서 나온 것입니다.

이에 정청을 파하였던 첫날밤, 세 흉적과 계획을 정하여 이홍술에게 분부한 정상이 이와 같이 낭자하고, 이홍술 또한 이러한 내용을 바로 공초하였으니, 지극히 흉악한 정절이 세 흉적과 거의 차이가 없는데도 어찌 하루라도 천지간에 숨을 쉬며 살게 할 수 있겠습니까. 청컨대 조태채를 율문에 따라 처단하소서."

라고 하자, 주상이 이르기를, "번거롭게 하지 말라."라고 하였다.

○ 김일성이 아뢰기를,

"유취장을 훈련도감 중군에 차임하는 일이 무슨 큰일이라고 (4대신이) 한 목소리로 분부하였겠습니까마는 그들이 역모에 동참한 것을 이를 미루어 알 수 있습니다."

라고 하고, 또 아뢰기를,

"대개 이 역적은 수괴의 경우 무장과 재상이 세력을 합하였고, 당여의 경우 포의(布衣)의 선비들이 힘을 합쳤으며, 은화는 여러 곤수(閫帥)[54]에게서 나왔고 독약은 타국에서 사왔습니다. 안으로는 환관과 궁첩이 성상의 지척에 서 주선하고 밖으로는 여염의 악당과 소인배들이 권흉과 결탁하였으니,

---

것을 가리킨다.

54) 곤수(閫帥) : 한 도의 병권을 맡은 병사(兵使), 수사(水使)를 이른다.

참으로 황천(皇天)의 음덕과 조종의 묵묵한 보살핌이 아니었다면, 전하에게 어찌 오늘이 있으리라 보장할 수 있었겠으며, 신들 또한 어떻게 지척에서 용안을 가까이 뵐 수 있었겠습니까.

지난겨울 한 통의 상소[55]는 대개 백성의 떳떳한 도리를 세우고 왕법을 고양하고자 한 것이었는데 역적 무리가 질시하여 정우관이 한결같이 역적 백망의 구태를 따랐습니다. ……”

라고 하였다.

○ 장령 이경열(李景說)이 이이명과 김창집의 처자식을 노비로 삼고 가산을 적몰할 일을 아뢰자, 주상이 “번거롭게 하지 말라.”고 하였다. 또 이상건·학손의 사안과 조정만의 사안, 이위 등과 이기명의 사안을 아뢰자, 모두 아울러 “아뢴 대로 하라.”라고 하였다. 또 아뢰기를,

“역적을 다스리는 도리에는 본래 그에 해당하는 형률이 있으니, 처자식을 노비로 삼고 가산을 몰수하는 것은 참으로 응당 행해야 할 형전으로 달리 가감하는 일이 있어서는 안 됩니다.

지금 서덕수가 이미 승복하였으니, 형언할 수 없는 그의 극악한 정절은 처자식을 처형하는 형벌을 시행한다 해도 신인의 분노를 씻기에 오히려 부족할 것입니다. 그런데 뜻밖에도 법을 적용할 즈음 그 아비의 죽음을 감해달라는 청이 갑자기 나오자 이를 윤허하는 명이 내리고 말았습니다.

신은 참으로 성상의 뜻이 어디에 있는지 알고 있습니다만, 다만 생각건대 연좌의 형전은 지엄한 국법이니, 혹여 한때의 권도(權道)로써 경중(輕重)을 둔다면

---

55) 지난겨울 …… 상소 : 1721년(경종1) 12월 6일, 김일경이 박필몽·이명의·이진유·윤성시·정해·서종하와 함께 올린 연명상소를 이른다. 이들은 이 상소에서 세제의 정치 참여를 요청한 조성복, 2차 대리청정 명에 의례적인 정청(庭請)을 하다가 바로 중지한 노론 4대신, 대리청정 명의 환수를 청하고자 입궐한 조태구의 청대를 저지한 승지, 이와 관련하여 조태구 등 소론 측 인사들을 탄핵한 삼사를 모두 처벌하라고 청하였다. 《景宗實錄 1年 12月 6日》《景宗修正實錄 1年 12月 6日》

왕법을 펴지 못하고 훗날의 폐단을 막기 어려울 것입니다. 청컨대 서덕수 아비의 연좌를 감등하라는 명을 속히 거두시고 형률에 따라 거행하소서.”

라고 하자, 주상이 이르기를, “번거롭게 하지 말라.”고 하였다.

○ 정언 이진순이 합계를 발론한 대간 및 연계(連啓)에 참여한 사람들의 사안56)을 아뢰자, 주상이 이르기를, “번거롭게 하지 말라.”라고 하였다. 또 박치원(朴致遠) 등의 사안57)과 현덕명의 사안을 아뢰자 모두 아뢴 대로 하라고 하였다. 또 아뢰기를,

“청컨대 죄인 서덕수의 아비를 원배하라는 명을 속히 거두시고 형률에 따라 거행하소서.”

라고 하자, 주상이 이르기를, “번거롭게 하지 말라.”고 하였다.

전에 아뢴 동지성균관사(同知成均館事)와 대사성(大司成)의 사안58)은 정계하였고, 홍철인의 사안은 국청에서 국문하는 동안은 임시로 정계하였다.

---

56) 합계를 …… 사안 : 1721년(경종1) 우의정 조태구가 세제 대리청정에 반대하여 입궐했을 때 경종이 승정원을 경유하지 않고 직접 내시를 보내 조태구를 인견하자, 당시 교리 이중협·사간 어유룡·장령 박치원이 이를 조태구의 죄라고 맹렬하게 논척하였다. 이 문제는 임인옥사의 과정에서 불경한 발론이었다는 죄목으로 다시 소환되어, 당시 소론이 장악한 대각에서는 이 의론을 발론한 신축년의 대간의 원찬과 이 사안에 연계(連啓)한 이들의 삭탈관작을 주장하였다. 《景宗實錄 1年 10月 18日》

57) 박치원 등의 사안 : 신축년 당시 장령 박치원은 교리 이중협·사간 어유룡 등과 함께 조태구가 승정원을 거치지 않고 경종을 알현하여 세제의 대리청정을 반대한 일을 앞장서서 논척하였는데, 이때 그들의 계사에는 조태구가 환관과 몰래 내통하기를 좋아하고, 이러한 조태구를 복상(卜相)한 것은 경종의 큰 실정(失政)이라는 내용이 있어 논란이 되었다. 《景宗實錄 1年 10月 18日》

58) 동지성균관사(同知成均館事)와 대사성(大司成)의 사안 : 1720년(경종 즉위년) 성균관 유생 윤지술(尹志述)이 이이명이 편찬한 숙종의 지문(誌文)에 장희빈의 죄목을 기록하지 않은 일을 지적하고 고쳐 지을 것을 주장하는 상소를 올렸다. 이처럼 인현왕후 모살에 대한 생모 장희빈의 혐의와 치부를 드러내는 것은 곧 경종을 역적의 아들로 간주하는 것이었으므로 국왕을 모욕하는 처사로 간주될 수 있었다. 이에 대각에서는 이를 막지 못한 동지성균관사 이의현(李宜顯)과 대사성 김운택(金雲澤)의 처벌을 주청하였다.

○ **15일**, 정우관을 5차 형문하고 위엄을 보이자 승복하였다. 조송을 2차, 유후장을 3차, 이홍술을 2차 형문하였다.

○ 홍석보(洪錫輔)를 잡아들여 가두었다.

○ 정우관의 결안은 다음과 같다.

"정우관. 나이 47세. 동당(同黨)의 사람들이 이미 옥에 갇혔으므로, 저는 잡히면 반드시 죽을 것을 알았기에 죽을 처지에서 살길을 찾을 계책을 꾸미고자 하여, 이를 서덕수에게 의논하였더니, 서덕수가 말하기를,

'네가 만약 갇히면 헛되이 죽을 수는 없으니, 차라리 고변하여 살기를 도모할 계책으로 삼으라.'

라고 하였습니다. 이에 제가 말하기를, '고변하고자 해도 고할만한 거리가 없으니, 어찌해야 하겠는가?'라고 하자, 서덕수가 말하기를,

'아무 조목을 핑계 대고 훈련대장을 끌어들이면 거의 일을 만들어낼 수 있을 것이다.'

라고 하기에, 제가 답하기를, '어떤 일을 빙자하여 끌어들일 수 있다면, 어찌 잘 해보지 않겠는가.'라고 하였습니다.

이윽고 제가 갇힌 후에는 과연 그럴 듯한 말로 속일 뜻을 품고 거짓으로 발고하였는데, 의금부 당상을 두로 거론한 것은 대개 거짓에 가탁하여 그들을 몰아냄으로써 옥사를 늦추려는 계책으로 삼은 것이지 다른 뜻은 없고, 판의금부사 심단은 수당상(首堂上)이고, 이조참판 김일경은 이름을 아는 재상이었기 때문에 끌어들였습니다.

내관들을 발고한 것은, 모두 이름을 아는 내관들이었으므로 거짓으로 끌어들였던 것이고, '분부[判付]'니, '제배(除拜)'니 하는 등의 말은 내관을 모함하여 해치고자 이렇듯 주상을 무함하는 부도한 말을 지어냈던 것입니다.

제가 이미 사실대로 공초하였으니, 역적들이 꾀한 흉악한 역모의 정상을

어찌 감히 감출 수 있겠습니까. 제가 시골에서 올라와 장세상의 집에 의탁해 살고 있을 때, 서덕수·이정식·김창도 등이 장세상과 서로 친하게 지내며 왕래하였으므로 저 또한 더불어 친하게 지냈습니다. 하루는 서덕수와 김창도가 이정식의 집에서 저를 부르기에 가 보았더니, 이정식이 말하기를, '우리들의 일을 영공(令公)에게 속일 수 없다.'라 하고, 이어 말하기를,

'시사가 이와 같으니 주상이 심히 어렵게 되었다. 만약 지금의 주상이 건재하면 노론은 장차 모두 죽게 될 것이다.'

하였습니다. 그리고는 이정식이 함 안에서 봉물(封物) 한 꾸러미를 꺼내주며 지사 장세상에게 전해주라고 하였습니다. 제가 무엇이냐고 묻자 약물이라고 하였는데, 겹겹의 종이로 싸서 봉한 것이었습니다. 제가 손으로 문질러보니 바로 환약(丸藥)이었는데, 크기는 큰 콩알만 하였고, 개수는 수 십여 알쯤 되었습니다.

제가 궐 안 장세상이 입직하는 곳에 가지고 들어가 사람이 없을 때를 기다렸다 전해주자, 장세상이 받으며 누가 보냈냐고 묻기에 이정식의 무리가 보냈다 말해주니 세상이 눈을 흘기며 돌아가게 하였습니다.

어느 날 장세상이 저에게 말하기를,

'이번 대리청정의 일을 노론이 봉행하지 않았으니, 이는 하늘이 준 기회를 받지 않은 것이다. 장차 노론은 씨도 남지 않을 것이 분명하나, 만약 한 장의 비망기를 도모해 얻어낸 다음 즉시 궁성을 호위한다면 괜찮을 것이다. 내 다행히 이 일을 서덕수에게 언급해 두었다.'

라고 하였습니다.

그 후 제가 이정식의 집에서 서덕수 무리를 만났는데, 이들이 말하기를,

'궁성을 호위하는 일은 영의정 및 훈련대장과 상의하여 계책을 정하여, 이미 중군 이삼을 충청병사로 내보냈고, 유취장을 그 후임으로 삼았다.'

라고 하였습니다. 제가 아뢴 바는 실로 조금도 속이거나 숨긴 것이 없고, 모르는 일도 감히 거짓으로 꾸며 대답하지 않았습니다. 제가 성상을 부도하게

무함하고, 다른 사람을 악역(惡逆)에 빠뜨렸으며 역적과 함께 모의하였으니, 역모에 동참한 것이 확실합니다."

당일 군기시 앞길에서 정우관을 처형하고 능지하였다.

○ 이홍술과 조송을 3차, 유후장을 4차, 김민택과 김일관을 1차 형문하였다.

○ 사헌부 - 지평 김홍석 - 에서 전계를 다시 아뢰기를,

"이이명과 김창집 두 역적 …… - 조어가 전과 동일하였다 - , 쟁집한 지가 오래될수록 성상의 윤허는 더욱 아득하기만 하니, 실로 성상의 뜻이 어디에 있는지 모르겠습니다. 두 흉적은 모두 대신으로서 그 포진한 형세가 깊고 굳건하여 온 조정이 농락을 당하였고 온 나라가 그 지시를 받들었습니다.

한쪽은 추대된 수괴가 되었고 또 한쪽은 폐출의 역모를 주동하였으니, 국가의 존망이 거의 경각에 달려 있었는데 흉악한 모의가 이루어지지 않고 반역의 정절이 먼저 드러났으니 다만 천행(天幸)일 뿐입니다. 생각이 여기에 미치니, 누구인들 뼛속까지 놀라고 가슴이 서늘해져 그 살점을 저미고자 하지 않겠습니까.

그런데도 전하께서는 너그럽게 용서해 주시고 처자식을 연좌하여 처형하는 형전도 시행하지 않으시니, 도대체 무슨 까닭입니까? 역적이 아니라고 여기시기에는 그들의 극악한 흉역의 정절이 이미 남김없이 탄로 났고, 이미 명색이 역적이 되었으니, 저자에서 죽여 그 주검을 내버리지 않고, 또 죽은 후 처자식을 노비로 삼고 가산을 몰수하는 형전을 시행하지 않으면서 어찌 역적을 토벌하라 지시할 수 있겠습니까. 청컨대 처자식을 노비로 삼고 가산을 몰수하는 일을 도로 환수하라는 명과 서덕수 아비의 사안을 속히 거두어주소서."

라고 하였다.

○ (사헌부에서) 새롭게 아뢰기를,

"사직 정호(鄭澔)59)는 성품이 사갈(蛇蝎)과 같고 정상이 귀역(鬼蜮)60)과 같으며 평생의 기량이라곤 오직 바른 사람을 해치고 어진 이를 해하는 데 있었으므로, 선류들이 이를 갈고 여론이 분해한 지 참으로 이미 오래되었습니다.

지난번 정국을 쇄신하던 초에 한 통의 상소61)를 올렸는데, 말뜻이 흉패하고 정상이 참혹하게 악독하였습니다. 환관의 옥사62)를 빙자해 일망타진할 계책을 이루려 하였던 것이니, 바로 송상기(宋相琦)63)가 자전의 전지를 거짓으로

---

59) 정호(鄭澔) : 1648~1736. 본관은 연일(延日), 자는 중순(仲淳), 호는 장암(丈巖)이다. 정철(鄭澈)의 현손, 정종명(鄭宗溟)의 증손으로, 송시열 문인이다. 1682년(숙종8) 진사가 되고, 1684년 정시 문과에 급제하여 청요직을 두루 거쳤다. 1688년 정언이 되어 오도일(吳道一)이 붕당을 키우고 권세를 부린다고 탄핵하였다. 1689년 기사환국으로 유배되었다가 갑술환국(1694) 때 풀려나 수찬·교리 등을 역임하고, 1696년 이사상(李師尙)을 논핵하는 등 과격한 발언으로 파직되었다. 이후 동래부사 등을 거쳐 대사헌 등을 지냈다. 1713년 대사성 재직 시 송시열의 묘정배향을 건의하였고, 1715년에 유계의 유저(遺著)인 《가례원류(家禮源流)》의 발문을 썼는데, 윤증이 송시열을 배반했다는 내용이 문제되어 파직되었다. 이듬해 대사헌 재직시 《노서유고(魯西遺稿)》가 간행되자, 효종에게 불손한 내용으로 썼다 하여 훼판(毁板)하고 윤선거 부자의 관작도 추탈하게 하였다. 1717년 소론의 반대에도 불구하고 세자 대리청정을 강행하였다. 그 뒤 이조판서를 거쳐 예문관 제학에 올랐다. 1722년(경종2) 2월 영의정 조태구를 탄핵하였다가 4월 홍의인의 공초에서 이름이 나와 김홍석의 탄핵을 받고 이산(理山)으로 찬축되었다. 10월에는 김창집을 조문하였다고 탄핵받고 강진 신지도에 위리안치 되었다. 1725년(영조1) 풀려나와 우의정에 올라 노론 4대신의 신원(伸寃)을 위해 노력하였으며, 좌의정을 거쳐 영의정까지 현달하였다. 저서로 《장암집》 26권이 전해지고, 편서로 《문의통고(文義通攷)》가 있다. 시호는 문경(文敬)이다.

60) 귀역(鬼蜮) : 귀역은 음모를 꾸며 남을 해치는 사람을 비유하는 말이다. 《시경(詩經)》 〈소아(小雅) 하인사(何人斯)〉에 "귀신이 되고 물여우가 된다.[爲鬼爲蜮]"라고 한 데서 온 말로, 그 풀이에 "물여우는 단호(短狐)라고 하는데 강회(江淮)의 강물에 모두 살고 있다. 물여우가 모래를 머금었다가 물속에 비친 사람의 그림자에 모래를 뿜으면 사람이 문득 병이 들게 되는데, 그 형체는 보이지 않는다."라고 하였다.

61) 한 통의 상소 : 정호가 1722년(경종2) 1월 2일 올린 상소로, 자성(慈聖)의 언교를 도로 봉입한 일과 역적 환관의 처형을 곧장 청한 일로 대신 및 삼사를 논핵하는 내용이었다.

62) 환관의 옥사 : 1722년(경종2) 1월 이른바 '박상검의 옥사'를 말한다.

63) 송상기(宋相琦) : 1657~1723. 본관 은진(恩津), 자는 옥여(玉汝), 호는 옥오재(玉吾齋)이다. 예조판서 송규렴(宋奎濂)의 아들이고, 송시열 문인이다. 1684년(숙종10) 정시 문과에 급제하여 청요직을 두루 지냈다. 1689년 기사환국으로 낙향하였다가 1694년 갑술환국으

무함한 것[64]과 동일한 계략이었습니다. 또한 등대한 신하들이 법대로 처형하라고 바로 청한 것을 하나의 죄안을 삼았으니,[65] 이는 더욱 상정(常情)에서 벗어난 것입니다.

당시 동궁의 하령과 자성의 언교(諺敎)는 참으로 차마 들을 수 없는 점이 있었으므로, 흉악한 환관의 죄는 진실로 경각도 용납할 수 없는 것이었으니, 법대로 처형할 것을 바로 청한 것은 도리 상 당연했던 일이었습니다. 그러나 국청을 열어 엄히 신문해서 실정을 철저히 캐내는 것이 본래 옥사를 다스리는 상법(常法)이므로, 곧바로 다시 국문하기를 청하여 마침내 자백을 받고 법에 따라 처형하였으니, 여기에 어찌 털끝만큼이라도 의심할 여지가 있겠습니까. 그런데도 도리어 기화(奇貨)를 얻은 듯 사력을 다해 물고 늘어졌으니, 그 의도가 참으로 참혹합니다.

4흉(四凶)[66]을 천극(栫棘)하고 윤지술(尹志述)[67]을 법대로 처형한 것은 모두

로 장령이 되고, 이후 이조판서 등을 역임하였다. 1721년(경종1) 12월 병조판서로서 대비의 교지를 왜곡하였다고 조태구를 탄핵하였다가 강진으로 귀양 가서 1723년 유배지에서 죽었다.

64) 자전의 …… 것 : 환관 박상검(朴尙儉)의 세제 모해 사건으로 인해 자전(慈殿)이 언문 하교를 내렸을 때, 영의정 조태구가 소란스러워질 우려가 있다며 봉환(封還)하였는데, 당시 병조판서였던 송상기가 상소하여, "듣건대 '자지(慈旨) 가운데 궁인 및 환시와 체결한 자는 형률에 따라 처단하라.'는 하교가 있었는데, 빈청의 계사에는 '한 명의 궁인이 환시와 체결하였다.' 하였으니, 이것은 자교의 본지(本旨)와 다름이 있다고 합니다.[得聞慈旨中'有締結宮人及宦寺者, 依律處斷'之敎, 而賓廳啓辭則曰 : '一宮人締結宦寺', 此與慈敎本旨有異云.]"라고 하였다. 이는 조태구 등이 자성의 전지를 왜곡하여 사건을 축소하고, 환관·궁첩과 결탁한 외인(外人)을 은폐하려는 의도를 가졌다는 주장이었다.

65) 등대한 …… 삼았으니 : 환관 박상검이 궁인과 결탁하여 왕세제를 폐위하려고 도모하다가 발각되었을 때, 정호가 이 사건의 죄인을 국문하지 말고 그대로 사형시킬 것을 청한 삼사 및 대신들을 논핵하는 상소를 올린 일을 가리킨다. 《景宗實錄 2年 1月 2日》

66) 4흉(四凶) : 노론 4대신, 즉 김창집·이이명·이건명·조태채를 이른다.

67) 윤지술(尹志述) : 1697~1721. 본관은 칠원(漆原), 자는 노팽(老彭), 호는 북정(北汀)이다. 1720년(경종 즉위) 성균관 장의로서 이이명(李頤命)이 편찬한 숙종의 지문(誌文)이 편파적으로 기록되어 있다고 상소하고, 유생들을 선동하여 권당(捲堂)하였다. 윤지술이 문제 삼은 지문의 내용은 희빈(禧嬪) 장씨(張氏)를 사사(賜死)한 신사처분(辛巳處分, 1701)과 윤선거(尹宣擧)의 문집을 훼판(毁板)한 병신처분(丙申處分, 1716)인데, 그는 이 사안들

임금을 업신여기고 윗사람을 범한 죄 때문으로, 그 또한 귀가 있으니 어찌 들어 알지 못하겠습니까. 그런데도 감히 '무슨 사단으로 인하여 심한 죄악이 있다는 것입니까?'라고 하였고, 심지어는 '전적(典籍)에서도 듣지 못한 일'이라며 감히 현저하게 배척하였으며, 이어서 '신 또한 선조(先朝)의 구물(舊物)이니, 출척(黜陟)과 영욕(營辱)을 의리상 홀로 달리할 수 없습니다.'라고 하였습니다.

그 의도는 전하께서 이유도 없이 구신(舊臣)을 배척하여 내쫓았다고 조롱하고 원망하는 말을 한 것으로서, 조금의 주저함이나 거리낌도 없었습니다. 그가 만약 전하를 신하로서 섬길 마음이 있었다면 어찌 감히 이와 같이 하였겠습니까.

대개 그 속마음은 4흉과 서로 연결되어 있고, 말과 주장은 윤지술과 서로 관련되어 있으므로, 폄하하기도 하고 주벌하기도 하며 원망과 유감의 뜻이 마음속에서 발끈하여 자기도 모르게 도리에 어긋난 패악스런 말을 입을 놀려 내뱉은 것이었습니다. 그가 임금을 업신여기고 역적과 당여를 이룬 죄는 반드시 토벌해야 할 것인데, 왕법이 가해지지 않아 지금까지 편히 숨 쉬고 있으니 국론이 자자하고 공의가 더욱 격렬합니다. 정호를 우선 극변에 원찬하십시오."

라고 하자, 주상이 답하기를, "말단의 일은 아뢴 대로 하라."라고 하였다.

○ 16일, 의금부에서 조정만을 벽동현에 정배하고, 정호를 이산군에 극변 원찬하였다고 아뢰었다.

○ 조송을 4차, 김일관을 2차, 김성행을 1차 형문하였으며 조흡은 칼을

이 의리상 중대함에도 불구하고 누락되거나 애매하게 기재되었다고 비판하였다. 이로 인해 1721년 12월 6일 김일경 등의 상소에서 탄핵하자 경종의 명으로 12월 17일 처형되었다. 1725년(영조1) 노론이 집권하자 신원되었고, 1841년(헌종7) 이조판서에 추증되었다. 노론에 의해 임창(任敞)·이의연(李義淵)과 함께 신임(辛壬)의 삼포의(三布衣)라고 추앙을 받았다. 시호는 정민(正愍)이다.

풀어 주었다. 이홍술을 4차, 조송을 5차, 김일관을 3차, 김민택·김성행을 2차, 이우항을 1차 형문하였다. 김일관을 4차 형문하고 위엄을 보이자 승복하였고, 이홍술을 5차, 조송을 6차, 이우항을 2차 형문하였다.

○ 홍석보를 본부로 이송하였다.

○ 박태준(朴泰俊)을 잡아들여 가두었다.

○ 17일, 조송을 7차, 이헌을 4차, 이상집을 2차, 심진·김민택·김성행을 3차 형문하였고, 김일관은 결안에 대한 다짐을 받아내었다.

○ 김일관의 결안은 다음과 같다.

"김일관, 나이 39세. 저는 김창도와 문을 마주하여 살았고, 김창도의 집에서 이정식·정우관을 만나 친하게 지냈습니다. 이정식이 귀양갈 때 부탁한 일은 정우관이 주관하였으므로 저는 간여하지 않았습니다. 저는 은밀히 이천기의 사주를 받고 환국(換局)의 음모를 도모하였는데, 이는 정우관이 한 일과 조건이 각기 달랐습니다.

작년 6, 7월 무렵 제가 이기지의 집에 갔더니, 이기지가 어떤 사람과 문을 닫아걸고 밀담을 나누고 있었습니다. 제가 들어보니, 이기지가 말하기를,

'그대는 한 나라 영의정의 손자로서, 서덕수·김창도·이정식의 무리와 결탁하여 무슨 일을 벌인다 하는데, 이 무리가 대부분 중간에서 가로채 훔쳐 먹고 있다고 사람들의 말이 매우 자자하다.'

라고 하였습니다.

이에 제가 알아보니, 그 사람이 김성행이었습니다. 그 후 김창도에게 이 일을 언급하였는데, 처음에 김창도는 분명하게 말하지 않았습니다. 그 뒤에 제가 들은 내용을 김창도에게 말하였더니 창도가 다시 김성행에게 전하였습

니다. 그러자 김성행이 크게 놀라 김창도의 집으로 와 저를 불러 만나서는 저에게 말하기를,

'나는 이기지와 당류(黨類)가 조금 다르니, 그대가 들은 것을 이기지에게 경솔하게 누설해서는 안 된다.'

라고 하였습니다. 김창도가 항상 저에게 말하기를,

'훗날 논공행상을 할 때, 정우관은 선천부사가 될 것이고 나는 마땅히 첨사(僉使)[68]가 될 것이다. ……'

라고 하였습니다. 저는 이 일로 인하여 김성행·김창도·이정식·정우관 등과 친하게 되었고, 이기지·이천기와는 본래 친하였으므로 역적들이 하는 일에 대해 모르는 것이 없었습니다만, 그 절차의 깊숙한 부분만은 역적의 무리가 매번 저를 허술하다 여겨 시원하게 말해주지 않았습니다.

역적들이 모의한 일에 제가 함께 하여 이미 익히 들었으면서도 즉시 발고하지 않았으니, 실정을 알면서도 고하지 않은 것이 확실하므로, 지만한 죄가 분명합니다."

부대시참(不待時斬)[69]에 처할 것을 아뢰어, 당일 당고개에서 형을 집행하였다.

○ 사헌부에서 새롭게 다음과 같이 아뢰었다. - 김홍석 -

"역적 이기지는 역적의 수괴 이이명의 아들로서 삼수(三手)[70]의 흉악한

---

68) 첨사(僉使) : 각 진영(鎭營)에 속한 종3품의 무관으로, 첨절제사(僉節制使)의 약칭이다.

69) 부대시참(不待時斬) : 십악 대죄(十惡大罪) 등 극악한 죄를 범한 죄인에게 적용하는 형으로, 형이 확정된 후 즉시 참형(斬刑)을 집행하는 것을 말한다. 참고로 대시참(待時斬)은 봄·여름철에는 사형 집행을 중지하고 가을철 추분(秋分)까지 기다리는 것을 이른다.

70) 삼수(三手) : 노론 세력이 경종을 시해하기 위해 구상했다고 전하는 세 가지 수단을 이른다. 1722년 3월 27일 목호룡이 역모를 고발하는 내용 속에서 구체적으로 드러났는데, 보검을 이용한 대급수(大急手), 독약을 이용한 소급수(小急手), 전지를 위조하는 평지수(平地手)가 그것이다. 대급수는 김용택이 보검을 백망에게 주어 숙종의 국상 때 담장을 넘어서 궁궐로 들어가 당시의 세자인 경종을 시해하려고 한 것을 말한다. 소급수는 이기지·정인중·이희지·김용택·이천기·홍의인·홍철인이 은을 상궁 지씨(池氏)에게 주

역모를 주동하였는데, 궁극적으로 그 아비를 추대하는 데 목표를 두어 지극히 흉악한 정상이 이미 여러 역적의 공초에 낭자하였습니다. 더구나 그가 이홍술을 은밀히 사주하여 목호룡을 죽임으로써 국구(國舅)를 해치려던 모의[71]를 엄폐하고자 한 일은 그가 또한 바로 공초하였으니, 이 한 조항만으로도 곧 승복한 것이라 하겠습니다.

또한 김창도의 결안 공초로 보건대, '서투른 초보가 아니'라고 한 말은 스스로 감당하려는 뜻이 뚜렷하고, 또 궁성을 호위할 계책을 역적 김창집과 상의하였으니, 그 역절(逆節)과 흉모(凶謀)가 이에 이르러 모두 다 훤히 드러났습니다. 그가 지레 죽었다 하여 그 역절을 논하지 않는 것은 불가하니, 청컨대 역적 이희지의 전례를 따라 이기지의 처자식을 노비로 삼고 가산을 몰수하는 형전을 속히 거행하소서.

전 참의 조상경(趙尙絅)[72]은 본래 이익을 탐하고 염치가 없는 무리로서, 역적 김창집에게 아첨하며 빌붙어서 연줄을 빙자하여 외람되이 화려한 청현직에 올랐으니, 그 비루한 일들을 일일이 거론하기 어렵습니다.

고, 상궁이 독약을 타서 세자를 시해하려고 하였다는 것으로 실제 1720년에 시행되었다고 한다. 평지수는 이희지가 언문(諺文)으로 세자를 무고하고 헐뜯는 말로 가사(歌詞)를 지어 궁중에 유입시키고, 또 숙종의 명령을 자신들이 꾸며서 세자를 폐위시키려 하였다는 것이다. 삼수역안(三手逆案)을 내용으로 하는 임인옥사는 영조의 즉위 후 노론의 정국 주도가 고착되는 가운데 노론에 대한 소론의 무고로 규정되었다.

71) 국구(國舅)를 …… 모의 : 국구는 경종의 장인이자 선의왕후(宣懿王后)의 아비인 함원부원군(咸原府院君) 어유귀(魚有龜)를 이른다. 목호룡의 상변 때 이기지의 공초에 "목호룡이라는 자가 이삼석(李三錫)에게 '김용택(金龍澤) 등 두세 사람이 어유귀를 죽이려고 모의하였다.'라고 하였다는 말을 김순행(金純行)을 통하여 듣고서 모함이라고 여겼다."라고 하였는데, 이기지가 이홍술을 몰래 사주하여 목호룡을 모살(謀殺)함으로써 국구를 해치려고 꾀하였던 일을 감추려 하였다는 소론의 공격을 받았다. 《景宗實錄 2年 5月 5日》《承政院日記 景宗 2年 5月 17日》

72) 조상경(趙尙絅) : 1681~1746. 본관은 풍양(豊壤), 자는 자장(子章), 호는 학당(鶴塘)이다. 풍안군 조흡(趙潝)의 증손으로, 김창협 문인이다. 1708년(숙종34) 사마시, 1710년 증광문과에 급제하여 청요직을 두루 거쳤다. 1720년 경종 즉위 후 대사간·승지·이조참의 등을 지내다가 1722년 임인옥사로 유배되었다. 1725년(영조1) 풀려났다가 1727년 파직되었다. 1729년 다시 기용되어 병조·이조판서 등을 역임하였다. 시호는 경헌(景獻)이다.

지난해 《선원록(璿源錄)》73)을 개수하였을 때, 그 아비의 직명(職名)인 도정(都正)을 거짓으로 동돈녕(同敦寧)74)이라 썼는데, 사람들의 말이 떠들썩하여 숨길 수 없게 되자 정관(政官)에게 애걸하여 그 아비를 동돈녕에 첫 번째로 의망하게 함으로써 거짓을 실제로 만들려 하였습니다.

전장(銓長) 또한 그의 소행에 놀라 면전에서 꾸짖고, 언관의 자리에 있는 그의 당여도 잘못을 들어 탄핵하려고까지 하였으니, 그의 마음 씀씀이가 암담하여 공의의 버림을 받은 것은 이 일이 하나의 단서가 되었습니다. 그리하여 한 번 정국이 쇄신된 이후 하향(下鄕)을 핑계로 집에 가만히 숨어 있다가 낮에는 모습을 감추고 밤에 나타나니, 종적이 음험하고 비밀스러워 사람들이 모두 의심하면서도 그 소행을 헤아리지 못하였습니다.

지난번에 역적 백망의 어지러운 공초75)로 인해 두 상신(相臣)76)이 대죄하였을 때, 그는 스스로 이 기회를 놓치기 어렵다고 여겨 노병(老病)이 있는 대신의 집에 급히 달려가 백방으로 종용하며 신임(申銋)이 한 것77)처럼 차자를 올리도록 권하였는데, 하루 안에 일곱 차례나 왕복하였습니다. 결과적으로 일은 잘 이루어지지 않았다 하나 그가 꾸민 계책이 위험했던 것은 곧 간악한

---

73) 신원록(璿源錄) : 왕실 보첩(譜牒) 가운데 가장 오래된 족보를 이른다. 《선원록》을 처음 편찬한 태종대에는 조계(祖系)[태조직계] 만을 기록하였고, 조선후기에 이르러 왕의 일정한 범위 안의 본종(本宗)과 종친, 종녀와 서얼, 즉 역대 왕의 자손을 종친은 9대손까지, 외파(外派)는 6대손까지 수록하였다.

74) 동돈녕(同敦寧) : 조선시대 돈녕부(敦寧府)에 속한 종2품 벼슬을 이른다.

75) 백망의 어지러운 공초 : 백망이 공초에서, 소론과 남인이 세제를 모해하려 하였다고 역으로 고변하였는데, 여기에는 당시 추국을 담당하고 있던 조태구·최석항·김일경·심단 등의 이름도 거론되었다. 국청에서는 이 일을 불문에 붙였으며, 문목에서 벗어난다고 하여 기록하지 않았다. 《景宗修正實錄 2年 3月 29日, 4月 4日》

76) 두 상신(相臣) : 조태구와 최석항을 가리킨다.

77) 신임(申銋)이 한 것 : 신임(1639~1725)의 자는 화중(華仲), 호는 한죽(寒竹), 본관은 평산(平山)이다. 당시 사직(司直)이던 신임은 이 상소에서 조태구·최석항·김일경 등의 이름이 죄인 백망의 공초에서 거론되었는데도 옥사를 상규(常規)대로 처리하지 않고 허실(虛實)을 변정(辨正)하지도 않은 채 마무리를 지으려 한다고 비판하였다. 이 상소로 인해 신임은 대사간 이사상(李師尙)과 승지 황이장(黃爾章) 등의 논핵을 받고 제주에 위리안치되었다. 《景宗實錄 2年 4月 2日》

신임과 똑같았습니다.

또한 조흡이 잡혀 온 뒤로 조흡의 가속들이 스스로 그 죄를 알고서 가산을 적몰당할까 염려하여 밤을 틈타 거만(巨萬)의 재물을 안고 조상경의 집에 의탁하여 들어갔는데, 조상경은 그 후한 뇌물을 탐내서 숨겨주고 거두어 감춰주기를 조금의 주저함이나 거리낌도 없이 행하였습니다. 그가 만약 조금이라도 사람의 마음이 있다면, 흉악한 역적의 재산에 어찌 차마 침을 흘리며 도망자를 숨겨주고 간악한 자를 감추어주기를 이와 같이 무엄하게 할 수 있겠습니까? 이처럼 음흉하고 방자한 부류를 도성에 그대로 둘 수 없으니, 조상경을 원찬하십시오.

근년 이래로 간흉이 나라를 좀먹고 나라의 저축이 고갈되어 중외(中外)가 텅 비었고, 창고에 보관된 재화는 그 절반이 상역(商譯)78)의 손에 들어가 지출은 있어도 수입은 없어서 다만 빈 장부만 끌어안고 있으니 이보다 더 한심한 일이 없습니다.

연전에 이이명이 연경에 사신으로 갈 때, 은화 6만 냥을 가지고 갈 것을 청하였는데,79) 사행에 드는 비용이 결코 이 정도에 이르지는 않습니다. 당시 연신(筵臣)이 지나치게 많다고 아뢰었지만80) 이이명은 다른 사람의 말을 듣지 않고 끝내 가지고 갔습니다. 사행이 돌아와 이이명과 동료 사신이 상소하여 마치 쓰지 않고 봉환할 것처럼 아뢰어, '어디에 쓰려는 것인가?'라는 사람들의 말을 막았는데, 지금 이미 3년이 되었지만 1금(金)도 관에 반납한 일이 없습니다.

---

78) 상역(商譯) : 역관을 가리키는 말로, 일반적으로 교역을 겸하는 역관을 지칭할 때 쓰는 용어이다.

79) 이이명이 …… 청하였는데 : 1720년(경종 즉위년) 7월에 당시 판중추부사로 있던 이이명이 고부청시사(告訃請諡使)로서 연경으로 사행을 떠나게 되면서 은화 6만 냥을 사행에 필요한 경비로 청한 일이 있었다.

80) 당시 …… 아뢰었지만 : 1720년(경종 즉위년) 12월 28일 동부승지 이진검이 올린 상소 가운데, 이이명이 사신으로 연경(燕京)에 가면서 가져간다는 6만 냥 은화의 사용처에 대해 의문을 표시한 일을 이른다. 《景宗實錄 即位年 12月 28日》

신이 해당 아전을 불러다 그 실상을 캐물으니, 모두 상역 무리의 이름으로 분배하여 장부에 올렸다고 합니다. 비록 2년 후 이자를 계산하여 도로 반납하는 것이 새로운 규례라고 핑계대고 있지만, 이미 '쓰지 않고 도로 반납한다'고 했으니, 이는 그들이 사사로이 운용할 수 있는 물건이 아닙니다.

6만 냥의 은화가 얼마나 큰돈인데, 이들의 손에 맡겨 놓고 그 출입을 일임한 채 즉시 징수하지 않았으니, 극히 통탄스러운 일입니다. 청컨대 장부를 조사하여 당시 상역 중에 나누어 받은 자를 의금부에 가두어 엄히 조사하고, 각 아문으로 하여금 즉시 기한을 정해 환납을 독촉하게 하십시오.

자의(諮議)81)의 직책은 곧 참하(參下)82)의 청선(淸選)이니, 진실로 학행을 겸비하고 동배(同輩) 중에 뛰어난 자가 아니면 그 직임에 있어서는 안 됩니다. 자의 채지홍(蔡之洪)83)은 본래 시골구석의 용렬한 무리로서 명망이 없고 평소 인품이 경솔하며, 명성을 훔친 재상 - 권상하(權尙夏)84) - 의 문하에 아첨하여 빌붙었고, 그 연줄로 발탁되어 궁료의 자리에 끼게 되었으니 사람들의 비웃음과 손가락질이 오래도록 그치지 않고 있습니다. 청컨대 자의 채지홍을 태거(汰去)하십시오.

---

81) 사의(諮議) : 세자시강원(世子侍講院)의 정7품직을 이른다.
82) 참하(參下) : 정7품 이하의 관직을 이른다.
83) 채지홍(蔡之洪) : 1683~1741. 본관은 인천(仁川), 자는 군범(君範), 호는 봉암(鳳巖)이다. 권상하(權尙夏) 문인으로 강문팔학사(江門八學士) 중 한 사람이다. 1718년(숙종44) 왕자사부(王子師傅)에 임명되고, 1721년(경종1) 시강원자의(侍講院諮議)에 제수되었으나 모두 취임하지 않았다. 1725년(영조1) 노론이 다시 집권하자 세자익위사부수(世子翊衛司副率)에 임명되었으나 역시 취임하지 않았다. 민진원(閔鎭遠)의 강력한 요청으로 경연관에 임명되었으나 얼마 있다가 역시 사퇴하였다. 이어서 빙고별제(氷庫別提)로 다시 기용되고, 몇 개월 뒤 부여현감으로 나갔다가 사퇴하였다. 저서로 《봉암집(鳳巖集)》이 있다.
84) 권상하(權尙夏) : 1641~1721. 본관은 안동(安東), 자는 치도(致道), 호는 수암(遂菴)·한수재(寒水齋)이다. 송준길·송시열 문인이다. 1660년(현종1)에 진사가 되고, 성균관에 들어가 수학 중, 1668년 송시열이 허적과의 불화로 우의정을 사직하자 유임시키라고 상소하였다. 기사환국(1689) 당시 송시열의 임종을 지키고 의복과 서적 등 유품을 가지고 돌아왔다. 송시열의 유언에 따라 괴산 화양동(華陽洞)에 만동묘(萬東廟)와 대보단(大報壇)을 세워 명나라 신종(神宗)과 의종(毅宗)을 제향하였다. 저서로 《한수재집(寒水齋集)》《삼서집의(三書輯疑)》 등이 있고, 시호는 문순(文純)이다.

곡성(谷城)은 본래 문관과 무관의 자리로 일찍이 음관(蔭官)을 차임하여 보낸 규례가 없습니다. 시임 현감 서행원(徐行遠)은 곧 이상(李翔)[85]의 사인(私人)으로서, 이상을 신변하는 상소를 올리고 그를 위한 사우를 건립하기 위해 힘을 보탠 자입니다. 이상의 조카 이만성(李晩成)이 권력을 잡던 날, 이상을 위해 힘을 바친 자를 모두 추천하여 마치 공로에 보답하는 것처럼 하였으니, 서행원은 바로 그 중의 한 사람으로서, 서행원처럼 비루하고 어리석은 자도 의관(衣冠)의 반열에 낄 수 있었던 것입니다.

감조관에 차임되어 6품으로 오르게 되자, 그 연한이 이미 지났을까 우려하여 고을을 제수하지 못하다가 본 현의 임기가 3년이라는 이유를 들어 파격적으로 차임해 보냈으므로, 당시 물의(物議)가 시끄러웠으나 사람들이 감히 말을 하지 못하였습니다.

부임한 후로는 한 가지도 잘한 일이 없고, 탐욕을 부리고 불법을 저지른 실상은 일일이 열거하기에도 어려운데, 근래에는 오로지 유배된 흉적들에게 선물 보내기를 일삼아, 수레로 실어 날라다주는 일이 끊이지 않아 이민(吏民)이 버틸 수 없을 지경입니다. 이러한 사람은 하루도 수령의 반열에 두어서는 안 되니, 곡성현감 서행원을 사판에서 삭제하십시오.

내금위장 이복연(李復淵)[86]은 본래 흉적 김창집의 사인으로 처신이 비루하

---

85) 이상(李翔) : 1620~1690. 본관은 우봉(牛峯), 자는 운거(雲擧) 또는 숙우(叔羽), 호는 타우(打愚)이다. 송시열을 통해 김집(金集)의 학통을 이어받았다. 1658년(효종9) 박세채·윤증과 함께 유일(遺逸)로 천거되어 지평·장령·집의 등을 역임하였다. 현종 말년의 예송에서 남인인 허적을 탄핵하다가 실세하였으나, 1680년(숙종6) 경신환국으로 서인이 집권하자 김수항의 천거로 재등용되어 그 뒤 형조 참의·대사헌 등을 지냈다. 숙종 연간에 노론과 소론이 분기할 때에는 송시열을 따라 노론의 편에 서서 남인의 등용을 주장하는 소론을 비판하였다. 기사환국으로 서인이 실세한 뒤인 1690년 옥사하였다가 1694년 갑술환국 이후 복관되었다. 시호는 문목(文穆)이다.

86) 이복연(李復淵) : 1688~1732. 본관은 전주, 자는 예중(禮仲)이다. 참판 이단석(李端錫)의 아들이고, 이의연(李義淵)의 종형이며, 장붕익(張鵬翼)의 외숙이다. 1713년(숙종39) 증광무과에 급제하여 같은 해 훈련원주부(訓鍊院主簿)가 되었다. 1722년(경종2) 내금위장으로 있다가 소론의 탄핵을 받고 삭거사판 당했다. 1725년(영조1) 증광시에 급제하여 진사가 되고 무승지가 되었다. 이후 통제사가 되었는데, 1727년 다시 소론의 탄핵을

였는데, 품계를 뛰어넘어 당하(堂下)의 극망(極望)에 통의(通擬)[87]하였으므로 인심이 의혹을 품고 공의가 답답해하였습니다. 일찍이 울진을 다스렸을 때, 오로지 탐학한 짓만을 일삼아 포구(浦口)의 백성들을 착취하고 거두어들이는 것에 한도가 없었으며, 관아에 딸린 세 마리 말로 끊임없이 뇌물을 보냈습니다.

작년 영동 지방의 기근은 근래에 없던 일인데, 조정에서 지급한 재결(災結)[88]을 민간에 나누어주지 않고 진휼에 보탠다며 엄히 독촉하여 세금을 거두고는 이를 모두 자기 주머니에 채워 넣어 끝내 온데간데없게 되었습니다. 또 황장목(黃腸木)[89]을 몰래 베어 다수의 판자를 남겨놓고, 이방 장의천(張倚天)과 창노(唱奴) 망이(望伊)를 시켜 검수하고 발매하게 하고는 (그 돈을) 향청의 창고지기 김소철(金素鐵)의 집에 쌓아 두었습니다.

그가 5년 동안 재직하던 동안 온 고을이 원통함을 호소하였으니, 이러한데도 그대로 둔다면 탐관오리를 징계하여 두려워하게 만들 길이 없을 것입니다. 청컨대 내금위장 이복연을 사판에서 삭제하십시오."

이에 주상이 답하기를,

"다섯 번째 사안 - 상역의 은을 조사함 - 부터 말단의 사안까지는 아뢴 대로 하라."

라고 하였다.

○ 사간원 - 이진순(李眞淳), 혹은 정수기(鄭壽期)라고도 한다. - 에서 새롭게 아뢰기

받았다.

87) 통의(通擬) : 관원을 뽑을 때 물망에 오른 사람의 명단을 한곳에 모아 놓고 뽑는 사람들이 한자리에 모여 의논하여 적임자를 뽑는 일을 말한다.
88) 재결(災結) : 재해를 입어 면세한 토지를 이른다.
89) 황장목(黃腸木) : 나무의 결이 좋고 오래 묵어서 누런색의 속이 든 고급 관재(棺材)로 쓰이는 소나무를 말한다. 누런색의 단단한 속 부분을 황장(黃腸)이라 하고, 흰색의 무른 바깥 부분을 백변(白邊)이라 하는데, 이 황장목에 대해서는 함부로 벌채하지 못하도록 하는 금법(禁法)이 있었다.

를,

“국가에 일이 많고 역적을 토벌하는 일이 한창 엄중한 이때, 대간의 직임을 맡은 자는 응당 한목소리로 합사(合辭)하여 반드시 청한 대로 허락을 받아내야 합니다. 그런데 사간 이제(李濟)는 원래 직무를 강제하기 어려운 질병이나 편치 못한 정세가 있는 것도 아닌데 긴요하지 않은 사직소를 외람되이 올렸다가 아직 비답을 받지 못하였다는 것을 핑계로 도감의 좌기에 이따금씩 나아가면서도 대신의 청대 및 조정의 소명 등은 번번이 모두 어기고 피하였습니다.

헌납 윤회는 비록 집안에 의심스러운 병이 있다 하나 자신이 감염된 일은 없었는데, 두 차례 입시할 때 여러 번 청하였으나 오지 않았습니다. 일전에 소명(召命)이 내렸을 때에도 이유 없이 불응하며 피하였으니, 역적을 토벌하는 의리를 완전히 무시하고, 회피하려는 자취가 뚜렷하였습니다. 청컨대 사간 이제와 헌납 윤회를 모두 체차하라 명하십시오.

지난날 권흉이 권력을 잡고부터 사인(私人)·압객(狎客)이 큰 고을의 곤수(閫帥)를 즐비하게 차지하여 삿된 길이 몰래 열리고 뇌물을 도맡아 날라서, 병영(兵營)과 수영(水營)의 은화와 전포(錢布)가 모두 탕진되어 고갈되기에 이르렀습니다.

우선 평안병영 한 곳으로 말하자면, 병신년(1716, 숙종42)과 정유년(1717, 숙종43) 무렵 중기(重記)[90]에 기재되어 있던 은이 6, 7만 냥을 밑돌지 않았는데, 근래에는 하나같이 텅텅 비고 간 곳이 분명하지 않아 사람들의 말이 낭자합니다.

신이 일전에 국청의 좌기에 참석하여 조흡과 이정식이 대질한 문안을 보니, 임방(任埅)[91]이 기로소(耆老所)[92] 당상으로 있을 때 평안병사 백시구(白時

---

90) 중기(重記) : 관아에서 전곡(錢穀)이나 노비 등을 출납하거나 납공(納貢)할 때 이를 기록하던 장부를 이른다.

91) 임방(任埅) : 1640~1724. 본관은 풍천(豊川), 자는 대중(大仲), 호는 수촌(水村)·우졸옹(愚拙翁)이다. 승지 임연(任兗)의 손자, 관찰사 임의백(任義伯)의 아들이고, 송시열·송준길 문인이다. 1663년(현종4) 사마시, 1701년(숙종27) 알성 문과에 급제하고 청요직을 두루

耈)93)에게 관문(關文)94)을 보내 은자 4,000냥을 빌려 주도록 하자 백시구가 관문대로 내주었는데, 기로소는 실제 이를 받아 조치한 일이 없었으므로 한 당상이 평안병사에게 관문을 보내 이에 대해 물었더니, 전량을 도로 돌려받았다고 답하였습니다.

대개 4,000냥의 은화는 적지 않은 재물인데, 평안병사가 단지 기로소에서 보낸 관문 한 장에 근거하여 쉽게 내준 것은 무슨 까닭인지 모르겠고, 이미 빌려준 뒤에도 기로소에서 조치하지 않은 일과 평안병사가 빌려준 지 얼마 안 돼 곧장 전량을 봉입했다고 한 것은 모두 의심스럽습니다. 당초 평안병사가 빌려주는 것을 허락하였을 때 역적 정우관의 이름으로 보증을 세우고 내어 주었는데, 그 사정을 더욱 헤아리기 어려우니, 엄히 조사하여 처리하지 않을 수 없습니다.

청컨대 본도로 하여금 병자년과 정축년 이후에 평안병영의 중기(重記)를 거두어 모아 은화와 전포의 흠축난 연조(年條) 및 기로소에서 빌린 은을

거쳐 1705년 승지, 1719년 공조판서가 되었다. 1721년(경종1) 연잉군의 세제 책봉을 찬조하였다. 1722년 임인옥사 때 기로소 당상으로서 은 4천 냥을 조달하는 일에 관여한 혐의로 탄핵받고 유배되어 죽었다. 저서로 《논어취분(論語聚分)》《사가할영(史家割榮)》《신문(選文)》《철영시(掇英詩)》《수촌집》 등이 있고, 시호는 문희(文僖)이다.

92) 기로소(耆老所) : 60세 이상 된 임금이나 실직(實職)에 있는 70세가 넘는 정2품 이상의 문관(文官)들이 모여서 대우를 받던 곳이다. 1394년(태조3)에 창설되고 태종 즉위년(1400)에 제도화되어 전하였다. 전함재추소(前銜宰樞所)라고 하던 것을 1528년(세종10)에 기로소로 개칭하였다.

93) 백시구(白時耈) : 1649~1722. 본관은 수원(水原), 자는 덕로(德老)이다. 1680년(숙종6) 무과에 급제하여 1684년 선전관이 되고, 이후 함경도와 평안도의 병마절도사를 지내다가 1721년(경종1) 신축환국으로 파직 당했다. 1722년 임인옥사에서 김성절(金盛節)이 백시구가 평안도병마절도사로 있을 때 기로소(耆老所)에 빌려준 은자를 모의에 사용하였다고 자백하였다. 그러나 백시구는 8월 4일 체포되어 3차례 형신을 받았지만 불복하고 9월 13일 물고(物故)되었다. 통제사 이상집(李尙馣), 전라병사 심진(沈搢), 훈련 중군 유취장(柳就章), 황해병사 김시태(金時泰)와 함께 신임옥사의 다섯 절도사[五節度]로 일컬어졌다. 1741년(영조17) 영조가 임인옥안(壬寅獄案)을 불태우고 탕평책을 쓸 때에 백시구의 관작을 복구하고 몰수하였던 재산도 후손에게 돌려주었으며, 호조판서를 추증하였다. 시호는 충장(忠莊)이다.

94) 관문(關文) : 상급 관청에서 하급 관청에 시달하는 공문서를 이른다.

도로 깊은 일의 허실을 하나하나 조사하여 즉시 계문(啓聞)하게 하시어, 조사한 사실에 따라 죄를 다스릴 근거로 삼으십시오.”

라고 하자, 주상이 답하기를, “네 번째와 다섯 번째 사안 - 모두 신계이다. - 은 아뢴 대로 하라.”라고 하였다.

○ 조송을 8차 형문하였고, 김민택과 김성행을 4차 형문하였다. 이홍술과 유후장은 물고되었다.

○ 관학 유생 김동현(金東顯) 등이 상소하여 다음과 같이 말하였다.

“…… 그리하여 삼가 생각건대, 신하의 죄악은 임금을 시해하려는 것보다 더한 것이 없고, 형법의 큰 것은 역적을 다스리는 것보다 더한 것이 없습니다. 역모의 정황이 분명하게 드러난 것이 오늘과 같은 적이 없는데, 조사하여 법대로 처형한 거조는 끝내 왕법에 어긋남을 면치 못하였습니다. 무릇 임금을 시해하고 나라를 찬탈한 역적은 누구나 주벌할 수 있는 것이니, 신들이 어찌 감히 한마디 말로라도 바로잡지 않을 수 있겠습니까.

아! 유사 이래 찬역(簒逆)의 변고는 진실로 많이 있었지만, 어찌 일찍이 삼공의 지위에 있는 몸으로 시역(弑逆)을 함께 도모한 것이 오늘날 4흉과 같은 경우가 있었습니까. 어찌 일찍이 이역(異域)에 사명(使命)을 받들고 가, 군부의 있지도 않은 병세를 들추어내며 흉악한 계략을 자행한 것이 또한 오늘날 4흉과 같은 경우가 있었습니까. 어찌 일찍이 나라를 위해 힘을 다한 장신(將臣)을 내쫓고, 남몰래 사인들을 불러 모은 것이 오늘날 4흉과 같은 경우가 있었습니까.

어찌 일찍이 천금으로 독약을 구입하고 궁녀와 결탁하여 독을 쓰고자 은밀히 모의한 것이 또한 오늘날 4흉과 같은 경우가 있었습니까. 어찌 일찍이 국상(國喪)을 틈타 임금의 전지를 위조하여 방자하게도 폐위와 추대의 계략을 꾸민 일95)이 또한 오늘날 4흉과 같은 경우가 있었습니까.

이전의 기록을 두루 상고해 보면, 군사를 일으켜 대궐을 침범한 자도 있었고, 독을 올려 시해하는 자도 있었으며, 병력을 배치하여 임금을 폐위시킨 자도 있었는데, 이들은 혹 나라의 명령권을 쥔 자에게서 나오기도 하고 강력한 군사를 거느린 자에게서 나오기도 하였습니다.

그러나 한 나라 안에서 명색이 대신이라고는 단지 4인뿐인 가운데서 한마음으로 힘을 합쳐 오로지 찬탈과 시해만을 일삼고 있었던 자는 수천 년 유사 아래로 오직 이 4흉만이 있을 따름입니다. 따라서 종사의 위망(危亡)이 마치 머리카락 한 올에 천균(千鈞)의 무게가 매달려 있는 것과 같은 형세이니, 만약 하늘에 계신 조종의 영령이 위에서 묵묵히 보우하시고 전하의 빛나는 결단으로 흉악한 무리들을 통렬히 배척하지 않으셨다면, 나라에 오늘이 있게 된 것을 어찌 바랄 수 있었겠습니까.

아! 황천(皇天)이 재앙을 내린 것을 후회하니, 나라가 비색(否塞)한 운수를 뒤집고 태평한 운세를 회복할[傾否回泰][96] 형세를 맞이하여 죄인을 잡아 법에 따라 주벌을 행해야 할 때입니다. 그런데 가장 걱정스러운 것은, 밝으신 성상께서 덕을 지니신 것이 견고하지 못하여 전장(典章)을 굳게 지키지 못하고 번번이 대신(大臣)의 말에 휘둘려 여러 차례 법을 바꿈으로써 극악한 흉역에게 응당 시행해야 할 형률을 아직까지 시행하지 못하고 있는 것입니다.

무릇 형법이 행해지지 않으면 나라의 체모가 존중되지 못하고 간흉이 징치되거나 두려워하는 바가 없게 되니, 이는 위망(危亡)으로 가는 길입니다. 삼가 바라건대, 전하께서는 더욱 굳건히 결단을 내려 이미 죽은 이이명과 김창집에게 속히 그 시체를 찢고 처자식을 노비로 삼는 형전을 시행하시고,

---

95) 국상(國喪)을 …… 일 : 목호룡의 고변에 따르면, 이희지 등 역모 세력이 세자시절 경종을 무함하는 내용의 언문 가사를 지어 궁중에 유입시키고, 숙종의 거짓 조서를 작성하여 지 상궁 및 내관 장세상으로 하여금 국상 때 내리게 하여 세자를 폐하려 하였다고 했다.

96) 비색(否塞)한 …… 회복할[傾否回泰] : 원문의 '비(否)'와 '태(泰)'는 각각 《주역》 64괘의 하나이다. 태괘(泰卦)는 건하곤상(乾下坤上)으로 음양이 조화를 이루어 만사형통하는 상(象)이고, 비괘(否卦)는 곤하건상(坤下乾上)으로 음양이 화합하지 못함을 나타낸다.

아직 처형되지 않은 이건명과 조태채 두 흉적도 차례로 참형에 처하여 신인의 분노를 풀어주시고 조종의 법을 엄하게 하십시오. ……"

○ **18일**, 주상이 답하기를,

"여러 선비들의 상소가 끝내 정도에 지나쳤다. 이후로는 번거롭게 하지 말라."

라고 하였다.

○ 이우항을 3차 형문하고, 김성행을 5차 형문하였다.

○ 조송이 물고되었다.

○ 사헌부 - 장령 신유익, 지평 김홍석 - 에서 새롭게 아뢰기를,

"신들이 삼가 흉적 서덕수의 결안을 보니, 작년 6월 무렵 이정식을 시켜 은자 300냥을 장세상에게 들여보내 독약을 구하게 하였더니, 백망이 독약을 구입한 사람의 이름은 모르고 장씨 성의 집이라고만 하고, 200금을 주고 독약을 구입했다고 하였는데, 장가 놈의 이름자는 끝내 알아내지 못하였습니다.

아! 그 약이 효과가 있으니 다른 곳에 시행하겠다는 말이 이미 이정식과 장세상이 수작한 말에서 나왔으니, 그 말뜻이 흉패하여 참으로 차마 들을 수 없는 점이 있습니다. 이른바 장씨 성을 가진 역관의 이름을 샅샅이 추적하여 끝까지 찾아내지 않을 수 없고 독약의 출처를 명백히 조사한 후에야 앞으로 닥칠 화근을 영원히 끊을 수 있을 것입니다.

청컨대 속히 해원(該院)으로 하여금 수년 동안 연행(燕行)한 역관 중에 장씨 성을 가진 자를 적발하여 현고(現告)[97]하게 하거나 현상금을 내걸고

---

97) 현고(現告) : 범죄나 잘못을 저지른 사람의 이름을 지적하여 고하는 것이나 고한 내용으

체포하여 국청으로 이송해서 엄히 조사해 실정을 알아내게 하십시오.”

라고 하자, 주상이 답하기를, “아뢴 대로 하라.”라고 하였다. -《남천기(南泉記)》
에 이르기를, “해조(該曹)에서 조사해보니, 10년 전에 장씨 성의 역관이 북경으로 갔고,
올해 장씨 성이 중국에 간 일이 있는데, 그 사이에는 없다고 가서 고하였더니, 영의정이
그대로 두라고 답하였다고 한다.”라고 하였다. -

○ 19일, 김민택을 6차, 김성행을 7차, 이우항을 5차 형문하였다. 김민택을
7차, 김성행을 8차 형문하였다. 김민택을 8차 형문하였고, 김성행은 9차
형문에서 장 2도만에 기절하여 형문을 정지하였다.

○ 의금부에서 김시발(金時發)과 문덕린(文德麟)을 우선 엄히 형신하여 실정
을 알아낸 후 계품할 것을 계청하자, 그대로 윤허하였다.

○ 설서 이광보(李匡輔)가 상소하였는데, 그 대략에,
“신이 비록 거칠고 엉성하여 해박한 식견을 갖추고 있지는 못하나, 여러
차례 강연(講筵)에서 모셨을 때 우리 세자 저하를 우러러 뵈면, 타고난 자질이
영명(英明)하고 행실이 순수하고 깊이가 있으며, 거듭 부지런히 강학하고
묻기를 좋아하여 일취월장(日就月將)하고 있습니다.
이처럼 옛 제왕의 수기(修己)의 학문에서 이미 큰 뜻이 드러나 있지만,
전하께 기대하시는 것과 신민들이 바라는 것은 단지 장구를 외워 말하고
문의(文義)에 대해 묻고 쟁론하는 것에 그칠 뿐만이 아닐 것입니다.
근래 두서너 궁료는 문사(文辭)와 재망(才望)이 모두 신과 같은 자에 비할
바가 아니어서, 견해가 정밀하고 자세하며 변론이 분명하고 유창하여 참으로
얻기가 쉽지 않습니다. 그렇지만 만약 일깨워 전진시키고 깨우쳐 인도하는
책임을 지워, 우리 세자 저하의 학문에 종사하고 실질에 힘쓰는 공부를

로, 지명현고(指名現告) 또는 지고(指告)라고도 한다.

크게 진전시키고자 한다면, 반드시 산림에서 덕을 기르는 선비를 초빙하여 권강(勸講)하는 반열에 두고 아침저녁으로 보필하게 해야 할 것입니다.

나라에서 찬선(贊善)과 진선(進善), 자의(諮議)의 직임[98]을 둔 것은 이미 우연한 일이 아닌데, 이렇게 왕세자가 학문에 부지런히 힘쓰는 때에 오랫동안 비워 둔 채 차임하지 않거나 현임자를 새로 체차하고 공석(空席)으로 두어서 담당할 사람이 없으니, 매우 흠이 되는 일입니다.

삼가 바라건대, 밝으신 성상께서 즉시 전조(銓曹)로 하여금 널리 두루 수소문하여 반드시 재주와 학식이 이 자리를 감당할 수 있는 사람을 얻어 자리를 갖추어 배치하고, 그들이 배운 바를 펴게 하여 세자의 덕을 성취하게 할 바탕으로 삼으십시오. ……"

라고 하자, 주상이 답하기를, "사직하지 말고, 속히 직무를 수행하라."라고 하였다.

○ **20일**, 전 사간 이제(李濟)가 상소하여 대략 다음과 같이 말하였다.

"아! 난적(亂賊)의 변고가 어느 시대인들 없었겠습니까. 그러나 그 음흉한 계략과 흉악한 정상이 오늘날의 역적들과 같은 적은 없었습니다. 만약 천지가 함께 부지하고 귀신이 묵묵히 도와주지 않았다면 종묘사직과 신민에게 어찌 오늘이 있을 수 있었겠습니까.

신이 일찍이 한두 번 국청에 참석하여 문안(文案)을 가져다 살펴보니, 이른바 삼수의 흉계는 환관과 궁첩을 경로로 삼지 않은 것이 없어, 장세상과 지열(池烈) 등이 교통하여 모의한 정상이 결안에 낭자하거나 역적의 공초에 번갈아 나오기도 하였으니, 아, 통탄스럽습니다! 비록 만 토막을 낸다 하더라도 어찌 그 죄를 갚을 수 있겠습니까.

---

98) 찬선(贊善)과 …… 직임 : 세자시강원(世子侍講院) 소속 궁료(宮僚)로서, 찬선은 정3품, 진선은 정4품, 자의는 정7품직을 이른다. 인조반정 이후 이 관직들은 성균관의 좨주(祭酒)·사업(司業)과 더불어 산림을 특별히 우대하여 등용하는 통로가 되었다.

그러나 그 연유를 따져 보면 궁중이 엄하지 않은 데에서 말미암지 않은 것이 없습니다. 전하께서 만약 평소에 자신을 수양하고 집안을 바르게 하여 궁중을 엄숙하고 맑게 하고, 안의 말이 나오지 않게 하고 밖의 말이 들어오지 않게 하여 사악하고 요망한 무리가 그 사이에 끼어들지 못하게 하였다면, 비록 역적 백망의 무리가 천백 명이 있다 해도 또한 어디에서 그들의 계략을 이루겠습니까. 삼가 듣건대 어제 청대한 자리에서, 액정서(掖庭署)[99]에 있는 지열의 족속들을 모두 내쫓으라고 윤허하셨다 하니, 우환을 방비하는 도리로서 적절하다고 할 만합니다.

그러나 신의 어리석고 얕은 생각에 이와 같은 것은 오히려 하찮은 것입니다. 참소(讒訴)하는 종자(種子)가 지열의 족속에게만 있고 다른 사람에게는 없으리라는 것을 어찌 알겠습니까. 삼가 바라건대, 이것[100]으로써 곧 일이 순조롭고 근심이 없게 되었다 하지 마시고, 수신제가의 도리를 더욱 다함으로써 형벌과 위엄의 방도로 삼으십시오.

비록 한가할 때라도 항상 더욱 성찰하여, 크게는 정령(政令)과 시조(施措), 작게는 언동과 대화가 모두 엄명(嚴明)하고 정대(正大)하여 사람들의 마음을 두렵게 하여 복종시킬 수 있다면, 아마도 아득한 음기(陰氣)의 구멍이 영원히 막히고 화란의 싹이 절로 끊어져서 치도(治道)가 또한 이루어질 수 있게 될 것입니다.

또한 일전에 두 흉적을 처단할 때, 처음에는 참형에 처하였다가 중간에는 사사하라 하였으며 다시 사형을 감하라는 명이 내렸고, 그 후 또 가뭄으로 인하여 국옥의 죄수들을 정배하라 하였다가 풀어 주라고도 하였으니, 며칠 내에 처분이 두세 번 바뀌었을 뿐만이 아닙니다.

---

99) 액정서(掖庭署) : 조선시대 환관 전용 부서이다. 잡직으로 하급 내시들이 왕명 전달·알현 및 왕이 쓰는 붓과 벼루의 공급, 궐문 자물쇠와 열쇠의 관리, 궐문 안에 있는 정원의 설비 등의 일을 맡았다. 또 왕의 시위·배종(陪從)과 각종 의식 때의 향안(香案)·표안(表案) ·보안(寶案) 등의 설치에 관한 일도 담당하였다.

100) 이것 : 나인 지열의 족속을 액정서 소속의 액례(掖隷) 등에서 내쫓는 일을 이른다.

　나라의 체모가 전도되고 인심이 놀라 의혹하는 것은 차치하고라도 어리석은 신이 생각하기에 전하께서는 슬기로운 자질과 너그러운 자애심을 갖추시고 성학도 고명하지만 이치를 살피는 것은 오히려 밝지 못한 점이 있고, 덕을 지키는 것도 견고하지 못한 점이 있어 전후의 처분이 이렇듯 마땅함을 잃게 된 것입니다.

　이와 같이 하기를 그치지 않는다면 그 폐해는 반드시 법령이 일정하지 않고 기강이 확립되지 않아 난신적자가 징계되어 두려워하는 바가 없는 지경에 이르고 말 것이니, 어찌 크게 두려워할 만하지 않겠습니까. 삼가 바라건대 전하께서는 이전의 잘못을 깊이 유념하시고 성심을 굳건히 정하시어, 다시는 빈번히 후회를 반복하는 일이 없게 하십시오.

　신이 상소를 지어 올리려 할 때 삼가 정원에 내리신 비망기를 보니, 이이명과 김창집 두 흉적의 처자식을 노비로 삼고 가산을 적몰하는 일을 어제 막 윤허하셨는데 지금 갑자기 도로 거두어들이시니, 어쩌다 성심의 잦은 변덕과 왕법의 빈번한 변화가 하나같이 이 지경에 이르렀단 말입니까. 신은 참으로 놀라 어찌할 줄을 모르겠으며, 전하를 위한 계책을 알지 못하겠습니다.

　두 흉적이 저지른 죄상은 이미 전후의 대계(臺啓)에서 다 아뢰었으니 지금 다시 번거롭게 누누이 아뢸 필요는 없지만, 신이 크게 두려워하는 것은 역률로 처단하는 것이 얼마나 중대한 일인데, 중벌로 다스렸다 가볍게 처벌하고 순식간에 신원하였다 잠깐 사이에 철회하는 등 하룻밤 사이에도 변화가 무쌍하니, 이 무슨 거조이며 이 무슨 형정(刑政)이란 말입니까.

　형정은 나라에 있는 큰 권한으로 전하께서 사사로이 할 수 있는 것이 아닙니다. 신은 이로부터 인심이 크게 실망하고 나라의 기강이 날로 문란해져 전하의 나랏일이 장차 어떻게 될지 몰라 두려우니, 이 어찌 작은 일이겠습니까. 삼가 바라건대 전하께서는 고식적인 생각에서 벗어나 강건한 결단력을 시원하게 회복하시어, 이이명과 김창집 등의 처자식을 노비로 삼고 가산을 몰수할 일을 환수하라는 명을 속히 거두시고 이전의 분부대로 즉각 거행하십시오.

……"

주상이 답하기를,

"가산을 적몰하는 한 가지 일은 나의 뜻이 이미 정해졌으니 다시 소급하여 제기하지 말라."

라고 하였다.

○ 김성행과 김민택이 당일 물고되었다.

○ 이상집과 심진을 3차, 이헌을 5차 형문하였다. 묵세는 5차 형문에서 장 5도만에 기절하였고, 열이는 5차 형문에서 장 19도만에 기절하여 형문을 정지하였다.

○ 이우항이 지만(遲晚)으로 공초를 냈다.

○ **21일**, 이우항과 백열이(白烈伊)가 물고되었다.

○ 이우항의 공초는 다음과 같다.

"이우항, 나이 75세. 지난해 8월 무렵 제가 평산에 있을 때 이정식이 평안도로 가는 길에 저에게 들러 대화를 나누던 중에 말하기를,

'이기지가 은자 250냥을 조송에게 주며 장세상에게 전해주도록 하였다. …… 대개 이 판부사가 독대한 일[101]로 우려하고 근심하였으므로, 이기지가 이 은화를 장세상에게 보내 그로 하여금 안에서 미봉하게 한 것이다.'

라고 하였습니다. 이기지가 장세상과 교통한 정절에 대해 제가 이미 자세히 들었으면서도 즉시 발고하지 않았으니, 이로써 죄를 물으신다면 죽이신다

---

101) 이 …… 일 : 1717년(숙종43) 이이명이 숙종의 뒤를 이을 후계자 문제로 숙종과 단독 면대하였던 정유독대(丁酉獨對)를 이른다.

해도 달게 받겠습니다.

이 판부사에 대해 술사에게 물은 사안은 이렇습니다. 지난해 해 가운데 흑점(黑點)이 생긴 변괴가 있었는데, 그때 전 찰방 김진보(金鎭普)의 둘째 아들로서 이름은 모르나 장단에 살며 천문을 이해하는 사람을 우연히 만나 국사(國事)를 묻고, 이어 묻기를,

'하늘의 변괴가 이와 같으니, 종사의 안부는 장차 어떠하겠으며, 독대한 대신의 길흉은 또한 어떠하겠는가?'

라고 하자, 답하기를,

'나라의 병환이 매우 위중하니 이것은 참으로 우려할 만하나, 이 판부사는 걱정할 것이 없겠다.'

라고 하였습니다. 교통한 정황과 흉언을 문답한 죄가 분명하니, 지만한 것이 확실합니다."

(국청에서) 부대시참으로 아뢰었다.

○ 국청이 아뢰기를,

"죄인 이우항이 미처 결안을 받기 전에 지레 물고되어서 처형을 집행하지 못하였으나 가산을 적몰하는 일은 조율한 대로 시행하겠습니다."

라고 하자, 주상이 전교하기를, "알았다."라고 하였다.

○ 김극복(金克復)102)을 잡아들여 가두었다.

○ 의금부에서 이휘천(李輝千)을 장(杖) 100, 유(流) 3,000리에 처할 것을 아뢰어, 홍원현에 유 3,000리로 정배하였다.

---

102) 김극복(金克復) : 앞의 이우항(李宇恒)이 초사에서 언급한 "천문(天文)을 아는, 전 찰방(察
   訪) 김진보(金鎭普)의 둘째 아들"이다. 《景宗實錄 2年 5月 20日》

○ 사헌부 - 이경열 - 에서 새롭게 아뢰기를,

"원찬한 죄인 김운택(金雲澤)은 김춘택(金春澤)의 동생이자 김민택의 형으로, 은밀한 모의를 모두 함께 논의하였습니다. 그의 비밀스러운 행적과 치밀한 정상에 대해서는 지난겨울 대계(臺啓)에서 이미 대략 그 대강을 거론하였는데, 죄가 무거운데도 벌이 가벼워 공의가 오히려 분노하고 있습니다.

조흡의 공초가 나오자 그 간악한 정상과 간특한 작태가 더욱 드러났는데, 그 초사에 다음과 같은 내용이 있었습니다.

'바야흐로 아비인 조이중이 평안병사가 되었을 때 김운택이 감진어사(監賑御史)였는데, 김운택이 품의(稟議)할 일이 있어 곧바로 상경하였다 돌아와서는 아비에게 말하기를, 「오래지 않아 나라에 큰일이 있을 것이다.」라고 하니, 아비가 무슨 일이냐고 묻자 운택이 답하기를, 「오래지 않아 일어날 것이니 그때 알 수 있을 것이다.」라고 하였습니다.

얼마 안 있어 과연 이이명이 독대하는 일이 일어났습니다. 이에 제 아비가 저에게 말하기를, 「김가는 괴이하다 할 만하다. 이러한 일들을 미리 알 수 있다니. ……」라고 하였습니다.'

무릇 궁중의 크고 작은 일이 아직 일어나기 전에는 조정의 신하가 이를 미리 알 길이 없는데, 김운택이 먼저 알고 말을 전하였고 이것이 얼마 안 있어 즉각 증명된 것은 과연 무슨 술수이겠습니까. 사사로운 경로에 연줄을 대고 일에 따라 은밀히 염탐한 자취가 바로 여기에서 남김없이 탄로 났습니다.

조이중이 이미 죽어 질문할 길이 끊겼으므로 곧장 나국하기를 청할 수는 없다 해도 궁중과 교통하여 기미를 알고 먼저 누설한 죄는 이미 가벼운 벌을 받았다 하여 결코 논외로 두어서는 안 되니, 청컨대 김운택을 극변에 위리안치하십시오.

홍해군수 이최영(李最英)과 연일현감 박단석(朴端錫)은 모두 흉적 김창집의 심복으로, 그 고을의 물력을 고갈시켜 선물로 보낸 것이 헤아릴 수 없이 많습니다. 청컨대 이최영과 박단석을 사판에서 삭거하십시오."

라고 하자, 주상이 답하기를, "마지막 사안은 아뢴 대로 하라."라고 하였다.

○ 사간원 - 이진순 - 에서 새롭게 아뢰기를,

"지레 죽은 죄인 이홍술은 전후로 행한 흉악한 정절이 역적들의 공초에 낭자하였는데, 다만 흉악하고 모질게 버틴 까닭에 비록 일일이 바로 공초하지는 않았지만, 육현(陸玄)을 몰래 죽이고 3년 전에 있었던 다른 역적의 취조 기록을 고쳐 써 넣은 일 및 네 재상의 지휘를 받고 중군을 바꾸어 차임하였다는 말에 대해서는 이미 자복하였습니다.

또한 목호룡을 죽이려고 모의하여 정탐하고 사로잡으려 했다는 말 또한 포도청 서원의 공초에서 나왔으니, 그가 목호룡이 고변할까 우려해서 죽여 입을 막으려 했고, 현임자를 갈고 심복으로 바꾸어 흉악한 음모를 꾸민 자취가 진실로 이미 분명하여 가리기 어렵습니다.

그 궁성에 병력을 배치하려던 계책은 전적으로 폐출을 도모하는 음모에서 나온 것으로, 역적 김창집과 그 뜻이 부합했다는 말이 이정식이 승복한 공초에서 나왔고, 영의정과 훈련대장이 상의하여 계책을 정했다는 말이 서덕수의 결안에서 나왔으니, 은밀히 흉계를 꾸미며 역모에 화응한 정상이 남김없이 다 드러났는데, 지레 죽었다는 이유로 역률을 시행하지 않아서는 안 되는 것이 분명합니다.

청컨대 유사로 하여금 속히 처자식을 노비로 삼고 가산을 몰수하는 형전을 거행하여 신인의 울분을 시원하게 풀어 주십시오."

라고 하자, 주상이 답하기를, "번거롭게 하지 말라."라고 하였다.

○ 홍철인을 잡아들여 가두었다.

○ 정언 정수기가 상소하였는데, 그 대개의 내용은 다음과 같다.

"아! 황천(皇天)의 보살핌과 조종의 음덕으로, 요얼(妖孽)들이 그 형벌을 피하지 못하고 흉악한 역적이 잇달아 복법(伏法)된 것은 신인(神人)의 경사이므로 온 나라가 함께 기뻐하고 있습니다.

아! 난신적자가 어느 시대인들 없겠습니까마는 이처럼 지극히 흉악한 역적은 없었습니다. 이들은 천고(千古)에 있어왔던 찬역의 음흉한 음모를 합하여 권흉의 도당을 일시에 모아 삼수(三手)를 계획하고 백방으로 경영하여 천위(天位)를 범할 뻔하였고 나랏일을 위기로 몰아넣었습니다. 생각하면 뼛속이 시리고 말을 하자니 간담이 떨리는데, 그들이 화란을 조성한 조짐은 하루아침에 이루어진 일이 아니라 그 유래가 오래되었습니다.

김익훈(金益勳)103)이 아방(兒房)에서 밀계(密啓)한 것104)과 이사명(李師命)이 동정을 엿본 것105)은 대개 자기 분수에 넘치는 일을 바라 터무니없는 말로

---

103) 김익훈(金益勳) : 1619~1689. 본관은 광산(光山), 자는 무숙(懋叔), 호는 광남(光南)이다. 산림 김장생(金長生)의 손자, 참판 김반(金槃)의 아들이다. 음보로 등용되어 사복시 첨정(僉正) 등을 역임하였다. 조카 만기(萬基)의 딸이 숙종비로서, 숙종이 즉위한 뒤 어영대장 등 군권(軍權)의 요직을 지내면서 권력을 누렸다. 1680년(숙종6) 김석주(金錫胄)의 주도로 경신환국이 일어나자 조정에서 남인들을 숙청하는데 적극 참여했으며, 그 공으로 보사공신(保社功臣) 2등과 광남군(光南君)에 봉해졌다. 이후 송시열 등과 협력하여 병권을 장악하고 기찰과 고변을 주도하였다. 1689년 어영대장 재직 중 기사환국으로 남인이 다시 정권을 잡자 공신 칭호를 빼앗기고 깅게에 유배되었으며, 무고한 사람들을 많이 죽였다는 죄명으로 고문을 받고 투옥되었다가 죽었다. 특히 1682년 남인 허새(許璽)의 모역사건 당시 그가 보인 기찰(譏察)·밀계(密啓) 등의 행동은 서인 소장파의 반감을 불러일으켜 이후 노론과 소론이 갈리는 한 계기가 되었다.

104) 아방(兒房)에서 …… 것 : 아방은 중앙과 지방 관아의 주요 건물 곁에 딸려서 관원들의 휴식·대기 장소 또는 소속 하인들의 직소(直所)로 이용되는 공간을 이른다. 1680년(숙종6) 당시 어영대장이던 김익훈은 경신환국 이후인 1682년에 대궐 안 장신(將臣)이 지숙(止宿)하던 아방에서 밀계를 올려 남인인 허새(許璽) 등이 변란을 일으키려 한다고 고함으로써 옥사를 일으켰다.

105) 동정을 엿본 것 : 1687년(숙종13) 5월 숙종은 공석이었던 우의정에 이조판서 조사석(趙師錫)을 임명하였다. 노론 측에서는 희빈 장씨의 어머니가 조사석 처가의 비(婢)로서 장씨 가에 출가한 후에도 종종 조사석의 집에 왕래했다는 소문이 퍼져 있었다. 1687년 조사석이 우의정에 발탁되었을 때 노론 측에서는 조사석이 동평군 이항(李杭)을 매개로 한 후궁 장씨의 도움으로 우의정에 특제되었다는 소문이 돌았고, 그 해 12월 김만중(金萬重)이 이를 경연석상에서 공식적으로 거론하기도 하였다. 이사명 또한 1688년(숙종14) 병조판서로 있으며 종실(宗室) 이항과 좌의정 조사석을 몰래 기찰하는 한편 궁금을

남을 무함한 데서 나온 일들로 정절이 교묘하고 간사스러웠습니다. 그들이 끼친 독기와 남긴 재앙이 점차 불어나고 차츰 스며들어 그 수법을 서로 전수하여 하나의 명맥을 이루어, 작게는 김춘택·한중혁(韓重爀)이 되었고,106) 크게는 김창집·이이명이 되었습니다.

이희지·이기지·김용택 등 여러 역적들은 또 모두 그들의 아들·사위·아우· 조카로서, 처음에는 환득환실(患得患失)107)하는 마음에서 시작했으나 종국에

사찰하고 밀고를 주장했다는 등의 죄목으로 탄핵을 받아 삭주에 유배되었다가, 이듬해 인 기사환국 때 복주되었는데, 갑술환국 이후 복관되었다.

106) 김춘택·한중혁(韓重爀)이 되었고 : 김춘택과 한중혁은 남인인 민암(閔黯)·이의징(李義 徵) 등을 정계에서 몰아내고 폐비(廢妃) 민씨(閔氏)의 복위를 이끌어 낸 이른바 갑술환국 (甲戌換局)의 주역들이다. 갑술년(1694, 숙종20) 3월 23일 남인인 우의정 민암(閔黯)이 금위영 군관 최산해(崔山海)의 매부인 함이완(咸以完)의 고변 내용을 왕에게 아뢰었는데, 고변의 요지는 소론계인 한중혁과 노론계인 김춘택 등이 금품을 모으고 사람들을 길러 은밀한 음모를 꾸미고 있다는 내용이었다. 숙종의 재가를 받은 민암과 남인들은 관련자들을 잡아들여 엄하게 국문하였는데 국문 과정을 통해 한중혁과 김춘택은 각각 따로 환국(換局)을 도모한 것이며, 한중혁은 주로 상인들로부터 김춘택은 주로 역관들로 부터 거사 자금을 조달한 것임이 밝혀졌다. 주모자들이 혐의를 완강히 부인하고 있는 상태에서, 3월 29일 유학(幼學) 김인(金寅) 등은 오히려 남인계가 음모를 꾸미고 있었다는 내용의 고변서를 올렸다. 고변의 주된 내용은 총융사 장희재가 사람을 매수하여 숙원(淑 媛) 최씨를 독살하려 한다는 것, 신천군수(信川郡守) 윤희(尹憘)와 훈국(訓局) 별장(別將) 성호빈(成虎彬) 등이 반역을 도모하고 있는데 훈련 대장 이의징(李義徵)도 참여하였다는 것, 민암·오시복(吳始復)·목창명(睦昌明) 등의 남인이 이 모의에 연결되어 있다는 것이었 다. 국청을 담당한 남인계 신하들은 김인이 훈국대장 이의징에 대한 원한으로 무고한 것이라는 보고를 올렸고, 숙종도 이를 수긍하였으나, 4월 1일 밤 숙종의 갑작스런 비망기로 인해 집권 남인 세력은 모두 축출되었고 기사환국으로 몰락하였던 서인 세력을 중용하는 갑술환국이 단행되었다. 이어 함이완의 고변은 서인계의 일망타진을 노린 민암의 사주에 의한 것으로 확정되었다. 본문에서 "김춘택·한중혁이 되었"다고 한 것은 남인을 뿌리째 소탕하려 했고, 이를 위해 기찰(譏察)과 고변(告變) 등 파행적인 방법을 동원했던 것과 유사한 일이 경종대에 노론에 의해 벌어졌다고 본 것이다. 《肅宗實錄 20年 3月 21日·29日, 4月 1日》

107) 환득환실(患得患失) : 재물이나 벼슬을 얻기 전에는 얻지 못할까 걱정하고 얻은 뒤에는 그 벼슬이나 재물을 잃을까 걱정하는 속물들을 가리키는 말이다. 《논어(論語)》〈양화(陽 貨)〉에 "비루한 사람과 더불어 임금을 섬길 수 있겠는가. 부귀를 얻기 전에는 그것을 얻지 못할까 걱정하고, 이미 그것을 얻고 나서는 또 잃어버릴까 걱정한다. 진실로 그것을 잃어버릴까 걱정하면 못할 짓이 없게 된다.[鄙夫, 可與事君也與哉? 其未得之也, 患得之, 旣得之, 患失之. 苟患失之, 無所不至矣.]"라고 한 것에서 나왔다.

는 빼앗지 않고는 만족하지 못하는 지경에 이르렀으니, 그 흐름을 따라 연원을 거슬러 올라가보면 한 꿰미에 꿰어 내려온 것과 같습니다.

은밀히 음모를 꾸며 남몰래 독수(毒手)를 시행하고, 번번이 청의(淸議)를 원수처럼 여겨 사류를 무함함으로써 위로는 하늘의 해를 속이고 아래로는 국시(國是)를 전복하였으니, 이것이 곧 정론을 견지한 충의로운 선비가 가장 먼저 김익훈을 공격한 이유입니다. 고 부제학 조지겸(趙持謙)[108]과 고 집의 한태동(韓泰東)[109]은 청의를 주창[110]하고 간특한 싹을 잘라 선조(先朝)의 특별

---

108) 조지겸(趙持謙) : 1639~1685. 본관은 풍양(豊壤), 자는 광보(光甫), 호는 우재(迂齋)이다. 좌의정 조익(趙翼)의 손자, 이조판서 조복양(趙復陽)의 아들이다. 1670년(현종11) 별시 문과에 급제하여 청요직을 두루 역임하였다. 숙종대 승지로 있을 때 왕명으로 송시열(宋時烈)을 찾아가 김익훈이 남인 허새(許璽)·허영(許瑛)을 이용, 반역을 꾀하게 한 사실을 알렸으나, 송시열이 그 뒤 김석주 등의 말을 듣고 김익훈을 비호하게 되자 송시열까지 의심하게 되었다. 이 일로 한태동(韓泰東)·유득일(兪得一)·박태유(朴泰維) 등과 함께 소론으로 좌정하게 된다. 아비 복양이 어려서부터 윤순거(尹舜擧) 형제와 교우했고, 특히 윤선거(尹宣擧)와는 친분이 두터워 윤선거의 상에 복(服)을 입었던 사이여서 윤선거의 아들 윤증과 우의가 두터웠다. 이조판서에 추증되고, 광주(廣州)의 명고서원(明皐書院), 고성(高城)의 향사(鄕祠)에 제향되었다. 저서로《우재집》이 있고, 편서로《송곡연보(松谷年譜)》가 있다.

109) 한태동(韓泰東) : 1646~1687. 본관은 청주(淸州), 자는 노첨(魯瞻), 호는 시와(是窩)이다. 장령 한진(韓縝)의 아들이다. 1669년(현송10) 정시 문과에 장원 급제한 뒤, 청요지을 두루 역임하였다. 1682년(숙종8) 장령·집의를 거쳐, 교리가 되었는데, 이때 김익훈·김석주 등이 남인 역모설을 조작하자, 같은 서인으로서 조지겸 등 소장파와 함께 그 흉계를 폭로하고 처형을 주장하였다가 이듬해 파직되었다. 이를 계기로 서인은 김익훈 등을 옹호하는 노장파 중심의 노론과 그의 처벌을 주장하는 소장파 중심의 소론으로 갈라졌다. 1684년 집의로 복직되었는데, 파직과 복직을 여러 번 거듭하면서 1687년 사간이 되었다. 저서로《시와유고(是窩遺稿)》가 있다.

110) 청의를 주창 : 1680년(숙종6) 경신환국 이후 김익훈은 김석주와 함께 남인 세력을 완전히 숙청하기 위하여 전 병사 김환 등을 시켜 무고하게 하였는데, 그 내용은 남인인 허새(許璽)와 그의 서종제(庶從弟) 허영이 문란한 조정을 바로잡고자 300명의 병사로 궁궐을 침범하여 복평군(福平君)을 추대하고 대왕대비를 수렴청정(垂簾聽政)하게 하려 모의했다는 내용이었다. 이 옥사로 인해 받은 남인의 정치적 타격은 컸으며, 서인 내부에서도 척신 김석주(金錫胄)와 김익훈(金益勳)에 대해, 조지겸(趙持謙)·한태동(韓泰東)·오도일(吳道一)·박태유(朴泰維)·유득일(兪得一) 등 삼사(三司)에 포진하고 있던 소장 관료들의 비판이 거세게 일어났다. 그러나 송시열과 김수항·김석주 등 대신들이 옹호하고 숙종이 윤허하지 않아 결국 김익훈을 비롯한 이사명·조태상·신범화·이광한·이원성 등 6인의

한 지우를 받고, 후세 사류의 지표가 되었습니다.

그런데 권흉의 변란으로 인해 사원(祠院)에서 훼철되기도 하고[111] 혹은 흉악한 손자의 참소[112]로 인해 명신(名臣)으로 하여금 억울하다는 탄식을 품게 만들었으니, 사림의 슬픔과 선류(善類)의 애통함이 어떠하겠습니까.

저 이사명은 간특하고 음험하며 요사스럽고 부도하였으므로 선조(先朝)의 엄한 하교에서 삼척(三尺)[113]의 왕법을 피할 길이 없다는 것을 여러 차례 보이셨는데, 이이명의 무리가 권세를 잡은 후 이에 빌붙은 무리가 성상의 뜻에 영합하여 쓸데없는 말을 꾸며내어 감히 신원을 청하며 반드시 흉중의 속셈을 시행하고야 말려고 하였으니, 국법의 기강이 무너지고 사람들이 울분에 찬 것이 여기에 이르러 극에 달하였습니다.

지금 비록 여러 역적들이 복주되어 국법이 조금 펴지기는 했지만, 진실로 앞의 일을 거울삼아 뒷일을 경계하고 재앙의 근원을 뿌리채 뽑아 만세토록 군신의 기강을 세우고 백대의 충사(忠邪) 구분을 엄중히 하지 않는다면, 난신적자는 두려워할 것이 없게 되고 충현(忠賢)은 믿을 곳이 없게 되어 훗날 세도에 대한 근심을 헤아릴 수 없게 될 것입니다.

신은 조지겸을 서원에 복향하는 일을 특별히 해당 조로 하여금 속히 여쭈어 시행하게 해야 한다고 생각합니다. 한태동이 무함을 받은 일은, 김진상(金鎭商)[114]이 현재 찬배 중이라 그 죄를 더할 수는 없지만, 비답에 '바르지

추록이 확정되었는데, 이 사건은 이후 서인이 소론과 노론으로 분열되는 하나의 원인이 되었다. 《燃藜室記述 肅宗朝故事本末 李元成上變鄭元老之獄》《保社功臣勘勳》

111) 사원(祠院)에서 훼철되기도 하고 : 1712년(숙종38) 문효공(文孝公) 조익(趙翼)의 명고서원(明皐書院)에 그 손자인 조지겸을 배향했는데 그 이듬해인 1713년(숙종39)에 금령(禁令)이 내려져 철향(撤享)되었다. 《肅宗實錄補闕正誤 40年 8月 6日》

112) 흉악한 손자의 참소 : 1718년(숙종44)에 김익훈의 손자 김진상(金鎭商)이 설서를 사직하며 올린 상소에서 조부의 억울함을 호소하며 그를 탄핵하였던 한태동을 비난한 일을 이른다. 《肅宗實錄 44年 8月 19日》

113) 삼척(三尺) : 삼척법(三尺法)의 준말로 나라의 법을 이른다. 고대 중국에서 석 자 길이의 대쪽에 법률을 기록하였던 고사(故事)에서 유래하였다.

114) 김진상(金鎭商) : 1684~1755. 본관은 광산(光山), 자는 여익(汝翼), 호는 퇴어(退漁)이다.

않다'115)고 쓴 글자는 즉시 도로 거두어들여 두 신하의 반함(攀檻)116)하는 기풍을 드러내고 청론의 효시가 되는 아름다움을 장려하십시오.

회복된 이사명의 관질(官秩)의 경우, 역적 이희지의 처자식을 노비로 삼은 후에는 하루도 우물쭈물 주저해서는 안 되니, 즉시 삭탈하라는 명을 내리시어 임금을 무시하는 난적의 극악함을 징계하고 요망한 역적이 야기한 죄악을 밝히는 것이 마땅합니다.

이상(李翔)은 유명(儒名)을 도둑질하고 음옥(淫獄)을 거짓으로 증언한 정상117)이 추안에 명백히 실려 있어 사람으로 칠 수 없으니, 이것이 곧 선대왕께

김익훈(金益勳)의 손자, 김만채(金萬埰)의 아들이다. 1699년(숙종25) 진사가 되고 1712년 정시 문과에 급제하여 청요직을 두루 거쳐 1720년 도당록에 올랐다. 1716년 병신처분(丙申處分) 뒤 윤선거를 봉안한 서원과 문집 목판을 훼철하라고 청하였다. 1719년 장희빈의 묘를 이장할 때 동궁이 망곡(望哭)하려는 것을 저지하였다. 이로 인해 1721년(경종1) 12월 탄핵 받고 무산부로 유배되었다가 영조가 즉위하자 이조정랑에 등용되었다. 1729년 탕평책의 일환으로 단행된 기유처분(己酉處分)에 반발하여 사직하였다가 대사헌·좌참찬 등을 역임하였다. 문집으로 《퇴어당유고(退漁堂遺稿)》가 전한다.

115) 바르지 않다 : 경신환국 이후 척신이었던 김석주와 김익훈이 중심이 되어 남인을 뿌리째 소탕하기 위해 기찰(譏察)과 고변(告變)이라는 파행적인 정치를 자행하자 조지겸·한태동·오도일·박대유·유득일 등 삼사(三司)에 포진하고 있던 소장 관인들이 이들을 격렬하게 비판하면서 노론과 소론이라는 명목이 처음 등장하였다. 이에 1683년(숙종9) 윤6월 26일 김석주가 숙종에게 건의하여 조지겸 등을 처벌하였다. 이후 1718년(숙종44)에 김익훈의 손자 김진상이 설서를 사직하며 올린 상소에서 조부의 억울함을 호소하며 김익훈을 탄핵하였던 한태동을 비난하자, 한태동의 아들 한지(韓祉)가 다시 김진상을 배척하는 상서를 올렸다. 이에 대해 숙종은 한태동의 논의에 대해서는 '올바르지 못하였 다.'라고 평가하였으며, 한지에게는 '역적을 비호하였다.'라고 하여 삭탈관작하고 문외 출송(門外黜送)하는 처분을 내렸다. 1722년(경종2) 5월 22일 정언 정수기가 상소하여 이 문제를 재론하며 조지겸의 서원 향사를 회복하고 한태동에게 내려졌던 '바르지 않다.[不正]'라는 비답을 거두어달라고 청하였는데, 이는 정수기가 '부정(不正)'이란 비답 이 숙종이 아닌 당시 세자로서 대리청정 하던 경종이 내린 비답으로 잘못 안 것이었다. 이후 착오가 밝혀지자 정수기는 인피하고 물러가 물론(物論)을 기다렸다. 《承政院日記 肅宗 44年 7月 16日》《肅宗實錄 44年 8月 19日》《景宗實錄 2年 6月 1日》

116) 반함(攀檻) : 죽음을 무릅쓰고 임금에게 직언을 하였다는 말이다. 한 성제(漢成帝) 때 주운(朱雲)이 영신(佞臣)의 목을 베라고 청했다가 크게 노한 성제로부터 참수의 명을 받고 끌려 나가면서도 난간을 잡고 놓지 않고 계속 직언하여 마침내 난간이 부서졌던 고사에서 나왔다.

서 엄히 징계하고 통렬히 다스려서 조금도 용서하지 않으셨던 이유입니다.

다만 그의 조카 이만성(李晩成)이 권력을 잡고 조정을 좌지우지 하였을 때, 지방의 유생을 사주하여 상소하게 하고 사당(私黨)을 꾀어 상주(上奏)하게 하여, 복관(復官)도 부족하였는지 치제(致祭)까지 청하였으니, 아! 통탄스럽습니다. 이 무리의 거리낌 없는 짓을 이루 다 벌할 수 있겠습니까. 신은 또한 이상의 복관을 마땅히 추탈해야 한다고 생각합니다. ……

선조의 실록이 얼마나 중대한 일입니까? 그런데 좌참찬 강현(姜銀)은 비록 임금의 말씀을 대행하여 조서(詔書)를 잘 짓는 능력이 조금 있었다 하나 늙어서는 황폐해져 사국(史局)의 중요한 규례에 대부분 소홀하니, 그대로 맡겨두어서는 안 됩니다.

좌빈객 홍만조(洪萬朝)[118]는 늙고 병들어 직무를 수행할 수 없습니다. 서연(書筵)의 권강은 응당 먼저 (인재를) 간택해야 하니, 청컨대 홍만조를 체차하소서.”

주상이 답하기를, “진달한 일은 마땅히 마음에 새기겠다.”라고 하였다.

○ **22일**, 김극복이 원정(原情)에서 승복한 후 1차 형문을 가하였으나 결안을 내는 것을 거역하였다. 홍철인을 1차 형문하였다.

○ 사헌부 - 이경열 - 에서 김운택의 사안에 대해 조어를 고쳐 아뢰기를,

---

117) 음옥(淫獄)을 …… 정상 : 1688년(숙종14) 당시 이조참판이었던 이상이 상소하여 천안에 사는 유두성(柳斗星)이란 자가 계모와 간음하였다는 내용을 아뢰고 조사하여 처벌할 것을 청하였는데, 이후 수찬 박태만 (朴泰萬) 등이 상소하여 이상이 먼 친척인 유두성의 재산을 탐내 거짓으로 증거를 조작해 증옥(蒸獄)을 만들어서 유두성을 죽이고 그 재산을 차지하려 꾸민 일이라고 논박하였다. 뒤에 기사환국 이후 남인들이 이 사건을 조사하는 과정에서 옥사하였다. 《肅宗實錄 14年 5月 11日, 11月 5日, 16年 1月 19日》

118) 홍만조(洪萬朝) : 1645~1725. 본관은 풍산(豊山), 자는 종지(宗之), 호는 만퇴(晚退)이다. 대사헌 홍이상(洪履祥)의 증손이다. 1669년(현종10) 성균관 유생이 되고, 1678년(숙종4) 증광 문과에 급제하여 청요직을 두루 거쳤다. 1717년(숙종43) 형조판서에 오르고, 1718년 우참찬을 지낸 뒤 이듬해 기로소(耆老所)에 들어갔다. 1721년(경종1) 판의금부사를 거쳐 영조 즉위 직후 판돈녕부사가 되어 졸하였다. 시호는 정익(貞翼)이다.

"궁금과 교통하여 성상의 동정을 엿본 행위에는 본래 사형에 해당하는 법이 있으니, 먼저 잡아들여 엄히 국문하소서."

라고 하였다.

○ 사간원 - 박필몽 - 에서 새롭게 아뢰기를,

"후릉 참봉 황보겸(皇甫謙)은 본래 향곡(鄕曲)의 비천한 부류로서 많은 뇌물로 이건명에게 빌붙어 음직(蔭職)을 얻으려고 하였으나 빙자할 만한 것이 없자 단종 때의 재상 황보인(皇甫仁)[119]의 적손(嫡孫)이라고 거짓으로 칭하였습니다.

또 장세상과 친교를 맺고 그의 심복이 되어 그 집에 머물렀으니 그의 은밀한 종적과 음흉한 정상을 의심하지 않는 사람이 없습니다. 장세상이 복주된 후에는 연루될까 두려워 밤을 틈타 도피하였는데, 그의 가산이 역적 장세상의 적몰된 가산 안에 섞여 들어가 있습니다.

무릇 조정의 신하와 내관은 그 기류(氣類)가 서로 다른데, 황보겸이 역적 장세상과 같은 마음을 가진 심복이 아니라면 어찌 감히 흉적의 집에 빌붙어 의탁할 마음을 품을 수 있었겠습니까. 청컨대 황보겸을 사형을 감하여 절도에 정배하소서."

라고 하자, 주상이 답하기를, "아뢴 대로 하라."라고 하였다. - 거제로 정배 -

○ **23일**, 현덕명·이세중(李世重)·두경(斗京)을 잡아들여 가두었다.

○ 김극복을 2차 형문하였는데, 거역하며 서명을 하지 않아 다시 3차

---

119) 황보인(皇甫仁) : 1387~1453. 본관은 영천(永川), 자는 사겸(四兼)·춘경(春卿), 호는 지봉(芝峰)이다. 1441년(세종23) 함길도에 파견되어 김종서(金宗瑞)와 함께 북방 강화에 힘썼다. 1452년 영의정부사가 되어 단종을 보좌하다가 1453년 계유정난(癸酉靖難)으로 피살되었다. 1758년(영조34) 복관되어 충정(忠定)이라는 시호를 받고, 정조 때 장릉(莊陵) 충신단(忠臣壇)에 배향되었다.

형문하였다.

○ **24일**, 현덕명을 1차 형문하였고, 김극복은 4차 형문에서 장 1도만에
지만하였다. 오서종(吳瑞鍾)은 1차 형문에서 장 6도만에 승복하였다. 현덕명을
2차, 이세중을 1차 형문하였고, 김극복 - 찰방 김진보의 아들 - 은 결안에 대한
다짐을 냈으며 이상집은 물고되었다.

○ 김극복의 결안은 다음과 같다.

"김극복. 나이 37세. 경자년(1720, 경종 즉위년) 5월, 딸자식의 병 때문에
제가 의원을 찾아 상경하였다가 부채를 구하러 이우항을 찾아가 만났더니,
우항이 말하기를, '요사이 변고를 그대도 또한 보았는가?'라고 하여, 제가
답하기를, '굶어죽을 지경에 있는 사람이 어찌 이 무리의 일을 알겠는가.'라고
하자, 우항이 말하기를,

'요즘 해 가운데에 흑점이 있는데, 이것은 예사롭지 않은 변고이다. 지금
국가의 병환이 바야흐로 위중하니, 장차 여기에 응험하겠는가? 아니면 혹
독대한 대신에게 응험하겠는가?'

라고 하였습니다. 이에 제가 답하기를,

'천문(天文)은 알지 못하나 주상의 병환이 이러하여 이것이 염려스럽다.
그러나 독대한 대신은 인사(人事)로 말하자면 당나라의 신하 이필(李泌)120)
이 독대한 것과 같으니 무슨 염려할 것이 있겠으며, 일개 대신의 일이 천상(天象)
과 무슨 관계가 있겠는가.'

---

120) 이필(李泌) : 722~789. 당나라의 명신(名臣)으로, 자는 장원(長源), 시호는 현화(玄和),
    봉호는 업후(鄴侯)이다. 7세 때 이미 문장에 능하여 신동으로 이름을 떨쳤다. 현종(玄宗)
    연간에 동궁의 한림공봉(翰林供奉)으로 발탁되면서 천자와 태자의 은총을 한몸에 받았
    고, 숙종(肅宗)이 즉위한 뒤에는 빈우(賓友)로서 모든 국사에 참여하였다. 양국충(楊國忠)
    등 권신의 질시를 받아 한동안 은거하거나 외방의 직책으로 나가기도 하였다. 덕종(德宗)
    때 본격적으로 정사에 참여하여 공을 많이 세웠다. 《新唐書 李泌列傳》

라고 하였습니다.

그러자 이우항이 말하기를,

'낭관(郞官)도 하늘의 별들에 응하는데,[121] 하물며 이와 같은 대신이야 어찌 위로 천상에 응험하지 않겠는가. 나 또한 천문을 대충 알고 있으나 다만 입신(入神)의 경지에는 들어가지 못하였으므로 너에게 물어서 오늘날 천상의 응험을 자세히 알고자 하는 것이다.

너는 분명 아는 것이 있을 텐데도 화가 두려워 입 밖에 내기를 어려워하며 바른 대로 말하지 않고 있다. 만약 독대한 대신이 죽는다면 나 또한 응당 죽게 될 터인데, 내가 죽는 날에는 마땅히 너를 잡아갈 것이다. ……'

라고 하고, 또 말하기를, '이 변고가 혹시 환국(換局)에 대해 응험하는 것인가?'라고 하므로, 제가 말하기를,

'비록 환국이라 해도 영감이야 양주의 전사(田舍)로 돌아가 이광(李廣)이 했던 것[122]처럼 하면 무슨 우환이 있겠는가?'

라고 하였습니다.

제가 이우항과 문답한 말을 이미 바른 대로 공초하였으니, 난언(亂言)으로 윗사람을 범하였음이 적실함을 지만합니다."

○ 당일 당고개(堂古介)에서 처형하고 가산을 적몰하였다.

---

121) 낭관(郞官)도 …… 응하는데 : 후한 명제(明帝)의 여동생 관도공주(館陶公主)가 아들을 위하여 낭관의 자리를 요구했으나 명제가 윤허하지 않고 돈 천만(千萬)을 준 뒤 신하들에게 말하기를, "낭관은 위로 하늘의 별들에 응하고, 지방으로 나가면 백 리 고을의 수령이 되니, 진실로 적임자가 아니면 백성들이 재앙을 입게 되므로 이 때문에 그것을 어렵게 여긴다.[郞官, 上應列宿, 出宰百里, 苟非其人, 則民受其殃, 是以難之.]"라고 한 기사를 인용한 말이다. 《後漢書 顯宗孝明帝紀》

122) 이광(李廣)이 했던 것 : 이광은 한나라의 명장으로 무제(武帝)가 그를 우북평태수(右北平太守)로 임명하여 흉노(匈奴)를 막게 하자, 흉노가 '한나라의 비장군(飛將軍)'이라고 무서워하며 감히 소란을 피우지 못했다고 한다. 흉노와의 싸움에서 크게 패하자 그 벌로 서인(庶人)으로 폐기되어 패릉정(覇陵亭) 부근 남전(藍田)의 남산에서 몇 년 동안 사냥하며 살았다고 한다. 《史記 卷109 李廣列傳》

○ 이세중·두경을 풀어주었다.

○ 25일, 대신과 삼사가 청대 입시하였을 때, 김시발과 현덕명을 배소(配所)로 돌려보낼 일과 역적을 다스린 후 고묘(告廟)[123]·진하(陳賀)[124]·사면령을 내리는 등의 일을 해당 조로 하여금 전례를 상고하여 거행하라고 하교하였다.

○ 청대하였을 때, 우의정 최석항이 아뢰기를,

"고변인 목호룡은 당초 비록 흉모에 끼어있었다 하나 역적들이 그가 고변할까 의심하여 잡아 죽이려는 뜻이 있었으니, 원래의 본심을 미루어 알 수 있습니다. 지금 또 그의 고변으로 역적들이 반역을 모의한 정절이 남김없이 드러났고, 승복하여 복주된 자 또한 심히 많아, 종묘사직이 이에 힘입어 안정되었으니 그 공이 큽니다. 포상하는 은전이 없을 수 없으니, 해조(該曹)로 하여금 전례를 상고하여 거행하게 하소서."

라고 하자, 주상이 "그렇다."라고 하였다.

동지의금부사 유중무(柳重茂)[125]가 아뢰기를,

"백망은 육현(陸玄)의 일로 전에 이미 의금부에 갇혀 있었습니다. 목호룡이 고변하던 날 저녁, 체포될까 두려워하여 옥중에서 동쪽 담장을 넘어 달아났는데, 이천석(李天碩)이라는 사람이 붙잡아 의금부에 와서 고하였습니다. 이천석에게 (백망을) 붙잡은 공이 있어 마땅히 상을 내려야 하니, 대신에게 하문하여

---

123) 고묘(告廟) : 나라나 왕실에 큰 일이 있을 때 그 일을 종묘에 고하던 예(禮)를 이른다.
124) 진하(陳賀) : 나라에 경사(慶事)가 있을 때 백관(百官)이 하례(賀禮)를 올리는 일을 이른다.
125) 유중무(柳重茂) : 1652~1728. 본관은 문화(文化), 자는 미중(美仲)이다. 1694년(숙종20) 알성 문과에 급제하여 청요직을 두루 거쳤다. 소론계 대간으로서 1696년 장희재의 종 업동(業同)이 남의 호패를 훔쳐 무고한 일이 일어나자, 장희재와 세자의 보호를 힘써 주장하였다. 1720년(경종 즉위) 좌승지 재직 시 조태구를 우대하고 이광좌의 억울함을 풀어줄 것을 요청했다가 파직되었다. 이듬해 승지로 복귀하여 예조·호조참판 등을 역임하였다. 영조가 즉위하자 유배되었다가 정미환국(1727)으로 도승지로 발탁되었는데, 얼마 후 사망하였다.

처리하십시오.”

라고 하자, 우의정이 아뢰기를,

“이미 붙잡은 일이 있으므로 응당 논상하는 도리가 있어야 하니, 가자하는 것이 마땅할 듯합니다.”

라고 하자, 주상이 이르기를, “그리하라.”라고 하였다.

판의금부사 심단이 아뢰기를,

“성상께서 즉위하신 후로 조정에 연이어 많은 일이 생겨 백성을 구휼하는 정사에 겨를이 없었습니다. 이번에 역적 집안에서 적몰한 재산은 털끝만큼도 다른 용도로 쓸 수 없는데, 가사(家舍)의 경우 이리저리 차입되어 있어 국가의 비용에 보탬이 되지 않습니다.

신의 생각으로는 모두 헐값에 팔아 그 값으로 근기(近畿) 지역의 민역(民役)을 보충하여 백성을 가엾게 여기시는 성상의 지극한 뜻을 보이는 것이 마땅할 듯하니, 대신에게 하문하여 처리하는 것이 어떻겠습니까?”

라고 하자, 우의정이 아뢰기를,

“심단이 아뢴 말이 참으로 옳습니다. 적몰한 재산은 그 수량이 많지 않아 팔도에 두루 미칠 수 없습니다. 근래에 기전(畿甸)에 기근이 거듭되고 있으니, 이로써 구제할 비용으로 삼는다면 좋을 듯하나, 고변한 목호룡에게는 전택과 재산을 덜어 내어 넉넉하게 포상하는 일을 그만두어서는 안 될 것입니다.”

라고 하였다. 심단이 아뢰기를,

“경기 백성들은 마치 사대부의 사노(私奴)와 같아 신역이 가장 번다하고, 또한 지금 기내(畿內)는 기근이 더욱 심하니 이것으로 민역에 보충하는 것이 마땅합니다.”

라고 하니, 주상이 이르기를, “모두 아뢴 대로 하라.”라고 하였다.

○ 입시하였을 때, 우의정이 아뢰기를,

“김제겸을 변방에 정배하고, 현덕명·김시태(金時泰)는 원배하며, 조흡은 사형을 감하여 정배하고 묵세는 도배(島配)하십시오.”

　라고 하자, 주상이 모두 아뢴 대로 하라고 하였다. 윤각을 도배하고, 일업을 원배하고, 심진과 이헌을 참작하여 처리할 일에 대해서는 주상이 결정을 내리지 않았다.

　○ 동지의금부사 김일경이 아뢰기를,

“포도청에서 수색하여 바친 것은 역적의 장물(贓物)이므로 호조의 소관이 아닙니다. 포청 군졸들에게는 응당 논상할 방도를 마련해야 하고 목호룡에게도 또한 포상을 시행함이 마땅합니다. ……”

　라고 하니, 우의정이 아뢰기를,

“적몰한 가산과 전택은 호조로 보내는 것이 마땅하나 지금 이 은화와 보검은 포도청에서 수색해 바친 것이니, 고변한 사람에게는 이 은으로 넉넉하게 포상하고, 포도청의 군관과 서원들에게는 대장으로 하여금 경중을 나누어 포상하게 하며, 이른바 보검은 의금부의 문서함에 보관해두는 것이 합당할 듯합니다.”

　라고 하자, 아뢴 대로 하게 하였다.

　○ 우의정이 아뢰기를,

“석렬과 교대한 나인들이 서덕수의 공초에서 중요하게 거론되었는데, 그 수가 많아서 끝내 조사하지 못하여 여러 사람들의 의론이 모두 의구심을 가지고 있으니, 철저히 조사해야 합니다. 소훈을 독살한 동궁 주방 나인 이씨는 일자를 상고하여 대내에서 명확히 조사해서 국청에 내어주는 것이 어떻겠습니까?”

　라고 하자, 주상이 이르기를, “그렇다.” 하였다. 전교하기를,

“석렬의 교대 나인을 대내에서 조사했는데 없고, 동궁 주방 나인 이씨를 조사해보니, 이씨 성의 수가 많아 밝혀낼 길이 없다.”

라고 하였다.

○ 사헌부 - 이경열·김홍석 - 에서 조상경을 원찬할 것을 아뢰자, 아뢴 대로 하게 하였다. 또 아뢰기를,

"신들은 심진과 이헌 등을 참작하여 처리하라는 명에 대해 삼가 의아함을 금치 못하겠습니다. 이번 삼수 모의의 뿌리는 오로지 은을 모은 데에 있었고, 은화의 출처는 대부분 여러 곤수(閫帥)들이었습니다. 심진은 그 조카 심상길의 결안 공초에서 전라병영의 은화 및 부채와 간지(簡紙)를 이천기를 통해 궁인에게 들여보냈다 하였고, 서덕수의 결안 공초에서도

'전라병영의 은자와 종이, 부채를 김민택의 집에서 찾아서 장세상에게 주었다.'

고 하였습니다.

이헌은 이우항의 아들로서 대대로 그 악을 대물림하였습니다. 여주의 관곡(官穀)을 판 돈 600냥을 먼저 장세상에게 주었다는 말이 이미 역적 죄수의 공초에서 나왔고, 또 김민택과 이기지의 무리가 목호룡을 죽이려 모의하였을 때, 이헌이 이천기의 지휘를 받고 이홍술에게 가서 그 일을 막으려 도모했던 정상을 이천기가 승복한 공초에서 또한 감히 숨기지 못하였으니, 이헌이 역적 무리와 어울려 어지러이 호응한 자취를 이로써 알 수 있습니다.

이 두 죄수가 범한 죄는 모두 관계됨이 엄중하고 그들이 스스로 변명한 것은 모두 증거가 될 만한 단서가 없는데, 다만 모질게 버티며 자복하지 않고 있어 실로 조금도 용서할 길이 없으니, 결코 자복을 받기 전에 지레 참작하여 가볍게 처리해서는 안 됩니다. 청컨대 국청으로 하여금 그대로 가두고 엄히 형문하여 반드시 실정을 캐내게 하소서."

라고 하자, 아뢴 대로 하게 하였다.

○ 헌납 박필몽이 아뢰기를,

"성균관 당상 이의현(李宜顯)126)과 황귀하(黃龜河)127) 등은 모두 흉역들의 심복이자 혈당으로서 일찍이 역적 윤지술과 안팎으로 화응하여 그가 남긴 뜻을 계승하여 위로는 성상을 핍박하여 욕보이고 아래로는 사람들의 마음을 미혹시켰습니다.

이의현의 아비 이세백(李世白)128)은 성상께서 동궁이셨던 시절 남몰래 이롭지 못한 생각을 품고 핍박하고 동요케 한 것이 한두 번에 그칠 뿐이 아니었으니, 오늘날 신료들이 누구인들 이에 대해 통분해하지 않겠습니까. 이의현은 대대로 그 악행을 대물림하여 전하를 업신여기더니, 이제는 감히 요망한 역적과 힘을 합해 반역을 모의하였으며 흉악한 말을 권장하여 추켜 올리고 권당(捲堂)129)을 빙자하여 군부를 무함하는 일에 조금도 거리낌

---

126) 이의현(李宜顯) : 1669~1745. 본관은 용인(龍仁), 자는 덕재(德哉), 호는 도곡(陶谷)이다. 좌의정 이세백(李世白)의 아들이고, 김창협(金昌協) 문인으로 송상기(宋相琦)의 천거를 받았다. 1694년(숙종20) 별시 문과에 급제하여 청요직을 두루 지내고, 경종이 즉위하자 동지정사(冬至正使)로 청나라에 다녀온 뒤 형조판서에 올랐다. 1721년(경종1) 12월 예조 판서 재직 시 세제의 대리청정 문제로 김일경 등의 공격을 받아 벼슬에서 물러났다. 1722년 흉역의 혈당으로 몰려 탄핵받고 운산군에 찬배되었다. 영조가 즉위해 풀려 나와 1725년(영조1) 형조판서로 서용되어, 1727년 우의정, 1735년 영의정에 올랐다. 민진원이 죽은 뒤 노론의 영수로 추대되었으며, 노론 4대신(김창집·이이명·이건명·조 태채)의 신원과 신임옥사가 무옥(誣獄)임을 밝히는 데 진력하였다. 그 결과 1740년의 경신처분(庚申處分)과 1741년의 신유대훈(辛酉大訓)으로 신임옥사 때의 충역시비(忠逆是 非)를 노론측 주장대로 판정나게 하였다. 저서로 《도곡집》이 있고, 시호는 문간(文簡)이 다.
127) 황귀하(黃龜河) : 1672~1728. 본관은 창원(昌原), 자는 성징(聖徵)이다. 1705년(숙종31) 알성 문과에 급제하여 청요직을 두루 거쳤다. 1721년(경종1) 대사간으로 재직하다가 노론 4대신이 유배될 때 파직되었는데, 영조 즉위 직후 대사성에 올랐다. 이후 도승지·호 조판서 등을 역임하였다.
128) 이세백(李世白) : 1635~1703. 본관은 용인(龍仁), 자는 중경(仲庚), 호는 우사(雩沙)·북계 (北溪)이다. 목사 이정악(李挺岳)의 아들이며, 김상헌(金尙憲)의 외증손, 김수항(金壽恒)의 외종질이고, 도곡(陶谷) 이의현(李宜顯)의 아비이다. 1675년(숙종1) 증광 문과에 급제하 여 청요직을 두루 거쳤다. 1689년(숙종15) 도승지 재직 시 송시열을 유배시키라는 전지(傳旨)를 쓰지 않아서 파직되었다. 1694년 갑술환국 이후 좌의정에까지 올랐다. 문집으로 《우사집》이 있고, 시호는 충정(忠正)이다.
129) 권당(捲堂) : 성균관 유생들이 행하던 일종의 동맹휴학이다. 자신들의 주장이 관철되지

이 없었습니다.

황귀하는 배움이 없고 무식하여 남의 입방아에 올랐던 자인데, 외람되이 초기(草記)130)를 올리며 자기의 뜻을 덧붙여서 군상을 협박하고 성명을 도로 거두게 할 계책으로 삼았습니다. 청컨대 이의현을 극변에 원찬하고 황귀하를 원찬하소서.”

라고 하자, 주상이 이르기를, “번거롭게 하지 말라.”라고 하였다.

또 아뢰기를,

“신은 죄인 묵세와 일업을 참작하여 처리한 일에 대해 개탄스러운 마음입니다. 묵세의 죄상으로 논하자면, 목호룡의 공초에

‘백망이 말하기를, 「이영에게 은을 주고 궁인 이씨에게 바치게 함으로써 독약을 쓸 일을 성사시키려 하였다.」라고 하였습니다.’

하였고, 이영의 공초에서는,

‘백망이 묵세를 보고자 하기에 계집종을 보내 찾아와줄 것을 청하여 만나 보게 하였고, 춘업(春業)으로 하여금 왕래하며 서찰을 전하게 하였습니다. ……’

라고 하였습니다. 그리고 묵세가, 유숙(留宿)하고 서찰을 전한 일 및 백망과 서로 친하게 교유하며 내간(內間)의 소식을 탐지해 알려준 일을 또한 이미 사실대로 공초하였으니, 그가 백망과 결탁하여 행한 음험한 자취가 분명하여 숨길 수가 없는데도 은을 주고 독약을 쓰려 한 조항만은 시종일관 승복하지 않으니 그 정상이 너무나 절통합니다.

일업의 죄상으로 논하자면, 국휼 때 대궐 안으로 들어가, ‘주상께서 어찌

않을 때, 또는 재회(齋會, 자치기관)에서 결정된 사론(士論)에 대하여 부당한 처분을 받게 될 때, 유생들이 식당에 들어가는 것을 거부하거나 아니면 성균관을 비워두고 나감으로써 항거의 의사를 표현하였다. 공당(空堂) 혹은 공관(空館)이라고도 한다.

130) 초기(草記) : 조선시대 각 관서에서 국왕에게 올리는 문서로서, 정무 상 중대하지 않은 사항을 그 내용만 간단히 적어 올리는 서식이다. 여기에서는 성균관 유생들의 권당 및 유지술의 상소에 대해 당시 대사성 황귀하가 올린 초기를 이른다.

파빈(破殯)[131] 전까지 보전될 수 있겠는가.'라는 말을 나인 등에게 함부로 발설하였고, 또 추문(推問)하였을 때, 곡청(哭廳)의 두 궁인에게 들었다 하면서 그들의 이름은 기억하지 못한다고 핑계 대었으니, 또한 지극히 흉악합니다.

묵세와 일업은 요망하고 흉악한 무리로서 흉적과 결탁하여 반역을 꾀하는 일에 간여하는가 하면 대내에 출입하며 부도한 말을 전파하였는데, 미처 실정을 알아내기도 전에 갑자기 참작하여 처리한다면 이는 다만 왕법에 크게 어긋날 뿐만 아니라 이후로 요망하고 악독한 궁속들을 징계하여 두려워하게 만들 길이 더욱 없게 될 것이니, 앞으로의 근심을 이루 말할 수 없을 것입니다. 청컨대 죄인 묵세와 일업을 그대로 가두고 실정을 캐내소서."

라고 하자, 주상이 이르기를, "번거롭게 하지 말라."라고 하였다.

또 아뢰기를,

"죄인 윤각이 은을 낸 일에 대해 아직 형벌을 청하지 않은 것은 홍철인을 잡아오기를 기다려 그의 공초를 보고 처리하려는 것이었습니다. 지금 홍철인을 한창 신문하고 있는데 윤각을 지레 먼저 참작하여 처리한다면 옥사의 체모에 크게 어긋납니다. 청컨대 속히 성명을 거두시고 홍철인이 실정을 자백할 때까지 우선 그대로 가두어 두소서."

라고 하자, 주상이 아뢴 대로 하라고 하였다.

또 아뢰기를,

"홍철인은 목호룡의 고변 중에 긴요하게 거론되었고 그 범한 죄가 지극히 낭자하였는데, 윤각이 은을 낸 일로 인하여 국청에서 이미 그를 잡아들이기를 청하였으므로 그 실정을 끝까지 캐내는 동안에는 우선 정계(停啓)하고 있었습니다. 그런데 지금 듣자 하니 국청에서 대계(臺啓)가 윤허 받지 못하였다며 본죄(本罪)를 신문하지 않았다 하니, 청컨대 본죄에 대해 일체 엄히 신문하여

---

131) 파빈(破殯) : 상례(喪禮) 중 발인(發靷)의 한 절차로, 발인하는 당일 새벽 축시에 빈소(殯所)의 병풍과 장막 등을 철거하여 빈소를 열고 관(棺)을 꺼내는 것을 이른다. 계빈(啓殯)이라고도 한다.

실정을 캐내소서.”

라고 하자, 아뢴 대로 하라고 하였다.

전계 중에서 전후로 발론한 대관을 원찬할 일과 연계에 참여한 이들을 삭탈하라고 청한 일을 정계하였다.

○ 죄인 학손을 잡아들여 가두었다.

○ **26일**, 현덕명이 물고되었다. 육현은 공주 사람이다. 어려서부터 기예가 빼어났고 장성해서는 잡술(雜術)에 두루 능통하였다. 스스로 그 운명을 헤아려, 자신이 분명 현덕명의 손에 죽을 것을 알고 이름을 현(玄)이라 하고 자를 덕명(德明)이라 하여 압승(壓勝)할 계책132)으로 삼았다. 일찍이 김창집의 압객이 되었는데, 김창집이 남몰래 경종[景廟]의 용안을 살펴보게 하자, 육현이 말하기를,

“이는 곧 잠자는 호랑이의 상으로, 그대로 두면 자연히 아무 일도 없을 것이나 만약 조금이라도 동요하게 되면 반드시 큰 화가 생길 것입니다. ……”

라고 하고는 두려움에 떨며 도망쳐 돌아갔다.

김창집이 말이 누설될까 염려하여 훈련대장 이홍술을 시켜 기찰하고 체포하여 입을 막으려 하였다. 육현이 부용진에 막 당도했을 때 쫓는 자들이 배 한 가운데에서 그를 붙잡고 말하기를, “네가 육현이 아닌가?”라고 하자, 육현이 말하기를, “너는 누구이며 이름이 무엇인가?”라고 하니, 그 사람이 말하기를, “내 이름은 현덕명이고, 포교이다.”라고 하였다. 이에 육현이 탄식하며 말하기를, “운명은 피할 수가 없구나.” 하고, 마침내 포교에게 죽임을 당하였다. (이 이야기는) 그의 고향 사람이 전하였다.

---

132) 압승(壓勝)할 계책 : 주술(呪術)이나 주문(呪文)을 사용하여 사악한 기운을 없애고 복을 추구하는 방술인 압승술을 이른다.

○ 사간원 - 정언 정수기 - 에서 다음과 같이 아뢰었다.

"신하 된 자의 죄가 부도(不道)에 해당하고 이를 자복하여 형벌을 받았다면 관작을 회복해줄 수 없는 것은 명확합니다. 이사명이 척리에 연줄을 대어 환관과 결탁하고 사사로운 경로로 은밀히 교통하여 병권을 쥐려 했던 일은 그가 이미 승복한 일로, 본죄 이외 이 한 가지 조항만으로도 신하로서는 극악한 죄이고 왕법(王法) 상으로도 모두 분노할 일입니다.

비록 갑술년의 환국133)으로 억울함을 모두 풀어준 때에도 연석(筵席)에서 내린 선대왕의 하교가 지엄하여 처분이 흔들리지 않았는데, 끝내 그 집안사람이 교묘하게 말을 꾸며 상언하고134) 사당(私黨)이 애써 어렵게 옥사를 재심하고 아뢰어[奏讞] 마침내 복관을 윤허 받았습니다.

지금 그의 아들과 사위, 아우와 조카가 모두 흉역의 죄로 복주되었으니, 만약 이사명이 아직 살아있었다면 법률 상 연좌율을 반드시 적용하였을 것입니다. 더구나 지금의 음흉하고 요사한 정절은 실로 이사명을 그대로 답습한 것이니, 이처럼 천토(天討)가 거침없이 시행되고 있는 때에 그대로 두고 논하지 않아서는 안 됩니다. 청컨대 복관된 이사명의 관작을 삭탈하라 속히 명하십시오.

이상(李翔)이 권문에 빌붙어 의탁하고 유자(儒者)의 이름을 훔쳤는데, 음행(淫行)을 증언하여 간여한 정상이 당시 관찰사의 추안에 낭자하고 30년 이래의 단서(丹書)135)에 완연합니다. 그런데도 단지 일족의 강대함으로 인해 시골의 괴이한 무리가 선창하고 조정의 간사한 자들이 화응해서 복관도 부족하여 치제까지 하기에 이르렀으니, 사림이 분개하고 있습니다. 속히 명을 내려

---

133) 갑술년의 환국 : 1694년(숙종20) 남인들이 폐비(廢妃) 민씨(閔氏)의 복위 운동을 일으킨 서인을 제거하려다 오히려 쫓겨나고 서인이 정권을 잡은 갑술환국을 이른다.

134) 집안사람이 …… 상언하고 : 이사명은 1689년(숙종15) 기사환국(己巳換局) 때에 사사되었는데, 1717년에 아들인 이희지가 상언하여 억울함을 하소연하여 복관되었다.《肅宗實錄 43年 5月 26日》

135) 단서(丹書) : 붉은 글씨로 죄인의 범죄 사실을 기록한 죄적(罪籍)을 이른다.

관작을 도로 삭탈하십시오.

임술년(1682, 숙종8)에 고 부제학 조지겸과 고 집의 한태동이 앞장서서 사류를 이끌고 홀로 명론(名論)을 견지하며 김익훈을 논척하여 그 흉악한 속셈을 제멋대로 자행하지 못하게 하였습니다. 대개 김익훈은 허새(許璽)·허영(許瑛)의 옥사136)에서 스스로 공이 있다 자처했지만, 계책을 세울 때 영기(令旗)로 꾀어 부르고,137) 아방에서 밀계를 올린 등의 일은 정적이 은밀하였으므로, 조지겸·한태동 두 신하가 그 음험함을 미워하여 배격하기를 주저하지 않았던 것입니다.

그러나 김익훈의 마음 씀씀이는 애초에 이익을 탐하고 공을 탐내는 데에서

---

136) 허새(許璽)·허영(許瑛)의 옥사 : 1682년(숙종8) 남인 허새의 모역사건 당시 김익훈·김석주가 정탐과 기찰, 그리고 고변 등의 부정한 방법을 동원하여 남인을 뿌리째 제거하려 한 사건이다. 1680년(숙종6) 경신환국 이후 김익훈은 김석주와 함께 남인 세력을 완전히 숙청하기 위하여 전 병사 김환 등을 시켜 무고하게 하였는데, 그 내용은 남인인 허새와 그의 서종제(庶從弟) 허영이 문란한 조정을 바로잡고자 300명의 병사로 궁궐을 침범하여 복평군(福平君)을 추대하고 대왕대비를 수렴청정(垂簾聽政)하게 하려 모의했다는 내용이었다. 이로 인해 남인이 받은 정치적 타격은 컸으며, 서인 내부에서도 척신 김석주와 김익훈에 대해 조지겸·한태동·오도일·박태유·유득일 등 삼사에 포진한 소장 관료들의 비판이 거세게 일어나, 서인이 노론과 소론으로 분당하는 계기가 되었다.

137) 영기(令旗)로 꾀어 부르고 : 영기는 군령(軍令)을 전하는데 쓰던 기(旗)로서, 영기로 꾀어 불렀다는 본문의 말은 허새의 모역사건 당시 김익훈이 남인 유명견(柳命堅)을 모반의 주역으로 몰아넣고자 행했던 기찰(譏察)의 한 예였다. 전익대(全翊戴)는 남인 유명견의 척족(戚族)으로서 1682년 남인의 완전 제거를 꾀한 김석주·김익훈으로부터 유명견·허새·허영 등 남인의 모반을 고변하라는 위협을 받았으나 이를 거부하여 투옥되었다가 이후 김익훈의 계속되는 위협에 못 이겨 드디어 허위로 고변하였다. 이로 인해 유명견과 전익대가 대질하게 되었는데, 이 자리에서 전익대는 김익훈의 사주를 받은 김환이 군뢰(軍牢)와 영기를 앞세우고 찾아와 거짓으로 고변하도록 자신을 위협한 일을 폭로하였다. 이에 김익훈이 부득이하여 주상에게 아뢰어 유명견을 석방하게 하고, 전익대는 망령되게 말을 바꾸었다는 죄를 씌워 죽임으로써 입을 막았다. 이에 조지겸을 비롯한 대간들은 김익훈이 사람들을 협박하여 남을 무고하였다며 삭출할 것을 청하였다. 그러나 숙종이 윤허하지 않고, 송시열과 김수항, 김석주 등 대신들이 김익훈을 옹호하여 결국 김익훈은 공신에까지 추록되었다. 이는 소론과 노론이 나뉘는 하나의 원인이 되었다. 《肅宗實錄 44年 9月 25日》《燃藜室記述 肅宗朝故事本末 李元成上變鄭元老之獄》

나왔을 뿐이었으나 허위로 꾸며 부풀리는 그의 수법이 점차 늘어나고 차츰 스며들어 계승하여 지키는 법이 되어서, 한번은 전하여 김춘택이 되고 두 번째는 전하여 김민택·김용택 무리가 되었으니, 거의 이른바 '그 아비가 사람을 죽이면 그 아들은 반드시 또한 강도짓을 한다.'[138]는 경우와 같다 하겠습니다.

두 신하가 선견지명이 있어 은미한 조짐을 미연에 방지함으로써 40년 사론의 근간이 되었음이 더욱 드러났으니, 청컨대 두 신하가 김진상에게 당한 무함에 대해 특별히 명징한 전지를 내리시어 그 원통함을 풀어주는 뜻을 보이시고, 조지겸을 제향에서 철향(撤享)한 것을 속히 예관으로 하여금 향사하던 옛 서원에 도로 배향하게 하십시오.

기사년(1689, 숙종15)에 간신들이 인륜을 무너뜨리고 기강을 멸한 것[139]이 끝이 없었는데, 목내선(睦來善)[140]이 감히 '공순하지 않고 공경하지 않았다.[不恭不敬]'는 등의 말[141]을 이국(異國)에 떠벌렸으니, 국모를 업신여기고 신하의

---

138) 그 …… 한다 : 순경(荀卿)이 이사(李斯)에게 준 영향에 대해 소식(蘇軾)이 "아비가 사람을 죽여 복수하면 그 아들은 반드시 강도짓을 하는 법이다.[其父殺人報仇, 其子必且行劫.]"라고 비판한 것을 인용한 말이다. 《蘇軾集 荀卿論》

139) 기사년에 …… 것 : 1689년(숙종15)에 발생한 기사환국(己巳換局)을 가리킨다. 장희빈의 소생인 원자 정호 문제로 촉발된 옥사로 송시열·김수항 등이 축출되었고, 남인이 집권하였다. 이 사건의 여파로 인현왕후가 폐위되고 장희빈이 정비(正妃)가 되었다.

140) 목내선(睦來善) : 1617~1704. 본관은 사천(泗川), 자는 내지(來之), 호는 수옹(睡翁)·수헌(睡軒)이다. 참판 목첨(睦詹)의 손자, 지중추부사 목서흠(睦敍欽)의 아들이다. 1646년(인조24) 사마시, 1650년(효종1) 증광 문과에 급제하여 청요직을 두루 거치고 숙종대 예조·호조판서를 역임하였다. 1680년(숙종6) 경신환국 때 삭직되었다가 1689년 우의정이 되었다. 그해 기사환국이 일어나 서인을 제거하는 데 앞장서 좌의정에 올랐다. 1694년 갑술환국으로 유배되었다가 1699년에 풀려났다.

141) 공순하지 …… 말 : 1689년(숙종15) 인현왕후의 폐출을 고하는 주문(奏文)을 가지고 청나라에 갈 때 부사 신후재(申厚載)가 좌의정 목내선에게 저들이 힐문하면 어떻게 대답해야 할지를 물었다. 목내선은 '불공불경(不恭不敬)'으로 대답하라고 하였는데, 인현왕후가 폐비될 때 주상이 들추어낸 죄과에는 '불공순(不恭順)'이라는 3자는 있었지만 '불경(不敬)'이라는 글자는 없었다. 이 일로 목내선은 갑술년(1694, 숙종20)에 인현왕후가 복위된 뒤 위리안치되었다. 《肅宗實錄 15年 8月 11日, 20年 5月 12日》

의리를 저버린 그의 죄를 이루 다 주벌할 수 있겠습니까. 당시 사형을 감해준 것은 너무도 관대한 은전으로, 30년이 지나도 그 죄적이 뚜렷하니, 국법이 엄중하지 못하였습니다.

더구나 지금 성명께서 왕위를 계승하여 윤기(倫紀)가 크게 밝아졌으니, 그 죄가 선후(先后)에 관계된 무리를 엄히 방비하는 일은 선조(先朝) 때와 비교해서도 더욱 각별해야 합니다. 당시 대신의 말은 가벼운[惟輕][142] 법으로써 살려주자는 쪽으로 논의한 것일 뿐, 의정(議政)의 작명(爵命)을 이 사람에게 더하는 것은 애당초 대신이 허락할 일이 아니었습니다.

그런데 지금 의금부의 신하가 갑자기 그 손자의 상언을 계기로 근거 없는 말로 죄를 심의하여 감히 복관시키기를 청하였습니다. 이러한 제방(隄防)이 한번 무너지면 인륜이 장차 무너질 것이니, 나라 사람들의 놀랍고 분한 마음이 어떠하겠습니까. 청컨대 목내선을 복관시키라는 명을 속히 거두시고 의금부 당상을 종중추고(從重推考)[143] 하십시오.”

주상이 이르기를, “마지막 사안은 아뢴 대로 하라.”라고 하였다.

○ **27일**, 건저에 대해 황제가 윤허하고 봉전(封典)[144]한 두 개의 칙서가 《난여(爛餘)》에 보인다.

---

142) 가벼운[惟輕] :《서경》〈대우모(大禹謨)〉에 나오는 말로, 법관인 고요(皐陶)가 순(舜) 임금의 살리기 좋아하는 덕[好生之德]을 찬양하면서 “죄가 의심스러울 경우에는 가벼운 쪽으로 처벌하시고, 공이 의심스러울 경우에는 무거운 쪽으로 상을 주셨으며, 무고한 사람을 죽이기보다는 차라리 법대로 집행하지 않았다는 실수를 감내하려 하셨다.[罪疑惟輕, 功疑惟重, 與其殺不辜, 寧失不經.]”라고 한 말에서 인용한 것이다.

143) 종중추고(從重推考) : 벼슬아치의 죄과를 신문하여 그중 중벌에 따라 징계하는 것을 이른다.

144) 봉전(封典) : 왕세자를 결정하는 건저(建儲), 왕위 계승을 결정한 사위(嗣位), 왕비를 책봉하는 책비(冊妃), 왕위에 오르지 못하고 세상을 떠난 왕족에게 군호(君號) 수여를 하는 추숭(追崇) 등에서 중국 황제의 결재를 받던 일을 이른다. 이 밖에 새로운 왕이 등극할 때 왕으로 인정하고 관작을 수여하는 봉작(封爵)과 사의(賜衣)의 봉전도 있었다.

○ **28일**, 대가(大駕)가 거둥하여 황제의 칙서를 맞이하였다. 27일과 28일, 국청의 좌기를 우선 정지하였다.

○ **6월 1일**, 이상건을 잡아들여 가두었다.

○ **2일**, 사간원 - 정수기 - 에서 새롭게 아뢰기를,

"죄인 오서종이 은을 모아 뇌물을 주고 환국을 도모한 죄를 이미 승복하였으니 법으로 보아 사형에 처함이 마땅합니다. 다만 환국을 도모하는 것은 시골의 일개 하찮은 자가 마음먹을 수 있는 일이 아니고, 다량의 은화를 모으는 일 또한 한낱 비천한 떠돌이가 혼자서 해낼 수 있는 일이 아닙니다.

그들이 힘을 합해 계획하고 준비했다면 반드시 절차나 과정이 있었을 것이니, 마땅히 하나하나 캐물어 철저히 조사하고 엄히 징치해야 마땅하겠으나, 지레짐작으로 처리하여 곧장 법대로 처형하고자 한다면 옥사의 체모에 어긋남이 있을 것입니다. 청컨대 국청으로 하여금 오서종을 엄히 형문하여 실정을 알아내게 하소서."

라고 하자, 주상이 답하기를, "번거롭게 하지 말라."라고 하였다.

○ 전계(前啓)에서 연좌된 서덕수 아비의 사형을 감하여 원배(遠配)하라는 명을 도로 거두어 달라 한 일을 정계하였다.

○ 지평 김홍석이 상소하였는데, 그 대략에,

"…… 유독 괴이하게도 영의정[조태구]은 역신(逆臣)의 죄를 신구해주고자, 이이명이 계속해서 약방에 있느라 그 자식이 역모를 꾀한 일을 알지 못했다고 말하기까지 합니다. 어찌 자식과 조카가 추대하려 하는데 그 아비가 몰랐을 리가 있겠습니까.

대개 적신(賊臣) 조태채는 바로 대신의 종제(從弟)[145]이므로, 대신이 조태채

의 죄를 줄이고자 하면 먼저 이이명과 김창집의 죄를 느슨하게 낮추어야 하였으므로 적당한 말을 찾다가 되지 않자 갑자기 약원에 있느라 몰랐다는 말을 경솔하게 아뢰었던 것입니다.

당시 대신의 마음을 헤아려보면 (원래는) 군부가 있는 것만을 알고 동당(同堂)의 의리는 생각할 겨를이 없었는데, 시간이 지나고 상황이 변하면서 이러한 생각이 점차 느슨해져 공의(公議)와 사정(私情)이 마음속에서 서로 싸우다가 마침내 공의가 사정을 이기지 못하고 점차 이 지경에 이른 것이니, 오직 이 하나의 사(私)자가 훗날 허다한 병폐의 근원이 된 것입니다.

비록 그러하나 대신의 공을 어찌 잊을 수 있겠습니까? 신의 생각으로는 (영의정은) 그동안 쌓아온 공으로써 속죄하여 예에 따라 물러나 사저에서 자신의 과오를 성찰하게 하고, 우의정을 독려하여 국옥에 마음을 다하게 할 것이며 좌의정을 힘껏 권면하여 선조(先朝)에 보답하고 전하게 충성을 바치도록 해야 합니다.”

라고 하였다.

○ 3일, 사헌부 - 이경열 - 에서 아뢰기를,

“신이 어제 국청에 참석하였을 때 목호룡이 김용택과 대질했을 때의 문안을 보니, 목호룡이 김용택에게 말하기를,

‘대급수·소급수는 6, 7인만 함께 도모한 일이나 폐출을 도모한 것은 간여하여 미리 알고 있는 자가 많으며, 김진상(金鎭商)과 홍용조(洪龍祚)[146]는 그 외영(外影)[147]이 된다.’

---

145) 대신의 종제(從弟) : 노론 4대신 중 한 사람인 조태채는 소론 조태구의 종제이다.

146) 홍용조(洪龍祚) : 1686~1741. 본관은 남양(南陽), 자는 희서(羲瑞), 호는 금백(金伯)이다. 참판 홍숙(洪潚)의 아들이다. 1717년(숙종43) 식년 문과에 급제하여 청요직을 두루 거쳤다. 1721년(경종1) 세제 책봉에 반대하는 유봉휘를 처형하라고 상소하였다가 파직되었다. 이듬해 임인옥사 당시 김용택과 이희지의 공초에서 이름이 나와 유배되었다가 영조대 호조참의 등을 역임하였다.

147) 외영(外影) : 1722년(경종2) 4월 13일 국청에서 목호룡(睦虎龍)이 김용택(金龍澤)과 면질

라 하고, 또 말하기를,

'진주 부자 박창윤(朴昌潤)148)이 황해수사로 있을 때 사람들의 말이 많자, 이희지가 대간 홍용조를 은밀히 사주하여 박창윤이 미워하는 사람을 탄핵하게 하였으므로 바야흐로 400석의 조세가 배에 실려 올라오고 있다고 하였는데, 이는 네가 한 말이 아니더냐? ……'

라고 하였습니다. 지금 박창윤은 죽었으니 조세를 수송해 온다는 한 조항은 조사해 알아낼 곳이 없지만, 박창윤이 황해수사로 있을 때 옹진현감 신혼(申混)과 더불어 세상이 다 아는 혐의가 있었고, 또 홍용조가 대관(臺官)으로 있을 때 과연 신혼을 탄핵한 일이 있었으니, 이로써 미루어 보건대 목호룡이 말한 것은 실로 근거가 있습니다.

이른바 '외영'이라는 것은 그 죄상을 삼수의 흉적들과 비교하여 논하자면 내외(內外)·심천(深淺)의 구별이 없지 않으나, 통탄스러운 것은 명색이 인주의 이목이면서 실제로는 흉당의 외원(外援)이 되어 멀리서 의중을 살피고 그림자가 몸을 따르듯 오른쪽을 치고 왼쪽을 물어뜯기를 오로지 그 지시대로 함으로써 흉악한 역적의 무리가 속셈을 더욱 거리낌없이 드러내고 그 위세와 세력이 더욱 펼쳐지게 하였으니, 그 정상을 도무지 헤아리기 어렵습니다.

여러 역적들이 복주된 지금, 외영으로서 내통한 무리들을 차례로 엄히 징치하지 않을 수 없는데, 김진상은 이미 다른 범죄로 극변에 내쳐졌지만, 홍용조는 범한 바가 더욱 현저하여 일각도 도성 안에 편히 지내게 놔둘 수 없으니, 청컨대 극변에 안치하십시오.

용천부사 임욱(任勗)은 목호룡과 조흡을 대질하여 나온 공초에서 긴요하게 언급되었는데, 그 공초에서 이르기를,

'은 200냥을 이천기에게 주고 이이명에게 벼슬을 구하였으나 관직을 얻지

하였을 때 김진상과 홍용조를 가리켜 한 말이다. 《景宗實錄 2年 4月 13日》

148) 박창윤(朴昌潤) : 1658~1721. 본관은 태안(泰安), 자는 덕이(德而)이다. 최영경(崔永慶)과 정구(鄭逑) 문인 박민(朴敏)의 손자이다. 1683년(숙종9) 무과에 급제하여 황해도 절도사 등을 역임하였다.

못하게 되자, 곧장 이이명의 이름을 들어 경조(京兆)에 정장(呈狀)하겠다는 뜻으로 이천기를 공갈하였으므로, 이천기가 부득이 중간에서 주선하여 마침내 용천부사에 차임되었다.’

라고 하였습니다. 임욱이 역적 무리와 친밀히 지내며 뇌물을 주고받고 결탁한 정상을 알 수 있으니, 청컨대 용천부사 임욱을 먼 곳에 정배하소서.”

라고 하자, 주상이 답하기를, “번거롭게 하지 말라.”라고 하였다.

○ 서덕수(徐德修) 아비의 일을 정계하였다.

○ 4일, 의금부에서 서명백(徐命伯)149)은 사형을 감하여 영암에 정배하고, 조상경은 안주에 원찬하고, 김제겸은 부령에 원찬하고, 유경유는 무장에 정배하고, 김시태는 유배지로 돌려보낼 일을 아뢰었다. - 이 이하의 내용은 《조야회통》에도 아울러 보인다. -

○ - 목호룡이 처음에는 김시태와 친숙하다고 하였는데, 대변(對辨)하자 어떤 사람인지 몰랐다. -

○ 왕세제가 관소의 거둥을 대행하였다.

○ 이조(吏曹)에서 아뢰기를,

“목호룡을 포상하라는 명이 내렸으나, 이전에는 역적을 토벌한 후 상소한 사람은 으레 감훈(勘勳)150)하는 중에 포함시켰으므로 본조에서는 원래 이에 대한 포상을 논하는 일이 없으니, 대신하게 하문하소서.”

---

149) 서명백(徐命伯) : 서덕수의 아비이다. 달성부원군 서종제(徐宗悌)의 아들로, 영조의 비 정성왕후(貞聖王后)와는 남매간이다.
150) 감훈(勘勳) : 공훈(功勳)을 논정(論定)하는 일을 이른다.

라고 하자, 주상이 전교하기를, "윤허한다."라고 하였다.

○ 6일, 전교하기를,

"진주 정사(陳奏正使) 이건명에게 안장을 얹은 말 1필, 노비 4구, 전(田) 15결을, 부사(副使) 윤양래(尹陽來)에게 가자(加資)하고 노비 3구와 전 10결을, 서장관 유척기(兪拓基)에게 가자하고 노비 2구와 전 7결을 사급(賜給)하라."[151]

라고 하자, 승정원에서 아뢰기를, "이건명을 논상하라는 명을 거두어주십시오."라고 하니, 주상이 답하기를, "번거롭게 하지 말라."라고 하였다.

○ 사헌부 - 조익명(趙翼命) - 에서 아뢰기를, "이건명에게 공을 포상하는 은전을 속히 거두어 주소서."라고 하였으나, 윤허하지 않았다.

○ 8일, 영의정 조태구가 김홍석의 상소로 인하여 차자를 올려 물러나기를 고하며 아뢰기를,

"지금 이 걸음으로 신이 길에서 지레 죽지 않고 초야[152]에서 여생을 마칠 수 있다면, 미천한 신에게는 수초(遂初)[153]의 다행함이 있을 것이며 성조(聖朝)에는 예를 갖춰 물러나게 하는 아름다움이 있을 것입니다."

라고 하고, 이어 명소(命召)[154]를 환납하자, 사관으로 하여금 도로 전해주게

---

151) 진주 …… 사급하라 : 1721년 10월 28일, 연잉군(延礽君)의 왕세제 책봉을 승인받기 위하여 주청사(奏請使)인 좌의정 이건명(李健命)과 부사(副使) 윤양래(尹陽來), 서장관(書狀官) 유척기(兪拓基)가 북경으로 떠났고, 이듬해 3월 26일에 선래(先來)가 도착하여 세제 책봉을 승인받았음을 전하였다. 전교의 내용은 이에 대한 포상이었다.

152) 초야 : 원문의 '구학(丘壑)'은 '일구일학(一丘一壑)'의 준말로, 초야의 은거지를 가리킨다. 《한서(漢書)》〈서전 상(敍傳上)〉에 "한 골짜기에서 물고기를 낚으니 만물이 그 뜻을 범하지 못하고, 한 언덕에서 노닐고 쉬니 천하가 그 낙을 바꾸지 못한다.[漁釣於一壑, 則萬物不奸其志 ; 棲遲於一丘, 則天下不易其樂.]"라고 한 데서 온 말이다.

153) 수초(遂初) : 벼슬을 그만두고 은거하려고 했던 본래의 뜻이라는 말이다. 진(晉)나라 손작(孫綽)이 〈수초부(遂初賦)〉를 지어 산림에 숨어 살려는 자신의 뜻을 서술한 고사가 있다. 《晉書 孫楚列傳 孫綽》

하고, - 양화촌(陽花村)에 머물렀다. - 주상이 답하기를,

"대간의 말이 지나쳤으니, 마음을 편히 하여 사직하지 말고 당일로 올라오라."

라고 하였다.

○ 우의정 최석항이 차자를 올려 자신의 잘못을 자책한 다음, 영의정을 신구하고, 이어 출사(出仕)하도록 면려하기를 청하였다.

○ 홍문관 - 이명의(李明誼), 이현장(李顯章), 여선장, 윤유 - 에서 차자를 올려 영의정을 신구하였다.

○ 수찬 이세덕(李世德)이 상소하였는데, 그 대략에,

"근년 이래 악의 원흉이 권력을 잡고 신의 죽은 스승 윤증(尹拯) 부자의 죄상을 날조[155]한 것이 패악하기 짝이 없습니다. 신은 어려서부터 학업을

---

154) 명소(命召) : 긴급한 기밀 사항 등으로 불시에 의정(議政)·장수(將帥) 등을 비상소집할 때 패용하는 부신(符信)을 이른다. 모양이 둥글며, 그 한 면에는 '모직을 명소함[命召某職]'이라 쓰고, 다른 한 면에는 임금이 친압(親押)하여, 반은 갈라서 한 쪽은 명소 대상자에게 보내고 다른 한 쪽은 궁중에 보관하였다.

155) 윤증(尹拯) …… 날조 : 여기에서 부자는 명재(明齋) 윤증과 그의 아버지 미촌(美村) 윤선거(尹宣擧)를 이른다. 1673년(현종14) 이후 윤증과 송시열 간에 벌어진 이른바 '회니시비(懷尼是非)'는 노·소 분당(老少分黨)의 중요한 계기가 되었다. 그 발단은 윤증이 스승인 송시열에게 아버지 윤선거의 묘갈명(墓碣銘)을 부탁하면서 시작되었다. 그 갈등의 원인 중 하나가 윤휴(尹鑴)에 대한 입장 차이였다. 송시열이 윤휴를 사문난적(斯文亂賊)으로 몰아서 배척하자 생전의 윤선거가 〈기유의서(己酉擬書)〉에서 주자학에 대한 작은 차이를 확대시키지 말고 함께 협력하여 북벌(北伐)을 추진하기 위한 제도 개혁에 매진해야 한다고 주장하였는데, 윤선거의 사후 송시열은 그에 대한 불편한 감정을 묘갈명에 표출하였다. 이 문제가 채 해소되기 전에 경신환국(1680)의 결과 남인 처벌 수위를 놓고 서인 내 갈등이 빚어졌다. 이듬해 윤증은 〈신유의서(辛酉擬書)〉를 작성하여 송시열을 비판하였는데, 3년 뒤 그 내용이 알려지면서 최신(崔愼)이 스승을 배반했다고 윤증을 비난하는 상소를 올렸다. 김수항·민정중 등 대신들도 윤증을 유현으로 대우하지 말 것을 주장하자 숙종이 이를 받아들였다. 이에 1716년(숙종40) 윤선거의 문집이

청하여 정이 깊고 의리가 돈독했던 사람으로서, (스승의 일로) 격고(擊鼓)[156]하였다가 공초를 바친 후 도배(島配)하라는 명까지 내렸으나 너그러운 처분으로 석방의 은전을 입었는데 신의 스승 부자는 아직도 죄적에 있으니, 스승과 제자 간의 영욕(榮辱)이 현저히 나뉘어졌습니다.

아! 신의 스승 부자가 입은 재앙은 송시열(宋時烈)[157]의 시기와 비난에서 처음 비롯되어 김창집 무리의 무함과 배척에서 최종적으로 완성되었습니다. 지금 송시열의 문고(文稿)가 이미 예람(睿覽)에 올랐으니,[158] 그 아름다움과

간행되었으나, 효종에게 불손한 내용이 있다고 하여 훼판(毁板)되었고, 더하여 1718년(숙종42) 윤선거 부자의 관작도 추탈되었다가 1722년(경종2) 회복하였다.

156) 격고(擊鼓) : 원통한 일을 임금에게 호소하기 위해 북을 쳐서 하문(下問)을 기다리는 행동을 이른다. 이세덕은 1717년(숙종 43) 스승 윤증 부자의 신원(伸寃)을 위해 격고하여 1만여 마디나 되는 원정(原情)을 바쳤다가 금령을 어긴 죄로 강진현 고금도에 유배되었는데, 1722년(경종2)에 삼사에 다시 진출하였다.

157) 송시열(宋時烈) : 1607~1689. 본관은 은진(恩津), 자는 영보(英甫), 호는 우암(尤菴)·우재(尤齋)이다. 사옹원 봉사 갑조(甲祚)의 아들이며, 김장생(金長生)·김집(金集)의 문인이다. 1633년(인조3) 생원시에 합격하여 1636년 봉림대군의 사부가 되었다. 이후 병자호란과 그에 이은 삼전도의 치욕으로 은거하여 호서산림(湖西山林)의 일원이 되었다. 1649년 효종이 즉위하자 청요직에 진출하여 〈기축봉사(己丑封事)〉를, 1657년(효종8) 〈정유봉사(丁酉封事)〉를 올렸다. 1658년(효종9) 9월 19일 효종은 호서산림(湖西山林) 세력을 재등용하는 일환으로 송시열을 이조판서에 특서(特敍)하였다. 이 조치는 산림의 영수인 송시열에게 인사의 대권을 맡기고 그를 중심으로 한 산림의 지지기반 위에서 난항에 빠진 북벌군 육성책의 실효를 거두려는 시도에서 비롯되었다. 이후 송시열은 현종대 두 차례 예송(禮訟)에 깊이 간여했다가 1674년 서인들이 패배하자 파직·삭출되었다. 1680년(숙종6) 경신환국으로 다시 등용되었는데, 이후 서인이 노론과 소론으로 분열하는 과정에서 노론의 종장(宗匠)이 되었다. 1689년(숙종15) 기사환국으로 남인이 재집권했는데, 이때 세자 책봉에 반대하는 소를 올렸다가 유배되었고, 그 해 6월 정읍에서 사약을 받고 죽었다. 1694년(숙종20) 갑술환국으로 서인이 재집권한 뒤 송시열의 관작이 복구되고, 1695년에는 특명에 의하여 시장(諡狀) 없이 문정(文正)이라는 시호가 내려졌으며, 1756년(영조32) 문묘에 종사하였다.

158) 송시열의 …… 올랐으니 : 송시열이 세상을 뜬 뒤 바로 시작된 문집의 편찬은 그의 수제자인 권상하(權尙夏)가 주도하여 100여 권 분량으로 편집되었으나 간행되지는 못했다. 이후 1717년(숙종43) 민진후(閔鎭厚)가 경연에서 송시열의 문집 간행을 건의했고, 왕이 윤허하여, 1719년 교서관에서 금속활자로 《우암선생문집(尤菴先生文集)》이란 명칭의 송시열 문집을 간행하였다. 이후 1787년(정조11) 문집에 누락된 글을 보충하고 재정리하여 《송자대전(宋子大全)》이 간행되었다.

추악함, 진실과 거짓은 성상의 감식을 피할 수 없을 것입니다. 김창집의
무리가 또 송시열을 위하여 그 수법을 비호하고 정신을 전수하여 지금 그
죄역(罪逆)이 이 지경에 이르렀으니, 신의 스승 부자가 받은 극심한 무함은
마땅히 즉시 씻어 주어야 합니다. ……"
라고 하였다.

○ **15일**, 사헌부 - 이기성(李基聖)159) - 에서 새롭게 아뢰기를,

"김창도(金昌道)가 결안에서 운운 하였는데, 만약 이만성과 유취장이 흉악한
역적들과 함께하여 아는 바가 없었다면 어찌 흉적들의 지시를 달게 받았겠으
며, 또한 어떻게 흉적들의 신임을 받았겠습니까. 그들이 어지러이 상의하고
결탁하여 화응한 정상은 명백하여 숨기기 어려우니, 원찬한 죄인 이만성과
정배한 죄인 유취장을 잡아다 엄히 국문하십시오.

전 통제사 이수민(李壽民)160)은 이이명과 김창집에 빌붙어 외람되이 곤얼(閫
臬)161)을 맡았습니다. 흉적이 귀양 가던 날에는 군문162)을 나가 영송하려
하였으니, 비록 사람들의 만류로 그만두었다고는 하나 그 마음은 이미 흉적들
과 한통속이었음이 구구절절 명백합니다. 두 흉적이 천극(荐棘)에 처해지자
배로 그들에게 필요한 물자를 계속 운송하며 오로지 흉적들을 먹여 살리기만

---

159) 이기성(李基聖) : 1656~1725. 본관은 한산(韓山), 자는 사희(士希)이다. 1707년(숙종33)
　　　문과 별시에 장원하여, 경성판관(鏡城判官) 등을 지내고, 1722년(경종2) 장령이 되자
　　　이만성과 유취장을 탄핵하여 처벌하게 하였다. 이 일로 1725년(영조1) 원찬되어 사망하
　　　였다.
160) 이수민(李壽民) : 1651~1724. 본관은 청해(靑海), 자는 일경(一卿)이다. 개국공신 이지란
　　　(李之蘭)의 후손이다. 1676년(숙종2) 무과에 급제하여 1717년 삼도통제사에 올랐다.
　　　1722년(경종2) 김창집의 심복으로 몰려 국문을 받고, 1723년 제주 정의현(旌義縣)에
　　　유배되어 이듬해 그곳에서 사망하였다. 1725년(영조1)에 신원되어 병조판서에 추증되었
　　　다. 시호는 충정(忠貞)이다.
161) 곤얼(閫臬) : 곤외(閫外) 즉, 문지방 밖, 대궐 밖의 신하라는 뜻의 곤외지신(閫外之臣)에서
　　　나온 말로, 한 도의 통치권과 병권을 맡은 감사(監司)·병사(兵使)·수사(水使)의 영문(營門)
　　　을 이른다.
162) 군문 : 원문의 원문(轅門)은 군영(軍營) 또는 영문(營門)·군문(軍門)을 이른다.

을 일삼았으니, 청컨대 이수민을 원찬하십시오.

문외출송한 죄인 이정소(李廷熽)163)는 사람됨이 요악(妖惡)하고 일처리가 비루하였습니다. 일찍이 영남의 우관(郵官)164)으로 있을 때 그 아비 이상휴(李相休) 또한 우관으로 있다 임소(任所)에서 죽었는데, 이정소가 부의(賻儀)라 칭하며 두 우역(郵驛)에서 억지로 거두어들였던 까닭에 우졸(郵卒)들이 지금까지 원망하며 비난하고 있습니다.

또 그의 할아비 무덤이 공주에 있는데 혈(穴)이 짧고 땅이 비좁아 그의 숙부들은 항상 할아비의 묘 근처에 장사지내는 것을 경계하였는데, 이정소가 산에 대한 욕심에만 골몰해서 (아비의) 장사 날짜를 꼭꼭 숨기고 몰래 할아비의 무덤 아주 가까이에 투장(偸葬)하여 계체(階砌)165)를 훼손하는 바람에 그 부형으로 하여금 모두 혈 가까이 다가가지 못하게 하였으니, 어찌 이처럼 인륜에 어긋나고 무식한 사람이 있을 수 있단 말입니까. 청컨대 원찬하십시오."

라고 하자, 주상이 답하기를, "윤허하지 않는다. 이만성·유취장의 일은 아뢴 대로 하라."라고 하였다.

○ **16일**, 정언 박필기(朴弼夔)166)가 상소하여, 먼저 당화(黨禍)를 논하고,

---

163) 이정소(李廷熽) : 1674~1736. 본관은 전주(全州), 자는 여장(汝章), 호는 춘파(春坡)이다. 좌랑 이상휴(李相休)의 아들이다. 1696년(숙종22) 진사가 되고, 1714년 증광 문과에 장원 급제하여 청요직을 두루 거쳤다. 1721년(경종1) 노론 4대신과 함께 연잉군을 세제로 정책할 것을 발의하였다. 그러자 김일경 등이 노론 4대신을 4흉(四凶)으로 규정하며 공격하자, 그도 유배되었다. 1725년(영조1) 풀려나온 뒤 병조참판 등을 역임하였다. 시호는 충헌(忠獻)이다.

164) 우관(郵官) : 우편에 관한 일을 맡아보던 벼슬아치로, 역(驛)의 찰방(察訪), 역승(驛丞) 등을 통틀어 이르던 말이다.

165) 계체(階砌) : 무덤 앞에 편평하게 만들어 놓은 섬돌이나 축대를 쌓는 데 쓰는 길게 다듬어 만든 돌을 이른다.

166) 박필기(朴弼夔) : 1674~1728. 본관은 반남(潘南), 자는 일재(一哉)이다. 판서 박황(朴潢)의 증손, 승지 박태손(朴泰遜)의 아들이다. 1719년(숙종45) 별시 문과에 급제하여 교리가 되고, 1723년(경종3) 홍문록에 올랐다. 김창집의 처조카였는데, 1727년(영조3) 인륜을

또 말하기를,

"호조판서 김연(金演)[167]은 실로 재주와 능력이 없으니, 마땅히 빨리 교체해야 합니다. 이조낭관 이덕수(李德壽)[168]는 평소 가는 귀가 먹어 잘 알아듣지도 못하는데 구차히 홍문관 관원에 선발된 것도 이미 불가하고, 언론과 풍모 또한 일찍이 볼만한 점이 없는데, 그가 어찌 탁류를 물리치고 청류를 드날릴 수 있겠습니까.

홍문관의 김계환(金啓煥)은 그 논의에 취할 것이 없고, 정석삼(鄭錫三)은 뜻밖에도 구차히 참여하긴 하였으나 사람들의 여론이 이를 용납하지 않고 있습니다. ……"

라고 하고, 또 김홍석을 신구하고 윤유를 배척하였다. -《남천기(南泉記)》에 이르기를, "병조판서 이광좌(李光佐)는 홍문관 대제학에 적합하지 않고, 공조판서 한배하(韓配夏)는 진휼청 당상에 적합하지 않으며, 예조참판 유회무(柳會茂)까지 세 사람의 일은 빼버렸다. ……"라고 하였다. -

---

저버리고 김일경에 붙었다고 탄핵 받고 유배되었다가 정미환국으로 풀려났다. 1728년 무신난이 일어나자 아우 박필현(朴弼顯)에 연좌되어 교형(絞刑)에 처해졌다.

167) 김연(金演) : 1655~1725. 본관 상산(商山), 자는 사익(士益), 호는 퇴수당(退修堂)이다. 1675년(숙종1) 진사가 되고, 1684년 정시 문과에 급제하여 청요직을 두루 거쳤다. 1721년(경종1) 김일경 등과 함께 세제의 대리청정을 반대하여 취소하게 하였다. 1723년 형조판서가 되었으나, 이듬해 영조가 즉위하자 노론의 탄핵을 받아 유배되었다.

168) 이덕수(李德壽) : 1673~1744. 본관은 전의(全義), 자는 인로(仁老), 호는 벽계(蘗溪)·서당(西堂)이다. 관찰사 이만웅(李萬雄)의 손자, 관찰사 이징명(李徵明)의 아들이고, 박세당(朴世堂)·김창흡(金昌翕) 문인이다. 1713년(숙종39) 증광 문과에 급제하여 문의현감이 되었다. 경종이 즉위하자 청요직을 두루 역임하였다. 1722년(경종2) 집의로 있을 때 호조판서 김연(金演)을 구하려다 김창집과 같은 역당(逆黨)으로 몰려 탄핵을 받았으나 무마되었다. 이듬해 보덕에 임명되었다가 간성군수로 나갔다. 경종이 죽자 이광좌의 추천으로 이진망과 함께 실록청당상에 임명되고 이를 계기로 당상관으로 승진했다. 1732년(영조8) 경종행장을 찬진하고, 《경종실록》을 완성시켰다. 1741년부터 유수원(柳壽垣)의 참여 하에 《국조오례의》 수정작업에 착수했다. 1744년 이덕수가 죽은 뒤 이종성이 《국조속오례의》를 찬수했다. 저서로 《서당집》《서당사재(西堂私載)》 등이 있고, 시호는 문정(文貞)이다.

○ **17일**, 양사 - 장령 이기성, 정해(鄭楷) - 가 합계하여, 이건명의 일에 대한 표현을 고쳐서 운운하고, 말하기를,

"훈련도감의 중군(中軍)을 교체한 일[169]은 비단 처형당한 역적들의 공초에 낭자할 뿐만 아니라 이홍술 역시 분부를 듣고 차출하였다고 직초하였습니다. 더구나 그는 정청(庭請)으로 계략이 실패로 돌아간 것을 두고두고 한탄하며, 비망기가 다시 내려지도록 은밀히 도모하였고,[170] 이어 궁성에 병력을 배치하여 필히 안팎을 차단한 다음 곧바로 폐출을 단행하고자 하였으니,[171] 그가 주창하고 계략을 꾸민 정황은 역적 김창집보다도 더욱 심한 점이 있습니다. ……"

라고 하였다.

○ 조태채의 일은 "안어기위(安於其位)"[172] 아래의 어휘를 다음과 같이 고쳐

---

169) 중군(中軍)을 교체한 일 : 영의정 김창집를 필두로 한 노론 4대신이 무신 이삼(李森)의 용력을 꺼려 충청병사로 내보내고, 병조판서 이만성(李晩成)과 훈련대장 이홍술(李弘述)을 시켜 부리기 편한 유취장(柳就章)을 중군(中軍)에 임명하여 궁성을 호위(扈衛), 소론의 입궐을 막고 대리청정의 명을 받아내어 최종적으로는 군사를 일으켜 경종을 폐출한 후 이를 주도한 노론이 훈신의 자리에 오르려 했다는 계획을 이른다.

170) 정청(庭請)으로 …… 도모하였고 : 노론 일각에서는 왕세제의 대리청정을 시행하라는 비망기(備忘記)가 내려진 뒤 즉시 봉행(奉行)하지 않고 사흘 동안 정청을 하여 결국 일이 이루어지지 못한 것을 한탄하였다. 이에 경종이 비망기를 내려 왕세제의 대리청정을 명하도록 재차 도모한 뒤 궁성을 호위(扈衛)하여 소론의 입궐을 막고 일을 주도한 노론이 훈신의 자리에 오르려 계획했음을 이른다.

171) 궁성에 …… 하였으니 : 임인옥사 당시 김창도(金昌道)와 유취장(柳就章)의 공초에서 나온 내용으로, 노론 당색의 인물들로 궁성을 호위하게 하기 위해 이삼(李森)을 충청병사로 내보내고 유취장(柳就章)을 중군(中軍)으로 삼았다는 일을 이른다. 1721년 10월 경종이 왕세제에게 대리청정하게 하라는 명을 내린 일로 인해 신하들이 철회를 요구하는 정청(庭請)을 하다가 그달 16일에 노론 4대신을 중심으로 정청을 중지하자는 논의가 제기되었는데, 당시 김창집의 주도하에 자신들이 부리기 좋은 인물로 훈련도감의 관원을 구성한 다음, 정청 중지 이후 이들에게 궁성을 호위하게 하여 소론 인사들의 입궐을 저지함과 동시에 소론 인사들의 상소를 차단하고자 하였다고 한다.《景宗實錄 2年 5月 13日, 6月 15日, 7月 21日》

172) 안어기위(安於其位) : 경종 2년(1722) 5월 17일, 양사가 합계하여 "조태채는 …… 깊은

아뢰었다.

 "조태채는 진실로 세 흉적과 한마음이었으나 다만 교활하고 음흉한 태도로써 겉으로는 어지러이 의기투합한 정적을 감추고 안으로는 성패를 관망하는 계략을 품고 있었습니다. 급기야 지난겨울 비망기가 재차 내리자[173] 일이 성사될 것이 틀림없으니 더 이상 걱정할 필요가 없다 여기고 마침내 모든 모략을 통틀어 하나의 계략을 만들었습니다. 지금 역적들이 승복한 공초를 보면 ……" - 5월 14일에 아뢴 말과 대략 동일하다. -

 ○ 사간원에서, 정우관의 아들은 용력이 비범한데 먼저 망명(亡命)하였으니 기한을 정해 반드시 체포할 일과, 세마(洗馬) 윤봉오(尹鳳五)[174]와 영소전(永昭殿)[175] 참봉 김치후(金致垕)[176]가 사문(斯文)에 죄를 얻었으므로 파면할 일을

밤 차자를 올려 절목(節目)을 정하기를 청하였으니, 이는 일의 기미가 순식간에 잘못될까, 군부가 잠시라도 그 자리에 편안할까 두려워한 것입니다.[泰采 …… 乘夜上箚, 請定節目, 惟恐事機之或誤於噓吸之間, 而君父之一刻安於其位.]"라고 아뢴 내용을 이른다. 본문에서 양사는 "君父之一刻安於其位" 아래의 조어를 바꾸어 조태채의 사안을 다시 거론하고 있다.

173) 비망기가 재차 내리자 : 경종 1년(1721) 10월 10일, 왕세제의 참정(參政)을 요청한 집의 조성복의 상소로 인해 경종이 당일로 세제에게 대리청정하게 하리는 비망기를 내렸는데, 승정원과 옥당이 청대하고 소론인 좌참찬 최석항(崔錫恒)이 심야에 또 청대하여 명을 거둘 것을 강력히 청하니 경종이 명을 거두었으나, 다시 3일 만에 대리청정을 명하는 비망기가 재차 내려졌다.

174) 윤봉오(尹鳳五) : 1688~1769. 본관 파평(坡平), 자는 계장(季章), 호는 석문(石門)이다. 호조참판 윤비경(尹飛卿)의 손자이며, 윤봉구(尹鳳九)의 아우이다. 1714년(숙종40) 생원·진사시 모두 합격하고, 1746년(영조22) 정시 문과에 급제하여, 부수찬·교리 등을 거쳐 1759년 대사헌에 올랐다. 1763년 판돈령부사가 되어 1768년 기로소에 들어갔다. 저서로 《석문집》이 있고 시호는 숙간(肅簡)이다.

175) 영소전(永昭殿) : 숙종(肅宗)의 첫째 비인 인경왕후(仁敬王后, 1661~1680)의 신주를 모신 혼전(魂殿)으로 경덕궁(慶德宮, 경희궁) 안에 있었다.

176) 김치후(金致垕) : 1691~1742. 본관은 청풍(淸風), 자는 사중(士重), 호는 사촌(沙村)이다. 지중추부사 김간(金榦)의 손자이다. 1714년(숙종17) 생원·진사시에 모두 합격하였다. 1716년 성균관 유생으로서 동료 80인과 함께 상소하여 송시열을 배반한 윤증의 죄를 성토하였다. 1726년(영조2) 알성 문과에 급제하여 대사간 등을 역임하였는데, 1730년(영조6) 탕평책(蕩平策)에 반대하다가 유배되었다. 2년 후 풀려나와 1738년에 다시 대사간에

아뢰자, 아뢴 대로 하게 하였다.

○ **19일**, 사헌부 - 이거원(李巨源) - 에서 아뢰기를,

"이수민은 …… 국휼 초에 훈련도감에 바칠 군목(軍木)이라고 핑계를 대면서 300동을 자신의 사인(私人)으로 하여금 경중(京中)으로 수송하게 하였는데 어디로 갔는지 분명하지 않습니다. 아! 흉당이 은밀한 경로로 물화(物貨)를 왕래한 것이 삼수(三手)의 음모와 연루되지 않은 것이 없으니, 청컨대 잡아들여 신문하소서.

판의금부사 심단이 목내선의 일을 헌의하면서 은연중에 대신의 말로 스스로를 해명하는 근거로 삼았습니다. 목내선이 집에서 죽을 수 있게 된 것은 또한 행운이라 할 만합니다만, 심단 또한 선후(先后)[177]의 신하인데 지금에 와 억지로 변명을 늘어놓고 있으니, 어찌 그리도 거리낌이 없단 말입니까. 청컨대 파직하소서.

정언 박필기가 상소하여, 작년의 처분을 오로지 정국의 전환으로만 결론 지었습니다. 흉악한 괴수의 죄상이 어찌 권력을 천단하고 농락한 것에 그치겠습니까. 그런데도 일찍이 '역(逆)'이라는 한 글자는 한 번도 언급하지 않았으니, 이는 간언하는 신하가 또한 여지를 두어 꺼리거나 암암리에 비호하여 그러한 것입니까?

대의멸친(大義滅親)[178]을 비록 모든 사람에게 책임지울 수는 없겠으나, 만약 조금이라도 엄중히 여기고 두려워하는 마음이 있었다면, 바야흐로

기용되었다. 1742년 경상도관찰사에 이어 정주목사로 임명되었으나 부임 도중 사망하였다. 저서로 《사촌집(沙村集)》이 있다.

177) 선후(先后) : 인현왕후를 이른다.

178) 대의멸친(大義滅親) : 대의를 위해서는 사사로움을 돌아보지 않는다는 뜻이다. 춘추시대 위(衛)나라 대부 석후(石厚)가 공자(公子) 주우(州吁)와 함께 환공(桓公)을 죽이고 주우를 임금으로 세우자, 석후의 아버지 석작(石碏)이 계책을 세워 주우와 석후를 잡아 죽였다. 《춘추좌씨전(春秋左氏傳)》 은공(隱公) 4년에 이 일을 가리켜 "군신의 대의로써 부자간의 사정을 끊었다.[大義滅親]"라고 하였다.

역적을 성토하는 날 대관(臺官)의 신분으로 어찌 감히 친혐(親嫌)의 관계이니 피하는 것이 마땅하다는 말을 함부로 입에 올릴 수 있단 말입니까? 청컨대 파직하소서.”

라고 하자, 아뢴 대로 하라 하였고, 이정소의 일도 아뢴 대로 하라 하였다.

○ 사간원 - 정해 - 에서 아뢰기를,

“이연(李梗)179)·이환(李煥)180)·이혁(李爀)181)의 직첩을 환급해주라는 명182)을 거두어 주십시오. 또한 고묘(告廟)하고 반사(頒赦)하는 일을 우선 중지하였

---

179) 이연(李梗) : 1648~1700. 인조의 셋째 아들이자 효종의 동생인 인평대군(麟坪大君)의 아들 복평군(福平君)이다. 특히 복창군(福昌君) 이정(李楨, 1641~1680)과 복선군(福善君) 이남(李柟, 1647~1680), 복평군 이연은 ‘삼복(三福)’으로 일컬어졌는데, 이들은 종친으로서 권세가 있었고, 외숙인 오정창(吳挺昌) 등 남인들과도 교류하였다. 1675년(숙종1)에 청풍부원군 김우명(金佑明)이 상소하여 이른바 3복(三福) 형제의 비리를 들추고 이들이 궁녀와 간통하였다고 논핵하였다. 이때의 차자에서 김우명은 복창군의 죄상을 논함과 동시에 자전과 임금 사이를 이간하는 무리가 있다는 말을 비치고 임금이 효성으로 자전의 뜻을 받들 것을 강조하였다. 이에 영의정 허적은 복창군 형제의 혐의가 애매하고, 청풍부원군 김우명이 궁녀에게 무고한 자백을 받아 왕손을 죽이려 한다고 주장하였다. 이와 같은 남인의 정치적 공세 속에 김우명이 오히려 반좌율을 받을 위기에 처하여 의금부에서 대죄(待罪)하게 되었다. 이 사건은 니인들만 처벌을 받고 묻혔으나 이후 경신년(1680)에 허적의 서자 견(堅)이 복창군 삼형제와 역모를 도모했다는 고변으로 복창군과 복선군 및 허적·윤휴 등이 사사되고 복평군은 유배되었다가 1697년 이환·이혁과 함께 방귀전리(放歸田里)되고, 1720년(경종 즉위) 직첩을 환급 받았다.
180) 이환(李煥) : 1658~1724. 인조의 셋째 아들 인평대군의 맏아들 복녕군(福寧君)의 맏아들로 봉호는 양원군(陽元君)이다. 1680년(숙종6) 경신환국 때 삼복(三福) 사건에 연루되어 직첩을 삭탈당하였다. 1713년(숙종39) 윤5월에 포천(抱川)의 왕방산(旺方山)을 차지하려던 일로 동생 의원군(義原君) 이혁(李爀)과 함께 사헌부의 탄핵을 받았다. 1724년(영조 즉위) 12월에 양원군이 작고하자 영조는 특명으로 양원군의 직첩을 돌려주게 하였다.
181) 이혁(李爀) : 1661~1722. 인조의 셋째 아들 인평대군의 맏아들 복녕군(福寧君)의 차남이자 양원군 이환의 동생으로, 봉호는 의원군(義原君)이다. 1680년(숙종6) 남인 허견(許堅)이 인평대군의 세 아들 복창군 이정(李楨), 복선군(福善君) 이남(李柟), 복평군 이연과 공모하여 복선군을 임금으로 세우려 한 옥사에 연루되어 김해로 귀양 갔다.
182) 직첩을 …… 명 : 경종은 즉위 후 거듭해서 이연·이환·이혁의 직첩을 환급하라는 명을 내렸으나, 승정원의 복역(覆逆) 및 간관들의 반대가 거세었다. 《景宗實錄 즉위년 12월 2일, 1년 6월 5일, 1년 12월 3일, 2년 6월 3일》

다가 속히 역률(逆律)을 시행한 후에 거행하십시오.

주청할 즈음에 어찌 할 말이 없을 것을 걱정하겠습니까. 그런데도 반드시 환온(桓溫)이 제혁(帝奕)에게 덧씌운 '위(痿)'자를 주문에다 쓰고[183] 문답할 때도 거듭 언급하였으며, 심지어 '잉어(媵御)' 등의 말을 제멋대로 부연해서[184] 거짓을 사실로 만들었습니다.

성상께 정말로 그러한 병이 있다 해도 신하된 자의 도리로서는 진실로 외부에 발설해서는 안 될 것인데, 하물며 없는 병을 있는 것처럼 마음대로 꾸며내어 우리 임금을 무함하고 다른 나라에까지 퍼뜨렸습니다. 청컨대 돌아오는 주청부사 윤양래와 서장관 유척기를 극변에 위리안치하소서."

라고 하자, 주상이 답하기를, "허락하지 않는다. 마지막 두 사안은 아뢴 대로 하라."라고 하였다. 윤양래는 갑산에, 유척기는 동래에 위리안치 하였다.

○ **20일**, 이수민을 잡아들여 가두었다.

○ **21일**, 사간원 - 정해 - 에서 아뢰기를,

"삼척부사 이상성(李相成)을 파직하고, 익릉 참봉 윤재중(尹在重)을 원배하소서."

---

183) 환온(桓溫)이 …… 쓰고 : 제혁은 동진(東晉) 성제(成帝)의 차자이다. 제위에 있은 지 6년 만에 간신 환온이 군사를 일으켜 폐위시키고 해서공(海西公)으로 삼았는데, 폐위의 명분이 황제가 어려서부터 위질(痿疾)이 있었다는 것이었다. 이렇듯 '위(痿)'자가 동진의 간신 환온이 제혁을 폐위시킬 때 근거였다는 점에서, 이건명이 주문 및 청에서의 문답 때 이를 경종에게 그대로 적용한 것은 경종에 대한 그의 역심(逆心)을 반증한 것이라는 공격의 빌미가 되었다. 《晉書 帝紀 廢帝海西公奕》《景宗實錄 2年 6月 19日》 《景宗修正實錄 2年 3月 26日》

184) 잉어(媵御) …… 부연해서 : 정현(鄭玄) 주(注)에 따르면, 원문의 '잉어'에서 '잉'은 신부의 여자 조카나 여동생으로서 신부를 따라온 사람이고, '어'는 신랑 측의 여자 몸종을 말하는데, 여기에서는 통틀어 왕의 잉첩을 이른다. 경종 2년(1722) 1월에 왕세제 책봉 주청사로 연경에 간 이건명이 국왕의 병세에 대한 물음에 "전후의 두 왕비와 좌우의 잉첩들 가운데 후사를 낳아 기른 사람이 전혀 없다.[前後兩妃, 左右媵屬, 一未有胎育]"라는 말로 답한 일을 이른다. 《景宗修正實錄 2年 3月 26日》

라고 하자, 주상이 번거롭게 하지 말라고 답하였다.

○ 권익관(權益寬)이 상소하여, 4흉(四凶)의 일, 홍용조·김진상 등 외영(外影) 노릇을 한 자들에 대해 목호룡에게 문목을 내어 조사하고 속히 지정률(知情 律)185)을 적용할 일, 홍계적을 엄히 추국하여 처단할 일 - 조송의 공초에서, '홍계적이 은을 훔쳐 절통하니, 죽여 마땅하다.'라고 하였다. - 등을 말하고, 홍석보를 지레 본부에 송치한 것은 잘못이라고 주장하였다.

또 김일관의 공초 중에 역적 이이명과 역적 이홍술이 군사를 일으켜 궁궐을 침범할 날짜를 이미 정하였으나, 때마침 환국을 만나 그 일이 끝내 이루어지지 않았다고 한 것을 날짜에 착오가 있다 하여 기록하지 않은 것은 불가하니, 국청에 분부하여 김일관의 결안 아래에 추가로 기록하고, 이를 사방에 반포하 라고 주장하였다.

또한 조성복(趙聖復)은 법에 따라 명백하고 엄정하게 처리할 일, 서덕수 아비의 일을 정계한 (대각의) 부당함, 임창(任敞)186)과 박규서(朴奎瑞)187)의 죄가 역적 이홍술보다도 더하다는 일 등을 아뢰고, 말단에는 김연과 강현을 구원하였다.

---

185) 지정률(知情律) : 《대명률직해(大明律直解)》〈형률(刑律) 적도(賊盜) 모반대역조(謀反大逆 條)〉 중 "무릇 모반의 실정을 알고도 고의로 방임하거나 숨긴 자는 참수한다."라는 규정을 가리킨다.
186) 임창(任敞) : 1652~1723. 본관은 풍천(豐川), 자는 회이(晦而), 호는 강개옹(慷慨翁)이다. 김춘택의 매제인 임징하(任徵夏)의 족숙(族叔)이다. 1701년 인현왕후가 죽자 1702년(숙종 28) 상소하여 인현왕후의 죽음은 희빈 장씨 일파의 저주에 의한 것이므로 역적을 벌주고 왕후의 원수를 갚아야 한다고 주장하였다. 이후 그는 이 일로 인해 나주에 유배되었다가, 1723년(경종3) 다시 서울로 압송되어 지난날 상소에서 신하로서 흉측한 말을 많이 하였다는 이유로 참형을 당하였다. 노론측에서는 윤지술·이의연과 함께 신임 삼포의(辛壬三布衣)라고 추앙하였다.
187) 박규서(朴奎瑞) : 1669~1707. 본관은 고령(高靈), 자는 휴문(休文), 호는 연경당(連經堂)이 다. 1701년 인현왕후가 죽자 상소하여 장희재와 남구만 등을 규탄하였다. 이로 인해 장흥에서 2년간 귀양살이를 했다. 1705년(숙종31) 생원이 되었는데, 1707년 사망하였다.

○ 22일, 충청도와 전라도 양도 유생 김수귀(金壽龜) 등이 상소하여, 윤증 부자의 관작과 증시를 회복하라는 명을 내려달라 청하자, 묘당으로 하여금 품처(稟處)[188]하게 하였다.

○ 좌참찬 강현, 병조판서 이광좌, 호조판서 김연이 상소하자, 주상이 답하기를, "대간의 말이 정도에 지나쳤다."라고 하였다.

○ 사간원 - 구명규 - 에서 아뢰었는데, 이상성에 대해, 삼상(蔘商)과 은밀히 결탁한 일과 황장목(黃腸木)으로 판자를 만든 일을 첨입하여 사판에서 삭거하라고 청하였다. 이어서 다음과 같이 말하였다.

"사직(司直) 유집일(兪集─)[189]은 본디 비루한 자로서 외람되이 상경(上卿)에 올랐는데, 일찍이 연경 사신에 차임되었을 때 재물을 탐한 것이 끝이 없었습니다. 지난번 국상(國喪)을 당하였을 때는 날이 저물어서야 곡반(哭班)[190]에 나왔는데 술병과 술잔을 가지고 뒤따랐습니다. 새로 기로소 당상을 맡아서는 교자(轎子)를 마련할 경비라는 핑계로 전문(錢文) 50관을 규례를 벗어나 공공연히 갈취하였으니, 사판에서 삭거하십시오.

전적 윤동형(尹東衡)[191]은 유현(儒賢) 윤증의 종손(從孫)으로서 문하에 출입하며 은혜와 교육을 받았는데, 지난번 사책(史冊)을 포쇄하러 가는 길에 도리어 권간의 지시를 받고 송시열의 문집을 싣고 갔습니다. 대개 그 문집은 유현

---

188) 품처(稟處) : 임금에게 상주(上奏)하여 분부를 받아 처리하는 것을 이른다.
189) 유집일(兪集─) : 1653~1724. 본관은 창원(昌原), 자는 대숙(大叔)이다. 현감 유근(兪瑾)의 아들이다. 1680년(숙종6) 진사로서 정시 문과에 급제하여 청요직을 두루 거치고, 1718년 (숙종44) 형조판서, 이듬해 공조판서 등을 역임하였다. 1720년 숙종이 죽자 산릉도감제조 (山陵都監提調)를 지낸 뒤 기로소에 들어갔다.
190) 곡반(哭班) : 국상(國喪) 때 궁궐에 모여 곡을 하는 관리의 반열이다.
191) 윤동형(尹東衡) : 1674~1754. 본관은 파평, 자는 사임(士任)이다. 윤순거(尹舜擧)의 증손, 윤절(尹晢)의 손자이고, 윤증 문인이다. 1713년(숙종39) 증광 문과에 급제하여 1727년(영조3) 홍문록에 오르고, 1732년 승지, 1733년 대사간을 거쳐서 1753년 한성부 판윤에 올랐다.

부자를 추악하게 무함한 것이니, 그의 도리 상 힘껏 사양해야 하고, 이로 인해 비록 견책을 받는다 해도 또한 여지를 두지 말았어야 했는데 태연히 신고 가며 부끄러워하지 않았으니, 은혜를 손상하고 의리를 어그러뜨림이 이보다 심할 수 없습니다. 청컨대 사판에서 삭거하십시오. - 이후 고쳐 파직을 청하였다. -

신하가 무함을 당해 억울함을 품는 것은 임진년(1712, 숙종38)의 과옥(科獄)[192]보다 심한 것이 없습니다. 대개 이 옥사의 관건은 오로지 이빈흥(李賓興)에게 있으니, 해부(該府)로 하여금 잡아들여 조사하고, 엄히 형문하여 실정을 캐내게 하십시오.

지난번에 훈련대장 윤취상이 잡혀왔다 풀려났을 때 압송 군관이 고의로 괴롭혔다고 핑계 대면서 죄책(罪責)을 가하고자 여러 차례 성내는 말을 내뱉자 양청대장(兩廳大將, 좌포청의 대장과 우포청의 대장)이 그 뜻을 받들어 포교 두 사람을 일시에 파면하였습니다.

이미 왕명으로 인해 엄중히 받들어야 할 일이 있으니, 설령 독촉하고 압박하는 일이 있었다 해도 원망하는 마음을 품어서는 안 되는데 도리어 분노를 가하였으니, 윤취상을 엄히 추고하고 두 포도대장을 추고하십시오."

라고 하자, 주상이 답하기를,

---

192) 임진년의 과옥 : 임진년인 1712년(숙종38)에 중전인 인원왕후(仁元王后)의 병환이 나은 것을 축하하여 정시(庭試)를 실시하여 양정호(梁廷虎) 등 19명이 합격하였다. 그런데 시험 과정에서 각종 부정행위가 횡행했다는 대간의 탄핵이 있어 조사 결과 시관(試官)인 이돈(李墩)이 시험 하루 전날 궐 밖으로 나가 응시생이자 나중에 과시에 합격한 오수원(吳遂元)의 집을 찾아갔다는 의혹이 제기되었다. 조사 결과 사인(士人) 이빈흥(李賓興)이 오수원의 옆집에 사는 자신의 재종제인 이정흥(李禎興)으로부터 이돈이 오수원의 집에 찾아왔다는 사실을 들었으며, 이정흥은 자기 집의 곁방에 빌붙어 사는 사인 윤팽수(尹彭壽)에게 들었다고 하였다. 또한 윤팽수는 이정흥의 동생인 이성흥(李聖興)네 곁방에 사는 사제(舍弟) 윤팽수와 이성흥네 19살 먹은 종인 갑술이 그 사실을 함께 목격했다고 하였다. 결국 이돈이 오수원의 집을 찾아간 사실이 확인되어 이돈은 아산현(牙山縣)에 중도부처 되었고, 오수원은 양재역(良材驛)에 도배(徒配)되었다. 소론측에서는 노론이 소론을 제거할 목적으로 이 사건을 조작하였다고 주장하였다.

"오서종의 사안과 이연 등의 사안, 이상성의 일과 윤재중 및 말단의 사안들을 아뢴 대로 하라."

라고 하였다. 윤재중 - 칠원에 정배하였다. -

○ 23일, - 구명규 - 이의현·황귀하 등의 사안과 유집일, 윤동형의 사안을 아뢰자 아뢴 대로 하라 하였다. - 이의현을 운산에 원찬하였는데, 의금부 도사 정석범이 압송하여 갔다. -

○ 북병사가 장계를 올려, 회령부사 유정장(柳貞章)[193]이 스스로 목을 찔러 죽은 일을 아뢰었다.

○ 홍문관 - 이명의·유필원(柳弼垣)·권익순(權益淳)·김시환(金始煥) - 에서 차자를 올려 청하기를, 속히 대계(臺啓)의 요청을 윤허하여, 이이명과 김창집에 대해 처자식을 노비로 삼고 가산을 몰수하는 법을 시행할 것과 또한 이건명과 조태채를 법에 따라 처형하라는 청을 윤허해 달라고 하였다.

○ 24일, 수찬 이현장이 상소하여 다음과 같이 말하였다.

"아! 직접 추대된 것은 이이명이고, 은밀히 밀지를 도모한 것은 김창집이며, 다른 나라에서 우리 임금을 헐뜯은 것은 이건명이고, 연명차자를 앞장서서 선동한 것은 조태채입니다. 심지어 군사를 배치하여 궁성을 포위하고 폐출을 도모한 일에서는 4흉이 진실로 한마음이었습니다.

예로부터 대리청정은 모두 나이가 많아 국정을 감당하기 어려운 경우나, 병이 들어 더 이상 고된 업무를 수행하기 어려운 상황에서나 이루어지는

---

193) 유정장(柳貞章) : 1685~1722. 본관은 진주(晉州), 자는 여함(汝含)이다. 1705년(숙종31) 식년 무과에 급제하여, 정주목사(定州牧使) 등을 지냈다. 유취장의 아우로서 김창집의 조아(爪牙)가 되어 출세하였는데, 회령부사(會寧府使)로 있을 때 유취장이 임인옥사에 연루되자 자살하였다. 《景宗實錄 2年 6月 23日》

것인데, 즉위 원년에 아무 이유 없이 대리청정을 시행한 일이 어찌 있을 수 있습니까.

저 조성복은 우리 성상을 제혁(帝奕)으로 만들고 어린 우리 춘궁을 유영(孺嬰)[194]으로 만들어 왕망·환온이 찬탈한 계략을 이루려 하였으니, 이는 실로 치초(郗超)[195]·가충(賈充)[196] 같은 부류입니다. 삼가 바라건대, 속히 유사에게 명을 내려, 조성복을 잡아들여 왕법에 따라 속히 처형하소서.

독약을 쓰려 했다는 조항은 실로 심히 염려스러우니, 유사에게 분명히 신칙하여 철저히 조사하게 하소서.”

○ 삼사가 청대하였을 때 사헌부 - 이제(李濟) - 가 이기지의 처자식을 노비로 삼고 가산을 몰수할 일에 대해 아뢰자 아뢴 대로 하라 하고, 임욱의 일도 아뢴 대로 하라 하였다. 새롭게 아뢰기를,

“문외출송된 죄인 이희조(李喜朝)[197]는 말주변에 능한 작은 지모를 믿고 장구에 능숙한 얕은 재주를 부려 사람들이 간혹 유자(儒者)로 지목하기도

---

194) 유영(孺嬰) : 전한(前漢)의 황제이다. 왕망(B.C. 45~A.D. 23)은 선양(禪讓)의 형식을 빌어 유영으로부터 제위를 찬탈하고 신(新)나라를 건국하였다.

195) 치초(郗超) : 336~377. 진(晉)나라 권신 환온이 진 왕조를 폐하고 스스로 왕조를 세우려 할 때, 참군(參軍)으로서 그의 모주(謀主)가 되어 도운 자이다. 《晉書 郗超列傳》

196) 가충(賈充) : 217~282. 위말진초(魏末晉初)의 권신으로, 자는 공려(公閭)이다. 위나라에서 상서랑(尙書郎)을 지냈는데, 당시의 실권자인 사마소(司馬昭)의 심복이 되어 황제인 고귀향공(高貴鄕公) 조모(曹髦)를 시해하고 사마염(司馬炎)이 제위를 선양받는데 공을 세워 거기장군 상서복야(車騎將軍尙書僕射)가 되었으며, 노군공(魯郡公)에 봉해졌다. 오(吳)나라를 공격할 때 대도독(大都督)으로 6군(軍)을 총지휘하였다. 딸이 혜제(惠帝)의 황후가 되었는데, 심한 횡포를 부려 팔왕(八王)의 난을 촉발시켜 서진(西晉)이 망하는 계기가 되었다. 《晉書 賈充列傳》

197) 이희조(李喜朝) : 1655~1724. 본관은 연안(延安), 자는 동보(同甫), 호는 지촌(芝村)이다. 제학(提學) 이단상(李端相)의 아들이며, 송시열 문인이다. 1680년(숙종6) 경신환국 뒤 유일(遺逸)로 천거되어 건원릉참봉(健元陵參奉) 등을 역임하다가 1717년 대사헌에 올랐다. 1721년 김창집 등 노론 4대신이 유배 갈 때 영암에 찬배되었다가 1723년(경종3) 11월 철산으로 이배(移配) 도중 정주에서 죽었다. 1725년(영조1) 신원되어 좌찬성에 추증되었다. 저서로 《지촌집(芝村集)》이 있고, 시호는 문간(文簡)이다.

하고 그 또한 스스로 고상한 선비로 자처하기도 하였으나, 어질고 바른 이를 해치는 일은 은밀히 주도하지 않은 적이 없었습니다.

심지어 차자로 송시열이 지은 〈쇄록(瑣錄)〉[198]을 올려서[199] 그 정신을 전하고 그 주장을 비호하여 얄팍한 재주가 모두 드러났는데, 위로는 선왕의 총명을 속이고 아래로는 역적 신구(申球)[200]의 창도자가 되어 마침내는 선비의 화가 천지에 가득하고 선한 이들이 자취를 감춰 거의 나라가 나라답지 못한 지경에 이르렀으니, 말하자면 마음이 아픕니다.

작년에 정청[庭籲]을 갑자기 거두어 왕위가 장차 무너지려 하였을 때, 그는 대각의 수장으로 있으면서도 끝내 한마디 말도 하지 않은 채, 이이명·김창집과 은밀히 뜻을 내통하며 남몰래 왕성한 형세와 결탁하였으니, 그야말로 사문의 난적이요 나라의 요물이라 하겠습니다. 청컨대 가장 먼 변방에 유배하소서."

라고 하자, 주상이 답하기를, "번거롭게 하지 말라."라고 하였다. - 임욱을 이성에 원배하였다. -

○ 사간원 - 정해 - 에서 이홍술의 처자식을 노비로 삼고 가산을 몰수하는 법을 시행할 것을 아뢰자 아뢴 대로 하라 하였고, 이빈흥을 잡아들여 추국할

---

198) 쇄록(瑣錄) : 송시열이 지은 것으로서 윤선거·윤증 부자를 비판한 내용이다. 《宋子大全 제132권 雜著》

199) 차자로 …… 올려서 : 1717년(숙종43) 대사헌 이희조가 이세덕(李世德) 원정을 반박하기 위해 송시열이 지은 〈쇄록〉을 올린 일을 가리킨다. 《肅宗實錄補闕正誤 43年 10月 5日》

200) 신구(申球) : 1666~1734. 본관은 평산(平山), 초명은 신관(申綰), 자는 군미(君美), 호는 묵암(默庵)이다. 고려개국공신 신숭겸(申崇謙)의 후손이고, 송시열 문인이다. 1689년(숙종15) 기사환국으로 제주에 안치된 송시열을 위하여 상소하였고, 1716년 7월 경기도·충청도·전라도의 유생 60명이 연명하여 상소할 때 그 소두(疏頭)가 되어 윤선거와 아들 윤증을 논핵하여 그 관작을 추탈하고 윤선거의 문집을 훼판하는 길을 열었다. 1722년 임인옥사로 거제에 유배되었다가 영조가 즉위하자 방환되어 영릉(英陵)·희릉(禧陵)의 참봉을 지냈으나 1727년(영조3) 정미환국(丁未換局)으로 다시 쫓겨나 고향에 은거하였다. 저서에 《묵암집(默庵集)》이 있다.

것을 아뢰자 아뢴 대로 하라 하였다.

○ **25일**, 이만성을 잡아들여 가두었다. - 금부도사 신성집(申成集)이 6일 반나절
에 걸쳐 왕래하였다. -

○ 청대 - 삼사 - 하였을 때, 사헌부 - 이거원 - 에서 심단의 일을 아뢰자 아뢴
대로 하라 하였고, 홍용조의 일을 아뢰자 아뢴 대로 하라 하였다. - 홍용조를
온성(穩城)에 안치하였다. -

○ 사간원 - 이진순 - 에서 묵세·일업의 일과 이사명의 일[201]을 아뢰자 아뢴
대로 하라 하였고, 조지겸·한태동의 일을 아뢰자, 주상이 말하기를, "해조(該
曹)에서 품처하게 하라."라고 하였다.

○ **26일**, 삼사가 청대하였을 때 대간이 진계하였는데, 비지가 아직 내리지
않은 차에 옥음이 낮고 미약하여 말씀하시는 소리를 자세히 들을 수 없었다.
홍문관의 여선장이 "매사에 깊이 침묵한다."[202]고 말하자, 주상이 이르기를,
"요즈음 홍문관이 군부의 명령을 거스르며 심지어 '깊이 침묵한다.'라고까
지 말하니, 지극히 놀랍다. 승지는 어찌하여 추고를 청하지 않는가? '깊이
침묵하는 것이 너무 지나치다.'는 등의 말을 어찌 감히 입 밖에 낼 수 있단
말인가? 이러한 풍조는 금시초문이니, - 사관이 처음에 '나 아(我)'자를 '벙어리
아(啞)'자로 썼다.[203] - 모두 파직하라."

---

201) 이사명의 일 : 이희지의 아비인 이사명의 관작을 삭탈할 일을 이른다. 앞서 5월 26일에
  정언 정수기가 주장하였다.
202) 매사에 깊이 침묵한다 :《승정원일기 경종 2년 6월 26일》《경종실록 2년 6월 26일》
  《경종수정실록 2년 6월 26일》 기사에는 "淵默太過"라고 하였다.
203) 사관이 …… 썼다 :《승정원일기 경종 2년 6월 26일》 기사에는 "近來玉堂無狀, 以君父謂瘖
  瘂"라고 하였고,《경종실록 2년 6월 26일》《경종수정실록 2년 6월 26일》 기사에는
  "近來玉堂無狀, 乃以君父爲啞耶?"라고 하였다.

라고 하고, 또 이르기를,

"파직은 벌이 가벼워 그 죄를 징계하기에 부족하니, 모두 잡아들여 추고하라. 이명의는 그대로 두고 4인 - 여선장·유필원·김시환·이현장 - 은 모두 잡아들여 추고하라."

라고 하였다.

지평 이거원이 아뢰기를,

"오늘 홍문관의 신하들이 합사하여 군부를 위해 역적을 엄중히 토벌해야 한다는 의리를 힘써 간언하였는데, 비록 말을 삼가지 않고 함부로 한 점이 있다 하나 이는 충심이 지나치게 우러나온 것에 불과합니다. 그런데 전하께서 이를 윤허하지 않으셨을 뿐만 아니라 갑자기 엄한 목소리로 정색하시며 지나치게 억눌러버렸으니, 실로 겸허한 자세로 받아들이고 기꺼이 듣는 큰 성인(聖人)의 미덕에 어긋나는 일입니다. 홍문관의 신하들을 잡아들여 추국하라는 명을 속히 거두어주십시오."

라고 하자, 주상이 말하기를, "이거원이 변변치 못하여 쓸데없는 말로 구제하려 하니, 우선 체차하라." 하였다.

집의 이제, 장령 이경열 등이 아뢰기를, "신들은 이미 이거원과 함께 진달하였으니, 청컨대 함께 처벌해주소서."라고 하자, 주상이 말하기를, "입시한 대신(臺臣)들을 모두 함께 체차하라." 하고, 주상이 격노한 목소리로 말하기를, "나를 벙어리로 여기는가?"라고 하였다.

옥음이 종소리처럼 전각 전체에 진동하며 크게 울리니, 모든 신하들이 두려움에 몸을 떨며 물러갔다. 도승지 남취명(南就明)[204]이 나아가 아뢰려

---

204) 남취명(南就明) : 1661~1741. 본관은 의령(宜寧), 자는 계량(季良), 호는 약파(藥坡)이다. 승지 남훤(南翧)의 손자이다. 1694년(숙종20) 별시 문과에 급제하여 청요직을 두루 거쳤다. 1704년 박세당(朴世堂)의 《사변록(思辨錄)》을 불태워버리려 하자 적극 저지하였다. 1722년(경종2) 노론 4대신의 사사(賜死)를 감형하려 하자 승지로 있으면서 그 불가함을 동료들과 함께 주장하였다. 영조 즉위 직후 삭출되었다가 1727년 다시 서용되어 병조참판 등을 역임하였다.

하니, 주상이 말하기를, "물러가 복역(覆逆)[205]해도 좋다."라고 하였다.

○ 승정원에서 홍문관 관원을 잡아들여 추국하고 양사 - 사간원 정해, 이진순, 이광보(李匡輔) - 를 특별히 체차하라는 명을 속히 거두어 달라 계청하니, 아뢴 대로 하라 하였다.

○ 의금부에서, 도사를 파견하여 부여에 있는 이기지의 아들을 교형에 처할 것을 아뢰었으나, 윤허하지 않았다.

○ **28일**, 유취장을 잡아들여 가두었다.

○ **29일**, 사간원에서 새롭게 아뢰기를,

"어보(御寶)를 위조한 죄인 권진성(權盡性)[206]이 체포된 후, 도신(道臣)과 수령이 그의 위세를 두려워하여 감히 심문하지 못하고, 조사관을 여러 차례 교체하였으며, 영송(迎送)과 공궤(供饋)는 마치 봉명 사신(奉命使臣)을 대하는 듯하였고 그의 도주를 방임하여 제 집에서 편히 지내게 하였습니다. 청컨대 당시의 감사 및 수령을 현고 파직하고, (권진성은) 본도(本道)에 분부하여 기한을 정해 체포하여 법에 따라 처단하소서."

라고 하자, 주상이 답하기를, "그리 하라."라고 하였다. - 파직으로 현고된 사람은 감사 권업(權㦿)과 군수 홍우한(洪禹翰)이다. -

---

205) 복역(覆逆) : 임금이 내린 명령이 잘못되었다고 여기면 승정원에서 임금의 뜻을 거스르면서 다시 아뢰는 것을 말한다.

206) 권진성(權盡性) : 권상하(權尙夏)·권상유(權尙游)의 종손이다. 그 아비 권섭(權燮)과 함께 어보(御寶)를 위조하였다가 발각되어 옥에 갇혔는데, 감옥을 벗어나 제멋대로 행동하여도 아무도 어쩌지 못하였다. 한지(韓祉)가 충청감사로 있을 때 다스리려다가 교체되어 떠났다. 그런데 신축환국 이후 감사 이의만(李宜晩)이 또 엄하게 추궁하니, 스스로 면하지 못할 것을 알고 상변하였는데, 사람들은 모두 죽음을 늦추려는 계책이라는 것을 간파하였다고 한다. 《景宗實錄 2年 11月 29日》

○ **30일**, 우의정과 삼사가 청대하였을 때, 최석항이 아뢴 것에 따라서 이번 녹훈(錄勳)[207]은 중종 조 노영손(盧永孫)의 예[208]에 의거하여 목호룡만 봉군(封君)할 일을 정탈(定奪)[209]하였다. - 노영손이 고변한 사람은 이과(李顆)이다. 이과는 전의 사람으로 참판 이창신(李昌臣)의 아들이고 관직은 대사성에 이르렀다. 연산군 말엽에 유배되어, 격문을 지어 군사를 일으키려 하였다. 노영손의 무고를 입었다가 이후 신원되었으나 후사가 없었다. -

○ **임인년 7월 일**, 사헌부 - 이광보 - 에서 아뢰기를,

"전 승지 이정주(李挺周)[210]는 권흉들에게 아첨하며 섬겼고, 의주부(義州府)

---

207) 이번 녹훈(錄勳) : 부사공신(扶社功臣)의 훈호(勳號)를 가리킨다. 처음에 부사공신은 중종
  때 평난감훈(平難勘勳)의 예에 따라 고변자인 목호룡 한 사람에게만 수충분의갈성효력부
  사공신(輸忠奮義竭誠效力扶社功臣)으로 녹훈하였으나, 대사헌 김일경 등의 주장에 따라
  이후 1723년(경종3) 이삼(李森)을 1등, 신익하(申翊夏)를 2등, 목호룡을 3등으로 고쳐
  책봉하였다. 이에 앞서 1등에는 김일경의 추천으로 국구(國舅)이자 영돈녕부사인 어유귀
  가 물망에 올랐으나 본인의 강력한 사양으로 책록되지 않았다. 그러나 이삼·신익하·목
  호룡의 녹훈 직후 영의정 조태구, 우의정 최석항 등의 반대로 다시 목호룡 1인만
  단록(單錄)되어 동성군(東城君)에 봉해지고 나머지 2인은 삭훈되었으며, 공신호도 갈성
  효력의 4자를 삭제하여 수충분의부사공신(輸忠奮義扶社功臣)이라 하였다. 이후 영조의
  즉위와 더불어 노론이 집권하자 임인옥사는 목호룡의 무고에 의하여 조작된 것으로
  규정되고, 목호룡은 무상부도죄인(誣上不道罪人)으로 처형됨으로써 1725년(영조1) 부사
  공신의 칭호는 최종 삭제되었다.
208) 중종 …… 예 : 노영손(盧永孫)은 이과(李顆)의 역모를 평정한 공로로 중종대에 정난공신
  (定難功臣)으로 책봉된 사람이다. 1507년(중종2) 8월 25일 밤 4경에 전 우림위 노영손이
  승정원에 고변하였는데, 정국공신에 책봉되지 못한 이과(李顆)·윤귀수(尹龜壽)·신희철
  (申希哲)·손유(孫洧) 등이 불만을 품고 박원종과 성희안을 제거한 후 견성군(甄城君)을
  왕으로 추대하려 했으며 주모자는 이과라는 내용이었다. 옥사가 마무리된 같은 해
  9월 2일에 22명의 정난공신이 책봉되었으나 고변자인 노영손을 제외한 이들을 공신에
  책봉할 이유가 없다는 비판이 일었다. 결국 1517년(중종12) 3월, 중종은 영의정 정광필(鄭
  光弼) 등의 계청을 받아들여 노영손을 제외한 모든 이의 정난공신 공훈을 삭제하였다.
  《中宗實錄 2年 8月 26日, 9月 2日, 12年 3月 24日》
209) 정탈(定奪) : 신하의 건의를 거친 사안에 대해 국왕이 최종 재결하는 일을 이른다.
210) 이정주(李挺周) : 1673~1732. 본관은 벽진(碧珍), 자는 석보(碩輔)이다. 1708년(숙종34)
  식년 문과에 장원 급제하여 청요직을 두루 거쳤다. 1722년(경종2) 의주부윤 재직시
  재물을 모았다는 이유로 탄핵받았다. 영조가 등극한 뒤 승지로 재직하였으나 1727년

의 일을 처리하면서 모든 재물을 자신의 사복(私腹)을 채우는 데로 돌려, 서인(西人)들은 모두 그를 '은부윤(銀府尹)'이라 칭하였습니다. 지난날 이기지 무리의 역모 행적이 아직 탄로 나기 전, 밤마다 왕래하며 그 종적이 은밀하였는데, 16인이 원배되었을 때 그만 홀로 누락되었으니, 청컨대 극변에 원찬하십시오.

무안현감 송택상(宋宅相)[211]은 부정한 방법으로 과거에 급제하였고 흉당에 아첨하였으니 청컨대 사판에서 삭제하소서. 사은부사 김치룡(金致龍)은 평소 인망이 가볍고 일처리가 어두우니, 청컨대 개정하소서."

라고 하자, 주상이 답하기를, "송택상의 일은 아뢴 대로 하라."라고 하였다.

○ 4일, 성균관 유생 황욱(黃昱) 등이 만여 자의 소를 올렸는데 말하기를,

"청컨대 고유(古儒) 윤증 부자를 신원시켜 관작을 추복하고 시호를 내려주십시오. 이미 훼판된 문집을 다시 간행하고, '선정(先正)' 칭호를 금지하였던 일도 도로 거두어주십시오. 지난날 흉역의 무리들이 소장을 올려 바른 이를 해친 죄를 모두 엄히 다스리십시오."

라고 하자, 주상이 답하기를, "묘당(廟堂)으로 하여금 품처하게 하라."라고 하였다.

○ 5일, 진천 진사 이시진(李始振) 등이 상소하여, 고 영의정 최석정(崔錫鼎)의 학행과 문장이 빼어나 후학들이 존숭하고 있다면서, 사당을 세우고 사액(賜額)을 청하는 일을 우러러 아뢰자, 주상이 답하기를,

---

정미환국으로 파면되었다가 1732년 진주목사가 되었다.

211) 송택상(宋宅相) : 1671~? 본관은 은진(恩津), 자는 공서(公舒)이다. 1696년(숙종22) 식년시에 합격하여 진사가 되고, 1698년 알성 문과에 급제하여 1702년 정언이 된 후 주로 삼사에서 활동하였다. 1716년 과옥(科獄)을 맨 먼저 발론하였다고 이의현을 탄핵하였다가 1719년 관작을 삭탈 당하였다. 1722년(경종2)에는 소론의 탄핵을 받고 무안현감에서 물러났으며, 영조 즉위 직후 장령이 되었지만 1727년(영조3)에는 노론의 탄핵을 받고 쫓겨났다가 1735년 부사과(副司果)가 되었다.

“해조(該曹)로 하여금 품처하게 하라. 사헌부에서 아뢴 김치룡의 일은 아뢴
대로 하라.”
라고 하였다.

○ 대신과 비변사 당상을 인견하였을 때, 이조판서 이조(李肇)가 윤동원(尹東
源)212)·박필부(朴弼傅)213)·민윤창(閔允昌)214)의 학문과 행실이 훌륭하다고 하
면서 자의(諮議)215)에 의망할 일을 아뢰자, 아뢴 대로 하게 하였다.

○ 사직 신경제(申慶濟)216)가 상소하여 다음과 같이 말하였다.
“지금 이 역변에 대해, 모두가 우러러보는 지위에 있으면서 비상한 책임을

---

212) 윤동원(尹東源) : 1685~1741. 본관은 파평(坡平), 자는 사정(士正), 호는 일암(一庵)이다.
    윤선거(尹宣擧)의 증손이고, 윤증(尹拯)의 손자이며, 대사헌 윤행교(尹行敎)의 아들이다.
    어머니는 은진송씨(恩津宋氏)로 장령(掌令) 송기후(宋基厚)의 딸이다. 1712년(숙종38)
    증조부 윤선거의 《노서유고(魯西遺稿)》를 교정하여 간행하였고, 1731년(영조7) 윤증의
    《명재유고(明齋遺稿)》를 편찬, 간행하였다. 1722년(경종2) 학행(學行)으로 천거되어 세자
    익위사 세마(世子翊衛司洗馬)에 임명되었으며, 이어 사옹원주부(司饔院主簿), 지평(持平),
    한산군수·홍주목사·사복시정(司僕寺正) 등을 역임하였다. 문집인 《일암유고(一庵遺稿)》
    가 전한다.
213) 박필부(朴弼傅) : 1687~1752. 본관은 반남(潘南), 자는 경뢰(景賚), 호는 성암(省菴)이다.
    좌의정 박세채(朴世采)의 손자이며, 수운판관(水運判官) 박태흥(朴泰興)의 아들이다. 1722
    년(경종2) 학행으로 천거되어 세자시강원 자의를 거쳐 세자익위사 세마(洗馬)를 지냈다.
    1723년 내시교관(內侍敎官)을 거쳐, 1735년(영조11) 사헌부 지평에 발탁되었으며, 1750년
    에는 성균관 좨주가 되었다.
214) 민윤창(閔允昌) : 1681~? 본관은 여흥(驪興), 자는 여유(汝猷)이다. 정제두(鄭齊斗) 문인이
    다. 경종대 학문과 행실로 천거되어 자의(咨議)·익찬(翊贊) 등을 지냈다. 1727년(영조3)
    예산현감(禮山縣監)이 되었는데, 이듬해 무신란에 연루되어 절도에 충군(充軍) 당했다가
    1743년 육지로 나왔다.
215) 자의(諮議) : 세자시강원(世子侍講院) 소속의 정7품 관원을 이른다.
216) 신경제(申慶濟) : 1644~1726. 본관은 고령(高靈), 자는 성회(聖會), 호는 석헌(石軒)이다.
    대사헌 신식(申湜)의 증손이다. 1689년(숙종15) 증광 문과에 급제하여, 1708년 사헌부
    장령이 되었다. 1722년(경종2) 조태구와 최석항을 비판하였다가 문외출송 되었다.
    1725년(영조1) 송시열을 악역부도(惡逆不道)의 죄로 몰아넣었다고 탄핵받고 유배되었
    다. 저서로 《석헌집》이 있다.

맡은 사람은 그 울분과 통탄함이 다른 이들보다 갑절은 더해야 마땅할 것입니다. 그런데 고변서가 성상께 올라온 날, '이미 지난 일이고, 또한 목전의 시급한 일도 아니다.'라고 하였습니다.

아! 음흉한 행적의 완급을 어찌 알 수 있으며 악역의 죄에 전후를 어찌 논할 수 있겠습니까. 대신은 옥사를 다스리는 것을 제일의 의리로 삼아야 하는데, 마침내 이와 같이 두려워한단 말입니까.

이후로부터 매사가 갈수록 느슨해져 이를 듣는 원근의 사람들이 모두 놀라 탄식하고 있습니다. 가장 통탄할 일은 이러합니다. 이이명과 김창집이 역적의 괴수라는 사실은 길 가는 사람들도 아는 일이니 전혀 용서하거나 의심할 여지가 없습니다.

그런데 대간이 상소로 청하여 처벌을 윤허한 날에 급급히 청대하여 '선조의 구신(舊臣)'이라거나 '삼백 년 동안 없던 일이니 법을 벗어나 사람을 죽여서는 안 된다.'라거나 심지어는 '내의원에 있어서 몰랐다.'는 등의 말로 마치 억울함을 호소하는 것처럼 한 것입니다. 의금부에서 잡아다 국문하자는 논의도 처음에는 법을 집행하려는 의도인 듯 보였는데, 참작해달라고 청하여 끝내 법을 굽히게 하였으니, 이것은 참으로 무슨 마음이란 말입니까.

비록 그러하나, 저 사람은 극악한 수괴를 집안의 형제로 둔 사람[217]이므로, 그를 사랑하여 살리고자 하는 것은 진실로 그 분수 상 당연한 것이니, 병을 핑계로 참석하지 않은 것 또한 마땅합니다. 다만 애석한 것은 시종일관 추국에 참여했던 대신들은 흉역의 실정을 목도하였으므로 형벌을 잘못 적용한 두 역적에 대해 마땅히 추가로 시행할 것을 청하고, 아직 죽이지 못한 두 흉적을 속히 공개 처형해야 함에도 전후로 주대(奏對)할 때 끝내 처자식을 노비로 삼고 가산을 몰수하며 법에 따라 처형하라고 청하는 한 마디 말이 없었습니다.

전하께서 저위(儲位)에 계셨을 때, 송시열이 불만의 뜻을 앞에서 창도하고

---

217) 극악한 …… 사람 : 조태채의 종형 조태구를 이른다.

김춘택이 저위를 동요시킬 계책으로 뒤에서 화응하였습니다. 지금 김용택·김민택·이희지·이기지는 김춘택의 우당(友黨)이고, 이이명·김창집·이건명·조태채는 송시열의 도당이니, 신의 생각에 송시열의 관작을 추탈하고 김춘택의 처자식을 노비로 삼고 가산을 몰수하는 일은 결단코 그만둘 수 없습니다.”

영의정과 우의정이 함께 차자를 올려 아뢰자, 주상이 전교하기를, “상소의 내용이 지극히 통탄스러우니, 삭출하라.”라고 하였다. - 승지 권이진(權以鎭)[218]은 송시열의 외손으로서, 송시열을 변무하는 소를 올렸는데, 9월 22일에 비답이 내렸다. -

○ 6일, 사간원 - 구명규 - 에서 아뢰기를,

“광주부윤 윤유는 자급과 경력이 미천하여 물정(物情)이 인정하지 않고 있으니, 청컨대 개정하소서”

라고 하자, 주상이 “번거롭게 하지 말라.”라고 하였다.

○ 12일, 사헌부 - 윤대영(尹大英)[219] - 에서 이이명·김창집의 일, 이건명의 일, 이희조의 일을 아뢰었으나 윤허하지 않았다. 이정주의 일, 역관 장가의 일은 아뢴 대로 하라 하였다. - “기한을 정해 반드시 체포하라.” 운운하였다. -

이헌을 6차, 오서종을 2차, 홍철인·심진을 4차, 이상건을 2차, 학손을 6차, 일업을 3차 형문하였고, 묵세는 6차 형문 끝에 기절하였다.

---

218) 권이진(權以鎭) : 1668~1734. 본관은 안동(安東), 자는 자정(子定), 호는 유회당(有懷堂)·수만헌(收漫軒)이다. 우윤(右尹) 권시(權諰)의 손자, 현감 권유(權惟)의 아들이며, 어머니는 송시열(宋時烈)의 딸이고, 윤증 문인이다. 1694년(숙종20) 별시 문과에 급제하여 청요직을 두루 지내고, 1721년(경종1) 이광좌(李光佐)의 천거로 승지에 올랐으며, 이듬해 사은부사로 청나라에 다녀왔다. 1728년(영조4)에는 무신난을 수습한 공으로 원종공신 1등에 녹훈되었다. 이후 호조·공조판서를 역임하였다. 저서로 《유회당집》이 있으며, 시호는 공민(恭敏)이다.

219) 윤대영(尹大英) : 1671~1740. 본관은 파평(坡平), 자는 정숙(正叔)이다. 1699년(숙종25) 식년시에서 생원·진사에 모두 합격하고, 1710년 춘당대시(春塘臺試)에 급제하였다. 경종대 삼사에서 활동하면서 노론 탄핵에 가담하였다가 1725년(영조1) 유배되었다. 1727년 석방되어 다시 삼사에 진출하여 1736년 병조참의가 되었다.

○ **13일**, 사헌부 - 이보욱(李普昱)[220] - 에서 아뢰기를,

"김일관이 말하기를,

'역적 이홍술이 11월 9일 군사 훈련을 마친 후 병사를 일으켜 대궐을 침범하기로 계획을 세웠으나 갑작스러운 환국으로 인해 단 3일 차이로 성사시키지 못하였습니다.'

라고 하였습니다. 이에 당시 문사낭청이 추궁하기를,

'환국은 12월에 있었는데 11월이라 말하니, 허황한 거짓이 어찌 그리 심한가?'

라고 하니, 김일관이 말하기를,

'정신이 혼미하여 거병일의 날짜를 잘못 말하였습니다. 이홍술의 서제(庶弟) 이홍매의 아들이 을축생인데, 그 실정을 함께 하였으며, 정황을 아는 자가 세 명에 달하니, 잡아들여 신문해보면 알 수 있을 것입니다.'

라고 하였습니다. 청컨대 이홍매의 아들과 실정을 아는 두 사람을 잡아들여 추국하소서."

라고 하자, 주상이 "번거롭게 하지 말라."라고 하였다.

○ 사간원에서 조지겸 등의 일과 윤유의 일을 정계하였다.

○ 심진을 5차, 이헌을 7차, 오서종·이상건을 3차, 홍철인을 5차, 묵세를 7차 형문하였다.

---

220) 이보욱(李普昱) : 1688~? 본관은 용인(龍仁), 자는 휘백(輝伯)이다. 1719년(숙종45) 증광 문과에 급제하여 청요직을 두루 거쳤다. 1723년(경종3) 이만성 등이 노론 4대신의 흉역에 참여하였다 하여 국문하기를 청하였다. 또 임인옥을 고변한 목호룡만 녹훈(錄勳) 되자, 옥사를 다스린 여러 신하들이 함께 녹훈되어야 한다고 주장하였다. 이때 옥사를 담당한 대신들이 모두 소론이었던 만큼, 영조 즉위로 노론이 득세하자 김일경·목호룡의 여당으로 몰려 탄핵을 받고 유배되었다. 1727년(영조3) 정미환국으로 다시 삼사에 진출하여 1743년과 1750년 승지가 되었다. 사후 1755년 을해옥사 당시 관작을 삭탈 당하였다.

○ 일업을 의주에 극변정배하고, 학손을 유배지로 돌려보냈다.

○ 이정주를 명천에 극변원찬하였다. - 이 계사는 아뢴 대로 윤허하였는데, 날짜는
마땅히 살펴봐야 한다. -

○ 문사낭청 유만중을 조원명으로 대신하고, 정필녕을 권익순으로 대신하
였다.

○ 14일, 홍철인이 물고되었다. 심진을 6차, 오서종·이상건을 4차 형문하
였다.

○ 16일, 평안감사가 사계(査啓)[221]를 올려 아뢰기를,

"평안병영의 4천 냥이 기로소의 차인 서원흥(徐元興)에게 지급되었고, 신축
년 12월에 모두 봉입되었습니다. 그런데 시임 평안병사 윤오상(尹五商)이
보낸 별건의 문서에 따르면, 백시구(白時耇)가 빌려 달라고 청하는 문서의
여부도 확인하지 않고 유성추(柳星樞)[222]가 자성의 은화 2천 냥을 정우관에게
빌려주었다 하니, 참으로 허무맹랑하기 그지없습니다.

백시구 - 평안병사 - 는 사사로이 빌렸다는 정우관의 주장만을 믿고 이를
즉시 지급하였으니, 모든 정상이 지극히 의심스럽습니다. 모두 잡아 문초해서
품처하게 하소서."

---

221) 사계(査啓) : '사핵계본(査覈啓本)'의 준말로, 어떤 사건이나 사안에 대해 조사하여 그
　　 내용을 임금에게 보고하는 것, 또는 그 보고서를 말한다.
222) 유성추(柳星樞) : 1657~1732. 본관은 진주(晉州), 자는 천일(天一)이다. 부친은 병마절도사
　　 유탄연(柳坦然)이다. 1676년(숙종2) 무과에 급제하여, 포도대장(捕盜大將)·황해도병마절
　　 도사 등을 역임하였다. 1721년(경종1) 통제사가 되었는데, 1722년 임인옥사에 연루되어
　　 8월 4일 체포된 뒤 해를 넘기며 6차에 걸친 형신을 받고 절도에 정배되었다. 1725년(영조1)
　　 풀려나 평안도병마절도사 등을 지냈다. 사후에 분무원종공신(奮武原從功臣)으로서 병조
　　 판서에 추증되었다.

라고 하자, 전교하기를, "백시구와 유성추를 잡아 가두어라."라고 하였다.

○ 17일, 부제학 이명언(李明彦)[223]이 상소하여 다음과 같이 말하였다.
"사친(私親)[224]을 추보(追報)하는 일은 천리와 인정 상 그만둘 수 없으니,
빈(嬪)자 위에 특별히 대(大)자 한 자를 더하고, 본관에 따라 모부대빈(某府大嬪)
이라 일컬으며, 황화방(皇華坊) 본가에 별도의 사우(祠宇)를 세워 인빈(仁嬪)[225]
의 예에 따라 향사(享祀)를 거행하소서. 삼가 바라건대 신의 이 상소를 내리시어
속히 예관으로 하여금 대신에게 의론하게 하여 대례(大禮)를 확정하소서.
　민진원(閔鎭遠)[226]은 선후(先后, 인현왕후)의 동기이자 전하의 외숙[227]입니

---

223) 이명언(李明彦) : 1674~1755. 본관은 한산(韓山), 자는 계통(季通)이다. 형조판서 이규령
(李奎齡)의 아들이다. 1699년(숙종25) 식년시 진사가 되고, 1712년 정시 문과에 급제하여
1713년 정언이 되어 정호(鄭澔) 등을 탄핵하였다. 1716년 홍문록에 올랐으며, 1719년
통신사 종사관으로 일본에 다녀왔다. 1722년(경종2) 부제학으로서 상소하여 장희빈을
추보하라고 청하였다. 이후 대사간·승지·대사헌 등을 역임하면서 노론 처벌에 앞장섰다
가 1725년(영조1) 유배되었다. 1727년 풀려나 형조참판이 되었다가 1728년 무신난에서
이일좌(李日佐)의 공초에서 아들 이하택(李夏宅)의 이름이 나와 국문을 받았지만 풀려났
다. 그렇지만 이후 노론의 집요한 탄핵을 받고 1737년 부자가 다시 붙잡혀서 심문
받고 각각 대정현(大靜縣)과 정의현(旌義縣)에 정배되었는데, 이명언은 1753년 석방되었
지만 1755년 을해옥사에 연루되어 처형되고 일가친척이 노륙(孥戮)되었다.
224) 사친(私親) : 1701년(숙종27) 인현왕후를 저주해 죽게 했다는 혐의를 받아 사사(賜死)된
경종의 생모 희빈(嬉嬪) 장씨(1659~1701)를 가리킨다.
225) 인빈(仁嬪) : 선조의 후궁으로, 추존왕(追尊王)인 원종(元宗)의 생모이자 인조의 조모이
다.
226) 민진원(閔鎭遠) : 1664~1736. 본관은 여흥(驪興), 자는 성유(聖猷), 호는 단암(丹巖)·세심
(洗心)이다. 여양부원군(驪陽府院君) 민유중(閔維重)의 아들이고, 인현왕후의 오빠이자
우참찬 민진후(閔鎭厚)의 동생으로, 송시열 문인이다. 1691년(숙종17) 증광 문과에 급제
하여, 1694년 갑술환국 이후 청요직을 두루 거치고 1697년 홍문록에 올랐다. 1715년
《가례원류》 간행을 둘러싸고 노·소론간에 갈등이 치열해지자 정호(鄭澔)를 두둔하다가
파직되었다. 1721년(경종1) 12월 호조판서로 있다가 신축환국으로 해직된 뒤 소론의
탄핵을 받고 성주목(星州牧)으로 유배되었다. 1724년 영조가 즉위하자마자 특명으로
풀려나 예조판서 등을 지내고, 1725년(영조1) 우의정에 올라 소론 영수인 좌의정 유봉휘
를 신임옥사를 일으킨 주동자로 유배시켰으며, 송시열의 증직(贈職)을 상소하였다.
그해 좌의정이 되었다가 1727년 정미환국으로 유배되었으나 곧 풀려났다. 노론을
대표하여 영조 탕평책을 거부하고 끝까지 소론을 배척하였다. 1730년 기로소에 들고

다. 부부인이 늘그막에 멀리 떨어져 자식 생각에 애태우고 있으니, 특별히 석방하여 모자가 한데 모여 시골집에서 허물을 뉘우치게 한다면, 어찌 성대한 덕을 보이는 일이 아니겠습니까.

박세채(朴世采)228)가 차자 중에서 언급한 은화 문제229)는 기사년(1689, 숙종15)에서 기원하였고, 갑술년(1694, 숙종20) 김춘택의 무리가 이러한 수법을 답습하며 그 여파가 점차 확대되어 오늘날 방만하게 퍼져나가고 있습니다. 바라건대 안팎을 철저히 방비하시고 출입을 엄히 금하소서.”

○ **18일**, 사헌부 - 지평 이광보 - 에서 아뢰기를,

“오서종은 우선 형을 중지하고, 유경유는 즉시 잡아 심문하고 철저히 조사하여 진상을 밝히소서.”

라고 하자, 주상이 아뢴 대로 하라고 하였다. 또 아뢰기를,

“전라감사 권중경이 죄인 허벽(許璧)230)을 품질(禀秩)231)에 포함시켰으니,

1733년 봉조하(奉朝賀)가 되었다. 저서로《단암주의(丹巖奏議)》《연행록(燕行錄)》《단암만록(丹巖漫錄)》《민문충공주의(閔文忠公奏議)》등이 전한다. 영조의 묘정에 배향되었으며, 시호는 문충(文忠)이다.

227) 외숙 : 본문의 ‘위양(渭陽)’은《시경》〈위양〉을 일컫는 말로, 춘추시대 진 강공(秦康公)이 태자로 있을 때 진(晉)나라로 돌아가는 외삼촌 중이(重耳)를 위양에서 전송하던 중 돌아가신 어머니를 그리며 지은 시이다. 외숙, 혹은 외가를 가리키는 말로 쓰였다.

228) 박세채(朴世采) : 1631~1695. 본관은 반남(潘南), 자는 화숙(和叔), 호는 현석(玄石)이다. 영의정 신흠(申欽)의 외손이며 박세당(朴世堂)과는 당내간의 친족이고, 송시열의 손자 순석(淳錫)은 그의 사위가 된다. 기해년(1659, 현종 즉위) 예송이 일어나자 송시열·송준길의 기년설(朞年說)을 지지하며 서인 측의 이론가로 활약하였다. 1683년(숙종9) 황극탕평론(皇極蕩平論)을 주장하여 거듭되는 환국으로 인한 파행적 정국을 수습하려고 하였으며, 1694년 갑술환국 이후 이를 다시 제기하고, 좌의정까지 지내면서 실천에 옮겨 숙종의 탕평책을 뒷받침하였다. 저서로《범학전편(範學全編)》《동유사우록(東儒師友錄)》등이 있으며, 문묘에 배향되었고, 시호는 문순(文純)이다.

229) 은화 문제 : 숙종대 기사환국과 갑술환국이 거듭되며 당쟁이 고조되었을 때 남인은 물론 서인 또한 은화를 매개로 궁중 환시 및 궁녀들을 매수하거나 정탐 및 기찰, 허위 사실을 유포하는 등 정치적 혼란을 심화시켰던 일들을 가리킨다.《肅宗實錄 20年 6月 4日, 7月 4日》

230) 허벽(許璧) : 청주 유생으로서, 1722년(경종2) 상소하여, 신사년(1701, 숙종27) 사건의

청컨대 파직하고 서용하지 마소서.”

라고 하자, 주상이 아뢴 대로 하라고 하였다.

○ 승정원 - 남취명 - 에서 아뢰기를,

“전적 이삼령(李三齡)232) 등의 상소가 승정원에 올라왔는데, 신사년(1701,
숙종27) 옥사233)에 대해 말한 내용이 허벽보다도 더욱 심하니, 이 소는
봉입하지 않는 것이 마땅합니다.”

라고 하자. 주상이 아뢴 대로 하라고 하였다.

○ 이삼령·정전(鄭翿)·최선(崔鐥)·이가운(李佳運) 등의 상소는 대략 다음과
같다.

“아! 신사년의 일을 어찌 차마 말로 표현할 수 있겠습니까. 변고는 애매하고
불분명한 데에서 발생했고, 일은 궁중에서 일어났습니다. 예로부터 주술을
통한 무고(巫蠱)의 옥사는 모두 간악한 신하들의 무함에서 나왔으니, 강충(江充)

옥안(獄案)을 번복하도록 청하였다가 정배되었다. 《景宗實錄 2年 2月 18日》

231) 품질(稟秩) : 나라에 경사가 있어 내사령(大赦令)이 내리거나 천재지변 등이 있어 죄수를
소결(疏決)할 때에 악역(惡逆)과 강상(綱常)의 중죄인을 제외한 시수(時囚)를 지방관이
방질(放秩)·미방질(未放秩)·품질로 나누어 보고하는데, 방질은 방면할 죄수의 명단,
미방질은 방면하지 않을 죄수의 명단, 품질은 사면령의 적용을 받기에는 죄가 조금
무거워 임금에게 직접 여쭙고 결정할 죄수의 명단이다.

232) 이삼령(李三齡) : 1671~1745. 본관은 함평(咸平), 자는 수천(壽千)이다. 1705년(숙종31)
식년 문과에 급제하여 성균관 전적(成均館典籍) 등을 역임하였다. 1722년(경종2)에 1701
년(숙종27) 신사년(辛巳年) 옥사와 관련된 인물들의 신원(伸寃)을 상소하였다. 1725년(영
조1)에도 상소하여 이 내용을 주장하다가 영사(領事) 민진원(閔鎭遠)의 논핵으로 인해
유배되었는데, 1727년 석방되었다.

233) 신사년(1701, 숙종27) 옥사 : 1701년(숙종27) 인현왕후가 죽었는데, 그 배후에 장희빈의
저주가 있었다 하여 일어난 옥사를 가리킨다. 당시 장희빈이 취선당(就善堂) 서쪽에
신당(神堂)을 설치하고 굿을 한 사실이 발각되어 발생하였다. 이에 소론은 세자를
위하여 장희빈을 용서할 것을 청하였지만 숙종은 사약을 내리고 장희재 등 장씨 일파를
국문하여 죽였다. 아울러 남구만·유상운·최석정 등 소론 대신들을 귀양 또는 파면시켰
다. 이 사건을 계기로 노론이 다시 득세하게 되었다.

에 의한 목인(木人)의 변고234)나, 신생(申生)과 호구(狐裘)의 재앙235)이 청사(靑史)에 분명히 실려 있습니다.

전하께서 탄생하신 처음부터 일종의 흉악한 역적의 무리가 은밀히 불만을 품고 전하께 앙갚음을 하고자 온갖 방법으로 계략을 꾸며 기필코 선빈(先嬪)께 화를 전가하려 하였으니, 그 거짓을 날조하여 무함한 행위는 모든 사람이 손가락질하고 있습니다.

신들의 생각으로는 신사년 옥사의 억울함을 속히 신원하여 선빈의 원통함을 씻어낸 후라야 전하의 효심에 유감이 없게 되고 이미 무너진 윤리를 일으킬 수 있을 것입니다.”

○ 19일, 백시구와 유성추가 공초를 바치자, 의금부에서 형문할 것을 청하며 아뢰기를,

“백시구는 방환하고, 유성추는 형추를 면제하는 일을 의논하여 조처하라

---

234) 강충(江充)에 …… 변고 : 한 무제(漢武帝) 때 강충이 일으킨 무고(巫蠱) 사건을 가리킨다. 한나라 무제 때, 방사(方士)·무격(巫覡)의 무리들이 궁인(宮人)들을 고혹(蠱惑)시켜서 목인, 즉 나무로 만든 우상(偶像)을 궁중에 묻고서 제사지냈다. 이때 마침 무제가 병이 들었는데, 강충은 여태자(戾太子)와 틈이 있었으므로, 무제의 병은 무고(巫蠱)에 의한 것이라고 하면서 궁중의 목인들을 파내고, 태자의 궁중에서 목인이 가장 많이 나왔다고 상언(上言)하였다. 이에 태자는 두려워서 강충을 참(斬)하고 군사를 일으켜 모반하였다가 실패하자 자살하였다. 후에 전천추(田千秋)가 태자의 억울함을 상소하여, 강충의 집안을 멸족시켰다. 《漢書 卷6 武帝紀, 卷45 江充傳》

235) 신생(申生)과 호구(狐裘)의 재앙 : 진 헌공(晉獻公)에게는 태자 신생(申生)과, 공자 중이(重耳)와 이오(夷吾) 등 여러 아들이 있었는데, 폐첩(嬖妾) 여희(驪姬)의 무고에 빠져 그의 소생인 해제(奚齊)를 세우고자 태자 신생을 죽였다. 이에 공자 중이와 이오는 외국으로 달아났고, 마침내 진나라는 큰 혼란에 빠졌다. 다음으로 ‘호구’ 관련 고사는 다음과 같다. 당초 진 헌공이 신하인 사위(士蔿)에게 중이·이오 두 공자를 위해 포(蒲)와 굴(屈)에 성을 쌓게 하였는데, 사위가 축성을 튼튼히 하지 않고 흙 속에 섶을 넣으니, 헌공이 사람을 보내 사위를 문책하였다. 이에 사위가 홀로 시를 읊기를, “여우 갖옷에 털이 난잡하여 한 나라에 공이 셋이니 내 누구를 따라야 할까?狐裘尨茸, 一國三公, 吾誰適從?”라고 하였다. 사위의 이 자작시에서 호구(狐裘), 즉 여우 겨드랑이의 가죽으로 만든 갖옷은 존귀한 사람을 가리키고, 방용(尨茸)은 어지러운 모양을 말하므로, 호구방용(狐裘尨茸)은 한 나라에 존귀한 자가 많아, 국정이 혼란하고 분열되었음을 의미한다.

하셨는데, 이에 대해 승정원이 복역하였으니, 청컨대 이들을 잡아 가두고 명확하게 조사한 후 의논하여 조처하소서.”

　라고 하자, 주상이 아뢴 대로 하라고 하였다.

　○ 영의정이 입성(入城)하였다.

　○ 심진을 7차, 이상건을 5차 형문하고, 이헌을 8차 형문하여 공초를 받았다. 묵세는 8차 형문 끝에 기절하였고, 유취장은 1차 형문하였다.

　○ **21일**, 김시환에게 동지의금부사를 제수하고, 문사낭청 김유(金濰)[236]를 윤순(尹淳)으로 대신하였다.

　○ 이상건을 6차, 유취장을 2차, 심진을 8차 형문하였고, 묵세는 9차 형문 끝에 기절하였다. 유취장은 3차 형문에서 승복하였다.

　○ **22일**, 김시정(金時鼎)[237]을 잡아들여 가두었다. 이상건을 7차, 8차, 9차 형문하였고, 심진을 9차 형문하였으며, 윤각을 제주에 정배하였다.

　○ 유취장의 결안은 다음과 같다.

---

236) 김유(金濰) : 1685~? 본관은 안동, 자는 여즙(汝楫)이다. 1702년(숙종28) 생원이 되고, 1710년 증광 문과에 급제하였다. 경종·영조 연간 청요직을 두루 거치고, 1731년(영조7) 승지가 되었다. 1739년 대사간으로 있다가 ‘임금을 업신여긴 죄’로 기장현(機張縣)에 천극(栫棘)되었는데, 이듬해 풀려났다.

237) 김시정(金時鼎) : 1684~? 본관은 안동, 자는 자화(子和)이다. 1721년(경종1) 식년시에 합격하여 진사가 되자 성균관에 들어가 유봉휘를 탄핵하는 상소의 소두가 되었다. 황해병사 김시태(金時泰)의 동생으로, 형이 궁금(宮禁)과 교통하였음을 승복한 뒤, 김시정은 1722년(경종2) 7월 22일 체포되어 4차 형신을 받고 9월 22일 유 3천리(流三千里)의 형을 받아 옹천에 유배되었다가 1725년(영조1) 풀려났다.

"지난해 10월 초, 제가 김창집을 찾아가 만났는데, 창집이 이르기를,

'근래 일의 조짐이 심상치 않으니, 군문(軍門)의 장관은 마땅히 가깝고 신뢰할 만한 사람을 배치해야 할 터인데, 영감이 중군(中軍)을 거치지 않았으니, 중군이 되면 진실로 좋겠다.'

라고 하여, 제가 말하기를,

'이력은 비록 차례가 되지만, 사람 됨됨이가 부족하니, 누구를 임명해야 하겠습니까?'

라고 하니, 김창집이 말하기를,

'어영청의 중군은 외임(外任)으로 나가게 할 방도가 없고, 다른 군문은 내 힘이 미치지 못하니, 만약 훈련도감에 빈자리가 있으면 그곳으로 하는 것이 좋겠다.'

라고 하였습니다.

그 후 이삼이 충청병사가 되어 중군 자리가 공석이 되었습니다. 그날은 하루 종일 정청(庭請)을 하던 날이었는데, 양익표(梁益標)238)가 마침 대궐에 들어왔기에 제가 훈부(勳府)의 의막에 있다가 익표에게 만나기를 청하여 말하기를,

'훈련도감의 중군 자리를 작과(作窠)239)해야 하는데, 나로서는 도모할 길이 없다. 대신의 분부가 있다면 가능할 것이니, 그대가 나를 위해 이 일을 주선해 줄 수 있겠는가?'

라고 하였습니다. 그 후 양익표가 저에게 말하기를,

'내가 비변사의 여러 대신들이 있는 자리에서 영의정에게 고하기를, 「훈련

---

238) 양익표(梁益標) : 1685~1722. 본관은 제주이고, 증참판 양일남(梁一南)의 증손이다. 숙종 대 무과에 급제하여 김창집 휘하의 우홍규에게 포섭되어 문객이 되었고, 사신으로 중국에 가는 이이명을 수행하기도 했다. 1722년(경종2) 임인옥사 당시 유취장의 공초에 의해 8월 2일 체포되어 4차례 형신을 받고 8월 17일 결안에서 당시 궁성을 호위하려는 모의를 알고 있었다고 자백하고 복주되었다.

239) 작과(作窠) : 다른 사람을 그 자리에 앉히고자 원래 그 자리에 있던 사람을 면직시키거나 다른 관직으로 이동시키는 일을 이른다.

도감의 중군 자리에는 유취장이 적임이라 합니다.」라고 하니, 영의정이 말하기를, 「진실로 적합하다.」라고 하고, 다른 대신들 또한 「적합하다.」고 하였다. 내가 또 대신의 앞에서 고하기를, 「그렇다면 여러 대감들의 뜻이라고 훈련대장에게 말하면 어떻겠습니까?」라고 하자, 대신들이 모두 승낙하였다.'

라고 하였습니다.

이리하여 양익표가 과연 이홍술에게 이 일을 전하니, 제가 그 자리에 재가를 받게 되었다고 하였습니다.

제가 훈련대장[이홍술]에게 명함을 들이고 말하기를,

'중군의 차례에 해당하는 적임자가 없지 않았을 터인데, 결국에 저를 중군으로 삼아주셨으니, 실로 황감합니다.'

라고 하자, 이홍술이 말하기를,

'차례에 해당되는 이로 신익하(申翊夏)[240]가 있었는데, 이미 대신의 반대가 있어 임명하지 못하였다.'

라 하고, 이어 묻기를, '중외(中外) 군사의 정황은 어떠한가?'라고 하기에, 제가 말하기를,

'외방 군사의 정황은 수습하기 어려우나, 경중(京中)은 국가의 지원이 각별합니다. 그러나 긴급할 때 그 힘을 빌릴 수 있을지는 장담할 수 없습니다.'

라고 하였습니다. 그러자 이홍술이 말하기를,

'정청을 파한 후에는 노론이 심히 위태로워질 것이니, 한편으로는 군병에게 궐문을 지키게 하고, 또 한편으로는 노론에 해가 되는 환관들을 죽이라고 아뢴 다음 다시 대리청정을 청해야 할 것이다. 만약 선위(禪位)를 거행하게 된다면 군병들이 따르겠는가?'

라고 하여, 제가 말하기를,

---

240) 신익하(申翊夏) : 1677~1723. 본관은 평산(平山), 자는 숙보(叔輔)이다. 1712년(숙종38) 무과에 급제하여 황해도병마사를 거쳐 경종대 통제사 등을 역임하였다. 신임옥사 당시 공을 세워 부사공신(扶社功臣) 2등으로 훈록(勳錄)되었다.

'군사는 어떠어떠한 일인지 모르니, 대장이 영(令)을 내려 부른다면 이러한 평상시야 어찌 따르지 않을 리가 있겠습니까. 그러나 장관(將官)들의 경우, 그들이 따를지는 알 수 없습니다.'

라고 하자, 이홍술이 오랫동안 답이 없다가, 얼마 후 또 말하기를,

'그대의 말이 진실로 옳다. 그러나 군병이 모두 모인 뒤에는 어찌 감히 따르지 않겠는가.'

라고 하였습니다.

이러한 대화가 있은 후, 하루는 김창집을 찾아가 만났는데, 이때 창집이 말하기를, '그대는 주장(主將)을 자주 만날 텐데, 조용히 대화를 나눌 수는 있는가?'라고 하여, 제가 답하기를,

'자주 만나지는 못하였으나 또한 가서 만난 일이 없다고는 말할 수 없으며, 평온하게 만나지는 못하였으나 또한 편안한 만남이 아니었다고도 할 수 없습니다.'

라고 하자, 김창집이 말하기를, '대장과 군병이 친숙하면, 이 어찌 좋은 일이 아니겠는가.'라고 하였습니다.

대개 그의 뜻은 저로 하여금 주장을 자주 찾아가 이러한 대화를 나누게 할 요량이었는데, 또한 그 속셈을 헤아릴 수가 없어 '저는 군병과는 조금 차이가 있습니다.'라고 대답하고는 물러나왔습니다.

당시에는 발고하려는 마음이 있었으나 무익할 뿐만 아니라 도리어 화를 입을 것이 분명했으므로 발고할 수 없었습니다. 정국이 청명(清明)해졌을 때[241]는 제가 멀리 유배되어 있었으므로 발고하지 못하였습니다. 비록 동참한 일은 없었으나 실정을 알고도 발고하지 못하였습니다." - 결안을 고쳤으나, 이미 같이 수작하며 실정을 함께 한 죄가 있으니, 어찌 처벌을 면할 수 있겠는가. -

군기시 앞길에서 형을 집행하였다. - 23일 -

---

241) 정국이 청명(清明)해졌을 때 : 1721년(경종1) 노론에서 소론으로 정권이 교체된 신축환국(辛丑換局)을 이른다.

○ 사헌부 - 이보욱 - 에서 아뢰기를,

"중군을 바꾸어 임명한 일로 이만성을 국문하자 김창집의 소찰(小札)을 받고 임명하였음을 사실대로 공초하였으니, 그가 남몰래 흉모에 가담하였음을 또한 미루어 알 수 있는데, 국청에서는 섬으로 유배 보낼 것을 청했다 합니다.

무릇 훈련도감과 어영청은 그 경중이 분명한데, 고작 충청병사를 금영(禁營)의 중군으로 삼아 내천(內遷)242)을 계청하고 다시 즉시 훈련도감의 중군으로 임명해서, 한 명은 외직으로 내보내고 한 명은 내직으로 옮겼으니, 이미 지극히 의심할 만합니다.

관직을 바꾸어 배치한 소행은 대개 김창집의 지휘에서 나왔고, 유취장이 또 역모에 가담한 사실을 낭자하게 승복하였으니, 이만성이 음모와 흉계를 꾸미고 계획을 세워 준비한 행적이 여지없이 탄로 났다 하겠습니다.

또한 한 명관(名官)이 삼사가 회좌(會坐)하였을 때 말하기를,

'홍치중(洪致中)243)이 이만성을 만나 정청을 중지하고 연명차자를 올린 일을 두고 사리를 따져 책망하자, 이만성이 성을 내며 답하기를, 「이는 실로 종사의 대계(大計)이니, 어찌 이리하지 않을 수 있겠는가.」 하였다.'

라고 하였는데, 이른바 그 '대계'라는 것은 알 수 없습니다만, 어떤 일을 가리켜 말한 것이겠습니까? 그 정황이 주도면밀하고 안팎으로 화응한 것이 분명하여 가릴 수 없으니, 국청으로 하여금 이 두 조목을 문목에 첨가하여

---

242) 내천(內遷) : 외직(外職)에서 경직(京職)으로 전임(轉任)되는 것을 이른다.

243) 홍치중(洪致中) : 1667~1732. 본관은 남양(南陽), 자는 사능(士能), 호는 북곡(北谷)이다. 우의정 홍중보(洪重普)의 손자, 관찰사 홍득우(洪得禹)의 아들이다. 1699년(숙종25) 사마시, 1706년 정시 문과에 급제하여 대사간·승지 등을 거쳐 이조참판 등을 지냈다. 경종 때 홍주목사로 좌천되었다가 영조 즉위 후 형조판서를 거쳐 1726년(영조2) 좌의정 민진원의 천거로 우의정에 올랐다. 1729년 조문명(趙文命) 등이 신임옥사에 대한 시비의 절충을 꾀하자, 노론 4대신과 삼수옥(三手獄) 관련자에 대한 신원문제를 구분해야 한다는 논리를 주장하여 기유처분(己酉處分)을 내리게 하였다. 이어 영의정으로 승진하였다. 시호는 충간(忠簡)이다.

실정을 알아내게 하십시오.

유취장이 이홍술과 질펀하게 상의한 것은 바로 군사를 일으켜 궁궐을 침범하고 군부를 폐출하려는 것이었으니, '실정을 알고도 고하지 않았다'는 조항으로 감률(勘律)[244]한 것은 정법(正法)의 뜻을 매우 상실한 것입니다. 청컨대 다시 감률하여 법에 따라 처치하십시오."

라고 하자, 주상이 모두 아뢴 대로 하라고 하였다.

○ 지평 이광보가 아뢰기를,

"유취장을 감률하는 일에 대해 사헌부에서 모여서 논의할 때 다투었지만, 조율할 때 결국 홀로 제 소견을 고수할 수 없었습니다. 지금 과연 대각이 문제를 제기하였으니, 신이 끝끝내 힘써 쟁집하지 못하였던 잘못이 드러나고 말았습니다."

라고 하자, 주상이 의례적인 비답을 내렸다.

○ 우의정 최석항이 차자를 올려 아뢰기를,

"사헌부가 아뢴 이만성의 사안은 즉시 거행함이 마땅하겠으나, 무릇 죄인에 대한 국문은 반드시 발고자나 다른 죄수의 말, 혹은 죄인의 공초 중에서 서로 어긋나는 단서를 뽑아내 문목으로 만드는 것이 본래 전해 내려오는 규례입니다. 지금 만약 외인(外人)이 사사로이 주고받은 말을 문목에 첨가한다면, 이는 다만 그 전례(前例)를 찾아볼 수 없는 일일 뿐만 아니라 또한 훗날의 끝없는 폐단을 열어놓는 일이 될 것입니다.

신의 생각으로는 재신(宰臣)이 문답한 한 조목[245]을 문목 안에 넣지 않는 것이 옥사를 다스리는 체모에 부합할 듯합니다."

라고 하자, 주상이 답하기를, "참으로 매우 합당하다."라고 하였다.

---

244) 감률(勘律) : 죄인에 대하여 해당하는 법 조항을 검토하여 적용하던 일을 이른다.
245) 재신(宰臣)이 …… 조목 : 앞서 이보욱이 말한, 홍치중과 이만성의 대화를 가리킨다.

○ **23일**, 이상건을 10차 형문하였고, 묵세는 10차 형문 끝에 기절하였다.

○ 사헌부에서 아뢰기를,

"과거에 임창이 흉악한 상소를 올렸는데, 미처 상달하지 못한 처음 소장에 드러났던 역적의 속셈은 윤지술보다도 더함이 있었습니다. 그런데도 당시 승정원에서는 임시변통으로 미봉하여 소장을 내어주고, 다시 고쳐 올리게 하였습니다. 이미 상달한 상소로 논한다 해도 분수를 범하고 의리를 어그러뜨리는 데 전혀 거리낌이 없었으니, 청컨대 절도에 유배하십시오."

라고 하였으나, 주상이 윤허하지 않았다.

○ 영돈녕부사 어유귀(魚有龜)가 상소하였는데, 그 대략은 다음과 같다.

"성균관 및 두 도 유생들의 상소[246]를 묘당으로 하여금 품처하게 하셨는데, 신은 적잖이 우려와 개탄을 금할 수 없습니다. 아! 선정신 송시열의 도덕과 학문은 실로 백대의 사종(師宗)이 되었습니다. 우리 선대왕께서 공경하고 존숭하기를 시종일관 변치 않으시어, 윤선거·윤증이 성조(聖朝)를 무함[247]하

---

246) 성균관 …… 상소 : 윤선거·윤증 부자의 관작 추복을 청하는 '성균관 유생 황욱(黃昱)외 상소 및 충청·전라도 유생 등의 상소를 이른다. 《景宗實錄 2年 7月 4日》《承政院日記 景宗 2年 7月 18日》

247) 성조(聖朝)를 무함 : 윤선거가 '구천(句踐)은 속이고, 연광(延廣)은 광망(狂妄)하였으며, 강왕(康王)은 실제로 군전(軍前)에 있었다.'는 등의 말을 한 것을 가리킨다. 먼저 "구천(句踐)은 속임수를 썼다", "경연광(景延廣)은 광망스러웠다"라는 말은 윤선거가 1669년 송시열에게 보내려고 썼던 〈기유의서(己酉擬書)〉에서 나온 말들이다. 춘추시대 월왕(越王) 구천은 적을 속이는 계책으로 오(吳)나라를 쳐부수어 복수하였으므로 간사하다는 비판을 면할 수 없고, 오대(五代) 때의 경연광(景延廣, 892~947)은 국력을 헤아리지 않고 함부로 오랑캐[契丹]에 도전하였으므로 광망스럽다는 비난을 면할 수 없다는 내용으로, 윤선거는 무모하게 복수의 말만 앞세우면서 실공(實功)을 뒤로 해서는 안 된다는 경계의 의미로 이 말을 하였다. 뒤에 이 구절을 가지고 노론 쪽에서는 '구천을 효종(孝宗)에, 경연광을 송시열에 비긴 것'이라고 해석하여 소론을 공박하는 구실로 삼았다. '강왕(康王)은 실제로 군전(軍前)에 있었다.'는 말은 1716년(숙종42) 좌의정 김창집이 차자를 올려 윤선거의 문집인 《노서유고(魯西遺稿)》에 효종을 무함한 내용이 있으니 윤선거의 문집을 훼판(毁板)해야 한다고 주장하면서 제기하였다. 구체적으로는

고 스승을 배신[248]한 죄를 명확히 간파하시고 지엄한 처분을 내려 국시를 확정하였습니다.

또 화양서원(華陽書院)[249]의 편액을 친히 쓰시고 근시를 보내 특별히 게양하였으니, 그 덕을 높이고 도를 지키는 방도가 지극하지 않음이 없었습니다. 그리하여 드디어 정유년(1717, 숙종43) 전하의 대리청정 초에 선왕께서 특별히 비답을 내리시어 말씀하시기를,

'근래의 일[250]은 처분이 올바르고 시비가 명확하니, 백세토록 의심하지

윤선거의 글에 "금(金)나라 군사가 강을 건너 쳐들어올 때 강왕은 실로 그 군중에 있었다.[北師渡江, 康王實在軍前.]"라고 한 윤휴(尹鑴)의 답서 내용을 인용한 것을 말하는데, 이 내용은 청(淸)나라 군사가 침입하였을 때 당시 대군이었던 효종은 아무것도 하지 못하고 청나라 군사의 포로가 되었던 것을 비꼰 말이라는 혐의를 받았다.《魯西遺稿 擬答宋英甫 己酉》《魯西遺稿 日記 乙未十二月初》《肅宗實錄 42年 7月 25日》

248) 스승을 배신 : 1669년(현종10) 윤선거의 사후, 아들 윤증은 스승이자 부친의 벗이었던 송시열에게 묘갈명을 지어달라고 부탁하였다. 송시열은 이를 허락하였으나 정작 그에 대한 평가는 박세채(朴世采)가 지은 묘갈명에 있는 말을 인용하는 것으로 대신하여 윤선거의 생전 행적에 대해 갖고 있던 불만을 간접적으로 드러냈다. 송시열의 이러한 태도를 두고 소론측에서는 윤증이 송시열에게 부친의 묘갈명을 청하면서 함께 보냈던 〈기유의서〉 때문에 송시열이 윤선거에게 원한을 품고 묘갈명을 부정적으로 지었다고 보았다. 〈기유의서〉는 윤선거가 죽기 직전에 송시열에게 보내려 썼던 편지로, 여기에는 송시열의 정치 행태를 비판하는 내용이 다수 담겨 있었다. 즉 송시열이 윤휴를 사문난적 (斯文亂賊)으로 몰아서 배척하자, 윤선거는 주자학에 대한 작은 차이를 확대시키지 말고 함께 협력하여 북벌(北伐)을 추진하기 위한 제도 개혁에 매진해야 한다고 주장한 것이다. 송시열로부터 묘갈명을 전해 받은 윤증은 이후 송시열에게 여러 차례 편지를 보내 내용을 수정해 줄 것을 요청하였으나 송시열은 끝까지 소극적인 자세를 취하였다. 이와는 별도로 윤증은 1680년 경신환국을 전후하여 서인 내부에서 윤휴를 사사하고 난 이후에도 남인을 도태시키려는 시도가 멈추지 않는 것을 보고, 부친 윤선거가 〈기유의서〉에서 표방한 대남인 포용책의 연장선상에서 송시열에게 이의를 제기 위해 장문의 편지를 작성하였는데, 박세채가 만류하여 보내지 못하였다. 이를 〈신유의서(辛酉 擬書)〉라고 한다. 〈기유의서〉와 〈신유의서〉, 이 두 편지는 윤선거·윤증 부자가 송시열을 비판하는 결정적 내용을 담은 편지가 되었다. 이러한 과정을 거치며 윤증은 스승 송시열에 대한 정(情)과 의(義)가 예전 같을 수는 없다는 입장으로 선회하였는데, 노론은 이를 '배사(背師)'로 공격하였다.《明齋遺稿 別卷3 答朴和叔 兼示羅顯道》

249) 화양서원(華陽書院) : 충북 괴산군 청천면(靑川面) 화양리에 위치한 서원으로, 송시열을 배향하였다. 1696년(숙종22) 9월 사액(賜額)을 받았다.

250) 근래의 일 : 병신년(1716, 숙종42), 윤선거·윤증 부자와 송시열 간 회니시비(懷尼是非)에

말아야 한다. 일이 사문(斯文)에 관계되니 중대하지 않은가? 이에 특별히 강조하여 이르노니, 너는 나의 뜻을 준수하여 행여라도 흔들리지 말라.'

라고 특별히 강조하셨으니, 그 전수하신 뜻이 간곡하고 간절하였으며, 오랜 시간 후 시비가 혹 변할까 염려하여 어제(御製) 중에 별도로 써서 보이시기를,

'아버지와 스승에 대한 경중(輕重)의 설에 대해서는 일찍이 하교한 일이 있었다.251) 그런데 의서(擬書)와 묘문(墓文)252)을 상세히 열람한 후 내가 의리를 깊이 궁구하여 시비를 확정하였으니, 이로써 후세에 할 말이 있게 되었다. 자손된 자들은 모름지기 이 뜻을 준수하여 굳게 지키고 동요하지 말아야 할 것이다.'

라고 하셨습니다.

아! 성스러운 가르침이 해와 별처럼 밝게 드러나 영원토록 길이 전해질 수 있게 되었는데, 뜻밖에도 선왕께서 승하하시어 이제야 대상(大喪)을 마쳤습니다. 그런데 경계가 일순에 무너지고 상소가 잇따라 올라왔으니, 하늘에 계신 선왕의 혼령께서 어찌 이에 대해 통분해 하지 않으시겠습니까.

대하여 숙종이 윤선거의 문집인 《노서유고(魯西遺稿)》에 효종을 무함하는 내용이 있으니 훼판하라고 명하는 병신처분을 단행하였다. 이후 윤선거 부자의 관작을 삭탈하며, 윤선거의 사액서원(賜額書院)을 철거하게 하였다. 이러한 일련의 처분에 대하여 숙종은 "나의 자손들은 모름지기 이 뜻을 준수하여 굳게 지켜 흔들리지 말라."라고 당부하였다. 《肅宗實錄 42年 7月 25日, 7月 29日, 8月 24日》

251) 아버지와 …… 있다 : 《숙종실록 25年 4月 5日》 기사에 의하면, 숙종 24년 내린 비망기에서 아버지와 스승은 경중이 있다는 유시를 내렸다고 하였다. 숙종은 "군신의 대의는 실로 천지를 통철하고, 만고에 뻗어갈 대경(大經)이요, 대단(大端)인 것이니, 어떻게 스승을 섬기는 도리에 견주어 동일하게 평가할 수가 있겠는가.[君臣大義, 實通天地·亘萬古之大經大端, 豈可以事師之道, 比而同之乎?]"라고 하였다.

252) 의서(擬書)와 묘문(墓文) : 의서는 윤증이 송시열에게 보내려했던 〈신유의서〉를, 묘문은 송시열이 지은 윤선거의 묘갈명을 가리킨다. 숙종은 〈신유의서〉에 대해서는 "윤증이 송시열을 비난한 글이 많다."라고 하고, 윤선거의 묘갈명에 대해서는 "송시열이 윤선거를 욕한 내용이 없다."라고 하여, 이를 둘러싼 노소론의 대립에서 노론의 손을 들어주었다. 《肅宗實錄 42年 7月 6日·10日》

삼가 바라건대 품처하라는 명을 속히 거두시고 한결같이 선왕의 유지를 따르시며 혹시라도 흔들려 고치는 일이 없게 하여 성상의 효심을 빛내십시오.”

○ **24일**, 유선기(柳選基) - 유취장의 아들 - 를 잡아들여 가두었다. - 26일, 당고개에서 교형에 처하였다. -

○ 문사낭청 권익순을 홍중휘(洪重徽)로 대신하였다.

○ 승지 김치룡·이정제(李廷濟)[253]가 상소하여 국구 어유귀를 배척하였다. 삼사가 청대하였을 때 국구가 올린 상소의 잘못된 점을 번갈아 아뢰며 이르기를, “그가 감히 이러한 시비에 간여하였습니다. ……”라고 하였다.

○ **25일**, 사헌부가 앞서 아뢴 임창의 일에 대해 주상이 아뢴 대로 하라 하였다. 임창을 대정에 정배하였다.

○ **26일**, 이상건·묵세를 11차 형문하였고, 심진을 10차 형문하고 위엄을 보이자 승복하였다.

심진(沈縉)의 결안은 다음과 같다.

“나이 73세. 제가 전라병영에 있을 때, 포목 1동, 돈 3백 냥, 대호지(大戶紙) 13속, 간지(簡紙) 5백 폭, 부채 50자루를 조카 심상길(沈尙吉)에게 올려 보냈습니다. 그것은 심상길이 저에게 편지로 이르기를,

---

253) 이정제(李廷濟) : 1670~1737. 본관은 부평(富平), 자는 중협(仲協), 호는 죽호(竹湖)이다. 1699년(숙종25) 사마시를 거쳐 이듬해 춘당대 문과에 급제하고, 사간 등을 역임하며 김창집 등을 탄핵하다가 파직되기도 하였다. 1721년(경종1) 충주목사를 거쳐 1723년 노론 축출에 가담하였다가 1725년(영조1) 노론의 집권으로 삭직되었다. 1728년 경기도관찰사, 이어서 대사헌·형조판서·호조판서 등을 역임하고 지중추부사에 이르렀다. 시호는 효정(孝貞)이다.

‘반드시 은화가 있어야만 일을 도모할 수 있으니, 이러한 각종 물품을 올려 보내주어야 합니다. 이른바 일을 도모한다는 것은 노론이 바야흐로 패한다 하므로, 지 상궁에게 은화를 써서 실패를 막을 수 있도록 만전을 기하려고 합니다. ……’

라고 하였기 때문입니다.

제가 상경한 후 뒤미처 들어보니, 지 상궁에게 쓴 것이 사실이라고 심상길의 아들 심재(沈載)가 말하였습니다. 저는 애초에 심상길의 편지를 받고, 단지 노론을 위해 주선한다는 생각으로 포목과 돈, 종이, 부채 등의 물품을 올려 보냈습니다. 심상길이 역모를 꾀한 실정은 제가 알아차리지 못했지만 은화를 낸 조항의 경우 동참하였던 것이 확실합니다.”

라고 하였다. 당고개에서 형을 집행하였다. - 27일 -

○ 승지들이 청대하였을 때, 전라병영에서 압송한 죄인 최수만(崔壽萬)을 국청에 회부하여 엄중히 심문해서 실정을 밝혀낼 일을 정탈하였다.

○ 문사낭청 윤연(尹埏)을 이경열로 대신하였다.

○ 27일, 유경유·최수만(崔壽萬)을 잡아들여 가두었다.

○ 내일 창덕궁으로 이어(移御)할 일을 분부하였다.

○ 태학생 이징복(李徵復) 등이 상소하여 국구의 상소를 배척하자, 주상이 답하기를, “대의(大意)가 참으로 좋으니, 유념하지 않을 수 있겠는가.”라고 하였다.

○ 전후로 25차례에 걸쳐 상소가 올라왔으나, 비답 없이 승정원에 내렸다.

- 전 황해도관찰사 김유경(金有慶)[254], 수찬 이하원(李夏源)[255], 필선 서명우(徐命遇),
대사간 이사상(李師尙), 장령 정운주(鄭雲柱)[256], 예조참판 유중무, 사직 정호, 승지 황이장(黃
爾章), 교리 박필몽, 정언 권호(權護), 우윤 김흥경(金興慶)[257], 부교리 홍만우(洪萬遇)[258],
문학 김홍석, 검열 조지빈(趙趾彬)[259], 전 경상도관찰사 홍우전, 전 경기도관찰사 권업,
응교 김동필(金東弼)[260], 보덕 김계환, 판윤 심단, 이조좌랑 홍만우, 공조참판 권규(權珪)[261],

---

254) 김유경(金有慶) : 1669~1748. 본관은 경주(慶州), 자는 덕유(德裕), 호는 용주(龍洲)·용곡
(龍谷)이다. 1693년(숙종19) 사마시에 합격하고, 1710년 증광 문과에 급제하여 1716년
수찬이 되고 홍문록에 올랐다. 1722년(경종2) 이전에 의주부윤(義州府尹) 재직시 이정식
(李正植)을 편비(編裨)로 삼아 막하(幕下)에 두었다 하여 유배되었다. 1725년(영조1)
풀려나 호조참의가 되고, 1738년 공조판서가 되었다. 1744년 대사헌으로서 탕평책을
반대하다가 파직되었다. 1746년 좌참찬으로 관직에서 물러난 뒤 1748년 숭록대부에
특진되었다. 시호는 효정(孝貞)이다.

255) 이하원(李夏源) : 1664~1747. 본관은 광주(廣州), 자는 원례(元禮), 호는 예남(藥南)·정졸재
(貞拙齋)이다. 도승지 이시만(李蓍晚)의 아들이다. 1696년(숙종22) 문과에 급제하여 청요
직을 두루 지내고 순흥부사(順興府使)로 나갔다. 1721년(경종1) 다시 순천부사를 거쳐서
대사간·경상도관찰사 등을 역임하고, 영조대 공조판서에 올랐다.

256) 정운주(鄭雲柱) : 1669~1727. 본관은 초계(草溪), 자는 계항(季杭)이다. 1699년(숙종25)
진사가 되고, 1707년 별시 문과에 급제하여, 1712년 지평, 1721년(경종1) 장령이 되었다.
1722년 조태구를 비판하다가 파직되었다. 1727년(영조3) 헌납이 된 후 사망하였다.

257) 김흥경(金興慶) : 1677~1750. 본관 경주, 자는 자유(子有)·숙기(叔起), 호는 급류정(急流亭)
이다. 황해도관찰사 김홍욱(金弘郁)의 종손이다. 1699년(숙종25) 정시 문과에 급제하여
대사간 등 청요직을 두루 거쳐, 경종대 한성부 우윤이 되었다가 신임옥사로 파직되었다.
1724년 영조 즉위 직후 도승지가 되었고, 1734년(영조10) 우의정에 이어 1735년 영의정에
올랐다. 시호는 정헌(靖獻)이다.

258) 홍만우(洪萬遇) : 1671~1722. 본관은 풍산(豊山), 자는 계회(季會)이다. 대사헌 홍이상(洪
履祥)의 증손이다. 1701년(숙종27) 알성 문과에 급제하여 1713년 홍문록에 올랐다.
1717년 윤지완을 비호하고, 영의정 김창집 등을 탄핵하였다가 귀양 갔다. 1721년(경종1)
이조좌랑이 되고 1722년 수찬이 되었는데, 곧 사망하였다.

259) 조지빈(趙趾彬) : 1691~1730. 본관은 양주(楊州), 자는 인지(麟之)이다. 좌의정 조태억의
아들이다. 1718년(숙종44) 정시 문과에 급제하여, 1723년(경종3) 홍문록에 올랐다. 1725
년(영조1) 노론의 탄핵을 받고 유배 갔다가 1727년 풀려나 이조좌랑이 되었으며, 승지·대
사간 등을 역임하였다.

260) 김동필(金東弼) : 1678~1737. 본관은 상산(商山), 자는 자직(子直), 호는 낙건정(樂健亭)이
다. 수찬 김설(金卨)의 증손이다. 1704년(숙종30) 춘당대 문과에 급제하고, 1707년부터
청요직을 두루 역임하였다. 1721년(경종1) 보덕으로 재직시 세제를 모해하려는 환관
박상검·문유도 등을 탄핵해 처벌하게 하였다. 1722년 임인옥사를 마무리하면서 홍문관

지평 김홍석, 사과 정형익(鄭亨益), 부교리 홍정필(洪廷弼)262)이 상소하였다.263) -

○ 29일, 전교하기를,

"민진원은 범한 죄가 비록 무거우나, 예우하는 도리 상 내내 버려두는 것은 옳지 않으니, 특별히 방송하라."

라고 하였다.

○ 30일, 이상건을 12차 형문하였고, 묵세는 12차 형문 끝에 기절하였다. 이이헌(李彝憲)을 잡아들였다.

○ 생원 안윤중(安允中)264) 등이 상소하여, 스승과 제자에 대해 통렬하게 논변하고265), 선조(先朝)의 금령(禁令)266)을 다시 펼쳐, 선대왕이 확정한 사안

제학 김일경이 종묘에 토역(討逆)을 고하는 교문을 지었는데, 김동필은 이 교문에 인용한 말들이 문제가 있음을 들어 김일경을 논핵하였다. 1727년(영조3) 도승지와 한성판윤을 역임하면서 영조의 탕평책에 협조하였다. 1728년 무신난이 일어나자 남한순무 겸 동로경략사(南漢巡撫兼東路經略使)로 출전해 공을 세우고, 난이 평정된 뒤에 이조판서 등을 지냈다. 시호는 충혜(忠惠)이다. 서서로 《인접·설회(引接說話)》가 있다

261) 권규(權珪) : 1648~1723. 본관은 안동, 자는 국서(國瑞)·덕장(德章), 호는 남록(南麓)이다. 영의정 권대운(權大運)의 아들이다. 1675년(숙종1) 증광 문과에 급제하여 청요직을 두루 거쳐 1689년 도당록(都堂錄)에 올랐다. 1694년 갑술환국으로 유배 갔다가 1697년 풀려났다. 1721년(경종1) 세제 대리청정을 반대하는 상소를 올렸다. 1722년 신임옥사로 소론이 집권하자 공조참판 등을 역임하였다.

262) 홍정필(洪廷弼) : 1674~1727. 본관은 남양(南陽), 자는 사섭(士燮)이다. 영안위(永安尉) 홍주원(洪柱元)의 후손이다. 1705년(숙종31) 알성 문과에 급제하여 숙종·경종 연간 청요직을 두루 지내고, 1727년(영조3) 보덕이 되었다.

263) 전 …… 상소하였다 : 여기의 직함은 모두 전직으로서, 이전에 상소한 사람들을 가리킨다.

264) 안윤중(安允中) : 1677~? 본관은 죽산(竹山), 자는 중집(仲執)이다. 1721년(경종1) 생원시에 합격하였으나, 다음해 송시열의 무함을 변론하는 상소를 올렸다가 1723년 운산(雲山)으로 유배되었다. 1725년(영조1) 풀려나 호조정랑 등을 지냈는데, 1734년 뇌물 받은 일로 다시 변방에 유배되었다.

265) 스승과 …… 논변하고 : 숙종대 송시열이 제자인 윤증과 대립한 이른바 회니시비(懷尼是

을 감히 다시 동요시키지 말라고 운운 하였다. 승정원에서 논계하자, 주상이 전교하기를, "봉입하지 말라."라고 하였다.

○ 8월 1일, 김시태·김성절(金盛節)을 잡아들여 가두었다. 오서종을 5차 형문하였다.

○ 문사낭청 조원명을 권익관으로 대신하였다.

○ 2일, 오서종을 6차·7차 형문하였고, 양익표를 잡아들여 가두었다.

○ 홍문관에서 차자를 올려, 이건명·조태채를 법에 따라 처단할 일과 이이명·김창집의 처자식을 노비로 삼고 가산을 몰수하는 법을 시행할 일을 아뢰자, 주상이 답하기를, "네 흉적을 법에 따라 처단하라는 청은 너무 과중하다."라고 하였다.

○ 3일, 최수만·양익표·김시태를 1차 형문하였고, 묵세를 13차 형문하였으며, 오서종을 8차 형문하였다. 최수만은 2차 형문 끝에 승복하였고, 김성절은 1차 형문에서 은을 거두는 일로 서로 교류하였다고 승복하였다.

非)를 가리킨다. 이 갈등은 효종대 송시열과 윤증의 부친인 윤선거와의 갈등에 그 뿌리를 두고 있는데, 핵심은 북벌(北伐) 정책에 대한 견해 차이에 있었다. 윤선거는 북벌 추진을 위해 윤휴 등 남인과도 협력해야 한다는 입장이었는데, 송시열은 북벌의 의리를 자신의 전매특허로 독점하면서도 윤휴에 대한 사문난적 논란으로 정치 쟁점을 치환하여 사실상 관념적 북벌론에 머물렀다. 이러한 입장 차이가 숙종대에는 송시열과 윤증 사이의 갈등으로 확대되면서 결국 서인이 노론과 소론으로 분열되기에 이르렀다.

266) 선조(先朝)의 금령(禁令) : 회니시비에 대해 1716년(숙종42) 숙종이 단행한 병신처분을 이른다. 병신처분은 노·소의 대립과 분쟁에 왕이 직접 관여하여 처분을 내린 것이었다. 이로써 소론은 학문적·정치적으로 이념과 명분에서 심각한 타격을 입어 정국에서 소외되었고, 노론은 숙종의 인정과 지원을 받아 정국을 주도하게 되었다. 《肅宗實錄 42年 8月 24日》

○ **4일**, 백시구·유성추·서윤흥·우홍채(禹洪采)·이명좌(李明佐)[267]를 국청 (鞫廳)에 이송하였다. 김성절은 역모를 꾀한 한 조항으로 국문하여 1차 형신을 가하였고, 양익표는 2차, 오서종은 9차 형문하였으며, 이이헌은 방송하였고, 이상건은 물고(物故)되었다.

○ 최수만의 결안은 다음과 같다.

"제가 멀리 바다 섬에 유배되어 죽을 처지에서 살 길을 찾고자 하던 중, 마침 이이헌과 안면이 있었으므로 거짓으로 공초를 꾸몄으니, 다른 사람을 무함해서 죽음을 면하고자 한 정상이 적실합니다."

당고개에서 처형하였다.

○ **7일**, 비변사에서 다음과 같이 회계(回啓)[268]하였다.

"신들이 생각하건대, 두 현신(賢臣)의 도덕과 학문, 품행과 지조는 실로 누대에 걸쳐 조정의 존숭을 받았고 한 시대의 귀감이 되어 추앙을 받아왔습니 다. 이전에 거짓을 얽어 무함한 말은 오로지 흉적 신구와 역적 김창집의 무리가 어진 이를 해치고 나라를 병들게 하려고 꾸민 계략에서 나온 것이었는 데, 그때 온 나라의 유생들이 처음부터 끝까지 피눈물로 호소하여 더 이상 미진한 부분은 없으므로, 이에 대해 신들이 다시 조목조목 열거하지는 않겠습 니다.

---

267) 이명좌(李明佐) : 1681~1722. 본관은 전주, 자는 사우(土遇)·자우(子遇)이다. 덕흥대원군 (德興大院君) 이초(李岹)의 후손으로 훈련대장 이홍술의 형인 이홍일(李弘逸)의 차남 이세정(李世禎)의 아들이다. 동생은 이명회(李明會)·이명진(李明晉)·이명협(李明協)·이 명익(李明翼)이다. 그 외 서제(庶弟) 이명징(李明徵)·이명저(李明著)가 있다. 1721년(경종 1) 식년시에 합격하여 생원이 되었다. 1722년(경종2) 임인옥사 당시 정우관을 통해 장세상에게 은화를 건넨 혐의로 8월 4일 체포되어 두 차례 신문을 받고 승복하여 8월 7일 당고개에서 처형되었다.

268) 비변사에서 …… 회계(回啓) : 1722년(경종2) 7월, 관학 유생 황욱(黃昱) 등과 양호(兩湖) 의 유생 김수귀(金壽龜) 등이 올린 상소를 품처(稟處)하라는 명에 대해 비변사가 올린 보고이다.

다만 생각하건대 우리 선왕께서는 수십 년 동안 아버지와 스승은 그 경중이 다르다는 하교를 시종일관 견지하셨고, 재신(宰臣)의 상소에 내린 비답 중 '유소(儒疏)에서 말한 내용과 비슷한 부분을 찾아볼 수 없으니, 어찌 무함하고 헐뜯는다는 죄목으로 곧장 내몰 수 있는가.'[269]

라고 하신 하교도 해와 별처럼 밝게 빛나고 있으니, 끝에 가서 내린 처분은 선왕의 본의에서 나온 것이 아님을 알 수 있습니다.

역적 김창집은 비록 두 현신을 원수처럼 보긴 하였으나 처음에는 감히 (윤선거가 효종을) 무함했다 배척하지는 못하였는데, 점차 얕은 데서부터 깊은 데로 들어가 기어이 올바른 이를 해치는 계략을 부렸습니다. 그리하여 세 번 반복된 말에 자애로운 어머니도 결국은 베틀의 북을 던지고야 말았다는 고사[270]와 같아졌는데, 해와 달처럼 밝은 성상께서 하루아침에 알아차릴까 두려워하여, 무릇 송사(訟事)나 변정(辨正)에 관계된 소장에 대해서는 나라의 금령(禁令)을 만들어 모두 물리침으로써 사림으로 하여금 끝내 사실을 한 번도 밝히지 못하게 하였습니다.

아! 한번 사문(斯文)이 무너지면서 인심과 세도가 어두워지고 앞을 보지 못하는 소경처럼 사방이 가로막혀 흉역이 하늘을 뒤덮고 종묘사직이 거의 망할 뻔하였으니 통탄스러움을 금할 수 있겠습니까.

---

269) 유소(儒疏)에서 …… 있는가 : 이 말은 신구(申球)의 상소에 대한 숙종의 비답으로, 실록 기사의 원문은 "본문 가운데 위아래의 문맥을 내 상세히 보았으나, 유소(儒疏)의 내용과 비슷한 것을 보지 못하였으니, 어찌 무함하였다고 지목하여 망측한 죄로 내몰 수 있는가. 사습(士習)이 이에 이르렀으니, 매우 슬프다.[本文中上下文理, 予披閱詳矣, 未見其近似於儒疏者, 則何可以誣毁之目, 驅之於罔測之科耶? 士習至此, 極爲慨惋也.]"이다. 이는 곧 숙종이 윤선거의 문집을 살펴보았으나, 신구의 상소에서 지적한 내용과 비슷한 부분을 찾아볼 수 없었으니, 윤선거가 효종을 무함하였다고 지목한 신구의 상소는 부당하다는 내용이었다. 《肅宗實錄 42年 8月 3日》

270) 세 …… 고사 : 증자(曾子)와 똑같은 이름을 가진 증삼(曾參)이라는 다른 사람이 살인을 했는데, 세 차례나 연속해서 증삼이 살인했다고 증자의 모친에게 잘못 전하니, 그 모친이 그 말을 믿지 않을 수가 없어서 길쌈을 하다가 베틀의 북을 내던지고 달아났다는 '삼지투저(三至投杼)'의 고사를 이른다. 근거 없는 말이나 계속된 참소를 듣다 보면 결국 사실인 것처럼 믿게 되는 것을 뜻한다. 《戰國策 秦策2》

당고(黨錮)의 화271)가 일어나자 한나라 왕실이 망하기에 이르렀고 위학(僞學)으로 몰아 금지시키자272) 조씨의 송나라가 패망하였으니, 앞사람의 실패를 경계로 삼아야 한다는 교훈273)이 어찌 여기에 있지 않겠습니까.

시험 삼아 우리 조선의 옛일을 들어 말해보겠습니다. 문정공(文正公) 조광조(趙光祖)274)와 문간공(文簡公) 성혼(成渾)275)은 모두 간사한 자들의 무함을 입어

---

271) 당고(黨錮)의 화 : 동한 말엽 환제(桓帝) 때 환관(宦官)들이 정권을 장악하자, 진번(陳蕃)·이응(李膺) 등이 이를 바로잡고자 공박하였는데 환관들은 이들을 도리어 당인(黨人)이라고 지목하여 종신토록 금고(禁錮)한 사건을 가리킨다. 이후 영제(靈帝) 때 또다시 진번 등이 환관들을 제거하려다가 일이 사전에 누설되어 환관 조절(曹節)이 두무(寶武)·진번·이응 등 1백여 인을 죽이고 전국 학자 6~7백 인을 연좌시켜 처벌하였다. 《後漢書 黨錮列傳》

272) 위학(僞學)으로 몰아 금지시키자 : 송 영종(宋寧宗) 경원(慶元) 연간에 한탁주(韓侂冑)와 조여우(趙汝愚)가 권력 쟁탈전을 벌일 적에 주희(朱熹) 등이 조여우의 편을 들었는데, 한탁주가 득세한 뒤에 승상 조여우 이하 59인을 모조리 몰아내는 한편, 도학(道學)을 위학(僞學)이라고 규정하고는 주희의 학문을 일체 금지시키도록 한 이른바 ‘경원 당금(慶元黨禁)’의 사건을 말한다. 위학이란 거짓된 학문이라는 뜻으로, 한탁주는 욕망에 따라 자기 뜻대로 살려고 하는 것이야말로 인간의 진정한 속성인 만큼, 이를 단속하여 굳이 수양하게 하려는 주희의 학문은 허위라고 주장하면서 도학을 배척하는 명분으로 삼았다. 《宋史 卷434 儒林列傳 蔡元定, 卷474 姦臣列傳4 韓侂冑》

273) 앞사람의 …… 교훈 : 앞 수레가 넘어지면[覆轍] 뒷 수레는 이것을 보고 경계하는 것이니, 앞 사람이 한 잘못을 답습하지 말아야 함을 이른다.

274) 조광조(趙光祖) : 1482~1519. 본관은 한양(漢陽), 자는 효직(孝直), 호는 정암(靜庵)이다. 개국공신 조온(趙溫)의 5대 손이며, 17세 때 무오사화로 희천에 유배 중이던 김굉필(金宏弼)에게 수학하였다. 1510년(중종5) 사마시에 장원급제하여 성균관에 들어갔으며, 1515년(중종10) 안당(安瑭)의 추천으로 조지서(造紙署) 사지(司紙)가 되었다. 그해 별시 문과에 급제하여 청요직을 두루 거쳤다. 이때 장경왕후 사후 계비 책봉문제가 거론되자 대사간으로서 김정과 박상을 옹호하고 박원종의 처벌을 상소했다가 이행의 탄핵을 받았다. 1518년 대사헌이 되어 도학정치(道學政治) 실현을 위해 각종 개혁을 단행하다 1519년 기묘사화(己卯士禍)로 사사되었다. 인종 때 신원되고 선조 때 영의정에 추증되었으며, 1610년(광해군2) 문묘에 종사되었다. 시호는 문정(文正)이다.

275) 성혼(成渾) : 1535~1598. 본관은 창녕(昌寧), 자는 호원(浩原), 호는 우계(牛溪)·묵암(默庵)이다. 성수침(成守琛)의 아들이자 이이(李珥)의 친우이다. 정인홍(鄭仁弘)을 비롯한 북인(北人) 측은 기축옥사 때 최영경의 억울한 죽음을 두고 성혼이 정철(鄭澈)을 사주하여 죽인 것이라 여겼으므로, 성혼은 정철과 함께 북인의 집요한 공격을 받았다. 사후 기축옥사와 관련하여 삭탈관작 되었다가 1633년(인조11) 복관사제(復官賜祭) 되었다. 1681년(숙종7) 문묘에 배향되었다가 1689년(숙종15) 기사환국으로 출향(黜享)되고, 1694년(숙종20) 갑술환국으로 재차 배향되는 등, 집권층의 당색에 따라 포폄의 기복을

후명(後命)의 화276)와 추탈의 억울함277)에서 벗어나지 못하였습니다. 이에 효릉(孝陵)278)과 장릉(長陵)279)께서 억울함을 풀어주시고 관작을 돌려주도록 하시자, 해당 관청에서 선조(先朝)와 관련된 일이라 하여 어렵게 여기지 않고 빠르게 공의를 따랐습니다. 오늘날 마땅히 본받아야 할 것은 오직 두 성군께서 이미 시행하신 아름다운 전례(典例)에 있습니다.

사마광(司馬光)이 '왕안석(王安石)이나 여혜경(呂惠卿)이 만든 법은 선제(先帝)의 본의가 아닌 것이니, 불에 타는 이를 구제하고 물에 빠진 이를 건지는 것처럼 (속히) 개정해야 한다.'라고 한 말280)이야말로 바로 오늘을 위해

겪었다. 시호는 문간(文簡)이다.

276) 후명(後命)의 화 : 후명은 유배 간 죄인에게 사약을 내려 죽음을 명하는 일을 이른다. 조광조는 기묘사화로 능주(綾州)에 유배되었다가 사사되었다.

277) 추탈의 억울함 : 1594년(선조27) 권유(權愉)가 상소하여 정철이 최영경을 무고하여 죽였다고 주장함으로써 정철의 관작이 삭탈된 이래 1597년(선조30) 4월, 정인홍의 문인 박성(朴惺)이, 1601년(선조34) 12월 문경호(文景虎)가 '최영경을 죽음에 얽어 넣은 자는 정철, 이를 배후에서 조종한 자는 성혼'이라는 내용의 상소를 올려 최영경 옥사의 책임 소재를 성혼에게까지 확대하였다. 여기에 1602년(선조35) 2월에는 대사헌에 제수된 정인홍이 성혼에 대한 공격을 한층 강화하였고, 결국 성혼은 간인(奸人)과 편당하고 국난(國難)에 왕을 저버린 죄 등으로 삭탈관작 되기에 이르렀다. 《燃藜室記述 卷17 宣祖朝 故事本末》《宣祖實錄 34年 12月 20日》

278) 효릉(孝陵) : 경기도 고양시 덕양구에 있는 조선전기 제12대 인종(仁宗, 1515~1545)과 왕비 인성왕후(仁聖王后) 박씨의 능이다. 인종의 본관은 전주(全州), 휘는 호(岵), 자는 천윤(天胤)이다. 중종의 맏아들로 어머니는 영돈녕부사 윤여필(尹汝弼)의 딸 장경왕후(章敬王后)이다. 비는 첨지중추부사 박용(朴墉)의 딸 인성왕후이다. 1520년(중종15) 세자로 책봉, 25년 간 세자의 자리에 있다가 1544년 즉위하였는데, 1545년 31세에 사망하였다.

279) 장릉(長陵) : 인조(仁祖, 1595~1649)와 비(妃) 인열왕후(仁烈王后) 한씨(韓氏)의 합장릉으로 경기도 파주시(坡州市) 탄현면(炭縣面) 장릉로 90에 있다. 인조는 조선 제16대 왕(재위 1623~1649)으로 휘는 종(倧), 자는 화백(和伯), 호는 송창(松窓)이다. 선조의 손자이며 정원군(定遠君)의 아들이고, 어머니는 인헌왕후(仁獻王后)이다. 비는 한준겸(韓浚謙)의 딸 인열왕후이고, 계비(繼妃)는 조창원(趙昌元)의 딸 장렬왕후(莊烈王后)이다. 1607년(선조40)에 능양도정(綾陽都正)에 봉해졌다가 후에 능양군(綾陽君)으로 진봉되었다. 1623년 인조반정으로 왕위에 올라 생부인 정원군을 원종(元宗)으로 추존하였다. 왕자는 소현세자(昭顯世子), 봉림대군(鳳林大君), 인평대군(麟坪大君), 용성대군(龍城大君), 숭선군(崇善君), 낙선군(樂善君)이며, 왕녀는 효명옹주(孝明翁主)가 있다. 소현세자가 사망한 뒤 봉림대군을 세자로 책봉하였다. 27년간 재위하다가 1649년 사망하였다.

준비된 말입니다.

경외(京外)의 유생이 청한 것을 한결같이 따라서 고 유신(儒臣) 윤선거·윤증 모두의 관작과 증시(贈諡)를 회복시키시고 서원의 사액을 다시 내리시며 문집의 간행을 허락하십시오. 그리고 이러한 내용을 해조(該曹)와 해도(該道)에 분부하여 즉시 거행하게 하십시오.”

주상이 윤허하였다.

○ 9일, 삼사 - 홍문관 박필몽·권익순·이현장·여선장·조익명·이명의, 양사 이명언· 정해·양정호(梁廷虎)281)·윤대영·김중희(金重熙)282)·이보욱·이광보·이진순·구명규 - 에 서 복합(伏閤)283)하여 다음과 같이 아뢰었다.

“아! 이건명 또한 전하의 한 신하인데, 전하에게 불리한 것이라면 모두

---

280) 사마광(司馬光)이 …… 말 : 송나라 신종(神宗)이 죽고 철종(哲宗)이 어린 나이로 즉위하자 태황태후(太皇太后)가 정사(政事)에 임하였는데, 이때 사마광(司馬光)이 재상이 되어 신종 때에 실시한 왕안석(王安石)의 신법(新法)을 폐지하고 옛 법을 회복하려 하였다. 이에 의논하는 자들이 “부친이 작고한 뒤 삼 년 동안은 부친이 해 오던 일을 고치는 일이 없어야 효라고 말할 수 있다.[三年無改於父之道, 可謂孝矣.]”라는 《논어》〈학이(學而)〉 의 말을 인용하면서 이를 저시하려 하사, 사마광이 “선제의 법 중에서 좋은 것은 백세 뒤에라도 고치면 안 되겠지만, 왕안석이나 여혜경(呂惠卿)이 만들어서 천하에 피해를 끼치는 것과 같은 것은 불과 물 속에서 사람들을 구해내는 것처럼 속히 고쳐야만 한다. 더군다나 태황태후가 모친의 입장에서 아들의 법을 고치는 것이지, 아들이 부친의 법을 고치는 것이 아니다.[先帝之法, 其善者, 雖百世不可變也. 若安石·惠卿所建, 爲天下害者, 改之當如救焚拯溺. 況太皇太后, 以母改子, 非子改父.]”라고 하였다. 《宋史 卷336 司馬光列傳》
281) 양정호(梁廷虎) : 1683~? 본관은 남원(南原), 자는 직부(直夫)이다. 헌납 양성규(梁聖揆)의 아들이다. 1711년(숙종37) 식년시 생원이 되고 이듬해 정시 문과에 장원급제하여 1716년 지평이 되었다. 1722년(경종2) 노론 4대신 처벌을 주장하는 합계에 참여하였다가 1725년 (영조1) 삭출되었다. 1727년 풀려나 1739년까지 승지를 지내다 이해 형조참의가 되었다.
282) 김중희(金重熙) : 1681~? 본관은 안동(安東), 자는 호경(皡卿)이다. 1710년(숙종36) 증광시 에서 생원·진사, 문과에 모두 급제하였다. 경종대 청요직을 두루 지내다가 1725년(영조1) 유배되었다. 1727년 석방되어 다시 삼사에 진출하였으며, 1739년 세자시강원 보덕(輔德) 이 되었다.
283) 복합(伏閤) : 나라에 큰일이 있거나 주청할 중대한 사안이 있을 때, 조신(朝臣)이나 유생들이 대궐문 밖에서 상소한 뒤 엎드려 승낙을 기다리며 물러가지 않는 것을 이른다.

담당하여 주장하지 않은 것이 없었습니다. 비망기가 갑자기 내려와[284] 중신(重臣)이 도로 거두실 것을 청하자 이건명이 남몰래 분노와 원한을 품고 칼날을 옮겨 다급히 공격하였고, 정청의 반열을 철거하려는 움직임에 여러 재신(宰臣)들이 극력 쟁집하자 이건명이 깊이 분노하여 제멋대로 꾸짖고 질타하였습니다. 마침내 밤을 틈타 은밀히 모의한 후 연명으로 차자를 올려 협박하여 반드시 쫓아내고야 말려 하였으니, 이것이 그가 역적이 된 첫 번째 이유입니다.

건저(建儲)의 거조는 명분이 바르고 말이 순리에 맞으니, 주청(奏請)할 때 할 말이 없을까 어찌 걱정할 일이었겠습니까. 그런데 '위질(痿疾)' 두 글자를 주문(奏文)에 올렸고 '잉속(媵屬)' 등의 말을 문답할 때 거듭 언급하여 군부를 무함하고 이를 다른 나라에 드러내었으니, 이것이 그가 역적이 된 두 번째 이유입니다.

급수(急手)의 흉악한 시도가 이미 그의 조카들에게서 나왔고 손바닥에 글자를 써서 추대하려는 계략이 또한 동당(同堂)에서 나왔습니다. 흉악한 환관과 결탁하여 안에서 비망기를 재차 내리도록 도모하였고, 부장(副將)을 바꿔 차임하여[285] 밖에서 궁성에 군사를 배치하려 모의하였으니, 이것이 그가 역적이 된 세 번째 이유입니다.

더구나 이정식이 공초에서 '좌의정은 바로 봉행하려 하였다.'[286]라고 한 말이 너무도 명백하니, 그 역모의 정황은 흉적 김창집과 비교해도 한층 더 심합니다. 신하된 자로서 이 세 가지 큰 죄를 짓고도 천지간에 잠시라도

---

284) 비망기가 갑자기 내려와 : 1721년(경종1) 10월 10일, 집의 조성복이 왕세제의 참정을 요청하는 상소를 올리자, 경종이 그날로 세제의 대리청정을 명하는 비망기를 내린 일을 가리킨다.

285) 부장(副將)을 …… 차임하여 : 노론 당색의 인물들로 궁성을 호위하게 하기 위해 소론인 이삼을 충청병사로 내보내고 유취장을 훈련도감 중군(中軍)으로 삼은 일을 이른다.

286) 좌의정은 …… 하였다 : 이는 이정식의 공초에서 나온 말로, 이건명이 정청의 형식을 거치지 않고 곧장 비망기의 명을 봉행하여 왕세제의 대리청정을 관철시키려 했음을 이른다. 이로 인해 이건명은, 왕세제의 대리청정을 시행하라는 비망기가 내려진 뒤 이를 즉시 봉행하지 않고 사흘간의 정청을 거쳤기 때문에 결국 일이 실패로 돌아갔다고 한탄했다는 혐의를 받았다.

숨을 쉬고 살 수 있겠습니까. 청컨대 이건명을 속히 국법에 따라 처형하십시오.

아아! 삼수의 참혹함을 어떻게 차마 말할 수 있겠습니까. 천고의 흉악한 역모들을 합한 것이 오늘날 네 역적의 은밀한 모의가 되었습니다. 이른바 평지수(平地手)287)라는 것은 대급수(大急手)288)·소급수(小急手)289)에 견주어볼 때 극악한 역모라는 점에서는 한가지입니다.

조태채의 흉역한 속셈은 본디 삼흉과 더불어 조금의 차이도 없는데, 다만 성품이 교활하고 간사하여 겉으로 가리고 꾸며서 관망하였을 뿐이었습니다. 그러다 지난겨울 (세제의 대리청정을 허락하는) 비망기가 내리자 그 일이 반드시 성사되리라 여기고 더 이상의 거리낌도 없이 오로지 의기투합하여 정청을 중지하려 하였는데, 재신들이 맞서 쟁집하자 근거 없는 말로 농간을 부려 정청을 다시 거행하는 척 속이고 비밀리에 화응해서 남몰래 연명차자를 올려 마침내 삼흉과 더불어 질펀하게 한통속이 되었습니다. 청컨대 조태채를 법에 따라 처단하라고 속히 명하십시오.

아! 전하께서는 이이명과 김창집을 어떠한 역적이라 여기십니까? 그들은 화를 불러일으키려는 마음을 품고 화란의 기틀을 양성하여, 독대(獨對)를 담당하여 은연중 이롭지 않게 할 마음을 품었고,290) 고묘(告廟)를 저지291)하여

---

287) 평지수(平地手) : 노론 세력이 경종을 시해하기 위해 구상했다고 전하는 삼수(三手) 중 하나로, 세자를 무고하는 글을 짓고 숙종의 유언을 위조하여 세자를 내쫓으려는 시도를 가리킨다. 이희지가 언문(諺文)으로 세자를 무고하고 헐뜯는 말로 가사(歌詞)를 지어 궁중에 유입시키고, 또 숙종의 명령을 자신들이 꾸며서 세자를 폐위시키려고 하였다.

288) 대급수(大急手) : 노론 세력이 경종을 시해하기 위해 구상했다고 전하는 삼수 중 하나로, 직접 칼로 경종을 죽이려는 시도를 가리킨다. 김용택이 보검을 백망에게 주어 숙종의 국상 때 담장을 넘어서 궁궐로 들어가 세자인 경종을 시해하려고 하였다.

289) 소급수(小急手) : 노론 세력이 경종을 시해하기 위해 구상했다고 전하는 삼수 중 하나로, 수라에 독을 타서 경종을 독살하려는 시도를 가리킨다. 이기지·정인중·이희지·김용택· 이천기·홍의인·홍철인이 은으로 상궁 지씨(池氏)를 매수하여 음식에 독약을 타서 경종 을 시해하려고 하였다.

290) 독대(獨對)를 …… 품었고 : 정유년(1717, 숙종43) 숙종이 우의정 이이명을 불러 독대한 일을 이른다. 독대 직후 숙종은 세자[景宗]의 대리청정을 명하였는데,《당의통략(黨議通

남몰래 반역의 마음[無將之心]292)을 길러왔습니다.

전하께서 보위를 잇던 날에는 더욱 방자하게 흉악한 반역 음모를 모의·계획하여 성궁(聖躬)을 위협하였고, 역적 조성복을 사주해 먼저 임금의 의중을 떠보는 상소를 올리게 하였으며, 정청[庭籲]에 부지런히 힘쓰는 척 책임을 면하다가293) 마침내 (대리청정의) 절목을 상정한 차자를 올렸습니다.

삼수를 주동하고 (이이명을) 추대하려 한 음모가 이미 '양(養)'자를 써서 보인 것에서 드러났고294), 비망기를 받아내려 도모하고 임금을 폐출하려던 계략은 궁성에 병력을 배치하려던 것에서 모두 폭로되었습니다.

당초 사사한 것은 이미 형벌의 정도를 잃은 것이었는데, 이 거대한 악의 괴수에게 아직도 처자식을 노비로 삼고 가산을 몰수하는 형전을 면하게 하고 있으니, 청컨대 이이명과 김창집에 대해 처자식을 노비로 삼고 가산을

略)》에 따르면 이때 세자를 교체한 이후의 사태에 대비하라는 숙종의 비밀 명령이 있었다고 한다. 《肅宗實錄 43年 7月 19日》

291) 고묘(告廟)를 저지 : 숙종이 당시 세자였던 경종에게 정사를 대리(代理)할 것을 명하자, 다른 이들은 고묘(告廟)할 것을 청하였는데, 유독 영의정 김창집만이 이의를 제기했던 일을 말한다. 《肅宗實錄補闕正誤 43年 9月 25日》

292) 반역의 마음[無將之心] : '무장'은 《춘추공양전(春秋公羊傳)》 장공(莊公) 32년 조에 "임금이나 부모에 대해서는 불충한 마음이 없어야 하니, 만약 불충한 마음이 있으면 반드시 주벌한다.[君親無將, 將而誅焉]"라는 말에서 나온 것이다. 원래의 의미는 임금에 대해 신하가 반역하거나 찬시(簒弑)하는 마음을 품지 말아야 한다는 것을 뜻하나, 후세에 와서 마음속에 역모나 시해와 같은 반역의 마음을 품고 있음을 가리키는 뜻으로 쓰이게 되었다.

293) 정청[庭籲]에 …… 면하다가 : 본문의 "黽勉庭籲"는 이른바 노론 4대신이 정청을 거행한 지 겨우 3일 만에 그치고 곧장 연명차자를 올려, 정청을 면피용으로 이용했던 소행을 비판하는 뜻이 함의되어 있다. 그리하여 김일경 등의 상소에서는 이를 "伏閤庭籲, 黽勉塞責, 止於三日."이라고 표현하였다. 《景宗實錄 1年 12月 6日》《景宗修正實錄 1年 12月 6日》

294) '양(養)'자를 …… 드러났고 : '양'자는 이이명의 자인 양숙(養叔)을 가리킨다. 목호룡의 고변서에 이르기를, "각자 손바닥에 글자를 써서 심사(心事)를 표시하였는데, 김용택은 '충(忠)'자를 썼고, 다른 사람들은 혹 '신(信)'자나 '의(義)'자를 쓰기도 했습니다. 그러나 백망은 '양(養)'자를 썼으므로 좌우에서 서로 돌아보며 그 뜻을 알지 못했으나, 유독 이천기만은 양숙, 즉 이이명을 추대하려는 뜻임을 알아차리고 크게 웃었습니다."라고 하였다.

몰수하는 형전을 도로 거두라는 명을 속히 거두어주십시오."

주상이 답하기를, "번거롭게 하지 말라."라고 하였다. 두 번, 세 번 아뢰었으나, 주상이 번거롭게 하지 말라고 하였다.

○ 11일, 태묘에 부묘(祔廟) 후 대가(大駕)와 왕세제가 환궁하자 (백관이) 진하(陳賀)하였다. 다음은 숙종의 묘정에 배향할 신하[295]에게 내린 교문(敎文)이다.

"문충공(文忠公) 남구만(南九萬)은 천지의 강정(剛正)한 기운이 세상에 드물게 모인 사람이었으므로, 묘당(廟堂)에서 경제(經濟)의 자질을 발휘할 것으로 젊어서부터 명망이 높았다. 풍절(風節)은 한나라의 이고(李固)[296]와 당나라의 송경(宋璟)[297]과 같았으며, 문장은 육경여(陸敬興)[298]·구양수(歐陽脩)[299]와 같

---

295) 숙종의 …… 신하 : 숙종의 묘정에 배향한 신하는 영의정 문충공(文忠公) 남구만(南九萬)·좌의정 문순공(文純公) 박세채(朴世采)·우의정 충정공(忠正公) 윤지완(尹趾完)·영의정 문정공(文貞公) 최석정(崔錫鼎)이다. 《景宗實錄 2年 8月 11日》

296) 이고(李固) : 94~147. 한중(漢中) 남정(南鄭) 사람으로 자는 자견(子堅)이다. 후한 충제(冲帝) 때의 태위(太尉)로 조야의 명망이 높았다. 충제가 죽었을 때와 질제(質帝)가 시해되었을 때에 모두 청하왕(淸河王) 유산(劉蒜)을 옹립하려고 노력히더기 권신인 양기(梁冀)의 비위를 거슬러 면직되었다. 이후 양기가 마침내 환제(桓帝)를 세우고 무옥(誣獄)을 일으켰을 때 죽임을 당하였다. 《後漢書 李固列傳》《史略 東漢》

297) 송경(宋璟) : 663~737. 당(唐)나라 때의 명재상으로, 임금의 뜻을 거스르는 직간을 잘하였으며, 요숭(姚崇)을 이어 재상에 올라 현종(玄宗)을 보좌하면서 개원(開元) 연간의 선치(善治)를 이루었다. 《舊唐書 宋璟列傳》

298) 육경여(陸敬興) : 당(唐)나라의 명재상이자 문장가인 육지(陸贄, 754~805)로, 경여는 그의 자이고 시호는 선공(宣公)이다. 대종(代宗) 대력(大曆) 연간에 진사시에 급제하고 벼슬이 중서평장사(中書平章事)에 이르렀는데 직간(直諫)을 잘하였다. 주의(奏議)는 신하가 임금에게 올리는 상소(上疏)와 차자(箚子) 등의 글을 이르는데, 육지의 주의는 매우 뛰어난 명문들로, 이를 모은 〈육선공주의(陸宣公奏議)〉는 주의의 모범으로 후대 문신들의 필독서가 되었다.

299) 구양수(歐陽脩) : 1007~1072. 북송(北宋) 때의 명신이자 문장가로, 자는 영숙(永叔), 호는 취옹(醉翁)·육일거사(六一居士), 시호는 문충(文忠)이다. 한유(韓愈)에게 깊은 영향을 받았고, 매요신(梅堯臣)과 함께 문장으로 천하에 이름이 났다. 당송팔대가의 한 사람이다. 저서로는 《구양문충공집(歐陽文忠公集)》이 있다.

았다.

곧고 바른 논의로 상빙(霜氷)의 조짐300)을 경계하였고, 진퇴양난의 어려움이 빈번하게 닥칠 때도 도에 따른 출처(出處)를 지켜 무상한 세상 변화를 넘기니, 명덕(名德)은 더욱 무거워졌다.

오랫동안 한가로이 지내다 천운(天運)이 은밀히 회복됨에 마음 바꿔 일어나자 세도가 다시 바르게 되었다. 순정한 충심으로 왕실의 주춧돌이 되었고, 맑은 의론으로 사림의 영수가 되었다. 종사를 위해서는 깊고 원대한 근심이 있었고, 조정을 위해서는 광명정대한 거조가 있었다.

거울을 달아 모습을 비추니, 어찌 다만 어둠 속에서 화를 막는 데 그치겠는가. 물여우의 쇠뇌[蜮弩]301)를 맞아도 기꺼이 감내하며 나라를 태산 같은 반석에 올리기에만 전념하였으니, 맹렬한 불길 속 강철이 수백 번의 단련을 거치며 더욱 단단해지고, 거친 풍파 속 지주(砥柱)302)가 천 길 낭떠러지에 홀로 우뚝 선 것과 같았다.

그러나 어지러이 쏟아지는 비난에 자리에 편한 날이 하루도 없어, 뜻을 펴보지도 못한 채 탄식하며 조정을 떠났으니, 처음에는 주나라 주공이 벼슬을 버리고 은거303)한 것과 같았고, 종국에는 은나라 이윤(伊尹)이 연로한 나이를

---

300) 상빙(霜氷)의 조짐 : 서리가 오면 곧 얼음이 얼 것을 안다[履霜氷至]는 말로서, 조짐이 있을 때 조심하지 않으면 장차 큰 화가 닥칠 수 있음을 경계한 말이다. 《周易 坤卦》 남구만이 장희빈의 아들인 세자를 보호하기 위해 희빈의 오라비 장희재를 선처하라고 주장한 일을 비유한 것이다.
301) 물여우의 쇠뇌[蜮弩] : 역(蜮)은 일명 단호(短狐)라고도 하는 해충으로서, 입 속에 가로질러 있는 뿔로 만든 쇠뇌[弩]같은 물건에 기(氣)를 살[矢]로 삼아 물속에서 사람을 쏘아 해친다고 전해진다. 또 일설로는 모래를 입에 물었다가 사람을 쏘아 맞히면 부스럼을 앓게 되며 그림자를 맞혀도 마찬가지 해를 입는다고 한다.
302) 지주(砥柱) : 중국 황하(黃河)의 거센 물살 가운데 우뚝이 서 있는 바위산으로, 혼탁한 세속에 휩쓸리지 않고 꿋꿋하게 자신의 절조를 지키는 군자를 비유하는 표현이다.
303) 주나라 …… 은거 : 원문의 '손황(遜荒)'은 난을 피하여 황야에 은거함을 이른다. 무왕(武王)이 붕어한 뒤에 주공(周公)이 어린 성왕(成王)을 도와 섭정하였는데, 관숙(管叔)과 채숙(蔡叔)이 "주공이 장차 어린 성왕에게 이롭지 못할 것이다."라는 유언비어를 퍼뜨리자, 주공이 수도를 떠나 동쪽 교외로 나가 2년을 지낸 고사를 이른다.

들어 치사(致仕)를 청한 것과 같았다.

의기투합의 성대함으로 말하자면 이미 관직에서 물러난 뒤에도 마음을 알아주는 말씀이 있었고, 예우의 융성함으로 말하자면 병중에 있어도 손을 잡고 하신 말씀이 있으셨다. 공교로운 말과 혀를 앞세운 수백 수천의 무함을 받았지만, 그의 고심과 진심은 30년이 지난 지금에 와 더욱 입증되고 있다.

그의 식견은 아직 나타나지 않은 것을 논하였으므로, 이전에는 장곡강(張曲江)의 선견지명[304]을 몰라본 것과 같았는데, 이 역적이 승복한 때에 이르러서야 바야흐로 '이 문정(李文靖)은 참으로 성인이다.'[305]라는 감탄을 받았으니, 어찌 다만 본말(本末)이 밝게 드러날 뿐이랴. 또한 오르내리는 신령이 강림하여 내려 보실 것이다."- 윤순(尹淳) 지음 -

○ "문순공(文純公) 박세채(朴世采)는 자질이 온화하고 순수하기가 금옥처럼 아름다웠고, 문리(文理)의 치밀함은 누에의 실과 소털처럼 섬세하였다. 그 융성한 업적과 순정한 학문은 주부자(朱夫子, 주희)의 문로(門路)를 벗어나지 않았고, 엄정한 출처와 담대한 용기는 모두 이 문성(李文成)[306]의 모범을

---

304) 장곡강(張曲江)의 선견지명 : 장곡강은 당나라 시인 장구령(張九齡, 673~740)으로, 그가 장곡강이라 불렸던 까닭은 소주(韶州) 곡강(曲江) 사람이었기 때문이다. 장구령이 현종에게 "안녹산(安祿山)은 역적의 상(相)이 있으니 죽여서 후환을 없애소서."라고 간하였으나, 현종은 받아들이지 않았다. 나중에 안녹산의 난리로 촉(蜀) 지방에 파천(播遷)한 현종은 그의 충심을 생각하여 눈물을 흘리면서 사자를 보내 치제(致祭)하고 그의 집을 구휼하였다. 《新唐書 張九齡列傳》

305) 이 문정(李文靖)은 …… 성인 : 문정은 송 진종(宋眞宗) 때의 이름난 재상 이항(李沆, 947~1004)의 시호이다. 이항은 재상으로 있으면서 어린 황제 진종(眞宗)이 장래에 토목(土木), 병갑(甲兵), 제사(祭祀) 등의 일을 일으킬 것을 걱정하여 평소 경계했는데, 이항이 죽은 후 진종이 과연 태산에 봉선하고 궁실을 크게 짓는 역사를 일으키자 당시에 이 일을 예상하지 못했던 왕단(王旦)이 탄식하기를 "이 문정은 참으로 성인이다.[李文靖眞聖人也.]"라고 한 고사를 인용한 것이다. 《宋史 卷282 李沆列傳》

306) 이 문성(李文成) : 이이(李珥, 1536~1584)를 가리키며, 문성은 그의 시호이다. 본관은 덕수(德水), 자는 숙헌(叔獻), 호는 율곡(栗谷)·석담(石潭)·우재(愚齋)이다. 좌의정 이행(李荇)의 재종손(再宗孫)이며, 사헌부 감찰 이원수(李元秀)의 아들이다. 1548년(명종3) 진사시에 합격한 후 1558년 문과 별시에 급제하기까지 아홉 번이나 장원 급제하여 구도장원공

따랐다.

경(敬)과 의(義)를 견지하여 행동이 법도에서 어긋나지 않았고 체(體)와 용(用)을 겸비하여 경륜을 이룰 재주를 갖추었다. 붕당을 타파하는 것보다 중요한 시무(時務)는 없다 하였으며, 본원(本源)을 맑게 하기 위해서는 반드시 치도(治道)를 우선해야 한다 하였다.

시비를 가림에 기울거나 치우침이 없었으며, 의론을 낼 때는 공명하고 정대하였다. 한 시대의 청론(淸論)을 주장하며 위훈(僞勳)을 통렬히 배척하였고, 만고의 윤리를 세우며 난적(亂賊)을 기필코 주벌하였다." - 심공(沈珙) 지음 -

○ "충정공(忠正公) 윤지완(尹趾完)은 식견과 사려가 심원하고 기국과 도량이 준엄하였다. 공충정대(公忠正大)한 풍모는 일찍이 한기(韓琦)307)와 범중엄(范仲淹)308) 이하로 자처한 적이 없고, 강직하고 과감한 지조는 맹분(孟賁)과 하육(夏育)309)의 용맹함도 당할 바가 아니었다. 유서 깊은 가문의 자손으로서, 경은

(九度壯元公)으로 일컬어졌다. 선조대 이조·병조판서 등을 역임하였다. 1576년(선조9) 동인(東人)과 서인(西人)의 대립 갈등이 심화되자 양시양비론(兩是兩非論)을 제기하여 이를 해결하고자 하였다. 또한 조제론(調劑論)에 바탕을 두고 제도 개혁에 정치력을 집중하려 하였으나 동인의 집요한 반발로 인해 실효를 거두지 못하였다.

307) 한기(韓琦) : 1008~1075. 북송(北宋) 때의 재상으로 자는 치규(稚圭), 호는 공수(贛叟)이다. 인종(仁宗) 때에 섬서경략안무초토사(陝西經略安撫招討使)가 되어 범중엄(范仲淹)과 함께 섬서성(陝西省)으로 진군해서 서하(西夏)의 반란을 진압하였다. 인종 때 종실 중에서 어진 이를 후사로 세워 종사(宗社)를 위한 계책으로 삼을 것을 청하여 영종(英宗)을 후사로 세우고 위국공(魏國公)에 봉해졌으며, 다시 신종(神宗)을 세워 시중(侍中)이 되었다. 시호는 충헌(忠獻)이다.

308) 범중엄(范仲淹) : 989~1052. 북송(北宋)의 정치가로, 자는 희문(希文)이다. 1015년에 진사 시험에 합격하고 한기(韓琦)와 함께 섬서성(陝西省) 방면에서 서하(西夏)의 방위에 공을 세워, 추밀부사를 거쳐 참지정사(參知政事)가 되었다. 인종(仁宗)대에 간관(諫官)으로 있으면서 곽황후(郭皇后)의 폐립문제를 놓고 찬성파인 재상 여이간(呂夷簡)과 대립하다가 지방으로 쫓겨났다. 그 뒤로 구양수(歐陽脩)·한기 등과 함께 여이간 일파를 비난하고 스스로 군자의 붕당(朋黨)이라고 칭하였다. 당시 문·무신을 통하여 1등 인물로 존경받았으며 범문정공(范文正公)으로 불리었다.

309) 맹분(孟賁)과 하육(夏育) : 맹분은 전국시대의 용사로, 소뿔을 뽑을 힘이 있었다. 물속에서는 교룡(蛟龍)을 피하지 않았고 육지에서는 외뿔소와 범 같은 맹수도 피하지

어려서 장릉(長陵, 인조)의 깊은 격려를 받았고, 형제[310]가 함께 조정의 반열에 올랐으며, 만년에는 선왕의 특별한 지우를 받았다.

병신년 정국이 바뀌던 때 청의(淸議)를 견지하니 조야(朝野)가 모두 우러렀으며, 영남의 관찰사로 부임하여 위엄과 명성을 떨쳤을 때는 주군(州郡)이 놀라 두려워하였다. 음양이 소장(消長)하는 기미가 보일 때 오직 의(義)에 따라 출처(出處)하였고, 세상의 격변을 겪어도 그 명성과 절개를 오롯이 지켰다.

한나라가 질서를 세우던 초, 상산(商山)의 사호(四皓)[311]를 불러들였던 명이 있었듯, 직접 집으로 찾아가 만나고자 하였으니 경에 대한 의지와 신임이 특히 융성하였으며, 편여(便輿)를 타고 조정에 나오는 것을 허락하였으니 경에 대한 은혜와 예우가 매우 특별하였다.

구준(寇準)이 전각에 오르자[312] 백관으로 하여금 두려움에 다리를 떨게 했다는 명성을 떨쳤고, 사마광(司馬光)이 도성에 들어오자 만민이 이마에

않았는데, 한번 노하면 소리가 울려 천지를 진동시켰다고 한다. 하육은 주(周)나라 때의 이름난 용사로 위(衛)나라 사람인데, 천균(千鈞)의 무게를 들 수 있을 정도로 힘이 세었다고 한다. 후대에 '분육(賁育)'으로 일컬어져 용사(勇士)의 범칭이 되었다. 《史記 卷101 袁盎晁錯列傳》《史記 卷79 范雎蔡澤列傳》

310) 형제 : 윤지완의 형인 윤지선(尹趾善, 1627~1704)을 이른다. 윤지선의 본관은 파평(坡平), 자는 중린(仲麟), 호는 두포(杜浦)이다. 1660년(현종1) 진사가 되고, 1662년 증광 문과에 급제하여 청요직을 두루 거쳐, 숙종대 좌의정까지 지냈다. 1694년 갑술환국 이후 남구만·박세채·최석정 등과 함께 소론 탕평파를 이끌었다.

311) 상산(商山)의 사호(四皓) : 진(秦)·한(漢) 교체기, 상산(商山)에 숨어 살았다고 전해지는 네 명의 은자(隱者) 동원공(東園公)·기리계(綺里季)·하황공(夏黃公)·녹리선생(甪里先生)을 말한다. 한 고조가 태자 유영(劉盈)을 폐위하고 척 부인(戚夫人) 소생인 조왕(趙王) 여의(如意)를 세우려고 하였는데, 상산 사호가 입조(入朝)하여 태자를 지성으로 보호하자 고조가 생각을 바꾸었다고 한다. 《史記 高祖本紀》

312) 구준(寇準)이 전각에 오르자 : 구준(961~1023)은 송나라 태종·진종·인종 때의 명신으로, 자는 평중(平仲), 시호는 충민(忠愍)이다. 파동지현(巴東知縣) 등 외직을 거쳐 집현전 태학사(集賢殿太學士)를 지냈으며, 내국공(萊國公)에 봉해졌다. 태종 때 구준이 판이부동전(判吏部東銓)이 되어 전중(殿中)에서 일을 아뢴 일이 있었는데 말이 황제와 맞지 않자 황제가 화를 내고 일어나니, 구준이 황제의 옷을 당겨 다시 어좌에 앉게 하고 일을 마치고 나서 물러났다. 이 일로 인하여 태종이 말하기를, "짐이 구준을 얻은 것은 문황(文皇)이 위징(魏徵)을 얻은 것과 같다."라고 하였다. 《宋史 寇準列傳》

손을 얹고 공경하는 열망313)에 부응하였다.

드러내지 않고 진심과 정성을 다해 별과 달같이 빛나는 성상의 덕을 보필하였고, 곧은 말과 직언으로 어둡고 음침한 길을 깊이 차단하였다. 세상이 경을 의지하여 북두칠성을 우러르듯 하였으나, 경은 속세를 떠나 다시 동산(東山)에 은거314)하였다. 강호(江湖)에 있을 때에도 진퇴의 근심을 잊지 않았고, 나라를 위하는 길이면 순탄하든 험난하든 헤쳐 나갈 절조를 생각하였다.

지난번 원악(元惡)의 무리가 흉악한 뜻을 펼치려 하자, 대로(大老)가 죽기를 각오하고 병든 몸을 이끌고 도성에 들어와, 끓는 가마솥을 밟는 길일지언정 일신(一身)을 피하지 않았고, 항거하는 소를 올려 합문(閤門)에서 호소하여 위태로운 종묘사직을 외로이 구해냈다.

이장원(李長源)315)과 같은 충언은 나라의 근본을 길이 굳건하게 하였고,

---

313) 사마광(司馬光)이 …… 열망 : 사마광(1019~1086)은 북송의 명신으로, 호는 우부(迂夫)·우수(迂叟), 자는 군실(君實)이다. 죽은 뒤 온국공(溫國公)에 봉해져 사마온공(司馬溫公)이라고도 한다. 신종(神宗) 때 왕안석(王安石)의 신법(新法)을 극력 반대하다가 뜻을 이루지 못해 벼슬에서 물러나 낙양(洛陽)으로 돌아와 지냈다. 낙양에서 지낸 지 15년 동안에 명망이 더욱 높아져 천하 사람들이 '진재상(眞宰相)'이라 하였고, 농부와 야로(野老)들도 모두 '사마상공(司馬相公)'이라 불렀으며, 부인과 어린아이들도 그의 자가 군실(君實)임을 알았다고 한다. 신종이 죽자, 사마광이 개봉부(開封府) 대궐로 문상하러 왔는데, 위사(衛士)들이 그를 바라보며 모두 손을 이마에 얹으면서[以手加額] 이르기를 "이분이 바로 사마상공이시다."라 하고, 그가 이르는 곳마다 백성들이 길을 막고 모여 구경하며 이르기를 "공은 낙양으로 돌아가지 마시고 그대로 남아 천자를 도와 백성들을 살게 해주소서."라고 하였다. 《宋史 司馬光列傳》
314) 동산(東山)에 은거 : 진(晉)나라 사안(謝安)이 회계(會稽)의 동산(東山)에 은거하면서 계속되는 조정의 부름에도 응하지 않고 유유자적했던 고와동산(高臥東山)의 고사에서 나온 말인데, 윤지완이 은거한 것을 가리킨 것이기도 하다. 《晉書 謝安傳》
315) 이장원(李長源) : 당나라 때의 명재상 이필(李泌, 722~789)을 가리킨다. 장원은 그의 자이다. 현종(玄宗)·숙종(肅宗)·대종(代宗)·덕종(德宗) 4대에 걸쳐 국정을 운영하면서 벼슬이 평장사(平章事)에 이르렀고 업후(鄴侯)에 봉해졌다. 현종은 태자인 숙종에게 이필과 포의교(布衣交)를 맺게 하여 그를 선생이라 부르게 하였다. 숙종은 밖에 나갈 때에는 말을 함께 타고, 잘 때에는 탑(榻)을 마주하여 태자로 있을 때처럼 대우하였고, 덕종이 태자를 폐하려 할 적에 간절하게 간하여 이를 중지케 하였다. 백의재상(白衣宰相) 또는 백의산인(白衣山人)이라고도 불렀다. 《新唐書 李泌列傳》

장곡강과 같은 선견지명은 간사한 싹을 미리 잘랐다. 앞서 했던 경의 말이 부절을 맞춘 듯 들어맞아 늙은 역적의 정황을 꿰뚫어 본 듯하고, 촌심(寸心)은 천지신명 앞에 당당히 질정할 수 있어서 선왕의 영령이 강림하여 굽어보실 것이다.” - 이진유(李眞儒)[316] 지음 -

○ 삼사가 복합하여 아뢰자, 주상이 답하기를, “번거롭게 하지 말라.”라고 하였다.

○ 이선(李譔)[317]과 윤각을 잡아들여 가두었다.

○ **12일**, 삼사가 복합하여 아뢰자, 주상이 답하기를, “번거롭게 하지 말라.”라고 하였다.

○ 대신·재신·삼사 - 우의정 최석항, 좌참찬 강현, 병조판서 이광좌, 이조참판 김일경, 한성부 좌윤 김시환, 예조참판 유중무, 사직 박태항(朴泰恒)[318], 이조판서 이조(李肇), 호조판

---

316) 이진유(李眞儒) : 1669~1730. 본관은 전주, 자는 사신(士珍), 호는 북곡(北谷)이다. 판서 이경직의 증손, 판의금부사 이정영(李正英)의 손자, 참판 이대성(李大成)의 아들이다. 1707년(숙종33) 진사가 되고, 그 해 별시 문과에 급제하여, 1713년 도당록에 올랐다. 1721년(경종1) 조성복과 노론을 탄핵하는 김일경 상소에 연명하였으며, 1722년 노론 4대신을 제거하는 일에 참여하였다. 1724년 경종이 죽자 이조참판이 되어 고부 겸 주청사(告訃兼奏請使)의 부사로 청나라에 다녀왔다. 이듬해 노론이 득세하자 나주(羅州)에 안치되었다가 1727년 정미환국 이후 육지로 나왔다. 1728년 무신난(戊申亂) 이후 노론의 집요한 탄핵을 받고 1730년 중앙으로 압송되어 문초를 받던 중 옥사하였다.
317) 이선(李譔) : 1675~? 본관은 여주(驪州), 자는 자순(子諄)이다. 동지중추부사 이동영(李東榮)의 아들이다. 1702년(숙종28) 식년 무과에 급제하여 1704년 선전관(宣傳官)이 되었다. 이후 구례현감을 거쳐 1721년(경종1) 광양현감이 되었다. 1722년 최수만의 무고로 붙잡혀 왔다가 풀려나 1724년 흥양현감이 되었다. 영조 즉위 후 청주영장(淸州營將)을 거쳐 1729년(영조5) 겸사복장(兼司僕將)이 되었다. 1730년 안흥첨사(安興僉使)가 되어 1732년부터 굴항 공역을 주도하다가 1736년 군향 관리를 소홀히 하였다고 의금부에 잡혀가 심문을 받았다. 이해 사도세자의 이름과 발음이 같아서 이희보(李喜報)로 개명하였다. 현재 남아 있는 무과 방목에는 이대선(李大譔)으로 기록되어 있다.

서 김연, 예조판서 이태좌(李台佐), 형조판서 조태억(趙泰億), 공조판서 한배하, 한성부
판윤 윤취상, 병조참판 김중기(金重器), 형조참판 이삼, 한성부 우윤 신익하, 총관 윤우진(尹遇
進)·이휘(李暉)319), 개성유수 이세최(李世最)320), 대사성 이사상, 부제학 박필몽, 교리 권익순
·이현장, 부교리 여선장, 수찬 조익명, 부수찬 이명의, 대사간 이명언, 사간 양정호, 헌납
이진순, 정언 구명규, 집의 정해, 장령 김중희·윤대영, 지평 이광보·이보욱, 승지 남취명·김
치룡·조경명(趙景命)·박희진(朴熙晉)321)·이정제, 사관 윤종신(尹宗臣)·송인명(宋寅明)322)·
신치운(申致雲)·조현명(趙顯命), 좌승지 임순원(任舜元)323), 추후 입시한 이만선(李萬選)324) -

---

318) 박태항(朴泰恒) : 1647~1737. 본관은 반남(潘南), 자는 사심(士心)이다. 1687년(숙종13)
   알성 문과에 급제하여 보덕·문학 등을 거쳐 충청도관찰사를 지냈다. 1720년(경종 즉위
   년) 예조참판으로서 세제 책봉을 주장하는 노론을 적극 탄핵하였다. 영조가 즉위하자
   삭탈관작 되었다가 정미환국(1727)으로 다시 기용되어 형조판서 등을 역임하였다.
319) 이휘(李暉) : 1655~1723. 본관은 용인(龍仁), 자는 여욱(汝旭)이다. 숙종대 무과에 급제하
   여 선전관을 거쳐 함경도 병사 등을 역임하였다. 1722년(경종2) 12월, 병사로 재직할
   때 가렴주구를 일삼았다는 탄핵을 받고 삭거사판 당했다.
320) 이세최(李世最) : 1664~1726. 본관은 용인(龍仁), 자는 유량(幼良)이다. 아버지는 이순악
   (李舜岳)이며, 어머니는 윤문거(尹文擧)의 딸이고, 부인은 영의정 유상운(柳尙運)의 딸이
   다. 1699년(숙종25) 정시 문과에 급제하여 1704년 정언 재직 시 호조판서 조태채(趙泰菜)
   의 불법을 논죄하였다. 1711년 승지가 되고, 1724년(경종4) 이조참판에 올랐다. 1725년(영
   조1) 김일경을 비호하였다는 탄핵을 받고 유배 가서 유배지에서 죽었다.
321) 박희진(朴熙晉) : 1657~? 본관은 반남(潘南), 자는 명중(明仲)이다. 1687년(숙종13) 진사가
   되고, 1699년 문과 정시에 급제하였다. 1703년 이후 청요직을 두루 거쳐 1722년(경종2)
   승지가 되어 김창집 등을 육시(戮屍)하라고 주장하였다. 이 일로 1725년(영조1) 삭출되었다.
322) 송인명(宋寅明) : 1689~1746. 본관은 여산(礪山), 자는 성빈(聖賓), 호는 장밀헌(藏密軒)이
   다. 이조참판 송광연(宋光淵)의 손자이고, 호조참판 송징오(宋徵五)의 아들이며, 어머니
   는 사헌부집의(司憲府執義) 이단상(李端相)의 딸이다. 1719년(숙종45) 증광 문과에 급제하
   여 1721년(경종1) 세자시강원설서(世子侍講院說書)가 되었다. 당시 세제로 있던 영조의
   총애를 받아, 1724년 영조가 즉위하자 충청도관찰사로 기용되었다가 이듬해 동부승지가
   되어 영조의 탕평책에 적극 협조하였다. 1731년(영조7) 이조판서, 1736년 우의정, 1740년
   좌의정을 역임하였다.《감란록(勘亂錄)》편찬에 참여하였으며 시호는 충헌(忠憲)이다.
323) 임순원(任舜元) : 1653~1723. 본관은 풍천(豊川), 자는 사거(士擧)이다. 이조전랑 임장(任
   章)의 증손, 장령 임선백(任善伯)의 손자이다. 1686년(숙종12) 정시 문과에 급제하여
   청요직을 두루 거치고 1701년 승지가 되어 이후 동궁 보호를 역설하였다. 1707년
   강원도관찰사를 지냈다. 1710년에는 동지부사로 청나라에 갔다가 자문(咨文)을 분실하
   여 관직을 빼앗겼다. 이후 복관된 뒤 형조참의로 승진하였다.
324) 이만선(李萬選) : 1654~1735. 본관은 전주(全州), 자는 택중(擇中), 호는 거재(遽齋)이다.

가 청대하여 입시하였을 때, - 경연에서 오간 말은 모두 《난여》에 상세히 실려 있다. -
최석항이 말하기를,

"이이명과 김창집의 경우, 전하께서 이미 그 흉역의 정황을 알게 되셨으므로 흔쾌히 그들의 사사를 윤허하셨습니다. 그들의 처자를 노비로 삼고 가산을 몰수하는 노적률은 그 다음 차례로 시행해야 하는 일인데, 이미 윤허하셨다 곧바로 중지시켰으니 여론에 크게 어긋난 처사입니다. 또 고묘(告廟)와 반사(頒赦)를 지금까지 지체하며 미루고 있으니, 오늘은 이를 허락받지 않고는 기필코 물러나지 않을 것입니다.

이건명의 죄상은 모두 여지없이 드러났습니다. 이정식이 승복한 공초에서, (비망기가 내리면) 곧장 거행하라는 말이 이건명의 입에서 가장 먼저 나왔다 하였으니, 그 역절은 김창집과 다를 것이 없습니다. 조태채의 죄상을 남김없이 논열하였으니, 속히 윤허하심이 마땅합니다."

라고 하자, 주상이 이르기를, "번거롭게 하지 말라."라고 하였다.

김일경 등이 차례로 진달하자, 번거롭게 하지 말라는 하교를 연이어 내렸다. 김일경이 말하기를,

"입시한 신하들 중에 4흉(四凶)의 지친이 있으나 감히 그 혐의를 말하지 못하였으니, 이로써 토역을 엄중하게 하지 않을 수 없다는 것을 알 수 있습니다."

라고 하자, 조태억이 말하기를,

"조태채는 신의 종형이므로, 신은 이 일에 관여할 수 없습니다. 또한 김일경이 신을 역적의 지친이라 하였으니, 문을 닫아걸고 죄를 기다려야 마땅할

효령대군(孝寧大君) 10대손이며, 판서 이명(李溟)의 증손이다. 1693년(숙종19) 식년문과에 급제하여 1703년 장령이 되고, 1706년 도당록에 올랐다. 이후 청요직을 두루 거치고 1709년 승지가 되었다가 1710년 최석정이 영의정에서 면직될 때 파직 당했다. 1722년(경종2) 사은사 부사(副使)로 청나라에 임인옥사를 주문하고 돌아와서, 1724년 도승지가 되었다. 1726년(영조2) 임징하를 배척하였다가 노론의 탄핵을 받고 조정을 떠났다. 1727년 정미환국으로 동지의금부사, 1733년 지중추부사, 1735년 한성부 판윤이 되었다.

신이 어찌 말을 할 수 있겠습니까. 그러나 흉악한 무리가 의리와 명분을 흔적도 없이 없애버려서, 신은 역적 조성복이 상소하였을 때와 비망기를 도로 거두신 후 청대하였을 때 이미 낱낱이 말하였으므로, 지금은 아뢸 만한 것이 없습니다.”

라고 하였다. 김일경이 말하기를,

“전하께서 이건명의 역절에 의심할만한 자취가 있다 여기신다면, 국청을 열어 실정을 알아내는 것이 어떻겠습니까? 효묘(孝廟, 효종) 때 김자점(金自點)325) 또한 형추를 받은 일이 있었습니다.”

라고 하자, 최석항이 말하기를,

“김일경의 말이 참으로 명쾌합니다. 이건명이 반역을 꾀한 정황이 모두 드러났다 하나 지레 먼저 처형한다면 어찌 뒷날의 폐단이 없겠습니까.”

라고 하고, 계속해서 조태채의 일을 진달하였다.

박태항이 말하기를,

“이번 역모를 다스림에 있어, 중인이나 서얼로서 지엽(枝葉)에 해당하는 자들은 차례로 법에 따라 처형하였으나 장상(將相)으로서 근본이 되는 자들은 아직도 왕법을 모면하고 있습니다. 항간에 떠도는 말에, ‘양반이 역적이 되면 살고 상인(常人)이 역적이 되면 죽는다.’라고 하는데, 이를 보면 또한

---

325) 김자점(金自點) : 1588~1651. 본관은 안동(安東). 자는 성지(成之), 호는 낙서(洛西)로, 현감(縣監) 김탁(金琢)의 아들이다. 음보로 출사해 병조좌랑에까지 이르렀으나 인목대비의 폐비 논의에 반대하는 등 광해군 때에 대북 세력에 맞서다가 정계에서 축출 당하였다. 1623년 3월 이귀(李貴)·김류(金瑬)·이괄(李适) 등과 함께 반정을 성공시키고, 정사공신(靖社功臣) 1등에 녹훈되었다. 1633년 도원수(都元帥)가 되었으나 병자호란 패전의 책임을 지고 먼 섬으로 유배되었다. 1639년 풀려나와 1646년 좌의정을 거쳐 영의정에 올랐다. 인조 말년에는 신면(申冕) 등을 무리로 거느려 낙당(洛黨)이라고 지목되었으며, 원두표(元斗杓)를 중심으로 한 원당(原黨)의 무리와 대립하였다. 1649년 인조가 죽고 새로 즉위한 효종이 김집(金集)·송시열(宋時烈)·권시(權諰)·이유태(李惟泰)·김상헌(金尙憲) 등을 불러들이니, 이들의 공격에 의해 1650년(효종1) 홍천에 유배당하였다. 1651년에 손부인 효명옹주(孝明翁主)의 저주 사건이 문제되고, 아들 김익(金釴)이 수어청 군사와 수원 군대를 동원해 원두표·김집·송시열·송준길(宋浚吉)을 제거하고 숭선군(崇善君)을 추대하려는 역모가 폭로되어 아들과 함께 복주되었다.

사람들의 마음을 알 수 있습니다.”

라고 하였다. 이광좌를 비롯한 재신들이 각기 번갈아가며 청하였으나 끝내 윤허하지 않았다.

주상이 이르기를,

“사관 송인명은 어좌의 지근거리에서 번번이 올려다보니 지극히 무엄하다. 우선 파직하라.”

라고 하자, 송인명이 창졸간에 서둘러 물러갔다. 주상이 또 말하기를,

“그 어찌 감히 단정하게 고개를 숙여 엎드리지 않고 번번이 내 얼굴을 뚫어져라 쳐다보는가? 승지는 어찌하여 추고를 청하지 않는가?”

라고 하자, 남취명이 사죄의 말을 올렸으나, 주상은 미소를 짓고 답이 없었다. 최석항이 말하기를,

“시간이 정오가 지났으니, 신들은 잠시 물러가 기다리다 낮수라를 진어하신 후 다시 입시하는 것이 어떻겠습니까?”

라고 하자, 주상이 이르기를, “그렇다.”라고 하였다. 신하들이 물러갔다 신시(申時, 오후 3~5시)에 다시 입시하였다. - 송인명을 대신하여 조현명이 입시하였고, 신익하·윤우진·이휘는 합문 밖으로 물러갔다. -

대신 이하가 번갈아가며 간곡히 청하다가, 밤이 되었다. 박필몽이 말하기를, “분명한 하교를 내려주시어 억눌리고 답답한 심정을 위로해 주십시오.”라고 하고, 최석항이 말하기를, “바라건대 속히 윤허해 주십시오.”라고 하자, 주상이 이르기를, “이대로 시행하라.”라고 하였다. 김일경이 말하기를,

“처자식을 노비로 삼고 가산을 몰수하는 일과 합계의 일을 모두 윤허하시는 것입니까?”

라고 하자, 주상이 이르기를, “그렇다.”라고 하였다. 최석항이 말하기를, “합계에 두 가지 사안이 있는데, 이건명의 일을 이르시는 것입니까?”라고 하자, 주상이 이르기를, “그렇다.”라고 하였다. 최석항이 말하기를, “그렇다면 조태채의 일은 윤허하지 않으시는 것입니까?”라고 하자, 주상이 이르기를,

"그렇다."라고 하였다.

이정제가 이이명·김창집의 처자식을 노비로 삼고 가산을 몰수할 일과 이건명을 법에 따라 처형할 일을 탑전하교로 써 내었다. 이어 양사에서 조태채의 일을 쟁집하였으나, 주상이 오랫동안 결정을 내리지 않다가 날이 어두워졌다. 대신 이하가 물러가고 나서, 이명의가 진계(進戒)하기를,

"곧고 굳건한 덕을 지키는 데 힘써, 이전처럼 동요하여 고치는 일이 없도록 하십시오."

라고 하자, 주상이 이르기를, "윤허한다."라고 하였다.

○ 14일, 금부도사 이하영(李夏英)이 죄인 이건명을 그 자리에서 바로 참수하는 일326)로 홍양으로 나갔고, 한응규(韓應奎)는 연좌된 죄인 김제겸을 교형에 처하는 일로 부령으로 나갔다.

○ 국청의 죄인 묵세가 물고되었다.

○ 15일, 양익표를 3차, 오서종을 10차, 서윤홍을 1차 형문하였다. 이헌은 8차 형문 끝에 승복하였으나 결안을 내는 것은 거역하였다. 이선(李譔)을 본부로 이송하였고, 목호룡을 풀어주었다.

○ 사헌부 - 윤대영 - 에서 새롭게 아뢰기를,

"신구(申球)가 역적 김창집을 추종하여 그의 은밀한 사주를 받고 선정(先正)을 무함하고 어진 이를 해치려는 마음으로 기꺼이 그 허수아비 노릇을 하였으니, 절도에 정배하십시오.

---

326) 이건명을 …… 일 : 선전관과 금부도사를 파견하여 죄수가 유배된 곳에서 참형(斬刑)하는 것을 이참(莅斬)이라고 한다. 이건명은 전라도 홍양의 나로도에서 선전관 이언환(李彥瑍) 과 금부도사 이하영(李夏英)이 입회한 가운데 참수되었다. 《景宗實錄 2年 8月 19日》

군자감 판관 이지규(李志逵)[327]는 윤지술이 처형된 후 조문을 가지고 가 곡을 하였는데, 그 조문에 '인(仁)을 구하여 인을 얻었으니, 또 무엇을 원망하였겠는가.'[328]라는 말이 있었으니, 글자로 쓴 그 의도가 몹시 패악하고 무엄합니다.

홍산현감 황상정(黃尙鼎)[329]은 역적 이희지의 시체가 돌아온 날 직접 그 상가에 나아가 역군(役軍)을 배정하고 신주를 만들어 주었으니, 당을 위해 목숨을 바치고 법을 멸시하는 행동이 이보다 심한 것이 없습니다. 청컨대 정배하소서."

라고 하자, 주상이 답하기를, "말단의 두 사안은 아뢴 대로 하라."라고 하였다. - 이지규를 안동에, 황상정을 임피에 정배하였다. -

○ 사헌부에서 새롭게 아뢰기를,

"부여현감 권응(權膺)은, 역적 이희지의 집이 관문(官門)과 서로 바라다보이는 곳에 있었을 때 결탁하여 왕래하였고, 희지의 시체가 돌아오던 날에는 직접 가서 조문하고 곡을 하였습니다. 또 가산을 몰수하라는 명이 내린 날에두 즉시 봉행하지 않고, 한결같이 역적의 아우 이의지(李毅之)의 청에 따라 재산과 전답을 마음대로 내주고, 뒤이어 문권(文券)까지 작성해 이미 팔았다고 사칭함으로써 몰수한 가산의 거의 절반이 감소되기에 이르렀으니,

---

327) 이지규(李志逵) : 생몰년은 미상이다. 본관은 벽진(碧珍), 자는 점우(漸于)이다. 현종 때 승지를 지낸 이인(李墣)의 아들로 첨지중추부사를 역임하였다. 성품이 강개하여 북정(北亭) 윤지술(尹志述)이 신임옥사에서 죽임을 당하자, 그의 집에 찾아가 통곡하고 《논어》의 구절을 인용하며, '인(仁)을 구하여 인을 얻었으니, 또한 무엇을 원망하겠느냐.'는 제문을 지었다. 이 일로 1722년(경종2)에 사헌부의 탄핵을 받고 전라도 낙안(樂安)으로 유배되었으나, 1725년(영조1) 장령 김담(金墰)의 상소로 유배에서 풀려나 복직되었다.
328) 인(仁)을 …… 원망하였겠는가 : 공자가 백이와 숙제를 평가하여 "인을 구하여 인을 얻었으니 무엇을 원망하였겠는가.[求仁而得仁, 又何怨?]"라고 한 구절을 인용한 것이다. 《論語 述而》
329) 황상정(黃尙鼎) : 홍산현감(鴻山縣監)으로 이희지의 상가(喪家)에 역군을 배정하고 신주를 만들어 준 일로 탄핵받고 임피(臨陂)로 귀양 갔다. 《景宗實錄 2年 8月 15·16日》

정배하소서.

호조정랑 윤세현(尹世顯)330)·사옹원 직장 황상로(黃尙老)331)·상의원 직장 한택규(韓宅揆)·전 참봉 박광세(朴光世)332)는 흉적에게 빌붙어, 선정을 욕보이고 어진 이를 해치는 논의라면 앞장서서 담당하지 않는 것이 없었으니, 청컨대 모두 사판에서 삭제하소서.”

라고 하자, 주상이 이르기를, “번거롭게 하지 말라”라고 하였다. - 9월 12일에 권응을 부안에 정배하였다. -

○ 이만성이 물고되었다.

○ 16일, 이명좌를 2차 형문하자 승복하였다. 양익표를 4차 형문하고 위엄을 보이자 승복하였다. 서윤홍을 2차, 김시태를 2차, 오서종을 11차 형문하였다.

○ 이헌을 9차 형문하고 위엄을 보이니, 다음과 같이 결안을 냈다.

“정유년(1717, 숙종43) 연간 제가 풍덕부사로 있을 때 들으니, 장세상이 이이명에게 장차 독대333)가 있을 거라고 먼저 알려주었는데, 이이명이 처음에

---

330) 윤세현(尹世顯) : 1656~? 본관은 해평(海平), 자는 회이(晦而)이다. 1699년(숙종25) 식년시에 급제하여 진사가 되었다. 이해 이봉서(李鳳瑞)에 맞서 송시열을 비호하는 상소를 올렸다가 성균관에서 유벌을 받았는데, 민진주(閔鎭周)의 상소로 풀려났다. 1722년(경종3) 호조정랑, 1725년(영조1) 종부시 주부, 장악원 첨정 등을 역임하였다.

331) 황상로(黃尙老) : 1683~1739. 본관은 창원(昌原), 자는 인득(仁得)이다. 의주부윤 황일호(黃一皓)의 증손이다. 1711년(숙종37) 진사가 되고, 1733년(영조9) 식년 문과에 급제하여 사헌부 지평 등을 지냈다. 1714년 8월 12일에 관학 유생들이 당시 최석정이 대신 지은 윤증의 제문에서 송시열을 비판한 내용을 반박하고, 또한 최석정을 비난하였다.

332) 박광세(朴光世) : 1677~1748. 본관은 순천(順天), 자는 사영(士英)이다. 1711년 식년시에서 생원·진사시에 모두 합격하였다. 1715년에는 《가례원류(家禮源流)》에 서문을 쓴 권상하(權尙夏)를 변론하였다. 영조대 의금부도사, 효릉봉사(孝陵奉事) 등을 역임하였다. 1736년(영조12) 송시열과 송준길의 문묘종사를 청하는 상소에 연명하였다.

333) 독대 : 이이명이 숙종의 뒤를 이을 후계자 문제로 숙종과 단독 면대하였던 정유독대(丁酉

는 이 말을 믿지 않다가 오래지 않아 과연 독대가 있게 되자 이때부터 비로소 장세상을 믿고 밖으로부터 은자를 모아 들여보내 장세상으로 하여금 지상궁과 일을 도모하게 하였습니다.

정우관·조송의 무리가 저에게 말하기를,

'이이명이 은자를 얻기 위해 이수민을 통제사로 삼고 김용택으로 하여금 소통하게 하여 한편으로 은자를 구해 빌려 쓸 것이다.'

라고 하였습니다. 그런데 이수민이 통영(統營)으로 내려간 후, 매번 마땅히 은자를 구해 보내겠다 말만 하고 끝내 보내지 않았으므로, 조송의 무리는 번번이 수민에게 기만당했다고 통분해 하였습니다. 이수민이 저로 하여금 그 부채를 함께 상환하게 하려 하기에 제가 벼슬살이를 유지하고자 풍덕에 있을 때 은 백 냥을 냈고, 여주에 있을 때는 이백 냥을 냈습니다.[334]

대저 이이명이 오랫동안 동궁을 폐위시키려는 마음을 품었던 것은 동궁이 등극한 후에 혹 해를 입을까 두려웠기 때문입니다. 정유년 칙사가 왔을 때 제가 풍덕에서 올라와 이이명을 만났는데, 이이명이 내궁(內宮)의 소식을 묻고는 또 말하기를,

'근래 들으니 내전(內殿)에서 장차 동궁을 폐위시키려 한다는데, 나는 믿지 않는다.'

라고 하였습니다. 대개 제가 조송·정우관 무리들을 통해 소식을 듣고 있었으므로 이러한 질문을 하였던 것인데, 저는 또한 이러한 일들은 믿을 만한 것이 못된다고 답하였습니다.

저의 집과 이이명은 바로 이웃해 살았으므로 항상 왕래하였습니다. 이러한 음모는 이이명이 주관하였으며 저의 집으로 하여금 장세상과 연계하게 하였는데, 제 아비[이우항]는 항상 집에 있었으나 저는 대부분 외방에 있었으므로,

---

獨對)를 이른다.

334) 풍덕에 …… 냈습니다 : 이헌(李瀗)은 1717년(숙종43) 풍덕부사(豊德府使)에, 1719년 여주 목사(驪州牧使)에 각각 임명 받고 부임하였다.

그 소소한 곡절을 다 알지는 못합니다.

은을 모은 일의 경우, 지 상궁은 본래 노론의 궁녀로서 그 스스로 마음을 다하였지만 별도로 뇌물을 요구한 일이 거의 없었으므로 반입한 은이 아주 많지는 않았습니다. 작년 정월, 이이명이 북경에서 돌아왔을 때 정우관이 말하는 것을 들어보니, 이이명이 독약을 사서 그 약을 나눴는데, 한 갈래는 서덕수이고 또 한 갈래는 이기지·이천기 무리로, 이 무리가 망령되게 먼저 시행하여 이 소훈의 죽음을 초래하였다 합니다. 이는 제가 평산으로 유배된 후의 일335)로, 이 밖의 사정은 자세히 알지 못합니다.

지난겨울의 일은 이홍술·김시태 무리가 은화를 내었다 들었을 뿐, 저는 은화가 없어 낼 수 없었습니다. 대개 정유년 이후 이이명과 김창집이 장세상과 지 상궁을 통해 동궁을 폐위시킬 일을 도모하였으나, 선대왕께서 어찌 환관과 궁첩의 말을 듣고 이러한 일을 행하시겠습니까. 이 때문에 일이 끝내 이루어지지 못했던 것입니다.

기해년(1719, 숙종45)·경자년(1720, 숙종46) 연간에 한번은 이천기가 저를 찾아와 독약을 쓸 일에 대해 말하기를, ‘경로가 허술하고 엉성하여 지금까지 실행하지 못하고 있다.’ 하였고, 제가 유배를 떠날 때는 서덕수가 찾아와 말하기를, ‘이기지가 보낸 약을 이 소훈에게 써서 제거할 계획이다.’라고 하였습니다.

금년 봄, 제가 유배에서 풀려 돌아온 후 서덕수가 찾아와 만났는데, 자못 겁을 먹은 기색이 있었습니다. 아마도 약을 쓰는 일이 성사되지 못하자 탄로날까 두렵기도 하고 또 그 당이 쫓겨나 비록 일을 도모하려 해도 더 이상 세력이 없기 때문인 듯하였습니다. 저는 이미 역적들과 (역모에) 동참하였습니다. ……”

---

335) 제가 …… 일 : 이헌은 1721년(경종1) 7월, 여주목사로 있을 때 곡식을 사용(私用)한 죄로 평산으로 유배되었다가 같은 해 11월 해주판관(海州判官)을 거쳐 태인현감(泰仁縣監)을 지냈다.

군기시 앞길에서 참형에 처하였다.

○ 문사낭청 이광도를 박필기로 대신하였다.

○ 사간원에서 아뢰기를,

"평양병사 은화 조목에서 이른바 기로소의 관문은 바로 임방(任堕)이 서명한 것으로, 그의 자제 및 청지기가 값을 정해 뇌물을 받았다는 말이 역적의 공초에 허다하고, 또 정우관이 실제 그 첩문을 받아 은화를 얻으려 도모하였으니, 임방이 흉악한 역적과 허물없이 가깝게 지내며 다수의 뇌물을 받은 정황이 여지없이 탄로 났습니다. 원찬하십시오."

라고 하자, 주상이 답하기를, "번거롭게 하지 말라."라고 하였다. - 9월, 임방을 함종(咸從)에 원찬하였다. -

○ **17일**, 약방이 구전으로 아뢰기를,

"신들이 물러나와 본원(本院)의 《일기》를 살펴보니, 경자년(1720, 경종 즉위년) 12월 15일 약방에서 문안한 계사 중에 '어제 토한 누런 물이 거의 한 되쯤 돼 보인다.'는 말이 있었습니다. 이로써 보건대 주상께서 누런 물을 토한 날은 곧 경자년 12월 14일입니다. 이 날짜를 조사한다면 근거를 가지고 밝혀낼 만한 단서가 있을 듯하여 감히 아룁니다."

라고 하자, 주상이 답하기를, "알았다."라고 하였다.

○ 이용석(李龍錫)을 잡아들여 가두었다. 김시정을 1차 형문하였고, 서윤흥·김시태를 3차 형문하였으며, 김성절은 역모에 동참하였음을 승복하였다. 이수민을 국청에 이송하였다.

양익표의 결안은 다음과 같다.

"궁성을 호위한다는 한 조목은 김창집·이이명·이건명이 함께 모의한 것으로, 정청을 파한 후 즉시 거행하고자 하였습니다. 유취장이 저와 동관(同官)336)이었으므로, 저에게 말하기를,

'훈련도감의 중군 자리가 비어있는데, 바야흐로 대신들이 궁성을 호위하려 한다. 이러한 때 이 임무에 반드시 나를 차출하도록 그대가 대신에게 일깨워준다면 그대 또한 훗날 공이 있게 될 것이니, 시험 삼아 나를 위해 도모해 달라.'

라고 하였습니다. 이에 제가 즉시 비변사로 갔는데, 김창집과 이이명이 자리해 있었고, 이건명은 측간에 갔다 금방 돌아왔으며, 조태채는 이미 의막(依幕)에 나가 있었습니다. 제가 유취장이 중군에 합당하다는 뜻을 대신에게 고하였더니, 김창집이 말하기를, '내 진실로 이 사람을 뽑고 싶다.'라고 하니, 이이명과 이건명이 말하기를, '참으로 합당하다.'라고 하였습니다.

김창집이 말하기를,

'그대는 모름지기 우리말을 훈련대장에게 가 전하여, 유취장을 차출한 후 즉시 궁성 호위를 거행하게 하는 것이 좋겠다.'

라고 하여, 제가 즉시 훈련대장의 집으로 가 전해주니, 이홍술이 말하기를,

'내 이미 유취장으로 정해놓았으므로 지금 마땅히 차출할 것이니, 궁성 호위를 어찌 거행하지 않겠는가.'

라고 하였습니다. 제가 이미 궁성 호위의 일을 듣고 실정을 알았으면서도 발고하지 않은 죄가 적실합니다."

당고개에서 형을 집행하였다.

○ 이명좌의 결안은 다음과 같다.

"제가 은 700냥을 냈다는 사안의 경우, 조송이 제 종조337)의 의막으로 가 은 300냥을 받아 갔고, 제가 또 조송의 조카인 이인복(李仁復)을 종조의

---

336) 동관(同官) : 같은 관청에서 함께 근무하는 같은 직급의 관리를 이른다.
337) 종조 : 훈련대장 이홍술을 이른다.

집에 보내 은 400냥을 가져가게 하여, 전후 합한 700냥을 모두 조송의 거처로 보내 장세상에게 환국을 도모하는 일에 사용하게 하였습니다.

제가 김시정과 함께 정우관을 찾아가 만나 묻기를,

'내가 700냥의 은을 조송에게 주어 장세상에게 전하게 하였는데, 그대는 알고 있는가?'

라고 하자, 정우관이 말하기를, '알고 있다.' 하고, 또 말하기를, '장세상의 거처에 비록 전하긴 하였으나 이것으로는 매우 부족하다.'라고 하였습니다.

제가 또 묻기를, '환국하는 일은 어떻게 도모할 것인가?'라고 하자, 정우관이 말하기를,

'장세상의 거처에 은화를 들여보냈으니, 안에서 도모하는 일이 있을 것이므로 이는 상세하게 물을 필요가 없다. 조만간 일이 성사되면 자연히 알게 될 것이다.'

라고 하였습니다. 정우관이 그 이면(裏面)의 일에 대해서는 말하지 않았으므로 다만 이와 같이 의견을 주고받다 돌아왔습니다.

하루는 김시태가 와서 말하기를,

'시사(時事)에 장차 좋은 기회가 있을 것이다. 오늘 저녁 그대 집의 대감께서 패초를 받는 일이 있을 터이니 동요하지 말고 안에 융복(戎服)을 입고 샛길로 대궐에 나아가야 할 것이다. 나는 영의정의 의막으로 가서 또한 이 일을 고할 것이므로 대감의 의막에는 번거로워 갈 수가 없으니, 모름지기 그대가 이 말을 전해야 할 것이다.'

라고 하였습니다.

제가 종조의 은화를 내어 장세상에게 전송하였고, 또 정우관을 만나 도모하는 일을 물었으니, 환국에 동참한 것이 확실합니다."

당고개에서 형을 집행하였다.

○ **18일**, 우의정 최석항이 궐 밖에서 대명(待命)하며 차자를 올렸는데,

그 대략에 이르기를,

"삼가 의계(議啓)에 대한 비답[338]을 보건대 비록 성상의 뜻이 어디에 있는지는 알 수 없으나, 약을 쓰고 담수를 토했다는 말이 이미 죄인의 공초에서 나왔으니 반드시 조사하여 법으로 다스리고자 하는 것은 국청의 체모 상 그만둘 수 없는 일입니다. 하물며 오늘날 역적을 토벌하는 일에 어찌 털끝만큼이라도 그 사이 다른 뜻이 있겠습니까. 그런데도 천만뜻밖에 엄한 비지를 내리시고 말았습니다. ……"

라고 하자, 주상이 답하기를,

"한 때의 하교는 깊이 혐의할 것이 못 되니, 마음을 편안히 하여 대죄하지 말고 속히 나와 국사를 돌보라."

라고 하였다.

○ 국청에서 김 상궁을 회부하기를 청하자 처음에는 없다고 하교하였으나, 국청에서 거듭 청하자 "조사하여 회부하는 것이 마땅하다."라고 하교하였다. 다음날 의계에 대한 비답 안에

"나인을 조사하여 회부하는 것은 본래 어려운 일이 아니나, 누런 물을 토한 일을 빙자하여 노론을 타도하려 했다는 계획은 지극히 근거가 없으니, 이러한 문자는 다시 거론하지 말라. 이른바 김 상궁은 곧 필정(必貞)인데, 지금 이미 죽었으니 어디에서 찾겠는가."

라는 하교가 있었으므로, 영의정이 청대하자 비답을 즉시 도로 거두어 들였고, 우의정 또한 이 일로 진차(陳箚)하였다.

---

338) 의계(議啓)에 대한 비답 : 김성절의 초사에 김씨 성의 궁인이 어선(御膳)에 독약을 탔다는 말이 나오자 국청에서 그 궁인을 조사해 밝혀야 한다는 뜻으로 의계(議啓)하였는데, 이에 대해 경종이 비답하기를 "나인을 조사해 색출하는 것은 원래 어려운 일이 아니나 노론을 타도하려 했다는 계책은 더욱 지극히 근거가 없으니, 이후로 이와 같은 문자는 써서 들이지 말라.[內人查出, 元非難事, 而欲打老論之計, 尤極無據. 此後如此文字, 勿爲書入.]"라고 하였다. 이에 우의정 최석항이 대죄하였고, 판의금부사 이광좌 이하가 연명으로 진소(陳疏)하였다. 《景宗實錄 2年 8月 18日》《承政院日記 景宗 2年 8月 19日》

○ 의금부 당상 이광좌·김시환·이사상·김일경 등이 상소하여 말하기를,
"어젯밤 역적의 공초에서 나온 흉악한 범행의 절차가 너무도 놀라우니, 엄히 조사하고 법에 따라 다스리는 일을 숨기고 미루어서는 안 됩니다. 재차 아뢰어 청한 것은 진실로 이러한 데서 나온 것인데, 성상의 뜻이 어찌하여 이에 이르렀는지 모르겠습니다. 이러한 문자를 거론하지 않는다면 장차 어떻게 이를 밝혀낼 수 있겠습니까. 신들이 비록 중벌을 받는다 해도 감히 받들 수 없습니다. ……"
라고 하자, 주상이 답하기를, "사직하지 말라."라고 하였다.

○ **20일**, 이명익(李明翼)339)을 잡아들여 가두었다. 사헌부 - 김중희 - 에서 아뢰기를,
"윤각이 은 300냥을 냈다는 말이 전후 역적의 공초에서 나왔는데, 비록 상세하거나 간략한 차이가 있지만 300냥이라는 주장은 한 입에서 나온 것처럼 일치합니다. 또한 가명으로 문서를 올렸다거나 문서를 미봉했다는 등의 말로 보건대, 공금을 몰래 빼돌려 흉악한 음모를 은밀히 도운 정황이 분명하여 숨길 수가 없으니, 청컨대 엄히 형문하여 실정을 밝혀내소서.
사인 심공(沈珙)은 다만 문란(門闌)340)의 사사로운 정에 이끌려341) 역적을 토벌하기를 청하는 대의를 망각하였습니다. 그리하여 지난번 삼사가 청대하였을 때 대론(大論)을 피하고자 홍문관의 직임에서 체차되기를 바랐고 하루

---

339) 이명익(李明翼) : 1702~1755. 본관은 전주, 자는 성보(聖輔), 호는 담존재(湛存齋)이다. 덕흥대원군의 7대손이며 이홍술(李弘述)의 손자이다. 이홍술의 차남 이세정(李世禎)의 아들로 장남 이세희(李世禧)의 계자가 되었다. 1721년(경종1) 진사에 합격하였으나 다음 해에 조부 이홍술, 형 이명좌(李明佐)와 함께 임인옥사에 연루되어 서천(舒川)으로 유배되었다가 다시 해남현(海南縣)에 정배되었다. 1725년 영조 즉위 후 다시 서용되어 정릉 참봉·동몽교관·공조좌랑·홍천현감(洪川縣監) 등을 역임하였고 사후 이조참판에 추증되었다. 〈이홍술가장(李弘述家狀)〉 등의 저술이 남아있다.
340) 문란(門闌) : 가문이나 사문(師門)의 사사로운 연줄이나 관계를 가리킨다.
341) 심공(沈珙)은 …… 이끌려 : 심공의 장인이 김만균의 아들 김진옥(金鎭玉)이다.

안에 기어이 천전(遷轉)하고야 말았습니다. 임금의 원수이자 나라의 역적은 버려둔 채 잊어버리고 스스로 청요한 관직만을 누리려 하였으니, 청컨대 파직하소서."

라고 하였는데, 주상이 윤허하지 않았다.

○ 21일, 김창언(金昌彦)342)을 잡아들여 가두었다.

○ 22일, 김덕기(金德器)343)를 잡아들여 가두었다.

○ 23일, 김성절 - 김성절은 김창집 가문의 서자이고, 이이명과 매우 가까운 인척이다. - 을 4차 형문하자 다음과 같이 결안을 내었다.

"제가 서덕수의 말을 들어보니, 정유년(1717, 숙종43) 금평위(錦平尉)344)의 사행(使行) 때, 이기지(李器之) 부자가 역관 장 판사(張判事)라는 자로 하여금 약을 사서 가져오게 하였다는데, 이름과 거주지는 제가 묻지 않았습니다. 이번에 유배지에 갔을 때, 당시 사행단에 들어갔던 오씨 성의 마두(馬頭)345)를 만나 물어보니, 그때 사행의 역관 중 장씨 성을 가진 사람은 한 사람 뿐이었다고

---

342) 김창언(金昌彦) : 1676~1722. 본관은 안동, 자는 자미(子美)이다. 김광찬(金光燦)의 손자이고, 김수칭(金壽稱)의 아들이며, 김창집의 서종제(庶從弟)이다. 음보로 1713년(숙종39) 지리교수(地理敎授)가 되고, 1719년 평구찰방(平丘察訪)을 지냈다. 1722년(경종2) 임인년 옥사 때 8월 21일 체포되어 세 차례의 형신을 받고 9월 24일 물고되었다. 김창집과 흉모를 꾸미면서, 김창도(金昌道)·우홍채(禹洪采) 등으로 하여금 역모에 참여하도록 종용하였다는 죄목이었다. 1726년(영조2) 복관되었다.

343) 김덕기(金德器) : 장세상의 양자이다.

344) 금평위(錦平尉) : 효종의 부마(駙馬) 박필성(朴弼成, 1652~1747)을 이른다. 본관은 반남(潘南), 자는 사홍(士弘), 호는 설송재(雪松齋)이다. 1662년(현종3) 효종의 딸 숙녕옹주(淑寧翁主)와 혼인하여 금평위(錦平尉)에 봉해졌다. 숙종 때 1685년부터 1717년까지 네 차례에 걸쳐 사은사 또는 주청사(奏請使)로서 대청 외교를 담당하였다.

345) 마두(馬頭) : 중국으로의 사행단 속 말몰이꾼을 일컫는다. 농마두(籠馬頭)는 침구 관리, 교마두(轎馬頭)는 수레와 가마 수리, 건량마두(乾糧馬頭)는 양식 관리 등 역할에 따라 명칭이 구분되어 있었다.

하였으니, 만약 당시의 수역(首譯)에게 물어보면 알 수 있을 것입니다.

이기지가 서덕수에게 말하기를, '약에 관한 일은 우리 아버지도 알고 있다.'라고 하였고, 또 말하기를,

'이미 임금을 폐위하는 비망기도 만들었는데, 지금 일이 여기에 이르렀으니, 오직 생사를 가리지 않고 시행해야 한다.'

라고 하였습니다.

정우관을 시켜 그 약을 장세상에게 들여보냈고, 장세상이 수라간 차지 김 상궁과 함께 모의하였는데 김 상궁이 다량의 은화를 요구하고는 한 차례 상궁(上躬)에게 시험해보았으나 곧바로 토해냈습니다. 이에 이기지 무리가 이르기를, '약이 맹독이 아니니, 응당 다시 은화를 모아 다른 약을 사와야겠다.'라고 하였는데, 이 일에 대해서는 지난해에 서덕수와 이정식이 나에게 말하였습니다.

하루는 조송의 집에 갔다가 정우관을 만났는데, 정우관이 말하기를,

'약을 쓸 일은 이희지·이기지와 김운택·김민택이 주장한 것으로, 나를 시켜 장세상에게 전하는 계제로 삼았으니, 내 어찌 하지 않을 수 있었겠는가.'

라고 하였습니다. 제가 '약값은 어떻게 마련하여 주었는가?'라고 묻자,

'전인좌(錢仁佐)346)는 김운택의 심복으로 여러 해 동안 길러진 자인데, 회금(灰金)347)의 청탁으로 통제사 이수민의 군관이 되었다. 경자년(1720, 숙종46) 국휼(國恤) 초상 때, 정목(正木) 100여 동을 실어와 훈련도감의 방납(防納) 문서에

---

346) 전인좌(錢仁佐) : ?~1722. 본관은 문경(聞慶)이다. 김창집의 집에 의탁하다가 이후 삼도수군통제사 이수민(李壽民)의 군관으로 재직하였다. 1721년(경종1) 신축환국으로 김창집이 유배되었을 때, 이수민의 명을 받고 그를 유배지까지 배웅하였다. 이해 12월에는 노론 4대신의 혈당 16인 가운데 하나로 거론되어 소론의 탄핵을 받고 1722년 이산부(理山府)로 유배되었다. 임인년 옥사 당시 김성절의 공초에서 거론되어 9월 4일 체포되어 심문을 받았다. 김운택(金雲澤)의 심복으로서, 회금(灰金)과 독약을 쓸 일을 모의하였다고 김성절이 승복하였으나, 전인좌는 승복하지 않고 형문을 받은 지 7차만에 10월 17일 물고되었다. 영조가 즉위한 다음 1726년(영조2) 2월 신원(伸寃)되었다.

347) 회금(灰金) : 회동(灰洞), 즉 오늘날 재동(齋洞)에 살았던 김춘택(金春澤)·김보택(金普澤)·김운택(金雲澤)·김민택(金民澤) 형제 등을 이른다.

서 덜어내어 썼고, 그 부족한 수는 대부분 유성추가 새로 들어와 김성행에게 바친 뇌물을 가져다 썼다. 그것은 유성추의 평생소원이 평안병사였기 때문이다. 이정식이 김창집의 말로 유성추를 유혹하여, 유성추에게서 나온 것이 매우 많았고, 또한 평안병사 백시구가 낸 은으로 그 부족한 수량을 충당하였다.'

라고 하였습니다.

작년 11월, 제가 두창 약을 구하기 위해 약방에 갔는데, 그때 마침 김창집이 도제조로서 납약(臘藥)[348]의 조제를 살피고 있었고, 김성행과 김창도도 모두 이미 들어가 있었습니다. 저녁 때 김창집이 나올 때 김창도에게 이르기를, '너는 나를 따라 함께 향교동의 거처로 가자.'라고 하였는데, 저는 같은 일가였음에도 끝내 말이 없어 마음속으로 적이 괴이하게 여겼습니다.

그 후 제가 김창언을 만나 이 일을 말하고, 또 묻기를,

'김창도에게 수상한 일이 있다는데, 대감께서 이로 인해 후대하여 그러한 것인가?'

라고 하니, 김창언이 말하기를,

'형은 아직도 김창도의 일을 모르는가? 근래 시사가 점점 막막해져, 대감이 김창도와 우홍채를 장세상에게 들여보냈다.'

라고 하여, 제가 말하기를,

'김창도는 사람됨이 형편없는데, 어찌 이러한 일을 맡길 수 있단 말인가.'

라고 하였더니, 김창언이 말하기를, '대감을 위해서라면 죽음 또한 불사할 것이다.'라고 하였습니다. 이에 제가 말하기를, '그렇다면 너는 어찌하여 스스로 하지 않는가?'라고 하자, 김창언이 말하기를,

'나는 지금 관직에 있으므로, 형세상 하기 어려워 김창도를 시킨 것이다.'

---

348) 납약(臘藥) : 해마다 납일, 즉 동지 이후 세 번째 맞는 미일(未日)에 임금이 가까운 신하들에게 나누어 주던 약을 말한다. 청심환(淸心丸), 안신환(安神丸), 소신환(蘇神丸) 등이며, 내의원에서 조제하였다.

라고 하였습니다. 그 후 김창도를 만나 말하기를,

'이 일은 성사되면 이로우나 실패하면 역적이 될 터인데, 어찌하여 서둘러 시행하지 않고 이렇듯 느릿느릿 하는가?'

라고 하였습니다.

하루는 제가 김창집을 찾아가 말하기를,

'김창언의 말을 들어보니, 대감이 김창도를 장세상에게 들여보냈다 합니다. 이 일은 심히 위험한 일인데 대감께서는 어찌하여 이렇게 하셨습니까?'

라고 하자, 김창집이 말하기를,

'나에게는 김제겸 한 사람이 있을 뿐인데, 직사(職事)로 분주하니, 어찌하겠는가. 김창언이 김창도를 장세상의 집에 왕래하게 하니, 내가 또한 어찌하겠는가.'

라고 하였습니다. 또 12월 3일, 김창집을 찾아가 말하기를,

'듣자 하니 6일에 대소(大疏)가 들어가고 나면 시사가 변할 것이라고 합니다. 만약 그리되면 틀림없이 대감께서 큰 화를 입으실 터인데 어찌합니까?'

라고 하자 김창집이 말하기를, '이번에는 걱정할 것이 없다.'라고 하면서 끝까지 얼굴색 하나 변하지 않았습니다. 이에 제가 말하기를,

'비록 김창도를 통해서 장세상에게서 들을 수 있다 해도, 만약 일에 차질이라도 생기면 어찌 위태롭지 않겠습니까.'

라고 하였습니다.

6일 새벽, 다시 의막으로 찾아갔더니 김창집이 막 일어나 있기에 그의 아우 김창업(金昌業)349)의 상을 위로하고, 이어 말하기를,

'대감께서는 지난 3일에 제가 한 말을 기억하십니까? 김창도가 어떻게 잘 탐색할 수 있겠습니까. 오직 장세상만 믿고 스스로 걱정할 것이 없다

---

349) 김창업(金昌業) : 1658~1721, 본관은 안동(安東), 자는 대유(大有), 호는 노가재(老稼齋)이
다. 영의정 김수항의 넷째 아들이다. 1681년(숙종7) 진사시에 합격했으나 벼슬길에
나아가지 않고 한양의 동교송계(東郊松溪)에 은거하였다. 1712년 연행정사(燕行正使)인
형 김창집을 따라 북경에 다녀왔다. 저서에 《노가재집》 《연행일기(燕行日記)》가 있다.

하시더니 지금은 어떻습니까?'

라고 하자, 김창집이 대답이 없다가 이어 말하기를,

'그대는 김시태를 만나보았는가? 김시태의 말을 들어보니, 이홍술에게 은을 얻어 장세상에게 주면 환국을 도모할 수 있다 하는데, 그대는 또한 알고 있는가?'

라고 하여, 제가 말하기를,

'저 또한 알고 있습니다만, 김시태가 이명좌와 함께 이홍술을 위해 도모하는 바가 있다 해도 죄를 입고 옥에 갇힌 사람이 어찌 다시 대장이 될 수 있겠습니까. 대감께서도 이러한 생각은 하지 마십시오.'

라고 하자, 김창집이 말하기를,

'김시태가 간곡하게 말하기를, 내가 출발하기 전에 또한 다시 들어올 수 있다고 하였다. 이번 일은 박상검의 무리가 중간에서 한 짓이니, 이를 위에 아뢰면, 응당 다시 처분이 내릴 것이라 하였다.'

라고 하였습니다.

9일, 제가 김시태의 집으로 갔더니 정우관이 자리에 있었는데, 김시태가 정우관을 눈짓하여 돌려보낸 다음 한숨을 쉬고 탄식하며 말하기를,

'어찌할 수가 없다. 잠시 전 장세상이 정우관을 보내 말하기를, 「만약 은 3,000냥을 쓸 수 있다면 전화위복이 될 수 있을 것이다.」라고 하였다. 김성행과 서덕수가 함께 일을 도모하였는데, 황해병사 유성추가 보내온 은 600냥을 이정식을 통해서 전하게 하였고, 평안병영의 은 4,000냥을 받아 오고도 많은 부분 장세상에게 지급하지 않은 까닭에 일을 성사시킬 기회를 놓치고 박상검을 먼저 제어하지 못해, 일이 이 지경에 이르게 되었다. 차제에 은 3,000냥을 얻는다면 일을 주선할 수 있을 것이다.'

라고 하여, 제가 말하기를, '영감은 어찌하여 이홍술에게 가서 물어보지 않습니까?'라고 하니, 김시태가 말하기를,

'이홍술에게 물었더니 지금 당장 700냥은 마련할 수 있으나 나머지는

마련하기 어렵다고 하였다.'

라고 하였습니다. 이에 제가 말하기를,

'만약 먼저 1,000냥을 준다면, 장세상이 이것을 가지고 장차 어찌하겠다는 것입니까? 먼저 일의 기미를 탐지한 후에 도모할 수 있을 것입니다.'

라고 하자, 김시태가 말하기를, '그렇다.'라고 하고, 이홍술의 의막으로 갔습니다.

다음 날 제가 찾아가니, 김시태가 말하기를,

'이홍술의 종손 이명좌는 그 양손(養孫)350)의 형으로 집안일을 주관하고 있는데, 이명좌가 말하기를,

「집에 1,500냥이 있었는데, 이미 여러 생질(甥姪)들에게 나누어주고 지금 남은 것은 겨우 700냥이다. 만약 다시 수합한다면 1,000냥을 채울 수 있으니, 나로 하여금 장세상을 직접 만나 곡절을 상세하게 물을 수 있게 해준다면 내어 줄 수 있다.」

라고 하였다.'

하였습니다. 이에 제가 김시태에게 묻기를,

'이러한 돈은 중간에서 써버리기 쉬운데, 장세상이 장차 어찌 한다는 것입니까?'

라고 하자, 김시태가 말하기를,

'필정과 석열(石烈)이 박상검·문유도(文有道)와 안팎으로 한통속이 되어 있으니, 장세상이 은을 가지고 들어가면 달랠 수도 있고 압박할 수도 있어서 일이 성사될 것이다.'

라고 하였습니다.

11일, 다시 김시태를 찾아가 은화를 구했는지 여부를 묻자, 답하기를,

'이명좌가 장세상을 찾아가 만난 다음 정우관을 시켜 은 700냥을 가지고

---

350) 양손(養孫) : 아들의 양자(養子)를 이른다. 이명좌는 이홍술의 차남 이세정(李世禎)의
     아들이고, 이명익의 아우였는데, 이홍술의 장남 이세희(李世禧)의 계자(繼子)가 되었다.

가 주었다고 한다.'

라고 하였습니다.

13일, 제가 새문 밖 김창집의 의막으로 가 김시태를 만났는데, 그가 이르기를,

'소훈의 장사(葬事)가 14일로 정해져, 장세상이 12일 산소에 나가니, 그가 돌아온 후에야 알 수 있다.'

고 하였습니다. 이날 조송의 집에서 정우관을 만났는데, 정우관이 말하기를,

'대신들이 (유배지로) 떠나기 전에 어떻게 하든 주선할 수만 있다면 다시 환국할 수 있으니 우선 출발을 늦추는 것이 좋겠다.'

라고 하였습니다.

14일, 정우관이 장세상에게 사람을 보내 재촉하자 돌아왔지만 우선은 좋은 소식이 없다 하므로, 김창집·이이명이 15일에 어쩔 수 없이 유배지로 떠났습니다.

17일, 정우관이 김시태에게 급히 고하기를,

'은자가 부족하여 일이 아직 성사되지 못하였다. 박상검과 문유도가 큰 변란을 일으킬 형세가 있어서 장세상이 지금 좋은 말로 달래고 있으니, 은을 더 얻은 뒤에야 일을 성사시킬 수 있다.'

라고 하여, 제가 말하기를,

'김성행은 황해병사의 허다한 은을 받아놓고 어디에 썼기에 내어주지 않는 것인가. 지금 마땅히 김창도를 불러 김성행에게 말을 전하게 하고 이 은을 가져다 쓰는 것이 좋겠다.'

라고 하였습니다. 그러자 김시태가 사람을 보내 김창도를 불렀는데, 김창도는 총융청 은자의 일로 윤각의 의막에 갔다고 하였습니다. 김창도의 말에 따르면, 윤각이 전에 이미 은 300냥을 냈으므로 (김창집이) 아뢰어 비국 당상에 계하(啓下)하였는데 윤각이 대간에게 탄핵을 당한 후에는 김창도가

은자 문서를 마감하는 일로 윤각의 의막에 나간 것이라고 하였습니다.

19일, 또 김시태의 집에 갔으나 만나지 못하고, 도로 조송의 집에 가서 정우관을 불렀는데 정우관이 서덕수의 집에 갔으므로, 이에 조송이 정우관의 말을 전하기를,

'장세상이 「며칠 안에 반드시 처분이 있을 것이니 잠자코 기다리라.」고 하며 은자를 더 보내라고 요구하였다.'

라고 하였습니다.

작년 5월 즈음, 제가 송고(松古) 앞길에서 조송을 만나, '요사이 어디에 갔었는가?'라고 묻자, 조송이 말하기를, '호동(壺洞) 장수의 지시를 받고 평안병사351)에게 가 오랫동안 머물다 왔다.'라고 하여, 제가 말하기를, '무슨 일 때문에 갔는가?'라고 하니, 조송이 말하기를,

'기로소의 공사(公事)를 맡아서 평안병사에게 은 4,000냥을 빌려 왔는데, 정우관·서윤흥과 함께 일을 하고 왕래하였다.'

라고 하였습니다. 제가 일찍이 이 정황을 알고 있었으므로, 12월 일이 일어난 후 다시 조송에게 묻기를,

'평안병사의 은자가 지금 어디에 있기에, 이러한 때 쓰지 못한단 말인가?'

라고 하자, 조송이 이르기를, '이 은은 벌써 이전에 빌린 은을 갚는데 썼다.'라고 하였습니다.

(조송이) 또 말하기를,

'이정식이 황주성 공사를 주관하였는데, 비변사에서 관서의 요군목(遼軍木)352) 20동을 획급(劃給)353)하고, 황해병사 또한 쌀 50석과 돈 500냥을 주었으

---

351) 평안병사 : 백시구(白時耉)를 이른다. 백시구는 평안병사로 있을 때 평안 병영의 은을 내주며 역모에 가담하였다는 혐의를 받고 물고되었다.
352) 요군목(遼軍木) : 조선시대 평안도 지방의 군정(軍丁)으로서 현역에 복무하지 않는 대신에 바치던 무명을 말한다. 이것으로 북경에 가는 사신이 요동에 도착하는 동안 마부와 말을 쓰는 비용을 충당하였다.
353) 획급(劃給) : 원래 정해진 항목 내의 수량 일부를 용도를 변경하여 다른 항목으로 사용하게 하는 일을 이른다.

나 이정식이 중간에서 많이 써버렸다. 서덕수가 상처(喪妻)하였을 때 300냥을 주었고 이헌이 유배 갈 때 100냥을 주는 식으로 다 써버린 바람에 가져다 쓸 수 없게 되었으니, 탄식을 금할 수 있겠는가.'

라고 하고, 또 말하기를, '양주로 가서 이우항을 만나면 일을 논의할 수 있을 것이다.'라고 하였습니다.

대개 김창집은 조송을 신뢰하지 않았고, 제가 또한 김창집의 뜻을 이우항에게 전하였던 까닭에 조송이 저에게 자못 불쾌한 기색을 보였습니다. 김제겸이 늘 말하기를, '그대가 이러한 일에 적격인데 일찍이 삼목(三木)과 친했던 것이 흠이다.'라고 하였습니다. 삼목은 이삼(李森)의 이름을 파자(破字)한 것입니다. 제가 김시태가 있는 자리에서 정우관을 만났는데, 그때 비로소 김시태가 속마음을 털어놓았습니다.

20일, 장세상이 정우관을 시켜 전하기를,

'18일에 박상검이 중간에서 흉계를 꾸몄는데 장세상이 거짓말로 저지하였다. 또한 은 400냥을 썼으니, 오래지 않아 반드시 처분이 있을 것이라고 한다.'

하였는데, 그 후 과연 환첩(宦妾)의 옥사[354]가 일어났습니다.

23일, 장세상이 유배 갈 때 정우관에게 뒷일을 부탁하고 떠났는데, 이는 대개 정우관이, 장세상과 친했던 궁녀들과 서로 통할 길이 있어 일을 의논할 수 있기 때문이었습니다. 김시태가 유배 갈 때, 제가 가서 만나 말하기를,

'공이 떠나고 나면 나는 푼돈조차 얻을 수 있는 길이 없게 되니 어떻게 일을 도모하겠습니까.'

라고 하자, 김시태가 말하기를,

'지난번에 정우관을 만나보니, 은전을 다른 사람에게 모두 나누어준 까닭에

---

354) 환첩(宦妾)의 옥사 : 1721년(경종1) 12월 22일, 경종이 특명을 내려 내관 장세상(張世相)· 고봉헌(高鳳獻)·송상욱(宋尙郁)의 사람됨이 간휼하여 근시(近侍)할 수 없다며 먼 땅으로 정배(定配)시킨 일을 가리킨다. 《경종수정실록(景宗修正實錄) 1년 12월 22일》 기사에는 이들 세 내관은 모두 박상검(朴尙儉)이 미워하는 사람들이었다고 하였다.

원래는 가져다 쓰는 것이 마땅하나 수합하기가 쉽지 않게 되었다. 사삼(士三) - 김성행 - 이 황해병사에게 받은 은은 쓸 수 있을 것이다.'

라고 하였습니다. 이에 제가 김성행을 찾아갔으나 만나지 못하여 김시정(金時鼎)으로 하여금 뜻을 전하게 하였는데, 또한 내주지 않았습니다.

제가 조송에게 은자를 구해오게 하자, 조송이 은 200냥을 구해 정우관의 거처로 보냈습니다. 이헌의 공초 중에, 제가 공을 세웠다고 한 서덕수의 말은 대개 이 일을 말한 것입니다.

작년 사이에 제가 정우관을 만나 말하기를, '김창도는 사람됨이 허술한데, 어떻게 장세상이 부리게 할 수 있겠습니까.'라고 하자, 정우관이 말하기를,

'그 외에도 또 사부(士夫)로서 장세상의 집에서 부리는 이가 있는데, 바로 우홍채이다. 우홍채는 대감 또한 그 사람됨을 아끼고 있다.'

라고 하였습니다. 제가 돌아가 김창집에게 이 말을 전하였더니, 김창집이 말하기를,

'우홍채가 장세상의 집을 왕래하며 전한 일이 있는데, 들으면 제법 마음이 탁 트이는 듯하였다.'

라고 하였습니다. 또 이세복(李世福)355)의 말을 들어보니, 회금이 이숭조(李崇祚)356)의 아들을 시켜 이홍술의 의막에 서신을 보내고 은 100냥을 구해갔다 합니다. 대개 전인좌·이숭조·형의빈(邢義賓)357)·이덕준(李德峻)358)을 한번 신

---

355) 이세복(李世福) : 이홍술의 서질(庶姪)이자 조송의 조카이다. 이명좌(李明佐)의 지휘를 받고 은화(銀貨)를 조송에게 전했다고 자백하여, 장 1백 유 3천리의 형벌을 받고 해남(海南)의 노비가 되었다. 《景宗實錄 2年 9月 12日》

356) 이숭조(李崇祚) : ?~1722. 숙종대 김익훈(金益勳)의 심복으로서 정원로(鄭元老) 옥사를 고변하여 보사공신(保社功臣) 3등으로 녹훈된 이광한(李光漢)의 아들이다. 김운택(金雲澤) 등의 지휘를 받고 전인좌(錢仁佐)·형의빈(邢義賓)·이수절(李秀節) 등과 함께 독약을 구하여 경종을 시해하는 일에 가담하였다고 김성절이 공초하여, 1722년(경종2) 9월 1일 붙잡혀 와 의금부에서 4차례 형신을 받고 9월 23일 물고(物故)되었다.

357) 형의빈(邢義賓) : ?~1722. 1721년(경종1) 12월 노론 4대신의 혈당 16인 가운데 한 사람으로 지목되어 양사의 탄핵을 받고 1722년 2월 위원군(渭原郡)에 찬배되었다. 김성절의 공초에 따라서, 역관(譯官)으로서, 사행 시 독약을 구입하여 경종을 독살하려는 음모에 가담했다

문하면 회금이 약을 쓴 일과 도모했던 일이 낱낱이 드러날 것인데, 이것은 바로 이숭조에게서 들은 말입니다.

제가 이미 서덕수·김창도·이정식·정우관 무리의 말을 들었으니, (역모에) 동참한 죄를 면하기 어렵습니다."

군기시 앞길에서 형을 집행하였다.

○ **24일**, 주상이 명릉(明陵)359)을 전알(展謁)하였고, 세제가 수가(隨駕)하였다.

○ 홍순택(洪舜澤)360)을 잡아들여 가두었다.

○ **25일**, 이세복 - 이홍술의 서질(庶姪)이자 조송의 조카로, 은화를 전달하였다. - 을 잡아들여 가두었다.

○ 금부도사 이하영의 서목(書目)에, 이달 19일에 이건명을 그 자리에서 바로 참수하였다고 하였다.

는 혐의를 받고, 8월 29일 체포되어 10월 22일 7차 형신 끝에 물고되었다.

358) 이덕준(李德峻) : ?~1722. 1680년 경신환국 이후 김석주의 지시를 받고 남인을 기찰한 인물인 이입신(李立身)의 손자이다. 1721년(경종1) 12월 노론 4대신의 혈당 16인 가운데 한 사람으로 지목되어 양사의 탄핵을 받고 1722년 2월 부령부(富寧府)에 찬배 되었다. 임인옥사 당시 김성절의 공초에 따라서 9월 7일 체포되어 6차례 형신을 받고 11월 24일 물고되었다.

359) 명릉(明陵) : 숙종과 계비(繼妃) 인현왕후(仁顯王后)의 능이다.

360) 홍순택(洪舜澤) : 1664~1722. 본관은 남양(南陽), 자는 적보(績甫)이다. 1684년(숙종10) 식년 역과에 급제하여 상통사(上通事) 등을 지냈다. 홍순택이 이희지(李喜之)와 약값에 대해 은밀한 이야기를 하였다는 말이 김성절(金盛節)의 초사에서 나오고, 홍성(洪姓)의 역관(譯官)으로 하여금 약을 사서 장세상(張世相)에게 들여보냈다는 말이 김창도(金昌道)의 초사에서 나와서 국문을 받았지만 불복하고 죽었다. 당시 홍순택 집안의 노자 업봉(業奉)이 '주인이 중국에서 독약을 사 왔다.'라고 하며 주인의 죄를 입증하여 홍순택이 옥에서 죽었다. 1725년(영조1)에 종이 주인의 죄를 입증하는 것은 국법으로 금하는 일이라고 하면서 업봉을 법에 따라 처단하였다. 《景宗實錄 2年 3月 27日, 10月 13日》 《英祖實錄 1年 3月 18日》

○ **26일**, 김시태를 4차 형문하였고, 김시정을 2차, 우홍채를 1차 형문하였으며, 오서종은 12차 형문 끝에 기절하였고, 이후경은 풀어주었다.

○ 이유원(李惟遠)을 잡아들여 가두었다.

○ **27일**, 영의정 조태구가 차자를 올려 아뢰기를,

"사인(士人) 이공윤(李公胤)361)은 승지 이정규(李廷圭)362)의 손자이자 장령 이민징(李敏徵)363)의 아들이고, 이성중(李誠中)364)은 그의 방계라고 합니다. 이공윤은 의술에 능할 뿐만 아니라 많은 장점이 있어 동류들에게 추앙을 받았으나 아직까지 사적(士籍)에 오르지 못하여 사람들이 모두 애석해 하였습

---

361) 이공윤(李公胤) : 생몰년은 미상이다. 본관은 전주이고, 승지 이정규(李廷圭)의 손자, 장령 이민징(李敏徵)의 아들이다. 숙종대 오위(五衛)에 속하는 정9품 무관인 사용(司勇)을 지냈다. 경종을 치료하는 일에 참여한 유의(儒醫)이다. 치료 과정에서 도인승기탕(桃仁承氣湯)이나 감수산(甘遂散)과 같은 준열(峻烈)한 약제를 즐겨 사용하여 우려를 샀고, 계지마황탕(桂枝麻黃湯)과 같은 발한(發汗) 작용이 강한 약물을 처방하여 보양약(補陽藥)을 써야 한다고 주장한 영조와 의견 대립을 일으키기도 하였다. 그는 경종 승하 직후에 우여곡절을 겪으면서도 죽지 않고 유배형을 살다가 1735년(영조11) 무렵에 사망하였는데, 1755년에 있었던 신지운(申致雲)의 역모 사건과 관련되어 결국 시추에 역률(逆律)을 적용받았다. 《承政院日記 英祖 11年 1月 28日》《英祖實錄 31年 5月 21日》

362) 이정규(李廷圭) : 1587~1643. 본관은 전주(全州), 자는 민첨(民瞻), 호는 지천(智川)이다. 조선왕조의 종실로서 양녕대군 이제(讓寧大君 李褆)의 8대손이며, 이원성(李元成)의 증손이다. 1615년(광해군7) 사마시에 합격하고, 1627년(인조5) 식년 문과에 급제하여 동부승지에 이르렀다.

363) 이민징(李敏徵) : 1627~? 본관은 전주, 자는 징지(徵之)이다. 승지 이정규의 아들이다. 1653년(효종4) 알성 문과에 급제하여 사헌부 장령을 지냈다.

364) 이성중(李誠中) : 1539~1593. 본관은 전주(全州), 자는 공저(公著), 호는 파곡(坡谷)이다. 세종의 아들 계양군(桂陽君) 이증(李璔)의 현손이며, 강양군(江陽君) 이숙(李潚)의 증손이다. 1558년(명종13) 진사시에 합격하고, 1570년(선조3) 승사랑(承仕郎)으로서 식년 문과에 급제하였다. 1573년 홍문관 수찬으로서 사가독서(賜暇讀書)하였다. 1592년 4월 임진왜란이 일어나자 수어사가 되어 임금을 호종해 평양에 이르러 호조판서가 되었는데, 1593년 7월 함창에서 과로로 병사하였다. 뒤에 호성원종공신(扈聖原從功臣)에 녹훈되고 완창부원군(完昌府院君)에 봉해졌다. 저서로《파곡유고(坡谷遺稿)》가 있고, 시호는 충간(忠簡)이다.

니다.

이에 신이 임서봉(任瑞鳳)·박태초(朴太初) 두 사람과 함께 진달하여 등용해주시기를 원해서 이에 대한 윤허를 받았으나, 그 사람의 선파(先派)를 잘못 아뢰었으니 즉시 개정하라 명하소서.”

라고 하였다.

○ 28일, 의금부에서 아뢰기를,

“죄인 이건명에게 유배된 곳에서 바로 처형하는 이참(莅斬) 형을 이제 막 시행하였습니다. 그런데 율문(律文)을 살펴보니, 모든 대역죄는 수범(首犯)과 종범(從犯)을 가리지 않고 능지처사하고, 연좌와 가산을 몰수하는 조치를 시행합니다. 이건명은 죄명이 이미 대역죄인데 능지처사하는 법을 시행하지 않아서 곧바로 그의 처자식을 노비로 삼고 가산을 몰수하는 조치를 본부에서 즉시 거행하기 어렵습니다. 대신에게 의논한 다음 품처하게 하소서.”

라고 하였다. 영의정이 아뢰기를,

“이건명을 이미 역률로써 처형하였으니, 처자식을 노비로 삼고 가산을 몰수하는 법은 김창집·이이명과 다름이 없어야 하는데, 의금부에서 대신에게 문의하라 청한 것은 법에 어긋난다고 의심하여 나온 것 같습니다. 이는 신의 억견(臆見)으로 감히 마음대로 할 수 있는 일이 아닙니다.”

라고 하였고, 우의정 최석항의 의론 또한 같아서, 의론대로 시행하게 하였다.

○ 29일, 형의빈을 잡아들여 가두었다.

○ 대제학에 대한 권점(圈點)이 있었는데, 조태억·유봉휘·김일경·이사상은 3점을, 이광좌·이조(李肇)·강현(姜鋧)은 2점을 받았다.

《燃藜述續三》校勘・標點

燃藜述續　卷之五

○ **壬寅三月二十七日**, 諸承旨金致龍·趙景命·黃爾章·李宜晩入侍. 時, 大臣命招, 上變人睦虎龍爲先出付該府, 領府事金宇杭命招, 不進. 領·右相來詣賓廳, 啓請設鞫, 以庭鞫內兵曹爲之. 問郞尹惠敎·李明誼·尹聖時·柳弼垣·柳綏·姜世胤.

○[1] 虎龍上變: "賊有謀試殿下者, 或以刃·或以藥·或謀黜, 千萬古有國以來未有之賊也, 急討以安宗社事. 賊又賣東宮, 貽千古難洗之累名, 究賊情, 雪累名以安國本事."

○[2] 三更, 推鞫開坐. "睦虎龍, 年三十九. 矣身上變書中, 有謀弑之賊, 而'或以刃·或以藥·又謀黜', 以刃者, 何事? 以藥者, 何事? 謀黜者, 何謀? 所謂賊, 何人【是旀】? 一人爲此三件逆謀【是喩】? 或各有其人【是喩】? 幷一一指名現告【爲旀】."

又曰: "賊又賣東宮, 貽千古難洗之累名, 所謂賣者, 是何事? 所謂累名, 是何謂? 此與謀弑之賊, 同是一人【是喩】? 或別有他人【是喩】? 其凶謀·逆節, 汝矣身何以詳知有此上變【是喩】? 一一從實現告." 亦傳敎推問【敎是臥乎在亦】.

---

1) ○ : 底本에는 없다. 成均館大 尊經閣 所藏 《燃藜述續》(이하 '존경각본'으로 줄임)에 근거하여 보충하였다.
2) ○ : 底本에는 없다. 존경각본에 근거하여 보충하였다.

供曰：“矣身卽泗川后人也, 鼻祖進恭爲戶曹參判. 高祖母李氏, 丙子胡亂, 母子女五人死節, 故孝烈五旌門, 世以忠孝自許. 矣身少讀古人書, 粗知忠孝爲人之大綱, 身雖微賤, 志存王室. 目見凶賊之謀危宗社, 故誓心天地, 期存聖躬, 垂餌虎口, 鉤得隱密之情, 敢此上變.

而所謂‘欲以刃’云者, 令勇士挾匕首入宮中, 若塗廁之爲, 而賊輩私自相號曰‘大急手’. 所謂‘藥’者, 以藥給於紅袖, 和於飲食中也, 賊輩私自號曰‘小急手’, 又曰‘臥手’. 所謂‘黜’者, 號曰‘平地手’, 多以金締結內豎, 搆成罪目, 欲爲放黜之計【是白遣】.

至於東宮邸下, 則矣身以文字曾承芳樹餘蔭, 有恩在身, 每欲捨身報效, 故只冀仁孝之彰聞. 而竊觀東宮之在潛邸時, 平生心事, 則結廬於高嶺墓山之下, 讀書優游以送餘年者, 其素所蓄志, 不樂爲王之心, 可與日月爭明, 而聖上慈愛之恩, 天人自然歸心, 故今爲東宮.

此輩敢曰‘自其手出’, 互相爭功, 醜言狼藉, 矣身心實如碎, 欲卞其誣【是白遣】. 且至於近日換局事, 則天斷赫然, 有非人謀, 而又有一種賊人, 自謂曰：‘通于世弟, 乃得換局. 云云.’ 其亦醜辱之甚也.

自古亂臣賊子, 何代無之, 而窮凶極惡之情, 未有若此輩也. 賊非殿下之賊也, 乃宗社之賊；亦非宗社之賊也, 乃國人之賊. 矣身生在一天之下, 忍見凶賊之所爲, 而寧不告哉? 至於今日乃告者, 賊勢盤據甚大, 若不善爲斯得, 則其禍不測. 且恐喝矣身之老母曰‘汝若爲告變之事, 吾輩必殺汝母’云, 而每覘察矣身之動靜, 計無奈何, 矣身纔以老母遠遁藏置, 今始上變.

而賊輩各有輕重·淺深者, 知大急手·小急手者, 皆深且重者也；知平地手者, 輕且淺者也. 賊之姓名, 列錄以呈焉. 賊名鄭麟[3]重·金龍澤·李器之·李喜之·沈尙吉·洪義人·洪哲人·趙洽·金民澤·金省行·白望·吳瑞鍾·柳慶裕. 右

---

3) 麟：底本과 존경각본에는 “獜”으로 되어 있다.《景宗實錄 2年 3月 27日》《景宗修正實錄 2年 3月 27日》《承政院日記 景宗 2年 3月 27日》기사에 근거하여 수정하였다. 이하 동일 사례에 대해서는 별도의 校勘記를 달지 않는다.

人等旣或深或淺, 而其餘證左諸人及銀貨所出之人, 各有其人, 自賊口當爲現出. 右良國賊, 急時以正王法之地【爲白乎旀】.

矣身粗解堪輿之術, 求山往于龍門山, 行到龍津上奉安驛, 逢着一斜日騎騾之人, 問其姓名於其奴, 則答曰‘李判書宅書房主’云. 矣身知其爲喜之, 相與語而且論詩, 問其人先代發福之山, 則答云‘咸興’, 又云‘太白山’. 矣身不曉其意, 更問之, 則笑答曰‘吾之姓貫完山’云. 蓋以聖祖墓山爲渠發福之地也, 已知其不祥之人.

又與論詩, 詩則乃落日詩也.【他本, 作詩.】其時先王[4]病甚重, 而其辭意尤陰慘. 猝然問於矣身曰 : ‘汝旣解堪輿之術, 則亦知遁甲乎?’ 矣身欲觀其俯仰, 答曰 : ‘吾雖不爲遁甲, 吾友有善於遁甲者.’ 又曰 : ‘其人姓某名誰?’ 矣身創口答之曰‘談[5]爾也’. 又曰 : ‘其人能文乎?’ 矣身又曰 : ‘文不讓於古人.’ 喜之又曰 : ‘汝能誦其詩乎?’ 矣身口創一詩吟之曰 : ‘白鹿飲餘潭水淸, 靑鸞飛去嶂烟生. 千回臥看星河轉, 松蔭亭亭鬢髮明.’ 喜之曰 : ‘眞仙風道骨也. 願因汝得見談師, 可乎?’ 矣身許諾.

翌日, 矣身往龍門山中, 喜之往于其墓山矣. 明日, 喜之訪矣身于龍門山中, 更問談爾所在處. 又問矣身曰 : ‘汝以睦爲姓, 南人之族乎?’ 矣身曰 : ‘姓雖睦, 身是微, 故非族也.’ 喜之又曰 : ‘吾方還往于蓮洞相公叔父家, 汝若訪吾, 則必有好事.’ 臨分, 更謂矣身 : ‘吾友麻田 鄭麟重, 天下奇士也. 若見汝, 則必大悅也, 第來見之.’ 矣身諾之而分.

厥後五日還家, 則喜之已使人再送于矣身之家, 問其歸來矣. 其日, 又送騶要之, 矣身往于蓮池洞 金龍澤家, 則喜之·麟重·龍澤·器之等列坐, 歡若平生[6], 皆願得見談爾. 且願得遁甲·禹步書甚懇, 矣身笑曰 : ‘君輩求遁甲書, 是

----

4) 先王 : 底本과 존경각본에는 “國”으로 되어 있다. 《景宗實錄 2年 3月 27日》《景宗修正實錄 2年 3月 27日》 기사에 근거하여 수정하였다.

5) 談 : 底本에는 “淡”으로 되어 있다. 《景宗實錄 2年 3月 27日》에 근거하여 수정하였다. 이하 동일 사례에 대해서는 별도의 校勘記를 달지 않는다.

6) 歡若平生 : 底本과 존경각본에는 “欵若平日”로 되어 있다. 《景宗實錄 2年 3月 27日》에

不知用遁甲書也. 遁甲在人, 烏在書乎?’ 器之·麟重等大奇之曰 : ‘此子可與
言心也.’ 因問曰 : ‘汝居閭閻, 今世亦有荊軻·聶政者類, 隱於屠市間者耶?’ 矣
身已默會其心所在, 答曰 : ‘吾友多俠客者流也.’ 坐客聞, 大樂之, 酌酒送之.

　厥後喜之訪矣身於鮒魚橋, 酌酒相對, 喜之謂矣身曰 : ‘天下之事, 莫如多
金; 一身之好, 莫如食色, 汝勿爲閑漫詩句, 隨我往扶餘, 殖利相好, 可乎?’
矣身曰 : ‘是亦有命, 何敢望乎? 雖然, 如往湖中, 則當一往訪矣.’ 自是以後,
往來相頻, 而猶不深言矣.

　一日, 麟重來于龍澤家, 抵書矣身曰 : ‘吾以齋郎入番事, 當往沁州, 卽者來
訪焉.’ 矣身往于龍澤家, 則麟重在焉. 麟重問於矣身曰 : ‘汝聞白雲山人李泰
華姓名乎?’ 矣身曰 : ‘雖聞其名, 不見其人.’ 麟重曰 : ‘此人鼓琴, 則玄鶴下坐,
見百里之外, 汝所云談爾者與此人, 如何耶?’ 矣身曰 : ‘談爾何足道哉? 恨不
與此人相見. 吾有天書, 欲贈其人而不可, 得如見此人, 則我必給之.’ 麟重眉動
有喜色, 已知泰華必來也.

　一日微雨中, 一人來門外, 自言自俗離石窟而來, 傳談爾消息云. 矣身知其
虛妄[7], 出見, 則果泰華也. 匿其姓名, 自謂李泰華云, 而自言能遁甲, 矣身答之
曰 : ‘遁甲雜術, 何足道哉? 識時務, 在俊傑, 吾則不貴雜術之人也.’ 泰華曰 :
‘當今俊傑爲誰?’ 矣身言 : ‘麻田 鄭麟重爲當今龐統者流也.’ 泰華大喜而去.

　翌日, 麟重訪到矣身之家, 矣身曰 : ‘昨日李泰華, 誠無用之人也.’ 麟重驚
曰 : ‘汝何以知泰華也?’ 矣身曰 : ‘渠自言其名也.’ 麟重笑曰 : ‘山野之人, 爲
此豎子所賣也.’ 因求屠市間俠客, 矣身雖[8]許諾, 無人可指彌縫爲說矣.

　適會白望者, 以大丘田畓文書構草事求到矣身家, 形貌·風神白皙軒昂, 麟
重目之曰 : ‘此亦俠家者流也?’ 矣身答曰 : ‘此乃俠客中第一人, 而其勇無敵
也.’ 麟重詳問白哥居住而去.

　근거하여 수정하였다.

7) 妄 : 존경각본에는 “罔”으로 되어 있다.

8) 雖 : 존경각본에는 이 뒤에 “已”자가 더 있다.

矣身暗會其意, 留待白哥曰 : ‘汝知此兩班乎? 問汝家者, 欲將用汝勇也. 此人易與耳, 其友李喜之, 謀深之人也, 若見汝, 則必先問吾之心事也. 汝須以結爲死生之交·死生相同之意言之, 而其間酬答說話, 必來傳于我也.’ 白哥自是多謀奸點, 辯口之人, 聞矣身之言, 已知其求壯士之心, 相約而去.

翌日曉, 鄭麟重携一驢到白家, 騎與率去, 經宿而還, 來見矣身曰 : ‘我昨日入於大縫囊中也.’ 縫囊云者, 逆獄罪人以囊裹頭故云. 白望言 : ‘初往龍澤家, 則龍澤·麟重·喜之·天紀列坐, 見其好身手, 大喜曰「吾輩平生, 初見斯人.」因問其勇力. 白望自許其勇不多讓於古人, 遂酌酒相盟, 結爲死生之交.

而白望曰「君輩欲用余, 則吾當竭力, 而卽今主上病患日重, 如有不諱, 則世無劉備, 何爲耶?」諸人曰 : ‘雖無劉備, 將來自有其人.’ 各書掌中字, 以示心事. 龍澤書‘忠’字, 他人或書‘信’字, 而白望則書以‘養’字, 左右相顧, 不知其義, 而天紀覺得大笑. 盖‘養’字者, ‘養叔’之謂, ‘養叔’者, 卽李相 頤命之字云爾.

臨歸乃言曰「吾乃延礽君之妾娚.」云, 左右大驚失色曰「此必睦虎龍窺探吾輩之事也.」面色如土, 相顧無言, 而獨天紀排衆議曰 : 「睦哥旣是常人, 則惟利是趨, 我當以利脅之也.」’

令麟重作書招矣身, 矣身往于壺洞 李天紀家, 天紀·麟重與矣身相見. 白望則雖與天紀曾爲相見, 矣身則初見. 故天紀携矣身之手, 入後房, 將欲深言, 麟重躡足止之. 矣身笑謂曰 : ‘君等與白望相謀之言, 吾皆聞知, 此已逾於赤族, 是外更何有隱匿之事乎.’

天紀然其言, 遂問9)於矣身曰 : ‘白望之勇, 果能當大急手, 而渠言‘多結內人, 所言皆從, 必行急手’云, 其言如何?’ 矣身問于天紀曰 : ‘所謂急手者, 何藥云耶?’ 天紀曰 : ‘白哥云「以銀子五百兩, 買得中原丸藥, 一畝卽斃」云.’ 矣身答曰 : ‘雖有卽斃之藥, 用之於今日, 則主上雖病, 必赫然發怒, 究問左右近侍之人, 則毒杖之下, 女人必服, 汝輩欲爲魚肉乎? 不如待主上萬年之後, 乘其時, 使白望善便爲之, 則此爲上策.’ 天紀然矣身之言, 不以大急手·小急手爲

---

9) 問：底本은 “聞”으로 되어 있다. 존경각본에 근거하여 수정하였다.

言, 而龍澤獨奮袂, 急勸結暗白望, 多賂銀貨, 仍以賊事爲謀是夜.

洪義人兄弟, 則與天紀接隣, 窺見天紀所爲之事, 自以爲難得之機會, 多般諂媚, 闖入其中. 龍澤怒之曰: ‘此事吾輩數三人, 出萬死不顧一生之計, 千萬古大事業在此一擧, 而彼洪何人, 入爲梅花點耶?’ 由是龍澤·白望·麟重, 則同心合力, 義人·天紀·器之則聽矣身之言, 亦與矣身相好, 喜之則遨遊兩間.

而器之以相人之術毀矣身曰: ‘此人面黑言甘, 必難信者也, 不如遠之.’ 天紀傳其言於矣身, 矣身笑曰‘眞唐擧雛也’, 相笑而罷. 然喜之頗有外待之意, 義人借矣身, 脅持器之曰: ‘龍也旣執其諺文書疏, 且觀其廢主詔草, 君家赤族, 在其翻舌, 不如善遇也.’ 器之果畏其言, 仍與義人相結, 而每短喜之之爲人.

一日, 喜之謂矣身曰: ‘汝何以此有隱密之情, 漏通于南人耶?’ 矣身大笑曰: ‘視吾舌尙在. 何待漏通于他人乎? 我若欲取薰天之富貴, 則告爾輩, 卽頃刻間事耳. 汝從何得聞此言耶?’ 喜之曰: ‘果有西關巫覡人張四方者, 善爲鬼神之言, 言汝以此言必漏於南人朴正云矣.’ 矣身答曰: ‘南人朴哥, 素昧平生, 如此孟浪之言, 不足多卞. 而古語云「聽於神則亡」, 汝何聽巫覡言耶’. 喜之大笑而罷.

厥後則疑矣身漏洩底意, 不以其間實事告之, 而暗結白望, 欲爲臨國喪下手之計. 矣身誘脅白望曰: ‘彼雖多給銀貨, 必不呈京兆, 還推. 汝若爲不軌之事, 則吾必告汝.’ 白望畏矣身, 不敢爲賊事.

而國喪旣出之後, 諸賊方知矣身沮戲之事, 使沈尙吉奴子押送矣身于全羅兵營, 白望則往于西關. 矣身自兵使沈檀[10]幕下, 稱母病徑[11]還, 則諸賊輩大恐【此間似脫天紀二字.】, 謂矣身曰: ‘吾輩滅族之事, 汝皆知之, 而汝則無見捉之罪, 他日若有告變之事, 則不可制汝也. 方今器之·龍澤·金濟謙等, 皆以汝爲懼, 嗾捕盜大將李弘述, 將欲捕汝殺之, 故吾令李濈[12]往于捕將所, 僅得免之.

______

10) 檀: 底本에는 “擅”으로 되어 있다.《景宗實錄 2年 3月 27日》기사에 근거하여 수정하였다. 이하 동일 사례에 대해서는 별도의 校勘記를 달지 않는다.

11) 徑: 底本에는 “經”으로 되어 있다.《景宗實錄 2年 3月 27日》기사에 근거하여 수정하였다.

汝若出給一書, 則以此質于龍澤及器之等, 汝終得生矣.'

矣身大笑曰 : ‘書給何難? 雖然, 君輩不知人事者也. 我雖有身親犯之罪, 告變則必無事也, 何用乎書乎?’ 天紀曰 : ‘吾雖知汝, 彼皆不信, 何哉? 但書之.’ 矣身書給其行藥間參聞之事, 天紀執筆塗抹改五六字, 而其草紙, 則矣身暗置袖中而來.

矣身筆跡之書, 方在於賊輩, 而天紀·喜之等, 每歷擧前古告變之人, 脅矣身曰 : ‘斬李适之頭13), 其功, 何如? 而乘馬下鄕校洞, 爲寃家所殺, 國家不罪其人, 告變者之必死, 亘古必然之理也.’ 矣身笑謂賊輩曰 : ‘汝輩胡不以余爲大功勞, 而反疑怒也? 今主上新卽位, 專任汝輩之人, 德量與天地合, 豈非宗社生靈之福耶? 汝輩若不爲吾所沮, 而果行胸臆, 則天必陰誅, 其悔如何?’ 麟重曰 : ‘汝言果奇哉! 果奇哉!’ 蓋小急手結約之時, 麟重則每蹙頞有難色, 而爲龍澤之所驅入.

而今日矣身之所告者, 非爲希功, 實是天生赤衷, 爲我聖上及東宮邸下【是白置】. 其間出銀人些少節目, 則與諸賊相辨時, 更當舌白【是白乎旀】.

‘或以刃’云者, 金龍澤給寶釰於勇士, 稱名人白望者, 以爲臨先大王國喪之日, 踰墻入宮, 行大急手【是白遣】. ‘行藥’云者, 麟重·器之·龍澤·喜之·義人·哲人·天紀等七人, 亦以銀給於白望, 納于池尙宮·烈伊14)處, 使之和藥行兇, 此則庚子半年經營之事【是白遣】.

‘謀黜’云者, 喜之作諺文歌詞, 流入宮中, 所謂‘歌詞’, 卽百餘句也, 皆誣毁聖躬之言. 且草從中矯詔, 令內人烈伊及宦者張世相, 臨國喪, 乃下手相議. 其詔多不能盡記, 而蓋首書‘不穀忝位’等字, 中間有曰‘廢世子某爲德讓君’云云. 觀此詔草時, 矣身往蓮池洞 金龍澤家, 矣身坐西壁, 龍澤·喜之·白望交首坐15)

---

12) 瀗：底本과 존경각본에는 “憲”으로 되어 있다. 《景宗實錄 2年 3月 27日》 기사에 근거하여 수정하였다. 이하 동일 사례에서는 별도의 校勘記를 달지 않는다.

13) 頭：존경각본에는 이 뒤에 “者”자가 더 있다.

14) 伊：底本과 존경각본에는 없다. 《景宗實錄 2年 5月 5日》 기사에 근거하여 보충하였다.

15) 坐：底本과 존경각본에는 없다. 《景宗實錄 2年 3月 27日》 기사에 근거하여 보충하였다.

燭下. 喜之持書讀之, 讀未畢, 器之自後園入來, 故錯疑他人, 仍納喜之囊中, 故矣身目見之【是白遣】.

趙洽則以銀子二千兩擔當, 自出給於白望及龍澤·天紀, 使之圖爲行藥之資, 又爲分給於內人烈伊及二英【是白遣】. 沈尙吉則出銀二百兩, 洪義人則出銀五十兩, 李喜之則出銀七十兩, 金民澤則雖出銀子, 不與白望, 及矣身相面, 使龍澤·天紀等往來相議. 而白望言於矣身曰：'吾以此銀給於所竊取宮女二英, 納于其四寸宮女李氏·其同姓宮人白氏與池尙宮處, 使之圖成行藥之事. 云云.'

矣身據理禁之曰：'逆賊輩雖爲此事, 宗社至靈, 王者不死. 汝若爲此, 則必有鬼誅, 只食其銀, 不行其事, 則可享富貴云.' 而或恐賊人之暗結池尙宮, 矣身因白望, 亦爲面交於池女, 多般誘說, 終沮其謀. 此雖宗社·生民之福, 而以至今日無事者, 實由於矣身捨生周旋之力. 蓋此三事, 矣身之所目睹者.

而至於東宮辱名云者, 沈尙吉爲宗簿直長, 以先大王御筆開刊事, 一番承顔於延礽君案前之後, 出謂趙洽曰：'吾以微意挑得「乃」心云.' '乃'者, 以'礽'字示邊'乃'字之故也. 厥後以宗社無疆之慶, 陞爲東宮, 而尙吉自爲己功, 金濟謙之子省行, 又言'因徐德修私謁東宮潛邸', 由渠成事云, 故尙吉·省行兩人, 互相爭功.

至於近日換局事, 則乾斷赫然, 宜無他人干預之事, 而況東宮邸下仁孝出天, 而吳瑞鍾者, 與柳慶裕合謀, 多以銀兩給於白望, 颺言曰：'東宮, 因李昭訓之喪, 發怒老論之藥殺昭訓, 出力翻局, 而更爲招入南人云.' 以我東宮邸下仁孝皎潔之心, 與日月可幷, 以么麽賊輩從中造言, 貽此累名. 矣身曾以文字承芳樹餘蔭, 恩斯罔極, 聞此醜辱之事, 心肝俱碎, 敢此上變."

○ 睦虎龍原情後, 鞫廳啓："罪人所供如此, 其所指告人鄭麟重·李器之·李喜之·金龍澤·洪義人·洪哲人·李天紀·白望·趙洽·沈尙吉·金省行·吳瑞鍾·柳慶裕·宦者張世相·出外內人二英等, 發遣都事拿來, 內人池姓尙宮·烈伊亦爲緊出, 自內出付鞫廳, 何如?” 傳曰 : “依啓. 池姓·烈伊, 身故已久矣.”

○ 二十八日, 罪人李健命, 興陽蛇島【後改以羅老島.】圍籬安置. 禁都南近明押去事, 義州地出去.【《初終說》曰 : “沈檀力爭以濟州.”】

○ 問郎李明誼·尹惠敎·柳弻垣, 改代李濟·李顯章·鄭來周, 李顯章在外, 代尹游.

○ 白望·柳慶裕·二英·吳瑞鍾·鄭麟重拿來囚.

○ 白望招 : “年三十六. 矣身與睦虎龍, 相知蓋早. 矣身百姓中忠信人, 而但欠文, 故以借文事交虎龍, 累年從行, 中間虎龍自許以善風水云. 矣身本非京人, 以黃海道 延安人, 獨矣身上京. 矣父死後, 爲求山之計, 卽訪渠之所, 作風月雖好, 風水則未知其善, 故遂止求山之計. 虎龍率矣身同生弟昉, 一往見山, 其後斥虛疏之人, 虎龍以此爲嫌, 不得相從.

而于世弟在外邸時, 愛恤矣身, 得着鷹師掌務, 故虎龍謂矣身有力於宮家. 一日來見曰 : ‘吾欲藉汝, 得着道掌.’ 而矣身爲久遠大丘田畓文書出示虎龍曰 : ‘此可謂圖出耶?’ 答曰 ‘可以爲之’. 仍書給圖出之草, 而事因不成, 故其後以虛疏相責.

而虎龍之言 : ‘以汝可惜之人物, 欲敎文字. 麻田居隱士鄭麟重, 最善詩律, 見汝必好之. 而麟重與余, 有一面之分, 性又疎闊, 不擇貴賤. 吾家有園林, 近有來訪之約, 汝可來見.’云. 一日朝前, 又招矣身, 卽爲進去, 則麟重在座, 一見之後, 因與相親, 虎龍亦勸之敎文, 尋常往來. 與麟重相知之狀, 不過如斯.

而虎龍以兩班庶孼, 多交士夫, 勸矣身納交, 知其虛疏, 不爲肯諾. 而虎龍又贊金龍澤之端雅, 可交, 故依其言, 又與相交, 以此虎龍自以爲己功. 一日同往龍澤家, 只與龍澤一人論文而已, 無一言及勇力, 則虎龍之言, 莫非孟浪可笑.

至於‘多人相交’, ‘急手’·‘劉備’·‘丸藥’·‘掌書’等語, 今始初聞, 萬萬無據. ‘內人所言皆從’, 尤爲無據, 而其所從來則有之. 二英者, 本以延礽君房子, 出居閭閻. 故矣身喪妻之後, 因爲率畜16), 虎龍因此每每詼諧之致. 至於全羅兵營軍官之說, 渠臨去時, 自詫以能文交結, 能爲幕裨, 而至於矣身往關西之說, 矣身往來不踏平安道之地, 則尤爲可笑.

寶釖·急手之說, 全然不知. 虎龍今月二十四日五日, 連爲來見矣身曰: ‘吾今相親死生同苦士大夫, 多有之, 朝家事知之. 汝於陸17)玄生時, 求山事, 與之相親者, 陸玄枉着國家, 欲知之. 卽今少論·南人爲仕之時, 禁府·捕廳被逮出入之人, 不得爲仕. 此時若自禁府, 問汝以陸玄事, 則陸玄本非盜賊之人, 伸雪以告, 然後汝可生, 不然汝當死. 以不當殺之人撲殺之爲言, 則當無患, 如吾言否?’ 矣身答以‘生於天地間, 死生間當以直告, 豈以汝之言爲誣飾之言乎?’

虎龍又曰: ‘前言不過取才之計, 吾以情誠有言於汝之事. 李弘述·金昌集共殺陸玄事, 自今方有鉤覈之事, 汝留舍廊, 仔細聽之. 卽今少論·南人謀害世弟, 而少論18)自許淸論, 有緩論·峻論之別, 而南人滿山枯木一葉靑, 而從官者少. 我是南人睦哥庶孼, 橫行南人中, 聞元徽·金參判·柳慶裕·沈壽觀·吳瑞鍾·張宇相輩, 相與謀事.

先來若出來, 則當爲擧事, 先來若不成事, 則因以朝廷權勢移動東宮, 先來若事成, 則吾當告變, 則時人瞥眼間, 當頃刻殺汝. 汝若聞此言而不從, 則須卽遠遁於深山窮谷, 可也. 此兩班取才於汝, 則吾言有效驗, 若不卽汝, 此無效驗云.’

矣身答曰: ‘汝言血黨, 誰也19)?’【似20)有闕文21).】曰22): ‘柳慶裕·吳瑞鍾·張宇

---

16) 畜 : 底本은 “育”으로 되어 있다. 존경각본에 근거하여 수정하였다.
17) 陸 : 존경각본에는 “睦”자로 되어 있다.
18) 少論 : 底本과 존경각본에는 없다. 《景宗實錄 2年 3月 28日》 기사에 근거하여 보충하였다.
19) 黨誰也 : 底本에는 “誠矣”로 되어 있다. 《紫橋小藏 2冊, 壬寅年 3月 29日》 기사에 근거하여 수정하였다.
20) 似 : 존경각본에는 이 앞에 “此間”이 더 있다.

相·沈壽觀·元徽·金一鏡, 而又有李重煥·睦天任, 兩人乃吾之心腹. 此二人來見汝乎? 他人來見乎? 其中何人探見汝乎?’ 矣身答以‘吾有釰, 則可以刺汝矣. 常時以汝爲虛疎, 至於此言, 則果爲暗合.’云, 則虎龍因爲戰慄.

又曰:‘他班則不知, 而其中吳瑞鍾·沈壽觀, 吾見之耳.’ 虎龍尤爲大驚. 矣身曰:‘雖不見元徽, 其子元日世者有之. 吳瑞鍾傳言於吾, 何異親見?’

吳瑞鍾與矣身素無知分, 年前無端三次來訪, 心甚怪之. 及聞睦哥之說, 實爲怪訝, 往見瑞鍾, 瑞鍾曰:‘殷勤來訪, 而吾有相言之事, 來見于南別宮南邊行廊, 初見之家云.’

食前往見, 則饋以燒酒, 團圝之際, 小札來到, 數三行書之出示, 矣身見之, 則書中有‘緊事’. 騎馬急急來到, 持札人者, 黑衣人, 故矣身問曰:‘是誰家人耶?’ 答曰:‘此人乃吾心腹奴命謂者也. 此札君須細看, 乃藥店峴 沈判書家札也. 沈判書乃知義禁也, 聞汝常時忠義之人, 必有顧見之意. 禁府堂上中金一鏡, 附合於南人, 沈判書若言之, 則必欲顧見. 而汝有精誠於東宮, 則金一鏡兩班主意謀害慈殿·東宮之人, 而沈壽觀則必欲顧見汝矣.’

矣身常自許忠義之人, 爲睦虎龍虛變所告, 死於此地, 其爲忠魂香魄, 何可盡言? 渠旣上變, 故吾亦上變矣. 吳瑞鍾謂矣身曰:‘非但金一鏡, 吾相議之人, 不但無精誠於慈殿·東宮, 雖大殿, 亦無精誠, 將欲爲事業. 吾之年前訪汝, 曾效三顧草廬矣.’

又謂矣身曰:‘汝人物, 東國可惜之人. 今日請來, 欲說祕密之事, 今將被拿. 沈判書, 若有顧見之事, 則汝可謂忠義之士, 尤爲感服, 如是言之, 禁府秘密之言, 藥店峴必書送, 吾必出示汝者, 感服汝之精誠, 故出示于汝. 汝有母, 必不逃躱, 而汝有俠氣, 若或逃走, 必生大事. 云云.’ 又謂:‘金一鏡已誓爲南人, 判義禁若言, 必當聽從, 汝必不至於死, 須勿懷逃躱之意.’

又曰:‘元徽欲爲同事, 今其意稍變, 其子日世亦不來, 汝須知之. 吾之爲此

---

21) 文:존경각본에는 이 뒤에 “也”자가 더 있다.

22) 曰:底本에는 없다.《紫橋小藏 2冊, 壬寅年 3月 29日》기사에 근거하여 보충하였다.

言者, 蓋欲使汝知吾之有誠於汝也. <u>柳慶裕</u>一見汝而言重大之言, 此可見其信
汝矣.' 蓋與<u>吳瑞鍾</u>, 十數日前相會, <u>慶裕</u>曰:'傾蓋如舊, 雖一見, 當言心腹之
事.' 因問朝廷形勢, 卽爲起去. <u>瑞鍾</u>曰:'君何不言厥言乎?' 因言<u>完川正</u>事,
<u>慶裕</u>曰:'非吾所言, 汝可言之.' 因起去.

  <u>瑞鍾</u>言于矣身曰:'<u>慶裕</u>因<u>完川正</u>家, 交結宮人, 聞內事, <u>尹就商</u>以吾意探
問, 則吾輩所欲爲, 渠欲爲之.' 又曰:'此是國恤, 而南人會<u>駝駱山</u>, 賞花柳飮
酒. 云云.'

  矣身亦知其無所不爲, 詳問<u>張宇相</u>, 雖曰同類, 未嘗見之, 其子代行, 而字則
<u>天授</u>, 名不記. 願交矣身, 來矣身妻家, 遣人招矣身. 蓋<u>瑞鍾</u>與宇相親, 而矣身
妻娚, 受學<u>瑞鍾</u>故來耳. <u>天授</u>曰:'少23)論·南人, 近欲附合. 云云.' 所聞如是,
故發<u>宇相</u>之言. 大抵此輩之或譽或交於矣身者, 以矣身段誠於東宮, 故而<u>虎龍</u>
欲爲將計就計, 爲此告變, 而<u>虎龍</u>天地間凶人.

  至於問目內所謂'勇力'云者, 矣身元無勇力【是遣】, <u>鄭麟重</u>送騶率去之事, 萬
萬無據. <u>龍澤</u>家, <u>喜之</u>·<u>天紀</u>相逢之說, <u>喜之</u>·<u>天紀</u>元不相識. 至於勇力·酌酒·
相盟之說, 亦爲24)孟浪. 世無<u>劉備</u>·掌中書字之說, 萬萬無據. 多結內人, 必行
急手, 及銀子五白兩, 買得丸藥之說, 萬萬孟浪, <u>龍澤</u>給寶釰於矣身等說, 蓋是
無據. 此外更無所達."

  ○ 初昏, 王世弟下令:"講院·衛司兼官·入直玉堂, 幷引接." 文學<u>李明誼</u>·
司書<u>柳弼垣</u>·翊衛<u>曹夏奇</u>·副率<u>徐宗鎭</u>【《寺谷錄》, 兼文學<u>沈珙</u>亦參.】入對, 令曰:
"大朝以鞫廳招辭下示, 而末端兩件事, 爲余惡名. 數月之間, 遭此變怪不一,
而比之冬間, 不啻倍蓰. 負此惡名, 豈忍一時視息於覆載間乎? 冬間辭位之時,
爲人所挽, 尙此蹲居, 故又有此變. 不知此後又有幾許層境界也, 不爲早決,
更何顔面, 歸拜先大王於地下乎? 將欲辭位."

---

23) 少:底本에는 "小"로 되어 있다. 문맥을 고려하여 수정하였다.
24) 爲:底本에는 "有"로 되어 있다. 존경각본에 근거하여 수정하였다.

仍出示疏草, 宮官等不爲展視, 進曰 : “么麼妖惡之言, 不必介懷, 陳疏辭位, 亦爲過重.” 世弟終始不許, 千百下令, 無非刻痛之敎, 而哽咽不成聲. 宮官縷縷陳達, 則末乃以“余志雖難變改, 宮官所達如此, 姑寢陳疏”之意爲敎. 李明誼【《爛餘》】以師·賓引接爲請而退, 夜已四更矣.【《春坊日記》, 不載此條云.】

○ 二十九日, 謝恩副修撰鄭錫五, 右參贊柳鳳輝, 校理尹淳. 東宮下令肅拜單子還給, 講院累請還入, 不許. 領[25)]·右相, 戶判金演, 吏判李肇, 禮判李台佐, 承旨趙景命, 假注書兪彦通, 記事官張斗周·趙顯命請對, 進修堂入侍, 時筵說略.

泰耉曰 : “封典克完, 宗社之幸. 昨以回來使臣押去配所事, 發遣都事, 而封典克完, 實爲大慶, 歸纔渡江, 即爲拿去, 有駭彼人之聽聞, 都事無至灣上, 留待中路押去事, 分付, 何如?” 上曰“依爲之”. 錫恒曰 : “今此封典, 雖出皇帝特旨, 使臣周旋之力居多云, 都事使之留待松·灆間, 押去似好.” 上曰“唯”.

泰耉曰 : “人妖物怪, 何代無之, 今日上變, 尤爲妖惡. 當初變事, 無非不忍聞之說, 故亟請設鞫矣. 捧招所言, 皆庚子年間旣往之事, 其時陰凶綢繆之狀, 今始發口, 此皆不道之事, 所當嚴覈正法.

而昨伏聞王世弟, 以其招辭中末段[26)]兩件事, 有不安之端, 引接宮官, 至有欲爲陳疏之敎, 宮官反復陳達, 幸得還寢. 今聞自東宮, 不捧朝臣肅單云, 此乃極難安而然. 古有毋究梁獄之事, 今此獄事中下款事, 元非大段, 此一款, 置之勿問, 何如?”

錫恒曰 : “初聞其說, 極爲驚痛, 其在昭雪之道, 不可不一問, 故有所推問矣. 東宮以此不安, 極爲驚惶, 今此請對, 專爲此也. 自上必須召致臥內, 開諭慰安, 區區之願.” 泰耉曰 : “臣亦退出之後, 進詣東宮, 陳達勉慰矣.” 上曰“唯”. 錫恒曰 : “一種陰邪之輩, 敢藉不敢言之地, 有此妖惡之說, 此後則語涉

---

25) 領 : 존경각본에는 이 앞에 “○” 표시가 있다.

26) 段 : 존경각본에는 “端”으로 되어 있다.

東宮者, 勿爲登諸文案, 宜矣." 上曰"唯".

泰耇曰：“獄官金一鏡, 以意外凶言, 出外待命. 文案旣已入內, 而人心極惡, 乃以犯上不道之言, 肆然發說如此, 極爲驚駭矣.”錫恒曰：“旣是問目外, 則其在常規, 所當不錄, 而渠旣發言, 則終不可掩置, 故至於書入矣. 蓋聞白望, 囚在禁府時, 一鏡爲府堂, 治之頗峻, 故以此含嫌, 做出無倫之言, 必欲擠陷云. 敦召勉出, 使之行公, 何如?”

泰耇曰：“蓋虎龍旣告白望, 白望亦告虎龍, 被告之人, 嫉怨告者, 有若互對報復然, 其習可痛. 而白望末端之言, 極爲兇悖, 人臣旣聞此言, 道理不敢參坐, 卽出待命. 以國體言之, 使之卽入可也；以私義言之, 似不欲卽入矣.”又曰：“今此獄事, 本非時急, 庭鞫過重, 本府推鞫, 何如?”上曰“依爲之”. 諸臣皆以慰安春宮之意, 陳達.

○ 師趙泰耇, 賓客沈檀·李光佐·柳鳳輝, 宮官鄭錫三·鄭楷·李明誼·柳弼垣·李匡輔, 兼官沈珙·尹惠敎·申致雲等, 詣東宮閤外, 請對屢次, 不許. 後, 引接諸臣, 以不可辭位之意, 縷縷陳達, 答曰：“予志已定, 斷不撓改.”以朝水刺相値, 退出, 更爲入對, 良久, 允從.

○ 鞫廳啓：“各人等招, 皆與告者之言, 一一相反. 其中白望, 又稱以告者, 亦曾有凶悖不道言, ‘吾亦上變’云. 若眞有是言, 則何不卽告於其時, 到今被逮之後, 始爲出口乎? 嫉怨告者, 欲爲互相立隻, 死中求生之計, 極爲痛駭, 而凶言旣發於其口, 不可不更爲嚴問, 告者及諸罪人等, 更推, 如何?”傳曰“允”.

○ 問郎柳綏有頉, 代柳萬重[27].

○ 四月初一日, 傳曰：“吏參金一鏡, 勿待命事, 分付.”掌令愼惟益疏

---

27) 萬重：존경각본에는 “重萬”으로 되어 있다.

概：“臣有區區隱痛于中者. 臣自少出入於尹拯之門, 恩義之篤·慕悅之深, 自非他人之比. 尹拯父子, 爲曩日奸凶所仇疾, 搆捏日深, 罪名至於泉壤, 事實莫暴, 臣何敢貪榮戀寵, 徒占一身之名利乎? 昨緣急書之上聞, 庭鞫方設, 不敢言私, 隨牌出肅, 其不可因仍蹲冒則決矣. 云云.” 政院還出給.

政院啓曰：“今日推鞫時, 因罪人白望侵及之語, 領議政趙泰耉, 右議政崔錫恒, 待命金吾門外. 云云.” 傳曰：“勿待命事, 遣史官傳諭.”

○ 大司諫李師尙疏：“國家不幸, 逆豎凶黨, 潛伏肘腋, 天誘其衷, 今始上聞. 鞫事嚴祕, 雖不得詳聞, 陰謀逆節, 不啻狼藉, 主張締合, 多出於凶相子姪, 按治之道, 不容頃刻少緩.

而逆漢白望, 本以凶黨陰養之勇士, 曾囚本府, 聞睦虎龍上變, 越獄踰墻, 僅得捕捉, 其叵測情節, 不待按問而可知矣. 初招之際, 遊辭回互, 不待問目, 按獄之臣, 據理責之, 猝發醜言, 擧名誣辱, 獄官不敢安而迸出, 今至兩日.

卽聞28)再招, 醜辱兩大臣, 一如構誣獄官者, 故兩大臣, 亦不得自安, 胥命于金吾門外, 鞫廳因以停輟云. 噫嘻! 國家法綱, 雖或解弛, 幺麽逆賊一死囚, 昨日逐一獄官, 今日又逐兩大臣, 至使鞫事遷就.

夫自有國以來, 如許非常之變怪, 曾所未聞. 其在鞫體, 豈可因渠延死緩獄之凶言, 大臣·獄官, 次第迸出, 不得復按, 使莫重獄事, 留時引日也哉? 臣願殿下, 亟下明旨, 敦勉大臣, 且招獄官, 毋執小嫌, 卽刻開坐, 嚴加刑訊, 盤問窮覈, 俾不得逞凶計, 王法得以快29)行, 國體不至壞損. 云云.”

副校理尹淳疏槪：“昨曉忽聞警心之報, 蒼黃出肅, 因詣闕外而已. 後於大臣之請對, 竟不得一近耿30)光而退. 云云.” 且於權重經反罵之疏, 有不可晏然

---

28) 聞 : 底本과 존경각본에는 “問”으로 되어 있다.《承政院日記 景宗 2年 10月 12日》기사에 근거하여 수정하였다.

29) 快 : 底本에는 “夬”로 되어 있다. 존경각본 및《承政院日記 景宗 2年 10月 12日》기사에 근거하여 수정하였다.

30) 耿 : 底本에는 “烱”로 되어 있다. 존경각본에 근거하여 수정하였다.

云云.

○ 判義禁<u>沈檀</u>疏槪：“連日鞫坐, 忍死隨參, 卽者罪人之招, 遍及大臣, 語極凶悖, 而侵辱之言, 亦及於臣, 臣何敢自安於按獄之官? 云云.”

○ 執義<u>徐命遇</u>·獻納<u>尹會</u>疏槪：“臣等目見凶賊逼獄官及兩大臣之變, 不勝駭痛, 敢陳短疏. 冀賜處分, 速完獄事.” 答曰：“爾等俱無所嫌, 勿辭察職.”

○[31] 鞫廳承旨啓：“臣昨奉密匭詣鞫廳, 罪人等達夜更推. 今日<u>白望</u>取招時, 許多荒亂不成說之語, 皆是問目之外. 朝臣名字, 亦多擧論, 而至擧按獄兩大臣, 加之以不忍聞之說, 兩大臣卽爲進出金吾門外, 今方待命. 此不過<u>白望</u>欲爲死中求生·沮敗獄事之計.

前招時, 旣逐金吾堂上<u>金一鏡</u>, 又爲侵逼判義禁, 今又更招, 有此進逐兩大臣之計, 欲令諸堂皆空, 鞫獄中輟, 其爲情節, 尤極凶巧. 臣則旣奉密匭, 取招文書, 未及修正, 不得還詣闕中, 仍爲姑留. 而按獄大臣, 并爲脅命, 莫重鞫坐, 遽至停罷, 此實前古所未有之變. 亟賜處分, 以爲速完獄事之意, 敢啓.”

傳曰：“知道. 所遭凶言, 不必過自引嫌, 安心參鞫事, 遣史官傳諭.”

<u>領相趙泰耈</u>·右相<u>崔錫恒</u>箚槪：“敢申罔極之情, 冀蒙斥退, 改卜賢德, 以重國事, 以安微分事.” 答曰：“凶人侵攻之言, 不足深嫌, 卿等安心勿辭, 速出參鞫以副至望.”

○ 初二日, 吏參<u>金一鏡</u>疏：“伏以愛君如父, 不爲身謀, 有逆必討, 討之斯嚴, 如有逡巡顧望, 臣實憤惋駭痛. 此臣所以多被媢嫉[32], 而凶黨之必欲甘心者也. 及臣待罪金吾, <u>李弘述</u>之獄延拖累月, 臣實慨然. 仰念聖上'陰懷不測'之

---

31) ○ : 底本에는 없다. 존경각본에 근거하여 보충하였다.

32) 嫉 : 존경각본에는 “疾”로 되어 있다.

明敎, 不敢爲縱緩之計. <u>陸玄</u>撲殺之狀, 端緒畢[33]露, 其間辭連者, <u>白姓一漢</u>, 三變其名, 情涉可疑.

　<u>睦虎龍</u>上變之夕, 脫枷越獄, 超到墻外, 閭家乃捕, 臣固知渠凶獰, 申飭囚繫, 渠亦聞臣嚴法, 怨懟次骨. 且庭鞫置對之際, 謀逆節次, 都不卞白, 遊辭胡亂, 卒無着落. 臣乃厲聲叱責, 使之詳對問目辭緣, 渠遂忽擧臣姓名, 勒加以人臣所不忍聞之凶言.

　噫! 逆賊被告, 而不訟本事, 誣辱獄官, 古今獄情之所未聞也. 然而爲臣子, 蒙被罔測之惡名, 不敢頃刻自安, 五情糜蕩, 退伏廳外, 坐待漏罷, 迸出闕外, 祗俟嚴命. 不料大臣, 略陳前席, 而朝下特敎, 使之勿待命. 臣是何人, 聖明終始曲庇, 輒當危惡之境, 拔置全安之地, 臣誠感泣九頓, 不知死所.

　嗚呼! 謀弑[34]君父, 何等凶逆? 其曰 : ‘踰墻入宮, 挾匕塗廁, 五百金購得中原丸藥, 一猷卽斃者, 分與宮人, 和之飮食, 乘喪矯旨, 廢[35]爲<u>德讓君</u>. 云云.’ 大急手·小急手·平地手, 隱語設號, 凶謀逆節, 狼藉凶慘, 凡有血氣者, 孰不骨靑毛豎, 思欲食肉寢皮也哉?

　況職忝王府, 不卽窮覈盤詰, 亟截妖腰亂領, 克正邦國之刑, 少[36]洩神人之憤, 反爲逆豎所誣, 先被沮退, 不職之罪, 誠無所逃. 今聞此賊, 復以誣臣之言加諸兩大臣, 至於鞫獄中輟. 噫嘻! 妖惡少豎, 驅大臣·諸臣, 使不得設鞫按問, 萬古天下, 寧有是耶? 雖然以臣踪地, 不宜復當鞫囚, 伏乞天地父母, 哀而憐之, 亟許遞改臣兼帶金吾之任. 云云.”

　○ 鞫廳罪人<u>睦虎龍</u>·<u>鄭麟重</u>·<u>吳瑞鍾</u>更推.

---

33) 畢 : 底本에는 “必”로 되어 있다. 존경각본에 근거하여 수정하였다.

34) 弑 : 底本과 존경각본은 “試”로 되어 있다. 《承政院日記 景宗 2年 4月 14日》 기사에 근거하여 수정하였다.

35) 廢 : 底本에는 “癈”로 되어 있다. 존경각본에 근거하여 수정하였다. 이하 동일 사례에 대해서는 별도의 校勘記를 달지 않는다.

36) 少 : 존경각본에는 “小”로 되어 있다.

○ 司直申鈇疏曰：“床席37)危喘, 念絶時事, 得聞鞫獄初設, 金吾之官, 出於罪囚之口, 迸出待命, 而鞫廳不爲請拿, 移鞫本府, 事異常規, 及其開坐也, 按獄大臣又爲待命. 鞫事嚴秘, 未知曲折之如何, 雖以承宣啓辭中‘不忍聞’之說觀之, 其亦緊出於罪人之招, 槪可知矣. 一番卞正虛實, 在所不已, 而喉司·臺閣紛然爭起, 不思獄體之嚴重, 至請其敦勉完獄. 若使罪人一斃之後, 則援引諸臣, 雖欲卞白, 更無其路.

在昔名賢·碩輔, 枉被誣陷, 一卞卽脫, 自同平人. 此非但重獄體, 實出於伸白冤枉之意, 而今日三司, 無一言爭執, 惟聖明嚴加譴斥, 以勵君臣之義焉.

因伏念春宮, 名位一定之後, 累遭罔極之變, 而幸賴殿下孝友之德, 凡於慰安之道, 靡不容極, 此實宗社之慶, 擧國臣民, 孰不欽頌. 而此後保護之道, 惟在於隄防邪枉之嚴, 益加省察焉.”

○ 政院啓曰：“領議政趙泰耉·右議政崔錫恒來詣賓廳, 才已請對矣. 卽者司直申鈇陳疏到院, 以鞫廳事多有侵斥大臣之語, 故不敢晏然入對, 還爲出去之意, 敢啓.” 傳曰“知道.”

○ 領·右相箚子：“伏以臣等橫被罔極之誣, 心驚骨痛, 迸出胥命, 昨日再蒙近侍臨諭, 反覆丁寧. 今日嚴召復辱, 窮隘之極, 罔知攸處, 不得不承牌詣闕, 欲爲叩閤求對, 洞陳獄事, 血泣祈免之計矣.

此際, 行司直申鈇之疏適到, 深攻臣等按獄之失, 至謂：‘名入賊招之人, 不爲請拿, 移鞫本府, 又異常規.’ 其下又曰：‘按獄大臣, 又爲待命, 其亦緊出於罪人之招, 槪可知矣. 一番卞正虛實, 在所不已. 云云.’

此非如就事論事之比, 則其何敢一刻晏然乎? 人言旣如此, 獄事雖嚴秘, 臣等豈敢不略陳? 蓋同義禁金一鏡之名, 初不出於上變人睦虎龍之招, 而罪人

---

37) 席：底本과 존경각본에는 “第”로 되어 있다.《承政院日記 景宗 2年 4月 3日》기사에 근거하여 수정하였다.

白望反引虎龍之言, 有所云云, 故以此更招於虎龍, 則白望之言全歸虛妄. 揆以獄體, 其可有請拿之道乎?

至於請移本府, 蓋亦有由. 凡係逆獄, 事係急迫, 則設鞫內庭, 例也. 當初所上, 乃急書也, 宜乎其設庭鞫. 而及捧其爰辭, 則諸罪人陰凶不道之節, 俱是年前事, 今始發告者, 而罪人拿致, 日字稍間, 曠日庭鞫, 事涉未安, 移設本府, 獄體固然, 以此爲言, 豈非意想之外乎?

兩款委折, 不過如是, 何其老成之人, 旣不諒人之本情, 又未詳獄事顚末, 而遽爲此言也? 臣等雖無狀, 受兩朝不世之恩遇, 致身至此, 區區寸心, 天日下燭. 幺麼逆豎, 死中求生之言, 豈足以白地誣污? 而重臣乃以虛實爲言, 有若臣等之虛實, 可以對卞而知者然, 痛冤之極, 直欲無生.

臣等上迫君命, 下顧獄體, 冒昧趨闕, 此狼狽, 又不得不徑自進退於求對未入之前, 臣等之罪益萬萬難貰矣. 伏乞聖明, 俯賜體諒, 亟命鐫臣等相職, 改卜賢德, 以爲速完鞫獄之地, 明勘臣等被誣虛實, 幸甚."

答曰 : "卿之被誣, 業已昭釋, 須體前旨, 安心參鞫."

○ 大諫李師尙請對啓曰 : "倫綱斁絶, 亂賊橫恣, 謀弑君父之逆, 遽出於權凶之門墻, 按治窮覈, 快正王法, 小洩神人之憤, 此固頃刻不可緩者. 而爲今日殿下臣子者, 苟知北面之義, 唯當腐心切齒, 必以食肉寢皮爲期. 而乃者司直申銋投進一疏, 片言半辭, 略無驚動於謀弑之凶逆, 乃以被告逆豎之驅逐獄官, 緩獄延死之亂供, 欲爲擠陷朝紳, 沮敗鞫事.

噫! 凶徒逆黨, 莫非渠之黨與, 則惟恐端緒之畢露, 欲緩朝市之顯戮者, 計無所不至. 陰藉賊供, 力沮大獄, 欲絶按治之路, 顯有和應之跡. 上自大臣, 下至三司, 一筆句斷, 意在迫逐, 必欲空國乃已. 苟究其情, 便一白望, 其忘君父·黨惡逆之罪, 不可不嚴加懲討. 請申銋減死, 絶島圍籬安置."

上曰"依啓".【《會通》曰 : "師尙又請繼此投疏緩獄者, 繩以護逆之律, 承旨黃爾章, 亦以此意累次陳達. 出《寺谷記》."】申銋 大靜圍置, 禁都宋元瑞押去.

○ 初三日, 執義徐命遇疏槪: "忽被司直申鈜之疏斥, 敢陳鈜疏駁妄絕悖之狀. 云云."

○ 掌令愼惟益疏槪, 兼申憂慨之懷, 冀賜處分事.

○ 政院啓: "領·右相命招, 不進." 傳曰: "累次開釋, 則不必過嫌. 安心參鞫事, 更爲傳諭."

○ 鞫廳罪人金龍澤, 拿來囚.

○ 初四日, 以刑曹草記, 宗廟攔入人, 順安人趙盛稷, 觀其所供, 極涉虛妄, 且觀爲人, 又是失性, 而其所爲說, 有同告變, 則不可以失性置之, 自本曹從重科罪事, 允下.

○ 領·右相處偕來史官書啓: "情勢難安, 命招, 不進." 又遣承旨偕來, 承旨書啓: "領議政趙泰耉以爲: '異恩至此, 臣病雖重, 敢不忍死趨命?'云. 故臣先爲入來矣. 追後聞之, 則行到中路, 宿患痞證猝劇, 曳入路傍閭舍, 尙在昏昏不省中矣."

○ 政院啓: "領府事金宇杭因臺疏不安, 出往城外. 云云."

○ 右相請對時, 罪人白望, 勿爲更招, 與告者睦虎龍面質事; 及鞫案未畢前, 局外之人, 徑論獄事之疏, 勿爲捧入事; 及同禁金一鏡牌招參鞫事, 榻前定奪. 正言權護·申弼誨·持平趙最壽, 幷改差事, 榻前下敎.

○ 問郞柳萬重在外, 代權益淳.

○ 罪人洪哲人自現囚.

○ 初五日, 大諫李師尙啓：“臣於日昨, 以申鉦討罪事侵夜入對. 茲事關涉大臣, 臣與大臣有連姻之嫌, 而暮夜倉卒, 偶未覺得, 請遞.” 答曰“退待”. 處置出仕.

○ 領相箚槪：“乞蒙恩遞, 仍治臣以病廢事之罪.”

○ 罪人李器之, 拿來囚.

○ 鞫廳, 睦虎龍·白望面質, 虎龍·鄭麟重面質, 李器之原情.

○ 初六日, 李天紀·老味拿來囚.

○ 罪人白望·鄭麟重各刑問一次.【此以後, 罪人等面質及更推, 幷未書錄.】

○ 初七日, 正言具命奎啓：“本院方有朴致遠等嚴覈勘斷之啓, 而李重協[38]亦在其中. 年前以記注間事慘被李重協之所構捏, 至有遠配之請, 今於重協請鞫之啓, 何敢冒嫌而隨參? 請遞.” 答曰：“勿辭, 退待.” 院處置：“嫌不聯名, 已有近例, 不可以此輕遞言官, 出仕.”

○ 白望·鄭麟重各刑二次.

○ 初八日, 白望刑三次, 鄭麟重刑三次第四度承服, 金龍澤刑一次, 李喜之

---

38) 協：底本에는 “恊”으로 되어 있다. 《承政院日記 景宗 2年 4月 7日》 기사에 근거하여 수정하였다. 이하 동일사례에 대해서는 별도의 校勘記를 달지 않는다.

拿來囚.

　　○ 問郞趙遠命有頉, 代金啓煥.【《會》作金始煥.】

　　○ 白望刑四次, 金龍澤刑二次, 李天紀刑一次, 沈尙吉拿來囚.

　　○ 初九日, 領相請對時啓：“自前大提學差出之時, 必自上命招前大提學, 使之薦望. 卽今前大提學被罪, 前前大提學只有姜鋧一人而已, 卽爲命招, 使之薦望, 以爲圈點之地. 弘提亦爲差出, 然後都堂錄可以速爲完了矣.”上曰 “依爲之”.

　　○ 侍講院開講草記, 答曰：“不安之心, 奚嘗少弛? 有若平人開卷, 對宮僚, 實涉愧赧. 故近日講筵, 猶未果焉.”趙泰耇入對時, 召對自明日爲之事及達辭下 答, 改下曰：“今方夏暑漸長, 正當惜陰之時, 而心猶不安, 身且不平, 近日未開講筵矣.”【後日入診時, ‘心猶不39)安’四字, 抹去.】

　　○ 白望刑五次, 金龍澤刑三次, 李天紀刑二次.

　　○ 初十日, 李喜之·二英·老味刑各一次, 金省行拿來囚. 禁府啓：“觀此各人等所供, 或以敎訓兒子留置陸玄於其家, 或以地理相知, 別無可問之隱情, 張泓·金景直·姜遇文·車之炳等, 幷分揀放送. 陸玄撲殺之獄, 端緖畢露, 且於鞫獄, 亦有辭連鉤覈之道, 不緊罪囚, 不可一向久滯. 趙次達·望土里·朴太從三人, 一體放送, 何如?”啓依允.

　　○院啓：“王獄罪囚, 何等嚴重, 而頃日禁府罪人玄德明之以刀自刺, 睦虎

龍上變日, <u>白望</u>之越獄逃躱, 幾至失捕, 係是前所未有之變, 事極寒心, 大關後弊. 伊日入直都事, 不謹防守之罪, 不可不嚴懲, 請當該都事摘發, 拿問定罪, 羅卒等各別重究. 鞫廳罪人之逮捕, 至嚴且急, 倍道拿來, 法意有在, 而今此罪人拿來, 率多稽緩, 甚至於四日之程, 六日始返, 請該都事拿問定罪." 答曰 "依啓".

拿問現告, <u>尹盛績</u>·<u>鄭重海</u>, 假都事<u>趙倫</u>.【<u>玄德明</u>以<u>李弘逃</u>撲殺<u>陸玄</u>事繫獄, 刑一次, 又請一刑後, 自刃而死[40]. 出《南泉記》.】

○ 罪人<u>業伊</u>拿來囚, <u>李喜之</u>刑二次.【《南泉記》, 領相自是日參鞫.】

○ 十一日, 問郎<u>姜世胤</u>病, 代<u>李顯章</u>.

○ 奏請兼冬至使一行, 今月初八日, 還渡江.

○ 罪人<u>墨世</u>·<u>趙洽</u>拿來囚.

○ 兵判<u>李光佐</u>, 禮判<u>李台佐</u>疏 : "臣等晚聞鞫廳罪人誣辱大臣之時, 亦擧臣之名, 不勝震驚痛駭, 不敢以風傳自列, 席藁私次, 危蹙無措. 昨因大臣所達, 旣已上徹宸聽, 始敢歸身司敗, 泥首俟命矣. 聖明照察, 至有勿待命之敎, 乞命有司痛加嚴覈, 昭暴情實. 云云." 答曰 : "被誣之言, 不必深嫌. 云云."

政院啓 : "前前大提學<u>姜鋧</u>, 再牌不進後, 陳疏到院, 觀其措語, 以曩時館閣拔去薦錄爲難進之嫌. 原疏才已退却, 到今以前任文衡陳達請牌, 則其不以向日事爲穩當者, 從可知矣." 傳曰 : "不必以此深嫌, 更爲牌招."

○ 大提學圈點, 三點<u>李光佐</u>·<u>柳鳳輝</u>·<u>金一鏡</u>, 二點<u>李師尙</u>, 一點<u>趙泰億</u>.

---

40) 死 : 底本은 "事"로 되어 있다. 존경각본에 근거하여 수정하였다.

○ 白望刑六次, 李喜之刑三次, 沈尙吉刑一次, 麟重結案取招, 金龍澤·李天紀承服後, 遲晚拒逆.

○ 十二日, 業已放送. 李喜之刑四次, 沈尙吉刑二次, 白望刑七次.

○ "罪人鄭麟重. 年四十九. 矣身前招中, 與天紀·龍澤·白望等, 相會結約時, 矣身書掌中'義'字, 龍澤書'忠'字, 白望書'養'字. 掌中書出宰相李頤命之字, 出於無識, 以此謂之逆, 矣身有所不忍, 當初不卽直告是白遣.

且李泰華有幻術, 要得印紙, 聚銀錢云. 故矣身與天紀·洪義人相議, 而義人方爲繕工奉事, 故印在其家, 空紙踏印, 以給是白遣. 天紀·龍澤與白望·虎龍[41]輩, 不無聚銀內嬖[42]行用之事, 故矣身心甚不樂, 蘖頗是白遣.

池尙宮一節, 矣身不能深知裏面事, 而所謂'小急手', 乃是行藥也. 矣身之所以聞此者, 皆以往來天紀家, 有素此等言語, 自然入耳. 而睦哥[43]入於池尙宮家, 有同其子, 又睦哥恒處於天紀家, 故其往來交通之狀, 矣身知之是白乎旀.

與虎龍面質時, 虎龍擧矣身前日之言以爲: '主上登極後, 矣身謂虎龍曰: 「吾旣謀弑其人, 又何可食其祿而事其人乎? 吾將棄官歸鄕. 云云..」【是如】' 高聲迫聞, 則矣身泛以'是何言也?'爲答【是乎乃】. 此乃虎龍層激之言, 矣身到此地頭, 何以爲對乎? 此一款, 千萬曖昧.

矣身與亂臣賊子金龍澤·李天紀等交遊, 而知情不告之罪, 矣身亦自知之, 前招內, 旣已遲晚的實只罪."

"《大明律》〈謀反大逆〉[44]條云'知情故縱隱藏者斬', 同律〈死囚覆奏待報〉條

---

41) 虎龍 : 底本에는 "龍虎"라고 되어 있다. 存經閣本에 근거하여 수정하였다.

42) 嬖 : 底本과 存經閣本에는 "帑"라고 되어 있다. 《景宗實錄 2年 4月 13日》 기사에 근거하여 수정하였다. 이하 동일 사례에는 별도의 校勘記를 달지 않는다.

43) 哥 : 底本은 "家"로 되어 있다. 存經閣本에 근거하여 수정하였다.

44) 謀反大逆 : 底本에는 '謀叛大逆'으로 되어 있다. 《대명률(大明律)》에 따르면, 모반(謀反)은 임금을 해치려고 모의한 것이고 모반(謀叛)은 본국을 배반하고 다른 나라를 따르려고

云：‘其犯十惡之罪, 應死者, 決不待時. 云云.’”

○ 禁府, 罪人鄭麟重 堂古介行刑, 啓.【麟重子珀, 二十八日拿來, 堂古介處絞.】

○《南泉記》曰：“麟重贈白望〈詠荊軻〉詩曰：‘興亡都付爾, 脈脈鬼神驚. 暫試夫人匕, 長辭召伯城. 封函紅血透, 寒日白虹生. 臨發悲歌起, 誰知和筑情.’”

○ 世弟宮入診. 內局提調趙泰耉·韓配夏·金始煥, 宮官鄭楷·柳弼垣入對. 時泰耉所達：“講院下答中, ‘心猶不安’四45)字, 抹去何如?” 東宮抹去.【《春坊錄》】

○ 白望刑八次, 李喜之刑五次, 沈尙吉刑三次. 金龍澤·李天紀承服後加刑, 遲晚拒逆.

○ 十三日, 金龍澤刑七次, 施威次, 承服遲晚. 李喜之刑六次, 沈尙吉刑四次, 趙洽刑一次. 李天紀加刑, 遲晚拒逆, 白望物故.【《初終說》云：捕將李森捉致白望弟立, 刑二次, 撲殺.】

○ 院, 正言呂善長新啓：“鞫囚文書, 勿論緩急, 一幷搜探封納者, 乃所以嚴鞫事也. 乃者, 罪人李喜之拿來時, 靈巖郡守文德麟46), 本以喜之同里狎客, 要

모의한 것으로, 서로 개념이 다르다.《大明律 刑律 賊盜 謀反大逆》

45) 四：底本과 존경각본 모두 ‘五’로 되어 있다. 본서 앞의 4월 9일자 기사에 근거하여 ‘四’로 수정하였다.

46) 麟：底本과 존경각본에는 모두 “獜”으로 되어 있다.《景宗實錄 2年 4月 14日》《承政院日記 景宗 2年 4月 13日》기사에 근거하여 수정하였다. 이하 동일 사례에 대해서는 별도의 校勘記를 달지 않는다.

於中路, 乃欲除出數張書札, 初似懇請, 末乃驅迫. 雖因都事之據理牢拒, 終不
出給, 而<u>德猶</u>潛與<u>喜</u>之交通, 恐其隱情之或露, 必欲劫奪文書之狀, 誠極痛惋.
其慢視君命·容護罪人之狀, 不可不嚴懲, 請<u>靈巖</u>郡守<u>文德麟</u>拿問定罪.

　軍資奉事<u>金翼亮</u>, 本以漏落內奴, 依附<u>春澤</u>兄弟之家, 人皆指目者也. 詐稱
古相<u>金宗瑞</u>之後孫, 囑托筵臣, 肆然陳達, 至請收錄, 濫通仕籍, 物情莫不駭憤.
夫<u>宗瑞</u>之絶嗣, 國人之所共知, 而當時又無復官之事, 則<u>翼亮</u>之以公賤子枝假
託名臣之裔, 昭然難掩, 決不可一日齒諸衣冠之列, 請軍資奉事<u>金翼亮</u>削去仕
版." 答曰 : "依啓. 前啓中<u>趙聖復</u>事, 依啓."

　○ 罪人<u>金龍澤</u>·<u>李天紀</u>物故.【<u>龍澤</u>三次, <u>天紀</u>二次後承服, 遲晚拒逆, 物故.】

　○ 執義<u>徐命遇</u>啓曰 : "臣於鞫廳罪人<u>鄭麟重</u>事, 有不能爭執之失. 蓋<u>麟重</u>
遲晚招辭中, 謀逆同參之跡, 不啻狼藉, 而勘以知情不告之罪, 有違獄體. 故臣
於參鞫時, 有所違覆, 而終不能力爭, 固已歉然. 而退聞物議, 以擬律徑[47]庭,
大以爲非. 伊時同參之諫官, 亦旣引避, 臣之所失, 固無異同, 何敢獨自晏然?
請命遞斥." 答曰 : "勿辭, 退待[48]."【處置 : "遞差. 當爭不爭, 見非公議. 云云."】

　○ 正言<u>呂善長</u>啓 : "<u>鄭麟重</u>, 謀逆情節, 不啻狼藉, 而以知情不告照律, 失之
太輕, 物議皆以爲非. 臣初參鞫坐, 未諳獄體, 議啓之際, 不能爭執, 非斥之來,
在所難免. 請命遞斥. 云云." 答曰 : "勿辭, 退待."【處置上同】

　○ 鞫廳大臣以下請對. 右相<u>崔錫恒</u>所啓 : "承服罪人<u>金龍澤</u>, 遲晚取招後,
未及結案之前, 徑先物故, 緣坐·籍沒等事, 自當依律擧行, 而行刑一款, 極爲
難處. 若檢屍出給, 則或似大緩 ; 若直爲行刑, 則有違法例. 臣意則雖不正刑

---

47) 徑 : 존경각본에는 "逕"으로 되어 있다.
48) 待 : 底本에는 "對"로 되어 있다. 존경각본에 근거하여 수정하였다.

於已斃之罪人, 恐無損於天地之大, 而臣等不敢任意處斷, 議大臣稟處, 何如?” 上曰“依爲之”.

又啓 : “罪人白望, 以逆魁, 大·小急手之事, 無不擔當, 陰凶情節, 畢露於凶人之招. 況所謂‘短釖’, 龍澤以出給爲言, 白望以受置自服, 所聚銀兩, 自鞫廳已爲搜得, 問於白望, 則亦不敢隱諱. 而特不言用處, 遲晚取招, 終始拒逆, 其身雖徑斃, 贓物現捉後, 決不可置之.

取考前例, 則庚申獄事, 以李台瑞·趙磪, 終不承款, 而以其逆節之昭著, 議于大臣, 有緣坐·籍沒之敎. 李天紀, 謀逆情節, 旣已自服, 而遲晚取招, 終始拒逆, 亦已徑斃, 神人之憤, 當復如何? 台瑞·趙磪, 雖未承款, 尙且準法. 況天紀, 二度書札, 旣已現捉, 陰凶情節, 又已自服, 緣坐·籍沒等事, 似當依律施行, 而此非臣等所敢擅便, 竝議大臣處之, 如何?” 上曰“唯”.

同禁金一鏡曰 : “取考仁祖戊辰年故事, 其時逆賊李繼善·閔瀏⁴⁹⁾等, 乃主謀之巨魁, 特以其凶忍不服之故, 當初未正刑, 物情憤鬱. 因臺啓, 自上議于大臣, 大臣以不可不正刑之意仰陳, 遂有依大臣議施行之命. 李繼善·閔瀏等屍身, 已爲持去, 而發遣都事, 取來正刑, 籍沒·緣坐率皆擧行.

今白望, 凶罪現發, 銀錢被捉, 又使二英探問闕內動靖之狀, 皆已自服. 此是兇賊之魁, 大·小急手行凶陰謀, 畢露無餘, 而頑忍凶⁵⁰⁾獰, 特未遲晚, 緣坐·籍沒等事, 大臣才已稟定. 而臣意則依戊辰之例, 渠雖徑斃, 不可不正刑. 磔屍, 此一款, 亦問議于大臣而擧行, 何如?” 上曰“依爲之”.

又所啓 : “趙聖復鞫問事, 因臺啓允從矣, 所當卽爲擧行, 而鞫獄方張, 姑待收殺擧行, 何如?” 上曰“唯”. 錫恒曰 : “瑞鍾·省行與逆獄, 元不相關, 當待此獄收殺, 別爲稟處. 上變人着枷囚禁, 蓋以所告無實, 當反坐故也, 此則逆節狼藉, 睦虎龍解枷, 何如?” 上曰“唯”.

---

49) 瀏 : 底本과 존경각본에는 “澍”라고 되어 있다.《仁祖實錄 6年 1月 3日, 7月 2日》《承政院日記 仁祖 6年 1月 3日, 7月 2日》기사에 근거하여 수정하였다. 이하 동일 사례에 대해서는 별도의 校勘記를 달지 않는다.

50) 凶 : 존경각본에는 “兇”으로 되어 있다.

又曰：“事關東宮者勿問事, 領相旣已稟定, 故關係東宮事, 不入推案矣.” 李正臣曰：“事係東宮者, 不入推案事, 旣已定議矣.” 黃爾章曰：“追刑一款, 誠如一鏡之言.” 朴弼夢曰：“白望, 何可不行磔屍之典乎?” 沈檀曰：“追刑事, 雖當然, 而終是法外. 仁廟朝·先朝, 則皆以特命, 故今亦有議大臣之請矣.”

弼夢所懷聖復事, 因曰[51]：“卽今逆獄, 畢露無餘, 所謂三手, 聖復已知之矣. 渠亦欲行三手之計, 三手不售之後, 受嗾上章, 繼有聯箚, 到此逆節彰著之後, 何可斬許乎?” 上曰“勿煩”.

一鏡曰：“三手餘計, 爲聖復·聯箚, 皆出權凶門墻, 今聖復偃息自如, 何一向斬許乎?” 爾章曰：“方請鞫問, 而晏然在家, 其縱恣無忌, 可知. 云云.” 上曰“依啓”. 爾章曰：“今承允從, 慶幸何勝?”

檀曰：“疏儒論罪, 旣蒙允從. 未知有何曲折, 而政院之壅塞言路, 不捧疏章, 決非太平氣像, 議大臣開言路, 令政院勿復壅蔽, 何如?” 爾章曰：“許璧疏, 以政院啓辭見之, 可知其不忍聞, 如此疏, 何可捧入?” 檀曰：“臣言非爲璧也. 草野之疏, 一幷捧入, 自上明示取捨, 然後可無壅蔽之患.” 錫恒曰：“檀之言, 大体誠好矣.”

○ 持平朴弼夢所啓趙聖復事·鄭亨益遠竄事·朴弼正門黜事·許璧定配事, 幷依啓. 申弼誨削奪事, 停啓.【鄭亨益 金海府遠竄.】

○ 李喜之·趙泰徵徑斃可慮, 停刑. 沈尙吉刑五次, 第一度承服, 二英刑二次, 氣窒停刑, 老味放送.

○ 趙聖復拿囚. 今日請對時, 崔錫恒又所啓：“罪人白望·金龍澤·李天紀等, 雖未及遲晩取招, 前後問目原情, 一一抄出, 出於朝報, 使中外曉然知陰凶

---

51) 因曰：底本과 존경각본에는 없다.《承政院日記 景宗 2年 4月 13日》기사에 근거하여 보충하였다.

情節, 何如?” 上曰“依爲之”.

○ “罪人<u>白望</u>. 年三十六. 上變人<u>陸虎龍</u>招內 : ‘「以刃」云者, 令勇士挾匕首入宮中, 若塗廁之謂, 而賊輩私自相, 號曰「大急手」. 所謂「藥」者, 以藥給於紅袖, 和於飮食, 號曰「小急手」, 又曰「臥手」. 所謂「黜」者, 多以金締結內豎, 搆成罪目, 欲爲放黜之計, 號曰「平地手」【是如爲旀】.’

<u>鄭麟重</u>·<u>李器之</u>·<u>李喜之</u>·<u>金龍澤</u>·<u>李天紀</u>·<u>沈尙吉</u>·<u>趙洽</u>, 與矣身等綢繆謀議, <u>龍澤</u>寶釰給於矣身, 以爲‘臨先大王國喪日, 踰墻入宮, 行大急手【是如爲旀】’, <u>鄭麟重</u>·<u>金龍澤</u>·<u>李天紀</u>·<u>李器之</u>·<u>李喜之</u>·<u>洪義人</u>·<u>洪哲人</u>等, 以銀給於矣身, 使之傳給於矣身所竊取宮人<u>二英</u>, 納於其四寸宮人<u>李氏</u>·矣身同姓宮人<u>白氏</u>與<u>池尙宮</u>等, 使之圖成行藥之事. 此則庚子半年經營之事【是如爲旀】.

<u>李喜之</u>作諺文歌辭百餘句, 給矣身, 流入宮中, 皆誣毀聖躬之言. 且草從中矯詔, 令內人<u>烈伊</u>及宦者<u>張世相</u>, 臨國喪, 乃下手相議, 而其詔多不能記, 蓋首書‘不穀忝位’等字, 中間有曰‘廢世子某爲<u>德讓君</u>’云. 觀此詔草時, <u>虎龍</u>往<u>蓮地洞</u> <u>龍澤</u>家, <u>虎龍</u>坐西壁, <u>龍澤</u>·<u>喜之</u>·矣身交首燭下, <u>喜之</u>持書讀之, 讀未畢, <u>器之</u>自後園入來, 故錯疑他人, 仍納<u>喜之</u>囊中【是如爲旀】.

<u>趙洽</u>則出銀二千餘兩, <u>沈尙吉</u>出銀二百餘兩, <u>洪義人</u>則出銀五十兩, <u>李喜之</u>則出銀七十餘兩, <u>金民澤</u>則雖出銀子, 不與矣身相面, 但使<u>龍澤</u>·<u>天紀</u>等, 往來相議. <u>龍澤</u>·<u>天紀</u>等言必稱‘致仲’, 事必諮<u>致仲</u>, <u>致仲</u>者, <u>民澤</u>之字【是如爲旀】.

矣身以田畓文書搆草事, 到<u>虎龍</u>家, 而矣身刑貌·風神白晳軒昂, <u>鄭麟重</u>在座目之曰 : ‘此亦俠客者流乎?’ <u>虎龍</u>答曰 : ‘此乃俠客中第一人, 其勇無敵.’ <u>麟重</u>詳問矣身居住而去. 翌日曉頭, <u>麟重</u>携一驢子到矣身家, 騎與率去, 初往<u>龍澤</u>家, 則<u>龍澤</u>·<u>麟重</u>·<u>天紀</u>, <u>喜之</u>列坐, 見其好身手, 大喜曰 : ‘吾輩平生, 初見此人’, 問其勇力, 矣身自許以勇不多讓於古人, 遂酌酒相盟, 結爲死生之交.

矣身曰 : ‘君輩欲用余, 則吾當竭力. 而卽今主上病患日重, 如有不諱, 則世無<u>劉備</u>, 何以爲之耶?’ 諸人曰 : ‘雖無<u>劉備</u>, 將來自有其人也.’ 各書掌中字, 以示心事, 而龍澤書‘忠’字, 他人各書‘信’字·‘義’字, 而矣身書以‘養’字. 左右相顧, 不知其義, 天紀覺得大笑. 蓋‘養’字者, 李頤命之字‘養叔’之謂也.

矣身以巧惡窮凶之人, 疑龍澤等, 以李頤命推戴之故, 問及於劉備【是如爲旀】. 其時經夜, 還來見虎龍曰 : ‘我昨日入大縫囊中.’ ‘縫囊’云者, 逆獄罪人以囊裹頭故. 云云【是如爲旀】. 虎龍問于天紀曰 : ‘所謂急手者, 用何藥云耶?’ 天紀曰 : ‘矣身言內以銀五百兩, 買得中原丸藥, 一歃卽52)斃【是如爲有置】.’

發爲問目, 推問於矣身, 則所供與虎龍相左. 一處面質, 則虎龍之言, 鑿鑿有據 ; 矣身之言, 無一卞破之端, 只以無據虛言等語, 泛然爲辭, 言言見屈. 況且龍澤招, 則謂 : ‘有掌中書字之事, 而馬鞍所掛皮鞘常刀, 果爲出給於矣身云.’ 而矣身乃以元無掌中書字之事, 亦無短釖出給之事【是如】納招【爲有臥乎所】, 其爲隱諱之疑端, 節節難掩.

所謂‘寶釖’, 自捕廳搜得來納【是去乙】, 虎龍曾見此釖於矣身家云, 故藏置其釖, 問其長短·粧飾·貌樣驗視, 則一無差錯【是旀】. 矣身所聚銀子一千三百餘兩·錢一百四十餘兩, 自捕廳又爲搜得於二英移藏處, 封標來納【爲旀】.

二英四寸宮女李氏, 矣身以元無樣爲言, 而二英母業伊招內宮人李氏, 非二英四寸而乃六寸, 而名則墨世, 方爲大殿內人【是如】, 明白納招. 所謂墨世, 拿來推問, 則其矣招內‘再次往見二英, 而與矣身相見, 有所酬酌’云, 矣身從前隱諱之狀, 畢露無餘.

以此更爲推問, 則龍澤所贈之釖, 矣身雖不佩來【是乎乃】, 龍澤既送於矣身處, 同寶釖自矣身所搜出, 此則不爲發明【是如】, 納招【是旀】.

銀錢, 矣身果爲聚置於二英家的實【是如爲乎】, 問其所從來, 則初則諉之於鷹師所賣之價, 後則變辭以爲 : ‘吳瑞鍾, 自上年冬至今春, 以矣身爲着實, 逢授於矣身【是如】.’ 納招.

前後所供, 自相矛盾, 節節變幻, 其爲聚銀, 則明白無疑. 贈釖與聚銀, 乃是大段贓物, 墨世與矣身相見, 則前招所謂不知之說, 亦已歸虛【爲有置】.”

---

52) 卽 : 底本에는 “旣”로 되어 있다. 존경각본에 근거하여 수정하였다.

“陰凶情節, 旣已畢露, 而遲晩二字, 特未發口, 加刑現推敎事.”

○ “罪人金龍澤. 年四十三. 問目云云.【與白望略同.】所謂‘寶釖’, 自捕廳搜得, 虎龍曾見此釖於白望房中云, 故藏置其釖, 問其長短·粧飾·模樣後驗視, 則一無差錯, 矣身所謂‘皮鞘常刀’者, 歸於巧飾【是旀】.

‘出萬死不顧一生之計’者, 是何等凶慘之言, 而諉之於虎龍之妄言【是旀】, 大急手·小急手·平地手等三件隱語, 稱爲出於虎龍之口氣, 雖非矣身之刱出, 常時習聞說道之狀, 亦可推知【是旀】.

矣身問于天紀云云, 天紀曰 :‘白望云「以銀子五百兩, 買得中原丸藥, 一歃卽53)斃」云.’ 矣身獨奮袂急勸, 暗結白哥, 多賂銀貨, 仍以賊事爲謀. 時洪義人兄弟則以天紀接隣, 窺見其所爲, 闖入其中, 矣身怒曰 :‘吾輩數三人, 出萬死不顧一生之計, 千萬古大事業, 在此一擧, 而彼洪何人, 入爲梅花點耶?【爲旀】’

‘行藥’云云, ‘謀廢’云云, ‘草矯詔’云云【幷同白望問目.】, 與虎龍面質時, 一不卞明, 言辭多屈, 泛稱曖昧【是如可】, 更推時, 以爲‘梅花點云者, 謂洪義人小疎故也【是如爲旀】’.

又以爲 :‘所謂池尙宮處交通行貨之事, 果有耳聞, 不但小急手事而已, 亦多內間周旋之事, 而虎龍輩主張【是如爲旀】. 鄭麟重, 招內以爲 :「天紀與矣身有聚銀內嬖行用之事, 故心甚不樂, 蹙頞云..」若是虎龍之言, 則矣身每以告者爲諉, 而麟重乃是矣身腹心之交, 而所供如此.’ 行貨情節, 畢露無餘【是如】.

推問, 則矣身招內又以爲 :‘矣身·天紀等欲知闕內動靜, 有所周旋之事故耳. 若其探知之路, 則有睦·白兩路, 而此兩人結連宮女, 無不聞知, 因54)緣作路, 其路池尙宮最爲着實. 白哥所搜得銀錢段, 雖未知某某人出幾許, 而要不過各人等處聚會之物【是如爲有置】.’ ”

---

53) 卽 : 底本은 “旣”로 되어 있다. 존경각본에 근거하여 수정하였다.

54) 因 : 底本과 존경각본에는 “寅”으로 되어 있다.《景宗實錄 2年 4月 13日》기사에 근거하여 수정하였다.

“陰凶情節, 旣已自服, 而遲晩取招時, 拒逆不着, 情狀絶痛, 辭緣加刑現推.” 刑問七次施威次, 直爲所如中, “矣身前後問目內辭緣, 一一遲晩.”

○ “罪人李天紀. 年三十九. 問目云云【與白望·龍澤略同.】虎龍所納矣身手札三度內二度, 則語多陰秘. 其下有曰 : ‘宂臣如出, 則必須往見, 如何? 讀書吟詩, 旣非其時, 君可謂便作別人, 誠非細慮也.’ 所謂宂臣者, 虎龍招內以爲宦者張世相也.

他書又曰 : ‘久也昨日入去云, 有何所聞耶? 昨日意有所報, 終日無所聞, 路格55)而然耶? 鬱鬱.’ 虎龍招內以爲 : ‘久也, 白望之字也, 而變服入闕中, 督促行藥之事【是如】云.’ 而矣身歸之於虎龍之僞造, 只以臨讁, 一札謂之矣身自筆.”

“虎龍本以拙筆, 雖曰善於模寫, 空中模出, 何若是恰似, 而觀其字樣·筆跡, 則三札明是一人所書. 陰凶陰情節, 畢露於此, 而反欲掩諱.

僧頭扇五十柄·大簡紙百幅, 使廳直老昧傳給於池尙宮家【是如可】, 亦以現捉【是旀】. 不但此也, 張世相家, 躬自進去 ; 池尙宮家, 頻頻往復, 手持銀子, 親往虎龍家, 使之傳給於池尙宮, 其間情節, 觸處綻露【是旀】.”

“‘謀廢’云者, 龍澤往安國洞 金普澤家, 令56)喜之作諺文歌辭百餘句, 皆誣毀聖躬之言, 使虎龍傳於白望, 流入大內, 而本草則龍澤寫之, 故虎龍還給, 傳于矣身, 又傳龍澤【是如爲旀】.

聚銀事段, 矣身初頭, 令其奴末叱石負銀二百五十兩, 來于龍澤家林園中, 招白望面給. 其翌日, 龍澤又以銀一百兩給白望曰‘此爲安酒次’. 斯後陸續備納之數, 至於二千幾百兩許【是如爲旀】.

虎龍招內又以爲 : ‘李器之·金龍澤·金濟謙等, 皆以虎龍爲懼, 嗾捕將李弘述, 「將欲捕汝殺之」’, 故矣身令李濾往捕將所, 僅57)得免之. 仍曰 : ‘汝若書給

---

55) 格 :《景宗實錄 2年 4月 13日》기사에는 “溽”으로 되어 있다.

56) 令 : 底本과 존경각본에는 없다.《景宗實錄 2年 4月 13日》기사에 근거하여 보충하였다.

一書, 則以此質于龍澤·器之等. 云云.' 而又曰 : '吾雖知汝, 彼輩皆不信, 但書之.' 虎龍書給其行藥間參聞之事, 執筆塗抹改五六字【是如】."

書既現納【是去乙】, 訊問之下, 泛稱曖昧【是如可】, 更推時, 始以爲 : '白望則與龍澤最親, 虎龍則與矣身最親. 麟重輩以虎龍告變, 故謂矣身必有此事. 麟重稱以尙奇虎龍·白望, 使矣身相知之後, 虎龍稱以英雄豪傑, 爲不可聞不可道之說. 言既入耳之後, 不可猝然告變, 則將何以處之乎? 既不能斥絶, 則但善待之而已, 因循荏苒, 以至于此.

沈尙吉·鄭麟重諸人等, 以虎龍最親於矣身, 故每欲全保, 以爲矣身之罪, 蓋以虎龍深言與矣身言說故也. 虎龍既與矣身深言, 則必除去矣身, 然後可以展足, 故有此告變.

知情不告, 固知同罪, 而矣身爲人庸劣, 不能先虎龍發告, 更誰咎乎? 所謂不可聞不可道之說, 自可推知, 何必復問【是如爲旀】? 喜之·白望輩會于德雨家, 各書掌中字時, 白望亦有掌中所書字, 極其妄悖, 德雨云'吾亦悔見其人也'【是如爲有置】."

"陰凶情節, 既已承服, 而遲晚二字, 特未發口, 辭緣加刑現推敎事."

○ 十四日, "罪人沈尙吉. 年四十五. 國家病患方重, 平安兵使未差之際, 天紀付書於虎龍, 送于矣身, 求得銀子. 而其書曰 : '有緊用處, 銀子一百兩, 如可措備, 則送之. 云云.' 矣身卽爲出給, 意必用於求官之事矣. 其後龍澤·天紀顯有深處周旋之氣色, 非獨銀也, 扇子別擇妙製而求之, 故矣身亦給五十柄.

因往天紀家, 則天紀言 : '盡封其扇, 送于池尙宮家云.' 其時洪義人亦在坐. 矣身曰 : '始聞平兵非久當出, 故求得銀貨, 要君輩周旋矣. 百兩亦非些少之財, 終無事實, 則吾之主意歸虛. 向來之銀, 果用於何處耶?' 天紀曰 : '其銀亦有去處, 百兩銀58)鳥足血, 但觀畢竟事成.'

---

57) 僅 : 底本은 "菫"으로 되어 있다. 존경각본에 근거하여 수정하였다.

矣身始曰：‘睦虎龍自以爲當代英雄, 君輩以爲「使喚, 有所周旋之事」, 其所周旋之事云何?’ 龍澤·天紀·義人曰：‘所謂白望者, 比虎龍尤爲豪傑, 風神亦爲魁偉丈夫, 且宮中紅袖, 無不締結. 聞池尙宮者, 以老宮人, 頗能用權, 若有銀貨出處, 因虎龍用之, 又因白望用之, 此路甚緊徑云.’

矣身云：‘君輩用處, 吾不知入於何處, 而吾之爲叔父圖爵之計, 每多虛疎. 汝輩爲何等大周旋, 而百兩不貲之貨, 用之無效耶?’ 天紀曰：‘白望卽當代豪傑, 汝一見相知, 如何?’ 矣身答以‘自古賤人輩交通宮禁, 鮮不敗事, 虎龍則吾旣一見相知, 又見白望, 吾不願也.’

天紀輩自是卿相家子弟, 權力頗多, 銀貨或什物, 不難得用, 而矣身其時百兩之外, 有何添給於渠輩之事乎? 旣以矣身銀子用之於池尙宮處, 當初雖以圖爵而出給, 畢竟此輩用之於締結宮禁, 矣身終難免出銀締結之罪. 此一款, 遲晚的實的只.”

凌遲處斬, 不待時啓.

○ 沈尙吉當日軍器寺前路行刑, 緣坐沈載處絞.

○ 正言具命奎啓曰：“鄭麟重之結案勘律, 實在於臣參鞫坐之日. 蓋麟重雖於謀逆不爲遲晚, 掌書結約, 無不參涉, 論以王法, 宜施極律, 而臣初參鞫, 未諳法文. 云云.” 答曰：“勿辭, 退待.”

○ 張世相拿來囚, 洪義人拿來囚, 趙洽刑二次.

○ 十五日, 李尙建拿來囚.【一名泰華】

○ 問郎李顯章有頉, 代李巨源.

<hr>

58) 銀 : 底本과 존경각본에는 없다.《景宗實錄 2年 4月 14日》기사에 근거하여 보충하였다.

○ 禁府啓 : "議于大臣, 則領相趙泰耇以爲 : '龍澤·天紀旣已承款, 施以逆律, 固無可論. 而逆望則雖未承款, 釖·貨俱實, 探問闕內動靜之狀, 亦已自服, 所謂大·小急手, 都係渠身, 論其情犯, 卽是巨魁. 而凶獰特甚, 忍杖徑[59]斃, 不得正刑, 尤極絶痛. 宜施戮屍之典, 以雪神人之憤, 第以法意論之, 恐有後弊, 以臣膚淺之見, 不能斷定, 伏惟上裁.'

右相崔錫恒以爲 : '臣之淺見, 已達於筵中, 而龍澤雖已遲晩, 未及結案, 天紀雖已承款, 未及遲晩, 白望未及承款而徑斃. 到今追刑, 有違法例, 且關後弊. 雖不加刑於已斃之罪人, 恐無損於朝家用刑之道. 至於天紀, 緣坐籍沒事, 似當依李台瑞·趙磌例施行. 云云.' 領府事金宇杭·左相崔奎瑞幷在外, 不得收議."

○[60] 依領相議施行

○ 政院啓 : "首相之議, 上款戮屍洩憤爲請, 而下段以慮有後弊, 不敢斷定爲辭,[61] 當依上款施行, 而有不能自下擅決者, 何以爲之?" 傳曰"依上款施行".

○ 罪人白望, 當日軍器寺前路, 行刑.

○ 李�拿來囚, 李喜之刑七次.

○ 十六日, 李尙建刑七次, 李喜之刑八次.

---

59) 徑 : 底本에는 "經"으로 되어 있다.《景宗實錄 2年 4月 4日》기사에 근거하여 수정하였다.

60) ○ : 底本에는 없다. 존경각본에 근거하여 보충하였다.

61) 爲辭 : 底本과 존경각본에는 "事"로 되어 있다.《景宗實錄 2年 4月 14日》기사에 근거하여 수정하였다.

○ 十七日, 春業·鶴孫, 河伯拿來囚. 李喜之物故, 張世相刑一次.

○ 大諫李師尙·獻納尹會·掌令李景說·持平朴弼夢請對啓曰："嗚呼! 四凶通天之罪, 可勝誅哉? 陰嗾賊復, 闖進嘗試之疏；遽撤庭籲, 急投脅迫之章, 凶謀·逆節, 畢露無餘. 及夫急書之上聞, 凶魁子枝, 參錯牽連, 或刃或藥, 排布已成, 而其中頤命逆狀尤著.

劉備有無, 屬意於問答之際, 掌中書字, 結約於隱密之地, 賊望所書'養'字, 卽頤命之字養叔之'養'字也. 書以爲識, 陰示推戴之意, 此所以天紀之覺悟發笑, 而麟重雖[62]以其血黨, 不敢不吐實於結案者也.

噫! 此賊以師命之弟, 怨國次骨, '畢竟魚肉, 常所自知', 倒行逆施, 乃其素蓄. 三十年醞釀禍機者, 只爲今日簒奪之計, 則豈容一刻假息, 以貽宗社罔測之禍乎? 請圍籬安置罪人頤命, 亟命拿來, 依律處斬." 上曰"依啓".

又所啓："昌集, 本以大奸巨慝, 凡係搖動國本·危宗社之計, 無不力爲主張, 平生罪惡, 固難毛擧. 今此逆招緊出者, 若非子若孫, 則其姻親·門客也, 其陰凶情節自相貫通. 其子濟謙豫慮虎龍之上變, 陰嗾弘述, 至爲撲殺滅口之計, 則其圖爲不軌之狀, 雖欲掩諱, 而不可也.

且彼麟重, 何等凶逆, 而頃於斬點之日, 渠乃敢强請陞遷, 至再至三而不知止, 其同情逆謀·極意吹噓之狀, 十手所指, 其可誣乎? 若論此賊之負犯, 其力沮告廟, 箚請節目之外, 事事物物, 何莫非難貰之惡逆. 今此締結姻黨, 指導子枝, 逆節層加, 端緖綻露. 令此賊一日容息, 必貽宗社一日之憂. 請圍籬安置罪人昌集, 亟正邦刑." 上曰"依啓".

又所啓："健命以師命·頤命之從弟, 昌集之血黨, 重之以奸毒暗慝之性, 常懷怨懟, 陰蓄異志, 恊同三凶, 情節綢繆. 前冬非尋之敎, 爲今日臣子者, 孰不沬血飮泣, 思所以救正? 而健命獨何心腸, 恚恨於傳旨之請收, 移鋒急擊；憤怒於諸宰之抗爭, 恣意叱罵, 箚請節目, 脅迫君父.

---

62) 雖：底本에는 "遂"로 되어 있다. 존경각본에 근거하여 수정하였다.

頃於[63]充价於奏請也, 周旋竣事, 職分之固然, 做成‘兩腠’之說, 誣及聖躬, 其誣上不道之罪, 固已難貰. 而族黨·姻婭, 今又緊參於逆謀, 況其平地手主張之賊, 近出於子侄, 掌上字推戴之計, 不越乎同堂, 逆謀·簒奪, 自其一門內事也. 如是而渠敢曰獨無所犯乎? 論其前後負犯, 實是覆載之難容.

泰采, 則陰譎爲心, 濫猾[64]成性, 平生伎倆, 惟以禦下蔽上, 貪權樂勢, 爲第一義, 實元載·路巖之類耳. 頃歲, 略示崖異於三凶, 乃以淸塗顯秩, 啗其子觀彬, 則遂與三凶, 打成一片, 綢繆投合, 叛棄君父之心, 固已權輿於此矣.

頃當逆復之投疏, 忽有非常之下敎, 上自縉紳, 下至輿儓, 莫不奔走號泣, 冀得反汗. 而泰采權辭閃弄, 面瞞諸宰, 峻塞庭籲之請, 惏同三凶, 迭相和應, 乘夜上箚, 請定節目, 惟恐事機之或誤於呼吸之間, 而君父之一刻安於其位.

陰凶之情·叛逆之狀, 較諸三凶, 一而二, 二而一者也. 況今凶逆之變, 發於肘腋, 辭連之類, 罔非其血黨心腹, 則泰采獨安得一日容息於覆載之間乎? 請圍籬安置罪人健命·泰采, 竝命按律處斷.” 上曰“勿煩”.

○[65] 時, 以金昌集·李頤命處斬正刑事, 累累萬言, 六次, 勿煩. 深夜後, 弼夢曰 : “宗社危广, 迫在朝夕, 宮城扈衛, 亦當爲之. 若不得請, 決不可退.” 始下依允. 弼夢又請 : “發遣宣傳官, 持標信, 與禁郞眼同下去, 沿路發軍, 護來頤命, 如适變時.” 上曰“依”.

○ 李師尙避嫌啓曰 : “臣於朴致遠事, 固有嫌端, 曾有所引避矣. 今此四凶之啓, 專出於沐浴之請, 區區小嫌, 有不可顧, 不得已入對, 而終難免冒嫌之失, 請遞斥.” 答曰 : “勿辭, 亦勿退待.”

---

63) 於 : 底本에는 없다. 존경각본에 근거하여 보충하였다.

64) 猾 : 底本과 존경각본에는 “滑”로 되어 있다. 《承政院日記 景宗 2年 4月 17日》 기사에 근거하여 수정하였다.

65) ○ : 底本에는 없다. 존경각본에 근거하여 보충하였다.

○　大諫李師尙, 獻納尹會所啓 : "金濟謙·金民澤·李器之俱以凶孼家子枝, 親黨連帶, 勢焰薰炙, 生殺之權, 在其掌握. 姑以現著言之, 渠輩謀逆情節, 虎龍多所與知, 故慮其上變之擧, 與弘述綢繆謀議, 必欲撲殺滅口. 雖因天紀之送瀍, 緩頰得寢, 其行兇情節, 到此難掩.

況民澤則聚銀參謀之說, 旣著於獄案, 言必稱致仲, 事必咨致仲之說, 狼藉於虎龍之招, 致仲卽民澤之字也. 民澤, 以春澤·雲澤之弟, 聚貨行兇, 手段滑熟, 今此謀逆之輩, 言言藉重, 事事詢訪, 論其情犯, 實爲渠魁, 鞫廳之尙不請拿, 殊未得體. 器之則業已拿囚, 濟謙·民澤, 亟爲拿來, 與器之一體嚴鞫." 上曰 "依啓".

又啓 : "逆賊麟重, 承款結案之後, 只施知情之律, 不用孥戮之典, 臣竊訝惑焉. 夫知情云者, 不參其謀, 而但知其情之謂也. 麟重, 則謀逆之節, 狼藉於爰書 ; 書掌之字, 旨意叵測 ; 行藥之謀, 情節相貫, 此豈泛然知情者所可爲比? 而今乃强置於知情之科, 論以邦憲, 失刑大矣. 不能爭執之諸臺, 旣以引避見遞, 則公議之嚴, 益可見矣. 收孥籍産, 斷不可已, 請謀逆罪人麟重, 一依天紀·龍澤等, 快賜勘律, 以正王法." 上曰 "依啓".

又啓 : "向者賊復之一疏, 實爲聯箚之嚆矢, 表裏和應, 動搖天位. 罪逆貫盈, 有係宗社, 此所以合辭請鞫, 冀回天聽者也. 今當大逆方討之日, 快從妖孼竝按之請, 其情節之牽連者, 自可現出, 凶謀之陰嗾者, 亦可鉤得, 鞫問之擧, 不容少緩. 而只緣大獄之未究, 以致成命之尙稽, 奸囮未破, 輿情益激. 請罪人聖復, 亟命鞫廳, 一體按覈, 得情正法." 上曰 "依啓".

○　掌令李景說, 持平朴弼夢所啓 : "臣於徑斃三逆竪之或戮或否, 竊不勝訝惑焉. 夫龍澤·天紀, 竝以承款, 施以逆律, 在法當然, 故大臣收議, 謂無可論. 雖以白望未及承款之故, 有兩款之議, 初非以三逆謂有輕重, 聖上處分, 乃以上款議施行爲敎, 三屍竝磔, 更無可疑.

而未承款之白望, 獨正典刑, 旣承款之澤·紀, 尙不加戮, 揆以法意, 豈容如是? 王章偏廢, 輿議俱激, 請天紀·龍澤, 竝爲戮屍." 上曰"依啓".

又所啓："李弘述撲殺陸玄一款, 詞證俱備, 情節畢露. 今以上變人陸虎龍之招見之, 諸賊輩謀逆節次, 虎龍多有與知, 弘述疑其上變之擧, 與諸賊輩, 陰相謀議, 期於杖殺滅口. 其計垂成, 而因天紀之居間宣力, 密遣李濂, 以保無他患之意, 費辭緩頰, 計逐[66]中寢.

而若使弘述初不干涉於謀逆, 則虎龍之上變, 有何切己之憂, 而必欲剪除, 以絶發口之路[67]耶? 渠方手握兵權, 密締凶徒, 陰謀·秘計, 無不貫通, 則向日備忘中'陰懷不測'之教, 到此而益驗. 如此罪犯惡逆之類, 決不可委諸金吾等閑按治, 請李弘述移送鞫廳, 與諸賊一體嚴鞫." 上曰"依啓".

又所啓："洪哲人, 名出賊招之日, 金吾郎及捕廳軍官, 登時馳到其家, 則其父彦度不有國法, 敢生隱匿之計, 稱以方往義人之謫所, 肆然欺瞞, 拒逆王命, 至使金吾郎虛往明川. 哲人則潛匿渠家, 晝伏夜出, 交通凶黨, 爛漫[68]謀議, 日久之後, 始乃自現, 隣舍之人, 亦爲目見 此實前所未有之變怪. 其爲情狀, 萬萬凶秘, 亡命一款, 添入問目中, 嚴刑得情. 其父彦度, 亦令該府拿鞫嚴問." 上曰"依啓".

又所啓："諸賊承款之後, 未及行刑, 一時徑斃, 不無致疑之端, 當此鞫事方張, 罪囚盈圄之日, 不可無別樣嚴防懲勵之道. 請伊時救療官及該間軍卒, 囚禁究覈." 上曰"依啓".

○ 問郎鄭來周外任, 代姜必愼.

---

66) 逐：底本과 존경각본에는 "雖"로 되어 있다. 《景宗實錄 2年 4月 17日》《景宗修正實錄 2年 4月 17日》《承政院日記 景宗 2年 4月 17日》 기사에 근거하여 수정하였다.

67) 路：底本과 존경각본에는 "跡"로 되어 있다. 《景宗實錄 2年 4月 17日》《景宗修正實錄 2年 4月 17日》《承政院日記 景宗 2年 4月 17日》 기사에 근거하여 수정하였다.

68) 漫：底本과 존경각본에는 "熳"으로 되어 있다. 《景宗修正實錄 2年 4月 17日》 기사에 근거하여 수정하였다.

○ 張世相刑二次, 洪義人刑一次, 李器之刑二次, 氣窒停刑.

○ 十八日, 禁府都事洪應夢, 安置罪人金昌集拿來事, 巨濟地出去；禁府都事尹楷, 安置罪人李頤命拿來事, 南海地出去.

○ 領·右相請對入侍, 以合啓處斬正法事, 縷縷陳達. 趙泰耉曰：“法外殺人, 實非聖朝美事. 掌書·劉備等語, 不但告者之言, 麟重之招, 亦已自服. 而其時頤命, 久在藥院, 此乃無狀子枝之所爲, 其父之知與不知, 何可知乎?

鞫廳之不爲請拿者, 以無干連於其人之語故也, 獄事完了之後, 以此仰達, 以俟處分矣. 臺啓之直請處斬正法, 實是法外也. 棄當法而直刑, 豈非後弊所關乎? 臣之自望收議時, 下款所達, 亦此意也.”

崔錫恒曰：“上變之言, 不可盡信, 只以書字事請拿, 有所不可, 欲待獄事畢後, 陳達而處之矣. 昌集門生, 未知爲誰, 子若孫事, 似指濟謙喉弘述事, 而初不出於變書, 虎龍之招, 因言端及之, 省行則似與逆不干矣.

今此合啓, 李頤命則以書以爲識, 陰示推戴之意, 醞釀禍機, 以爲簒奪之計爲斷案；金昌集則以指導子枝, 逆節層加, 端緒必露爲斷案. 凡身被逆告者, 雖下賤, 必嚴鞫得情, 遲晚取招後, 方施應行之律. 此兩人, 俱以先朝舊臣, 曾徑三事之列, 陰凶情節, 果如臺啓, 則所當拿鞫得情, 明示典刑. 今乃不問情犯之如何, 不待自服之㖯辭, 直加叛逆之極刑, 臣未知此何擧措也.”

泰耉曰：“省行事, 有異矣.” 又曰：“臣非有一毫愛惜於其人, 不問直斬, 乃三百年所無之事. 國之爲國, 以有法, 法外行之, 後弊何如?” 承旨黃爾章請允從大臣之言, 上曰：“依此爲之好矣.”

錫恒曰：“臺啓以龍澤·天紀不戮屍, 麟重不孥戮, 濟謙·民澤不請拿, 大加非斥. 兩逆雖服, 而不結案, 麟重只有掌書一事而已, 濟謙一出於虎龍之招, 民澤徐欲拿來. 臺啓如此, 請被按獄疎緩之失.” 泰耉請同被罪. 錫恒又言：“臣何敢包羞忍恥, 晏然按獄?更令他人治獄, 臣則受罪然後, 可嚴獄體矣.”

兩司請對入侍. 師尙·弼夢等, 力言大臣所達之不成說話, 藥院云云之非, 且陳三百年所無爽失, 以仁弘處斬爲證, 上連以"勿煩"爲敎.

○ 冬至兼奏請副使尹陽來, 書狀官兪拓基入來.

○ 洪彦度·李文漢拿來囚.

○ 十九日, 禁府, 金大材自現囚, 以緣坐堂古介處絞.

○ 正言趙遠命啓曰："臣當初入臺, 兩司有四凶分等按治之啓, 觀其措語, 容有所執, 故臣果泛然隨參, 數朔之間, 聯名傳啓, 不啻累次. 及夫諫長之疏出, 而前後諸臺, 勿論首發與隨參, 相繼引避, 靡然見落, 則臣以累次聯啓之人, 獨何可晏然蹲冒?云云." 答曰："勿辭, 退待."

○ 禁府, 加出問郞金始炯·具命奎, 金始炯代洪重徵.

○ 罪人金龍澤·李天紀, 當日軍器寺前路處斬.

○ 張世相刑三次, 洪義人刑二次, 鶴孫刑一次, 洪哲人刑一次.

○ 二十日, 金昌道·鄭宇寬拿來囚.

○ 趙聖復刑一次, 鶴孫刑二次, 第十五度直招. 趙洽刑三次施威次, 告變. 趙洽告變, 略見《提要》, 曰："行藥一款, 徐德秀·金民澤·金省行主張之." 又曰："聞李正植之言, 聽政事不成, 德修·省行等更聚銀貨, 圖得代理備忘記於內間, 與訓將相議, 扈衛宮城, 以防一邊之人, 拒塞疏章, 而扈衛宮城之謀, 李器之實主之.”

引鄭宇寬·金昌道·李正植·徐德秀·尹熬·李宇恒·趙松·金時泰·柳就章·金盛節·李尙馪·洪啓迪·金雲澤入其中.【《提要》云：“一鏡嗜貸死, 使輸供.”】

○ 日貞·徐德修拿來.

○ 金一鏡疏：“亂逆之行凶肆惡, 不一其謀. 半夜懷刃, 有如魯之鍾巫 ; 食中置毒, 有若漢之冀·顯 ; 乘喪[69]矯旨, 有若秦之斯·高. 雖然, 斯·高, 未有冀·顯之惡 ; 冀·顯, 未有鍾巫之犯. 通萬古之逆而遡計之, 未有若今日逆黨之窮凶極惡也.

嗚呼! 賊臣頤命·昌集之徒, 心懷異圖, 手握國柄, 醞釀禍機, 三十餘紀. 子侄·姻黨, 嚚權賣勢 ; 妖人·釰客, 出沒門墻 ; 紅袖·黃門, 結爲心腹. 動靜密伺於內間, 威福擅弄於中外, 凶謀·逆節, 隨事輒露.

矧今急變上聞, 逆囚就鞫, 其所聚會排布, 約誓成於血黨, 賄賂行於密地. 贇[70]緣蹊逕, 潛圖不軌者, 苟非頤命·昌集子侄若孫, 則率皆姻親門客, 凶言·逆謀, 狼藉文案. 殿下博觀前牒, 人臣之罪, 有如是者, 厥或免於身首異處者乎?

向日之事, 尙忍言哉? 陰嗾逆復, 先試射日之謀, 顯投凶章, 終售滔天之惡, 合司之請, 至今五閱月矣. 頃日筵中, 臣略以三手餘謀流以爲四凶, 有所仰達. 今日國家, 果若有法, 頤命·昌集, 安敢擧頭而一日假息於天地間也? 日昨兩司之臣, 必以矼正王法爲請者, 夫豈臺閣上峻論而已哉? 萬口一辭, 皆曰可斬.

然其頤命·昌集之請勘, 微[71]有異同, 必欲拿致行法者, 又有所不然. 夫掌中

---

69) 喪：底本과 존경각본에는 “夜”로 되어 있다.《承政院日記 景宗 4年 4月 24日》기사에 근거하여 수정하였다.

70) 贇：底本과 존경각본에는 “傍”으로 되어 있다.《承政院日記 景宗 4年 4月 24日》기사에 근거하여 수정하였다.

71) 微：底本과 존경각본에는 “豈”로 되어 있다.《承政院日記 景宗 4年 4月 24日》기사에

之書·推戴之說, 獨係於頤命, 擬律似有差等, 而昨年聯箚, 逆節竝著, 今因鞫獄, 子枝幷逮. 牽連結合, 一二二一, 頤命·昌集, 同爲首惡, 前後罪惡, 必誅罔赦. 其爲逆則均, 而獄情之淺深輕重, 分別其間, 上下其律, 誠可謂失之大體矣.

衆證俱成, 厥罪孔彰, 初旣無更問之端, 今何有可究之情? 急遣金吾郞, 敬奉傳旨, 行到所遇之地, 卽令莅斬兩賊, 揆以王法, 允爲得當. 目今國家, 殆同草創, 人心尙多危懼, 安知逆望之外, 復有亂賊, 潛伏肘腋, 逆魁至京, 凶焰倏熾, 不測陰謀, 靡有所屆也哉?

兩大臣, 以按問窮覈, 遲晚取招爲請, 此誠有不然者. 必誅之罪, 可斬之惡, 國人共誦, 事情顯著, 不待自服而可知. 名曰大臣, 拷掠之刑, 法例有拘, 平問之下, 輸情決難, 未知大臣思及乎此哉?

至於在藥院, 不必與知之言, 亦恐馴不及也. 噫! 元惡大憝, 指揮呼吸, 千里應於頃刻, 萬人聚於眉睫, 禁中一步地, 豈可爲不知之端也?

臣隨大臣, 累日參鞫, 慈諒愷悌,[72] 常有不忍人之心, 筵奏一着, 亦出於君子平恕之道. 而爲君父憂危之慮, 有不得不深 ; 治亂賊凶滑之道, 亦不得不嚴. 伏乞亟降明命, 遄行天誅焉."

○ 二十一日, 院啓前監司權憬削出事, 停.

○ 領相趙泰耉·右相崔錫恒等箚曰 : "伏以臣等, 日昨登對時, 以罪人頤命·昌集拿鞫後正法事陳達, 蒙允矣. 臣等之意, 蓋以此二人罪狀, 雖在罔赦, 不得鞫問, 徑先處斬, 有違法例, 乃敢據法陳稟矣.

更思之, 厥罪昭著, 旣無可生之道, 而曾徑三事之人, 施以拷掠[73]之刑, 終有

근거하여 수정하였다.

72) 愷悌 : 底本에는 "豈弟"로 되어 있다. 존경각본에 근거하여 수정하였다.

73) 拷掠 : 底本에는 "栲椋"으로 되어 있고, 존경각본에는 "栲掠"으로 되어 있다.《景宗實錄 2年 4月 21日》《承政院日記 景宗 2年 4月 21日》기사에 근거하여 수정하였다. 이하 동일 사례에 대해서는 별도의 校勘記를 달지 않는다.

所不忍者. 況且曾前後命, 多及於中路, 朝中諸議, 蓋多如此, 遵先王已行之例, 取盤水加劍74)之義, 參酌處分, 似或得宜. 伏願聖明更加裁處焉." 答曰："箚辭儘好, 勿施拷掠之刑焉."

○ 張世相刑四次施威次, 承服.

○ 張世相物故.

○ 李器之·洪哲人刑二次, 洪義人刑三次, 玄德明刑一次, 二英刑三次, 氣塞停刑.

○ 二十二日, 金壽天75)拿來囚.【東宮掖屬.】

○ 鞫廳啓："張世相既已承服, 而遲晚取招, 未及結案之前, 徑先物故, 行刑緣坐·籍沒等事, 依龍澤等例, 擧行之意, 取啓." 傳曰："知道."

○ 罪人張世相, 軍器寺前路行刑.

○ 張世相承服招辭："矣身與睦虎龍相親, 虎龍與天紀, 常常往來於矣身家【是白如乎】. 李喜之作諺文歌詞, 誣毀聖躬, 且草從中矯詔, 令內人池尙宮·烈伊及矣身, 臨國喪下手【是如】, 虎龍以此發告【爲乎旀】. 且言：'趙松無狀, 李宇恒等所聚銀二千餘兩, 使渠傳給於矣身, 而中間偸食. 云云.' 則矣身終無驚動發明之端, 平日受賂締結之狀, 亦可推知【是白乎旀】.

---

74) 劍：底本과 존경각본 모두 "釰"으로 되어 있다.《景宗實錄 2年 4月 21日》기사에 근거하여 수정하였다. 이하 동일 사례에 대해서는 별도의 校勘記를 달지 않는다.

75) 天：底本에는 "千"으로 되어 있다.《景宗實錄 2年 4月 21日》《承政院日記 景宗 2年 4月 22日》기사에 근거하여 수정하였다.

十二月換局後數日, <u>虎龍</u>來矣身家問曰：‘君常言「主上做事不快」, 今此處分, 一何猛烈?’ 矣身答曰：‘其夜吾以入番中官入侍, 目見其事【是如爲遣】, 誣辱非毀之語, 至於兩殿云爾.’ 則<u>虎龍</u>之來見, 矣身之入番, 果爲的實【是遣】. 以‘國家處分, 豈盡出於乾斷?’等語爲答, 則矣身凶悖之言·酬酢之事, 據此可知【是白乎旀】.

<u>徐德修</u>·<u>金昌道</u>·<u>李正</u>76)<u>植</u>·<u>鄭宇寬</u>輩, 相議行藥之計於矣身【是如】, <u>趙洽</u>又爲發告【是置】. <u>徐德修</u>, 與77)之相親, <u>鄭宇寬</u>住着78)於矣身家近處, 往來相親, <u>李正植</u>以矣身侄子輩同接之故, 矣身與之相親, <u>金昌道</u>亦相知【是白在果】. 矣身入番時, <u>宇寬</u>來見於闕外處所, 渠輩不無往復之事, 則矣身亦豈不知乎?

有數三事可告者. <u>德修</u>輩所爲, 蓋有怯氣, 不無變作之事, 而矣身之不得盡告者, 乃是作俑理外之事故也. 此輩圖囑不可爲之事, 死有餘罪, 所謂圖囑者, 密計之事也. 渠輩爲無狀之事, 無可恕之道. 密密交通於<u>池尙宮</u>·<u>烈伊</u>, 矯詔事果然, 而<u>正植</u>輩入送矯詔於<u>烈伊</u>【是79)白遣】. 行藥事, 出自<u>白望</u>, 入送矣身. 謀逆的實, 前後問目辭緣遲晚【是白遣】.” 相考處置敎事.

○ 謝恩, 同義禁<u>尹就商</u>.

○ 政院啓：“領·右相聯名箚中, ‘旣有中路後命’·‘盤水加釰’等語, 蓋指賜死之意, 而批旨以‘箚辭儘好, 勿施拷掠之刑’爲敎. 今捧傳旨下禁府, 以何律擧行乎? 大臣之意如此, 敢稟.” 傳曰“加釰”.

---

76) 正：底本과 존경각본에는 “廷”으로 되어 있다. 底本 및 존경각본의 앞 內容과《景宗實錄 2年 4月 21日》기사에 근거하여 수정하였다. 이하 동일 사례에 대해서는 별도의 校勘記를 달지 않는다.
77) 與：底本과 존경각본에는 이 앞에 “段”자가 더 있다.《景宗實錄 2年 4月 21日》기사에 근거하여 삭제하였다.
78) 着：底本에는 “著”로 되어 있다. 존경각본 및《景宗實錄 2年 4月 21日》기사에 근거하여 수정하였다.
79) 是：底本에는 본문에 들어가 있다. 존경각본에 근거하여 수정하였다.

○ [80] 罪人曰貞放送, 洪義人刑四次, 李器之刑三次."

○ 領·右相箚略："臣等以罪人酌處之意箚論, 則聖批以'箚辭儘好, 勿施拷掠之刑'爲敎矣. 因政院啓稟, 乃有加劍之命. '加劍'二字, 蓋由臣等箚語, 而臣等本意, 不過泛引古義而已, 若'遵先朝已行之例'云者, 蓋指賜藥之意也. 只緣臣等臨急構草, 下語不審, 以至於此, 莫非臣等之罪. 云云." 答曰："省箚具悉卿懇. 箚辭得宜, 可不依施? 卿其安心勿待罪."

○ 政院請對, 大諫李師尙·持平朴弼夢同爲入侍.

○ 吏參金一鏡請對入侍時, 罪人昌集·頤命處, 發遣都事, 到所遇處, 幷卽正刑事, 榻前下敎.【《會通》曰："弼夢因陳：'領相爲其從弟泰采, 欲爲濟活, 有此箚請, 兩大臣事極爲寒心. 古之王導不能救其從弟, 則渠何敢救從弟?'"】罪人承業拿來囚.

○ 二十三日, 鞫廳承旨啓："領·右兩大臣, 因臺官榻前侵斥之言, 一時進出, 臣不敢獨留, 敬奉推案密匣, 入來還納之意, 敢啓." 傳曰："知道. 而大臣箚語儘好, 依前下敎擧行, 正法還收事, 分付."

○ 洪義人物故.

○ 執義徐命遇府新啓："今此凶逆輩, 謀聚銀貨之時, 出銀助成者, 便是同情之逆也. 沈楷爲全羅兵使, 因其姪尙吉, 輸送累百兩銀貨·扇柄·簡幅, 狼藉行用於白望及烈伊處. 李尙馣爲平安兵使時, 輸送四百金於李宇恒, 轉致逆徒, 俾爲急手之資者, 已發於鞫廳前後招辭中.
其擅出營貨, 釀成凶圖, 連結逆黨, 外內和應之狀, 綻露無餘, 昭不可掩, 而尙

---

80) ○：底本에는 없다. 존경각본에 근거하여 보충하였다.

不拿覈, 殊欠獄體. 請沈檽·李尙馥·李宇恒, 竝令鞫廳拿鞫, 嚴刑得情.

　北漢之置管城將, 體制本自不輕, 而尹廷舟, 乃以妖物賤流, 媚事權凶, 得除是職, 一任十年. 云云. 況北漢緇徒之說, 至發於鞫招, 則尤不當使凶黨私人仍據其地, 以益人心之疑危. 請尹廷舟遠地定配.

　御醫李徵夏渡江後書啓, 以正使李健命洩病苦劇, 而方在被罪中, 不敢循例書啓爲言云, 臣聞來不勝驚惋之至. 夫健命方在合啓按律中, 則罪犯之重大, 何等而徵夏, 乃以健命私人, 敢以罪人疾病, 肆然馳啓, 有若無故大臣之在道[81]得病, 馳啓上聞者然, 其受嗾嘗試之態, 誠極痛惋.

　雖因政院之退却不捧, 而其情狀之無嚴, 不可不懲. 請李徵夏拿問定罪. 當此危疑之際, 健命私人, 不可置之御醫之任, 亦令該院, 永汰於議藥之列.

　嚴程有限, 王命難滯, 雖尋常罪人, 宜不敢一刻遲留. 況栫棘罪人方有按律之請, 則其何敢自恣其行止乎? 今者健命, 乃於副使·書狀官復命[82]後, 三日始到城下, 信宿江郊, 緩緩作行.

　健命放肆無嚴, 已不可言, 而押去都事, 任其濡滯, 略不檢飭之狀, 誠極駭異. 請當該押去都事, 待其復命, 拿問定罪. 長湍府使崔必蕃本起庸微, 且乏資歷, 甘作權凶之奴使, 請罷職不敍." 答曰[83]: "末端三件事, 依啓."

○ 右相崔錫恒箚槪, 敢陳難安情勢, 冀蒙鐫遞, 以安私分, 以謝公議事. 答曰: "臺言侵斥, 何足爲嫌? 卿其安心勿辭, 卽日入來."

○ 領相趙泰耉箚曰: "適値鞫獄方張, 逆節驚心, 不能隱忍在家, 强策病軀, 晝宵按治. 乃於此際, 有兩罪人處斷之啓, 卽蒙依允, 論其罪犯, 寧有可貰之

---

81) 道 : 존경각본에는 "途"로 되어 있다.

82) 復命 : 底本과 존경각본에는 없다. 《景宗實錄 2年 4月 23日》 기사에 근거하여 보충하였다.

83) 答曰 : 底本에는 없고 존경각 본에는 "○" 표시로 처리되어 있다. 《承政院日記 景宗 2年 4月 23日》 기사에 근거하여 보충하였다.

道? 而直爲處斬, 有違法意, 施以拷掠, 亦非所宜, 此臣所以筵白而箚論者也.

國家政刑, 無大於此, 則身爲上相, 宜無不與聞者. 今臺言以此爲咎, 筵斥之辭, 全不擇發, 至擧臣從弟而爲言, 以爲臣不當與議於此事, 臣於是, 益不勝駭怖危悚之至.[84]

今此兩罪人之論斷, 於臣, 有何可嫌之端? 況其所論, 不過一死之意, 則言者, 其何怒於斯, 而爲言之至此哉? 臣實莫曉其故也. 臣以本來難安之情, 又有目前難強之疾, 不得不迸出國門之外, 敢陳乞死之章云."

答曰："臺言誣斥, 何足掛齒? 安心勿待罪, 卽日入來." 政院啓："領相出往郊外, 還納命召. 云云." 傳曰："承旨往宣, 與之偕來."

○ 判義禁<u>沈檀</u>疏槪, 敢陳區區所懷, 冀蒙察納事. 禁府都事<u>趙文普</u>, 罪人<u>金昌集</u>賜死事, 都事<u>崔會昌</u>, 罪人<u>李頤命</u>賜死事, 出去.

○ 賜死傳旨曰："圍籬安置罪人<u>李頤命</u>當爲. 嗚呼! 四凶通天之罪, 可勝誅哉?陰嗾賊<u>復</u>, 闖進嘗試之疏 ; 遽撤庭籬, 急投脅迫之章, 凶謀逆節, 畢露無餘. 及變書之上聞, 凶魁子枝, 盤錯牽連, 或刃或藥, 排布已成, 而其中<u>頤命</u>逆狀尤著.

<u>劉備</u>有無, 屬意於問答之際, 掌中書字, 結約於隱密之地, 望賊所書'養'字, 卽<u>頤命</u>之字養叔之'養'字也. 書以爲識, 陰示推戴之意, 此所以<u>天紀</u>之覺悟發笑, 而<u>麟重</u>雖以其血黨, 而不敢不吐實於結案者也.

噫! 此賊以<u>師命</u>之弟, 怨國次骨, '畢竟魚肉, 常所自知'. 倒行逆施, 乃其素蓄. 三十年醞釀禍機者, 只爲今日簒奪之計, 則豈容一刻假息以貽宗社罔測之禍? 特爲參酌, 中路賜死."【爲只爲 ○ 此傳旨卽十七日合啓及《提要》措語,《爛餘》所見之傳旨, 則多用<u>一鏡</u>二十日疏語, 卽《會通》所載, 當參考.】

---

84) 至 : 존경각본에는 "地"로 되어 있다.

○ "圍籬安置罪人金昌集當爲. 本以大奸巨慝, 凡於動搖國本, 謀危宗社之計, 無不力爲主張. 平生罪惡, 固難毛擧, 而今此逆招緊出者, 若非子若孫, 則卽其姻親·門客也, 其凶陰情節自相貫通. 況其子濟謙致慮虎龍之上變, 陰嗾弘述, 至爲撲殺滅口之計, 則其圖爲不軌之狀, 雖欲掩諱而不可得也.

且彼麟重, 何等凶逆, 頃於斬黜之日, 渠乃敢强請陞遷, 至再至三而不知止, 其同情逆謀, 極意吹噓之狀, 十手所指, 其可誣乎?

略論此賊之負犯, 其力沮告廟, 箚請節目之外, 事事物物, 何莫非難貰之惡逆. 而今此締結姻黨, 指導子枝, 逆節層加端緖綻露, 若令老賊一日容息, 則貽宗社一日之憂. 特爲參酌, 中路賜死."

【《會通》所載李頤命賜死傳旨:"罪人李頤命, 陰懷叛心, 久蓄異圖. 妖人·釖客, 出沒門墻; 紅袖·黃門, 結爲心腹, 動靜密伺於內間, 威福擅弄於中外, 陰謀·逆節, 隨事綻露. 矧今變事上聞, 逆豎就鞫, 約誓成於血黨, 貨賄行於密地, 因緣蹊徑, 潛圖不軌, 苟非子侄[85], 卽皆姻黨. 掌中書字, 名入推戴, 三手餘謀, 流爲凶箚, 擧國臣民, 莫不欲食其肉·寢其皮也. 惡逆如頤命, 而尙安敢戴其頭, 一日假息於覆載之間? 亟命莅斬中路, 以正王法."

○ 金昌集賜死傳旨:"罪人金昌集, 心懷異圖, 手握國柄, 醞釀禍機, 三十餘年. 子侄·族黨, 鬻權賣勢; 陰合雜類, 群聚門墻; 締結逆宦, 營求凶險. 今以趙洽之招觀之, 指揮門孼, 爛用銀貨; 惡子·妖孫, 交通內外, 恣爲凶逆, 情節狼藉. 向者凶箚, 罪實通天, 無君不道, 有浮冀·莽, 一毛一髮, 莫非罪逆. 揆以王法, 決難饒貸, 亟命涖斬中路, 昭揭典刑."

○ 此本多用二十日一鏡疏語, 而律名非賜死, 當更考.】

○ 京畿監司啓:"拿來罪人李玉江逃走, 竹山府使鄭道元罷黜."【李玉江三省罪人.】

傳曰:"旱災斯酷, 民事渴悶, 不可無疏決之道, 明日疏決爲之事, 分付."

傳曰:"三次祈雨之後, 雨意愈邈, 言念民事, 憂心如灼. 親禱社壇, 不容少緩, 不卜日, 來二十四日定行."

---

85) 侄 : 존경각본에는 "姪"로 되어 있다.

○ 政院啓：“日期甚迫, 有難及期擧行, 以二十五日出宮齋宿, 翌曉行祀, 還宮後, 仍爲疏決. 云云.” 傳曰“依啓.”

○ 二十四日, 領相箚槪：“當署勞動, 徹[86]夜虔禱, 恐有玉體傷損之慮. 矧今逆獄, 猶未盡討, 虞憂尙且多端, 當此危疑未定之日, 動駕經宿於壇壝之下, 實爲可悶. 且伏念東宮愆候新差, 尙在調攝之中, 其在愼疾之道, 宜軫小愈之戒. 伏乞聖明更加三思, 亟寢社壇親祭及世弟隨駕之命. 云云.”
答曰：“今此禱雨出於悶旱之意, 卿其勿慮焉.”

○ 持平<u>朴弼夢</u>疏曰：“兩凶致法, 初旣下處斬正刑之命 ; 又從大臣之言, 有拿鞫得情之敎 ; 又因政院啓稟, 有‘加劒’之命 ; 又因大臣箚中賜死之語, 有依施之敎 ; 又因禁堂所達, 有正法之命, 而終下判付, 罪止[87]賜死.

夫兩凶罪犯, 俱是惡逆巨魁, 論以三尺, 宜伏肆市之刑, 而一變再變, 至於三變. 臺閣執法之論, 乍允乍寢 ; 大臣原恕之言, 隨請隨從, 以致處分顚倒, 失刑莫大. 臣等恐自此, 凶逆無所懲畏, 王章無[88]所可施, 國人之憤, 愈往愈激. 臣以爲依最初處分, 以嚴討逆之典, 以洩神人之憤, 斷不可已矣.

昨日筵奏, 非有他意. 夫首相之參涉於二凶論斷之事, 而不以爲嫌者, 蓋以逆獄現發之後, 二凶至於分啓, 則其爲罪犯與前有異故也. 而臣意猶以爲<u>泰采</u>雖不干連於此獄, 槪論四凶所犯, 則聯名凶箚, 實爲其本, 首相之與議於此事, 謂終有嫌. 且筵奏箚陳, 失之太寬, 臣之所以爭論於前席者, 意蓋如此.

而第於遣辭之際, 自不能無礙逼之語, 致令首相出城, 右揆引咎, 鞫事遷就, 遂使凶賊之徒彌日[89]假息於囹圄之間, 此實臣之罪也. 云云.” 答曰：“爾無所

---

86) 徹：底本에는 “撤”로 되어 있다. 존경각본 및 《承政院日記 景宗 2年 4月 24日》 기사에 근거하여 수정하였다.

87) 止：底本에는 “至”로 되어 있다. 존경각본 및 《承政院日記 景宗 2年 5月 7日》 기사에 근거하여 수정하였다.

88) 無：底本에는 이 뒤에 “無”자가 더 있다. 존경각본에 근거하여 삭제하였다.

嫌, 勿辭察職."

○ 二十五日, 傳曰："先朝舊臣, 一時賜死, 心有所不忍. 傳旨還收, 減死圍籬安置."

○ 政院啓："卽伏見備忘記云云, 臣等聚首驚愕, 莫知所以爲喩也. <u>昌集</u>·<u>頤命</u>等罪狀, 不待臣等之言, 業已聖明之所洞燭, 末減賜死之律, 群情莫不憤鬱. 況此減死之命, 實是千萬意慮之外, 若此不已, 則亂臣賊子, 將無以懲畏, 臣等職忝近密, 決不可奉承傳旨. 云云." 傳曰"勿煩."

○ 大諫<u>李師尙</u>·司諫<u>李濟</u>·掌令<u>愼惟益</u>·<u>李景說</u>·獻納<u>尹會</u>請對合啓："臣等伏聞今日, 有罪人<u>頤命</u>·<u>昌集</u>賜死還收之命, 臣等相顧錯愕, 益不勝駭惑焉. 二凶, 逆節狼藉於推案, 業已聖明之所洞燭, 群下之所力爭者, 則其罪犯, 決不可一刻假息於覆載之間. 當初賜死, 失刑已爲大焉, 而今此非常之敎, 亦出於千萬不意, 臣等實未曉聖意之所在也.
若以先朝舊臣有所容貸於二凶, 則自今以後, 雖有<u>莽</u>·<u>卓</u>之逆, 其將以爲舊臣而不爲之正法乎? 三尺之典, 自是祖宗之法, 則雖以人主之尊, 有不能隨意低仰者也. 此兩賊, 若不快正王法, 則凶逆之徒, 益無所懲畏 ; 宗社之亡, 迫在呼吸, 請還寢罪人<u>頤命</u>·<u>昌集</u>減死之命, 依律處斷." 上曰"勿煩."

○ 二十六日, 右副承旨<u>黃爾章</u>所啓："<u>昌集</u>·<u>頤命</u>賜死傳旨還收, 減死圍籬安置命下, 而兩司方以還寢減死之命, 依律處斷論啓, 圍籬安置傳旨, 不得捧入之意, 敢啓." 上曰"唯."【《南泉記》曰 : "禁府都事<u>李義鎭</u>·<u>金沆</u>, 以賜死還收事出去, 而因政院再啓, 不得發."】

---

89) 日 : 底本과 존경각본에는 "月"로 되어 있다. 《承政院日記 景宗 2年 5月 7日》 기사에 근거하여 수정하였다.

○ 政院啓：“纔以昌集·頤命減死命下之事, 兩司臺臣, 至有駕前爭論. 臺啓未收殺之前, 不得捧傳旨之意, 本院旣已仰稟, 而禁府則以無捧傳旨之擧, 成命之下, 無擧行之事, 事甚掣肘. 姑待臺啓收殺之日, 隨卽擧行事, 斯速分付於前去金吾郞之意, 分付禁府, 何如?” 傳[90]曰“允.”

○ 今日疏決時, 兩司同爲請對, 昨日圍籬安置罪人昌集·頤命減死備忘還收事, 榻前下敎.

○ 尹慤拿來囚.

○ 同義禁尹就商改差事, 定奪.【以其侄慤拿鞫情勢, 待命, 傳曰“勿待命”.】

○ 持平朴弼夢所啓：“昨見大臣箚批云云, 臣於大臣之參涉於兩凶勘律, 且其所達‘在藥院, 不必與知’之說, 竊有所慨然於心者. 故頃日請對時, 略陳所見, 而遣辭之際, 不能無挨逼之語矣. 聖敎【領相箚批, 有‘誣斥’之敎.】出於意外, 勉出大臣之意, 則可謂至矣, 而其於待臺閣之道, 何其太薄耶? 云云.” 上曰“勿辭退待.”

○ 二十七日, 金民澤拿來囚, 金濟謙拿來囚.

○ 平安監司狀啓, 勅使牌文, 今月二十四日出來.

○ 遠接使李肇, 問禮官尹延, 館伴使李台佐.

○ 知義禁李光佐.

○ 二十八日, 兩司合所懷, 請圍籬罪人李健命·趙泰采按律處斷事, 上曰"勿煩".

○ 執義徐命遇所啓 : "會寧府使柳貞章·順川郡守洪禹龜·載寧郡守禹洪[91]采·安岳郡守崔鎭樞, 俱以凶黨之私人, 幷居膏腴之地, 受其指揮, 有同奴隷. 貪饕無厭, 掊克及民, 輦輸絡繹, 怨謗載路, 不可一日仍置, 以貽生民之害. 請竝削去仕版." 上曰"勿煩."

○ 司諫李濟所啓 : "一自更化之後, 失志怨國之徒, 凶言·悖說, 無所不至, 可勝痛哉? 前典設別檢李輝千, 本以凶魁餘黨, 濫通仕籍, 曾當差祭之日, 敢以向國罔測之說, 唱言於公會稠坐之中. 其時本司提擧, 聞極驚駭, 欲爲草記, 則輝千百般哀乞, 呈旬自處.

噫! 君臣之分, 至嚴且截, 而前冬處分, 威斷赫然, 則苟有北面殿下之心者, 安敢以不忍聞·不敢道之說, 肆然發口, 略無顧忌, 若是哉? 傳聞之說, 雖不可準信, 旣因此事, 至於遞職, 其非孟浪, 可知. 當此嚴懲討之日, 不可以已遞其職而置而不論. 請李輝千拿致, 嚴覈定罪." 上曰"依啓". 【《提要》, 輝千遐鄕人, 於公會, 大言凶徒濁亂, 鍛鍊誣[92]獄之狀.】

○ 問郞金啓煥有頉, 代趙遠命.

○ 李器之刑四次, 訊杖第一度, 陰嗾弘述, 謀殺虎龍事, 直招.

○ 緣坐鄭珀[93]【《會》作珀】, 堂古介處絞.

---

91) 禹洪 : 底本에는 "洪禹"로 되어 있다. 존경각본에 근거하여 수정하였다.

92) 誣 : 底本에는 "巫"로 되어 있다. 존경각본에 근거하여 수정하였다.

93) 珀 : 底本에는 "珝"으로 되어 있다.《承政院日記 景宗 2年 4月 28日》《景宗實錄 2年 4月

○ 傳曰：“今玆之旱, 亦孔之酷, 彌月不雨, 萬彙焦枯, 言念至此, 心如焚灼. 更爲親禱于南壇下, 不卜日, 三十日擧行.” 政院啓：“山壇與城內有異, 請加三思. 云云.” 傳曰：“親禱之命, 出於悶旱之意, 勿爲過慮.”

○ 李尙馪·金時泰·白[94]烈伊·李三錫拿來囚, 李夏·鄭道元·李輝千拿囚.[95]

○ 二十九日, 領相箚槪, 病甚廢務, 乞蒙勘處, 兼陳區區憂慮之忱, 請寢郊壇親臨之命. 答曰：“親禱之命, 出於焦憂之意, 卿其勿慮.”

○ 校理沈珙所啓：“近來玉堂苟簡, 自十二月以後, 無備員入直之時矣. 本館錄才已完了, 都堂錄匪久自當爲之, 而第本館中六人, 乃是丙申年都堂錄被選之人也. 其時都堂錄, 大提學不參, 提學獨參, 故錄中人, 以此引嫌, 朝議亦以爲違例而改錄, 時所拔者, 乃十人也.

第被削之人, 皆是可合之人, 故其後三人, 亦爲檢擧, 已參瀛錄, 而所餘者, 乃七人也. 六人生存, 故今番皆入於本館錄, 而至於嚴慶遂, 今已身死, 不得被選. 慶遂, 曾是入直玉堂, 許久行公之人也. 生者皆可復參, 而死者則無端見削, 更無參錄之路, 豈不愍然耶? 當時改錄, 非謂其人之不合, 但以提學獨參, 有違前例. 云云.

取考玉堂謄錄, 則提學之獨參錄圈, 非止一二. 己巳閏三月·癸未十月·丙戌九月·戊子十一月都堂錄, 皆有文衡不參, 提學獨參之例. 舊例如此, 則何可以此謂之違例而請改乎? 後日都堂錄, 此人皆當[96]入選, 不患其不得復用, 而第

28日》 기사에 근거하여 수정하였다.

94) 白：底本에는 없다. 《景宗實錄 2年 4月 28日》 기사에 근거하여 보충하였다.

95) 拿囚：존경각본에는 이 뒤에 “輝千遄鄕人, 公會, 大言誣獄鍛鍊狀”이라는 세주가 더 있다.

96) 當：底本에는 “堂”으로 되어 있다. 존경각본에 근거하여 수정하였다.

當初改錄, 旣甚非矣. 臣意則以爲改錄時見拔人, 一倂復錄爲宜, 下詢于入侍
大臣而處之, 何如?"

　右相崔錫恒曰 : "丙申都堂錄時, 參坐之人, 今何可參涉? 云云." 領相泰耉
曰 : "依此爲之, 似好矣." 上曰"唯". 珙曰 : "然則自今以後, 當以舊錄施行
乎?" 上曰"唯."【《初從說》, 復錄人卽朴弼夢·趙遠命·尹聖時·權益寬·李世德.】

　○ 知義禁李光佐謝恩後病遞, 金重器爲之代.

　○ 三十日, 政院啓曰 : "卽伏見南海圍置罪人頤命拿來宣傳官狀啓, 則賜
死禁府都事, 中路交違, 不得逢着, 方到竹山, 旣因賜死之命, 畿內發軍護來事,
自本道監營, 發關停止. 賜死都事, 旣不逢着, 渠自分付所逕97)畿邑, 略發軍丁,
仍爲上來, 事之驚駭, 莫此爲甚. 奉命都事, 則分付禁府, 依法勘罪, 急急更遣
賜藥都事, 以依傳敎擧行之意, 敢啓." 傳曰"知道".

　○ 禁府都事鄭錫範, 罪人頤命賜死事, 漢江出去. 都事洪應夢, 罪人頤命拿
來後入來, 都事鄭錫範, 罪人頤命賜死後入來.

　○ 問郎趙遠命改, 代柳弼垣.

　○ 五98)月初一日, 去夜, 金壽天刑一次, 鶴孫刑三次, 趙聖復二次, 二英四
次第十三度, 墨世一次第十八度, 氣塞停刑. 李器之五次, 白烈一次, 鶴孫四次,
金壽天二次, 李尙馦一次, 鶴孫五次.

---

97) 逕 : 존경각본 및 《承政院日記 景宗 2年 4月 30日》 기사에는 "經"으로 되어 있다.

98) 五 : 존경각본에는 이 앞에 "壬寅"이 더 있고, 그 위 두주(頭註)에 "不宜另書壬寅"이라고
　　되어 있다.

○ 罪人<u>徐伯</u>【《會》作<u>河伯</u>】·<u>承業</u>·<u>春業</u>幷放送.

○ 問郞<u>洪重徵</u>改, 代<u>呂善長</u>.

○ 初二日, 禁府啓:"卽接<u>成歡</u>察訪<u>黃允</u>99)<u>塱</u>所報, 則罪人<u>頤命</u>減死還收之後, 自本府急關送于賜死都事所到處, 星夜飛傳之際, 驛卒行到<u>公州</u> <u>車嶺</u>, 猝遇一兩班, 自稱<u>頤命</u>女壻. 多率壯奴, 掠奪關文, 任自拆見, 拘留驛卒, 使不得直路作行, 事極驚駭.

驛吏輩探問姓名, 則乃前縣監<u>金時發</u>也. 渠雖放肆, 何敢於中路, 私奪王府公帖, 私拘官人移送迂路, 趁不得報知於前去都事? 莫重王命, 以致稽延, 事之無嚴, 莫此爲甚. 今日國綱, 雖曰解弛, 渠安敢乃爾? 拿問嚴覈, 以正其罪, 何如?"傳曰"允".

○ <u>金時發</u>拿囚.

○ <u>玄德明</u>刑二次, <u>白烈伊</u>刑二次第五度, 氣塞停刑.

○ 傳曰:"旱災至此, 民事渴悶. 鞫囚一向遷就, 刑推獄囚, 減死定配, 其餘獄囚放."

○ 政院啓:"臣等卽伏見備忘記, 不勝驚愕憂悶之至. 今番獄事, 何等惡逆? 就其中情節畢露者, 稟旨請刑, 或有證左甚明, 而頑忍不服, 自致遷就, 惟當申飭按獄之臣, 從速勘斷而已. 自古遇災恤囚, 前後何限, 而至於逆獄, 則曾未有徑100)先疏釋之擧. 聖敎雖如此, 臣等待罪近密, 終不敢奉承, 惶恐敢啓."

---

99) 允:《承政院日記 景宗 2年 5月 1日》 기사에는 "啓"로 되어 있다.
100) 徑:존경각본에는 "經"으로 되어 있다.

答曰"勿煩".

○ 領相·禁府堂上·三司請對時, 刑推鞫囚減死定配, 其餘鞫囚放送之命,
還收事, 榻前下敎.

○ 請對時, 右相崔錫恒所啓："罪人洪哲人, 則雖入諸賊之招, 無他執捉現
發之端, 且義人旣死之後, 今無盤問之端, 減死定配, 何如?"領相趙泰耉曰：
"哲人, 則其兄被告之際, 同爲就拿, 而別無現捉之端, 此以其自現之事, 慮有隱
情, 故兼以此事, 累次刑訊而已. 此亦異於亡命, 一向刑訊致斃, 則過矣. 酌處
何如?"同義禁金一鏡曰："此豈但亡命之罪乎? 但其爲人癡騃, 不足責矣."判
義禁沈檀曰："義人已死, 哲人更無可問之端矣."上曰"依爲之".
　又[101]所啓："罪人李尙建, 別將帖僞造一款, 終不吐實, 事極可駭, 而設令
承款, 元非死罪. 然其妖術惑衆之罪, 不可不懲, 遠地定配, 何如?"領相曰：
"此則非干犯逆獄之事, 當初麟重欲使此人, 以幻術辦出銀子, 而幻術無驗, 別
將帖僞造見覺而已, 以妖術惑衆之罪遠配, 宜矣."上曰"依爲之".
　又所啓："罪人鶴孫, 本以白望之奴, 所謂孝敬橋喪人, 累次嚴刑, 終不直告,
情狀絶痛, 而此非死罪, 絶島定配, 何如?"上曰"唯". 又[102]所啓："罪人玄德明
·金壽天, 累次嚴刑, 終不承款, 事極痛惋. 雖或承款, 罪不至死, 減死絶島定配,
何如?"領相曰："壽[103]天爲白望書札往復之人, 不可置之宮掖間, 絶島定配,
宜矣."上曰"唯".
　又[104]所啓："罪人李三錫, 旣已直告, 今無可問之端, 放送何如?"上曰"依
爲之". 又[105]所啓："罪人趙聖復, 二次嚴刑, 終不直告, 似當加刑, 而此與逆獄

---

101) 又：존경각본에는 이 앞에 "○" 표시가 더 있다.
102) 又：존경각본에는 이 앞에 "○" 표시가 더 있다.
103) 壽：존경각본에는 "守"자로 되어 있다.
104) 又：존경각본에는 이 앞에 "○" 표시가 더 있다.
105) 又：존경각본에는 이 앞에 "○" 표시가 더 있다.

有異. 渠雖無狀, 職是臺官, 一向嚴刑, 終至徑斃, 旣非聖世之美事, 且關後弊.
今姑參酌, 絶島圍籬安置, 何如?” 上曰“唯”.

　一鏡曰：“曾前定配之處, 又有他罪人到配者, 聖復配所, 改定他處, 何如?”
上曰“唯”. 又[106]所啓：“今番推案還入時, 方有請對之擧, 議啓未及上納矣. 其
中李器之嚴刑六次第一度, 雖曰‘直招’, 欲吐半呑, 語不成說, 更加嚴刑得情,
何如?” 上曰“依爲之”.

　○ 兩司合啓, 請健命·泰采按律處斷事, 上曰“勿煩”.

　○ 司諫李濟所啓：“逆臣賜死, 何等嚴急, 而今番領藥都事中路交違, 終不
逢着, 致令凶魁久逭王章, 來近京輦, 此實前所未有之變也. 如使都事不由捷
逕[107], 直走官路, 則必無與罪人相失之理, 其慢君命蔑國法之狀, 豈不萬萬駭
痛哉? 雖因喉院稟啓, 已令王府勘罪, 而不可視同輕囚, 略施薄罰, 請當該頤命
賜死, 都事拿鞫定罪.” 上曰“依啓”.

　又[108]所啓：“碧沙察訪朴泰俊, 本以凶逆卵育之類, 今番喜賊拿來都事, 馳
到配所, 則泰俊藏置喜賊於山村隱僻之處, 至使王人不得跟捕. 及其都事持刃
督出, 然後始告其處, 其不有王命·容護國賊之罪, 不可不依法懲討. 請碧沙察
訪朴泰俊, 令鞫廳拿鞫嚴問.” 上曰“依啓”.

　○ 執義徐命遇所啓請尹廷舟遠地定配事, 上曰“依啓”. 又所啓：“臣以柳貞
章等削版事有所論啓, 而聖批靳許, 臣切慨然. 貞章, 凶集腹心, 曾爲黃海水使
時, 集之庶從昌煇, 以中軍帶去, 錢米·魚鹽, 滿舶輸來於集家, 前後無算. 且任
定州也, 買得彼中名駒, 送于濟謙, 燕肆珍玩, 納賂不絶, 西關之人, 至今憤罵.

---

106) 又：존경각본에는 이 앞에 “○” 표시가 더 있다.
107) 逕：존경각본에는 “徑”으로 되어 있다.
108) 又：존경각본에는 이 앞에 “○” 표시가 더 있다.

禹洪龜, 本以庸瑣之徒, 盍附凶集, 濫通備郞, 同列恥與爲伍. 而藉權凶之吹噓, 猥占西關之名郡, 物情固已爲駭. 而當其下去時, 濟謙給送一駑駘, 使之優償其價, 則洪龜甘心受去. 莅任翌日, 稱以官馬價109), 橫斂三百貫錢於民結, 汲汲輸送. 其他媚悅賄遺110), 不可勝計, 剝民之政, 罔有紀極.

禹洪采, 本以權凶之私人, 每事受其指揮, 服事有同奴隷. 憑其餘庇, 猥授饒邑, 貪黷無厭, 掊克及民, 輦輸獻媚, 怨謗載路. 崔鎭樞, 本以喜之狎客, 納其庶女爲觀命家庶婦, 因緣締結, 圖除雄邑. 前冬喜之下送李正植, 馱來千餘錢貨之狀, 衆所共知. 今當逆黨搆煽·機叵測之時, 如此不逞之徒, 不可一日置之衣冠之列. 請柳貞章·禹洪龜·禹洪采·崔鎭樞幷削去仕版." 上曰"依啓".

○ 禁府都事趙文普書目, 罪人昌集, 去月二十九日星州賜死事.【都事尹檣昌集拿來傳授後, 入來.】

○ 初三日, 李器之刑六次, 二英刑五次第五度, 承服結案取招, 白烈伊刑三次.

○ 問郎李巨源改, 代趙遠命.

○ "罪人二英. 年二十八. 白望以趙洽銀二千兩·沈尙吉銀二百兩·洪義人銀五十兩·李喜之銀七十兩給矣身, 納於宮女李氏及白氏, 轉給池尙宮, 使之圖成行藥事【是如】, 虎龍納招【是白遣】.

白望欲見墨世, 故矣身要使相見, 而酬酢後, 戒矣身勿泄於親族, 初招不爲直告, 末乃吐實【是白乎旀】. 白烈四次留宿於矣身家, 與白望相面, 小札頻頻往

---

109) 價 : 底本과 存經閣本에는 없다.《景宗實錄 2年 5月 2日》《承政院日記 景宗 2年 5月 2日》
　　 기사에 근거하여 보충하였다.

110) 賄遺 : 存經閣本에는 "賄賂"로 되어 있다.

復之狀, 白烈既已直招【是白乎旀】.

白望及望母與其妹, 皆與池尙宮相親往來, 而池尙宮亦爲頻頻往來於白望家【是白遣】. 矣身以賣酒爲業, 故每有好酒, 望輒以酒壺入送於池尙宮處及其子昌貴家【是白遣】.

白望所佩囊中, 常有丸藥, 其三箇則蘇合丸也, 渠自和月經飮之. 黃色丸藥, 則名不知而密密糊封, 納于筆匣, 又藏囊中. 其[111]囊子不但常時秘藏, 雖夜寢之時, 必解而置之於枕褥下, 不令矣身見之, 故矣身不知其幾丸. 而年月不記, 池尙宮出來渠家時, 白望親自賫往, 仍爲給送事, 矣身與知的實的只."

罪不待時凌遲處斬, 當日軍器寺前路行刑.

○ 李器之刑七次, 墨世刑二次第四度, 氣窒停刑.

○ 初四日, 掌令愼惟益·正言李眞淳疏槪:"臣等於鞫廳罪囚推問之事, 敢陳區區所懷以備裁處事." 疏曰:"昨於鞫坐, 見罪人鄭宇寬更推問目, 牢諱之後, 云有上變之事. 大臣以問目外雜招勿捧事, 既已榻前定奪, 宇寬所欲言, 不過死中求生之計, 第罪人既稱'上變', 則獄體宜有一番推問. 云云."

○ 持平金弘錫疏槪:"臣於鞫囚洪哲人·李尙建·鶴孫酌處之命, 竊不勝慨然, 敢陳區區所懷, 冀寢成命, 以正王法."

○ 禁郎趙文普入來.

○ 左相崔奎瑞辭職疏, 答曰:"前後之批, 已悉予意, 更何多語? 卿其須體前後之旨, 安心勿辭, 幡然就道, 用副予思想之心."

---

111) 其:底本과 존경각본에는 "同"으로 되어 있다.《景宗實錄 2年 5月 3日》기사에 근거하여
　　 수정하였다.

○ 李濾刑一次. 初五日, 禁府趙聖復 旌義縣絶島圍籬安置, 玄德明 黑山島·洪哲人 渭原郡·鶴孫 大靜縣·金壽天 濟州牧減死絶島定配, 尹廷舟 固城縣遠竄, 李尙建 三水府遠地定配, 啓.

○ 鶴孫段："矣身妹河伯以爲：'三四朔前, 逆望出給小札, 常使矣身, 傳致於孝敬橋喪人兩班家. 云云.'" 嚴問之下, 或稱鄭直長家, 或稱蓮池洞 金忠州, 或稱壺洞 李參奉, 皆是已斃諸逆之家. 嚴刑後, 始以孝敬橋南邊李弘邁之家, 變幻納招, 而所謂喪人, 稱以李直長【是矣】, 元無喪人李直長於其近處, 終不直告. 云云.

○ 趙聖復段, 向者一疏, 實爲聯箚之嚆矢, 表裏和應, 動搖天位, 改定他處, 絶島圍籬事.

○ 金壽[112]天段："逆望使河伯持小札, 丹鳳門外, 給賂門卒, 招矣身, 則矣身每每出來, 受札而去. 或與逆望, 逢着於闕門外, 密密相語, 或來訪賊望家, 閉戶相對, 酬酢從容等事, 矣身一無發明, 只曰'孟浪'. 云云."

○ 玄德明段, 諸賊輩畏虎龍之告變, 陰嗾捕將李弘述, 必欲捕殺, 天紀使濾周旋得免, 而捕捉虎龍一款, 書員金震錫, 則明白納招, "矣身以其時捕盜軍官, 萬無不知之理." 而嚴刑訊問之下, 諱不直告.

○ 正言李眞淳啓曰："日昨請對時, 大臣以洪哲人·玄德明酌處事, 陳達蒙允, 而臣等其日新參鞫坐, 未見各人文案, 而旋卽入侍, 故未能據理爭執矣. 退出之後, 始見鞫案, 則洪哲人干犯至重, 睦虎龍招中, 至有梅花點之說, 而與其兄義人, 同參於給銀行藥之謀. 李弘述撲殺陸玄時, 德明獨受指敎, 情

112) 壽 : 존경각본에는 "守"라고 되어 있다.

跡叵測. 此獄未究竟之前, 決不可徑113)先酌處, 則臣有當論不論之失. 云云."
　答曰"勿辭".

○ 愼惟益避嫌, 同.

○ 白烈伊刑四次第九度, 墨世刑三次第三度, 氣窒停刑. 一業拿來囚.

○ 問郎柳弼垣改, 代金尙奎.

○ 館學儒生柳縤114)等疏槪："臣等切痛, 逆魁頤·集, 罪止賜死；健·采兩
賊, 尙稽伏法. 自古逆節之凶慘, 未有若今日之狼藉；而國家之失刑, 亦未有
若今日之乖謬, 不勝扼腕憤慨之忱, 倡率多士, 敢陳沐浴之情. 伏願聖明, 赫然
奮發, 惕然深思, 已死之兩逆, 快施肆市之典, 未死之二凶, 亦命亟正邦刑, 以洩
神人之憤, 以安將亡之國."
　疏曰："伏以自有天地以來, 凶逆之徒, 間或有之, 而未有若頤命·昌集之窮
凶極惡者也. 倒持太阿, 脅持君父, 醞釀禍心, 圖爲不軌者, 三十年于玆矣. 何
幸, 宗社神靈, 默佑陰騭；賊心逆節, 次第盡露；凶謀陰計, 狼藉難掩. 雖聾暗
跛躄之類, 莫不扼腕張膽, 思欲食肉寢皮, 則兩賊之惡, 上通于天, 宜不敢一日
假息於覆載之間矣.
　頃者, 兩司之臣, 合辭請誅, 卽下兪音, 凡有血氣者, 莫不歡忻, 鼓舞感祝,
我殿下乾斷之赫然·雷威之震勵, 神人之憤可洩, 而宗社之危可安, 三百年無
疆之休, 卽今日可期矣.

---

113)　徑：底本과 존경각본 모두 "經"으로 되어 있다. 《承政院日記 景宗 2年 5月 5日》기사에
　　근거하여 수정하였다. 이하 동일 사례에 대해서는 별도의 校勘記를 달지 않는다.
114)　縤：底本과 존경각본에는 "鎍"으로 되어 있다. 《景宗實錄 2年 5月 5日》《承政院日記 景宗
　　2年 5月 10日》기사에 근거하여 수정하였다. 이하 동일 사례에 대해서는 별도의 校勘記를
　　달지 않는다.

忽因大臣之請對陳達, 終使潤斧湛鑊[115]之賊, 至於飮藥自盡之境. 噫! 有國之大者, 莫過于刑政, 而刑政之放倒如此；倫常之變, 莫大於簒逆, 而簒逆之失刑如此. 彼天紀·龍澤·尙吉·麟重等, 俱以頤賊之卒徒, 欲爲推戴之計, 而旣已彰露之後, 并施逆律, 戮屍籍産, 并皆依律施行.

而元惡大憝之未伏常刑, 只賜其死, 實是擧國臣民之憤惋切痛者也. 戮屍之法·籍産之典, 猶尙未晚, 論以三尺, 斷不容已. 伏願殿下, 明飭該府, 斯速擧行, 以伸王法, 以洩邦憤.

健命, 以師命·頤命爲兄, 以喜之·器之爲姪, 一門之內, 凶逆輩出, 逆心叛腸相與連接. 事事焉與凶集同, 言言焉與凶集合, 箚請節目, 迫脅君父, 此等罪惡, 已不可容貸.

及其奉使燕京也, 其兄觀命, 則敢以'痿弱'等語, 及於奏文, 健命, 則又以"左右媵屬俱無血屬, 求嗣之藥, 無數制用, 終無其效"等語, 做出於彼中. 噫嘻! 痛矣! 此何言也?

在昔桓溫之擧兵犯闕, 廢逐帝奕也, 以帝早有痿疾, 揚言於朝, 必廢乃已. 今此奏文中句語, 實與桓溫之語, 前後一般, 千載之下, 逆臣情節, 無少差殊, 此實宗社莫大之亂賊.

訏揚君父所未有之病, 構成宮禁所未有之擧, 只欲取駭於彼人之聽聞, 或恐君父之暫安於其位. 如非簒奪之計, 着在肚裏, 而亂逆之謀, 已講於平素, 則身入異域, 倡爲譬言, 厚誣無疵之聖君, 圖濟不測之凶計乎?

健命兄弟亂逆不道之狀, 路人所知, 伏願聖明, 俯察兩賊之情狀, 亟正邦刑, 俾使許多凶徒有所懲戢焉.

泰采, 陰譎濫猾[116], 欺君罔上, 雖元載·路巖, 無以過矣. 旣與三凶, 合爲一身, 叛逆之謀, 唯三凶焉是同；簒奪之計, 亦唯三凶焉是附, 卽是莽·卓·懿·溫萃於一時.

---

115) 鑊 : 底本에는 "濩"으로 되어 있다. 존경각본에 근거하여 수정하였다.

116) 猾 : 底本에는 "滑"로 되어 있다. 존경각본에 근거하여 수정하였다.

及其非常之敎, 忽下於不虞, 上自搢紳, 下至輿儓, 莫不奔走號泣, 冀得反汗, 而泰采, 權辭閃弄, 面謾諸宰, 峻塞庭籲之請; 乘夜上箚, 更請節目之定. 及聞右相趙泰耈之請對, 兩凶幷皆徒跣趨入, 而泰采猝托河魚之疾, 終不入對, 其意, 則蓋以箚請節目事已垂成, 咫尺天陛, 偃然不動, 論其罪犯, 無間三凶.

況今逆變層生, 患起肘腋, 株連之類, 罔非泰采之血黨·心腹, 則當此二凶伏法後, 渠何敢一刻容息於天壤之間乎? 臣等竊伏思之, 四凶之罪, 一而二, 二而一者也. 豈可異同於其間哉?

臣等又有所駭痛者, 喜之以師命之子, 怨國次骨, 凶謀·逆計, 無不主張, 巧撰俚詞, 暗播宮中之罪, 節節現捉. 且以《續永貞行》一篇觀之, ‘傀儡索絶露眞面’一句, 誣辱聖躬, 尤極凶慘, 比諸白望, 厥罪有浮. 渠雖頑忍徑斃, 磔屍之律, 何獨施於彼賊而終不加於此凶乎?

噫! 旱魃斯酷, 民憂政急, 殿下一念憂勤, 夙夜匪懈, 親擧玉趾, 再次祈禱, 而欲雨不雨, 尙未獲霈然之澤. 臣等以爲非殿下之虔誠不足, 致甘霖之應. 頃於兩凶處斬之啓允下之後, 卽獲終日之甘霈, 都下人民, 莫不相與懽忻, 以凶逆伏法, 而感應斯捷云矣. 翌日有還收之擧, 而雨意卽收, 至於今日, 枯旱轉劇.

天道深遠, 雖難窺測, 意者, 旱氣之愈往愈甚者, 必由於凶逆未伏邦刑, 而王法有所撓屈, 致令人心拂鬱, 輿論憤惋, 天心不豫, 而和氣爲傷之故也. 云云.”

以[117]柳綬等疏傳曰:“處分已定, 如此之疏, 勿爲捧入, 此疏還出給.”

○ 府徐命遇所啓:“頤命·昌集簒逆之罪, 神人之所共憤, 天地之所不容, 而異議層生, 罪止賜死, 處分顚倒, 失刑莫大, 此所以輿論益激, 莫不憤惋者也.

噫! 兩賊之曾前負犯, 罔非難貰之惡逆. 而至於掌上書字, 推戴之狀, 已著; 一門逞凶, 叛逆之跡, 彌彰. 圖得密旨, 追發於同黨之上變; 廢黜陰計, 已定於宮城之陳兵, 則雖古之莽·卓·懿·溫, 蔑以加矣.

向者閔黯之罪, 雖不至於此, 而尙且追施逆律, 況此二凶之罪, 萬萬倍此者

---

117) 以 : 존경각본에는 이 앞에 “○” 표시가 더 있다.

乎? 巨魁之不得正法, 已矣莫追, 三尺之典, 決不可以此而有所撓屈. 請賜死罪人頤命·昌集, 亟令鞫廳, 收孥籍産等事, 依法擧行.

凶[118]逆之徒, 何代無之, 而妖惡之狀, 陰凶之節, 豈有如喜賊之比乎? 雖以世相之招觀之, 其作歌詞, 誣毀聖躬, 矯誣先旨, 潛圖廢黜之狀, 狼藉難掩, 而特以奸毒頑忍之故, 終斃於杖下, 未施懸街之典, 可勝痛哉?

姑撮其可駭憤者而言之, 至於續韓詩〈永貞行〉而極矣. 憑藉夢寐, 矯誣在天之先靈, 汚衊聖明, 至比順宗之昏亂. 蓋順宗居位, 病風且暗, 不能視朝, 而伾·文之黨, 乘時秉國, 自弄威福.

今者此賊, 顯然以聖明之淸化, 歸之於永貞之尸位, 其中'傀儡索絶露眞面'之句, 則其汚辱聖躬, 轉益陰凶. 其意則蓋'傀儡'擬之於不敢擬之地, 而'索絶[119]'比之於兩宦之死也, '露眞面'三字, 其所比況, 尤極絶悖.

所謂'儡傀'者, 假設人面, 弄以繩索之類, 繩絶則眞面自露, 其意蓋以爲向來處分, 皆不能出自聖斷, 及其兩宦死後, 莫掩其本色之謂也. 至於'夜作詔書朝拜官, 昔聞永貞今還有'之句, 與矯詔·歌詞之意, 鑿鑿相符. 語意陰慘悖慢, 一節深於一節, 指斥於不敢言之地, 矯誣於不當擬[120]之處, 凶肚逆臟, 綻露無餘, 不待承款, 昭不可掩.

況其母, 書以'事機之垂成, 有若已炊之飯, 四月旬後, 自有好道理'云, 若非三手凶圖之布置已定, 家間婦女, 稔聞習知, 則何至謄[121]諸諺書, 指期的言, 若是其狼藉乎? 鞫廳以其詩句語及其母之札, 發爲問目, 則渠亦無辭自服, 至曰'順宗亦是仁孝有德之主', 隱然有誣聖明之意, 滔天之惡·不道之罪, 渴海磬竹, 流書難盡.

---

118) 凶 : 존경각본에는 이 앞에 "○" 표시가 더 있다.

119) 絶 : 底本과 존경각본에는 "墜"로 되어 있다.《景宗實錄 2年 5月 5日》기사에 근거하여 수정하였다.

120) 擬 :《承政院日記 景宗 2年 5月 5日》기사에는 "疑"로 되어 있다.

121) 謄 : 底本과 존경각본에는 "登"으로 되어 있다.《承政院日記 景宗 2年 5月 5日》기사에 근거하여 수정하였다

其母與妹, 亦於諺札發現[122]之後, 隨卽自裁, 若無與知逆謀之事, 則豈至自
斃滅跡乎? 逆喜雖已杖斃, 不可不施逆律, 請令鞫廳收孥籍沒事, 依法擧行.

池[123]烈之罪惡, 有不可勝誅者. 諸賊之凶謀·賄物, 并皆輻湊於其家, 約誓
丁寧[124], 情節綢繆. 雖以二英承款之招觀之, 其齎給丸藥之狀, 旣已昭著無餘.
若使生存, 則斬爲萬段, 以洩一國之憤, 以正三尺之典, 斷不可已, 而獨恨其死
已久, 不得施懸街之律, 神人共憤, 輿情益激. 請池烈亟命收孥籍沒.

一自凶逆之徒, 多行賄賂宮禁, 肘腋間多可虞, 而池烈之切親, 或在紅袖,
或在掖隷, 益懷怨毒, 自相憂疑, 其所爲計, 無所不至, 街談巷議, 莫不危懼.
況此丸藥齎給之狀, 已著於二英之招案, 則所謂丸藥, 未知藏在誰人, 隱在何
處. 如此之類, 決不可一刻留置於宮掖, 請烈伊族屬, 一倂汰出以杜禍根焉.

喜[125]賊拿來都事, 行到靈巖, 則郡守文德麟自袖中, 出示本郡遠竄罪人洪
錫輔之小札, 喜賊搜探文書中諺札一丈及詩稿一丈, 懇請出給. 都事發行也,
錫輔又追送傔人於路中, 要使還給其詩·札, 期於順便, 諺卽喜母之書, 而詩則
喜賊之所作〈續永貞行〉也. 如使錫輔, 初無與賊同情之事, 則詩與札有無, 渠
何由與知, 而再三請給, 若是其懇曲耶? 其爲情狀, 不可不嚴覈得實, 請罪人洪
錫輔, 令鞫廳拿鞫嚴問." 答曰 : "不允. 喜賊·錫輔事, 依啓."

○〈續永貞行〉曰 :
"十二月朔歲辛丑, 明陵寢郎眠虛牖.
忽瞻先王御黼座, 羽儀肅肅排左右.
傳呼大臣又連催, 中使如風聲在口.
但見顚倒數公入, 依俙不記誰與某.

---

122) 發現 : 존경각본에는 "現發"로 되어 있다.

123) 池 : 존경각본에는 이 앞에 "○" 표시가 더 있다.

124) 約誓丁寧 : 底本과 존경각본에는 "誓爲娚妹"로 되어 있다.《景宗實錄 2年 5月 5日》《承政院日
　　記 景宗 2年 5月 5日》 기사에 근거하여 수정하였다.

125) 喜 : 존경각본에는 이 앞에 "○" 표시가 더 있다.

玉音如鍾響殿陛, 宗祏顚覆卿知否!

諸公求退去何之? 孼豎作逆誅宜厚.

殿上殿下火如晝, 衛士高喝千雷吼.

斯須門外懸兩頭, 傍人指言黃門首.

國有大變越七日, 黨禍忽如漢北部.

蠻荒窮髮魍魅喜, 逆闈群奸蛇蚓糾.

夜作詔書朝拜官, 昔聞永貞今還有.

狐鳴梟噪無不如, 睗睞跳跟更指嗾.

長虹爛日貫太陽, 德星錯落倚[126]南斗.

鶴駕蒼黃欲出門, 哀詔三宣泣聖母.

宮闈事秘雖莫詳, 蓋聞急變生腋[127]肘.

勢焰如山邁客·魏, 根蔕已深難力取.

一夕驅除何迅[128]速? 此豈人爲卽天誘.

魂迷不敢肆[129]毒螫, 窘迫若有神明[130]守.

翠眉宮妾未洗粧, 香帕裹頭哭出走.

倏忽雷霆一蕩柝, 先靈默佑誠非偶.

傀儡索絶露眞面, 魍魎日照求幽藪.

閹禍從古國亡已, 漢·唐在前皇明後.

未聞天討赫若斯, 宗祏[131]於戲億年久.

---

126) 倚 : 존경각본에는 "依"로 되어 있다.

127) 腋 : 底本에는 "掖"으로 되어 있다. 존경각본에 근거하여 수정하였다.

128) 迅 : 底本과 존경각본에는 "神"으로 되어 있다. 《景宗實錄 2年 4月 17日》 기사에 근거하여 수정하였다.

129) 肆 : 底本과 존경각본에는 "事"로 되어 있다. 《景宗實錄 2年 4月 17日》 기사에 근거하여 수정하였다.

130) 明 : 底本과 존경각본에는 "相"으로 되어 있다. 《景宗實錄 2年 4月 17日》 기사에 근거하여 수정하였다.

131) 祏 : 존경각본에는 "社"로 되어 있다.

誰家女巫禳新鬼, 春夜藁街歌拊缶."

○ 院新啓【李眞淳】: "罪人頤命賜死傳旨·關文, 馳到車嶺之際, 頤命女婿金時發, 於中路脅奪關文, 任意坼見, 威喝持者, 勒令迂路作行, 持者不從, 則多發奴子, 捽曳拘鎖, 更不得前進.

郵官以此馳報巡營, 則爲道臣者, 所當驚動惕念, 一邊狀聞, 拘治時發; 一邊別定持者, 急速馳通, 而不此之爲, 泛以直報禁府之意, 題送於郵官再巡之報. 此事關係, 何等重大, 而委之於郵官, 不欲自當推治, 其緩忽不職之罪, 不可不懲. 請忠淸監司李世瑾, 拿問定罪.

罪人洪哲人, 緊入於陸虎龍上變中, 有曰: '諸賊聚議時, 洪哲人·洪義人, 亦來同參, 而有梅花點之說.' 虎龍招又曰: '喜之·器之·麟重·龍澤·義人·哲人六人, 以銀給於白望, 納于池尙宮·烈伊處, 使之和藥行凶. 云云.' 則其所干犯, 極其重大.

李弘述之撲殺陸玄時, 玄德明獨受其指揮, 情跡陰秘, 捕廳所屬, 幾盡直招, 而獨德明之頑忍不服者, 情跡可惡. 且陸玄被殺事與謀殺虎龍事, 自是一串貫來, 而謀逆諸節, 綻露無餘. 鞫獄未究竟之前, 決不可徑先酌處. 請洪哲人·玄德明幷令仍囚, 嚴刑得情." 答曰 "勿煩".

○ 李器之物故.

○ 初六日, 掌令李景悅·司諫李濟·正言鄭壽期·執義徐命遇, 以洪哲人·玄德明·鶴孫·李尙建等當論不論, 引避退待.

○ 玉堂處置, 幷請出仕.

○ 掌令愼惟益·正言李眞淳等疏曰: "臣等昨於鞫坐, 見罪人鄭宇寬更推問目, 牢諱之後, 渠以爲且有上變事云云. 大臣以問目外雜招勿捧事, 旣已榻前定奪, 宇寬所欲言者, 不過死中求生之計, 使勿發說.

蓋宇寬有可告之事, 則拿鞫前告之, 可也 ; 旣拿後卽告, 亦可也, 而在囚累日, 更推之際, 始欲上變, 情跡可疑, 亦關後弊. 大臣之不許發告, 意固有在, 而第以獄體言之, 罪人旣稱上變, 則毋論時之早晚·事之虛實, 似宜有一番推問之道. 臣等以此爭執, 而大臣終始持難, 臣等旣有所見, 不得不仰陳. 云云."

○ 都堂錄, 李明誼·柳弼垣·呂善長·尹游·李承源·趙翼命·金尙奎·金啓煥·金始燁·權斗經·鄭壽期·鄭錫三·任珖·李顯章·吳命新·權益淳·姜必慶.

○ 配享, 賓廳會圈, 南九萬·尹趾完·崔錫鼎.

燃藜述續　卷之六

○ **壬寅五月初七日**, 沈檀·金承錫拿來囚, 鄭宇寬更推告變.

○《紀年提要》云：“宇寬, 安州人, 遊宦京師, 隣習於張世相, 又習於崔泓, 盡知朴尙儉輩陰密之跡. 至是【四月二十日】被逮, 從獄中上變【初三日】曰：‘內官崔泓·朴梓元[1]·金九俊·金夢祥·咸熙[2]春, 與尙儉同黨, 而泓爲謀首. 石烈稱養女, 入番則九重宮闕, 任意出入, 共爲凶謀. 出外則尹就商·元徽·沈益昌等謀議, 交結出入宮禁之巫女, 給銀貨數千兩, 締結石烈, 買毒藥給之. 上年十一月間, 鴆毒大妃殿, 謀害東宮, 自內發覺.

儉·烈死後, 更爲設計, 又使巫女給數千兩銀, 締結崔泓, 謀爲南人翻局, 京外合勢, 動兵廢立, 因虎龍事, 國家紛紜, 不得成事, 當未久變出. 云云.”

大臣以雜招不捧, 因臺疏更推, 宇寬再上變, 傳曰：‘訓將依例奪符.’ 始命兵判牌招, 傳授承牌後, 更命國舅廉察.

鄭宇寬再上變曰：“矣身當一發告, 而今堂上沈檀·金一鏡, 則益昌等謂之魁首, 故不敢發言【是如乎】. 上年四五月間, 世相家, 矣身及泓三人酬酢. 世相謂

---

1) 朴梓元：底本과 존경각본에는 “朴載元”으로 되어 있다.《景宗實錄 2年 5月 7日》《承政院日記 英祖 1年 3月 16日》기사에 근거하여 수정하였다. 이하 동일 사례에 대해서는 별도의 校勘記를 달지 않는다.

2) 熙：底本과 존경각본에는 “頤”로 되어 있다.《景宗實錄 2年 5月 7日》《承政院日記 英祖 1年 3月 16日·20日·22日, 4月 2日》기사에 근거하여 수정하였다. 이하 동일 사례에서는 별도의 校勘記를 달지 않는다.

泓曰：‘就商, 臺諫請罪時別判付, 汝何表表爲之?’ 泓曰：‘吾亦知就商, 而兪尙宮數次言之, 故爲之.’ 世相曰：‘兪尙宮何以知就商?’ 泓曰：‘就商廳直徐斗昌之母, 出入闕內巫女米廛房, 故與兪商宮相親, 請于尙宮, 由此爲之.’

上年十月晦間, 尙儉率矣身往益昌家. 昌謂矣身曰：‘吾輩相議事, 聞朴長番言, 必知之.’ 矣身曰‘果聞知之’. 益昌曰：‘事果如意, 令君亦爲之.’ 尙儉曰‘必使此人識面於元徽’. 益昌曰：‘元兵使, 非久出番, 君可率來.’

十一月初旬間, 矣身與尙儉, 同往沈家, 則元徽果來矣. 元曰：‘吾聞沈言, 已知曲折.’ 謂尙儉曰：‘今番入番, 必下求言備忘.’ 儉曰：‘當依爲之. 所議事, 已與尹大將相議爲之.’ 元曰：‘尹大將所用銀子, 已使巫女送于闕內, 吾家所出銀七百兩·沈檀所出銀五百兩, 送于泓處.’ 尙儉曰：‘吾家所在七百兩內二百兩, 使朴梓元給石烈. 吾輩盡力, 但恐尹大將虛疏.’ 元曰：‘尹大將兩番判付, 已知尙宮之志.’ 尙儉曰：‘藥則自尹大將所, 已傳於兪尙宮耶? 不然, 吾欲送於必貞, 傳於兪.’ 元曰‘此事勿慮’.

蓋毒藥不知買於何處, 而十二月換局後, 欲行凶, 自內發覺, 未及成事, 石烈·必貞自服而死, 崔泓說道, 故知之.

十一月晦間, 矣身與徽·儉, 會益昌家. 徽謂尙儉曰：‘尹大將所謂事, 已謂兪尙宮, 善爲之. 君輩必先周旋, 吏判則必以沈檀爲之, 金一鏡爲疏頭, 參判除授, 訓將尹就商爲之, 亞兵必以我爲之.’ 益昌曰：‘令公爲摠使可也, 何必亞兵?’ 元曰：‘吾爲亞兵, 事可着實.’

尙儉曰：‘有何好事?’ 元曰：‘當此時, 吾爲亞兵, 尹爲訓將, 將以防他變. 彼令公亦西關人, 吾亦新遞寧邊, 習知西土人心, 雖欲動兵, 亦不難, 吾必欲爲之.’ 尙儉曰：‘時勢未可知, 令公意甚好, 某條圖之.’ 徽曰：‘初六日, 果若成事, 吾欲辭朝而勿發行, 留門外.’ 沈曰：‘初六更擇, 必無違續之理, 必須待而發行.’ 元曰：‘稱病留江村, 知六日事而發行. 云云.’

四月初四日爲南人翻局事段, 矣身自尙儉變出後, 不往益昌家, 二十日始往, 言及畏約不相往來之由. 且言：‘近來老論還入之說有之, 吾屬, 豈不危?’

益昌曰：‘此則無慮. 就商爲訓將, 五商爲禁軍別將, 元徵爲平兵, 沈檀·一鏡等相議, 欲舉大事, 可無患矣.’ 又曰：‘汝見崔知事乎?’ 曰‘不見耳’.

益昌雖少論, 爲元徵所誘, 且多捧其銀, 就商以老變少, 本是南人. 且少論則不可同舉大事, 故必欲爲南人換局, 泓及益昌【是白遣】.

舉兵廢立事段, 二月旬間, 往于泓家, 泓曰：‘方有議事, 四月初四日爲吉, 故欲換給南人後, 可舉大事. 而少論則終不爲害東宮之事, 不得不招入南人後, 害大妃殿及東宮. 而府院君旣老論, 則主上及中宮殿, 亦將次第廢黜. 訓將尹就商·平兵元徵尙存, 何變之敢圖?’ 矣身曰：‘君於主上, 有舊恩, 何忍發此言?’ 泓曰：‘吾若至死境, 則何可恤他? 云云.’ 崔泓劇賊, 罪倍趙高, 何可不殺?【是乎旀】

國家紛擾, 不得成事一款, 矣身只聞於崔泓, 其間曲折, 以何說仰對乎? 至於鴆害大妃殿·謀害東宮·舉兵廢立事段, 矣身同參謀議的實【是白遣】, 檀·一鏡則益昌·徵言內, 與之同參凶謀, 而矣身元不見其面目【是白置】.”【此亦《紀年提要》】

○ 初八日, 罪人尹就商·朴梓元·崔泓·金夢祥·金九準·沈益昌·咸熙春, 拿來囚.

○ 李正植拿來囚.

○ 鞫廳大臣以下請對入侍時, 判義禁沈檀, 同義禁金一鏡, 勿爲待命, 牌招參鞫事, 及罪人尹就商·崔泓·金夢祥·朴梓元·金九準·咸熙春·沈益昌, 并放送事, 榻前下敎.

○ 沈檀·金一鏡牌不進.

○ 請對時, 領相趙泰耉所啓：“今此罪人宇寬, 敢爲死中求生之計, 乃請上變, 臣則知其所告之必爲虛妄, 只是延拖獄事, 欲延晷刻之命. 且以獄體言之, 不捧罪人雜招, 實是舊規, 故不許發告. 而臺官卽爲陳疏, 聖批又許推問, 故臣等不得已奉行, 始令發告, 則先提判義禁沈檀·同義禁金一鏡兩人名字, 以爲渠輩之魁首, 而以宇寬之凶悖, 猶不敢謂之識面, 則世間豈有推爲魁首, 而其黨不相識面者乎?

此一款已是虛脫落空, 其所爲供, 莫非荒亂, 更無可問. 而其中謀害四殿之說, 極爲驚心痛骨, 不可不急急究覈. 故卽拿諸人, 各捧招辭, 則所引宦官五人等, 亦以不識宇寬爲供. 至於元徽·尹就商兩人, 亦是宇寬招中緊引者, 而元徽則已死, 無可憑問, 就商則宇寬自謂不相識面. 其所[3]發告, 無非不識面之人, 則世間豈有如許同黨, 亦豈有如許告變乎?

所謂數[4]千兩銀子, 入送石烈云云之說, 宇寬稱以'自外備給[5]者元徽, 而其間傳送者尙儉, 在內受用者石烈'云, 而此三人皆死, 階梯已絶, 則其假托已故之人, 欲爲陷人之計, 明若觀火, 誠極痛惋.

臣等又觀供辭中所可絶痛者, 自上所下判付, 謂之崔泓所爲, 且今番處分·大小除拜, 一諉之於渠輩之所周旋, 其所主意, 一如世相之矯誣·喜賊之詩語. 渠雖凶頑, 犯於惡逆, 方在死境, 顧安敢爲如此絶悖之說乎? 其所誣上不道之罪, 萬萬絶痛.

且渠言'上年十一月晦間謀議之際, 至有金一鏡爲疏頭爲吏參'之說. 金一鏡之爲疏頭封章, 在於十二月初六日, 則未封章之前, 萬無以此酬酢之理, 而急於搆陷一鏡, 追後粧撰, 自不覺其事之先後·言之差錯, 事事絶痛, 言言無據.

死囚之欲逐獄官, 雖非異事, 而以生不識面之沈檀·金一鏡, 謂之魁首云者, 據此一款, 可以打破其奸情. 節節誣罔, 一如向時賊望除去獄官免死之計, 其

---

3) 所 : 底本과 존경각본에는 "他"로 되어 있다.《景宗實錄 2年 5月 8日》《承政院日記 景宗 2年 5月 8日》 기사에 근거하여 수정하였다.

4) 數 : 底本과 존경각본에는 없다.《景宗實錄 2年 5月 8日》《承政院日記 景宗 2年 5月 8日》 기사에 근거하여 보충하였다.

5) 給 : 底本에는 "及"으로 되어 있다. 존경각본에 근거하여 수정하였다.

所誣上不道惡逆之罪, 不可不嚴懲, 本罪中, 添入問目, 嚴鞫得情.

所告各人等爰辭, 明白可據, 鑿鑿有證, 不可一向滯囚, 并分揀放送, 何如? 兩禁堂旣被白地誣罔, 方待罪於金吾門外. 不可不開釋勉出, 使之因參鞫坐, 何如? 卽今李正植, 亦已拿來, 莫重鞫獄, 一時爲急, 而因兩禁堂之不齊[6], 勢不得開坐, 敢此仰稟." 上曰"唯".

右相崔錫恒所啓 : "死囚之獄中告變, 前古所無之事. 臣等於宇寬上變之事, 終始持難, 爲慮舊法之輕廢, 後弊之難防也. 因臺疏之批, 問其所告者何事, 則果不出所料矣.

蓋宇寬, 張世相之腹心私人, 及其被囚之後, 必欲甘心沮敗獄事, 爲世相報復之計, 內援不干之宦侍, 外誣倚重之宿將. 及至更推時, 猝擧金吾兩堂之名以爲魁首, 必欲逐去而後已, 此實白望之餘謀也.

蓋判義禁沈檀, 持論公平, 而至於拷訊重囚之際, 意在嚴治, 頗加考察 ; 同義禁金一鏡, 人品峭直, 務在嚴峻. 故獄中諸囚, 含怨次骨, 按獄之初, 已有齮齕之心, 屢發於供辭, 終未得售其計.

今此宇寬, 乘機闖發, 疑亂獄情, 此不但死中求生之計而已, 其包藏禍心·壞敗鞫獄之狀, 明若觀火. 且其更推所供中, 始以不忍聞之語, 及於不敢言之地, 又以翻換局面爲辭. 至於前冬處分之事, 謂渠輩之所周旋, 其誣上不道之罪, 已不勝其誅. 況且末端'中外合勢動兵'等語, 驚心痛骨, 有不忍聞, 而首尾橫決, 破綻百出. 推案才已入啓, 陰凶情節, 伏想畢露於淵鑑之下矣.

臣等亦非不知奸情敗露, 有難成獄, 而只爲事係重大, 獄體所關, 不得不啓請推問. 而獄情源委, 大略如此, 今無更問之端, 被囚諸人, 似當一併放送. 宇寬誣上不道·陷人惡逆之罪, 不可不懲. 更推問目之中, 添入罪名, 嚴刑得情, 依法處斷, 斷不容已.

至於金吾兩堂之誣枉, 如右所陳, 今若以此爲嫌, 終不行公, 則非但適足以

中其逐去之計. 按獄之臣, 爲死囚所構陷, 又從以遞其任, 則將至於國不爲國. 而此後雖有逆獄, 更無設鞫按治之路, 其流之弊可勝言哉? 禁府堂上<u>沈檀</u>·<u>金一鏡</u>, 特加開釋, 俾卽出仕, 恐不可已." 上曰"依爲之".

○[7] 持平<u>金弘錫</u>所啓請前監司<u>洪禹傳</u>削版事, 上曰"依啓". 又所啓: "賜死罪人<u>頤命</u>·<u>昌集</u>, 并命收孥籍産, 依法擧行." 上曰"依啓." 請<u>池烈</u>[8]亟命收孥籍産事, 上曰"依啓". 又所啓請<u>烈伊</u>族屬, 一并汰出以杜禍根事, 上曰"依啓".

○[9] 獻納<u>尹會</u>所啓<u>洪哲人</u>·<u>玄德明</u>事, 上曰"勿煩". 又所啓忠淸監司<u>李世瑾</u>拿問定罪事, 上曰"依啓".

○ 初九日, 罪人<u>李宇恒</u>拿來囚. 傳曰: "罪人賜死之後, 無孥籍之法, 到今爲之, 終涉過當. 昨日筵中, 累次啓辭中, 未及覺察矣. 旣已身沒, 傳旨還收."

○ 政院啓曰: "兩凶罪狀, 固宜正法, 則末減賜死, 未免失刑, 中外齊憤. 臺臣爭執, 收孥之典, 幸蒙允許, 輿情稍以爲快, 王章庶可得伸矣. 不料今日, 忽有此還收之敎, 臣等聚首驚愕, 繼之以訝惑也. 固知聖上此擧, 寔出於寬貸之意, 而三尺至嚴, 公議難遏.

且伏念國朝以來, 賜死罪人之收孥籍産, 非止一再, 先朝亦有已行之典, 決不可旣命旋寢. 臣等忝在近密, 不勝慨惋之忱, 敢效古人繳還之義. 云云." 傳曰"勿煩".

---

7) ○ : 底本에는 없다. 존경각본에 근거하여 보충하였다.

8) 烈 : 底本과 존경각본에는 이 아래 "伊"가 더 있다. 《承政院日記 景宗 2年 5月 8日》 기사에 근거하여 수정하였다.

9) ○ : 底本에는 없다. 존경각본에 근거하여 보충하였다.

○ 政院啓：“館學儒生柳縬[10]等上疏, 有還出給之命, 不勝訝惑之至. 所言雖或不挽[11]於聖心, 太學多士之疏, 未嘗有無批答還給之例, 今此下敎, 殊非聖朝待士之道. 原疏卽命還入, 明賜批旨, 恐合事宜.” 傳曰“原疏還入”. 仍賜答批曰：“處分已定, 不復煩論.”

○ 初十日, 玉堂箚略：“噫! 朝家之待館學, 事體自別. 蓋士論, 國家之元氣；館學, 士論之根柢, 故自祖宗朝以來, 凡所以培養扶植者, 其意甚盛. 設有過中之擧·不槪之言, 優容寬假, 未嘗輕加摧折者, 誠以士氣沮喪, 則讜議壅遏, 讜論壅遏, 則將至於國不爲國故也.

是以先大王, 每於館學疏章之入也, 輒卽賜批, 未或經宿, 而言可用, 則深加獎詡；言不可用, 則委曲開釋, 曾未有厭薄泛忽底意, 此豈非今日殿下之所當法者乎? 況此多士之疏, 亶出於沐浴請討之大義, 則其心忠矣, 其言正矣, 卽經睿覽, 快賜批旨, 以盡待士之禮, 事體當然. 云云.”【以國忌, 留政院, 十六日, 答曰：“所論切至, 當加意焉.”】

○ 鄭宇寬刑一次, 李澐刑二次.

○ 十一日, 問郞具命奎有頉, 代柳萬重.

○ 罪人一業, 刑一次, 金昌道·鄭宇寬, 刑二次.

○ 府啓【金弘錫】：“頃日請對時, 以賜死罪人頤命·昌集收孥籍産事陳請, 幸

---

10) 縬：底本과 존경각본에는 “鎤”으로 되어 있다.《景宗實錄 2年 5月 5日》《承政院日記 景宗 2年 5月 10日》기사에 근거하여 수정하였다. 이하 동일 사례에 대해서는 별도의 校勘記를 달지 않는다.

11) 挽：底本에는 “挋”로 되어 있고, 존경각본에는 “挻”로 되어 있다.《承政院日記 景宗 2年 5月 10日》기사에 근거하여 수정하였다.

而蒙允矣. 日昨還收之命, 遽下於千萬意外, 臣聚首驚惑, 莫測其由. 二凶簒逆之罪, 旣是天地之所不容·神人之所共憤, 推戴之跡·廢黜之謀, 狼藉賊招, 彰露無餘, 論其罪犯, 雖莽·卓·懿·溫, 無以加矣, 而罪止賜死, 失刑莫大.

到今少洩輿憤, 惟在亟擧孥籍之典, 而纔下兪音, 旋卽反汗, 處分之顚倒, 刑政之壞紊, 已不可言, 而自此亂賊之徒, 益無所懲畏, 其所關係, 豈不重且大哉? 請寢頤命·昌集孥籍還收之命.

鞫廳罪人尙建, 乃伏法罪人麟重所援, 而挾其妖術, 交通逆黨, 盜踏義人印信, 僞成別將帖文, 以爲聚得銀錢之計者, 出於諸賊之招, 不啻狼藉, 只此一事, 便是同謀共事之明驗.

鶴孫, 則以逆望之奴, 爲其腹心, 往來於孝敬橋 柳姓喪人家, 圖議行藥之事, 其妹河伯, 旣已明白納招, 而累次刑訊, 頑忍不服, 情狀絶痛.

唯此兩賊所犯, 俱係緊重, 而輕先酌處於未究竟之前, 揆諸獄體, 斷無是理. 請尙建·鶴孫, 幷令鞫廳更爲拿鞫, 期於得情正法.

尙州牧使趙正萬, 本以狡猾之姿, 諂附賊集之門, 深言密議, 無不與知. 頃當改紀之初, 自京還官屬耳, 而旋卽星火疾馳, 三日入都, 隱伏於集賊之家, 聚首深室, 謀議綢繆, 如鬼如蜮, 情跡叵測. 人言喧藉, 莫不疑惑, 而獨漏於十六人竄逐之啓, 輿情憤惋, 久而愈激. 若其前後莅官, 貪饕掊克, 特其薄物細故耳, 請正萬極邊遠竄.

安山郡守李瑋, 性本傾巧, 薄有文藝, 締結啓迪, 許以死黨 ; 諂附集賊, 爲其狎客, 深言密謀, 無不與知 ; 悖疏凶箚, 多所代搆. 夤緣發身, 由縣陞郡, 善類切齒, 固已久矣. 當此更化之日, 不可置之簪紳之列, 請李瑋削去仕版.

寶城郡守李基命, 以頤賊之賤孼, 全抛公務, 唯以饋遺竄逐諸凶爲事, 東西奔走, 情跡綢繆, 左右馱送, 官庫枵然. 且境內士類之曾參於請討獨對之疏及卽今討逆之疏會者, 故據他事, 搆成罪目, 囚繫滿獄, 若逢亂離. 請基命削去仕版." 答曰 :"勿煩."

○ 徐允興拿來囚.

○ 李正植, 刑一次第二十度承服.

○ 十二日, 柳厚章拿來囚, 李正植結案取招, 徐允興放送.

○ “李正植, 年三十三. 矣身與德修爲七寸親, 金昌道爲査頓, 張世相則素所親切, 凡干情節, 無不通融【是白在果】. 矣身於上年十二月間, 與金昌道偕來世相家, 世相曰：‘李昭訓飮毒藥, 方欲命絶, 此女死, 則豈不好乎?’

其後昭訓喪出, 世相謂矣身及昌道曰：‘此藥加得, 則又有用處. 必有一千兩銀子, 然後方可用之, 而二百兩不足, 此數須得於趙洽所以來【亦是白去乙】.’ 矣身果爲往見趙洽, 得來百兩, 傳給世相【爲白遣】, 昌道則追後覓一百兩, 給於德修【是如】. 昌道言於矣身【是白如乎】, 所謂用藥處, 卽指上躬也. 大抵逆黨輩, 常以聖上爲有病患, 而及聞病患乃是虛傳, 惻於盡死, 爲此行藥凶計【是白乎旀】.

當初趙洽之父爾重爲平安兵使時, 與世相·龍澤·天紀等締結, 圖行陰計, 托買屯田, 銀了八千兩, 自營中收合, 仍爲上送于凶黨, 大小凶計, 無不排布【是白乎旀】. 世相常謂矣身曰：‘今則聽政事差失, 自內圖得備忘記一張, 則當依前判付擧行, 而今已路絶, 奈何奈何?【是白遣】’.

宮城扈衛事段, 出自壯洞領相家, 而領相忌李森勇力, 出爲忠淸兵使, 而柳就章則扈衛之際, 便於任使, 大臣分付訓將李弘述以爲中軍. 槪弘述則與昌集志同意合, 故爲此擧措【是白乎旀】.

蓋此獄情, 張世相爲魁首, 鄭宇寬爲腹心, 締結宮人, 陰凶情節無不同議. 而矣身爲機括, 故自知其罪, 已分必死, 拿命之下, 欲爲自盡, 而王命不敢拒逆, 謹此就囚, 嚴訊之下, 一一遲晚. 云云.”

○ 當日軍器寺前路, 行刑凌遲.

○ 問郞金尙奎改, 代鄭必寧.

○ 全羅監司權重經狀啓, 寶城郡守李基命以逆賊頤命之親族, 不思自處, 偃然在官, 敢投公狀於界上, 其爲放恣莫此爲甚, 爲先罷黜事.

○ 府前啓【掌令愼惟益·李景說·持平金弘錫】:"臣等於頤命·昌集收孥籍産之命還收事, 誠不勝訝惑, 而繼之以悶鬱也. 二凶簒逆之罪, 實天地所不容, 神人之所共憤, 推戴之跡·廢黜之謀, 狼藉於前後賊招, 雖莽·卓·懿·溫, 無以加矣. 論其罪犯, 賜死可謂失刑, 孥籍在所不疑, 而旣允還收, 實未曉聖意之所在也. 況今正植結案之招, '宮城扈衛', '圖得備忘', '出李森爲忠兵, 以柳就章爲代之'謀, 果皆出於昌集之排置, 則昌集之窮凶情節, 到此而益彰露無餘. 如是而猶加曲寬貸, 不施孥籍之典, 則處分之顚倒·輿情之憤鬱, 已不可言, 而祖宗之法因此而遂壞, 亂賊之徒益無所懲畏, 其所關係豈不重且大哉? 請亟寢頤命·昌集收孥籍産還收之命."

○ 尙建·鶴孫·趙正萬·李瑋·李基命事.

○ 新啓:"水原·洪原牧場本屬南陽牧官, 初無設官之事, 別置牧官以後, 爲弊特甚. 且監牧官鄭治, 受集賊指使, 割場內水草地太半, 爲集賊作畓, 渠亦同利, 督役嚴急, 鞭扑狼藉, 屯民·牧子, 皆不堪命. 諂附權凶, 虐民規利之罪, 不可不嚴懲, 請鄭治拿問定罪." 答曰:"不允. 末端事, 依啓."

○ 趙松拿來囚.

○ 十三日, 李弘述·沈榗·柳厚章刑一次, 鄭宇寬刑三次, 金昌道刑二次第三度承服, 結案取招. 一業刑二次, 鄭宇寬刑四次, 柳厚章刑二次, 李瀗刑三次,墨世刑四次, 氣窒停刑.

○ 問郎呂善長, 代李廣道.

○ "金昌道, 年四十一. 矣身與世相合謀, 毒殺昭訓, 方欲更試他處, 覓得銀子事段, 正植旣已詳細直招, 矣身更無可達之辭【是白遣】. 大抵行藥事, 德修與鄭宇寬, 一心交結, 德修爲用藥事, 欲得銀子, 故矣身果爲覓得於趙洽處, 已給德修, 而若其用處陰密之逕及藥之出處, 則問于宇寬·德修, 則可以詳知【是白遣】.

矣身爲得銀子, 進往趙洽家, 則洽曰:‘他人若皆出之, 則雖千餘兩, 吾當出之, 而又有慨然者. 吾父統帥及平兵時, 多出銀貨千餘兩, 以圖大事而無功. 卽今龍澤·天紀輩, 亦有所爲, 每每徵索, 吾何處辦出耶?

尹慤家素富, 且方爲摠戎使, 何難出力? 若以訓將·摠戎12), 使器之·天紀·龍澤·義人輩出銀樣, 以作書以示, 吾亦當出. 云云.’故矣身往義人家, 與其兄弟語次, 以洽之所言言之, 則義人兄弟曰:‘數日前, 見天紀, 天紀曰:「吾見器之, 器之以爲已得銀子三百兩於尹摠戎使, 尹慤亦在出銀中矣..」翌日又往趙洽家, 以義人家所聞尹慤出銀事言之, 則洽曰:‘尹旣給器之, 則其銀必有去處【是如爲白遣】.’

一日, 正植送人言:‘徐書房方來, 必須卽來. 云云【是白去乙】.’矣身果進去, 則正植以爲:‘徐書房來言「聽政事雖13)不成, 備忘又必將下」云, 豈不好哉? 此辭緣已達于左相, 汝亦白于領相.’矣身問于德修, 則德修笑曰:‘不實之言, 吾豈發之?’矣身曰:‘然則吾當以此白于領相.’仍直往壯洞, 則領相方在藥房, 故不能等待. 歸路, 歷宇寬家, 傳說此事, 宇寬笑曰:‘吾於德修家, 已先聞

---

12) 戎 : 底本과 존경각본에는 없다.《景宗實錄 2年 5月 13日》기사에 근거하여 보충하였다.
13) 雖 : 底本과 존경각본에는 "須"로 되어 있다.《景宗實錄 2年 5月 13日》기사에 근거하여 수정히였다.

知, 豈不好哉?'

夕更進領相家曰 : '問[14]德修之言, 將有如此如此之事, 此後須勿復爲不緊庭請之擧, 直爲擧行如是. 云云.' 領相曰 : '雖爲庭請, 猶以吾爲逆, 況直爲奉行乎?' 矣身歸, 以此意傳于正植, 正植曰 : '此之謂不緊, 左相則以此言爲可, 而汝家大臣, 何爲此言?' 其日更進領相家, 以正植之言白之, 則領相曰 : '左相之意旣如此, 則當相議擧行. 云云.'

數日後又爲進去, 則領相曰 : '汝輩云備忘將下矣, 尙今不下, 是何故也?' 矣身答曰 : '德修言「備忘記當速下」云, 故有所仰達矣, 至今不下, 未知其故【是如爲白遣】.' 一日, 往壯洞, 見領相, 則領相曰 : '昨日李器之來言, 汝與李正植 · 趙松 · 鄭宇寬等作黨, 有所爲之事云, 是何言耶?' 矣身答曰 : '吾輩則不然, 而李進士則與睦虎龍 · 白哥有謀議之事, 故人言狼藉矣.'

如是酬酢, 仍往李器之家, 以所聞於領相者問之, 器之笑曰 : '吾於此等事, 非生手, 豈不知之耶?' 相與問答之際, 仍曰 : '沈子八言輕, 凡事皆洩於睦虎龍, 將來恐有告變之擧. 云云.'【是如爲白遣】

器之往見領相曰 : '時事甚危, 待備忘之下, 扈衛宮城則好矣.' 領相曰 : '此事則好矣.' 器之曰 : '訓將處, 吾當知云云, 而中軍李森有將略, 必不與同事, 故甚忌之.'

庭請終日, 領相與蓮洞 李相 · 駱洞 趙相及左相, 相議於闕中, 言于兵判李晚成, 出爲忠淸兵使. 其日四更頭, 罷庭請, 四大臣會于備邊司相議, 以柳就章爲中軍事分付于訓將處, 以爲扈衛宮城之計. 其意則非矣身所可一一詳知, 而略聞徐德修 · 李器之言, 則扈衛宮城之事, 槪於擧行之際, 使少論不敢入, 且欲拒塞疏章之意. 云云【是白乎旀】.

一日, 正植與矣身, 往趙洽家, 正植責矣身曰 : '汝家大臣事, 汝勿言之. 聽政時事, 胡爲三日庭請, 而使大事竟不成? 若少論得時, 則汝家大臣先死. 左相則

---

14) 聞 : 底本에는 "問"으로 되어 있다. 존경각본 및 《景宗實錄 2年 5月 13日》 기사에 근거하여 수정하였다.

曰「領相若先唱, 則必直爲擧行」, 而汝家大臣太儱侗, 爲庭請之擧【是如是白遣】.'

蓋鄭宇寬·李正植·趙松·金民澤·金省行·徐德修等互相締結, 綢繆謀議, 而正植·宇寬·金龍澤則聚銀圖事, 其來久矣. 德修·省行, 自上年爲同黨之狀, 矣身上年與正植連姻後, 漸次聞知, 而矣身亦不免同參其中, 謀逆的實遲晚云."

○ 金昌道, 當日軍器寺前路, 行刑凌遲.

○ 十四日, 徐德修刑一次第六度承服. 趙松刑一次, 金一觀拿來囚.

○ "徐德修, 年二十九. 昭訓有害於矣身家, 故上年五月分, 矣身與張世相, 相議毒殺之事. 六月間, 矣身以銀子三百兩, 使正植入送于世相處, 使之圖得毒藥, 則以二百金買得於白望所買15)之處譯官, 名不知, 張姓人家, 使東宮廚房內人李氏和飲食用之【是如爲白乎矣】. 譯官及內人, 只聞世相之言, 故矣身不能詳知【是白乎旀】.

毒殺昭訓之後, 正植來傳世相之言曰 : '事成如計, 果好矣. 其藥有效, 將試他處, 而有銀子千兩, 然後可以用之, 必須圖得. 云云.' 故矣身果往趙洽家, 以此意言及, 仍覓銀子, 洽出給二百兩【是白遣】.

且聞沈尙吉, 銀子一百兩·大好紙十五卷·扇子三十柄在於金民澤家, 仍往民澤家, 議行藥之事, 言及尙吉所送銀子·紙地·扇子, 爲先取用之意. 民澤曰 : '然則君前後所送者, 幾何? 卽今所存者, 幾許?' 矣身以前次所送三百兩之數言之. 民澤曰 : '尙吉所送之物, 吾亦有用處, 而君之事如此, 先爲持去【是如爲白去乙】.' 矣身卽使奴子轉送世相家, 而矣身往金省行家, 仍言及此事, 則省

---

15) 買 : 底本과 존경각본에는 "賣"로 되어 있다. 《景宗實錄 2年 5月 14日》 기사에 근거하여 수정하였다.

行答曰：'爲如此事而發覺, 則奈何? 須善爲之. 云云【是白去乙】.'

仍往世相家, 謂世相曰：'此亦足用耶?' 世相曰：'此外亦有他物, 庶可用之矣.' 矣身曰：'必須操心愼密爲之, 可也.' 世相曰：'吾已年老, 經事且多, 豈不善爲之乎? 前用之藥, 尙有餘存, 可以推移用之矣.'

矣身與昌道·正植等同坐語曰：'聽政事不成, 老論將敗, 備忘卽下, 則好矣.' 而此則矣身戚聯宮掖, 故內間事自然聞知之【是白遣】, 且以此言言及于鄭宇寬【爲白乎旀】.

宮城扈衛事段, 昌道來言：'器之·昌集等以爲「備忘若下, 則卽爲扈衛宮城, 使內外嚴截, 且令拒塞疏章紛紜之患【是如】. 云云.」' 此蓋矣身以備忘記事, 言于昌道輩, 以此言傳于昌集·器之輩, 有此扈衛之計【是白置】.

矣身與諸賊輩謀逆的實, 遲晩. 云云."

○ 徐德修, 當日軍器寺前路行刑.

○ 鞫廳大臣以下請對入侍. 承服罪人徐德修, 只誅其身；收孥籍産之典, 特爲分揀；其父, 減死定配事, 定奪.

○ 問郞趙遠命改, 代尹游.

○ 請對時, 兩司合啓【掌令李景說·正言李眞淳】："健命【啓語見四月十七日.】脅迫君父【以下改措語,[16] 奏文中'痿'字與宮城扈衛事, 添入.】, 其爲情狀已極切痛.

而今此建儲, 以兄與弟, 可見聖心之至公, 國有長君, 實協[17]神人之顒[18]望,

---

16) 以下改措語：底本과 존경각본에는 원문에 포함되어 있다. 문맥을 고려하여 세주(細註)로 옮겨 번역하였다.
17) 協：존경각본에는 "叶"으로 되어 있다.
18) 顒：존경각본에는 "喁"으로 되어 있다.

則名旣正矣, 言亦順矣, 奏請之際, 據理陳懇, 期於準請, 誠爲正大光明. 而必以桓溫廢帝奕之‘瘝’字, 肆然加之於聖躬, 又以‘賸屬’等語, 白地粧撰, 厚誣君父, 筆之於奏文, 申之於問答, 其罔上不道之罪, 固已難貸.

　況急手主張之賊, 近出於子侄; 掌書推戴之計, 不越乎同堂. 而且與凶集[19] 同心合謀, 至設宮城扈衛之計, 換差都監中軍之狀, 狼藉於伏法諸賊之招, ‘直爲擧行’等語, 有浮於凶集, 論以王法, 萬戮猶輕. 請亟命亟正邦刑.” 答曰“勿煩”.

　又所啓：“泰采【啓語見四月十七日.】反逆之狀【下改措語,[20] 添入宮城扈衛事.】, 昭不可掩. 今以承款昌道之招觀之, 就章之換差都監中軍, 全出宮城扈衛之計. 而乃於庭請始罷之夜, 與三凶定計, 分付弘述之狀, 若是狼藉, 弘述亦以此直招, 則窮凶情節, 殆與三凶無間, 獨安得一日容息於覆載之間乎? 請泰采按律處斷.” 上曰“勿煩”.

　○ 一鏡曰：“柳就章, 都監中軍, 有何大事, 合辭分付乎? 同參謀逆, 推此可知.” 又曰：“蓋此逆賊, 巨魁則將相合勢, 黨與則韋布幷力, 銀貨出於諸閭, 毒藥買於異國. 內則閹豎‧宮妾, 周旋於肘腋; 外則閭井惡少, 締權交凶, 苟非皇天陰騭‧祖宗默佑, 殿下安得保有今日, 臣下何由獲近威顔? 前冬一疏, 蓋欲立民彝‧揭王法, 逆輩媢嫉, 宇寬一循逆望舊套. 云云.”

　○ 掌令李景說所啓頤命‧昌集收孥籍産事, 上曰“勿煩”. 又所啓, 尙建‧鶴孫事‧趙正萬事‧李瑋等‧李基明事, 并上曰“依啓”.

　又所啓：“治逆之道, 自有其律, 收孥籍産, 固是應行之典, 不可有所低昂者也. 今此德修旣已承款, 其窮凶情節, 有不可形言者, 雖施孥戮之刑, 猶不足以

---

19) 凶集：底本과 존경각본에는 “集凶”으로 되어 있다. 문맥에 따라서 수정하였다.

20) 下改措語：底本과 존경각본에는 원문에 포함되어 있다. 문맥을 고려하여 세주(細註)로 옮겨 번역하였다.

洩神人之憤. 而不意其父貸死之請, 遽出於按法之際, 至有允許之命. 臣固知聖意之有在, 而第念隨坐之典, 三尺至嚴, 苟或以一時之權道, 有所輕重, 王法莫伸, 後弊難防. 請亟寢德修父連坐減等之命, 依律擧行.” 上曰“勿煩”.

○ 正言李眞淳所啓發論臺官·隨參諸人事, 上曰“勿煩”. 又所啓朴致遠等事·玄德明事, 幷依啓. 又所啓：“請亟寢罪人德修父遠配之命, 依律擧行.” 上曰“勿煩”. 前啓同成均·大司成事停啓, 洪哲人事, 鞫廳拿鞫間姑停.

○ 十五日, 鄭宇寬刑五次施威次, 承服. 趙松刑二次, 柳厚章刑三[21]次, 李弘述刑二次.

○ 洪錫輔拿來囚.

○ “鄭宇寬, 年四十七. 同[22]黨之人, 旣已就囚, 矣身已知被拿則必死, 故欲爲死中求生之計, 以此議于徐德修. 德修曰：‘汝若被囚, 則不可空死, 寧爲告變以爲圖生之計【是如爲白去乙】.’ 矣身曰：‘雖欲告變, 無可告之資, 奈何?’ 德修曰：‘某條托故, 捉入訓將, 則庶可生事.’ 矣身答曰：‘憑托某故, 可以捉入, 豈不善爲之乎?’

及至矣身被囚之後, 果以可欺以方之意, 誣罔發告, 歷擧禁府堂上者, 蓋爲假托驅逐, 以爲緩獄之計, 非有他意, 判義禁是首堂上, 金叅判是知名之宰相故也.

至於所告內官等, 俱是知名內官, 故果爲誣引【是如遣】, 至於‘判付’·‘除拜’等說, 意在陷害內官, 做此誣上不道之說【是如遣】.

---

21) 三：底本과 존경각본 모두 “二”로 되어 있으나, 문맥으로 보아 “三”이 되어야 한다고 보아 수정하였다.

22) 同：이 앞에 底本에는 “矣身”이, 존경각본에는 “矣”자가 더 있으나, 《景宗實錄 2年 5月 15日》 기사에 근거하여 삭제하였다.

矣身旣已直招, 諸賊謀凶情節, 亦何敢隱諱乎? 矣身自鄕上來, 寄托於<u>世相</u>家, 而<u>德修</u>·<u>正植</u>·<u>昌道</u>等, 與<u>世相</u>相親往來, 故矣身亦與相親【是白如乎】. 一日, <u>德修</u>·<u>昌道</u>在<u>正植</u>家招矣身, 矣身進去, <u>正植</u>曰 : '吾輩之事, 不可欺此令公.' 仍曰 : '時事如此, 主上甚難. 此主上若在, 老論將盡死.'

仍於<u>正植</u>櫃中出一封物, 使矣身傳給張知事【是白去乙】. 矣身問其何物, 則云是藥物, 而重重以紙裏封. 矣身以手捫之, 則卽是丸藥, 而其大如大豆, 數可數十餘.

矣身持入闕中<u>世相</u>入直處, 待其無人, 傳給, 則<u>世相</u>受之, 問'何人送之?'云【是白去乙】, 以<u>正植</u>輩所送言之, 則<u>世相</u>目攝, 使之回去. 一日, <u>世相</u>謂矣身曰 : '今番聽政之事, 老論不爲奉行, 此天與不取. 將來老論, 必無遺種, 若圖得備忘一張, 卽爲宮城扈衛, 則好矣. 幸以此事言及於<u>德修</u>.'

其後矣身逢着<u>德修</u>輩於<u>正植</u>家, 則<u>德修</u>輩以爲 : '扈衛事, 領相及訓將相議定計, 已出中軍<u>李森</u>爲<u>忠淸</u>兵使, 以<u>柳就章</u>代之【是如是白乎所】.' 矣身所達, 實無一毫欺隱之事【是白遣】, 所不知之事, 亦不敢假飾仰對. 矣身誣上不道, 陷人惡逆, 與賊同謀, 參謀逆的實."

當日軍器寺前路, 行刑凌遲.

○ <u>李弘述</u>·<u>趙松</u>刑三次, <u>柳厚章</u>刑四次, <u>金民澤</u>·<u>金一觀</u>刑一次.

○ 府前啓【持平<u>金弘錫</u>】 : "<u>頤</u>·<u>集</u>兩賊云云,【措語同前.】爭執愈久, 天聽愈邈, 實未曉聖意之攸在也. 二凶, 俱以大臣, 盤據深固, 滿朝受其籠絡, 擧國仰其頤指, 而一爲推戴之魁, 一主廢黜之謀, 則國家存亡, 殆在呼吸之間, 而凶圖未售, 逆情先23)著者, 適有天幸耳.

言念及此, 孰不骨驚心寒, 欲臠其肉? 而殿下曲加寬貸, 不施孥戮之典者,

---

23) 先 : 底本과 존경각본에는 "未"로 되어 있다. 《承政院日記 景宗 2年 5月 17日》 기사에 근거하여 수정하였다.

抑獨何哉? 以爲非逆乎, 則窮凶情節, 已彰露無餘矣；既名爲逆, 則安有生不能肆諸市朝, 死又闕收孥籍産, 而指以爲討逆乎? 請亟寢還收之命·德修父事."

○ 新啓："司直鄭澔, 性類蛇蝎, 情同鬼蜮, 平生伎倆, 唯在毒正戕[24]賢, 善類之切齒, 輿情之憤鬱, 固已久矣. 頃者, 改紀之初, 投進一疏, 語意凶悖, 情狀憯毒, 憑藉宸獄, 欲售網打之計, 正與相琦之矯誣慈旨, 同一機關. 而其以登對諸臣之直請正法, 爲一罪案, 此尤萬萬常情之外.

伊時春宮下令·慈聖諺敎, 誠有所不忍聞者, 凶閹之罪, 固不容一刻偃息, 則直請正法, 道理當然. 而設鞫嚴問, 究覈情節, 自是按獄之常法, 故旋又請鞫, 卒至輸情伏法, 則此豈有毫髮可指擬者? 而乃反如得奇貨, 極意操切, 其心所在, 固已巧慘.

而至於四凶之栫棘·志述之伏法, 皆以無君犯上之罪, 則渠亦有耳, 豈不聞知? 而乃敢曰'因何事端, 有甚罪惡?', 至敢顯斥以'載籍之所未聞', 繼而曰'臣亦先朝舊物, 黜陟·榮辱, 義無獨殊'. 其意以殿下爲無端斥逐舊臣, 譏嘲怨懟之辭, 略無顧忌. 渠若有北面殿下之心, 何敢乃爾?

蓋其心腸與四凶相連, 言議與志述相關, 故其或貶或誅, 慍憾之意, 勃鬱于中, 自不覺無倫絶悖之言, 觸口而發, 其慢君黨逆之罪, 在所必討, 而王章不加, 尙今偃息, 國言喧藉, 公議愈激. 請鄭澔姑先極邊遠竄." 答曰："末端事, 依啓."

○ 十六日, 禁府趙正萬 碧潼縣定配啓, 鄭澔 理山郡極邊遠竄啓.

○ 趙松刑四次, 金一觀刑二次, 金省行刑一次, 趙洽解枷. 李弘述刑四次,

---

24) 戕 : 底本과 존경각본에는 "藏"으로 되어 있다.《承政院日記 景宗 2年 5月 15日》기사에 근거하여 수정하였다.

趙松刑五次, 金一觀刑三次, 金民澤·金省行刑二次, 李宇恒刑一次. 金一觀刑
四次施威次, 承服, 李弘述刑五次, 趙松刑六[25]次, 李宇恒刑二次.

○ 洪錫輔移送本府.

○ 朴泰俊拿來囚.

○ 十七日, 趙松刑七次, 李澧刑四次, 李尙馦刑二次, 沈搢二次[26], 金民澤·
金省行刑三次, 金一觀結案取招.

○ "金一觀, 年三十九. 矣身與金昌道對門居生, 李正植·鄭宇寬逢着於昌
道家而相親【是白乎矣】. 正植被謫時屬托事段, 宇寬主之, 矣身不得參涉【是白
遣】. 矣身密受天紀指嗾, 圖爲換局之陰謀【是白置】, 此與鄭宇寬所爲事, 條件各
異【是白遣】. 矣身於上年六七月間, 往器之家, 則器之與人閉戶密語【是白去乙】,
矣身聽則器之曰:'君爲一國領相之孫, 與德修·昌道·正植輩相結, 作何事而
此輩多從中偸竊而食之, 人言藉甚?【是如爲白去乙】'
矣身探知, 則此是金省行. 故其後與昌道語及此事, 則昌道初不明言【是白如
乎】. 矣身追後聞之, 言于昌道, 則昌道又傳于省行. 省行大驚, 來到昌道家, 邀
矣身相見, 謂矣身曰:'吾與器之, 黨類稍異, 以汝所聞, 不可輕泄之於器之【是
如爲白乎旀】.' 昌道常對矣身言:'他日論功時, 宇寬爲宣川府使, 吾當爲僉使.
云云.'
矣身因與省行·昌道·正植·宇寬等親切, 而器之·天紀, 本來相親, 故諸賊
所爲之事, 無不與知, 但其節次深處, 賊輩每以矣身爲虛踈【是如】, 不爲快言【是

---

25) 六:底本에는 "三"으로 되어 있다. 藏書閣 소장 《斷爛》(k2 - 39, 이하 《斷爛》은 이에 의거하
　　　였다.) 같은 날 기사에 의거하여 수정하였다.
26) 二次:底本에는 없다. 《斷爛》에 근기히어 보충하였다.

白乎乃】. 矣身與諸賊謀議之事, 旣已稔聞, 而不卽發告, 則知情不告的實, 遲晚
的只罪." 不待時斬啓, 當日堂古介行刑.

○ 府新啓【金弘錫】: "嚚賊, 以逆魁頥命之子, 爲三手凶謀之主, 畢竟歸宿,
在於推戴其父, 窮凶情節, 固已狼藉於諸賊之招. 而其陰嗾弘述, 謀殺虎龍,
欲掩其圖害國舅之事, 渠亦直招, 則只此一款, 便爲承服. 且以昌道結案之招
觀之, '非生手'之說, 顯有自當之意, 扈衛宮城之計, 又與集賊相議, 則其逆節・
凶謀, 至此而尤盡彰露. 不可以其經斃, 不論其逆節, 請依喜賊例, 亟擧收孥籍
産之典.

前參議趙尙絅, 本以嗜利無恥之徒, 諂附[27]賊集, 贪緣憑藉, 濫驟華顯, 鄙陋
之事, 不可毛擧. 而至於向年《璿源錄》修改時, 其父都正職名, 僞書以同敦, 人
言喧藉, 不可掩諱. 乃又懇乞政官, 要得首擬其父於同敦, 以僞爲眞.

銓長亦駁其所爲, 面加呵責, 其黨與之在言地者, 至有欲爲擧劾者, 則其用
意黯黮, 見棄公議, 此其一端. 而一自改紀之後, 托以下鄕, 潛伏其家, 晝隱夜
出, 蹤跡陰秘, 人皆致疑, 莫測其所爲.

頃當望賊亂招, 兩相待罪之際, 自謂此機難失, 奔走於老病大臣之家, 百端
慫慂, 勸其上箚, 如申鉎之爲, 而一日之內, 七次復往. 雖事不果諧, 而若其設
計危險, 正與奸鉎一轍.

及夫趙洽被拿之後, 洽之家屬, 自知其罪, 恐有籍産之擧, 抱其巨萬貲貨,
乘夜投入於尙絅家, 則尙絅利其厚賂, 接置收藏, 略無顧忌. 渠若有一分人心,
則何忍流涎於凶逆財産, 藏亡匿奸, 若是無嚴乎? 如此陰凶縱恣之類, 不可留
置於輦轂之下, 請趙尙絅遠竄.

近年以來, 奸凶蠹國, 國儲耗渴, 中外蕩然, 府藏財貨, 半歸商譯之手, 有出無
入, 徒擁虛簿, 事之寒心, 莫此爲甚矣. 年前頥命之使北也, 請得六萬銀貨以行,

---

27) 附：底本과 존경각본에는 "付"로 되어 있다. 《承政院日記 景宗 2年 5月 17日》 기사에
　　 근거하여 수정하였다.

使事需用, 決不至此, 其時筵臣, 陳達其過多, 不恤人言, 卒至寢去. 及其使還, 頤命及僚价之疏, 有若不用而封還28)者然, 以禦'將欲何用?'之人言, 而今已三年, 無一金納官之擧.

臣招問該吏, 得其實狀, 則皆以商譯輩名, 分排懸錄. 雖諉以二朞後計利還納之新規, 而旣曰'不用還納', 則此非渠輩所可私相運用之物. 六萬銀貨, 何等重大, 而付諸此輩之手, 一任其出入, 不卽徵納, 事極可痛. 請其時商譯之分受者, 接簿査出, 囚禁府嚴覈, 卽令各衙門刻期督納.

諮議之職, 卽是參下淸選, 苟非學行兼備, 超出流輩者, 莫宜其職. 諮議蔡之洪, 本以鄕谷庸瑣之徒, 名稱未聞, 人地素輕, 諂附於盜名之相門【權尙夏】, 夤緣29)薦拔, 位廁宮僚, 人之嗤點, 久而未已. 請諮議蔡之洪汰去.

谷城, 本以文武之窠, 曾無蔭官差送之規. 時任縣監徐行遠, 卽李翔之私人, 爲翔伸卞陳疏, 出力建祠者也. 翔之侄子晚成秉權之日, 爲翔效力者, 無不吹噓, 有若償勞報功者然, 行遠卽其一也.

夫以行遠之卑微·癡騃, 得廁衣冠之列, 至差監造官出六, 而悶其年限已過, 不得除邑, 乃以本縣爲三年窠之故, 破格差送, 其時物議譁然, 而人莫敢言. 到任以後, 無一善狀, 貪饕不法之狀, 難以毛擧, 逮至近日, 專以饋遺竄逐之諸凶爲事, 輂輸絡繹, 吏民無以支堪. 如此之人, 不可一日置之字牧之列, 請谷城縣監徐行遠削去仕版.

內禁將李復淵, 本以凶集之私人, 行己鄙悖, 堂下極望, 越品通擬, 人心疑惑, 公議拂鬱. 曾經蔚珍, 專事貪饕, 剝割浦民, 徵斂無藝, 官備三馬, 饋送絡繹. 昨年嶺東饑荒, 挽近所無, 朝家所給災結, 不分民間, 稱以補賑, 嚴督收稅, 盡歸私槖, 終無去處. 潛斫黃腸,30) 尙多餘板, 吏房張倚天及唱奴望伊, 看檢發賣,

---

28) 還 : 底本과 존경각본에는 "進"으로 되어 있다.《承政院日記 景宗 2年 5月 17日》《景宗實錄 2年 5月 17日》 기사에 근거하여 수정하였다.

29) 緣 : 底本에는 "僚"로 되어 있다. 존경각본 및《承政院日記 景宗 2年 5月 17日》《景宗實錄 2年 5月 17日》 기사에 근거하여 수정하였다.

30) 腸 : 底本과 존경각본에는 "場"으로 되어 있다.《承政院日記 景宗 2年 5月 17日》《景宗實錄

積置於鄕廳庫直<u>金素</u>[31]<u>鐵</u>家. 五載居官, 闔境呼冤, 此而置之, 貪官汚吏無所懲畏. 請內禁衛將<u>李復淵</u>削去仕版." 答曰："自五件事【商譯査銀】, 至末端事, 依啓."

○ 院新啓【<u>李眞淳</u>或云<u>鄭壽期</u>.】："當此國家多事·討逆方嚴之日, 身居臺職者, 所當同聲合辭, 期於準請. 而司諫<u>李濟</u>, 元無疾病之難强·情勢之不安, 而猥陳不緊之辭疏[32], 托以未承批, 都監之坐, 時或進去, 而至於臺臣[33]請對及朝家召命, 輒皆違避. 獻納<u>尹會</u>, 雖有家內可疑之疾, 身無犯染之事, 而再巡入對之際, 屢請不來. 日昨召命之下, 無端違逋, 全昧討逆之義, 顯有規避之跡. 請司諫<u>李濟</u>·獻納<u>尹會</u>幷命遞差.

一自向來權凶之秉國, 私人·狎客, 列據雄閫, 邪逕潛開, 賂遺委輸, 以至諸營銀貨·錢布, 一倂蕩竭. 姑以<u>平安</u>一處言之, 丙申·丁酉年間, 重記所付之銀, 不下六·七萬兩, 而近來枵然一空, 去處不明, 人言狼藉.

臣於日昨參鞫坐, 見<u>趙洽</u>·<u>正植</u>面質文案, 則<u>任堥</u>爲耆老所堂上時, 以銀子四千兩許貸事, 行關於<u>平安兵使白時耉</u>, 如其關出給, 而耉所實無受置照管之事, 故有一堂上, 行關査問於平兵, 則以盡數還捧答之.

蓋四千銀貨, 係是不些之物, <u>平兵</u>之只憑耉所一張之關, 而容易出給者, 未知何故. 而旣貸之後, 本所之不爲照管, <u>平兵</u>之出貸未久而旋卽盡捧云者, 俱涉可疑. 而當初<u>平兵</u>許貸時, 以逆賊<u>宇寬</u>名, 懸保出給, 其爲事情, 尤爲叵測, 不可不嚴覈處之.

請令本道收聚丙·丁以後<u>平兵</u>重記, 銀貨·錢布耗縮年條及耉所貸銀, 還報

　　2年 5月 17日》 기사에 근거하여 수정하였다.

31) 素：《承政院日記 景宗 2年 5月 17日》《景宗實錄 2年 5月 17日》 기사에는 "壽"로 되어 있다.

32) 疏：底本과 존경각본에는 없다. 《承政院日記 景宗 2年 5月 17日》《景宗實錄 2年 5月 17日》 기사에 근거하여 보충하였다.

33) 臣：底本과 존경각본에는 "啓"로 되어 있다. 《承政院日記 景宗 2年 5月 17日》《景宗實錄 2年 5月 17日》 기사에 근거하여 수정하였다.

虛實, 一一鉤覈, 卽速啓聞, 以爲[34]査實科罪之地."答曰 :"第四件·五件事, 【幷新啓】依啓."

○ 趙松刑八次, 金民澤·金省行刑四次. 李弘述·柳厚章物故.

○ 館學儒生金東顯等疏曰 :"云云. 仍竊伏念, 人臣之罪惡, 無過於謀弑 ; 刑法之大者, 莫過於治逆. 而逆節之敗露昭著, 莫今日若也, 然而按治正法之擧, 終未免有乖於王法. 夫弑君簒國之賊, 人得而誅之, 臣等, 何敢不爲一言以救正也?

嗚呼! 自有載籍以來, 簒逆之變, 固多有之, 而曷嘗有身在三事而合謀弑逆, 如今日之四凶者耶? 曷嘗有奉使異域, 訏揚君父所無之病狀, 恣行胸臆, 又有如今日之四凶者耶? 曷嘗有屛黜爲國效力之將臣, 而陰聚私人, 亦有如今日之四凶者耶? 曷嘗有千金求貿毒藥, 締結紅袖, 陰謀進毒, 亦有如今日之四凶者耶? 曷嘗有乘喪矯旨, 肆爲廢立之計, 亦有如今日之四凶者耶?

歷考前誌,[35] 擧兵犯闕者有之, 進毒以弑者有之, 陳兵廢君者有之, 而或出於執國命者, 或出於擁强兵者, 而至於一國之中, 名爲大臣者, 只是四人, 而今乃同心一力, 專事簒弑者, 上下數千載之間, 只有此四凶而已. 然則宗社之危亡, 如一髮引千鈞, 倘非祖宗在天之靈, 默佑於上 ; 殿下赫然之威斷, 痛斥群凶, 則宗國之得有今日, 何可望也?

噫! 皇天悔禍, 國家有傾否回泰之勢, 罪人斯得, 當按法行誅之時. 而最可悶者, 聖明執德不固, 不能牢守典章, 輒撓於大臣之說, 而累變其三尺之典, 使莫大之凶逆, 尙逭於應施之律.

夫刑法不行, 則國體不尊, 而奸凶無所懲畏, 此危亡之道也. 伏願殿下, 益礪

---

34) 以爲 : 底本과 존경각본에는 없다.《承政院日記 景宗 2年 5月 17日》《景宗實錄 2年 5月 17日》기사에 근거하여 보충하였다.

35) 誌 : 底本과 존경각본에는 "志"로 되어 있다.《承政院日記 景宗 2年 5月 17日》기사에 근거하여 수정하였다.

乾斷, 已死之頤·集, 則亟施磔屍·收孥之典, 其未伏法者健·采兩凶, 亦命次第
處斬, 以洩神人之憤, 以嚴祖宗之法. 云云."

○ 十八日, 答曰："多士之疏, 終涉過當. 此後, 勿爲煩瀆."

○ 李宇恒刑三次, 金省行刑五次.

○ 趙松物故.

○ 府新啓【掌令愼惟益36)·持平金弘錫】："臣等伏見凶賊德修結案, 則上年六月
間, 以銀子三百兩, 使正植入送于世相處, 使之圖得毒藥, 則以二百金買得於
白望所買37)之處譯官, 名不知, 張姓人家云, 而至於張漢名字, 終未得實.
噫! 其藥有效, 將施他處之說, 已發於正植·世相酬酢之間, 則其語意之凶
悖, 誠有不忍聞者. 所謂張姓譯官名字, 不可不窮搜極覓, 毒藥出處, 明白查出,
然後可以永絶來頭之禍根. 請數年來燕行譯官中, 以張爲姓者, 亟令該院摘發
現告, 或懸賞購捕, 移送鞫廳, 嚴覈得情." 答曰"依啓".【《南泉記》云："該曹考出,
則十年前張姓譯, 往北京, 今年有張姓入去, 而其間無之, 以此往告, 則領相以置之爲答云."】

○ 十九日, 金民澤刑六次, 金省行刑七次, 李宇恒刑五次. 金民澤刑七次,
金省行刑八次. 金民澤刑八次, 金省行刑九次, 第二度氣窒, 停刑.

○ 禁府啓請金時發·文德麟,38) 爲先嚴刑得情, 後稟, 依允.

---

36) 愼惟益：《承政院日記 景宗 2年 5月 18日》기사에는 "李景說"로 되어 있다.

37) 買：底本과 존경각본에는 "賣"로 되어 있다.《承政院日記 景宗 2年 5月 18日》기사에
근거하여 수정하였다.

38) 麟：底本과 존경각본에는 모두 "獜"으로 되어 있다.《景宗實錄 2年 4月 14日, 5月 5日》
《承政院日記 景宗 2年 4月 13日, 5月 5日》기사에 근거하여 수정하였다. 이하 동일 사례에

○ 說書李匡輔疏略：“臣雖鹵莽空疏, 未有識解, 而蓋於屢陪講筵之際, 竊有以仰覷我貳極, 姿稟英明, 行義純深, 而重以勤講好問, 日有將就. 其於古帝王修己之學, 已見大意[39], 則殿下之所期待·臣民之所企望, 不但在於誦說章句·問難文義而止耳.

第惟近日數三宮僚, 文辭·才望, 俱非如臣之比, 見解之精詳, 辨[40]論之明暢, 誠不易得. 而然而如欲責之以啓發諭導之任, 使我貳極典學務實之功, 大有益進, 則必招延山林養德之士, 置諸勸講之列, 使之朝夕輔翼焉.

國家之置[41]贊善·進善·諮議之職, 旣非偶然, 而當此貳極勤學之日, 或久虛未差, 或新遞作窠, 俱無見帶之人, 甚是欠事. 伏願聖明, 卽令銓曹博採[42]旁搜, 必得才學宜堪玆選之人, 備位列置, 俾展所[43]學, 以資睿德之成就. 云云.” 答曰 ：“勿辭, 從速察職.”

○ 二十日, 前司諫李濟疏略：“噫! 亂賊之變, 何代無之? 而其謀計之陰秘·情節之凶巧, 未有若今日諸賊. 如非天地同扶·鬼神默佑, 則宗社·臣民, 安得有今日乎? 臣嘗一再參鞫, 取觀文案, 則所謂三手凶計, 莫或不以宦妾爲逕, 世相·池烈等交通謀議之狀, 或狼藉於結案, 或迭出於賊招. 噫嘻! 痛矣! 雖斬作萬段, 豈足以[44]償其罪乎?

대해서는 별도의 校勘記를 달지 않는다.

39) 意：底本과 존경각본에는 모두 “義”로 되어 있다.《承政院日記 景宗 2年 5月 19日》기사에 근거하여 수정하였다.

40) 辨：底本에는 “辯”으로 되어 있고 존경각본에는 “辦”으로 되어 있다.《承政院日記 景宗 2年 5月 19日》기사에 근거하여 수정하였다.

41) 之置：底本과 존경각본에는 “置之”로 되어 있다.《承政院日記 景宗 2年 5月 19日》기사에 근거하여 수정하였다.

42) 採：底本과 존경각본에는 “采”로 되어 있다.《承政院日記 景宗 2年 5月 19日》기사에 근거하여 수정하였다.

43) 所：底本과 존경각본에는 “缺”로 처리되어 있다.《承政院日記 景宗 2年 5月 19日》기사에 근거하여 수정하였다.

44) 以：底本과 존경각본에는 “而”로 되어 있다.《承政院日記 景宗 2年 5月 19日》기사에

然推原厥由,[45] 則未必不由於宮闈不嚴之致. 殿下若於平日, 修身正家, 肅淸宮禁, 使內言不出, 外言不入, 而邪穢妖淫之類, 罔或參錯於其間, 則雖有賊望輩千百, 亦安所售其計哉? 伏聞昨日請對時, <u>池烈</u>族屬之在掖庭者, 盡許[46] 汰出, 其於備患之道, 可謂得矣.

然臣愚賤慮, 此猶末[47]耳. 讒[48]賊種子, 安知獨在於<u>池</u>族而不在於他人乎? 伏願殿下, 勿以此便謂妥帖無虞, 而益盡修齊之方, 以爲刑御之道. 雖在燕閒之時, 恒加省察之念, 大而政令·施措, 小而言動·酬酢, 無不嚴明正大, 有足以畏服人志, 則庶幾乎幽陰之竇永塞, 而禍亂之萌自絶, 而治道亦可馴致矣.

且日者兩凶之勘斷也, 始焉處斬, 中焉賜死, 又有減死之命, 其後又因旱災, 鞫獄諸囚, 或令定配, 或令放送, 時日之內, 處分不啻數三易矣. 國體之顚倒, 人心之駭惑, 姑舍勿論, 臣愚竊以爲, 殿下睿質寬仁, 聖學高明, 而燭理猶有所未明, 執德猶有所不固, 故前後處分, 有此失當. 若此不已, 則其害必至於法令無常·紀綱不立, 而亂臣賊子, 靡所懲畏, 豈不大可懼哉? 伏願殿下, 深惟前失, 硬定聖心, 無復有頻復之悔焉.

臣治疏將上之際, 伏見下政院備忘, 頤·集兩凶收孥籍産事, 昨才兪允, 今忽還收, 是何聖心之數化·王法之屢變, 一至於此極耶? 臣誠愕然失圖, 不知所以爲殿下計也.

兩凶罪狀, 已悉於前後臺啓, 今不必更爲煩縷, 而臣之所大可懼者, 逆律勘斷, 何等重大, 而或重或輕, 乍伸乍屈, 經宿之間, 變易無常, 此何擧措? 此何刑政? 刑政, 有國之大柄, 而非殿下所可得私. 臣恐自此, 人心大失, 王綱日紊,

---

근거하여 수정하였다.

45) 由 : 존경각본에는 "繇"로 되어 있다.

46) 許 : 底本과 존경각본에는 "計"로 되어 있다.《承政院日記 景宗 2年 5月 19日》기사에 근거하여 수정하였다.

47) 末 : 底本과 존경각본에는 "未"로 되어 있다.《承政院日記 景宗 2年 5月 19日》기사에 근거하여 수정하였다.

48) 讒 : 底本에는 "纔"로 되어 있다. 존경각본 및《承政院日記 景宗 2年 5月 19日》기사에 근거하여 수정하였다.

殿下之國事, 將不知稅駕之所矣, 是豈細故也?

伏願殿下, 無懷姑息之圖, 快恢乾剛之決, 亟寢頤·集等孥籍事還收之命, 依前判付, 卽速舉行. 云云." 答曰 : "籍沒一事, 予意已定, 更勿追提焉."

○ 金省行·金民澤當日物故.

○ 李尙馣·沈檝刑三次, 李瀗刑五次. 墨世刑五次第五度氣窒, 烈伊刑五次第十九度氣窒, 停刑.

○ 李宇恒遲晚取招.

○ 二十一日, 李宇恒·白烈伊物故.

○ "李宇恒, 年七十五. 上年八月間, 矣身在於平山時, 李正植往西關之路, 歷訪矣身, 語次間因曰 : '李器之以銀子二百五十兩出給趙松, 傳給于張世相處【是如】. 云云. 蓋李判府事以獨對事憂疑, 故器之出此銀貨送于張宦, 使之自內周旋彌縫【是白置】.' 器之與世相交通情節, 矣身旣已詳聞, 而不卽發告, 以此爲罪, 死固甘心【是白遣】.

李判府事問於術士事段, 頃年日中有黑子之變, 其時遇解天文者, 長湍居, 名不知, 前察訪金鎭普第二子, 問以國事, 仍問 : '天變如此, 宗社安否, 將何如? 獨對大臣吉凶, 亦何如? 云云.' 答以'國家病患甚重, 此固可慮, 而李判府則無患. 云云【是白置】.' 交通情跡, 凶言問答, 遲晚的實的只罪." 不待時斬啓.

○ 鞫廳啓 : "罪人李宇恒, 未及結案, 徑先物故, 行刑一款, 不得舉行, 而籍沒家産, 依照律施行." 傳曰"知道".

○　金克復拿來囚.

○　禁府啓李輝千杖一百流三千里, 洪原縣流三千里.

○　府新啓【李景說】 : “遠竄罪人金雲澤, 以春澤之弟·民澤之兄, 陰謀密計,
靡不同議. 其行跡之詭秘·情狀之綢繆, 前冬臺啓, 固已略擧其槪, 而罪重罰
輕, 公議猶憤. 及夫趙洽之招出, 而其奸情·慝態, 尤爲彰著. 其招有曰 : ‘方其
父[49]爾重爲乎兵時, 雲澤爲監賑御史, 雲澤以稟議事, 旋卽上京, 還謂爾重
曰 : 「國家非久, 當有大事.」 爾重問其爲何事, 則雲澤答以「非久當出, 可以知
之」, 而未久頤命獨對之事果出, 爾重謂洽曰 : 「金哥可謂怪異. 能預知此等
事. 云云..」’
　夫宮禁間大小事, 未發之前, 外朝之臣, 無預知之路, 而雲澤之先知傳說,
未久卽驗者, 果何術哉? 夤緣私逕, 隨事陰探之跡, 卽此而綻露無餘. 爾重旣身
故, 質問路絶, 雖不得直請拿鞫, 而交通宮禁, 知機先洩之罪, 決不可以已施薄
罰, 置之不論, 請雲澤極邊圍置.
　興海郡守李最英·延日縣監朴端錫, 俱以凶集之腹心, 竭其邑力, 饋送無算.
云云. 請李最英·朴端錫削去仕版.” 答曰 : “末端事, 依啓.”

○　院新啓【李眞淳】 : “徑斃罪人弘述, 前後行凶情節, 狼藉於諸賊之招, 而特
以凶獰頑忍之故, 雖不箇箇直招, 至於陰殺陸[50]玄, 追[51]改三年前他賊案而塡
書事及以四相指揮換差中軍之說, 旣已自服, 而且謀殺虎龍, 窺伺設捕之說,
亦發於捕廳書員之招, 則其慮有上變, 撲殺滅口, 易置心腹, 圖逞凶謀之跡, 固

---

49) 父 : 底本과 존경각본에는 없다. 《承政院日記 景宗 2年 5月 21日》 기사에 근거하여 보충하였
　　다.

50) 陸 : 존경각본에는 “睦”으로 되어 있다.

51) 追 : 底本과 존경각본에는 없다. 《承政院日記 景宗 2年 6月 17日》 기사에 근거하여 보충하였
　　다.

已昭然難掩.

而若其宮城陳兵之計, 專出圖行廢黜之謀, 而與集賊志同意合之說, 出於正植承款之招 ; 領相·訓將相議定計之說, 出於德修結案之辭, 則其密布陰計, 和應行逆之狀, 畢露無餘, 其不可以徑斃不施逆律也, 明矣. 請令攸司, 亟擧收孥籍産之典, 以快神人之憤." 答曰"勿煩".

○ 洪哲人拿來囚.

○ 正言鄭壽期疏槪 : "嗚呼! 皇天眷佑·祖宗陰騭, 妖孽莫逃其刑,[52] 逆豎相繼伏法, 神人之慶, 八城同歡. 噫! 亂臣賊子, 何代無之, 未有如此賊之窮凶極惡者, 合千古簒逆之陰圖, 萃一時權凶之徒黨, 三手排張, 百道經營, 天位幾乎犯矣, 國事幾乎殆矣. 思之骨寒, 言之膽掉, 醞釀之漸, 蓋非一朝一夕之故, 而所由來者, 遠矣.

益勳之兒房密啓, 師命之伺上動靜, 蓋出於希覬誅張, 情節詭譎. 而其遺毒餘孽, 滋漫浸淫, 傳法相承, 作一命脈, 小則爲春澤·重熙, 大則爲昌集·頤命. 而喜·器·龍澤諸賊, 又皆其子婿弟侄, 其初則出於患得患失之謀, 而末乃馴致於不奪不厭之科, 沿流泝源, 一串貫來.

方其陰機密運, 毒手潛施也, 輒仇視淸議, 搆害士流, 上以欺天日, 下以斁國是, 此乃所以正論讜士, 首攻益勳. 故副提學臣趙持謙·故執義臣韓泰東, 倡淸議·折奸萌, 受先朝特達之知, 爲後來士流之標. 或因權凶之變亂, 立撤祠院, 或因孽孫之誣訴, 至使名臣有抱枉之歎, 士林之盡傷·善類之隱痛, 爲如何哉?

彼師命之巧慝陰秘, 妖惡不道, 莫逃於三尺之王章, 屢形於先朝之嚴敎, 而及至頤命之輩, 勢成之後, 附麗之徒, 承望旨意, 費辭粧撰, 敢請伸復, 必行胸臆而後已, 憲綱之壞紊·輿情之憤惋, 至此而極矣. 今雖諸賊伏磝, 王法稍伸, 苟不懲前毖後, 拔本塞源, 立萬世君臣之綱, 嚴百代忠邪之辨, 則亂賊無所懼, 忠

---

52) 刑 :《承政院日記 景宗 2年 5月 22日》기사에는 "形"으로 되어 있다.

賢無所恃, 而他日世道之憂, 有未可量也.

臣謂趙持謙書院復享事, 請令該曹, 斯速稟行. 韓泰東受誣事, 鎭商今方竄
配, 雖不可加罪, 而其書批中不正等字, 卽爲收還, 以彰兩臣攀檻之風, 以奬淸
論權輿之美. 師命所復官秩, 喜賊收孥之後53), 尤不當一日因54)循, 宜卽亟命
削奪, 以懲亂賊無君之惡, 以明妖逆作俑之罪.

李翔盜竊儒名, 干證淫獄之狀, 昭在推案, 不齒人類, 此先大王所以嚴懲痛
治, 不少容貸者也. 只因其佯晚成之權力傾朝, 嗾鄕生而投章, 誘私黨而飾奏,
復官之不足, 而至請致祭, 噫嘻! 痛矣! 此輩之無忌憚, 可勝誅哉? 臣謂翔之復
官, 亦宜追奪. 云云.

先朝實錄, 何等重大? 左參贊姜鋧, 雖小55)有絲綸之能, 老耄荒廢, 史局重
例, 率多疎漏, 不可付之. 左賓客洪萬朝, 老病不能供事, 离筵勸講, 宜先簡擇,
請遞改事." 答曰 : "所陳之事, 當凝心."

○ 二十二日, 金克復原情承服, 刑一次, 結案拒逆. 洪哲人刑一次.

○ 府【李景說】金雲澤事, 以"交通宮禁, 伺上動靜, 自有當死之律, 爲先拿鞫嚴
問", 改措語.

○ 院新啓【朴弼夢】: "厚陵參奉皇甫謙, 以鄕曲卑賤之流, 多用貨賂, 附托健
命, 圖得蔭職, 無可憑藉, 僞稱端宗朝相臣皇甫仁之嫡孫. 又與世相, 作爲心腹,
留接其家, 其蹤跡之詭秘·情狀之陰兇, 人莫不致疑.

及其世相伏法之後, 恐有連累, 乘夜逃避, 而家産混入於逆相籍沒56)之中.

---

53) 後 : 底本과 존경각본에는 "典"으로 되어 있다. 《承政院日記 景宗 2年 5月 22日》 기사에
　　근거하여 수정하였다.
54) 因 : 底本과 존경각본에는 "仍"으로 되어 있다. 《承政院日記 景宗 2年 5月 22日》 기사에
　　근거하여 수정하였다.
55) 小 : 《承政院日記 景宗 2年 5月 22日》 기사에는 "少"로 되어 있다.

夫朝士與宦寺, 氣類自別, 皇甫謙若非與逆相同一心腹, 則何可甘心屬托於兇賊之家, 以爲依歸之所乎? 請皇甫謙減死, 絶島定配." 答曰"依啓".【巨濟】

○ 二十三日, 玄德明·李世重·斗京拿來囚.

○ 金克復刑二次, 拒逆, 不着名, 又三次.

○ 二十四日, 玄德明刑一次, 金克復刑四次第一度, 遲晚. 吳瑞鍾刑一次, 第六度, 承服. 玄德明刑二次, 李世重刑一次, 金克復【察訪鎭普子】結案取招, 李尙馦物故.

○ "金克復, 年三十七. 庚子五月, 矣身爲女病, 問醫上京, 要得扇柄, 往見李宇恒, 宇恒曰 : '近日之變, 君亦見之乎?' 矣身答曰 : '汨沒饑餓之人, 何知此輩事乎?' 宇恒曰 : '近日日中有黑點, 此是非常之變. 卽今, 國家病患方重, 其將應於此耶? 抑或應在於獨對大臣耶?' 矣身答曰 : '天文卽吾所不知, 而主上病患如此, 是爲可慮. 而獨對大臣, 則以人事言之, 若如唐臣李泌之對, 夫何慮之有, 而一大臣事, 何關於天象乎?'
宇恒曰 : '郞官, 亦應列宿, 況如此大臣者, 豈不上應天象耶? 吾亦粗解天文, 但未入神, 故必欲問汝, 詳知今日天象之應耳. 汝必有所知, 而畏禍, 難於發說, 不爲直言. 若獨對大臣死, 則吾亦當死, 吾死之日, 當捉汝而去. 云云.' 且曰 : '此變抑或應於換局耶?' 矣身曰 : '雖使換局, 令監歸臥楊州田舍, 如古李廣之爲, 則有何患乎?' 矣身與宇恒問答之說, 旣已直招, 亂言犯上的實, 遲晚."

---

56) 沒 : 底本에는 "逆"으로 되어 있다. 존경각본과《承政院日記 景宗 2年 5月 22日》기사에 근거하여 수정하였다.

○　當日<u>堂古介</u>行刑, 籍沒.

○　<u>李世重</u>·<u>斗京</u>放送.

○　二十五日, 大臣·三司請對入侍時, <u>金時發</u>·<u>玄德明</u>還發配事及治逆後告廟·陳賀·頒赦等事, 令該曹考例舉行事, 下敎.

○　請對時, 右相<u>崔錫恒</u>所啓:"上變人<u>睦虎龍</u>, 當初雖入於凶謀之中, 諸賊輩疑其告變, 至有捕殺之意, 則當初本心, 蓋可推知矣. 今又上變, 諸賊輩謀逆情節, 畢露無餘, 承款伏法者甚多, 使宗社得以賴安, 其功大矣. 不可無褒賞之典, 令該曹考例舉行."上曰"唯".

同禁<u>柳重茂</u>啓:"<u>白望</u>以<u>陸玄</u>事, 前已囚禁於禁府矣. 及<u>虎龍</u>告變之夕, 恐有逮及, 自獄中踰東墻而走, 爲<u>李天</u>[57]碩爲名人所執捉, 來告禁府, <u>三碩</u>旣有執捉之功, 宜有賞矣, 下詢大臣處之."右相曰:"旣有捉得之事, 則宜有論賞之道, 加資似宜矣."上曰"依".

判禁<u>沈檀</u>啓:"聖上嗣服之後, 朝家連値多事, 凡於恤民之政, 有所未遑矣. 今此逆家籍沒之財, 不可一毫他用, 而家舍則轉相借入, 無補國用. 臣意則一倂斥賣, 以其價充補圻近民役, 以示聖上隱恤之至意, 恐或得宜. 下詢大臣處之, 何如?"

右相曰:"<u>沈檀</u>所達之言, 誠是矣. 籍沒財産, 其數不多, 不可遍給於八路. 近來圻甸荐饑, 以此爲救濟之資, 似好. 而告者<u>睦虎龍</u>處, 除出田宅·財産, 優加賞格, 恐不可已矣."檀曰:"圻內之民, 如士夫仰役之奴, 身役最煩, 卽今圻內飢荒尤甚, 以此使之充補民役, 宜矣.""幷依爲之."

---

57) 天：底本과 존경각본에는 "三"으로 되어 있다.《承政院日記 景宗 2年 5月 25日》기사에
　　근거하여 수정하였다.

○ 入侍時, 右相所啓: "金濟謙邊配, 玄德明·金時泰遠配, 趙洽減死定配, 墨世島配." 幷依爲之. 尹慤島配, 一業遠配, 沈檀·李瀗酌處, 無發落.

○ 同禁金一鏡所啓: "捕廳搜納, 係是賊贓, 非戶曹所知. 軍卒輩宜有論賞之道, 虎龍亦當施賞. 云云." 右相曰: "籍沒家産·田宅, 宜送戶曹, 而今此銀貨與寶釰, 自捕廳搜納, 上變人處, 當以此銀從優賞給, 捕廳軍官·書員輩, 使大將分輕重施賞, 所謂寶釰, 則置於禁府文書樻." 依爲之.

○ 右相所啓: "石烈交代之內人, 緊出於德修招, 以其數多, 故終未査出, 諸議皆以爲疑懼, 宜加究覈. 毒殺昭訓之東宮廚房內人李姓, 考日字, 自內明査, 出付鞫廳何如?" 上曰"唯".

傳曰: "石烈交代之內人, 自內査出則無之, 東宮廚房內人李姓査出, 則李姓數多, 無査覈之路矣."

○ 府啓【李景說·金弘錫】趙尙絅遠竄事, 依啓. 又啓: "臣等於沈檀·李瀗等酌處之命, 竊不勝訝惑. 今此三千根柢, 專出於聚銀, 而銀貨出處, 多在諸闕, 撜則其佋尙吉結案之招, 以全兵銀貨·扇·簡因天紀入送宮人處云, 德修結案之招又曰'全兵銀子·紙·扇, 自民澤家推給世相處'云.

瀗則以宇恒之子, 世濟其惡. 驪州官穀所賣錢六百兩, 先給世相之說, 旣發賊囚[58]之招. 且當民澤·器之輩謀殺虎龍之時, 渠受天紀指揮, 往報弘述, 圖免其事之狀, 天紀承款之招, 亦不敢掩諱, 則瀗之與諸賊輩, 爛熳和應之跡, 據此可知. 惟此兩囚干犯, 俱係緊重, 其所自明, 都無可證之端, 只是頑忍不服而已, 則實無毫分可恕之道, 決不可輕先酌處於未取服之前. 請令鞫廳因囚嚴刑, 期於得情." 依啓.

---

58) 囚: 底本과 존경각본에는 "修"로 되어 있다.《承政院日記 景宗 2年 5月 25日》기사에 근거히여 수정하였다.

○ 獻納朴弼夢啓：“國子堂上李宜顯·黃龜河等, 罔非凶逆之心腹·血黨, 曾與賊述, 表裏和應, 祖述其餘意, 上以逼辱聖躬, 下以惑亂群心. 蓋宜顯之父世白, 當聖上在儲之日, 陰懷不利之計, 凡所以侵逼動搖者, 不止一二, 今日臣僚, 孰不痛惋?

宜顯, 世濟其惡, 目無殿下, 乃敢協謀妖賊, 獎詡凶言, 憑藉捲堂, 誣辱君父, 略無顧忌之心. 龜河, 則不學無識, 仰人唇舌, 猥陳草記, 兼附己意, 以爲迫脅君上, 還收成命之計. 請李宜顯極邊遠竄, 黃龜河遠竄.” 上曰“勿煩”.

又啓：“臣於罪人墨世·一業酌處事, 有慨然者. 以墨世罪狀論之, 睦虎龍之招曰：‘白望以爲「給銀二英, 納于宮人李氏, 圖成行藥之事.」’, 二英招[59]曰：‘白望欲見墨世, 故送婢請來, 要使相見, 使春業往來傳札. 云云.’ 而墨世於留宿傳札事及與白望相親, 探通內間消息等事, 亦已直招, 則其與白望遞結陰秘之跡, 昭不可掩, 而至於給銀行藥一款, 終始抵賴之狀, 萬萬絶痛.

以一業罪狀論之, 國恤時入去闕內, 以‘主上豈能保全於破殯前?’之說, 肆然發口於內人等處, 及其推問之際, 以爲得聞於哭廳兩宮人, 而托以不能記名云者, 亦極窮凶.

墨世·一業, 以妖惡之類, 或結凶賊, 干涉謀逆之事；或出入大內, 傳說不道之語, 而未及得情, 遽有酌處, 則此不但大有乖於王法, 此後妖惡宮屬輩, 益無懲畏, 而將來之慮, 有不可勝言. 請罪人墨世·一業, 因囚得情.”

上曰“勿煩”.

又啓：“罪人尹慤, 出銀一款, 尙不請刑者, 蓋欲待哲人拿來後, 觀其所供而處之. 今則哲人方在訊問中, 而尹慤徑先酌處, 大違獄體. 請亟寢成命, 哲人輸情間, 姑爲仍囚.” 依啓.

又啓：“洪哲人, 緊入於睦虎龍上變中, 其所干犯, 極其狼藉. 而哲人又因尹慤銀事, 鞫廳旣已請拿, 故窮覈間, 姑爲停啓矣. 今聞鞫廳, 以臺啓未蒙允, 本

罪則不爲究問云, 請以本罪一體嚴問得情." 依啓.

　前啓中, 前後發論臺官遠竄·啓參諸人削奪事, 停啓.

　○ 罪人鶴孫拿來囚.

　○ 二十六日, 玄德明物故. 陸玄 公州人. 自幼有絶藝, 及長, 旁通雜術. 自推其命, 知其必死於玄德明之手, 乃名玄而字德明, 以爲壓勝之計. 嘗爲金昌集狎客, 昌集令暗觀景廟天顔, 玄曰 : "此乃睡虎之象也, 置之則自無事, 如或小擾, 則必生大禍. 云云." 仍懼而逃歸.

　昌集慮語泄, 令訓將李弘述譏捕滅口. 玄方到芙蓉津, 追者從舟中執之曰 : "汝非陸玄乎?" 玄曰 : "汝是何人, 名云何?" 其人曰 : "我乃玄德明, 卽捕校也." 玄喟然曰 : "命不可逃也." 遂就捕見殺. 其鄕人傳之.

　○ 院啓【正言鄭壽期】 : "人臣之罪在不道, 自服就刑, 則其不可復官明矣. 師命之贔緣戚里, 締結宦寺, 潛通私逕, 圖得兵權等事, 渠已承款, 本罪之外, 只此一款, 已是人臣之極罪, 王法之同憤. 雖在甲戌改紀, 幽枉畢伸之日, 先大王筵敎至嚴, 處分不撓, 而終因其家人之巧飾上言·黨之艱辛奏讞, 竟許復官.

　今其子婿弟姪, 并伏於凶逆之誅, 如使師命尙在, 緣坐之律, 在法必施. 況今陰凶妖惡之節, 實襲於師命, 則當此天討肆行之時, 不可置而不論. 請師命所復官爵, 亟命削奪.

　李翔之付托權門, 盜竊儒名, 而干證淫行之狀, 狼藉於其時道臣推案, 三十年來,[60] 丹書宛然. 而只緣一族之强大, 鄕怪先唱, 朝壬和應, 復官不足, 至於致祭, 士林憤惋. 亟命還奪官爵.

　越在壬戌, 故副學趙持謙·故執義韓泰東, 倡先士類, 獨持名論, 論斥金益

勳, 使不得恣行胸臆. 蓋益勳雖於璽·瑛[61]之獄, 自謂其功, 而及其設策也, 令旗誘致·兒房密啓等事, 情跡詭秘, 則趙·韓兩臣, 所以嫉惡其陰譎, 排擊不捨者也.

然其益勳之用心, 初出於饕利貪功而已, 其讀張手段[62], 滋漫浸淫, 便作傳護之法, 一傳爲春澤, 再傳[63]爲民澤·龍澤輩, 殆所謂'其父殺人, 其子必且行刦'者也. 兩臣之先知獨見, 防微杜漸, 作爲四十年士論之基本者, 益著. 請兩臣受誣於金鎭商者, 特降明旨, 以示昭雪之意, 趙持謙, 撤享於俎豆者, 幷令禮官, 還配舊享之院.

己巳群奸之斁倫滅紀, 罔有紀極, 而睦來善之敢以'不恭不敬'等語, 使揚於異國, 其無國母·悖臣義之罪, 可勝誅哉? 當時減死, 已是寬典, 而三十年來, 罪籍宛然, 邦憲莫嚴.

況今聖明嗣服, 倫紀大明, 則凡在罪關先后之類, 隄防之嚴, 比諸先朝, 尤當自別. 其時之大臣之言. 不過以惟輕之典, 付之生議而已, 議政爵命, 加之於斯人, 初非大臣所當許也.

今者, 金吾之臣, 遽因其孫上言, 游辭奏讞, 敢請復官. 此防一壞, 彝常將斁, 國人之駭憤, 爲如何哉? 請亟寢睦來善復官之命, 金吾堂上從重推考."

上曰 : "末端事, 依啓."

○ 二十七日, 建儲準請與封典皇勅二度, 見《爛餘》.

○ 二十八日, 大駕迎勅, 二十七日·二十八日, 鞫坐姑停.

---

61) 瑛 : 底本에는 "英"으로 되어 있다. 존경각본 및 《景宗實錄 2年 5月 26日》《承政院日記 景宗 2年 5月 26日》 기사에 근거하여 수정하였다.

62) 段 : 底本에는 "端"으로 되어 있다. 존경각본 및 《景宗實錄 2年 5月 26日》《承政院日記 景宗 2年 5月 26日》 기사에 근거하여 수정하였다.

63) 傳 : 底本에는 "轉"으로 되어 있다. 존경각본 및 《景宗實錄 2年 5月 26日》《承政院日記 景宗 2年 5月 26日》 기사에 근거하여 수정하였다.

○ 六月初一日, 李尙建⁶⁴⁾拿來囚.

○ 初二日, 院新啓【鄭壽期】 : “罪人吳瑞鍾, 其聚銀行賂·換局面之罪, 旣已承款, 則置之死律, 在法當然. 而第圖換局面, 非鄕曲一幺麼所可生意, 多聚銀貨, 亦非卑微一羈旅所可獨辦. 其所合力經營排布, 必有節拍, 則固當一一盤問, 窮覈嚴懲, 而徑先酌處, 直欲正刑, 有乖於獄體. 請吳瑞鍾, 更令鞫廳嚴刑得情.” 答曰“勿煩”.

○ 前啓德修父緣坐減死遠配之命還收事, 停啓.

○ 持平金弘錫疏略 : “云云. 獨怪夫領相欲爲求解逆臣之罪, 至以頤命連在藥房, 爲不知其子謀逆之證. 安有子姪欲爲推戴, 而其父不知之理乎? 蓋賊臣泰采, 卽大臣之從弟, 欲減泰采之罪, 宜先緩頤·集之罪, 故求其說而不得, 遽以藥院不知之說, 率爾陳達. 進想大臣當日之心, 徒知有君父, 未暇有同堂之義矣. 時移事往, 此念漸弛, 公議·私情, 交戰于胸中, 卒至公不勝私, 轉輾至此, 惟此一私字, 爲他日許多病敗之源. 雖然, 大臣之功, 何可忘也? 臣謂將功贖罪, 退之以禮, 使得省愆於私第, 勅勵右揆, 使之盡心鞫獄, 敦勉左相, 使之報先朝而忠殿下.”

○ 初三日, 府啓【李景說】 : “臣於昨日參鞫時, 見虎龍與龍澤面質時文案, 則虎龍謂龍澤曰 : ‘大·小急手, 只六七人同事, 而廢黜之謀, 預知者多, 金鎭商·洪龍祚, 爲其外影.’ 又曰 : ‘晉州富者朴昌潤, 爲黃海水使時, 多有人言, 喜之密嗾臺諫洪龍祚, 彈劾昌潤所憎之人, 故方以四百石租, 船運上來, 此非汝之言乎? 云云.’

---

64) 建 : 底本에는 “健”으로 되어 있다. 《實錄》과 《承政院日記》에 근거하여 수정하였다. 이하 동일 사례에 대해서는 별도의 校勘記를 달지 않는다.

　　昌潤身故, 輸租一款, 雖無究問之處, 而昌潤爲黃海水使時, 與甕津縣監申混, 有[65]世所共知之嫌, 龍祚在臺官, 有彈劾申混之事, 以此推之, 虎龍所言, 實有根據.

　　所謂‘外影’云者, 論其情犯, 比之三手諸凶, 或不無內外淺深之別. 而所可痛者, 名爲人主之耳目, 實作凶黨之外援, 望風承意, 如影逐形, 右搏左噬, 惟其指使, 使凶逆之輩, 胸臆益逞, 聲勢益張, 其爲情狀, 萬萬叵測.

　　到今諸賊伏法之後, 外影和應之輩, 不可不次第嚴懲, 鎭商, 則業已[66]他犯, 投畀極邊, 而龍祚, 則所犯尤著, 不容一刻偃息於輦轂之下, 請洪龍祚極邊安置.

　　龍川府使任勗, 緊出於虎龍·洽面質之招, 有曰: ‘以銀二百兩給天紀, 求仕於頤命, 而亦不得官, 直欲擧頤命名字, 呈狀於京兆之意, 恐喝天紀, 故天紀不得已居間周旋, 終差龍川云.’ 勗之與逆輩親昵·通貨賂之狀, 可知, 請龍川府使任勗, 遠地定配.” 答曰“勿煩”.

　　○ 德修父事, 停啓.

　　○ 初四日, 禁府, 徐命伯減死, 靈巖定配, 趙尙綱 安州遠竄, 金濟謙 富寧遠竄【極邊】, 柳慶裕 茂長定配, 金時泰還發配.【此以下幷《會通》.】

　　○【虎龍, 初以爲與時泰親熟, 及對辨, 不知何人.】

　　○ 館所擧動, 王世弟替行.

₆₅₎ 有 : 底本과 존경각본에는 “爲”로 되어 있다. 《景宗實錄 2年 6月 3日》 기사에 근거하여 수정하였다.
₆₆₎ 已 : 존경각본에는 “以”로 되어 있다.

○ 吏曹啓：“睦虎龍襃賞事命下, 而在前討逆之後, 上變之人, 例入於勘勳中, 元無自本曹論賞之事, 下詢大臣.” 傳曰“允”.

○ 初六日, 傳曰：“陳奏正使李健命, 鞍具馬一匹·奴婢四口·田十五結 ; 副使尹陽來加資, 奴婢三口·田十結 ; 書狀兪拓基加資, 奴婢二口·田七結, 賜給.” 政院啓：“還寢李健命論賞之命.” 答曰“勿煩”.

○ 府啓【趙翼命】：“李健命賞功之典, 請亟寢.” 不允.

○ 初八日, 領相趙泰耈, 因金弘錫疏, 上箚告退曰：“今臣此行, 如不徑斃路中, 得以畢命丘壑, 微臣有遂初之幸, 聖朝有禮退之美.” 因納命召, 令史官傳授,【住陽花村.】答曰：“臺言過當, 安心勿辭, 卽日入來.”

○ 右相崔錫恒陳箚引咎, 伸救領相, 仍請勉出.

○ 玉堂箚【李明誼·李顯章·呂善長 尹游】救領相.

○ 修撰李世德疏略：“頃年以來, 大憝執命, 罪狀臣之亡師臣尹拯父子者, 絶悖無倫. 臣以自少請業, 情深義篤之人, 擊鼓納供, 至有島配之命, 令蒙疏[67]釋, 臣師父子, 尙有罪籍, 師生之間, 榮辱懸殊.

　嗚呼! 臣師父子被禍, 始由於時烈之齮齕, 終成於昌集輩擠陷. 而今時烈文稿, 已登睿覽, 其姸醜·眞僞, 莫逃於淵鑑之下. 昌集輩又爲時烈護法傳神, 今其罪逆至此, 則臣師父子之被其厚誣者, 宜卽疏滌. 云云.”

○ 十五日, 府新啓【李基聖】：“金昌道, 結案云云, 苟使晩成·就章無所與知

---

67) 疏：底本에는 “昭”로 되어 있다. 존경각본에 근거하여 수정하였다.

於凶賊, 則何以甘受凶賊之指揮? 亦何以受凶賊之信任? 其爛熳相議·締結和應之狀, 的然難掩, 請遠竄罪人李晩成·定配罪人柳就章, 拿鞫嚴問.

前統制使李壽民, 虱附頤·集, 濫叨閫臬. 凶賊赴謫之日, 至欲出轅門迎送, 雖因人挽止, 其心同氣胳, 節節明矣. 兩凶之在荐棘, 船運絡繹[68], 專以豢養凶賊爲事, 請李壽民遠竄.

門黜罪人李廷爐, 爲人妖惡, 處事鄙悖. 曾在嶺郵, 其父相休, 亦以郵官, 身死任所, 則稱以賻儀, 勒加收斂兩郵, 郵卒至今怨詈. 渠之祖墳在公州, 穴短地窄, 渠之諸父, 常以葬近祖墓爲戒. 廷爐徒生山慾, 牢諱葬日, 潛自偸葬, 逼近祖墓, 毁其階砌, 使其父兄皆不得臨穴, 豈有如此悖倫無識之人? 請遠竄." 答曰:"不允. 李晩成·柳就章事, 依啓."

○ 十六日, 正言朴弼夔疏, 首論黨禍, 又言:"戶判金演, 實無才局, 宜速遞改. 吏郎李德壽, 素有聽瑩, 苟置館選, 已是不可, 言議·風裁, 曾無可觀, 其何能激濁揚淸? 玉堂金啓煥, 言論無取, 鄭錫三, 意外苟參, 物情未允. 云云." 又救金弘錫, 斥尹游.【《南泉記》云:"兵判李光佐, 不叶太學士; 判韓配夏, 不叶賑堂, 禮參柳會茂三人事, 拔去. 云云."】

○ 十七日, 兩司合啓,【掌令李基聖·司諫鄭楷】改措語, 健命事云云, "換差都監中軍之事, 非但狼藉於伏法諸賊之招, 弘述亦以聽分付差出直招. 況其追恨庭請之失計, 陰圖備忘之更下, 仍謀宮城之陳兵, 必欲隔塞內外, 直行廢黜, 其所倡說排布有浮賊集. 云云."

○ 泰采事, "安於其位"下, 改以"蓋泰采, 固與三凶, 同一心腸, 而特以狡猾陰凶之狀, 外掩爛熳投合之迹, 內懷觀望成敗之計. 及至前冬, 備忘再下, 自以爲事在必成, 無復可虞, 遂乃通貫謀畫, 打成一圈. 今以諸賊承款之招, 見之,

---

68) 繹 : 존경각본에는 "續"으로 되어 있다.

云云."【與五月十四日啓, 語略同.】

○ 院啓, 宇寬子, 勇力絶倫, 先自亡命, 刻期譏捕事；洗馬尹鳳五·永昭殿
參奉金致垕得罪斯文, 汰去事, 依啓.

○ 十九日, 府啓【李巨源】："李壽民云云, 國恤之初, 托以都監所納軍木三百
同, 使其私人領送京中, 而去處不明. 噫! 凶黨之密逓行貨, 莫非交通三手, 請
拿問.
　判禁沈檀, 來善議讞, 隱然以大臣自解. 來善之得死牖下, 亦云幸耳. 檀亦是
先后臣子, 到今强爲分疏, 何其無忌憚之甚耶? 請罷職.
　正言朴弼夔疏, 以昨年處分, 專歸於局面之互換. 凶魁罪狀, 豈止顓權籠絡?
而未嘗一言, 及於'逆'之一字, 諫臣亦有所顧忌暗[69]護惜而然耶? 大義滅親, 雖
不可責之於人人, 而如有一分嚴畏, 則身居臺官, 豈敢以親嫌宜避之說, 肆然
發口於討逆方張之日乎? 請罷職." "依啓. 李廷熽事, 依啓."

○ 院啓【鄭楷】："請還收煙·煥·爀職牒還給之命. 請姑寢告廟·頒敎之擧,
以待夬施逆律, 擧行. 奏請之際, 何患無辭, 而必以桓溫之加帝奕之'痿'字, 筆
之奏咨, 申之問答, 至以'媵御'等語, 隨意敷演, 以實其誣. 聖上眞有是疾, 在臣
子之道, 固不當宣說於外人. 況以無爲有, 恣意做成, 捏誣吾君, 暴揚異國. 請
回還副使尹陽來·書狀兪拓基極邊圍置."
　答曰："不允. 末端兩件事, 依啓." 尹陽來 甲山, 兪拓基 東萊圍籬安置.

○ 二十日, 李壽民拿來囚.

○ 二十一日, 院啓【鄭楷】："三陟府使李相成罷職, 翼陵參奉尹在重遠配."

---

69) 暗：존경각본에는 없다.

“勿煩”.

○ 權益寬疏, 四凶事, 洪龍祚·金鎭商等, 外影諸人, 發問虎龍, 快正知情之律. 洪啓迪嚴鞫處斷,【趙松招, 啓迪以偸銀爲絶痛當殺.】洪錫輔徑送本府之非. 金一觀招內, 頣賊與逆述稱兵犯闕, 期日已定, 而適値改紀, 事終不諧70)云者, 不可以日月差錯, 棄而不錄, 分付鞫廳, 添錄一觀結案之下, 頒示四方. 趙聖復明正典刑, 德修父事, 不當停啓, 任敞·朴奎瑞罪浮賊述, 末端救金演·姜鋧.

○ 二十二日, 忠淸·全羅兩道儒生金壽龜等疏, 請尹拯父子命復爵謚事, 令廟堂稟處.

○ 左參贊姜鋧·兵判李光佐·戶判金演疏. 答曰“臺言過當”.

○ 院啓【具命奎】李相成, 添入潛結蔘商·黃腸作板事, 請削版. “司直兪集一, 本以鄙夫, 濫躋上卿, 曾差燕价, 黷貨無厭. 頃當國慼, 日晩入班, 壺觴隨後. 新忝耆堂, 稱以轎子造備, 錢文五十貫, 公然勒取於規例之外, 請削版.
典籍尹東衡, 以儒賢尹拯之從孫, 出入門下, 恩兼敎育, 而頃71)當曬史之行, 反承權奸指意, 載去宋時烈之文集. 蓋其文集, 醜誣儒賢父子, 在渠之道, 所當力辭, 雖被罪譴, 亦所不顧, 恬然載去, 不以爲恥, 傷恩悖義, 莫甚於此. 請削版.
【後改罷職.】
人臣遭誣抱枉, 莫甚於壬辰科獄. 蓋此獄肯綮, 專在李賓興, 請令該府拿問, 嚴刑得情. 頃者, 訓將尹就商之就拿蒙放也, 托以押來軍官有意相厄, 欲加罪責, 屢發慍言, 兩廳大將, 承望其意, 捕校兩人, 一時汰去. 旣因王命, 所重有在,

---

70) 諧 : 底本에는 “偕”로 되어 있다. 存經閣本 및 《承政院日記 景宗 3年 2月 24日》 기사에 근거하여 수정하였다.
71) 頃 : 底本에는 “經”으로 되어 있다. 存經閣本에 근거하여 수정하였다.

假令有督迫之事, 不宜萌怨咎之心, 反加憤怒, 請尹就商重推, 兩捕將推考."
　答曰：“吳瑞鍾事·梗等事·李相成·尹在重及末端事, 依啓."尹在重【漆原定配.】

○ 二十三72)日,【具命奎】啓李宜顯·黃龜河等·兪集一·尹東衡事, 依啓.【李宜顯 雲山遠竄, 都事鄭錫範押去.】

○ 北兵使狀啓, 會寧府使柳貞章自刎死事.

○ 玉堂【李明誼·柳弼垣·權益淳·金始煥】箚請亟允臺啓, 夬施頤·集孥籍之典, 亦許健·采正法之請.

○ 二十四日, 修撰李顯章疏：“噫! 身爲推戴, 頤命也；潛圖密旨, 昌集也；異域毀君, 健命也；首唱聯箚, 泰采也. 至於陳兵圍宮, 圖行廢黜, 則四凶固一心矣. 前古代理, 皆出於年高倦勤·疾病難强之後, 寧有卽位元年, 無端代理之事乎? 彼聖復乃欲帝奕我聖上, 孺嬰我春宮, 以成莾·溫簒奪之計, 斯實郗超·賈充之流. 伏願亟命有司, 拿致聖復, 夬正王法. 行藥一段, 實爲深慮, 明飭有司, 期於盡殲."

○ 三司請對時, 府【李濟】啓器之孥籍事, 依啓；任敞事, 依啓. 新啓：“門黜罪人李喜朝, 挾辯慧之小智, 文以章句薄藝, 人或目之以儒者, 渠亦自稱以高蹈, 凡於戕賢毒正, 無不陰主. 至箚上〈瑣錄〉, 傳神護法, 伎倆畢露, 上以欺先王之明, 下以爲賊球之倡, 卒之士禍滔天, 善類屛跡, 幾乎國不爲國, 言之痛心.
　昨年庭籲旋撤, 天位將圮之際, 官居臺閣之長, 終無一言, 與頤·集, 情志密通, 聲勢潛連, 此實斯文之亂賊, 國家之妖人. 請極邊遠竄." 答曰"勿煩".【任敞,

____

72) 三：底本에는 “四”로 되어 있다. 존경각본에 근거하여 수정하였다.

利城遠配.】

○ 院啓【鄭楷】弘述挐籍事, 依啓 ; 李賓興拿鞫事, 依啓.

○ 二十五日, 李晚成拿來囚.【禁都申成集, 六日半往來.】

○ 請對【三司】時, 府【李巨源】啓沈檀事, 依啓 ; 洪龍祚事, 依啓.【洪龍祚 穩城安置.】

○ 院【李眞淳】啓墨世·一業事·師命事, 依啓, 趙持謙·韓泰東事, 上曰"令該曹稟處."

○ 二十六日, 三司請對時, 臺諫陳啓, 未及下批之際, 玉音低微, 發落之音, 未能詳聞. 玉堂呂善長啓以"每事淵默"爲言, 上曰："近來玉堂, 違拒君父之命, 至謂之'淵默', 極其駭然. 承旨, 何不請推? '淵默太73)過'等說, 何敢發口? 如此之習, 今始初聞【史官, 初以'我'爲'啞'字書之.】幷罷職." 又曰："罷職薄罰, 不足以懲其罪, 幷拿推. 李明誼則勿爲之, 四人【呂善長·柳弼垣·金始煥·李顯章.】幷拿推."

持平李巨源曰："今日玉堂諸臣, 以爲君父嚴討逆之義, 合辭力爭, 雖或語不擇發, 不過忠悃所激. 殿下不惟不允, 遽加聲色, 摧折太過, 實乖大聖人虛受樂聞之美. 請亟寢玉堂拿推之命." 上曰："李巨源無狀, 費辭營救, 姑先遞差."

執義李濟·掌令李景說等曰："臣旣與巨源, 同爲陳達, 請同被罪罰." 上曰："入侍臺臣, 一幷74)遞差." 上辭氣振勵曰："以我爲啞乎?" 玉音如鍾, 一

---

73) 太：底本과 存敬閣本 모두 "大"로 되어 있다.《景宗實錄 2年 6月 26日》기사에 근거하여 수정하였다.

74) 幷：存敬閣本에는 "倂"으로 되어 있다.

殿震撼殷動, 群臣戰慄而退. 都承旨南就明進, 欲有所達, 上曰"退出覆逆, 可也."

○ 政院啓請亟收玉堂拿推·兩司【院鄭楷·李眞淳·李匡輔】特遞之命, 依啓.

○ 禁府啓李器之子, 在扶餘, 發遣都事處絞事, 不允.

○ 二十八日, 柳就章拿來囚.

○ 二十九日, 院新啓 : "御寶僞造罪人權盡性見捕後, 道臣·守令, 怵其威勢, 莫敢訊問, 數易査官, 迎[75]送·供饋, 有同別星, 任其逃躱, 偃臥其家. 請其時監司·守令, 現告罷職, 分付本道, 刻期捕捉, 依律處斷." 答曰"依".【罷職現告, 監司權憬·丹陽郡守洪禹翰.】

○ 三十日, 右相·三司請對時, 崔錫恒所啓, 今番錄勳, 依中宗朝盧永孫例, 只睦虎龍封君事, 定奪.【盧永孫所告, 卽李顆也. 顆 全義人, 參判昌臣之子也 官大司成. 燕山末謫, 草檄將起兵. 永孫誣告後伸, 無后.】

○ 壬寅七月日, 府啓【李匡輔】 : "前承旨李挺周, 諂事權凶, 灣府料理, 盡歸私橐, 西人皆稱以銀府尹. 頃當器之輩逆節未露之時, 暮夜往來, 蹤跡陰秘, 而獨漏於十六人遠配之日, 請極邊遠竄. 務安縣監宋宅相, 決科不正, 諂媚凶黨, 請削版. 謝恩副使金致龍, 人望素輕, 臨事憒憒, 請改正." 答曰 : "宋宅相事, 依啓."

---

75) 迎 : 底本과 存敬閣本에는 "延"으로 되어 있다.《景宗實錄 2年 6月 29日》《承政院日記 景宗 2年 6月 29日》 기사에 근거하여 수정하였다.

○ 初四日, 館學儒生黃昱等疏陳萬餘言：“請雪古儒尹拯父子之寃, 復官賜諡. 文集之已毀者, 改刊；‘先正’之有禁者, 還收. 向來凶逆輩, 投章毒正之罪, 幷嚴治.” 答曰“令廟堂稟處.”

○ 初五日, 鎭川進士李始振等疏, 故領相崔錫鼎, 學行·文章, 蔚爲後學所尊尙, 仰陳建祠宣額之請事, 答曰：“令該曹稟處. 府啓金致龍事, 依啓.”

○ 大臣·備堂引見時, 吏判李肇所啓, 尹東源·朴弼傅·閔允昌, 學問行實, 諮議擬望事, 依爲之.

○ 司直申慶濟疏：“今此逆變, 居具瞻之位, 受非常之寄者, 憂憤驚痛, 宜倍他人. 而當急書上聞之日, 乃曰‘事在旣往, 且非目前之急’. 噫! 陰凶之跡, 緩急安知? 惡逆之罪, 前後何論? 而大臣之治獄第一義, 乃如是伈伈也?

自是以往, 一節緩於一節, 遠邇聽聞, 莫不駭歎. 最可痛恨者, 頤·集之爲逆魁, 路人所知, 無一可恕可疑. 而乃於臺章準請之日, 汲汲求對, 或曰‘先朝舊臣’, 或曰‘三百年所無, 不可法外殺人’, 甚至‘在藥院不知’等語, 有若訟冤者然. 拿鞫之論, 始若爲執法之意, 參酌之請, 終歸於曲爲之地, 是誠何心?

雖然, 彼以巨魁大憝, 爲同堂兄弟者, 愛欲其生, 固其分也, 托病不參, 亦其宜也. 獨惜夫終始參鞫之大臣, 凶逆之情, 靡不目見, 失刑二賊, 宜請追施, 未死兩凶, 亟正顯戮, 而前後奏對之際, 終無一言及於孥籍·正法之請.

殿下在儲時, 時烈以不滿之意, 倡之於前；春澤以動搖之計, 和之於後. 今玆龍·民·喜·器, 卽春澤之友黨；頤·集·健·采, 卽時烈之徒黨, 臣謂時烈之追奪, 春澤之孥籍, 斷不可已.” 領·右相竝陳箚, 傳曰：“疏辭極其痛惋, 削黜.”
【承旨權以鎭, 以宋之外孫, 陳疏辨誣, 九月二十二日　批下】

○ 初六日, 院啓【具命奎】：“廣州府尹尹游, 資歷旣淺, 物情未允, 請改正.”

“勿煩”.

○ 十二日, 府啓【尹大英】頤·集事·李健命事·李喜朝事, 不允. 李挺周事·張譯事, 依啓.【“刻日譏捕76).” 云云.】李瀗刑六次, 吳瑞鍾二次, 洪哲人·沈揖四次, 李尙建二次, 鶴孫六次, 一業三次, 墨世六次氣窒.

○ 十三日, 府啓【李普昱】：“金一觀, 以‘逆賊弘述, 以十一月初九日, 習陣罷後, 擧兵犯闕定計, 而遽因換局, 只隔三日而不成’云. 其時問郞詰之, 以‘換局在十二月, 而十一月之說, 何其虛罔?’云, 則一觀以謂：‘精神昏迷, 誤擧日月. 而弘述庶弟弘邁之子, 乙丑生之人, 卽其同情, 知情者至於三人, 拿問則可知.’云. 請弘邁之子及知情二人拿鞫.”“勿煩”.

○ 院啓, 趙持謙等事·尹游事, 停啓.

○ 沈揖刑五次, 李瀗七次, 吳瑞鍾·李尙建三次, 洪哲人五次, 墨世七次.

○ 一業 義州極邊定配, 鶴孫還配.

○ 李挺周 明川極邊竄.【此啓依允, 日子當考.】

○ 問郞柳萬重代趙遠命, 鄭泌寧代權益淳.

○ 十四日, 洪哲人物故. 沈揖 刑六次, 吳瑞鍾·李尙建 四次.

○ 十六日, 箕伯查啓：“牙兵四千兩, 耆老所差人徐元興處出給, 辛丑十二

---

76) 捕：底本에는 이 뒤에 “捕”자가 더 있다. 손경각본에 근기하여 삭제하였다.

月畢捧. 而時兵使尹五商所送別件文書中, 慈城銀二千兩, 柳星樞【黃兵】不見時耉請貸[77]文書, 轉貸于寬, 誠極虛浪. 白時耉【平兵】之只憑宇寬私自借貸之說, 即爲備給, 俱極可疑. 并拿問稟處事.” 傳曰 :“白時耉·柳星樞拿囚.”

○ 十七日, 副學李明彦疏 :“追報私親, 天理·人情所不容已. 嬪字之上, 特加一大字, 仍本貫, 稱以某府大嬪, 別立祠宇於皇華坊本第, 享祀依仁嬪例擧行. 伏願下臣此疏, 速令禮官, 議大臣, 克定大禮焉.

閔鎭遠, 即先后同氣, 殿下之渭陽也. 府夫人暮境相離, 思子爲勞, 特使放還, 母子團聚, 省愓田廬, 豈非盛德事乎?

朴世采箚中銀貨之說, 起於己巳, 逮至甲戌, 春澤輩又襲此套, 流波漸闊, 及至今日, 爛漫懷襄. 伏願峻內外之坊, 謹出入之禁.”

○ 十八日, 府啓【持平李匡輔】 :“吳瑞鍾姑爲停刑, 柳慶裕即爲拿鞫, 質覈得情.” 依啓. “全羅監司權重經, 罪人許璧置之稟秩, 請罷職不敍.” 依啓.

○ 政院啓【南就明】 :“典籍李三齡等上疏到院, 以辛巳獄事爲言, 措辭比許璧尤甚, 此疏勿[78]捧爲宜.” 依啓.

○ 李三齡·鄭翶·崔鎏·李佳[79]運等疏略 :“嗚呼! 辛巳之事, 尙忍言哉? 變出暗昧, 事在宮闈. 自古巫蠱之獄, 皆出於奸臣之構成, 江充木人之變·申生狐裘之難, 昭載靑史. 自殿下誕育之初, 一種凶逆之輩, 陰懷不滿, 欲甘心於殿下,

---

77) 貸 : 底本은 “貨”이다. 존경각본 및 《承政院日記 景宗 2年 7月 15日》 기사에 근거하여 수정하였다.

78) 勿 : 底本에는 없고, 존경각본에는 “勿” 대신 “亦”자가 있다. 《景宗實錄 2年 7月 18日》 기사에 근거하여 보충하였다. 이 부분의 실록 원문 기사는 다음과 같다. “三齡疏, 比許璧尤甚無嚴. 專出嘗試之計, 不識干犯先朝之罪, 極爲痛愧. 璧疏旣令勿捧, 則此亦勿捧, 宜矣.”

79) 佳 : 《英祖實錄 1年 3月 26日》 《承政院日記 英祖 1年 3月 26日》 기사에는 “嘉”로 되어 있다.

故百端媒蘖, 必欲嫁禍先嬪, 其爲構誣, 十手所指也. 臣等以爲亟伸辛獄之枉,
以洗先嬪之冤, 然後殿下之孝思無憾, 而已斁之倫, 尙可振矣."

○ 十九日, 白·柳捧供, 禁府請刑, 啓：“白時耆放還, 柳星樞除刑推議處,
政院覆逆, 請仍囚明覈議處." 依啓.

○ 領相入城.

○ 沈檀刑七次, 李尙建五次, 李瀗八次, 捧招. 墨世八次, 氣窒, 柳就章一次.

○ 二十一日, 同禁金始煥, 問郞金濰代尹淳.

○ 李尙建刑六次, 柳就章二次, 沈檀八次, 墨世九次, 氣窒, 柳就章三次,
承服.

○ 二十二日, 金時鼎拿來囚, 李尙建七次·八次·九次, 沈檀九次, 尹慤 濟州
定配.

○ 柳就章結案：“矣身上年十月初, 往見金昌集, 昌集曰：‘近來事殊常, 軍
門將官, 當以親信人布置, 而令監未經中軍, 爲之, 則誠好矣.’ 矣身曰：‘履歷
雖當次, 爲人不似, 誰有差除?’ 昌集曰：‘御營中軍, 無出爲外任之路, 他軍門,
非吾所及, 訓局有闕, 則爲之似好.’
其後李森爲忠兵, 而中軍窠出. 其日, 卽庭請終日, 梁益標適入闕中, 矣身在
勳府依幕, 要益標, 謂曰：‘訓中作窠, 而吾無可圖之路. 若得大臣分付, 則可
爲, 君能爲我周旋乎?’
其後益標謂矣身曰：‘吾於備局諸大臣座前, 告于領相曰：「訓中窠, 柳就

章可合云.」 則領相曰:「誠爲可合.」 他大臣亦曰:「可合.」 吾又告大臣前日:「然則以僉大監意, 言于訓將, 何如?」 諸大臣皆諾.' 故益標果傳弘述, 以矣身啓下云.

矣身投刺大將, 仍曰:'中軍當次, 不無其人, 而必以吾爲之, 實惶感.' 弘述曰:'當次者, 有申翊夏, 而才已見塞於大臣, 故不爲矣.' 仍問:'中外軍情, 何如?' 矣身曰:'外方軍情, 難以收拾, 而京中, 則國家稟養自別, 然緩急得力, 有未可必.'

弘述曰:'庭請罷後, 老論甚危, 一邊以軍兵守闕門, 一邊白殺宦侍之有害[80])於老論者, 更請聽政. 若傳禪之擧,[81) 軍兵其可從乎?' 矣身曰:'軍士則不知某某事, 大將傳令招之, 則如此平時, 豈有不從之理乎? 然諸將官聽從, 未可知也.' 弘述久而不答, 移時又曰:'君言誠是. 然而軍兵, 旣集之後, 安敢不從?'

如是酬酢後, 一日往見昌集, 昌集曰:'君頻見主將, 而能得從容接語乎?' 答:'雖不能頻見, 而亦不可謂不往見;雖不得穩接, 而亦不可謂不從容矣.' 昌集曰:'大將與軍兵熟, 豈不好哉?'

蓋其意, 欲使矣身數數往見主將, 而酬酢此等說話, 而亦不能臆度, 對以'矣身與軍兵, 稍異'云而退. 其時有發告之心, 非但無益, 必反受禍, 故不能發告. 及時事淸明, 矣身卽被遠謫, 故不得告. 雖無同參之事, 知情不告."【改結案, 旣有酬酢同情之罪, 烏得免乎?】軍器寺前路,【二十三日】行刑.

○ 府啓【李普昱】:"李晚成, 方以中軍換差事鞫問, 而旣以昌集小札差遣之意, 直招, 則潛與凶謀, 亦可推知, 而鞫廳乃以島配爲請云. 夫訓局·御營, 輕重自別, 而禁營中軍, 纔以忠兵啓請內遷, 旋以訓中差遣, 一則外出, 一則內遷, 已極可疑. 易置之擧, 蓋出於昌集之指揮, 而就章又以同參逆謀, 狼藉承款,

---

80) 害:존경각본에는 이 뒤에 "者"자가 더 있다.

81) 更請聽政. 若傳禪之擧:底本과 존경각본에는 "更請傳禪之擧"로 되어 있다.《景宗實錄 2年 7月 21日》기사에 근거하여 보충하였다.

則陰謀·凶計, 排張布置之跡, 綻露無餘.

　且有一名官, 於三司會坐中爲語 : ‘洪致中往見晩成, 以掇籲聯箚事, 據理責之, 則晩成盛氣答曰 : 「此實宗社大計, 安得不爾?」云.’ 其所謂‘大計’云者, 未知指爲何事耶? 其情迹綢繆, 表裏和應, 昭不可掩, 此兩款, 令鞫廳添入問目得情.

　柳就章與弘述爛漫相議者, 卽是稱兵犯闕, 廢黜君父之意, 則知情勘律, 殊失正法. 請更爲勘律, 依法處置.” 幷依啓.

　○ 持平李匡輔啓 : “以柳就章勘律事, 爭執於完議, 照律時, 而不得獨守己見. 今臺議果發, 臣之未能終始力爭之失, 著矣.” 例批.

　○ 右相崔錫恒箚曰 : “憲啓李晩成事, 卽當擧行, 而凡罪人鞫問, 必以告者, 或他囚之言, 或拈出渠供中違端, 發爲問目, 自是流來之規. 今若以外人私酬酢[82]添入問目, 則不但古無其例, 且啓無窮後弊. 臣意則宰臣問答一款, 勿入問目中, 恐合按獄之體.” 答曰“誠甚得宜”.

　○ 二十三日, 李尙建刑十次, 墨世十次氣窒.

　○ 府啓 : “前年任敞投進凶疏, 其初呈未徹之疏, 賊心逆腸, 有浮志述, 其時喉司, 彌縫出給, 使之改搆以呈. 雖以已徹之疏論之, 犯分悖義, 全無顧藉, 請島配.” 不允.

　○ 領敦寧魚有龜疏略 : “館學及兩道儒疏, 令廟堂稟處, 臣竊不勝憂慨. 嗚呼! 先正臣宋時烈, 道德·學問, 實爲百代師宗. 惟我先大王敬恭尊尙, 終始靡替. 尹宣擧·尹拯, 誣聖朝·背師門之罪, 明加勘破, 處分極嚴, 國是大定. 旣又

---

82) 酬 : 존경각본에는 “酢”으로 되어 있다.

親書華陽院額, 遣近侍特揭, 其尊德衛道, 靡不用極.

肆於丁酉, 殿下代理之初, 先王特降批敎曰：‘近日事, 處分正是非明, 可以不惑於百世也. 事關斯文, 顧不重歟? 故特言之, 予意汝遵, 莫之或撓.’ 其傳授之丁寧深切.

而猶慮夫久遠之後, 是非或變, 又於御製中, 別爲書示曰：‘父師輕重之說, 曾有下敎矣. 一自擬書·墓文詳覽之後, 予深究義理, 是非大定, 可以有辭於後矣. 爲子孫者, 須遵此意, 堅持勿撓, 可也.’

猗歟! 聖訓昭揭日星, 可以永垂無窮, 不意仙馭倏遠, 祥制才訖, 而提防一壞, 章疏迭投, 於昭陟降之靈, 寧不痛惋於斯耶?

伏乞亟收稟處之命, 一遵先志, 罔或撓改, 以光聖孝.”

○ 二十四日, 柳選基【就章子】拿來囚.【二十六日, 堂古介處絞.】

○ 問郞權益淳代洪重徽.

○ 承旨金致龍·李廷濟疏斥國舅. 三司請對時, 迭陳國舅陳疏之非曰：“渠敢干預於此等是非. 云云.”

○ 二十五日, 府前啓任敝事, 依啓. 敝, 大靜定配.

○ 二十六日, 李常健·墨世刑十一次, 沈檣十次, 施威次承服.
沈檣結案：“年七十三. 矣身在全羅兵營時, 上送木一同·錢三百兩·大好紙十三束·簡紙五百幅·扇子五十柄於家偅尙吉處. 蓋尙吉書于矣身曰：‘必有銀貨, 然後可以圖事, 故有此各種物上送之事. 所謂圖事者, 以老論始敗云, 故行貨於池尙宮, 則萬全不敗. 云云.’
矣身上京後追聞, 則果用池尙宮處【是遣】尙吉子載言說. 矣身初因尙吉之書通, 只以爲老論周旋之意, 有此木·錢·紙·扇等物上送. 尙吉謀逆情節, 矣身不能覺知, 而至於出銀一款, 則同參的實."

堂古介行刑.【二十七日】

○ 諸承旨請對時, 全羅兵營押送罪人崔壽萬, 出付鞫廳, 嚴鞫得情事, 定奪.

○ 問郞尹延代李景說.

○ 二十七日, 柳景裕·崔壽萬拿來囚.

○ 明日移御昌德宮事, 分付.

○ 太學生李徵復等疏斥國舅疏, 答曰 : "大意固好, 可不留心?"

○ 前後諸疏二十五度, 無批答, 下政院.
【前海伯金有慶·修撰李夏源·弼善徐命遇·大諫李師尙·掌令鄭雲柱·禮參柳重茂·司直鄭溭·承旨黃爾章·校理朴弼夢·正言權護·右尹金興慶·副校理洪萬遇·文學金弘錫·檢閱趙趾彬·前嶺伯洪禹傳·前畿伯權憏·應敎金東弼·輔德金啓煥·判尹沈檀·吏郞洪萬遇·工參權珪·持平金弘錫·同果鄭亨益·副校理洪廷弼疏.】

○ 二十九日, 傳曰 : "閔鎭遠, 負犯雖重, 禮待之道, 不宜一向廢棄, 特爲放送."

○ 三十日, 李尙建刑十二次, 墨世刑十二次氣窒. 李彝憲[83]拿來.

---

83) 憲 : 底本에는 "章"으로 되어 있다. 존경각본 및 《承政院日記 景宗 2年에 7月 30日》 기사에 근거하여 수정하였다.

○ 生員安允中等疏, 痛陳師生之辨, 請復申先朝禁令, 使先大王定案, 無敢更撓云云. 政院論啓, 傳曰"勿爲捧入".

○ 八月初一日, 金時泰·金盛節拿來囚. 吳瑞鍾刑五次.

○ 問郞趙遠命, 代權益寬.

○ 初二日, 吳瑞鍾刑六次·七次, 梁益標拿來囚.

○ 玉堂箚, 健·采按律, 頤·集拏籍事. 答曰："四凶按律之請, 終涉過重矣."

○ 初三日, 崔壽萬·梁益標·金時泰刑一次, 墨世刑十三次, 吳瑞鍾八次. 崔壽萬二次, 承款, 金盛節一次, 以收銀交通, 承服.

○ 初四日, 白時耉·柳星樞·徐允興·禹弘采·李明佐移送鞫廳. 金盛節謀逆一節, 鞫問, 加刑一次, 梁益標二次, 吳瑞鍾九次, 李彝憲放送, 李尙建物故.

○ 崔壽萬結案："矣身遠謫海島, 欲爲死中求生之道, 而適與李彝憲識面, 誣陷納招, 橫誣他人, 欲免己死之狀, 的實." 堂古介行刑.

○ 初七日, 備局回啓："臣竊惟兩賢臣, 道德·學問·行誼·志節, 實是累朝之所尊尙·一代之所宗仰. 而向來構誣之言, 專出於凶球·逆集輩, 戕賢病國之計, 京外章甫, 首尾血籲, 無復餘蘊, 臣無所事於更爲條列.
而第伏念我先王, 數十年來, 父師輕重之敎, 終始堅執, 其答宰相疏中, 未見其近似於儒疏所云, 何可直驅於誣毁之目之敎, 昭揭日星, 則末梢處分, 非出於先王本意, 斯可見矣.

雖以逆集仇視兩賢臣, 初不敢加以誣毀之斥, 而由淺入深, 必售其毒正之計. 三至之言, 竟致慈母之投杼, 而猶恐日月之明, 一朝覺察, 凡係訟卞疏章, 設爲邦禁, 一幷退却, 致令士林終不得一暴事實.

噫! 一自斯文淪喪, 人心·世道, 晦盲瞽[84]塞, 馴致凶逆滔天, 宗社幾亡, 可勝痛哉? 黨錮作而漢室底亡, 僞學禁而趙宋覆亡, 覆轍之戒, 豈不在玆? 試以我朝古事言之. 文正公 趙光祖·文簡公 成渾, 俱被奸壬之構陷, 尙不免後命之禍·追奪之冤, 孝陵·長陵, 雪冤復官, 該曹不以事關先朝, 有所留難, 快從公議.

今日之所當法, 惟在兩聖已行之懿典. 司馬光所論'王·呂所建, 非先帝本意者, 改之如救焚拯溺', 正是今日准備語也. 一依京外儒生所請, 故儒臣尹宣擧·尹拯, 幷復官贈諡, 還宣院額, 許刊集板. 以此分付該曹·該道, 劃卽擧行事."

允下.

○ 初九日, 三司【玉堂朴弼夢·權益淳·李顯章·呂善長·趙翼命·李明誼, 兩司李明彦·鄭楷·梁廷虎·尹大英·金重熙·李普昱·李匡輔·李眞淳·具命奎】伏閤. "噫! 健命, 亦一殿下之臣子, 凡所以不利於殿下者, 無不擔當而主張.

備忘猝卜, 重臣請還, 則陰蓄志恨, 移鋒急擊 ; 庭班將撤, 諸宰力爭, 則深懷忿[85]怒, 恣意叱罵. 卒乃乘夜密議, 聯箚迫脅, 必欲廢逐而後已, 此其爲逆一也.

建儲之擧, 名正言順, 奏請之際, 何患無辭? 而'痿疾'二字, 登諸奏文 ; '媵屬'等語, 申之問答, 誣毀君父, 暴揚異國, 此其爲逆二也.

急手凶圖, 旣出於諸侄 ; 掌書推戴, 又屬乎同堂. 締結凶閹, 內圖備忘之再下 ; 換差副將, 外謀宮城之陳兵, 此其爲逆三也.

況正植招所謂左相則直[86]欲奉行之說, 不啻明白, 則其逆節比凶集, 又加一層. 爲人臣負此三大罪, 其可一刻容息於覆載之間乎? 請健命亟正邦刑.

---

84) 瞽 : 존경각본에는 "瞯"로 되어 있다.

85) 忿 : 존경각본에는 "憤"으로 되어 있다.

86) 直 : 底本에는 "卽"으로 되어 있다. 존경각본에 근거하여 수정하였다.

噫嘻! 三手之憯毒, 尙忍言哉? 合千古群凶之逆節, 爲今日四賊之陰圖. 其謂平地手者, 視諸大·小急手, 其惡逆則一也. 而泰采之凶肚逆腸, 本與三凶, 少無間隔, 特以狡獝之性, 外爲遮餙觀望.

及前冬備忘之下, 乃謂事在必成, 少無顧忌, 專意投合, 庭籲將撤, 諸宰抗爭, 則游辭閃弄, 佯許更設, 密地和應, 潛上聯箚, 卒與三凶, 爛熳同歸. 請泰采亟命按律處斷.

嗚呼! 殿下以頤·集爲何等逆耶? 包藏禍心, 醞釀禍機, 擔當獨對, 陰懷不利之心 ; 沮遏告廟, 潛蓄無將之心. 逮夫嗣服之日, 益肆凶逆之圖, 布置排張, 操切聖躬, 指嗾逆復, 先投嘗試之疏 ; 黽勉庭籲, 終上節目之箚.

主張三手, 而推戴之謀, 旣著於養字之書示 ; 圖得備忘, 而廢黜之計, 畢露於宮城之陳兵. 當初賜死, 旣是失刑, 致令巨魁, 尙逭孥籍之典, 請寢頤·集孥籍還收之命." 答曰"勿煩". 再三啓, 勿煩.

○ 十一日, 祔太廟後, 大駕·王世弟還宮, 陳賀. 肅宗廟庭配享敎文 : "文忠公 南九萬, 蓋天地剛正之氣, 間世鍾精, 故廊廟經濟之姿, 自少儲望. 風節如漢 李固·唐 宋璟, 文章如陸敬輿·歐陽脩.[87]

讜論凜霜氷之戒, 縱跋疐之斯頻, 行藏閱滄桑之翻, 在明德則彌重. 久矣閑廢, 而天運潛回 ; 翻然起來, 而世道復正. 以純忠, 柱石乎王室 ; 以淸議, 領袖乎士流. 爲宗社, 有淵深長遠之憂 ; 爲朝廷, 有光明正大之擧.

懸魔鏡而照象, 奚但塞竇於幽陰? 受蠆弩而甘心, 祗知措國於磐泰, 剛金烈火, 經百鍊而愈堅 ; 砥柱頹波, 立千仞而獨屹.

然撓撼無一日之安位, 慨展布未半途而去朝. 始以周 元聖遜荒, 終作商 阿衡告老. 以言乎契合之盛, 則旣退而有知心之音 ; 以言乎眷禮之隆, 則方病而有執手之諭[88]. 諞言巧舌, 雖當時千百輩之交誣, 苦情血忱, 至今日三十年而

---

87) 脩 : 底本과 존경각본에는 "修"자로 되어 있다.《宋史 歐陽脩傳》에 근거하여 수정하였다.
88) 諭 : 底本과 존경각본에는 "喩"로 되어 있다.《承政院日記 景宗 2年 8月 5日》기사 및

益驗.

惟其見未到[89]而論, 曾昧張曲江之先知, 及此賊乃服之辰, 方歎李文靖之眞聖. 豈徒本末之光顯? 抑亦陟降之鑑臨.【尹淳製.】

○　文純公 朴世采, 姿質之溫粹, 則如良金美玉；文理之縝密, 則如蠶絲牛毛. 惟其制作之盛·學問之純, 不越朱夫子門路；至於出處之正·擔負之勇, 悉遵李文成規模. 敬義夾持, 行不違於繩墨；體用兼備, 才實具於經綸.

謂時務, 莫要於打破朋黨；謂治道, 必先於澄淸本源. 卞是非, 則不倚不偏；發言議, 則至大至正. 主一代之淸論, 痛斥僞勳；樹萬古之彝倫, 必誅亂賊.【沈珙製.】

○　忠正公 尹趾完, 識慮弘遠, 器度峻嚴. 公忠正大之姿, 未嘗韓·范以下自處；剛毅果敢之操, 雖曰賁·育之勇莫當. 留與子孫, 幼蒙長陵酷似之獎；班聯伯仲, 晚結先王特達之知.

持淸議於涒灘改紀之日, 朝野想望；仗威聲於嶺嶠按節之辰, 州郡震慴. 際陰陽消長之機, 出處惟義；閱滄桑飜覆之變, 名節獨完. 治漢惡更張之初, 有商巖爰立之命, 欲枉駕而臨第, 倚毗特隆；許便輿而造朝, 恩禮絶異. 寇準上殿, 有百僚戰股之稱；司馬入都, 叶[90]萬民加額之望.

苦心血懇, 暗護星月[91]之輪輝；讜論危言, 深杜幽陰之蹊逕. 世方倚卿, 而如仰北斗；卿乃謝世, 而復臥東山. 處江湖, 而不忘進退之憂；爲國家, 而思殫夷險之節.

《白下集 領議政文忠公南九萬配享敎書 壬寅》에 근거하여 수정하였다.
89) 到：底本과 존경각본에는 "覩"로 되어 있다.《承政院日記 景宗 2年 8月 5日》기사 및
　　《白下集 領議政文忠公南九萬配享敎書 壬寅》에 근거하여 수정하였다.
90) 叶：존경각본에는 "協"으로 되어 있다.
91) 月：底本과 존경각본에는 "日"로 되어 있다.《承政院日記 景宗 2年 8月 6日》기사에 근거하
　　여 수정하였다.

頃元惡逞不利之志, 而大老效願死之心, 舁病入城, 一身蹈湯鑊而不避 ; 抗疏叫閤, 隻手救宗社之幾危. <u>李長源</u>之忠言, 永固邦本 ; <u>張曲江</u>之先見, 逆折奸萌. 前言若合符契, 逆覩老賊之情形 ; 寸心可質神明, 想應先靈之鑑臨.【<u>李眞儒</u>製.】

○ 三司伏閤.　答曰"勿煩".

○ <u>李譔</u>·<u>尹慤</u>拿來囚.

○ 十二日, 三司伏閤啓, 答曰"勿煩".

○ 大臣·諸宰·三司【右相 <u>崔錫恒</u>·左參贊 <u>姜鋧</u>·兵判 <u>李光佐</u>·吏參 <u>金一鏡</u>·左尹 <u>金始煥</u>·禮參 <u>柳重茂</u>·司直 <u>朴泰恒</u>·吏判 <u>李肇</u>·戶判 <u>金演</u>·禮判 <u>李台佐</u>·刑判 <u>趙泰億</u>·工判 <u>韓配夏</u>·判尹 <u>尹就商</u>·兵參 <u>金</u>92)<u>重器</u>·刑參 <u>李森</u>·右尹 <u>申翊夏</u>·摠管 <u>尹遇進</u>·<u>李暉</u>·開留 <u>李世最</u>·大司成 <u>李師尙</u>·副學 <u>朴弼夢</u>·校理93) <u>權益淳</u>·<u>李顯章</u>·副校理94) <u>呂善長</u>·修撰95) <u>趙翼命</u>·副修撰96) <u>李明誼</u>·大諫 <u>李明彦</u>·司諫97) <u>梁廷虎</u>·獻納98) <u>李眞淳</u>·正言99) <u>具命奎</u>·執義 <u>鄭楷</u>·掌令100) <u>金重熙</u>·<u>尹大英</u>·持平101) <u>李匡輔</u>·

---

92) 金 : 底本에는 "李"로 되어 있다. 존경각본과 《承政院日記 景宗 2年 8月 12日》 기사에 근거하여 수정하였다.

93) 校理 : 底本과 존경각본에는 없다. 《承政院日記 景宗 2年 8月 13日》 기사에 근거하여 보충하였다.

94) 副校理 : 底本과 존경각본에는 없다. 《承政院日記 景宗 2年 8月 13日》 기사에 근거하여 보충하였다.

95) 修撰 : 底本과 존경각본에는 없다. 《承政院日記 景宗 2年 8月 13日》 기사에 근거하여 보충하였다.

96) 副修撰 : 底本과 존경각본에는 없다. 《承政院日記 景宗 2年 8月 13日》 기사에 근거하여 보충하였다.

97) 司諫 : 底本과 존경각본에는 없다. 《承政院日記 景宗 2年 8月 13日》 기사에 근거하여 보충하였다.

98) 獻納 : 底本과 존경각본에는 없다. 《承政院日記 景宗 2年 8月 13日》 기사에 근거하여 보충하였다.

李普昱·承旨 南就明·金致龍·趙景命·朴熙晉·李廷濟·史官 尹宗臣·宋寅明·申致雲·趙顯命·左承旨 任舜元·追入李萬選】請對入侍時,【筵說《爛餘》詳悉.】崔錫恒曰：“頤命·昌集, 殿下既知其逆節, 故快許其賜死. 孥籍是次第事, 而既允旋寢, 大咈輿情. 告廟·頒赦, 至今遷延, 今日則以不得請不退爲期. 健命罪狀畢露無餘. 正植承款招, 以直爲擧行之說首發於健命之口云, 逆節無異昌集. 泰采罪狀, 論列無餘, 快允宜矣.” 上曰“勿煩”.

金一鏡等次第陳達, 連下勿煩. 一鏡曰：“入侍諸臣, 有四凶至親, 不敢言嫌, 此可見討逆之不可不嚴.” 泰億曰：“泰采, 臣之堂兄, 臣於此事, 不可參涉. 且一鏡以爲逆賊至親, 則臣當閉門俟罪, 何可有言? 然凶輩分義之掃地, 臣於賊復投疏, 備忘還收後請對時, 固已索言, 今無可達.”

一鏡曰：“殿下若於健命逆節, 有可疑跡, 則設鞫得情, 何如? 孝廟朝, 自點亦爲刑推矣.” 錫恒曰：“一鏡之言, 誠明快矣. 健命逆狀, 雖畢露, 徑先正刑, 豈無後弊乎?” 繼陳泰采事.

泰恒曰：“今番治逆, 中庶之爲枝葉者, 次第正法；將相之爲根本者, 尙逭王章. 俚語曰：‘兩班爲逆則生, 常人爲逆則死.’ 觀乎此, 亦可見人情矣.” 李光佐等諸宰, 各言迭請, 終不允.

上曰：“史官宋寅明, 御座至近之地, 頻頻仰視, 極爲無嚴. 姑先罷職.” 寅明趨出. 上又曰：“渠安敢不端正俯伏, 頻熟予面乎? 承旨, 何不請推?” 南就明進謝, 上微笑無發落. 錫恒曰：“日勢過午, 臣等少退待, 晝水剌進御後, 還入, 何如?” 上曰“唯”. 諸臣退出, 申時還入.【宋寅明代趙顯命, 申翊夏·尹遇進·李暉, 自閤外退去.】

---

99) 正言：底本과 존경각본에는 없다.《承政院日記 景宗 2年 8月 13日》 기사에 근거하여 보충하였다.

100) 掌令：底本과 존경각본에는 없다.《承政院日記 景宗 2年 8月 13日》 기사에 근거하여 보충하였다.

101) 持平：底本과 존경각본에는 없다.《承政院日記 景宗 2年 8月 13日》 기사에 근거하여 보충하였다.

大臣以下迭陳固請, 至夜. 弼夢曰 : "只賜明白之敎, 以慰抑鬱之情." 錫恒曰 "唯願夬允". 上曰"依此爲之". 一鏡曰 : "孥籍與合啓, 皆允從乎?" 上曰"唯". 錫恒曰 : "合啓有兩件, 健命事乎?" 上曰"唯". 錫恒曰 : "然則泰采事, 無發落乎?" 上曰"唯".

李廷濟以頤命 · 昌集孥籍, 健命正刑事, 書出榻前下敎. 兩司仍以泰采事爭執, 上久無發落, 日已昏矣. 大臣以下退出, 李明誼進戒"務執貞固之德, 無如前撓改." 上曰"允".

○ 十四日, 禁都李夏英, 罪人健命莅斬事, 興陽地出去. 韓應奎, 緣坐罪人金濟謙處絞事, 富寧地出去.

○ 鞫廳罪人墨世物故.

○ 十五日, 梁益標刑三次, 吳瑞鍾刑十次, 徐允興刑一次. 李澽刑八次承服, 結案拒逆. 李譔移送本府, 睦虎龍放送.

○ 府新啓【尹大英】 : "申球之謟附賊集, 承受密喉, 甘心於誣賢毒正之傭, 請絶島定配. 軍資判官李志逵, 志述伏法後, 操文往哭, 而有'求仁得仁, 又何怨乎?'之語, 命意下字, 絶悖無嚴. 鴻山縣監黃尙鼎, 喜賊歸尸之日, 躬莅其喪, 定立役軍, 造給神主, 死黨蔑法, 莫此爲甚. 請刑定配." 答曰 : "末端兩件事, 依啓."【志逵 安東, 尙鼎 臨陂定配.】

○ 府新啓 : "扶餘縣監權膺, 賊喜家在官門相望地, 締結往來, 及其歸尸之日, 躬往弔哭. 籍産命下之日, 不卽奉行, 一循賊弟毅之之請, 財産田結, 任自出給, 追成文券, 詐托已賣[102], 沒入之數, 幾至減半, 請定配. 戶郞尹世顯 · 司饔

---

102) 賣 : 底本에는 "買"로 되어 있다. 존경각본과《景宗實錄 2年 8月 15日》《承政院日記 景宗

直長黃尙老·尙衣直長韓宅揆·前參奉朴光世讻附凶賊, 凡醜正毒賢之論, 無
不挺身擔當, 請幷削版." 答曰"勿煩".【九月十二日, 權膺, 扶安定配.】

○　李晩成物故.

○　十六日, 李明佐刑二次, 承服. 梁益標四次施威, 承服. 徐允興二次, 金時
泰二[103]次, 吳瑞鍾十一次.

○　李瀗刑九次施威, 結案 : "丁酉年間, 矣身爲豊德府使時, 聞張世相以將
有獨對之擧, 先通于頤命, 頤命初如不信, 非久果爲獨對, 故自此始信世相, 自
外聚銀子入送, 使世相圖于池尙宮.
　宇寬·松輩言于矣身曰[104] : ‘頤命爲得銀子, 以李壽民爲統制使, 使金龍澤
通情, 一邊覓得銀子, 貸用之矣.’ 壽民下去統營後, 每稱從當覓送, 終不送來,
趙松輩每以見欺壽民痛恨. 壽民[105]欲使矣身, 共償其債. 矣身欲爲仕宦之故,
在豊德時, 出銀一百兩 ; 在驪州時, 出二百兩.
　大抵頤命, 久懷廢東宮之心者, 蓋恐登極之後, 渠或被害. 丁酉勅使時, 矣身
自豊德來見頤命, 則問以內宮消息, 且曰‘自內將有廢東宮之事, 近有所聞, 而
吾則不信’云. 蓋矣身因趙松·宇寬輩, 得聞消息, 故有此問, 而矣身亦以此等
事不可準信爲答. 矣家[106]與頤命, 居在比隣, 常常往來. 此等陰謀, 頤命主之,
使矣家[107]連臂世相, 而矣父常在家, 矣身多在外方, 其小小曲折, 未能盡知.

　　2年 8月 15日》 기사에 근거하여 수정하였다.
103) 二 : 底本에는 "一"로 되어 있다. 《斷爛》에 근거하여 수정하였다.
104) 曰 : 底本과 존경각본에는 "且"로 되어 있다. 《景宗實錄 2年 8月 16日》 기사에 근거하여
　　　수정하였다.
105) 壽民 : 底本과 존경각본에는 없다. 《景宗實錄 2年 8月 16日》 기사에 근거하여 보충하였다.
106) 家 : 底本과 존경각본에는 "身"으로 되어 있다. 《景宗實錄 2年 8月 16日》 기사에 근거하여
　　　수정하였다.
107) 家 : 底本과 존경각본에는 "身"으로 되어 있다. 《景宗實錄 2年 8月 16日》 기사에 근거하여

聚銀事, 池尙宮本以老論宮女, 渠自盡心, 別無多索賂物之事, 故所入不至甚多. 上年正月, 頤命自北京還, 聞宇寬所言, 則頤命買得毒藥, 持藥兩岐, 一派則徐德修也, 一派則器之·天紀輩也. 此輩妄爲先施, 致有李昭訓之喪. 此則矣身赴謫平山後事也, 此外未能詳知.

前冬事, 但聞弘述·時泰輩出銀而已, 矣身無銀, 不能出. 大抵丁酉以後, 頤命與昌集, 因世相及池尙宮圖廢東宮之事, 而先大王, 豈因宦妾之言, 爲此擧乎? 是以事終不成.

己亥·庚子間, 天紀一來見矣身, 言行藥事曰'蹊逕虛疎, 尙今不成'云, 矣身赴謫時, 徐德修來言'器之所送藥, 欲用於李昭訓, 以爲除去之計'云矣. 今春矣身放還後, 徐德修來見, 頗有生悅之色. 蓋行藥不成, 恐或敗露, 而其黨竄逐, 雖欲圖事, 更無勢力故也. 矣身旣與諸賊同參. 云云." 軍器寺前路處斬.

○ 問郞李廣道代朴弼夔.

○ 院啓 : "西關銀所謂耆所關文, 卽任堕所着署, 其子弟·傔人, 定價捧賂之說, 狼藉賊招, 宇寬實受其帖, 圖得銀貨, 則狎昵凶逆, 多受貨賂之狀[108], 畢露無餘. 請遠竄." 答曰"勿煩".【九月, 任堕, 咸從遠竄.】

○ 十七日, 藥房口傳啓 : "臣等退考院中《日記》, 則庚子十二月十五日, 藥房問安啓辭中, 有'昨日吐出黃水幾一升許出示'之語. 以此觀之, 自上吐出黃水, 果是庚子十二月十四日矣. 若以此日查考, 則似有憑驗之端, 敢啓." 答曰"知道".

수정하였다.

108) 狀 : 底本과 존경각본에는 "說"로 되어 있다. 《景宗實錄 2年 8月 16日》《承政院日記 景宗 2年에 8月 16日》 기사에 근거하여 수정하였다.

○ 李龍錫拿來囚. 金時鼎 刑一次, 徐允興·金時泰 三次, 金盛節謀逆同參承服. 李壽民移送鞫廳.

梁益標結案：“扈衛宮城一款, 昌集·頤命·健命相與謀議, 庭請罷後, 卽欲擧行. 柳就章, 以矣身同官, 故言于矣身曰：‘訓中有闕, 諸大臣方欲扈衛宮城, 此時此任, 必以我差出, 君若提醒於大臣, 則君亦有功於他日, 試爲我圖之.’

矣身卽往備局, 昌集·頤命在座, 健命如廁方還, 泰采已出依幕. 矣身以就章可合中軍之意, 告諸大臣, 則昌集曰：‘吾固欲以此人差出矣.’ 頤命·健命曰‘誠可合矣’. 昌集曰：‘汝須以吾輩之言, 往傳訓將, 以就章差出後, 宮城扈衛, 卽爲擧行爲宜.’

矣身卽往訓將家傳及, 則弘述曰：‘就章吾已定之, 今當差出, 扈衛豈不擧行乎?’ 矣身旣知扈衛之事, 知情的實.” 堂古介行刑.

○ 李明佐結案：“矣身出銀七百兩事段, 趙松往矣從祖依幕, 受銀三百兩而去. 矣身又使松甥李仁復往從祖家, 持去四百兩, 前後合七百兩, 而并送松處, 使用於世相, 以圖換局.

矣身與金時鼎, 往見宇寬問口：‘吾以七百兩銀給趙松, 傳送于世相, 君知之否?’ 宇寬‘吾果知之’. 且曰：‘世相處, 雖已傳給, 此甚不足.’

矣身又問之曰：‘換局事, 何以圖之?’ 宇寬曰：‘世相處入送銀貨, 有自內所圖之事, 此則不必詳問, 早晚成事, 自當知之.’ 宇寬旣不言裏面事, 故但如是酬酌[109]而歸.

一日, 金時泰來言：‘時事將有好機. 今夕, 君家大監當有承牌之擧, 勿爲撓動, 內着戎服, 由小路詣闕爲宜. 吾方轉進領相依幕, 亦告此事, 而大監依幕, 則煩不得往, 君須以此言轉白云.’

矣身旣出從祖銀貨, 轉送世相, 又見宇寬問其所圖之事, 則換局同參的實.” 堂古介行刑.

---

109) 酌 : 존경각본에는 “酢”로 되어 있다.

○ 十八日, 右相崔錫恒待命闕外, 箚略曰 : “伏見議啓批答, 雖未知聖意之何在, 而投藥吐痰之言, 旣發於罪人之口招, 則必欲查出, 以法治之者, 鞫體之所不可已. 況今日討逆之擧, 夫豈有一毫他意於其間? 而千萬意外, 致勤嚴旨. 云云.” 答曰 : “一時之敎, 不足深嫌, 安心勿待罪, 速出視事.”

○ 鞫廳請出付金尙宮, 則初以“無有”爲敎矣. 縷縷請之, 則以“當查付”爲敎矣. 翌日, 議啓批中, 以“內人查出, 本非難事, 而憑藉黃水, 欲打老論之計者, 尤極無據, 此等文字, 更勿擧論. 所謂金尙宮卽必貞也, 今已死矣, 何處做得?” 爲敎, 故領相請對, 卽爲還收, 而右相亦以此陳箚云.

○ 禁堂李光佐·金始煥·李師尙·金一鏡等疏曰 : “昨夜賊招, 行凶節次, 萬萬驚心, 嚴查致法, 不容掩延, 再啓陳請, 誠出於此, 不知聖意何爲及此. 此等文字, 不爲擧論, 則將何以斯得也? 臣等雖被重誅, 不敢奉承. 云云.” 答曰“勿辭”.

○ 二十日, 李明翼拿來囚. 府啓【金重熙】 : “尹愨出銀三百兩之說, 出於前後賊招, 雖有詳略之不同, 若其三百之說, 如出一口. 且以假名呈狀·文書彌縫等語見之, 其潛出公貨, 密贊凶圖之狀, 昭不可掩, 請嚴刑得情.

舍人沈珙, 徒牽門闌之私情, 罔念沐浴之大義. 頃當三司請對時, 謀避大論, 欲遞館職, 一日之內, 必遷乃已. 君讐·國賊, 置之相忘, 淸官·美職, 我自爲之, 請罷職.” 不允.

○ 二十一日, 金昌彦拿來囚.

○ 二十二日, 金德器拿來囚.

○ 二十三日, 金盛節【盛節, 金昌集之門庶·李頤命之切姻.】刑四次, 結案：“矣身聞徐德修言, 則丁酉年錦平尉使行時, 器之父子, 使譯官張判事者買藥持來云, 而名與居住, 矣身不問. 今番赴謫時, 逢其時使行入去馬頭吳姓人, 問之, 則其行譯官張姓, 只是一人云, 若問其時首譯, 則可知矣.

器之謂德修曰：‘藥事, 吾父亦知之.’ 且言：‘已作廢君備忘記, 今則事已至此, 惟當不顧死生而爲之云.’ 其藥, 使宇寬入送世相, 世相與水剌間次知金尙宮同謀, 金尙宮多索銀貨, 一次試用於上躬, 旋卽吐出. 器之輩以爲‘藥不猛毒, 當更爲聚銀, 買他藥而來’. 事上年間, 德修·正植言於矣身.

一日, 往趙松家, 逢宇寬, 宇寬曰：‘行藥事, 李喜之·器之與雲澤·民澤主張, 使吾爲傳給世相之堦, 吾安得不爲乎?’ 矣身問‘藥價何以收給?’, 則‘錢仁佐以雲澤心腹, 積年參養, 以灰金之請, 往爲統帥李壽民軍官. 庚子國恤初, 正木百餘同輸來, 以訓局防納帖, 除110)出用之. 其不足之數, 則柳星樞以新入, 多有取賂111)於省行處, 蓋其一生所願, 在於平兵故也. 正植以昌集之言誘星樞, 星樞所出甚多, 且以平兵白時耉所出銀, 充其不足之數’云.

上年十一月, 矣身爲求112)痘藥113)入藥房, 則昌集方以都提調, 監劑臘藥, 省行·昌道, 皆已入去. 夕時, 昌集出來時, 謂昌道曰：‘汝隨我偕來鄕校洞寓所.’ 矣身同是一家, 而終無所言, 心竊怪之.

其後, 矣身見金昌彦言此事, 且問：‘昌道有殊常之事云矣, 大監因此厚待而然耶114)?’云, 則昌彦曰：‘兄則尙不知昌道事耶? 近來時事, 漸漸罔涯, 故大

---

110) 除：底本과 존경각본에는 이 앞에 “以”가 더 있다.《景宗實錄 2年 8月 26日》기사에
근거하여 삭제하였다.

111) 賂：底本과 존경각본에는 “販”으로 되어 있다.《景宗實錄 2年 8月 26日》기사에 근거하여
수정하였다.

112) 求：底本과 존경각본에는 없다.《景宗實錄 2年 8月 26日》기사에 근거하여 보충하였다.

113) 藥：底本에는 “醫”로 되어 있다. 존경각본 및《景宗實錄 2年 8月 26日》기사에 근거하여
수정하였다.

114) 耶：底本과 존경각본에는 “邪”로 되어 있다.《景宗實錄 2年 8月 26日》기사에 근거하여
수정하였다.

監使昌道‧禹洪采入於世相矣.' 矣身曰：'昌道, 人事無形, 豈可任此等事乎?'
昌彦曰：'爲大監, 死亦不辭.' 矣身曰：'然則汝何不自爲?' 昌彦曰：'吾則方
在職, 勢難爲之, 故使昌道爲之矣.' 其後, 逢昌道謂曰：'此事成則利, 敗則逆,
何不急速爲之, 而如是緩緩耶?'

一日, 矣身往見昌集曰：'聞昌彦[115]之言, 大監使昌道[116]入於世相. 此事甚
危, 大監, 何爲此也?' 昌集曰：'吾則[117]一濟謙, 奔走職事, 何能爲之? 昌彦使
昌道往來世相家, 吾亦奈何?'

又於十二月初三日, 往見昌集曰：'聞初六日, 大疏當入, 時事又變云. 若然
則大監必取大禍, 奈何?' 昌集曰'今番則無憂', 終不動色. 矣身曰：'雖因昌道
有所得聞於世相, 若或蹉跌, 豈不危哉?'

初六日曉, 又往見於依幕, 昌集始起, 致慰其弟昌業之喪, 因曰：'大監能記
初三日吾言乎? 昌道, 何能善探? 而惟恃世相, 自謂無憂, 今何如?' 昌集不答,
因曰：'汝見時泰乎? 聞時泰之言, 得弘述銀給世相, 方圖換局云, 汝亦知乎?'
矣身曰：'吾亦知之, 而時泰與李明佐, 爲弘述, 雖有所圖, 被罪入獄之人, 何能
更爲大將乎? 大監亦勿生如此之念.' 昌集曰：'時泰丁寧言「吾行未發之前,
亦復得入矣.」今番事, 朴尙儉輩從中爲之, 以此上聞, 則更當爲處分云矣.'

初九日, 矣身往時泰家, 宇寬在座, 時泰目宇寬而送之, 因嘘唏嘆息曰：'無
可奈何. 世相俄送宇寬送言曰：「若得三千兩銀用之, 則可以轉禍爲福.」省
行與德修同事, 而黃兵柳星樞所送銀六百兩, 使正植所傳者, 及平兵銀四千兩
受來, 而不爲多給於世相之故, 失事機, 不能先制尙儉, 以至於此. 此際若得三
千兩銀子, 則可以周旋.'

矣身曰：'令監, 何不往問於弘述乎?' 時泰曰：'問於弘述, 則以爲「卽今可

---

115) 彦：底本과 존경각본에는 "道"로 되어 있다.《景宗實錄 2年 8月 26日》기사에 근거하여
수정하였다.
116) 使昌道：底本과 존경각본에는 없다.《景宗實錄 2年 8月 26日》기사에 근거하여 보충하였다.
117) 吾則：底本과 존경각본에는 없다.《景宗實錄 2年 8月 26日》기사에 근거하여 보충하였다.

得七百兩, 其餘則難辦矣」.' 矣身曰 : '若先給千兩, 則世相將以爲之云耶? 先探事機, 然後可以圖之.' 時泰曰'然', 因往弘述依幕.

矣身翌朝往見, 則時泰曰 : '弘述從孫明佐, 卽其養孫之兄而主管家事者. 明佐以爲 :「家有一千五百兩, 而才已散給於諸甥侄處, 卽今所餘, 只七百兩. 若復收合, 可充千兩, 使我親見世相, 詳問曲折後, 可以出給矣.」'

矣身問於時泰曰 : '此物易於中間花消, 世相將何以爲之耶?' 時泰曰 : '必貞·石烈與尙儉·有道, 內外符同, 世相持銀入去, 則可以緩頰, 可以抑制, 事可成矣.'

十一日, 又往見時泰, 問覓銀與否, 則答曰 : '明佐往見世相, 使宇寬持七百銀往遺之云矣.' 十三日, 矣身往新門外昌集依幕, 見時泰則以爲 : '昭訓葬事, 定於十四日, 世相十二日出往山所, 還後可以知之云.' 是日逢宇寬於趙松家, 則宇寬曰 : '諸大臣未發行之前, 其可某條周旋, 更爲換局, 姑宜遲發云.'

十四日, 宇寬送人促[118]世相, 還而姑無好奇云, 故昌集·頣命, 十五日不得已發行. 十七日, 宇寬告急於時泰曰 : '銀子不足, 事尙不成. 尙儉·有道, 有大作亂之勢, 世相今方緩頰, 加得銀子, 然後可以爲之云.' 矣身曰 : '金省行受黃兵許多銀, 用於何處, 而不爲出給乎? 今宜招昌道, 送言于省行, 取用此銀好矣.'

時泰送人招昌道, 則以摠戎廳銀子事往尹慤依幕云. 蓋昌道言尹慤前已出銀三百兩之故, 啓下備堂, 及遭臺彈後, 昌道以銀子文書磨勘事, 出往依幕云矣.

十九日, 又往時泰家, 不遇, 轉往趙松家招宇寬, 宇寬往德修家, 松乃傳宇寬之言曰 : '世相以爲「數日內, 必有處分, 第待之」云, 仍索銀子之加送.'

昨年五月間, 矣身逢趙松於松古前路, 問 : '近日何往乎?' 松曰 : '以壺洞將帥指揮, 往平兵, 久留而來矣.' 矣身曰 : '因何事而往乎?' 松曰 : '受者老所公

---

118) 促 : 底本과 存敬閣本에는 "從"으로 되어 있다. 《景宗實錄 2年 8月 26日》 기사에 근거하여 수정하였다.

事, 貸出乎兵銀四千兩, 而與宇寬·徐允興同事往來矣.'

矣身曾知此狀之故, 及十二月事出後, 復問松曰 : '乎兵銀子, 今在何處, 而不[119]得用於此時乎?' 松曰[120] : '此銀已償前日所貸矣.'

又曰 : '李正植主管黃州城役, 而備局劃給關西遼軍木二十同, 黃[121]兵亦給米五十石·錢五百兩, 而多自中間花消. 德修喪妻時, 給三百兩 ; 李濰赴謫時, 給一百兩, 如是消融, 不得取用於此, 可勝歎哉?' 又曰 : '往楊州見李宇恒, 則可以議事.'

大抵昌集不信趙松, 矣身亦以昌集之意傳于宇恒, 故松頗有不悅矣身之色. 金濟謙每言 : '矣身可作此等事, 而曾與三木相親, 以此爲嫌.' 三木卽李森之名破字. 矣身逢宇寬於時泰座上, 時泰[122]始發腹心之言.

二十日, 世相使宇寬傳曰 : '十八日, 尙儉有中間凶計, 世相詭辭止之, 且行銀四百兩, 不久必有處分云.' 其後果有宦妾之獄. 二十三日, 世相赴謫時, 寄托宇寬而去, 蓋宇寬與世相所親紅袖輩, 有相通之路, 可以議事.

而時泰赴謫時, 矣身往見曰 : '公去後, 則吾無分錢可得之路, 何以圖事乎?' 時泰曰 : '頃見宇寬, 則銀錢皆散給他人, 宜捧用, 而收合未易. 士三【省行】所受黃兵銀, 可取用云.' 矣身訪省行, 不遇, 使金時鼎傳意, 而亦不出給.

矣身令趙松覓出銀子, 則松覓給二百兩於宇寬處. 李濰招中, 德修所謂矣身有功之說, 蓋謂此事也. 昨年間, 矣身見宇寬曰 : '昌道爲人虛疎, 何可使喚於世相乎?' 宇寬曰 : '此外又有士夫之使喚於世相家者, 卽禹洪采也. 洪采則大監亦愛其爲人矣.'

矣身以此歸傳昌集, 昌集曰 : '洪采往來世相家, 有所傳, 頗覺心豁矣.' 且聞

---

119) 不 : 底本과 존경각본에는 "可"로 되어 있다. 《景宗實錄 2年 8月 26日》 기사에 근거하여 수정하였다.

120) 松曰 : 底本과 존경각본에는 없다. 《景宗實錄 2年 8月 26日》 기사에 근거하여 보충하였다.

121) 黃 : 底本과 존경각본에는 이 앞에 "自"자가 더 있다. 《景宗實錄 2年 8月 26日》 기사에 근거하여 삭제하였다.

122) 時泰 : 底本과 존경각본에는 없다. 《景宗實錄 2年 8月 26日》 기사에 근거하여 보충하였다.

李世福123)之言, 則灰金使李崇祚之子送書于弘述依幕, 覓百兩銀而去. 大槪錢仁佐·李崇祚·邢義124)賓·李德峻, 若一推聞, 則灰金行藥及所爲, 可一一現發, 此乃聞之崇祚之言.

矣身旣聞德修·昌道·正植·宇寬輩之言, 難免同參." 軍器寺前路, 行刑.

○ 二十四, 上謁明陵. 世弟隨駕.

○ 洪舜澤拿來囚.

○ 二十五日, 李世復【弘述庶姪·趙松之甥, 傳銀貨.】拿來囚.

○ 禁都李夏英書目, 李健命今月十九日苲斬事.

○ 二十六日, 金時泰刑四次, 金時鼎二次, 禹洪采一次, 吳瑞鍾十二次, 氣窒, 李厚敬放送.

○ 李惟遠拿來囚.

○ 二十七日, 領相趙泰耈箚 : "士人李公胤, 卽承旨廷圭孫·掌令敏徵子, 誠中乃其旁派云. 公胤非但善醫, 多長處, 見推儕流, 而尙未登仕, 人咸惜之. 臣故與任【瑞鳳】·朴【太初】兩人幷陳, 冀得收用, 蒙允矣. 誤達人先派, 命卽釐改."

---

123) 福 : 底本에는 "復"으로 되어 있다. 《景宗實錄 2年 8月 26日》 기사에 근거하여 수정하였다.
124) 義 : 底本에는 "儀"로 되어 있다. 《景宗實錄 2年 8月 26日》 기사에 근거하여 수정하였다. 이하 동일사례에 대해서는 별도의 校勘記를 달지 않는다.

○ 二十八日, 禁府啓：“罪人<u>健命</u>, 才已莅斬, 而考見律文, 則凡大逆, 不分首從, 凌遲處斬, 緣坐籍沒. <u>健命</u>罪名, 旣是大逆, 而不用凌遲之法, 收孥籍産, 自本府有難直爲擧行, 議大臣稟處.”

領相以爲：“<u>健命</u>, 旣以逆律正刑, 則收孥籍産之法, 與<u>昌集</u>·<u>頤命</u>, 宜無異同, 而該府問議之請, 似若以法外爲疑. 此非臣臆見所敢擅便.” 右相<u>崔錫恒</u>議同, 依議施行.

○ 二十九日, <u>邢義賓</u>拿來囚.

○ 大提學, 三點：<u>趙泰億</u>·<u>柳鳳輝</u>·<u>金一鏡</u>·<u>李師尙</u>, 二點：<u>李光佐</u>·<u>李肇</u>·<u>姜鋧</u>.

역주 |

김용흠

서울대학교 국사학과 학사, 연세대학교 대학원 문학석사·박사, 현 연세대학교 국학연구원
연구교수

주요논저 | 《조선후기 정치사 연구 I -인조대 정치론의 분화와 변통론》(2006), 《조선후기 실학
과 다산 정약용》(2020), 《목민고·목민대방》(역서, 2012), 《형감》(역서, 2019), 《대백록》(역서,
2020), 《당의통략》(역해, 2020), 《동남소사》(역서, 2021), 《수문록 1·2》(역서, 2021·2022),
《황극편 1~5》(역서, 2022~2024), 《연려술속 1~2》(역서, 2025), 〈조선의 정치에서 무엇을
볼 것인가-탕평론·탕평책·탕평정치〉(2016), 〈조선후기 노론 당론서와 당론의 특징-《형감
(衡鑑)》을 중심으로〉(2016), 〈《경세유표》를 통해서 본 복지국가의 전통〉(2017), 〈晚靜堂
徐宗泰의 정치 활동과 탕평론〉(2020), 〈묵재 이귀의 정치활동과 경세론〉, 〈강진본《동남소사》
의 특징과 다산 정약용〉(2023), 〈《당의통략》의 당쟁 인식과 탕평론〉(2024)

원재린

성균관대학교 사학과 학사, 연세대학교 대학원 문학석사·박사, 현 연세대학교 국학연구원
연구교수

주요논저 | 《조선후기 성호학파의 학풍연구》(2002), 《임관정요》(역서, 2012), 《동소만록》(역서,
2017), 《형감》(역서, 2019), 《대백록》(역서, 2020), 《동남소사》(역서, 2021), 《수문록 1·2》(역
서, 2021·2022), 《황극편 1~5》(역서, 2022~2024), 《연려술속 1~2》(역서, 2025), 〈조선후기
남인당론서 편찬의 제 특징〉(2016), 〈성호사설과 당쟁사 이해〉(2018)

김정신

덕성여자대학교 사학과 학사, 연세대학교 대학원 문학석사·박사, 현 연세대학교 국학연구원
연구교수

주요논저 | 《형감》(역서, 2019), 《대백록》(역서, 2020), 《동남소사》(역서, 2021), 《수문록 1·2》
(역서, 2021·2022), 《황극편 1~5》(역서, 2022~2024), 《연려술속 1~2》(역서, 2025), 〈주희의
묘수론과 종묘제 개혁론〉(2015), 〈주희의 소목론과 종묘제 개혁론〉(2015), 〈기축옥사와
조선후기 서인 당론의 구성·전개·분열〉(2016), 〈16~7세기 조선 학계의 중국 사상사 이해와
중국 문헌〉(2018)

연려술속 燃藜述續 3 번역과 주해

김용흠·원재린·김정신 역주

초판 1쇄 발행 2026년 3월 26일

펴낸이 오일주
펴낸곳 도서출판 혜안

등록번호 제22-471호
등록일자 1993년 7월 30일

주소 04052 서울시 마포구 와우산로 35길 3(서교동) 102호
전화 02-3141-3711~2 / **팩스** 02-3141-3710
이메일 hyeanpub@daum.net

ISBN 978-89-8494-766-5 93910

값 42,000 원